新世紀
法學叢書

刑法總論

增訂四版

General Principles of Criminal Law

余振華

學歷／

中央警察大學刑事警察學系法學士

日本國立東北大學法學碩士

一九八七年至一九九八年留學日本

日本明治大學法學博士

經歷／

中華民國留日東北同學會會長

國家安全會議副研究員

輔仁大學財經法律學系、法律學系兼任副教授

真理大學財經法律學系兼任副教授、開南大學法律學系兼任教授

日本明治大學客座教授、廈門大學法學院講座教授、吉林大學法學院兼任教授

台灣刑事法學會第一屆理事、第二屆常務理事、第三屆、第四屆理事長

台灣比較刑法學會第一屆、第二屆理事長

司法官、律師、高考、警察特考、升官等考試等典試委員、命題委員、閱卷委員

法務部司法官訓練所刑事法講座、刑法研究修正委員、刑事法律問題審查委員

中央警察大學法律學系暨法律學研究所教授兼系主任、所長

現職／

日本中央大學客座教授

中南財經政法大學兼任教授

法務部訴願審議委員會委員

輔仁大學法律學系兼任教授

台灣刑事法學會顧問

台灣比較刑法學會榮譽理事長

著作／

刑法違法性理論（初版、第二版）

集中講義 刑法總論（譯著）

罪數論之研究（譯著）

鳥瞰共同正犯（主編）

共犯與身分（共著）

二〇〇五年刑法總則修正之介紹與評析（共著）

刑法總論二十五講（譯著）

刑法深思・深思刑法

日本刑法翻譯與解析（主編、共著）

刑法七十年之回顧與展望紀念論文集（共著）

連續犯規定應否廢除暨其法律適用問題（共著）

刑法總則修正重點之理論與實務（共著）

三民書局

［ 增訂四版序 ］

　　回顧過去、檢討現在、迎向未來，這是我撰寫《刑法總論》一書之基本理念。作為一本學習刑法之入門書以及大學之教科書，如何使本書成為最合適、最受用以及最長久之刑法學專書，是我一直以來努力之目標。2011 年 8 月，本書初版問世至今，已歷經十一年，著手進行「增訂四版」工作，有如留學日本十一年攻讀法學博士時之心路歷程，尤其最近面臨全球性嚴峻疫情之困境，更必須堅持克服萬難、達成任務之精神，努力完成此次修訂改版工作。期望「增訂四版」能有更好內容之呈現，能獲得更廣泛讀者與刑法學同好之認同，將來接受更多之批評與指正，使本書更趨向理想之目標。

　　本書自 2017 年 9 月「修訂三版」以來，社會重大治安案件叢生，出現無數刑法規範上必須檢討改革之議題，基於刑法與時俱進之趨勢，近年來，在刑法學界與實務界專家學者多次研究討論後，在刑法總則或分則之條文中，都有相當幅度之修正，「增訂四版」主要針對總則編之新修正條文，將本書內容重新檢測、增補、刪減，更在各個重要論點處，刪除不合時宜之判例，增加最新之實務見解，使本書符合現時法律規範與實務運作。茲將本次增訂之重要內容，彙整歸納重點如下：

　　一、立法解釋之新增：自 2005 年修正刑法第 10 條第 2 項「公務員」、第 4 項「重傷」、第 5 項「性交」、第 6 項「電磁紀錄」之解釋後，鑑於刑法第 126 條第 1 項、第 222 條第 1 項第 5 款及第 286 條均有以「凌虐」作為構成要件，為使「凌虐」能有更明確且統一之解釋，且在實務運用上更無爭議，故在第 7 項新增「凌虐」之立法

解釋。基此，本書亦配合修正立法解釋各章節，並增加各種立法解釋之新釋義。

　　二、監護制度之改革：近年來，發生數起精神障礙者之重大殺人事件，例如 2012 年 12 月「殺人犯曾文欽在臺南市湯姆熊遊樂場將 10 歲兒童割喉案」、2014 年 5 月「殺人犯鄭捷在臺北捷運板南線列車上隨機殺人案」、2016 年 3 月「殺人犯王景玉在臺北市內湖區道路上將 4 歲女童小燈泡斷頸案」、2019 年 7 月「殺人犯鄭再由在臺鐵嘉義站持刀刺死鐵路警察李承翰案」等等。此等案件都是精神障礙者殘忍殺人事件，當此類案件發生後，每每激起社會大眾之不安與對精神病患之恐懼感，學界與實務機關針對精神障礙者犯罪後之處遇問題，經過無數次之檢討與研究討論後，2022 年 2 月立法院終於決定修正刑法第 87 條與第 98 條有關現行精神障礙者之監護規定，提出更完善「監護新處分制度」。基此，本書亦針對監護新制度之重要內涵，作最新制度之介紹與解析。

　　三、追訴權與行刑權之修正：基於維護國家刑罰權之實現，避免時效停止進行變相淪為犯罪者脫法之工具，刑法修正第 83 條追訴權與第 85 條行刑權之時效停止進行，將第 83 條第 2 項第 2 款、第 3 款有關「四分之一」之規定，修正為「三分之一」；將第 85 條第 2 項有關「四分之一」之規定，修正為「三分之一」，以落實司法正義。本書亦配合法律條文之修正，重新整理追訴權與行刑權章節，作最新內容之解析。

　　四、強制工作之廢止：有關強制工作保安處分，第 90 條第 1 項及第 2 項前段規定：「I 有犯罪之習慣或因遊蕩或懶惰成習而犯罪者，於刑之執行前，令入勞動場所，強制工作。II 前項之處分期間為 3 年。」，依據司法院大法官 2021 年 12 月 10 日釋字第 812 號解釋：「就受處分人之人身自由所為限制，違反憲法第 23 條比例原則，與憲法第 8 條保障人身自由之意旨不符，應自本解釋公布之日起失

其效力。」因此，強制工作違憲必須廢止，本書在立法機關未完成修法之前，先調整保安處分章節，將刑法第90條第1項及第2項前段規定：「I有犯罪之習慣或因遊蕩或懶惰成習而犯罪者，於刑之執行前，令入勞動場所，強制工作。II前項之處分期間為三年。」予以刪除，並重新調整保安處分之類型與內涵。

五、強制治療之部分廢止：基於舊刑法第285條所規定之行為人主觀上明知自己罹患花柳病，仍刻意隱瞞與他人為猥褻或姦淫等行為，而造成傳染花柳病予他人之結果，已構成刑法條文第277條傷害罪，為避免法律適用之爭議，刪除本條規定。基此，原保安處分中有花柳病強制治療之規定，配合刪除第285條而將刑法第91條所規定強制治療亦予以刪除。本書在保安處分章節中，亦重新整理與修正。

「增訂四版」之增修幅度較前三版為大，其中各個修正重點，除了參考臺灣及日本刑事法學專書，吸取諸多學者之重要見解外，特別要感謝三十多年來指導我學習刑法學之阿部純二與川端　博兩位恩師，以及日本學界我的摯友椎橋隆幸、山口　厚、只木　誠、井田　良、長井　圓、高橋則夫、松原芳博、四方　光、太田達也、山本雅昭、金澤真理、明照博章等教授之多次贈送專書論著，並隨時耐心與我討論刑事法之爭議問題，提供諸多精闢見解，多位良師摯友陪伴身側，是指導、是鞭策、亦是提攜，感恩無限。最後，感謝三民書局同仁之辛勞，使本書改版工作能順利完成。

余振華　謹誌
於重南書齋
2022年5月

［ 修訂三版序 ］

　　刑法學是一門博大精深之學科，透過刑法學而制定與完善一部科學、實用、且能與本國國情相適應之刑法典，並在借鑒各國優秀經驗之基礎上，發展出具有本國特色之刑法理論，不僅是各國刑法學者義不容辭之責任，更是諸多優秀刑法學者畢生所追求之目標。本書自 2011 年 8 月第一版、2013 年 10 月修訂第二版以來，無論是在刑法學之教學適用，抑或是在司法實務之參考運用，皆受到一致好評。衷心期望，本書第三版之問世，更能獲得諸多刑法學者及刑法學習者之廣大支持與評價。

　　誠然，本人一直秉持著如下之信念：一本好的體系書，應該能與時俱進，能隨著不斷變化之社會情勢，以及變化中之立法、司法狀況，做出適度之修訂，以實現刑法學適應社會發展而呈現不斷變化發展之特點。基於本人一直以來幾乎參與了本國刑事立法修法之全部過程，對修法背後之各種理論與實務狀況，有著較為透徹之認識，因此本書針對我國刑事立法陸續修訂之狀況，按照刑法學之體系進行編排，做系統性的深入介紹，以求全面跟進與適時修訂。本書係結合刑法理論，對修法部分做重點介紹，特別是修訂前後之相關討論、修訂部分可能涉及之各家學說，以及立法修訂之真正緣由，做較為詳盡之剖析、解讀，以饗讀者。

　　以下概略介紹《刑法總論》第三版之主要修訂內容：

　　一、本書第二版於 2013 年 10 月出版後，在教學中發現第二版之內容中仍有諸多內容敘述不完整，或不容易理解，或新判決的實務見解，因此再加以修正或增補。

　　二、2013 年至 2015 年間，面對層出不窮之食品安全問題，為解決黑心大企業不法所得無法沒收之重大法律缺漏，刑法學界與實務機關歷經無數次學術研討會之討論與分析，確立刑法沒收獨立專章規範之改革方向。2015 年 12 月 17 日立法院三讀通過刑法沒收條文修正案，並於 2016 年 7 月 1 日開始施行沒收新制度。本書針對此一新制，亦即將沒收從「從刑」改為「獨立法律效果」之新制，將沒收重新歸納於刑罰與保安處分，因而形成第三篇「刑罰、沒收與保安處分」。

　　三、2016 年 11 月，立法機關針對國人在國外詐騙外國人而刑法無法適用之問題，將刑法第 5 條第 1 項所列舉的我國領域外犯罪適用本法的犯罪類型增列第 11 款加重詐欺罪，使得在外國實行詐騙之詐騙集團可適用刑法來處斷。針對此一部分，亦在刑法適用範圍部分加以增補。

　　刑法法規之制定與適用，攸關國民之最基本權益，刑事立法應隨著社會發展而適時進行調整。刑事立法之走向，是一個國家文明程度之重要表現。對民眾基本權益之關注，特別是針對涉及侵害國計民生問題之食品衛生等問題，加強打擊力度，表現國家以民為本之宗旨，更是刑法注重民眾基本法益保障之重要體現。一部現代化之刑法，應當既能因應國內民眾之基本需求，又能適當考慮與各國聯合，共同打擊跨國犯罪等問題。因此，針對現實中層出不窮之問題，在理論界和實務界通力合作之基礎上，經過無數次討論和論證，立法宗於做出以上重要修訂。涉及修訂部分內容，本書會有系統、全面且深入之介紹。

　　自 2013 年 10 月修訂第二版以來，轉眼又四年。時光飛逝，歷經持續不斷之刑事法學教學以及無數次前往日本、韓國、大陸地區之訪學，在開拓視野之同時，也讓本人對刑法學教學及刑法學理論問題有更深入之體驗。有關教學與訪學研究中之點滴體會，也借本

書新版修訂之際，在本書第三版中做詳細之闡述。期望透過本人之不懈努力與勤奮耕耘，能為刑法學界與實務界，提供一本有深度、全面且實用之刑法學體系書。刑法學依然處在不斷發展與完善之階段，我國刑事立法亦將隨著刑法學理論之推動，以及刑事司法之需要，適時做必要之修訂。未來時日，本人當繼續秉持勤奮務實之精神，對刑法修訂及刑法學理論之發展做全面考察，適時向各位讀者報告，為我國刑事法學發展盡綿薄之力。當然，基於種種緣由，本書亦可能存在諸多缺陷和不足，懇請各位讀者同好批評指正，不勝感激。

余振華　謹誌
於大崗誠園
2017 年 8 月

余　教授の『刑法総論』を推薦する

日本国、東北大学名誉教授　阿部純二

2011 年 4 月 20 日

この度、中央警察大学専任教授、輔仁大学兼任教授、台湾刑事法学会理事長の余振華博士は大著『刑法総論』を世に送られた。心より慶賀したい。

余教授、日本の東北大学（修士号取得）、明治大学（博士号取得）に学ばれたのち、母校、中央警察大学で教鞭をとられ、また共犯論、違法性論その他刑法学全般につき孜々として研究を重ねてきた。その成果が本書として実ったことは、誠に喜ばしく、台湾の学界のみならず日本の学界にも裨益するところ大なるものと考えられる。

『刑法総論』は、全文 40 万字を超え、646 頁に及ぶ浩瀚な体系書である。第 1 編「刑法基礎論」、第 2 編「犯罪論」、第 3 編「刑罰と保安処分」の 3 編から成るが、第 2 編「犯罪論」が全体の大半を占めている。そこでは、ドイツ及び日本の標準的な体系とほぼ同じように、構成要件、違法性、責任、未遂、共犯の諸問題が整然と、かつ詳細に論じられている。

本書は、体系的に一貫しているだけではなく、個々の問題についても充実した論述が見られ、刑法を学ぶ学生諸君にとって頼りになる教科書であると同時に、研究者にとっても参照に値する学術書になっている、と信ずる。

以上により、本書の刊行を喜び、本書を江湖に推薦するものである。

推薦　余教授著《刑法總論》

日本國東北大學榮譽教授　阿部純二

2011 年 4 月 20 日

　　此次，中央警察大學專任教授、輔仁大學兼任教授、台灣刑事法學會理事長余振華博士大作《刑法總論》出版問世，本人由衷表示祝賀之意。

　　余教授曾經在日本東北大學（取得碩士學位）、明治大學（取得博士學位）攻讀刑法學，學成回國後，在母校中央警察大學擔任教職，其間更孜孜不倦從事共犯論、違法性論及其他刑法學整體之研究。本書正是余教授多年研究成果之呈現，實在令人高興，相信本書對臺灣學界以及日本學界都將具有重大之助益。

　　《刑法總論》一書，全文超過 40 萬字，篇幅亦有 600 餘頁，堪稱內容相當豐富之體系書。本書係由第一篇「刑法基礎論」、第二篇「犯罪論」、第三篇「刑罰與保安處分」等三大部分所架構而成，其中第二篇「犯罪論」係本書之重要環節，佔本書整體之大半。在第二篇「犯罪論」之中，正如同德國與日本刑法之標準體系般，針對構成要件、違法性、責任、未遂、共犯等各種問題，均有完整且詳細之論述。

　　本書不僅在體系上係屬整體一貫，針對各種問題亦有相當充實之論述。本人深信，對學習刑法之學生諸君而言，本書係一本可信賴之教科書，而對研究者而言，本書亦是值得參考之學術論著。

　　基於以上理由，本人除對本書之出版表示祝賀之外，亦特別將本書推薦給社會大眾。

推薦の辞

明治大学法科大学院教授・法学博士　川端　博

2011 年 4 月 13 日

　　余振華教授が『刑法総論』の体系書を公刊されることとなった。実に慶賀すべきことである。何故ならば、刑法学者が体系書を世に問うことは、研究者として極めて名誉なことであるからである。単なる教科書は、容易に書ける。多少の勉強をすれば、それなりに体裁を整えることは可能である。教科書は、要するに、刑法についての「解説」に止まる。しかし、体系書は、「解説」を超えて自らの「理論体系」を提示するものでなければならない。矛盾のない「理論」を構築し、それを説得的に論述しなければならないのである。そうであるからこそ、学者にとって体系書の公刊は、大変な事業といえることになる。

　　私は、体系書を書く資格として、数冊の研究書を公刊していることを考えている。何故ならば、体系書は問題となる全ての論点について著者自らの見解を提示することが要求されるので、数多くの深い研究の裏付けが必要とされるからにほかならない。それらの研究を基礎にして、諸論点に明解な解決を与えなければ、体系書は仕上がらないのである。

　　幸いにして余教授は、私の研究室において真摯な研究をされ明治大学から法学博士の学位を授与されており、その後、研究を深められて数冊の論文集を公刊されている。それ故、余教授は、

上記の資格を有しておられる。

　公刊される『刑法総論』の目次を見せてもらった。それを見ると、緻密に考え抜いて構築された刑法理論体系が叙述されていることが分かる。すなわち、章立てとその相互関係から理論体系が明瞭に浮かび上がって来るのである。多くの人に本書を読んで刑法を学び、余教授の理論体系を把握してその素晴らしさを味読して戴きたいと思う。本書を広く推薦する所以である。

推薦辭

明治大學法科大學院教授・法學博士　川端　博

2011 年 4 月 13 日

　　余振華教授所著《刑法總論》之體系書出版問世，確實值得慶賀。其理由為：刑法學者能將體系書出版問世，對研究者而言，應該係一生相當榮譽之事情。倘若僅僅係屬於教科書，則相當容易撰寫。因為只要稍微努力，即可達到某種程度之規模。總而言之，教科書僅止於刑法之「解說」而已。然而，體系書不單是「解說」而已，更必須超越「解說」之範圍，明白地顯示研究者本身之「理論體系」，依此而建構毫無矛盾之「理論」，更進而具有說服力地論述該種「理論」。正因為如此，出版體系書對刑法學者而言，可謂係其一生相當重要之事業。

　　本人認為，應公開發表數冊之研究專書後，始具有撰寫體系書之資格。為何如此說？其理由為：體系書必須針對刑法中所有具有爭議問題之論點，提出作者本身之見解，因此當然必須深入研究相當多數之專題，依此始能獲得其中問題之理論根據。倘若不以該多數之研究專論做為基礎，依此而明確地解釋各種論點，實在無法完成體系書之撰寫。

　　所幸余教授在本人研究室研究期間，真摯努力地從事研究，因而獲頒明治大學法學博士學位，回國後，更繼續深入研究，亦曾公開出版過數冊論文集。因此，本人認為余教授具有撰寫體系書之資格。

　　本人閱覽《刑法總論》一書之目錄後，知道本書係余教授敍述其經過細緻且反覆思考所建構之刑法理論體系。亦即，從本書之章節及其相互間之關係，已經明確地浮現出刑法理論之體系。本人期望閱讀本書而學習刑法之多數讀者們，能確實掌握余教授之理論體系，詳細閱讀其中之精采論點。因此，本人願意廣泛地將本書推薦給各界。

推薦のことば

　このたび，台湾刑事法学会理事長であられる中央警察大学法律系・余振華教授が大著『刑法総論』を上梓されることとなった。まことに喜ばしい限りである。余教授は，日本・東北大学大学院及び明治大学大学院で学ばれ，川端博教授の下で博士の学位を取得された刑法学の権威である。日本の刑事法学についても，大変ご造詣が深い。昨年5月，余教授のお招きで，日本・早稲田大学の曽根威彦教授とともに台湾の各地を訪れ，講演の機会をもつことができたが，そのおりに余教授のお人柄，真摯な学問的姿勢に直接触れることができ大変感銘を受けた。翌6月には，日本・仙台市にある東北大学で開催された日本刑法学会第88回大会に余教授をお招きして，再度意見交換を行う機会をもつことができたが，大変に有益であった。

　このたび出版された余教授の『刑法総論』は，600頁を遙かに超える文字どおりの労作であり，大著である。それは，刑法の基礎理論から犯罪論，さらには刑罰論・保安処分論にまで及ぶ本格的な体系書であり，台湾の刑事法学界において久しく待望されていたものであるといえよう。そこには，日本刑法学を含む，余教授の幅広い学識が遺憾なく示されているといえる。本書が，今後の台湾刑法学にとって重要な意義をもつ体系書として，確固たる地位を占めるものとなることを確信している。ここに，余教授の『刑法総論』をご推薦申し上げる所以である。

　　活力溢れる余教授が，今後，刑事法学の多方面で益々ご活躍されることを切望してやまない。

2011 年 4 月

日本刑法学会理事長

東京大学教授　山口　厚

推薦辭

　　現任台灣刑事法學會理事長、中央警察大學法律系余振華教授，其大作《刑法總論》付梓，確實係一件令人高興之事情。余教授曾經留學日本，先後在東北大學大學院及明治大學大學院進修，而在川端博教授之指導下，獲頒明治大學法學博士學位，係刑法學之權威，而且其對日本刑事法學亦有相當高深之造詣。2010 年 5 月，本人有幸獲余教授之邀請，而與早稻田大學曾根威彥教授一同前往臺灣訪問，在臺灣各地進行多場學術演講會。由於演講會之機會，本人能更直接接觸余教授，對於其優越之人品以及其真摯之研究學問態度，深受感動而銘感在心。2010 年 6 月，日本刑法學會在日本仙台市東北大學舉辦第 88 屆大會，本人特別邀請余教授參加該次會議，再次有機會與余教授進行意見交換，更是獲益良多。

　　此次，余教授所出版之《刑法總論》，其篇幅超過 600 頁，堪稱辛勞且內容豐富之巨大著作。本書從刑法之基礎理論，乃至於犯罪論、刑罰論、保安處分等均有詳細之論述，屬於一本正式之體系書，可謂係臺灣刑事法學界待望已久之論著。在本書之內容中，包括日本之刑法學，此部分亦充分展現出余教授之豐富學識。由於本書對於今後臺灣刑法學而言，實屬一本具有相當重要意義之體系書，因此本人確信本書將佔有堅固之學術地位。基於以上理由，特別撰文推薦余教授所著《刑法總論》。

　　筆末，本人殷切期望充滿活力之余教授在刑事法學等各方面，今後更活躍、更成功。

2011 年 4 月
日本刑法學會理事長
東京大學教授　山口　厚

甘　序

　　刑法是規範犯罪與刑罰的法律，在刑法理論學界，向來頗著重於犯罪理論的分析與檢討，且一直試圖將錯綜複雜的犯罪理論加以體系化，以作為行為成立犯罪的判斷標準。但因法律學屬於社會科學的一環，是由人類數千年來從事社會生活的經驗所累積而成，不但與時代及環境的變動有關，且與個人的生活觀及價值觀密不可分。因此，如何架構一套符合邏輯思維且操作嚴謹的犯罪論體系，便成為研究刑法學的人必須面臨的核心課題。在各國刑法學者所建構的犯罪論體系中，有一元的犯罪論體系及多元的犯罪論體系的差異；而在多元的犯罪論體系中，又有二階層、三階層及四階層體系的不同。德國及日本等歐陸法系國家，雖然多數學者採取三階層體系，但也有不少學者採取二階層或四階層體系。處此價值觀多元併行與自由民主的社會，各人依其價值觀而採取或傾向於某種理論體系，是一種很正常的現象。因時代與環境的劇烈變動，犯罪理論的不斷推陳出新，或許將來有別於傳統理論體系的新體系隨之而產生，亦非難以想像的事。

　　余振華教授近日所撰著的《刑法總論》一書，為探討刑法理論的一本體系書，概分為三大部分，第一部分旨在探討刑法的基礎理論，第二部分重在犯罪理論的剖析，第三部分則在闡明刑罰與保安處分的理論。其中有關犯罪理論體系的部分，本書傾向德、日學者通說所採的三階層犯罪理論體系，就構成要件論、違法性論及責任論分別加以深入詮釋與解說，體系分明，見識獨具，頗值有志研習刑法學者的深思與體會。其他部分，如未遂犯論、正犯與共犯論以及罪數論，作者多年來的研究所獲心得，均充分滲入其中，堪供刑

法學界及司法實務揣摩與運用的參酌。本人對於振華兄精深的法學
造詣及執著的專業精神，甚為感佩，爰在此略綴數語，以為之序。

　　　　　　　　　　　　　　　甘添貴　謹序
　　　　　　　　　2011.5.15 於挹翠山莊半半齋

邱　序

　　刑事法學，鈞深致遠，經緯細緻。其中，刑法總論，實為總體犯罪論及刑法論之樞紐，更為其總匯。此之總匯，多為深奧難解的抽象概念及錯綜複雜之體系網絡，其具體化工程之構築，至為艱鉅。近半世紀矣！早歲研讀刑法總論當時的困頓苦澀，迄今猶然歷歷在目。刑事法學研習之特別困窘，至少是筆者經驗上的心路歷程。

　　振華教授，早年留學日本專攻刑事法學，先在日本國立東北大學追隨　阿部純二教授，獲得法學碩士學位，其後轉往日本明治大學，拜在日本刑法學權威　川端博教授門下，獲得法學博士學位。返回國門後，潛心刑事法學之教學研究，歷任中央警察大學法律學系暨法律學研究所助理教授、副教授、教授，同時在輔仁大學、真理大學、開南大學等法律學系兼任刑事法學教授，並應聘在法務部司法官訓練所擔任刑法講座，係國內刑事法學界知名之權威學者。

　　教學認真，研究精勤，為振華教授之學術生命寫照。由於二者粲然兼備，聲譽卓著，爰備受刑事法學界及實務學界之推崇及肯定，進而膺任台灣刑事法學會理事長。其領導我國刑事法學者，主動積極而熱心推動刑事法國際學術交流活動，並與日本刑法學會、大陸刑法研究會建立相當密切之交流。因其在刑法理論學界與實務界之名望很高，十餘年來，多次受聘擔任考試院司法官特考、律師專技考試、高普考試及警察特考等國家考試之典試委員、命題委員及閱卷委員，均能審慎用心，力求公平公正而善盡職責。

　　振華教授曾經出版多冊刑事法學之專門論著，並且在我國及日本法律雜誌上發表很多論文。我國刑法繼受德國及日本，刑法學亦深受德國、特別是日本刑事法學之影響。振華教授在 2001 年 3 月出

版之《刑法違法性理論》一書，詳細論析德國、日本與我國之違法性理論，洋溢師承　川端名門之學風。1999 年與 2008 年，先後將川端教授所著《刑法總論二十五講》與《集中講義　刑法總論》二書譯成中文，讓國內與大陸許多刑法先進分享　川端教授之學說精華，對於刑法學術研究之提昇，堪稱貢獻良多。

　　在學生、同事、朋友之殷盼催促之下，振華教授終於在今年，將多年精心研究刑法之心得，配合在各大學教授刑法之經驗，長期辛勞撰成鉅作《刑法總論》，真是值得慶賀。本書內容豐富而見識精到、融會貫通而深入淺出，確係非常合適實用之教材，其嘉惠刑法學子者，信必多而且鉅，對於有志鑽研刑法學術或實務之先進，亦是值得參考之絕佳論著。

　　側身法學界及實務界雖已 40 年，惟以所學所用大多偏於民法學之領域。振華棣非常客氣，巨著定稿之日，專程徵序於余，本是驚惶異常，不敢承命。奈因念及振華棣情深義重，而且為人耿介不阿，處事真摯熱誠，實在令人盛情難卻；加以感佩其於刑事法學造詣之深、啟迪之功，惶恐而又喜悅之餘，乃敢謹綴數語，以為力學有成之推薦見證，同時期待　振華教授更為精進成功。

考試院　考試委員
輔仁大學法律學系教授
邱聰智　謹序
2011 年 5 月 26 日於考試院

　　在法學領域中，刑法學被視為係一門艱深難懂之科目，主要因為刑法解釋學上包含太多原理原則，而這些原理原則更涵蓋刑法哲學、刑法論理學、法制史與比較刑法學等範疇，因而使許多莘莘學子望門卻步。倘若一本具有完整體系概念之教科書，無法正確解釋刑法所存在之問題，則學習者將事倍功半。而若僅是簡單扼要解釋法條之規定，卻又形成似懂非懂，無法正確適用刑法理論，解決現實社會所存在之問題，同樣無法收學習之效。如何使學習刑法者排除學習障礙，清楚理解刑法學中各種論點，進而學以致用，確實係出版刑法教科書之重要關鍵。

　　著者從 1998 年返國擔任刑法教職以來，除經常發表刑法中各種爭議問題之論文外，更積極在各種學術研討會提出專題報告，藉此機會就教於刑法學先進們。近年來，更經常前往日本，或是擔任客座教授，或是短期研究，而能與日本恩師及刑法學界前輩相聚討論，亦從中獲得許多寶貴意見。在撰寫本書期間，除仔細拜讀日本刑法名家之重要論著外，亦重新檢閱曾經發表過之個人專論，藉此修正諸多先前之見解。在經過無數次之反覆深思後，建構一套自認較為完整之刑法理論體系，遂完成一本具有體系架構之「刑法總論」教科書。

　　2005 年刑法總則全面修正，總計修正 67 條，著者有幸參與修法工作，更覺得必須將修法過程中所提出之學說論點，清楚加以解釋與釐清。因此，在本書內容之中，特別結合刑法體系概念與理論根據，提出新刑法總則許多重要問題之解釋。在本書各章節中，針對

爭議性之問題，特別綜合各家學說與實務之精闢見解，確定個人立論，更努力解決每一個爭議問題。本書中所述諸多論點，未必能獲得刑法學先進賢達之贊同與支持，但其中見解係著者累積多年教學與研究之心得，其中難免有闕漏或謬誤之處，自當悉心接受指正。

　　本書初稿之撰寫，主要係在 2010 年暑假至 2011 年寒假，其間雖然經歷異國他鄉之酷暑與嚴冬煎熬，但由於中央警察大學批准我教授休假，台灣刑事法學會工作夥伴為我擔下學會許多重要會務，所以能在日本東京寒舍閉關專心寫作，內心充滿感恩之心。完成此書之際，正是嚴冬冷風刺骨時節，望眼窗外飄著細雪之情景，回憶昔日十餘年異國寒窗苦讀，此情此景亦是可待成追憶。

　　長年在外從事研究與寫作，未能隨時伺候年邁雙親左右，在此必須說聲抱歉，同時感謝在臺灣、東京、北京妻兒之加油打氣。真理大學王乃彥副教授、輔仁大學法律系博士研究生曾思堯、蔡孟兼、黃國瑞等多位學棣提供意見與費心校稿，備極辛勞，特別致上謝忱。最後，必須感謝三民書局劉振強董事長與公司同仁之鼎力相助，使本書能順利付梓。本人才學有限，雖竭盡畢生所學，終究未能臻於理想之境界，敬祈法學先進不吝賜教與指正。

余振華　謹誌

於隅田川月島書齋

2011 年 7 月

刑法總論

目次

增訂四版序

修訂三版序

余　教授の『刑法總論』を推薦する（阿部純二教授推薦辭）

推薦の辞（川端　博教授推薦辭）

推薦のことば（山口　厚教授推薦辭）

甘添貴教授　序

邱聰智教授　序

自　序

第一篇

刑法基礎論

第一章　刑法與刑法學

初學刑法者，首先必須理解「何謂刑法？」、「何種行為屬於犯罪行為？」因此，本章從刑法與刑法學的基本概念開始，在介紹刑法的意義與範圍後，復又基於刑法與社會倫理的關係，進一步深入思考刑法的目的與機能，藉此清楚瞭解犯罪的真正意涵。

第一節　刑法的意義

人類經營社會生活，係期待能過著安定與安全且免於恐懼的生活，但在現實社會中，卻存在著許多威脅與破壞此種和諧生活的行為，故針對此種具有重大社會侵害性的行為，自古以來即將其視為犯罪行為，而以最嚴厲的刑罰加以制裁。準此，刑法 (Strafrecht, criminal law) 即係基於此種意義，以明文規定犯罪與刑罰（或沒收、保安處分）的法律規範❶。換言之，刑法係規定何種行為屬於犯罪行為（**法律要件**），並針對此種犯罪行為應科以何種刑罰或沒收、保安處分❷（**法律效果**）的法律規範。

---

❶ 所謂**法律**，依據中央法規標準法的規定，得定名為**法、律、條例**或**通則**（中標法 §2）。此種法規的形式，有別於各行政機關所發布的**命令**，亦即**規程、規則、細則、辦法、綱要、標準**或**準則**（中標法 §3）。刑法依據上述的定義，係指有關犯罪與刑罰（或沒收、保安處分）的法律規範，其性質並非屬於規定私人與私人關係的私法，而是屬於規定國家與個人關係的公法。

❷ 世界各國刑法的立法例，針對法律效果的規定，有僅規定刑罰者，亦有將刑罰與保安處分二者分別規定者，我國刑法係採刑罰、沒收與保安處分三者分別規定的立法方式。**我國刑法所規定的刑罰**包括死刑、無期徒刑、有期徒刑、拘役、罰金（刑法 §33 主刑），以及褫奪公權（刑法 §36 從刑）；**沒收**為獨立的法律效果（刑法第五章之一沒收、§§38～40 之 2）；**保安處分**則包括感化教育、監護、禁戒、強制治療、保護管束及驅逐出境等六種處分（刑法第十二章保安處分、

【刑法的基本認識】

　　由於行為必須具備一定的法律要件，始屬於犯罪行為，刑法即為規定此等要件的實體法律；刑法所規定的法律要件包括犯罪行為所共通的要件(**刑法總則**)，與各種犯罪行為的個別要件(**刑法分則**)。刑法既然有規定犯罪行為，當然亦應針對此等行為的代價有所規範，亦即明定其法律效果；我國刑法所規定的法律效果包括刑罰、沒收與保安處分，主要係透過制裁犯罪行為人的方式，藉以衡平犯罪行為所產生的惡害以及預防將來的危害。所謂**刑罰** (Strafe)，係指針對行為人現在所實施的犯罪行為，依法剝奪特定法益的**國家制裁**；所謂**沒收**，係指針對與犯罪具有關聯性的特定物，剝奪其所有權而歸屬國庫或予以銷毀的處分，依照其標的而分為犯罪物沒收 (Einziehung) 與利得沒收 (Verfall) 兩種類型；至所謂**保安處分** (Sicherungsmaßnahme)，則係指針對具有將來社會危險性的行為人，為袪除該種危險性而施予強制治療、矯正或預防措施的**國家處分**。

　　舉例而言，在「殺人者，處死刑、無期徒刑或十年以上有期徒刑。」(§271 I) 的殺人罪條文中，前半段所規定「殺人者」，即屬於法律要件；後半段所規定「處死刑、無期徒刑或十年以上有期徒刑」，則係屬於法律效果。就刑法規範的觀點而言，在此一條文的規定中，可包含兩種相異性質的規範：(1)關於「不得殺人」的禁令（禁止規範與命令規範），係屬於以一般國民為對象的**行為規範** (Vehaltensnormen)；(2)針對違反此種禁令的殺人者，命令法官宣告「死刑、無期徒刑或十年以上有期徒刑」，禁止宣告以外的刑罰，係屬於以**法官**為對象的**裁判規範** (Entscheidungsnormen)。

---

§§86～99)。

第二節 刑法的種類

刑法固然為規範犯罪與刑罰（或沒收、保安處分）的法律，惟事實上除刑法典❸之外，亦有許多犯罪行為係在其他法律中加以規定。有關此等犯罪行為的規定，依據法律外形、涵蓋範疇、適用對象與適用範圍等的不同，可歸納以下幾種類型：

刑法的種類
- 法律外形
  - 形式刑法
  - 實質刑法
- 涵蓋範疇
  - 狹義刑法
  - 廣義刑法
- 適用對象
  - 普通刑法
  - 特別刑法
    - 刑事特別法
    - 行政刑法

一、形式刑法與實質刑法

刑法的種類，最基本的分類方法係從**法律外形**來區分，可分為形式刑法與實質刑法兩種類型。形式刑法係指在法律名稱中即具有刑事制裁名稱的法律規範，例如中華民國刑法、陸海空軍刑法、毒品危害防制條

---

❸ 所謂**法典**，亦即一般所稱的「法律」。稱法律者，有別於「法」，二者應加以區分。所謂「法」係指自然法或法哲學上的用語，其係屬抽象意義的現象，而將抽象的現象以法條形式體現化，即形成具體意義的「法律」。採行成文法的國家，依據各種領域的基本事項有體系地加以組織編列，而形成國家的法秩序。一般將法律通稱為「六法」，此種用語源自於日本，日本所稱「六法」係指憲法、民法、民事訴訟法、商法（包含公司法等）、刑法、刑事訴訟法；而我國所稱六法主要係指憲法、民法、民事訴訟法、行政法、刑法、刑事訴訟法。

例、懲治走私條例、組織犯罪防制條例、貪污治罪條例、妨害國幣懲治條例等；**實質刑法**則係指具有刑法的實質內涵，但在外形上並無刑事制裁名稱的法律規範，例如著作權法、公司法、證券交易法、廢棄物清理法等。

二、狹義刑法與廣義刑法

刑法就涵蓋範疇而言，可分為狹義刑法與廣義刑法兩種類型。所謂**狹義刑法**，係指中華民國刑法，一般稱刑法時，即指狹義的刑法；所謂**廣義刑法**，則係指一切以犯罪與刑罰為內容的刑事實體法而言，包含中華民國刑法、刑事特別法及設有刑罰法律效果的行政刑法。

三、普通刑法與特別刑法

刑法就適用對象與適用範圍而言，可分為普通刑法與特別刑法。所謂普通刑法，係指基於國家獨立主權所及範圍內的所有人與事均可適用的原則所制定的刑事法典，其屬於規定犯罪與刑罰的最主要法律。換言之，普通刑法係適用於一般人或一般刑事案件，且適用於平時普及全國各地的法典，其性質具有一般性與恆常性。所謂**特別刑法**，係針對特定的人、事、時、地而制定的刑法，其性質屬於刑法的輔助法律。特別刑法依其立法方式可分為刑事特別法與行政刑法❹。

申言之，**刑事特別法**乃以刑事犯（亦稱自然犯）為對象，一般係針對特定範圍內的人、地、時或特別事項，為因應當時社會客觀環境的需要，在無法適用普通刑法解決之際，以單行法的立法形式所制定的刑事法規，其性質具有特殊性與短暫性，例如陸海空軍刑法、貪污治罪條例、毒品危害防制條例、懲治走私條例、組織犯罪防制條例、洗錢防制法、兒童及少年性剝削防制條例、少年事件處理法等。至於**行政刑法**，則係以**行政犯**（亦稱法定犯）為對象，而於行政法、民商法、經濟法、財稅

❹　有學者將刑事特別法稱為「狹義的特別法」，而將行政刑法稱為「附屬刑法」。本書為方便區別，將其區分為**刑事特別法**與**行政刑法**兩種類型。

法、環境法等各種行政法規中規定刑事處罰條文，例如著作權法、公司法、廢棄物清理法等的相關刑事處罰條款。

綜上所述，就**法律性質**而言，普通刑法係針對具有「常態性」的一般犯罪行為所制定的法典，其性質上屬於長期性適用的法律；反之，刑事特別法則係針對現實環境所產生的特殊情況，在不修改具有常態性的法律（普通刑法）為前提，另外制定的暫時性、非常態性或限時性的特別法。依據此一立法性質，若現實環境所產生的特殊情況消失時，僅須廢止特別刑法並回歸普通刑法的適用即可❺，仍得以保持及回復普通刑法的完整適用性與安定性。

準此，普通刑法與特別刑法的適用原則，依據二者的法律性質，係採「特別刑法優於普通刑法」、「例外法排斥原則法」兩大法理，倘若某種犯罪行為在普通刑法與特別刑法均設有處罰條款，亦即在適用上產生競合的情形時，應優先適用特別刑法，而普通刑法自然被排斥不適用。

第三節　刑法的規範

第一項　刑法規範的概念

刑法規範的內容，係約束國民行動的一種行為準則，刑法規範基於罪刑法定主義，透過刑法典對於犯罪與刑罰的事先預告，使國民得以預知其所實行的各種行為是否係刑法規範所容許或禁止。因此，刑法規範的目的在於保障國民對其行為是否受到刑罰制裁的預知可能性，因而其對國民產生行動的規範力，具有犯罪預防或社會控制的規範行為機能。

基於上述刑法規範的目的，所衍生出來的規範行為機能，其所欲規

---

❺　例如民國31年8月1日公布「妨害國家總動員懲罰暫行條例」，而於93年1月7日廢止；42年7月7日公布「臺灣省內菸酒專賣暫行條例」，而於91年5月22日廢止；35年4月8日公布「懲治盜匪條例」，而於91年1月30日廢止等。

範的對象，乃是生活於社會中的個人在社會中的各種行為，就此種角度而言，刑法規範可謂係一種**行為規範** (Vehaltensnormen)❻。為了發揮行為規範的作用，刑法在制度的設計上，係透過犯罪構成要件的內容，揭示刑法規範所欲禁止或命令國民的行為。然而，賦予犯罪構成要件對於行為的違法內涵，而實現禁止或命令國民行為的目的，並非憑空想像或恣意為之，仍須透過犯罪理論的學理賦予其違法內涵的意義。

在犯罪理論中，對於犯罪構成要件賦予可罰性基礎，實為違法性的功能及其所關注的重點。刑法規範既以行為做為規範的對象，則於違法性的理論中，有以行為概念為其核心而賦予其違法內涵的論點，亦即所謂**行為無價值論**。依據此種理論，違法性係對於行為人的行為所做的一種否定價值的判斷，而由於行為人的行為涵義甚廣，除行為態樣本身外，行為人的主觀意思、所承擔的義務以及行為所造成的法益侵害結果，皆為決定違法性的要素。基此，行為無價值論認為違法性的本質係行為的規範違反性，著重於行為人的行為態度❼。

然而，刑法規範的目的，除了使國民對其所實行的各種行為能夠事先預知是否成立犯罪，保障國民對其行為是否受到刑罰制裁的預知可能性之外，倘若行為人的行為違反行為規範時，究竟應如何適當處理，以維護整個社會的和平秩序，則為刑法規範的另一個目的。蓋國家刑罰權的發動，係以行為違反刑法規範的禁止或命令規範為其前提，而將其評價為犯罪，並透過刑法規範的實際效力，基於回復被破壞的法秩序，針對犯罪做事後的處置，以達到預防犯罪的目的。

承上所述，由於刑法規範係由犯罪構成要件與刑罰效果兩者所組成，故刑罰權發動的前提，除須以違反行為規範為必要外，仍須以**刑罰的合目的性**為依據❽。所謂刑罰的合目的性，係基於刑法規範的保護法益為

---

❻　參照山中敬一，〈刑法規範のシステムと機能〉，收錄於《刑事法入門》，成文堂，1995 年出版，21–22 頁。

❼　參照甘添貴・謝庭晃合著，《捷徑刑法總論》，作者自版，2006 年 6 月第 2 版，127–128 頁。

其目的，當法益受到侵害或產生侵害危險時，始有對犯罪施加刑罰制裁的必要。換言之，法益保護機能係賦予刑罰合目的性的理論依據，依此而針對違反行為規範的犯罪施以刑罰制裁的效果，在此種意義之下，刑法規範可謂係一種制裁規範 (Sanktionsnormen)❾。

制裁規範的實現，係以行為規範的違反為其前提，且又造成法益侵害或法益侵害的危險。若從違法性的本質來觀察，行為規範的內涵係以行為無價值論為基礎，惟進入制裁規範的射程範圍時，制裁規範所關切者，乃法益侵害的程度，亦即法益侵害或法益侵害的危險。因此，以違法性本質做為觀察制裁規範的基礎時，制裁規範實具有結果無價值論的濃厚色彩。依據結果無價值論的見解，違反行為規範的行為對於他人的法益造成侵害或危險時，此種法益侵害或危險，基於整體法秩序的立場，應給予否定的價值判斷，故結果無價值論將違法性的本質，求諸於法益侵害的結果❿。

從違法性的本質來看，行為規範的內涵係具有行為無價值論的色彩；至於制裁規範的內涵則以結果無價值論為其核心。因此，在進行犯罪的評價時，仍須先有行為規範的違反，始有進入制裁規範的必要，亦即制裁規範係以行為規範的違反為前提，確實有法益侵害或危險發生時，始發生制裁規範的機能。然而，行為規範係行為無價值的表現，而制裁規範又以結果無價值為核心，故對於違法性的本質，倘若僅基於違法一元論的立場，實無法清晰掌握行為規範與制裁規範間的關係，甚至造成犯罪評價上的立場有所偏頗，將有導致罪刑失衡之虞。

---

❽ 參照何佳芳譯・山中敬一著、蔡秀卿校，〈罪刑法定主義與規範構造〉，收錄於劉幸義編，《多元價值、寬容與法律》，五南圖書，2004 年 4 月初版，633 頁。

❾ 參照山中敬一，〈刑法規範のシステムと機能〉，收錄於《刑事法入門》，成文堂，1995 年出版，22 頁。

❿ 參照甘添貴・謝庭晃合著，前揭書，127 頁。

第二項　行為規範的意義

自人類文明社會形成以來，為了維持社會生活秩序的平穩與安定，必須遵循維持社會生活平穩與安定的行動準則，藉以維持社會秩序。因此，應如何使生活於社會中的文明人瞭解其行為是否將危害社會秩序，或何種行為對社會秩序將產生重大的破壞，實有賴刑法規範對犯罪的類型與內容所做的描述，透過事先揭示犯罪及其後果的手段，始能實現犯罪的一般預防機能。

行為規範對於安定社會共同生活的平穩秩序所必要不可欠缺者，即係對一般人創設可預測其行動內容及方向的狀態。此種對於行動內容及方向的預測，並非以維持社會倫理秩序為目的，而係指自己的生命、身體、財產等不被侵害的預測。換言之，行動預測必然係基於法益保護的目的，故創設此種可預測行動內容的狀態，可謂係以法益保護為目的[11]。

就行為規範係以法益保護為目的的意義而言，所謂透過行為規範實現法益的保護，係指事前預防犯罪的法益保護。舉例而言，對殺人者科以刑罰，並非係以被殺害者復活為理由；對毀損他人器物的人科以刑罰，亦非以修復被損壞的器物為理由。因此，從法益保護的立場來看，刑法經常於法益被侵害後始發生作用，而透過刑法規範實現法益的保護，僅有在對將來實現法益保護始具有意義。其次，行為規範既係以法益保護為目的，故在判斷行為人的行為是否有違反行為規範時，仍必須對法益相關的事項進行判斷。如前所述，由於無法否定預防性法益保護的事前判斷，故必須透過在行為中要求行為人對法益的一般抽象危險，確認一定程度的行為規範性[12]。

承上所述，行為規範一方面為實現刑法上法益保護的目的，並以法益保護為行為規範的內涵；另一方面又欲透過行動準則的預告，令生活於社會中的一般國民得以預知其行為是否符合行為規範的期待，故行為

---

[11] 參照高橋則夫，《規範論と刑法解釈論》，成文堂，2007 年 10 月，7 頁。

[12] 參照高橋則夫，前揭書，8 頁。

規範實透過規範社會人的行為，實現法益保護的目的，同時實現刑法上對於行為規範機能與法益保護機能。準此，判斷行為規範是否被破壞，究竟係以行為違反行為規範抑或法益受到侵害為標準，亦即行為與法益間究竟具有何種關係，仍有釐清的必要性存在。

由於行為規範所規範的對象係行為人的行為，因此行為規範是否遭受破壞，仍應以行為人的行為做為判斷對象。如上所述，在犯罪本質論中，以行為人的行為做為犯罪的觀察重點，亦即所謂行為無價值論。在此所謂行為可謂係反應行為人內部態度的外部表現，故行為人的行為是否為犯罪，除了必須觀察行為人所表現的外部舉動是否違反行為規範中的**評價規範**外，並須判斷行為人的外部行為所反應的內部態度是否違反行為規範中的**意思決定規範**❸。

基於行為無價值論的立場，對於違法性本質的觀察，乃所謂規範違反，然在此所謂規範，當然係指行為規範而言，蓋行為規範係為了維持社會生活與社會秩序而規範行為人的行為，其所規範的行為類型與態樣必然係對社會生活或社會秩序具有重大負面的影響。因此，基於社會安定及維持秩序的思想，乃認為重大危害社會生活或嚴重破壞社會秩序的行為，係違背維持社會生活的安定與維持社會秩序平穩的行為，故為法所不容許。在此種意義之下，行為規範與維持社會生活的安定及維持社會秩序的平穩，乃互為表裡關係。

由於行為規範亦無法將法益保護棄之不顧，此時法益保護的目的在行為規範之中，應發揮何種作用，仍不無疑問。申言之，法益保護既為行為規範的目的，則在判斷某個行為是否屬於犯罪，應視該行為是否有侵害刑法所欲保護的法益存在而決定。蓋刑法係屬於保護法益的法典，所有被規範的行為態樣均有其所要保護的法益，若無應被保護的法益，縱使認為可能對社會生活的安定及維持社會秩序的平穩產生影響，基於刑法的謙抑思想，仍不應由刑法介入，如此始能避免過度保護法益。簡

---

❸ 有關行為無價值論的內涵，參照余振華，《刑法違法性理論》，作者自版，2010年9月第2版，89-90頁。

言之，行為規範與犯罪論體系的連結，係與犯罪論探究犯罪的本質與犯罪的成立不謀而合，亦即犯罪論的主要機能係判斷行為規範是否受到破壞。

　　基此，判斷犯罪是否成立，在構成要件的判斷上，仍將法益做為犯罪成立的客觀構成要件要素，縱使行為人的行為該當構成要件的描述，倘無發生法益侵害或法益侵害的危險，仍然不該當構成要件而不成立犯罪。再者，在違法性的階層上，基於行為無價值論的立場，違法性本質既然認為係規範違反，且能夠違反規範的對象僅有行為人的行為，但一方面又無法忽視法益保護的目的，並無法否認法益侵害為違法性的本質，故在違法性的階層上，法益保護實已經內化為規範的目的，而所謂規範違反，實可謂係「具有法益侵害的規範違反」。

第三項　制裁規範的意義

　　刑法對於法條的描述，係以行為人實行何種行為時，處以何種刑罰為其架構，因此若行為人所實行的行為在該當各種犯罪的構成要件時，行為人應對其所實行的行為負刑事責任，而在法律的適用上，即基於此種觀點而對行為人施予刑罰制裁。基此，行為規範雖然係以法益保護的目的來規範行為，惟如上所述，造成法益侵害的對象係行為人的行為，行為規範即以規範行為的手段來實現法益保護的目的，故在違法性的本質論中，乃將法益保護的目的內化至規範的內涵當中，形成規範行為的正當性基礎，藉以抑制犯罪行為的發生，並實現犯罪預防的機能。相對地，制裁規範則係藉由制裁手段而適當地反應犯罪行為所造成的法益侵害，並使制裁合乎刑罰合目的性的要求。

　　因此，制裁規範必須以行為規範的違反為前提要件，亦即行為規範對於犯罪預防無法發生作用時，從犯罪事後評價的觀點，必須對被破壞的行為規範，回復國民對行為規範所應有的信賴性。據此，基於二元行為無價值論的立場，於犯罪事後的評價時，應將行為與結果進行綜合性的判斷，並以此觀點做為支持制裁規範的依據。換言之，制裁規範基於

二元行為無價值論的內涵，於犯罪評價階段時，除考量行為對於規範違反的危害外，於決定是否應發動制裁，以及決定制裁的內容時，仍應就法益侵害程度的強弱，進行通盤性的考量。

承上，發動制裁規範的時機，係對於法益造成侵害或有侵害危險的行為，並將法益侵害的結果或危險的產生歸屬於行為之中，亦即在犯罪判斷上有發生對法益惹起危險的行為後，始進入制裁規範的射程範圍，故有惹起法益侵害危險的行為，係制裁規範的首要要件❶❹。申言之，行為規範與制裁規範發生作用的時點並不相同，行為規範係以行為做為其指標，要求行為人於將來應作為或不作為加以描述與規範，其具有**事前的犯罪預防機能**。相對地，制裁規範係處理過去所發生的行為規範的違反，就行為人已實行的犯罪行為，對行為人追究其所應負的刑事責任，並擔保行為規範的妥當性，就對行為規範的違反施予制裁而具有補強行為規範的作用觀點而言，其係具有**事後的犯罪處理機能**❶❺。

制裁規範係對行為人違反行為規範時所產生的反作用，就制裁規範的刑罰而言，其具有刑罰本質係應報思想與回復行為規範的意涵。質言之，具有應報思想的刑罰，並非毫無目的地應報犯罪，而係基於某種社會目的，對刑罰賦予正當化的理由；至於回復行為規範的面向，依刑罰制裁的作用，則係基於威嚇思想抑或改善的思想，此二者由於立場相異而使刑罰具有不同的意義❶❻。

由於制裁規範係依據行為規範而對一般人在實行犯罪之前加以命令或禁止，故當行為人違反此一命令或禁止時，亦即行為人有違反行為規範時，應以刑罰來回復所違反的行為規範。然而，在行為人違反行為規範時，應如何回復行為規範，則應考量在行為規範中所出現的各相關人。

---

❶❹ 參照山中敬一，〈犯罪論の規範構造〉，《產大法学》，2000 年 10 月，391 頁。

❶❺ 參照山中敬一，〈犯罪論体系論における行為規範と制裁規範〉，收錄於三井誠等編，《鈴木茂嗣先生古稀祝賀論文集》，成文堂，2007 年 5 月初版，42 頁。

❶❻ 參照高橋則夫，〈刑法における行為規範と制裁規範〉，收錄於三井　誠等編，《鈴木茂嗣先生古稀祝賀論文集》，成文堂，2007 年 5 月初版，91 頁。

換言之，就犯罪的關係人而言，不僅僅係加害人或被害人，甚至從不同關係人至其所處的地域等公共層面，更甚者乃至於社會整體與國家，因此回復刑法上的行為規範，主要係在回復因犯罪所侵害的法安定性。在此所謂法安定性，係存在於加害人、被害人與市民社會三者中所具有規範意義的連結，而刑罰則係回復法安定性的最後手段❶❼。

第四節　刑法的機能

　　一般而言，有關刑法機能的論述，有基於**社會倫理原則**與**法益保護原則**兩種相互對立的見解。基於**社會倫理原則**的論者，將刑法機能求諸於社會倫理秩序的維持，主張犯罪的本質係違反社會倫理規範；反之，基於**法益保護原則**的論者，則係將刑法機能求諸於法益保護，主張犯罪的本質係法益侵害或其危險性❶❽。此兩種相互對立的見解，雖與古典學派及近代學派的對立並無直接關係，但社會倫理原則係源自於應報主義的後期古典學派，而法益保護原則係源自於前期古典學派。

【刑法與社會倫理規範的關係】

　　從本質上來看，**刑法**係以刑罰為強制手段，故具有**他律性**；至於**社會倫理規範**則係屬於內在規範，故具有**自律性**❶❾。例如針對殺人與竊盜二種行為，在刑法規範之中，該二種行為在行為規範的內

---

❶❼　參照高橋則夫，〈犯罪論体系論における行為規範と制裁規範〉，收錄於三井誠等編，《鈴木茂嗣先生古稀祝賀論文集》，成文堂，2007 年 5 月初版，91 頁。

❶❽　參照余振華，《刑法深思・深思刑法》，作者自版，2005 年 9 月，17 頁。

❶❾　所謂**社會倫理**，係指社會上所認同的人類良心而言；至所謂**社會倫理規範**，乃與以特定主義或宗教為根據的道德與社會倫理有所不同，而係指基於社會上所認同的人類良心，為了制約社會行為或社會構成員相互間的行為，所形成約束的規範而言。參照大谷　實，《刑法講義總論》，成文堂，2010 年 3 月新版第 3 版，10 頁。

容與社會倫理規範的內容上具有一致性，然由於刑法具有確保社會倫理秩序的任務，故唯有針對必須施以刑罰強制手段的違反社會倫理規範行為，始成為處罰的對象。此又有謂「**刑法係倫理道德的最低限度**」，因此，刑法上的犯罪行為，有極大多數皆係屬於社會倫理規範上所不容許的行為。

最近，針對社會倫理原則與法益保護原則，有學者提出以下的詮釋：刑法係藉由對法益的保護，而以維持社會秩序為最終目的，並非以維持社會倫理秩序為其目的。基此，只要非侵害法益或產生法益侵害危險的行為，縱然違反社會倫理規範的行為，亦不構成刑法上的違法行為❷。因此，刑法雖以保護法益為其目的，惟法益保護機能事實上亦附帶具有維持社會倫理的作用。也就是說，在社會生活上，相當多的重要侵害法益行為，係屬於倫理上的不當行為，但刑法並非以維持社會倫理為其目的，其具有維持社會倫理的作用，往往僅出於事實上的巧合。

刑法的非倫理化概念，亦反映在違法性本質論的**行為無價值** (Handlungsunwert) 與**結果無價值** (Erfolgsunwert) 之上❸。在學說上，以往係以「行為無價值論導致刑法的倫理化，而結果無價值論則導致刑法的非倫理化」的基本模式來加以說明。有關刑法與倫理的關係，可溯自**魏采爾** (H. Welzel) 提倡行為無價值論而在違法性論上強調刑法的倫理化，惟其主張「刑法具有維持倫理的任務」的論點，應係歷史演進過程中偶然所產生，於現代社會上，自當有不同的詮釋。換言之，若將刑法的任務限定在法益的保全（價值秩序的保全），亦可依據行為無價值的論點加以解釋；至於採結果無價值論者，亦有主張刑法倫理化的見解❷。

---

❷ 此種見解係基於主觀與客觀併重的立場所做的詮釋，參照川端　博，《刑法總論講義》，成文堂，2006 年 2 月第 2 版，36 頁。

❸ 有關行為無價值與結果無價值的概念，參照本書第二篇第三章第一節第二項三「行為無價值與結果無價值」。

❷ 有關違法性論與刑法倫理化的結合，並非基於論者的立場，而產生必然相異的

前者例如川端　博、井田　良；後者例如小野清一郎。行為無價值未必
導致刑法的倫理化。

【非倫理化的概念】

　　相對於認為刑法具有確保社會倫理秩序的任務的見解，亦有學
者主張刑法應以保護法益為其任務。採此種見解者認為，例如刑法
對於殺人罪與竊盜罪二者，其所保護者乃生命與財產的基本價值，
當此等價值受到保護之後，亦得以維持社會倫理秩序。再者，刑罰
法規所保護的基本價值，並不侷限於社會倫理，其他與社會倫理無
關的行為，亦可能因具有行政取締的必要性，而成為處罰的對象。
依據此種思考，刑法並非必然與社會倫理相互結合❷❸。因此，倘若
採此種見解，則不具法益侵害的單純違反倫理規範行為，並非刑法
處罰的對象，此即所謂刑法的「非倫理化」。

　　人類的社會生活規範，原本係以保護不特定人的法益為其目的，故
倘若具有侵害法益或侵害法益之虞時，則可認定其屬於違法行為，此種
概念乃屬當然的道理。因此，在現實上有法益侵害或法益侵害危險的行
為存在時，始依刑法規定科處刑罰，其宗旨乃在保護法益。然而，社會
秩序的維持，亦須憑藉國民的健全道德觀念❷❹。並非所有的法益侵害或
危險均值得施予刑罰，必須行為人以違反社會倫理規範的方法或程度，
而引起法益的侵害或危險時，始認定其行為屬於違法。

　　現代刑法學對於**刑法的任務**，係採較中庸的見解，亦即刑法非僅在

　　見解，其應係反映在倫理責任的**動機原則**與**結果原則**二者的對立上，絕非來自
　　於行為無價值論與結果無價值論所對立的「實質違法性」。參照川端　博，《刑
　　法總論講義》，成文堂，2006 年 2 月第 2 版，286–287 頁。

❷❸　刑法上倫理化與非倫理化概念，參照川端　博，《刑法總論講義》，成文堂，2006
　　年 2 月第 2 版，36、286 頁。

❷❹　參照大谷　實，《刑法講義總論》，成文堂，2010 年 3 月新版第 3 版，11 頁。

保護法益而已，同時亦在**維護倫理**。換言之，刑法的保護機能並非僅保護生活利益，亦在維護社會倫理秩序。就實質面而言，刑法係以侵害各種維持人類生活條件的行為（亦即以具有社會侵害性的行為）為其處罰對象，因此刑法係控制社會的手段之一。

由上述可知，刑法的首要任務在於保護法益，次要任務在於維護倫理，唯有構成侵害法益與社會倫理的違法行為，始能成立犯罪，進而對行為人科以刑罰制裁。基於此種概念，刑法主要應具有**規範行為**、**保護法益**與**保障人權**等三種機能。

第一項　規範行為

刑法係社會規範的一種，因其乃以刑罰的強制手段，使國民遵守規範所定事項為特徵，故具有規範一般國民行為的機能。一般而言，**刑法的規範包括明記一定行為屬於犯罪**，而對其科以刑罰的要旨，亦即表示該行為係法律上反價值 (Unwert) 的**評價規範**、以及命令行為人不為該行為而形成相反動機的**決定規範**。

從刑法規範的觀點以觀，刑法一方面具有明示法律上反價值行為的**評價機能**，另一方面亦命令行為人不為該犯罪行為的內心意思決定，具有**決定機能**（意思決定機能）❷❺。簡單而言，由於刑法規範何種行為係屬犯罪，同時預告該犯罪的刑罰效果，故刑法對於一般國民而言，可警惕其遠離犯罪，使其過著正常的社會生活，藉此達到防止犯罪的目標。

```
刑法規範 { 行為規範（以國民為對象）——決定規範——決定機能
          裁判規範（以法官為對象）——評價規範——評價機能
```

---

❷❺　有關刑法的規範與機能，參照川端　博，《刑法總論講義》，成文堂，2006 年 2 月第 2 版，1–2 頁；大谷　實，《刑法講義總論》，成文堂，2010 年 3 月新版 第 3 版，6–7 頁。

第二項　保護法益

所謂**法益** (Rechtsgut)，係指依法保護的利益而言。在社會生活中，無論係個人、團體社會或國家，均具有其生活上的利益，故立法者以法律規定的形式來加以保護。從維持社會秩序的觀點以觀，立法者制定刑法、民法、行政法等法律而形成整體法秩序，其中各種法律都是以保護法益為其主要任務。然而，就保護法益的方法而言，各種法律所使用的方法不盡相同，而刑法係以最嚴厲的刑罰為手段來保護法益，此乃刑法所具有的最大特徵。

【法益的詮釋】

所謂**法益**，係指值得法律保護的生活利益，可分為**國家法益**、**社會法益**與**個人法益**等三大類。在以尊重國民主權與基本人權為基本原理的現行憲法秩序下，刑法應優先保護生命、身體、自由、名譽、財產等個人法益。而公共安全、信用等社會法益，不應視其為超越個人而統一存在的社會法益，始終必須將其視為係結合個人利益所形成的社會法益。此外，國家亦不應被視為係超越個人目的所形成的保護對象，而係為了擁護個人法益的一種機關，在此種限度內受到保護。所稱國家法益，包含國家的基本政治組織、國家的行政與司法作用等[26]。

由於刑法係以最嚴厲的刑罰制裁為其手段，故在非必要時，絕對不能輕易動用（此即所謂「最後手段性」）。唯有在其他法律無法充分保護法益之際，始將該種侵害法益行為視為犯罪，而以刑罰加以處罰，並藉此期待能充分維持社會秩序。因此，刑法的保護法益機能，實質上即係

---

[26] 此種法益概念，係基於**結果無價值論**的立場，**特別重視法益保護機能**的曾根威彥教授所做的解釋，尤其值得參考。參照曾根威彥，《刑法總論》，弘文堂，2010年4月第4版，6頁。

維持社會秩序的機能。

　　刑法係以刑罰的強力制裁手段來保護法益，此種強制手段係與其他法領域不同，故刑法具有獨特的保護法益機能。刑法的保護法益機能，可分為一般預防 (Generalprävention) 與特別預防 (Spezialprävention) 兩種機能。所謂一般預防機能，係指由於有刑法而使社會一般人遠離犯罪的機能；所謂特別預防機能，則係指由於有刑法而使特定的犯罪人將來不再實行同種犯罪的機能。

第三項　保障人權

　　刑法規範由於係以處罰為其基礎，並明白確立處罰的界限，故具有限制國家刑罰權的發動，依此而使個人自由受到保障，此亦為憲法保障個人基本人權的根本要求。就此種觀點而言，刑法保障人權的機能，應包含以下兩種實質的內涵：(1)任何人只要不實行法律所規定的犯罪行為，即具有不接受刑罰干涉的自由保障；(2)對於犯罪人不得科處該犯罪規定以外刑罰的自由保障❷❼。

　　刑法所具有的維持社會秩序與保障人權兩種機能，此兩種機能一方面具有密切的表裡關係，另一方面亦有相互矛盾與相互剋制的情形。究竟應該重視社會秩序或保障人權，依據時代背景、社會環境或各學者的主張等觀點，呈現相當大的差異性。然而，無論偏向任何一方，均無法達到刑法的任務，因此如何具體地使兩者相互調和，此乃現代刑法理論與實踐的核心問題。在此種核心問題之上，真正能發揮作用者，應係罪刑法定主義的原則。

第五節　刑法的性質

　　就我國刑法的立法史而言，從 1912 年民國成立後所施行的「中華民

---

❷❼　參照木村龜二著・阿部純二增補，《刑法總論》，有斐閣，1978 年 4 月增補版，87 頁。

國暫行新刑律」、1928 年的「舊刑法」與 1935 年的「現行刑法」等，皆仿自歐洲大陸的法國刑法或德國刑法。因此，我國刑法可謂係從固有法而轉向學習外國法的繼受法。此外，我國刑法在法律定位上，係具有公法、實體法、成文法、強制法與實定法等幾種性質。

第一項　刑法的法律定位

一、刑法為公法

　　法律有公法與私法的區別，所謂公法，係指規定國家與個人之間權力從屬關係的法律而言；至於所謂私法，則係指個人與個人之間平等關係的法律而言。我國刑法係規定國家刑罰權主體的國家與犯罪主體的個人之間的關係，故屬於公法。

二、刑法為實體法

　　所謂實體法，係指規定權利義務的法律而言，而所謂程序法則係指實現實體法所規定權利義務內容的法律而言。我國刑法係規定犯罪與刑罰的法律，故屬於實體法。此外，例如民法、行政法、公司法與銀行法等亦屬於實體法。至於刑事訴訟法、民事訴訟法與行政程序法等則係屬於程序法。

三、刑法為成文法

　　所謂成文法，係指經過立法程序而制定的法律而言，而未經立法程序而制定的法律，係屬不成文法。我國刑法與其他法律均係經過立法程序而制定的法律，故屬於成文法。由於法律首重安定性，故規定國家刑罰權與法律效果的刑法，必然須經過立法程序而制定，始具有安定性。其他如不成文法或習慣法，由於不具安定性，故皆非屬於我國刑法所涵蓋的範圍。

四、刑法為強制法

所謂**強制法**，係指無論任何人均適用的法律，亦即任何當事人均無法變更適用的法律而言，而相對強制法意義的**任意法**，則非屬公共利益，故得依當事人的意思而排除適用的法律。由於刑法規範係明示禁止規範與命令規範的法律，除了告訴乃論罪之外，任何人均無法依其意思而排除適用，故刑法屬於強制法。此外，例如行政法、刑事訴訟法、民事訴訟法等亦屬強制法。

五、刑法為實定法

所謂**實定法**，係指基於國家立法作用或社會習慣等經驗事實所制定的法律而言，此種法律具有經驗事實的性質，故亦稱實證法。相對的**自然法**，則係指非人為而超越時空的理性經驗，具有無須依據經驗而認識的性質。刑法係國家立法機關為了保護法益與維持社會倫理秩序，基於社會習慣等經驗事實而制定的法律，故屬於實定法。

第二項　刑法與其他法律的關係

一、刑法與憲法

憲法係規定國家與人民權利義務關係的根本大法，在法律規範體系上具有最優位性，因此刑法的規定不得牴觸憲法，牴觸憲法者即屬無效（憲 §171 I）。此外，在刑法的解釋及其運用上，當然亦不得違背憲法的規定與精神。亦即，在解釋刑法的問題時，必須以憲法的規定、精神與價值判斷標準，作為解釋的最高指導原則。

刑法與憲法主要有兩個銜接點，亦即「罪刑法定主義」與「保護法益原則」。罪刑法定主義係刑法上最重要的基本原則，其被視為係基於憲法的基本理念而產生，故在充分保障國民基本人權的目的之下，必須遵照憲法解釋的「*形式解釋論*」。

近來，有關罪刑法定主義更從「**實質解釋論**」的觀點，基於「明確性原則」與「實體的正當程序」(substantive due Process) 等主題而展開新的趨勢，其中所論不僅係「罪與罰的規定方法」，甚至論及「罪與罰的合理性」。相對地，有關保護法益原則，則係以「憲法以刑罰而應保護的利益，究竟所指為何？」為其問題的關鍵而展開論述 ❷❽ 。

二、刑法與刑事訴訟法

刑法係犯罪的實體規定，如何實現其法律效果，當然必須有程序規定的配合，始能發揮刑法的規範機能。反之，若無刑法的實體規定，則刑事訴訟法的程序規定，將形成無用的虛有條款。因此，刑法與刑事訴訟法二者的存在，係屬於相輔相成、互相補充的密切關係。

三、刑法與民商法

刑法與民商法同樣屬於實體法，在某些概念或用語上具有相通性，故刑法針對相通的概念或用語，自然可以引用民商法的規定，並無重複規定的必要性。例如**親等的計算、婚姻關係的認定**等。然而，由於刑法在性質上與規範內涵上，仍與民商法具有相當的差異性存在，故不可相互借用。例如針對生命的始點，民法通說採獨立呼吸說，而在刑法概念上，為了周密地保護生命法益，則採分娩開始說。

四、刑法與行政法

刑法與行政法同樣屬於公法，行政法主要係使人民負擔公法上的義務，而為了確保此等義務的履行，對於違反義務者，亦設有制裁制度。惟在行政法上的制裁有使用刑罰者，亦有使用秩序罰者，若以刑罰為制裁手段者，則行政機關並無管轄權，只能以告發人（刑訴 §241）的地位，移請該管轄檢察署檢察官依刑事訴訟法偵辦。因此，行政法中具有以刑

---

❷❽ 參照余振華，《刑法深思・深思刑法》，作者自版，2005 年 9 月，8 頁。

罰為法律效果的刑罰條款，即屬行政刑法（附屬刑法），而與主刑法同樣適用刑法總則的規定。

第六節　刑法學的概念

第一項　刑法學的分類

　　刑法學的意義，可從最廣義、廣義與狹義三方面來加以分類。**最廣義的刑法學**，除了以研究實定刑法為對象的學問領域（廣義的刑法學）之外，尚包含以研究刑事程序為對象的刑事訴訟法學、以實證事實研究犯罪與刑罰的刑事學、行政法學等學問領域。其中，刑事學包含以犯罪現象論與犯罪原因論為研究內容的犯罪學，與以犯罪對策論為研究內容的刑事政策學。由於最廣義刑法學的範圍包含其他與實定刑法相關的領域，故亦稱整體刑法學或刑事法學。

　　廣義的刑法學包含刑法解釋學與基礎刑法學兩種領域。刑法解釋學係以解釋現行刑法的規範意義為其任務；基礎刑法學則係提供刑法解釋學的基礎理論。基礎刑法學尚包含刑法哲學、刑法史學、比較刑法學等。刑法哲學係考察犯罪與刑罰的哲學基礎；刑法史學係以歷史學來考察刑法的歷史演進；至於比較刑法學則係以各國刑法為比較研究的學問。

　　狹義的刑法學係指刑法解釋學，亦為研究刑法的主要領域。刑法解釋學依據對應刑法典所規定的總則與分則，可分為刑法總論與刑法各論。刑法總論係以刑法典總則編的規定（§§1～99）為範圍，主要係針對犯罪成立要件及其法律效果，研究刑罰適用的原理原則；而刑法各論係針對刑法典所規定的各種犯罪類型（§§100～363），研究各種犯罪的意義以及各種犯罪與法定刑之間的關係。

第二項　刑法學的研究方法

　　誠如前述，刑法具有規範行為、保護法益與保障人權等三種機能，

而為了充分實現該三種機能，當然必須慎重且精確地認定犯罪與刑罰，刑法學即在此種目的上負擔最重要的任務。一直以來，刑法學的發展已經在此一層面上，建構依嚴格論理所形成的犯罪論體系架構與刑法條文解釋，此種範疇即所稱刑法解釋學，而此種學問領域的形成，其研究方法主要包含「體系的思考」與「問題的思考」二種方式。

　　倘若以科學的角度來觀察，所謂**科學**，包含自然科學、社會科學、精神科學與文化科學等領域，一般將科學解釋為一種認識相關對象的體系，故**刑法解釋學係屬於科學的範疇**。在此，吾人仍然必須先行確立刑法解釋學究竟係屬於「純粹科學」，或者係屬於「應用科學」？倘若刑法解釋學僅係一種應用科學，則僅不過係為了解決具體案件的一種技術而已。

　　刑法解釋學在科學與技術的定位問題上，必須從「解釋法」與「適用法解釋」兩個角度來區別。所謂**解釋法**，係屬科學（刑法解釋學）的任務，而適用法解釋者，則係屬於裁判的任務。依據此種論點，裁判純屬一種技術，而刑法解釋學則係一種科學❷⑨。換言之，在裁判時，若無刑法解釋學，完全無法達成其任務，刑法解釋學可謂係裁判上不可欠缺的要件。因此，不可將刑法學視為係一種技術，而由於其本身具備固有的科學性，研究刑法必須採**「體系的思考」**與**「問題的思考」**二者併行思考的模式。

---

❷⑨　參照木村龜二著・阿部純二增補，《刑法總論》，有斐閣，1978 年 4 月增補版，14 頁。

第二章　刑法與刑法理論的演進

由於我國現行刑法係承襲歐陸法系,故欲瞭解我國刑法的主要內涵,進而能正確地適用,必須先具備有關歐陸法系的刑法理念,否則難收功效。因此,本章針對歐陸刑法理論的演進,從近代至現代的重要思想,逐一介紹後,再進入我國刑法理論的探討。

第一節　刑法理論的演進

第一項　啟蒙時代的刑法思想

從十六世紀以來,由於自然科學的發展,導致先前受教會法拘束制度的情況逐漸緩和,亦使人類社會生活開始重視人性的觀點。至十七、十八世紀以來,由於人道主義與自由主義的思潮已經普及整個歐洲社會,過去刑事制裁的殘酷與專制開始受到嚴厲批判。在啟蒙時代中,主要由數位自然法學名家提出各種刑法思想,開始影響歐陸的法律與政治制度,因而奠定歐陸法系的刑法學基礎。

在近代刑法學之中,居於先驅地位的是古典學派,古典學派所主張的刑法理論即從啟蒙刑法思想所產生❶。啟蒙時代的自然法學名家有荷蘭的科羅提斯 (Hugo Grotius, 1583–1645);英國的霍布斯 (Thomas Hobbes, 1588–1679)、洛克 (John Locke, 1632–1704);德國的普凡杜夫 (Samuel Pufendorf, 1632–1694)、賴普尼芝 (Gottfried Wihelm Leibniz, 1646–1716)、湯馬休斯 (Christian Thomasius, 1655–1728)、渥爾夫

---

❶ 有關啟蒙時代的刑法思想,參照川端　博,《刑法總論講義》,成文堂,2006 年 2 月第 2 版,26–27 頁;大谷　實,《刑法講義總論》,成文堂,2010 年 3 月新版第 3 版,16 頁。

(Christian Wolff, 1679–1754)；法國的孟德斯鳩 (Charles Louis de Montesquieu, 1689–1755)、伏爾泰 (F. M. Voltaire, 1694–1778)、盧梭 (Jean Jacques Rousseau, 1712–1778) 等等。

在上述自然法學名家之中，最具影響力者當推被尊稱為「自然法學之父」的荷蘭法學名家科羅提斯。科羅提斯在 1625 年發表《戰爭與和平的法》一書，其中提出「以脫離教會的人類理性為基礎」的刑法思想，其雖採應報主義，但同時主張刑罰目的在於「改善與預防犯罪人」。

英國的霍布斯提出「社會契約說」❷觀點來說明刑罰的概念，其主張刑罰的目的並非應報，而係對第三者的威嚇且改善犯罪人；洛克則主張刑罰的目的在於「自我生存與安全保護」，強調犯罪人的改善。

德國的普凡杜夫承襲科羅提斯的思想，認為刑罰的合理性對國家具有功效；接著，賴普尼芝及湯馬休斯分別提出「法與道德」的區別，而渥爾夫則基於功利主義的立場，主張刑罰的威嚇性。

法國的孟德斯鳩在 1748 年所發表的著作《法的精神》中，基於「三權分立論」的立場，認為法院應機械式地適用立法機關所制定的法律，故賦予罪刑法定主義一個理論基礎，至於其對於刑罰的主張，認為除了必須重視以「威嚇」來達到犯罪預防之外，亦應將刑罰緩和化。

伏爾泰認為，刑罰的合理性在於「刑罰的有用性」，並強調犯罪預防的必要性；盧梭基於「社會契約說」的立場，主張犯罪係違背社會契約，犯罪人係由於對國家的謀叛而喪失法律的保護，惟以「教育」作為預防犯罪的手段，比使用刑罰更具有效果。

其後，在深受啟蒙思想的影響下，刑法學者紛紛表明立場，故從十九世紀開始，歐陸刑法史上呈現相互對立的學派論爭，其主要係針對刑罰的本質與刑罰的目的而展開爭論。在十九世紀至二十世紀之間，歐洲

---

❷　社會契約說的主要論旨為：在自然狀態下，雖有「萬人對萬人」的戰爭，但任何人均係出自自我生存的本能，依自由意思而創造國家，因此在受國家保護之下，國家亦提供個人的自由，而個人若違背國家時，則不受到國家的保護，應受國家的嚴屬制裁。

學界（特別係在德國）所形成的學派，主要有古典學派（舊派）與近代學派（新派）兩大學派，而在古典學派中，基於自由主義與國家主義的不同立場，可分為前期古典學派與後期古典學派。

第二項　前期古典學派的刑法理論

古典學派的刑法思想，實際上係屬於啟蒙思想的一環，主要立場係在否定中世紀的非合理主義❸，而展開「以人類的理性」為基礎的合理主義。前期古典學派的主要代表學者，有義大利的貝卡利亞 (Cesare Beccaria, 1738–1794)；德國的康德 (Immanuel Kant, 1724–1804)、封‧費爾巴哈 (Anselm von Feuerbach, 1775–1833)、黑格爾 (Georg Wilhelm Friedrich Hegel, 1770–1831) 等等❹。

貝卡利亞基於反對當時專制體制下的無秩序刑事裁判與殘酷的刑罰制度，發表《犯罪與刑罰》(Dei delitti e delle pene, 1764) 一書❺，譴責透過拷問取得自白所形成的誤判，主張罪刑法定、罪刑均衡，以及刑罰係以一般預防與特別預防為目的（相對主義），其諸多論點均突破當時的專制體制，故被尊為現代刑法學的始祖。

康德係以具有理性的人為基本思考，認為犯罪係違反基於社會契約所形成的國家法律，對犯罪人科處刑罰係一種正義的體現，唯有實行犯

❸ 中世紀的西歐諸國刑法，受到當時政治權力的極大影響，反映出當時代法與宗教的未分離狀態，其刑法具有深入犯人內心的處罰干涉性，而且由於犯罪與刑罰並未明確以法律明定，故刑罰權係屬恣意行使，刑法的適用亦依身分而有所差別，刑罰的內容有火刑或釜刑等死刑、烙印或切斷四肢等身體刑，其殘酷的刑罰係屬於違反人道的非合理主義。

❹ 有關前期古典學派的刑法思想，參照川端　博，《刑法総論講義》，成文堂，2006年2月第2版，28–29頁；山中敬一，《刑法總論》，成文堂，2008年3月第2版，23–25頁。

❺ 有關《犯罪與刑罰》的日本文獻，參照ベッカリーア著‧風早八十二‧風早二葉訳，《犯罪と刑罰》，岩波文庫，1938年；ベッカリーア著‧佐藤晴夫訳，《犯罪と刑罰》，矯正協会，1976年。

罪行為的犯罪人始被科處刑罰（絕對主義），而刑罰的根據在於應報，刑罰的絕對性質應求諸於「同害報復的法」（應報主義）。

封·費爾巴哈承襲康德的啟蒙刑法思想，進而完成刑法理論。由於深受康德學說的影響，故封·費爾巴哈將法與道德嚴格區別，認為犯罪係法的違反、權利的侵害（客觀主義），基於防止犯罪行為，必須重視心理的強制（心理強制說）。封·費爾巴哈係從心理強制說 (psychologischen Zwangestheorie) 的觀點來建構犯罪論與刑罰論，被尊為近代刑法學之父。

【心理強制說】

心理強制說認為，將「人類以實行犯罪來滿足其快感」與「針對其犯罪行為科處刑罰而產生痛苦」二者相比較，若後者較前者為大時，人類即不會犯罪。因此，若事先將犯罪與刑罰明確規定在刑法典，任何人由於感受到刑罰痛苦性的心理威脅，將不至於實行犯罪（此即一般預防的思想）❻。

黑格爾係繼康德之後，將德國觀念論哲學❼發揮至最尖峰的學者，其係採獨特的辯證法而展開犯罪論與刑罰論，主張犯罪係「法的否定」，而刑罰係「對犯罪的再否定」，並藉由對犯罪的再否定以恢復法秩序；刑罰並非單純使犯罪人接受痛苦而科處，而係將犯罪人視為理性者來尊敬

❻　心理強制說係由德國學者封·費爾巴哈所提倡，其係以實定法的絕對權威為基礎，強調以成文法明定犯罪構成要件及其刑度，可收心理強制的功效，堪稱該時代的經典學說。

❼　所謂德國觀念論，係指一系列德國思想家的哲學，其時間涵蓋十八世紀的 80 年代至十九世紀中葉，費斯特 (Johann Gottlieb Fichte)、謝林 (Friedrich W. J. Schelling) 與黑格爾係最具代表性的哲學家。費斯特主要針對問題的窮究，而謝林的哲學立場則反覆不定，黑格爾的哲學系統則細密繁複，雖三者的哲學性格相當不同，但卻擁有相同的問題領域及追求的目標，亦即三者均將哲學系統建立在一個最嚴格、完整且不可動搖的基礎之上，而所提觀念論在探討哲學問題上的深入、嚴格以及思惟系統性的開展，哲學史上無出其右者。

而科處；刑罰並非僅係「同害的報復」，而係應該具有「對應侵害的等價性」（絕對主義、應報刑論）。黑格爾主張絕對主義的應報觀念，此點係與康德的理念相同，但在否定「同害的報復」、主張「等價的應報」以及「再度整合法與道德」等觀點上，卻與康德的理念有顯著的差異性存在。

此外，黑格爾認為人類係具有理性，故提倡「意思自由論」。黑格爾所主張的刑法理論，嗣後由屬於黑格爾學派的柯斯特林 (Reinhold Köstlin, 1813–1856)、赫休納 (Hugo Hälschner, 1817–1889) 及貝爾納 (Albert Friedrich Berner, 1818–1907) 等刑法學者所承襲而繼續發揚。

第三項　後期古典學派的刑法理論

在古典學派的前期階段，諸如封・費爾巴哈等學者係採「自由主義」的立場，而在古典學派的後期階段，則係採「國家主義」的立場。後期古典學派的主要代表，有賓丁 (Karl Binding, 1841–1920)、貝林 (Ernst Beling, 1866–1932)、麥耶 (Max Ernst Mayer, 1875–1923)、比克麥耶 (Karl Birkmeyer, 1847–1920) 等 ❽。

賓丁揚棄康德與黑格爾的「形而上學」思想，專注研究實定法學的刑法學，其首創嚴格區別「刑罰法規」與「從刑罰法規所導出的規範」的規範論。其基於此種規範論的立場，認為犯罪係對規範的反抗與違反，對於有該種規範違反的情形，依刑罰法規而產生刑罰權；刑罰係「對規範的否定（犯罪）的再否定」，依此而得以維持法的權威，故刑罰權的內容應基於犯罪的重大性與恆常的關係，倘若因犯罪使法秩序遭受重大的破壞，則對犯罪人所施予的痛苦亦應相對地加大（應報刑主義、客觀主義）。

賓丁主張法律的應報刑，此種觀點係接近康德的思想，然而主張國家主義的觀點則係接近黑格爾的思想，但其所採實定法的分析，卻是嶄新的分析法，此種依相當稀有的論理思考而建構刑法學的理論體系，獲

---

❽ 有關後期古典學派的刑法思想，參照川端　博，《刑法總論講義》，成文堂，2006年2月第2版，29–30頁；山中敬一，《刑法總論》，成文堂，2008年3月第2版，25–27頁。

得學界相當高的評價。此外，屬於後期古典學派的**貝林**，其對刑法學的主要功績係確立「構成要件論」，而**比克麥耶**主要則係扮演與近代學派論爭的主要角色，故亦具有不可動搖的地位。

第四項　近代學派的刑法理論

十九世紀後半，由於隨著資本主義與產業革命的興起，故導致經濟與社會形成混亂的局面，尤其是習慣犯與少年犯的犯罪情況特別嚴重。針對此種犯罪情勢，由於古典學派所採理論無法有效地防治，使得該種理論出現破綻，諸多刑法學者轉而主張新的刑法理論。當時支配新刑法理論趨勢者，即近代學派的刑法理論（義大利學派或社會學派），由於此學派係以自然科學方法的實證主義理論為其基礎，故亦稱實證學派。屬於**義大利學派**的主要代表學者，有**龍布羅梭** (Cesare Lombroso, 1836–1909)、**費利** (Enrico Ferri, 1856–1929)、**賈羅華洛** (Raffaele Garofalo, 1852–1934) 等，而**社會學派**的主要代表學者，則係德國的**封·李斯特** (Franz von Liszt, 1851–1919) 等❾。

龍布羅梭採實證方法來觀察與分析犯罪現象，而以人類學來研究犯罪人，在其所發表的著作《犯罪人》一書中，強調犯罪人係由於本身具有特定的身體與精神特徵而實行犯罪行為，其與生活環境並無關係，故犯罪人係屬於與生俱來的「生來性犯罪人」，應以刑罰來將犯罪人與社會隔離。

費利承襲龍布羅梭的思想，認為犯罪的發生有人類學、物理學與社會學等三種主要原因，由於自由意思僅止於係一種幻想，故應否定以自由意思為前提的「道義責任論」而採「社會責任論」。費利更主張將犯罪人加以分類，依據不同的犯罪人而採個別的處遇措施。

賈羅華洛亦承襲龍布羅梭的思想，但其更從事心理學的研究，將心

---

❾　有關近代學派的刑法思想，參照川端　博，《刑法總論講義》，成文堂，2006 年 2 月第 2 版，30–31 頁；山中敬一，《刑法總論》，成文堂，2008 年 3 月第 2 版，28–29 頁。

理學與法律學二者相互結合，且在概念上區別自然犯（刑事犯）與法定犯（行政犯），將其視為決定責任的基準，並提示犯罪人的危險性。

封‧李斯特同樣係基於實證主義的立場，繼受功利主義的目的思想而提倡「目的刑論」，其認為刑罰目的在於保護法益與防衛社會，犯罪人應依反社會性的強弱而予以分類，對應各種犯罪人而分別施予威嚇、矯治、隔離等刑罰加以個別化。封‧李斯特在刑法學上的貢獻，主要除了為綜合法律問題與刑事政策問題而提倡整體刑法學，進而以國際規模方式推動刑法修正工作，聯合各國刑法學者創設國際刑法學會等。

封‧李斯特所確立的近代學派刑法理論，其後在其門生特撒 (Ottokar Tesar, 1881–1965) 與寇爾曼 (Horst Kollmann) 提倡犯罪表徵說❿、李普曼 (Moritz Liepmann, 1869–1928) 與南加 (Vincenzo Lanza, d.1929) 提倡教育刑論⓫之下，更深深地影響二十世紀的刑法理論。

第五項　現代的刑法理論

古典學派與近代學派的學說對立，主要係基本理念的不同，特別係封‧李斯特主張「目的刑論」以來，兩派的論爭達到最激烈的頂峰狀態。然而，學派論爭在主要代表者比克麥耶與封‧李斯特相繼逝世後，終於畫下休止符。接著，在梅芝格 (Edmund Mezger, 1883–1962) 主張「人格責任論」⓬、魏采爾 (Hans Welzel, 1904–1977) 與毛拉哈 (Reinhart Maurach, 1902–1976) 主張「目的行為論」、安歇爾 (Marc Ancel, 1902–1990) 主張「新社會防衛論」之下，展開現代刑法理論的新局勢。

---

❿ 所謂犯罪表徵說，係指犯罪行為人的性格（其內部的危險性）係依外部所表現的行為而得以認識，故犯罪行為係行為人危險性格的「表徵」。

⓫ 所謂教育刑論，係將「刑罰的本質係針對將來的犯罪，為了防衛社會的手段」之目的刑論，加以詮釋為刑罰係為了教化與改善犯罪者的一種手段。

⓬ 人格責任論係在 1930 年代末期至 1940 年代初期所提出的理論，主張責任的基礎在於行為背後的人格，亦即責任的評價，除著眼於行為人人格現實化的行為之外，仍應從行為人人格形成的人格態度，加以非難行為人。

　　日本在明治時代中葉以後，深受德國刑法學的影響，亦引進古典學派與近代學派的刑法學，而在大正時期至昭和初期，亦形成學派對立的激烈論爭。近代學派係由**勝本勘三郎** (1866–1922)、**牧野英一** (1878–1970)、**宮本英脩** (1882–1944)、**木村龜二** (1897–1972) 等博士為主要代表；而古典學派係由**大場茂馬** (1869–1920)、**小野清一郎** (1891–1986)、**瀧川幸辰** (1891–1962) 等博士為主要代表；此外，另有基於折衷立場者，主要代表係泉二新熊博士 (1876–1947)。

　　二次大戰後，逐漸平息學派論爭，例如**木村龜二**博士積極採用目的行為論及構成要件理論，將主觀主義與客觀主義綜合併用；**團藤重光**博士 (1913–2012) 一方面基於古典學派的立場，另一方面推展人格責任論，亦係將近代學派的性格責任論併論；**佐伯千仞**博士 (1907–2006) 以責任主義為前提，一方面主張特別預防論，另一面為了保障人權，亦以客觀主義限制主觀主義❸。在兩學派的論爭結束後，現在日本大多數的學說係基本上接受古典學派的立場後，再採近代學派的見解。

【古典學派與近代學派的犯罪論與刑罰論】

		古典學派	近代學派
犯罪論		非決定論（意思自由論）	決定論（意思決定論）
		以行為為對象 （行為主義・客觀主義）	以行為人為對象 （行為人主義・主觀主義）
		對反道義性行為的非難 （道義責任論）	行為人的社會危險性 （社會責任論）
刑罰論		應報刑（絕對主義）	目的刑（相對主義）
		一般預防	特別預防
		維持法秩序	防衛社會

---

❸　有關二次大戰後日本主要學說的論點，參照川端　博，《刑法總論講義》，成文堂，2006 年 2 月第 2 版，33 頁；山中敬一，《刑法總論》，成文堂，2008 年 3 月第 2 版，35–38 頁。

　　在犯罪論上，現代刑法理論已經脫離古典學派所主張的抽象人類觀，或近代學派所主張的生來性犯罪人觀點，趨向具體人類觀的觀點，除認為犯罪人有受素質與環境支配外，亦具有主體性的驅使❶。換言之，現實的犯罪係由具有相對意思自由的具體人所為，此種人由於敢於實行犯罪行為，故具有可非難性的責任。

　　在刑罰論上，現代刑法理論係綜合來自於古典學派的應報刑論（絕對主義）與來自近代學派的目的刑論（相對主義），形成綜合主義與分配主義❶。換言之，絕對主義將刑罰權的根據求諸於正義的理念，相對主義求諸於合目的性，而綜合主義則將二者均加以考慮，分配主義則依刑罰理念的發展，針對立法、裁判、行刑等三階段，對應法的確認、分配應報、目的刑等三層指導理念。

　　就綜合主義的觀點而言，刑罰具有絕對主義與相對主義等二種理念。依絕對主義的理念，呈現刑罰的應報機能，而依相對主義的理念，則呈現一般預防與特別預防二種機能。

第二節　現代刑法理論的基本思想

第一項　客觀主義與主觀主義

　　在犯罪的本質應如何解釋的問題上，刑法學者有從客觀主義的觀點出發，亦有主張應從主觀主義的立場來做解釋，因此形成主觀與客觀對立的見解。所謂客觀主義，係將刑事責任的基礎求諸於表現在外部的行

---

❶　現代刑法理論雖肯認現實的意義，但並非僅從外部行為來進行評價，亦將人的行為從具有**主觀與客觀**的整體面來加以檢視。參照川端　博，《刑法總論講義》，成文堂，2006 年 2 月第 2 版，34 頁。

❶　歐陸法系的刑罰觀，大都已經走向絕對主義與相對主義併重的趨勢，參照川端　博，《刑法總論講義》，成文堂，2006 年 2 月第 2 版，34 頁；山中敬一，《刑法總論》，成文堂，2008 年 3 月第 2 版，57 頁。

為人「行為」；而所謂**主觀主義**，則將刑事責任的基礎著重於「行為人」的反社會性格，亦即基於反覆實行犯罪行為的「犯罪者」的社會危險性。

客觀主義與主觀主義二者的對立，若從其內涵而言，即指**行為主義** (Tatprinzip) 與**行為人主義** (Täterprinzip) 的對立。古典學派係堅持客觀主義（行為主義），而近代學派則主張主觀主義（行為人主義）。

第二項　現實主義與表徵主義

倘若從古典學派所主張的客觀主義（行為主義）觀點，則可導出現實主義。所謂**現實主義**，係指將犯罪行為人的「現實」行為作為科刑的基礎。依據現實主義的見解，犯罪行為人的社會危險性並非思考的重點，而唯有在行為表現在外部的限度上，始有處罰的可能性。

若從近代學派所主張的主觀主義（行為人主義）觀點，則可導出表徵主義。所謂**表徵主義**，係指犯罪行為人的性格（其內部的危險性）係依外部所表現的行為而得以認識，故犯罪行為係行為人危險性格的「表徵」[16]。換言之，現實主義認為外部所表現的犯罪行為即具固有的意義，而表徵主義則僅肯認行為人的危險性格始對犯罪行為具有意義。

【未遂犯在客觀主義與主觀主義上的案例思考】

甲無正當化事由心懷殺意對 A 開槍，因為槍法欠佳，致子彈未命中 A，甲成立殺人未遂罪。問題所在：未遂犯的處罰基礎為何？為什麼未遂犯可以處罰？

主張**客觀主義**（現實主義）者認為，未遂犯的行為，由於造成「法益侵害的危險」，故得加以處罰，處罰甲的基礎，在於甲的行為有侵害 A 生命的危險。

---

[16] 關於現實主義與表徵主義的論點，參照大谷　實，《刑法講義總論》，成文堂，2010 年 3 月新版第 3 版，38 頁；川端　博，《刑法總論講義》，成文堂，2006 年 2 月第 2 版，35–36 頁。

　　主張**主觀主義**（表徵主義）者認為，由於未遂犯藉由其行為表現其反社會的性格，其「反社會性格（思想）」對社會有所危害，故應加以處罰。

第三項　非決定論與決定論

　　所謂非決定論，係指人的意思並非受因果法則的支配，而係能自由支配因果法則，亦稱意思自由論。所謂決定論，係指人的意思係受因果法則所支配，亦稱非意思自由論❶。非決定論與決定論二種對立見解，由於其係與人的自由意思有關，故應係屬於非難可能性的責任問題。

　　後期古典學派係以非決定論為基礎，故主張儘管行為人基於自由意思而有實行適法行為的可能性，但卻仍執意實行違法行為，依此而求諸於責任的非難性根據。反之，近代學派主張依素質與環境而決定人的必然行為（犯罪行為），其表徵行為人具有社會危險性，而該種具有社會危險性的人應接受社會的防衛處分，此時當然必須負責任❶。

【非決定論與決定論的案例思考】

　　中輟生甲自幼父母雙亡，由祖母辛苦扶養長大，可惜祖母忙於生計而忽略對甲的品格教育，造成其性格偏差，學校老師亦未能導正其偏差性格。甲進入國中後更誤交幫派分子，國中二年級即輟學離家出走，以飛車搶奪他人財物為生，觸犯搶奪罪。思考脈絡如下：

　　決定論者認為，甲之所以犯罪係受遺傳與環境（欠缺品格教育、偏差性格未被導正與結交損友等）而決定的必然行為，犯罪的意思係被決定的，沒有選擇的自由，實行犯罪行為係命中所注定。社會對其處罰，係單純為了社會本身的安危所做出的（社會）防衛舉動。

---

❶　參照大谷　實，前揭書，39頁；川端　博，前揭書，36–37頁。
❶　參照川端　博，前揭書，37頁。

非決定論者則認為，甲得依自己的意思，自由決定是否實行犯罪行為，從而，非難的基礎在於甲的主觀意思。

在現代的刑法理論上，係以非決定論為基礎，而採「相對的意思自由論」。依據此種見解，人的意思雖有受到素質與環境的制約，但個人亦具有自由決定的能力；反之，基於決定論的立場，亦有主張「緩和的決定論」的見解，依此種見解，人的意思雖受因果法則的支配，但仍具有依意義或價值「決定的可能性」，該決定的可能性即係意思自由。

第三節　我國刑法的沿革

綜觀我國刑法的演進歷程，可依制定與修正而概略分為三個時期，第一時期為清末變法前的舊刑律時代，第二時期為變法後繼受歐陸法系的現行法時代，第三時期為 2005 年修法後的新刑法時代。

第一項　舊刑律時代

在舊刑律時代，從古代開始，刑法即以國家刑法型態而顯現，自西元前四世紀至二世紀開始即有罪刑法定主義的思想存在；刑事立法亦在秦（西元前 249–207 年）、漢（西元前 206–7 年）、魏（西元 220–264 年）、晉（西元 265–420 年）等朝代即形成一種法律制度。進入南北朝時代後，各朝代亦以「律」的型態而制定法律制度，而在隋朝（西元 581–618 年）係以「隋律」（西元 581、583 及 606 年）統一施行。其後，唐高宗永徽 2 年（西元 651 年）繼承隋律，發展成我國最具完整的一部成文法典「唐律」（西元 624、637 及 737 年）❶❾。在唐律之後所制定的明律（西元 1397

---

❶❾　在我國法制史上，唐律係屬最精緻的刑事立法，其貫徹公刑罰的觀念，遠超過當時歐洲諸國的刑法，即使係經過九世紀後所制定的卡羅利納 (Carolina) 法典（亦即「卡爾五世裁判例」Die Peinliche Gerichtsordnung Karls V. von 1532），仍然有多種層面不及於唐律。

年）與清律（西元 1647 年）亦幾乎大部分繼承而施行。

　　清朝末年，清廷於 1904 年設立修訂法律館，掌理法律的制定工作。1906 年延聘日本學者岡田朝太郎 (1868–1936) 從事新刑法的起草工作，從此開啟我國刑法現代化的端緒。1908 年完成「新刑律草案」，其內容大多仿自日本舊刑法❷，採當時歐陸法系的刑事立法例，分總目與分則兩篇，其內容大多揚棄中國數千年來的傳統精神，廢除官秩服制良賤等階級差異的法制，其基本思想與根深蒂固的倫常觀念出入甚大，因而招致舊勢力強烈杯葛，因此在該草案中附帶加上舊勢力所提出的「暫行章程」五條，而以「大清新刑律」的名稱於 1910 年公布，惟因翌年清廷被推翻，故並未施行。

第二項　現行法時代

　　1912 年開始，我國刑法進入現行法時代，當時中華民國政府甫成立，乃取「大清新刑律」為藍本，制定中華民國暫行新刑律（簡稱「暫行新刑律」），於 1912 年公布施行，1915 年再補充暫行新刑律十五條。1927 年政府定都南京後，再度從事新刑法的起草工作，於 1928 年制定公布中華民國刑法（通稱「舊刑法」），此部刑法係以當時歐陸法系的最新學理為基礎，參酌我國國情，採擇歐陸法系各國的刑法立法例，內容分為總則與分則兩編。舊刑法公布施行後，仍有諸多不盡完善之處，便於 1931 年著手修訂，1935 年仍以「中華民國刑法」為名公布施行（即現行刑法），一直沿用至今。

---

❷　日本於 1880 年所制定的刑法（1882 年施行），通稱「舊刑法」。該刑法係明治政府聘請巴黎大學玻阿索納德教授 (Gustave Emile Boissonade, 1825–1910) 所起草，因此深受拿破崙刑法典的影響，主要係以「啟蒙主義的市民自由主義思想」為背景，全部條文區分為總則與分則兩部分，除明確規定罪刑法定主義之外，將犯罪分為重罪、輕罪與違警罪，刑罰分為死刑、徒刑、流刑、懲役、禁獄（重罪的刑）、禁錮、罰金（輕罪的刑）、拘留、罰款（違警的刑）等主刑，以及剝奪公權、停止公權、禁治產、監視、罰金、沒收等從刑。

　　現行刑法公布施行以來，隨著時空環境變遷，雖經過多次的部分條文修正，但在此段期間中，由於許多內容無法確實地反映當前的社會現實狀況，於是在 1974 年時由司法行政部（即現在的法務部）延聘國內專家學者組成「刑法研究修正委員會」，積極展開刑法的全面修訂工作。在經過多次的研討會議後，於 1978 年提出「刑法總則修正草案」與「刑法分則修正草案」。其後再經過十數年，至 1990 年始經行政院會通過，送請立法院審議，但立法院又將該修正草案延宕擱置，致使該修正草案成為冰凍法案。

第三項　2005 年後的新刑法時代

　　1996 年立法院又作成決議，請行政院提出「刑法修正草案再修正案」後，再進行審議。於是由法務部再度研議，提出刑法部分條文修正草案（行政院版），同時由台灣刑事法學會邀集國內刑法學者研議提出刑法部分條文修正草案（台灣刑事法學會版）❷，此二案併同立法院各委員所提修正案（立法委員版），在立法院綜合研議之下，終於 2005 年 1 月 7 日經立法院三讀通過刑法部分條文修正案（2005 年 2 月 2 日總統令公布），而於 2006 年 7 月 1 日開始施行。此即「現行新刑法時代」。

　　在 2005 年 2 月修正的刑法中，主要係針對總則部分，計修正 61 條、刪除 4 條及增訂 2 條，修正幅度可謂係歷年最大，堪稱七十年以來刑法史上的最大變革。有關「新法」的內容，最主要在於廢止連續犯、牽連犯與刑法分則的常業犯，並修正公務員的定義、心神喪失與精神耗弱的定義、共犯的從屬性關係、違法性錯誤與不能犯的不罰等。此等條文的修正，均屬於刑法原理原則的重大改變，對刑法理論與刑事司法實務均產生衝擊性的影響，因此學習刑法者必須深入理解其修正內容與修法理由，始能充分適用刑法。

　　2005 年 2 月刑法總則大幅度修正後至今，有關總則的修正，大致有

---

❷　有關台灣刑事法學會版的內容，請參照台灣刑事法學會網站所揭示的「刑法第二次修正草案」。

2009 年 1 月修正「易刑處分」制度，例如易科罰金、易服社會勞動等相關規定（§§41，42，44，74～75 之 1；增訂 §42 之 1）；2013 年 1 月修正「數罪併罰」（§50）；2015 年 12 月修正「沒收制度」的內涵與法律效果，並將沒收以獨立專章（第五章之一）規範。此次沒收專章的修正，主要係將沒收由原本的從刑改為兼具刑罰、保安處分以及類似不當得利性質的獨立法律效果（§§38，38 之 1，38 之 2，38 之 3，40，40 之 2）；2016 年 6 月再度修正「第三人優先行使債權」（§38 之 3）；2016 年 11 月修正國外犯罪的適用（§5）；2019 年 5 月增訂「凌虐」的立法解釋（§10VII）；2019 年 5 月修正「所犯係最重本刑為死刑、無期徒刑或十年以上有期徒刑之罪，且發生死亡結果者均無追訴權時效之適用」（§80 I）；2019 年 12 月修正「追訴權停止原因繼續存在之期間為三分之一」（§83 II）、「行刑權停止原因繼續存在之期間為三分之一」（§85 II）；2021 年 12 月司法院釋字第 812 號宣告「強制工作處分」違憲必須廢止；2022 年 1 月修正「微罪撤銷假釋」（§§78，79）；2022 年 1 月修正「監護處分」（§§86，98）等。

第三章　刑法的基本原則

【刑法的基本原則】

罪刑法定主義
- 排除習慣法
- 禁止溯及既往
- 禁止類推解釋
- 禁止絕對不定期刑
- 刑罰法規的適當性

謙抑主義
- 刑法的補充性
- 刑法的片斷性
- 刑法的寬容性

責任主義
- 歸責原則
- 量刑原則

第一節　罪刑法定主義

第一項　罪刑法定主義的概念

所謂罪刑法定主義 (Gesetzlichkeitsprinzip)，係指犯罪行為的法律要件及其法律效果，均需以法律明確規定，法律未明文規定處罰者，即無犯罪及刑罰可言。通常係以被尊稱為近代刑法學之父的德國刑法學者封·費爾巴哈所首先提倡的「無法律即無犯罪」(nullum crimen sine lege)、「無法律即無刑罰」(nulla poena sine lege) 來揭示罪刑法定主義的意義，此一法諺係以拉丁語來表示，並非源自於羅馬法。罪刑法定主義係歐陸法系國家經過長期歷史演進過程而奠定的法律原則，亦成為民主法治國家中極為重要的法治國原則與刑法原則。

罪刑法定主義的相對立原則，即罪刑專斷主義。罪刑專斷主義係指犯罪與刑罰並非事前依法律明文規定，「何種行為屬於犯罪？」與「如何處罰該行為？」皆委由國家機關專斷，屬於君主專政下的裁判原則，歐洲各國直至法國大革命為止，裁判制度仍然係受此種原則所支配。

第二項　罪刑法定主義的沿革

罪刑法定主義係歷經英國、法國、日本等國的立法精神，在 1912 年開始引進我國，我國刑法自 1912 年中華民國暫行新刑律開始，即在第 10 條規定：「法律無正條者，不問何種行為不為罪」。而後的 1928 年舊刑法第 1 條規定：「行為時之法律無明文科以刑罰者，其行為不為罪」。1935 年現行刑法第 1 條將該規定修正為「行為之處罰，以行為時之法律有明文規定者為限」。

一、歐　洲

在歐洲君主專制時代，刑法係君主統治人民的主要工具，當時何種

行為係應科處刑罰的犯罪行為，並無法律明文規定，而任由統治者依其個人的喜怒哀樂，主導生殺大權而擅斷罪刑。其後，隨著時代的進步，國民的智慧漸開，在對罪刑擅斷主義產生反感之下，罪刑法定思想自然應運而生。罪刑法定觀念最早可追溯至十三世紀英王約翰於 1215 年簽署的大憲章 (Magna Charta)，在其第 39 條即規定：「任何自由人，非依國家法律及適法裁判，不得逮捕、監禁、流放、處死、剝奪領土與法律之保護」。

至於罪刑法定主義對刑法思想與刑事政策產生實質上的影響，而將其具體規定於刑法條文之中，則遲至十七、十八世紀的啟蒙時代。例如，罪刑法定思想成為當時法國大革命的政治主張，而於 1789 年的人權與公民權利宣言 (La Déclarration des droits de Ìhomme et du citoyen) 第 8 條納入罪刑法定思想「任何人非依犯罪之前已制定公布，且經合法適用的法律，不得處罰之」。其後，於 1810 年的法國刑法典亦承繼人權宣言的宣示，於第 4 條規定：「任何微罪（或違警罪）、輕罪或重罪，不得處以違犯前的法律所未明定的刑罰」。接著，1813 年由封·費爾巴哈所提出的拜耶王國刑法典 (Das bayerische Strafgesetzbuch)，亦將其於 1801 年所著《刑法教科書》中所揭示的「無法律即無犯罪，無法律即無刑罰」原則規定於該法典之中。

由於法國刑法典及拜耶王國刑法典係十九世紀歐陸法系各國刑法的主要範本，故罪刑法定主義逐漸成為近代刑法的基本原理，世界大多數歐陸法系國家亦相繼仿效，明白宣示罪刑法定主義，而將此原則納入刑法規定之中。首先，1871 年德意志帝國刑法第 1 條規定：「行為人之行為，唯有其行為之前法律已明定可罰性者，始得予以處罰」；其次，1930 年義大利刑法於第 1 條規定：「行為之可罰性，法律若無明文規定者，任何人不得因該行為成立犯罪，而受法定刑罰之制裁」；1937 年瑞士刑法亦於第 1 條規定：「唯有違反法律明文規定科處刑罰之行為，始得加以處罰」。

罪刑法定主義在國際法上的確立，係在第二次世界大戰結束後，首

先在 1948 年聯合國大會通過的世界人權宣言 (Universal Declaration of Human Rights) 第 11 條第 2 項即明白揭示:「行為時依國內法或國際法並非可罰者,任何人不得因其作為或不作為而被判處有罪,對於犯罪不得科處較其違犯時應受刑罰為重的刑罰」❶。接著,1949 年德國基本法明文規定罪刑法定主義,而於 1953 年刑法修正時,即在第 2 條規定罪刑法定主義。其後,舊蘇聯體制的俄羅斯刑法典亦於 1960 年採納此原則。具體而言,除獨裁主義的國家之外,現代大多數的國家皆係以罪刑法定主義為刑法的基本原則。

二、日本與我國

日本於明治時代,捨棄我國律法而轉向學習歐陸法後,最初係以法國刑法為參考範本,而於 1880 年制定的刑法(太政官布告第 36 號公布,現通稱「舊刑法」)第 2 條規定:「法律無正條者,不得處罰任何人之行為」,而後更以德國刑法為參考範本,於 1907 年制定現行刑法(法律第 45 號公布),惟此一刑法典並未明文規定罪刑法定主義❷。

我國刑法係以日本舊刑法為參考範本,無論暫行新刑律、舊刑法或現行刑法,均將罪刑法定主義歸納為刑法的最大原則。然而,我國現行刑法較日本現行刑法更明確於條文中揭示罪刑法定主義,亦即在刑法第 1 條即明文規定:「行為之處罰,以行為時之法律有明文規定者為限」。

---

❶ 基於相同的旨趣,聯合國大會更於 1966 年決議通過(1967 年生效)的國際人權條約 B 條約(公民權與政治權國際條約)第 15 條第 1 項規定:「行為時依國內法或國際法並無處罰規定者,任何人之作為或不作為,不得認定係犯罪。科處刑罰不得重於行為時之規定。行為後有較輕之處罰規定者,應予以減刑。」

❷ 日本在 1907 年所制定的現行刑法及戰後所制定的現行憲法並未於法條中規定罪刑法定主義,但在舊刑法第 2 條規定:「法律無正條者,不得處罰任何人之行為。」以及舊憲法第 23 條規定:「非依法律,不得逮捕、監禁、審問或處罰日本國民。」,現行刑法係從憲法第 31 條刑事程序的規定,而將罪刑法定主義視為當然的前提。此外,1974 年改正刑法草案第 1 條規定:「法律未規定處罰之行為,不得處罰之。」但此草案終究未能在國會中通過。

2005 年 2 月刑法修正時，更具體明示行為的處罰包含刑罰與保安處分，而將第 1 條規定修正為「行為之處罰，以行為時之法律有明文規定者為限。拘束人身自由之保安處分，亦同」。

第三項　罪刑法定主義的理論基礎

罪刑法定主義係在啟蒙思想中隨著近代自由主義思想所產生的原則，並發展成為大陸法系刑法上最重要的原則。其主要的理論基礎有二：其一為孟德斯鳩的三權分立論，其二為封・費爾巴哈的心理強制說。

首先，三權分立論主要係為了避免國家權力恣意行使及保障個人自由，而將立法、司法、行政三權分別由三個機關來掌理，達到相互制衡的作用。因此，犯罪與刑罰的法律係由立法機關依立法程序而制定，法官則應依法律裁判，故係屬於一種禁止擅斷主義的裁判制度。然而，在現代司法制度上，法官在適用法律時，必須針對刑法規定加以解釋，故法官在司法的判斷上，仍然應容許其有適當解釋與適用的權限。

其次，依據心理強制說的思想，由於以法律規定犯罪與刑罰的方式，使一般國民可預知自己行為是否成立犯罪，故可達到心理強制的作用，並具有保障行動自由的機能。然而，心理強制說並非對所有犯罪都具有妥當性，例如輕犯罪即無法達到心理強制的功效。

在三權分立論與心理強制說的理論基礎上，近代刑法一方面亦受到自由主義的強烈影響，在此種歷史背景下，現代刑法更採民主主義與尊重人權主義為罪刑法定主義的理論根據。換言之，現代刑法針對「何種行為係犯罪？」與「該犯罪行為應如何處罰？」，係由國民自己依民主方式來決定，亦即由民主方式所產生的中央民意代表來立法（民主主義）；而基於保障基本的自由權，應事前對國民預告犯罪與刑罰，使國民能預知自己行為是否為犯罪而應被處罰（尊重人權主義）。

實質而言，現代刑法採罪刑法定主義的立法原則，可謂具有兩大功能：(1)經由明確規定的處罰條文，清楚地預告人民何種行為係屬於犯罪行為，若有該行為即應接受相等對應的刑罰，依此人民對自己的行為即

可預知是否犯罪，藉此可達到預防犯罪的目的；(2)由於罪刑法定主義的確立，可藉以防止國家刑罰權的濫用，進而使刑法更具備法的安定性。

第四項　罪刑法定主義的衍生原則

自從封・費爾巴哈提倡罪刑法定主義的精神以後，學說上針對罪刑法定主義的意義與內容，從論理上導出排除習慣法、禁止溯及既往、禁止類推解釋與禁止絕對不定期刑等四種必須遵循的原則，此即所謂罪刑法定主義的傳統衍生原則。二次大戰後，基於尊重人權的精神，為了實質上保障人權，更在罪刑法定主義的內涵中，發展出刑罰法規的適當性原則（實體的正當法律程序），此即所謂現代的衍生原則。因此，至今罪刑法定主義的內涵，應包括下列五種原則：(1)排除習慣法、(2)禁止溯及既往、(3)禁止類推解釋、(4)禁止絕對不定期刑、(5)刑罰法規的適當性。

一、排除習慣法

所謂習慣法 (Gewohnheitsrecht)，亦稱為慣例，係指人類歷經長年反覆實行所形成一種共同遵守的社會規範。而與習慣法具有關聯性者，有條理與判例。所謂條理，係指事物的常理或人間的道理。所謂判例，係指法院在解決具體事件之際，所採的法律見解❸，至於我國所稱判例，係指最高法院判例而言。

在罪刑法定主義之下，罪與刑均必須以成文法的「法律」加以規定，屬於「法律」以外不成文的習慣法、條理與判例等，皆非基於法律而形成，因其未經過立法程序予以條文化，不得視為法源而成為刑事判決的依據，其乃當然的道理。其中，有關我國最高法院判例究竟是否成為刑事判決的依據？針對此一問題，必須從實質面來觀察，亦即最高法院

---

❸ 我國所稱判例，有異於其他國家亦包含判決在內，而係指最高法院針對所有刑事判決，篩選最具代表性的判決，經由院長、庭長、法官組成的刑事庭會議或刑事庭總會的決議，認為該判決所持見解具有判決的代表性，經報請司法院備查，始形成所謂最高法院判例。

對下級法院雖無法律的拘束力，若下級法院未遵守判例時，可予以駁回重審，故最高法院判例在實際上已經形成下級法院判決時所遵守的準則。

至於習慣法當然不得成為刑法的直接法源，此乃基於罪刑法定主義而必須受到限制，惟刑法上所規定的犯罪構成要件，其部分內容往往仍需藉習慣法而予以認定，故習慣法仍有其補充的效力。例如遺棄罪中「扶助、養育或保護」的責任、業務侵占罪中「業務」的根據，背信罪中「為他人處理事物」的內容等，均需藉習慣法而加以說明。因此，正確而言，習慣法不得作為刑事判決的依據，僅能補充說明刑法所規定的構成要件。

二、禁止溯及既往

所謂禁止溯及既往 (Rückwirkungsverbot)，亦稱為禁止「事後法」的原則，係指行為的處罰，必須以行為時的法律來處罰，禁止依據行為後所施行的刑罰法規，處罰該法規施行前的行為。此種原則僅在刑事實體法上適用❹，其包括以下兩種情形：

㈠入罪化

行為時係刑法所不加以處罰的行為，行為後刑法經過修正，將該行為規定為可罰的犯罪行為。此種情形，並無刑法第 2 條法律變更的適用問題，禁止溯及既往乃無庸置疑的問題。

㈡加重刑罰

行為時刑法有處罰規定，行為後刑法經過修正，而將該處罰規定加重者。此種情形，依據刑法第 2 條法律變更的適用，原則上適用行為時的法律，不得適用裁判時的法律。

> ### 【入罪化後禁止溯及既往的案例】
> 槍砲彈藥刀械管制條例係於民國 72 年 6 月 27 日公布施行，甲

---

❹　在刑事訴訟的程序上，原則上應適用裁判時的刑事訴訟規則，而非適用行為時的刑事訴訟規則，因此屬於禁止溯及既往的例外。

等人攜帶武士刀、扁鑽等刀械行為當時的法律,並無處罰的規定,依刑法第 1 條的規定,自不得因其後施行的法律有處罰規定而予處罰。法律不溯及既往及罪刑法定主義係刑法有關效力的兩大原則,行為應否處罰,應以行為時的法律有無規定處罰為斷,若行為時與行為後的法律皆有處罰規定,始有刑法第 2 條比較新舊法的適用。甲等人未經許可無故持有刀械,觸犯公布施行在後的槍砲彈藥刀械管制條例,並適用刑法第 2 條第 1 項但書規定,自屬適用法則的不當❺。

然而,上述禁止溯及既往原則,亦有例外情形,即依據刑法第 2 條第 1 項的但書規定,適用行為後(裁判時)的法律。例如,在行為後法律有變更時,若裁判時的法律對於行為的處罰有減輕者(除罪化或減輕刑罰),則適用裁判時的輕法(§2 I);此外,非拘束人身自由的保安處分亦適用裁判時的法律(§2 II)等,此即屬於此種例外情形的適例。

三、禁止類推解釋

所謂類推解釋 (Analogie),亦稱類推適用,係指對於法律所未規定的事項,適用與其具有類似性質事項有關的法律。類推解釋乃未依正當程序而為法的創造,屬於法官事實上的立法,故其應被禁止,故與法律主義及事後法的禁止併列,成為傳統上罪刑法定主義的基本內涵。

一般而言,基於罪刑法定主義的立場,禁止類推解釋,而容許擴張解釋,但必須限制其範圍,此即所謂擴張解釋的限制。所謂**擴張解釋**

---

❺ 參照最高法院 72 年臺上字第 6306 號判例;此外,最高法院 69 年臺上字第 413 號判例亦有相同旨趣:「懲治走私條例於六十七年一月二十三日修正公布,新增第二條之一,對運送銷售或藏匿逾公告數額之走私物品者及其常業犯,為科罰之規定,並罰其未遂犯,在此項修正以前法律並無類似規定,上訴人犯罪在六十四年十月間,依法律不溯既往之原則,自不能適用該新增條文予以科罰。原判決竟引用該條文科處上訴人罪刑,自屬適用法則不當。」

(ausdehnende Auslegung)，係指將日常用語所具有的標準意義，作較廣泛的解釋而言。但超過標準意義的範圍，即屬於類推解釋，故基本上類推解釋與擴張解釋在本質上係屬於不同的概念。換言之，由於類推解釋已經超過法律條文意義的範圍，故原本刑法所未預定的事態亦適用該法規，結果導致對行為人追究超過其預知可能性❻範圍的責任，此外亦違反法律條文以法律明文明確規定為禁止行為的最初立法原則。因此，類推解釋原則上應加以禁止；至於擴張解釋，則僅針對法條文字的意義，在日常語意能包含的範圍內加以擴張而已，並無損刑罰法規所賦予行為人的預知可能性，故不可謂擴張解釋有違反罪刑法定主義的旨趣。

【類推解釋與擴張解釋的案例思考】

　　刑法針對竊盜行為，原本在第 321 條第 1 項第 6 款有「在車站或埠頭而犯之者」的加重處罰規定，惟在現實生活中，在供公眾運輸的交通工具內，旅客上下擁擠，竊盜發生的情形，比車站或埠頭更為嚴重，而且航空站亦為旅客聚集或上下的場所。因此，以往在實務運作上，會將在「航空站或其他供公眾運輸的交通工具內」的竊盜行為，從類推解釋與擴張解釋的思考，而做適當的解釋與運用。然而，基於罪刑法定主義的思考，在 2011 年 1 月刑法部分條文修正案，將該款修正為「在車站、埠頭（註：2019 年 5 月再修正為「港埠」）、航空站或其他供水、陸、空公眾運輸之舟、車、航空機內而犯之者」。基此，若其他條款有類似情形，在未修法前，其解釋與適用，亦應準此情形。

　　禁止類推解釋係罪刑法定主義的衍生原則，此為通說見解，但在德國及日本有提出否定的見解者，亦即所謂類推解釋容許說。依據此說的見解，並非所有的類推解釋皆被容許，而係依據解釋所得結論的適當性

---

❻　所謂**預知可能性**，係指對一般國民而言，刑罰法規具有事先預告何種行為係屬犯罪行為，而該種犯罪行為將接受刑法何種處罰。

與否，來決定類推解釋的可容許性。學說上，主要係從以下兩種面向來討論類推解釋容許說的適當性。

(一)基於類推解釋與擴張解釋的相異內容

從兩者的內容觀點而言，如同上述，擴張解釋係指將日常用語所具有的標準意義，作較廣泛的解釋，而超過標準意義的範圍，即屬於類推解釋。換言之，在「法律條文所可能具有的意義範圍」內解釋者，係屬擴張解釋；而將解釋擴張至該範圍外者，係屬類推解釋❼。擴張解釋與類推解釋的區別，雖具有一定的困難性，但以兩者區別具有困難性為理由，而作不利益的類推解釋，即屬禁止的類推解釋。

(二)基於類推解釋與擴張解釋的相異形式

所謂從兩者的形式觀點，係指從「推論形式的類推」而言。基於類推解釋與擴張解釋兩者的推論形式，很明確地具有相異性。在刑法所規定的構成要件與特定的事實之間，找出一些共通性或類似性，以此為基礎而使該事實包含在構成要件的概念者，係屬類推解釋；至於擴張解釋完全係屬於用語的範圍，絕非以共通性或類似性為基礎而擴張用語的意義。此種類推解釋之所以被禁止，主要係因為採類推的論理形式，其本身蘊含有不當地擴張刑罰法規的危險性。

歸納而言，類推解釋係因對行為人造成不利益而被禁止，若對行為人有利的類推解釋，則不應被禁止適用。因此，在刑法領域中有某些類推解釋的存在，例如在違法性的認定上，否定犯罪成立的阻卻違法事由或阻卻責任事由，其類推被廣泛地加以肯認；又例如刑法中減輕或免除其刑及減免罪責事由等規定，係屬於有利於行為人的規定，其類推解釋亦被容許❽。

四、禁止絕對不定期刑

所謂不定期刑，係指未明確規定刑罰的種類與刑期，或僅僅規定刑

❼ 參照曾根威彥，《刑法總論》，弘文堂，2010年4月第4版，17-18頁。
❽ 參照曾根威彥，《刑法總論》，弘文堂，2010年4月第4版，18頁。

罰種類而不規定刑期而言，其包括相對不定期刑與絕對不定期刑二種。前者規定刑罰的種類、刑期的上限與下限，而後者未加以規定。倘若採絕對不定期刑，或許在量刑及行刑適當運作之際，可能對犯人再社會化產生適切的效果，但更容易造成法官的恣意擅斷，嚴重剝奪犯罪者的自由。因此，為達到調和刑罰的個別化要求與量刑的限度要求，在罪刑法定主義之下，刑法乃採取相對不定期刑，並禁止絕對不定期刑❾。同樣地，針對宣付保安處分的種類及期間亦必須確定，在我國現行刑法針對性犯罪強制治療，即有未明確規定上限與下限的情形。

【爭議的法條】

刑法第 91 條之 1 針對性犯罪者的強制治療規定「犯……之罪，而有下列情形之一者，得令入相當處所，施以強制治療：一、徒刑執行期滿前，於接受輔導或治療後，經鑑定、評估，認有再犯之危險者。二、依其他法律規定，於接受身心治療或輔導教育後，經鑑定、評估，認有再犯之危險者。前項處分期間至其再犯危險顯著降低為止，執行期間應每年鑑定、評估有無停止治療之必要。」，其中所謂「**前項處分期間至其再犯危險顯著降低為止**」，即係一種**不明確的規定**，恐有形成違憲而無效之虞，應係將來修法必須思考的重要議題。

此外，在行刑的階段上，亦應從犯罪者的人權保障觀點加以考量。由於犯罪者係行刑機關行使權力的對象，故其法律地位、權利義務關係及處遇方式等，必須依法律而加以明確化。換言之，行刑措施亦應採相對的選擇，而非絕對的處遇措施。

---

❾　舉例而言，刑法上殺人罪規定「處死刑、無期徒刑或十年以上有期徒刑」者，乃由法官就刑罰種類的範圍內選擇一種，而在所選擇刑罰種類的法定刑中，在上限與下限的範圍內，宣告適當的刑期，此即屬於採相對不定期刑的適例。

五、刑罰法規的適當性

所謂刑罰法規的適當性，亦稱為**適當處罰的原則**或**實體的正當法律程序**，其係指刑罰法規在形式上與內容上應適當地加以規定而言。原本罪刑法定主義即係基於憲法保障人權的精神，若刑罰法規的內容不具有合理性，則將有違憲之虞，此即所謂實質的保障人權原則。因此，基於實質保障人權的原則，刑罰法規的適當性必須包含刑罰法規的明確性與刑罰法規內容的適當性。

㈠明確性原則

所謂**明確性原則**，係指立法者必須具體且明確地制定刑罰法規內容的原則而言。此種原則包括構成要件的明確性與法律效果的明確性。立法者在制定刑罰法規時，必須以一般國民的預知可能性❿為範圍，當一般國民對於刑罰法規，無法從法律條文明白理解其意義時，則將形成刑罰法規的不明確，並被視為係違反憲法的精神。此種原則，不僅成為制定刑罰法規時的立法指導方針，同時意味著在刑罰法規具有不明確性時，該刑罰法規將形成違憲而無效的結果，此即所謂**不明確無效理論**(void-for-vagueness doctrine)⓫。

具體而言，刑罰法規的文言必須明確，亦即針對「何種行為屬於禁止或命令的行為？」、「該行為應如何處罰？」、「何種行為應宣付保安處分？」、「法定刑的限度及保安處分的期間為何？」等的規定必須明確。然而，明確性的判斷基準為何？此乃重要的問題。一般而言，有二種主要的根據：⑴確保告知國民刑罰法規的機能；⑵防止裁判機關恣意適用刑罰

---

❿ 所謂一般國民的「**預知可能性**」，參照川端　博，《刑法總論講義》，成文堂，2006 年 2 月第 2 版，51–52 頁；大谷　實，《刑法講義總論》，成文堂，2010 年 3 月新版第 3 版，60 頁。

⓫ 有關**不明確無效理論**，參照山口　厚，《刑法總論》，有斐閣，2005 年 2 月補訂版，17 頁；大谷　實，《刑法講義總論》，成文堂，2007 年 4 月新版第 2 版，60 頁。

法規的機能。基於前者，刑罰法規的明確性係指具有通常判斷能力者能認識且能判斷的程度，依此始能在行為時有所遵循。基於後者，刑罰法規的明確性係指將合理的處罰範圍明確化，依此始能避免法官濫用刑罰。

㈡刑罰法規內容的適當性

所謂刑罰法規內容的適當性，係指刑罰法規所規定的犯罪與刑罰，必須具有將該行為視為犯罪的合理根據，而且科處刑罰亦應與該犯罪具均衡性。在美國法上，稱為「明確性理論」，不明確的刑罰法規經由判例被視為違反正當程序 (due process)，而形成無效的條項。第二次世界大戰後，西德亦以「構成要件明確性原則」稱之，因而被歸納為罪刑法定主義的另一種衍生原則。最近，在日本則係以「實體的正當法律程序」稱之❷。

所謂實體的正當法律程序，並不僅係程序上的正當（形式的正當法律程序），亦要求刑罰法規上實體內容的正當。此種原則係從保障個人基本人權的原理出發，針對刑罰法規內容即使明確，但有科處刑罰或宣付保安處分不適當的情形時，仍然認為係違反罪刑法定主義。此種原則係法院對立法所進行的實質制約，亦為正當性理念的實質作用，屬於違憲立法的一種審查制度。實質而言，實體的正當法律程序應包括以下兩種意義❸：

1.刑罰的適當性：在刑事立法上，欲制定何種刑罰或保安處分時，必須思考何種刑罰或保安處分係屬於保護法益與維持社會秩序的適當手段。因此，立法者應權衡各種事實狀況，謹慎評估該種刑罰或保安處分的適當性後，選擇對行為人的權益侵害最小的手段；否則，即屬於刑罰權的濫用，形成實質上侵害國民的基本人權，將形成違憲而無效的刑罰

---

❷　將**實體的正當法律程序**視為罪刑法定主義的內涵，係目前日本大多數學者所採的見解。參照大谷　實，《刑法講義總論》，成文堂，2007 年 4 月新版第 2 版，59–60 頁；曾根威彥，《刑法總論》，弘文堂，2010 年 4 月第 4 版，20 頁。

❸　關於**實體正當法律程序**的涵義，參照大谷　實，前揭書，62 頁；曾根威彥，前揭書，20 頁。

法規。

2.**罪刑的均衡性**：依據罪刑均衡的思想，重罪即應重罰，輕罪即應輕罰，以符合罪刑均衡；若有重罪輕罰，或輕罪重罰的情形，則係屬於違反罪刑的均衡性。

第二節　謙抑主義

所謂謙抑主義，係指刑法的發動並非以一切違法行為為對象，僅在有處罰必要時始能發動的原則。蓋刑法固然以保護生活利益為目的，但因為刑罰乃以物理的強制力而剝奪人的生命、自由、財產等，故不應輕易地發動刑法以對。亦即，執行刑罰者，將隨之帶來許多弊害的反作用，故倘若有其他可能使用的社會控制手段（例如倫理制裁、民事賠償、行政程序之制裁等）時，應使用該種手段而取代刑罰，因此刑法係保護生活利益的「最後手段」(ultima ratio)。

由刑法的謙抑主義，又可導出刑法的三種特性：亦即「刑法的補充性」、「刑法的片斷性」、「刑法的寬容性」。所謂**刑法的補充性**，係指僅以刑法為手段無法抑止犯罪，而且由於刑罰乃剝奪人的生命、自由、財產之極嚴苛制裁，故刑法應係為了防止犯罪的最後手段，亦即刑法具有補充的性質。所謂**刑法的片斷性**，係指刑法的規範無法遍及各種生活領域，僅及於維持社會秩序的必要最小限度領域，亦即刑法具有片斷的性質。所謂**刑法的寬容性**，係指縱然實現犯罪行為，但為圖保護法益，只要非必要或不得已的情狀，應重視寬容精神且節制處罰，亦即刑法具有寬容的性質。

第三節　責任主義

責任主義可分為**歸責原則**與**量刑原則**兩種。歸責的責任主義，係以責任能力及故意或過失為要件，僅在行為人可非難的情形，始追究行為

人的責任；而量刑的責任主義，則以刑罰必須依據責任的量為比例，亦即責任成為量刑的基準。

在刑法的演進過程中，責任主義已經成為近代刑法所確立的基本原則，基於責任主義的精神，否定結果責任與團體責任，而將責任予以限制。亦即，否定近代刑法確立前，所謂「不考慮行為人的責任能力或故意等的主觀面，而僅以惹起法益侵害結果為處罰對象。」的結果責任（即客觀責任），以及所謂「一定集團的構成員實行犯罪時，屬於該集團的全員均應處罰」的團體責任（即連坐責任）。因此，現代刑法的責任主義，已形成「由結果責任趨向主觀責任、由團體責任趨向個人責任」的新趨勢。

有關責任主義的內容，以往係以必須具有故意或過失為原則，惟因為欠缺責任能力或期待可能性亦無責任，故可謂此等要素均為責任主義的內容。此由近代刑法明文規定以處罰故意犯為原則，處罰過失犯為例外；有關責任能力，則以具有完全責任能力，方為有負擔刑罰制裁的能力，對無責任能力人，不加以處罰，而限定責任能力人，則予以減輕刑罰，可窺其一斑。

在責任主義的相關問題上，以下幾種問題必須加以釐清，惟由於此等問題係與各個領域的內涵密切相關，本書將此等問題納入各章中，做更深入的探討。

⑴在法人的兩罰規定之中，其是否為轉嫁罰，有無違反責任主義。

⑵在共同正犯的處罰根據理論之中，「一部分行為全部責任」的法理是否屬於團體責任，有無違反責任主義。

⑶在客觀處罰條件之中，客觀處罰條件係與犯罪成立的三種要件（構成要件該當性、違法性、有責性）完全無關的客觀條件，其是否可視為責任主義的例外規定。

⑷在原因自由行為之中，針對「行為與責任同時存在」原則，依責任主義應如何解釋。

⑸在違法性認識與違法性錯誤之中，從責任主義的觀點，應闡釋其責任內涵。

第四章　刑法的解釋

【刑法解釋的構造】

一般解釋
- 文理解釋
- 目的論解釋
- 體系論解釋
- 合憲性解釋
- 歷史解釋

立法解釋
- 以上、以下、以內（§10 I）
- 公務員（§10 II）
- 公文書（§10 III）
- 重傷（§10 IV）
- 性交（§10 V）
- 電磁紀錄（§10 VI）
- 凌虐（§10 VII）

第一節　刑法解釋的概念

　　刑法所規定的條文，係立法者將各種犯罪行為的構成犯罪事實，經過類型化、概念化、抽象化與條文化而形成。簡單而言，刑法的條文係屬抽象性，其文字或用語具有多層面的意義。而在司法實務運作上，必須將該種抽象條文予以具體化，合理且妥適地判斷是否適用於具體的刑事案件上，此種判斷的理論根據，即係**刑法解釋**。

　　在第二次世界大戰後的初期，刑法學界檢討戰前恣意運用刑事法體系所生的弊端，強調應重視刑法解釋的形式性。然而，倘若僅貫徹實行「形式解釋論」，並無法真正實現憲法的理念，故於刑法解釋論上，除採形式的（客觀的）犯罪理論之外，亦加入實質的判斷，因此刑法解釋論應係形式與實質併重的**二元解釋論**。

　　一般而言，刑事法體系必須符合以下兩項要求：(1)在運用之際，不使國民蒙受不利益；(2)對於應處罰的行為，務必迅速處罰，以保障國民的各種利益。然而，在該兩項要求的密切關係中，所存在的實務作法，則係與學說理論迥異，實務上大致係依據實質的解釋，以探求合理的處罰範圍。此種結果，在二次大戰後的刑法理論領域中，被學說質疑係「實務上對於處罰過於寬廣」。

　　準此，形式解釋未必能保障國民的權利，蓋其不僅消極上有不處罰應受處罰者，造成未充分防止犯罪以及使國民蒙受不利益之虞，亦在積極上蘊藏著處罰不該處罰者的危險性。因此，縱然在形式上該當於構成要件，但在實質上係不值得處罰的情形，採不處罰該種行為應較具有妥當性。

　　在學說上，過去始終未採解釋的實質化，雖理論上自很久以來即認為「構成要件係違法行為的類型」，違法性有無的實質判斷早已使用於構成要件的判斷上，惟仍有多數學者認為「實質化的判斷係屬於具有危險性的思想」，因此在當時亦大都迴避刑法解釋的實質化，而繼續維持形式

構成要件的概念。然而，在現代刑法解釋學上，漸漸趨向解釋的實質化，而從「何種程度的實質化係屬可容許？」以及「在可容許的情況下，如何建立合理的構成要件概念？」等課題進行更妥適的解釋。

由於刑法學說與刑法實務的立場不同，故在從事刑法解釋時，兩者的觀點與見解出現分歧。刑法學說係從事刑法理論的探討，其著重於刑法的理論體系與原則；而刑法實務則從事實際問題的解決，所著重者在於實際案件的裁判。倘若法官從事審判時，不以學說論理為基礎，則無法正確推論與印證，因此學說論理係實務的基礎，而實務則係學說研究的重要參考，兩者具有相輔相成的作用。

刑法的學說論理屬於無權解釋機關的見解，而實務見解卻是有權機關的解釋，我國的實務解釋主要有司法院大法官會議解釋、最高法院判例與刑事庭會議決議。此等實務見解，對具體刑事案件而言，雖無形式上的拘束力，但卻具有司法審判上的實際效力。

第二節　刑法的一般解釋

從罪刑法定主義而言，刑法的成文即指立法所形成的條文，惟條文並非刑法規範，而是表示刑法規範的命題。刑法規範係依據條文所表示的意義，而認識刑法的規範意義，必須依據刑法的解釋。無論刑法、民法或其他任何法律，透過立法程序所形成的條文化，其所使用的文字，不可能精確完整地闡述所要規範的事項，因此事後運用時，對於文字內容必須做適當的解釋。

誠如前述，從事解釋時，應有其方法與界限，尤其對於刑法的條文意義，所做的解釋通常會影響罪刑法定主義真正規範的效力，因此刑法的解釋亦應較其他法律的解釋更為嚴謹。針對刑法條文所做的解釋，大致可依文理解釋、目的論解釋、體系論解釋、合憲性解釋與歷史解釋等五種方式進行。

第一項　文理解釋

　　刑法的條文，在文法上是使用日常生活上自然的用字與用語；而在論理上是依據命題的形式而形成。因此，在從事刑法解釋之際，首先應說明條文中用字用語在言語學上的意義，其次理解該命題的論理意義。說明條文中用字用語在言語學上的意義，稱為**文義解釋**；而理解該命題的論理意義，稱為**論理解釋**。

　　形成法命題的自然用語，原本即具有多義性，故僅依文義解釋，並無法確定刑法規範的意義。此外，法命題在論理上，經常至少具有兩種意義，例如針對某種命題，從某種觀點解釋係呈現「原則」，而若從另一種觀點解釋，則可能呈現「例外」。雖然採其中任何一種觀點來解釋，在論理上均屬可能，但依論理解釋卻無法判斷何者係屬正確。因此，為了正確判斷，必須有一定的標準，提供此種標準者，即目的論解釋。

第二項　目的論解釋

　　目的論解釋主要係在瞭解刑法規範的目的，故此種解釋係基於法律規範目的所做的法律解釋，其係屬於刑法解釋中最正確的一種解釋。換言之，依據刑法規範所欲保護的法益，可補足在文義解釋與論理解釋所出現的爭議。

　　舉例而言，刑法第 1 條中所謂的行為，與刑法第 55 條中所謂的行為，雖均使用「行為」的用語，但前者所稱的行為係尚未經過刑法評價的自然行為，後者所稱的行為則係已經受到刑法評價過的規範行為。對於此二條文中的行為，之所以會得到不同的行為概念，乃係由於此二條文對於行為的規範目的不同，因而得到不同的結論。

　　因此，就法條之目的觀與價值觀來解釋法條的法律意義，乃刑法最妥當的解釋方法。實質而言，在從事解釋之際，必須就我國刑法整體法規的規範目的、法條在整個法律上的地位以及比較法的考察等方法，作出適當的詮釋❶，始能在適用上達到最公平與最客觀的目標。

第三項　體系論解釋

刑法解釋除了文理解釋與目的論解釋以外，必須依據該法條與其他法條間的關係，或該法條與其他法律相關法條的體系關係，來解釋刑法法條的法律意義，此稱為體系論解釋，又稱為**系統解釋**。透過體系論的解釋方法，可維持刑法體系與整個法律體系的一貫性，以及文字用語概念的一致性。

舉例而言，妨害性自主罪章的「強制猥褻」，透過第 221 條強制性交罪與第 224 條強制猥褻罪的對照，可知強制猥褻係指強制性交以外的其他猥褻行為；在侵害財產法益的犯罪中，對照第 335 條侵占罪的「**持有他人之物**」與第 337 條侵占遺失物罪的「**離本人所持有之物**」，可知第 320 條竊盜罪的行為客體是「**他人持有之物**」；在殺人罪的「殺人」，對照墮胎罪章第 288 條以下的殺死「**胎兒**」與殺人罪章第 271 條以下的殺「**人**」，可知殺死胎兒成立墮胎罪，排除殺死胎兒始能成立殺人罪。

第四項　合憲性解釋

憲法乃規定國家與人民權利義務關係的根本大法，在規範體系上具有最優位性，因此刑法的規定不得牴觸憲法，否則即屬無效（憲 §171 I）。刑法的解釋與運用，當然亦不得違背憲法的規定與精神，故從事刑法解釋時，必須以憲法的規定與精神作為最高指導原則，此即所謂合憲性解釋。

從最近的刑法趨勢來看，刑法的解釋係朝向實質解釋論發展。亦即，

---

❶ 目的論解釋包含**限縮解釋**、**擴張解釋**與類推解釋等三種，在從事目的論解釋時，原則上不能違反罪刑法定主義的原則。由於刑罰法規是限制行為人的權利與自由，故應嚴格從事刑法解釋。然而，從反面而言，對行為人有利的類推解釋，並不違反罪刑法定主義的原則，仍可依符合實質的旨趣而予以容許。例如，超法規的阻卻違法事由與超法規的阻卻責任事由，實際上係與罪刑法定主義無關，應該無違反罪刑法定主義的禁止類推解釋。

一方面超越形式上僅確定處罰範圍的階段，合理地選擇真正值得處罰的行為；另一方面亦已經改變了形式上該當於犯罪的行為是否真正係值得處罰行為的思考方向。此種改變，主要係「依實質上解釋而成立的判例」已為學者所重視，從而肯認犯罪論實質化及構成要件實質解釋之概念。此外，另一種動因則為最高法院在諸多判例上廣泛地採用「合憲性限定解釋」的方法。此種「合憲性限定解釋」，被認為係實質上解釋法律條文或構成要件，換言之，其係將罪刑法定主義予以實質化。

有關合憲性限定解釋，具體而言，倘將法律條文依形式上解釋，而擴張其處罰範圍，則屬違憲；而在實質上妥當的範圍內，依其處罰範圍而做限定性的解釋，則係具有合憲性。所謂「將形式的構成要件依實質上而限定解釋」的方法，在憲法的領域上，被視為係屬理所當然，而在刑法學上，除了將個別案例的限定解釋作適當與否的評價外，亦廣泛地承認構成要件的實質上解釋。

第五項　歷史解釋

刑法的解釋，除了上述各種解釋之外，從立法當時的歷史背景以及立法過程在立法機關的相關紀錄，亦可瞭解立法當時的立法理由及其所蘊含的法律意義，此即所謂歷史解釋，又稱為「立法沿革解釋」。

有關立法機關的相關紀錄，主要有刑法草案或刑法修正草案的研議、立法理由、審議法案資料等。其中可包括委員會的一讀審查紀錄、院會的二讀與三讀的審議紀錄等。當透過上述各種解釋仍有疑義時，可藉由此等記錄資料而釐清該法條的真正意涵。

此外，基於歷史背景的觀點，應可參酌立法當時所參考的立法例，包含德國或日本的立法例，而從各該國的學說與實務見解等尋求更合理的解釋。

第三節　刑法的立法解釋

刑法所規定的條文，除了依據上述的各種解釋方法來確定其意義外，為使刑法條文所使用的特定用語，具有一致性的法律定義，亦可由立法者對於特定用語，以法律規定加以說明，學說上稱為立法解釋，我國現行刑法第 10 條的規定，即屬於立法解釋。

第一項　以上、以下、以內

刑法上有關數字或刑度的規定，有使用「以上」、「以下」或「以內」等用語時，係指包含本數或本刑在內。亦即，依據刑法所規定「稱以上、以下、以內者，俱連本數或本刑計算。」（§10 I）例如所稱「一肢以上」（§10IV）、「十四歲以上」（§18 II）、「二人以上」（§28）、「十年以上」（§271 I）等，係包含一肢、十四歲、二人、十年在內；所稱「二年以下」（§271III），係包含二年在內；所稱「五年以內」（§§47，74），係包含五年在內等。

至於所稱「未滿」的用語，例如「未滿十四歲之人」（§18 I），即未包括本數在內。

第二項　公務員

在各種法律上所稱的「公務員」，其概念與範圍廣狹不一。刑法上的公務員，有成為犯罪主體者，亦有成為犯罪客體者，更與公文書所定義的「公務員職務上製作之文書」概念有關，故就犯罪的本質而言，當然必須有所限制。刑法原本在第 10 條第 2 項規定公務員係指「依法令從事公務之人員」，惟此一規定極為抽象、模糊與廣泛，在實務具體適用上，雖有司法解釋為依據，但經常造成不合理現象，例如，依司法院釋字第 8 號、第 73 號解釋❷，政府股權占百分之五十以上的股份有限公司（如銀行），即屬公營事業機構，其從事於該公司職務的人員，應認為係刑法

上的公務員。然而，同樣服務於股份有限公司的人員，卻因政府股權占百分之五十以上或未滿的不同，致有刑法上公務員與非刑法上公務員的區別，此點著實令人難以理解❸。

　　94 年 2 月刑法總則大幅度修正，在第 10 條第 2 項將公務員的定義修正為「稱公務員者，謂下列人員：一、依法令服務於國家、地方自治團體所屬機關而具有法定職務權限，以及其他依法令從事於公共事務，而具有法定職務權限者。二、受國家、地方自治團體所屬機關依法委託，從事與委託機關權限有關之公共事務者。」；至貪污治罪條例第 2 條則於 95 年 5 月 5 日配合刑法公務員定義的修正，將原本所稱「依據法令從事公務之人員，犯本條例之罪者，依本條例處斷。其受公務機關委託承辦公務之人，犯本條例之罪者，亦同。」修正為「公務員犯本條例之罪者，依本條例處斷。」，因此該條例所稱公務員亦適用刑法所規定公務員的定義。

　　依據現行刑法有關公務員的定義，其範圍較舊法更為限縮，但就公務員所具有的特別保護義務與服從義務而言，應更具有適法性與合理性。基於該項公務員定義的內涵，公務員可歸納為下列三種類型❹：⑴身分公務員、⑵授權公務員、⑶委託公務員。

一、身分公務員

　　所謂身分公務員，係指依法令服務於國家或地方自治團體所屬機關，

❷　參照 41 年司法院釋字第 8 號：「原呈所稱之股份有限公司，政府股份既在百分之五十以上，縱依公司法組織，亦係公營事業機關，其依法令從事於該公司職務之人員，自應認為刑法上所稱之公務員。」；司法院釋字第 73 號：「依公司法組織之公營事業，縱於移轉民營時已確定其盈虧及一切權利義務之移轉日期，仍應俟移轉後之民股超過百分之五十以上時該事業方得視為民營。惟在尚未實行交接之前，其原有依法令服務之人員仍係刑法上之公務員。」

❸　參照 94 年 2 月 2 日刑法部分條文修正案第 10 條的立法理由㈡。

❹　參照甘添貴，〈刑法新修正之公務員概念〉，《刑法總則修正重點之理論與實務》，台灣刑事法學會主編，94 年 9 月，133 頁以下。

而具有法定職務權限的人員而言❺。就國家或地方自治團體組織成員而論，國家或地方自治團體所屬機關組織內，具有法定職務權限且有法令上任用資格的人員，因係代表或代理國家或地方機關處理公共事務，自當負有特別的保護義務或服從義務，認其為刑法上的公務員，應無疑義。

所謂**國家或地方自治團體**，係指能夠處理國家或地方自治團體事務，並有對外代表國家或地方自治團體的權能者而言。因此，其包含總統府、中央五院及其所屬機關、以及地方行政機關暨地方立法機關，其範圍涵蓋行政、立法、司法、考試及監察機關在內。

所謂**法定職務權限**，係指在國家或地方自治團體所屬機關服務的人員，其所從事的事務，須有法令規定的權限。例如，公務人員任用法第 6 條、第 7 條；聘用人員聘用條例第 3 條等。服務於國家或地方自治團體所屬機關者，其擁有的職務權限，完全依職務列等表而定。職務列等表的製作，以工作職責、所需資格以及職等為依據。至約聘人員倘若未具備「法定職務權限」，則不屬於刑法上的公務員。

【身分公務員的實務見解】

　　⑴公立學校校長及其教職員：公務員定義修正的目的，在對依法代表、代理國家或地方自治團體處理公共事務者，課予特別保護或服從義務，嚴予規範其職權的行使，使適當行使公權力，並避免不當擴大刑罰權的適用。刑法修正後關於公務員定義的規定，其所謂「**國家、地方自治團體所屬機關**」，係指基於國家公權力作用，行使國家統治權的公務機關；至「**法定職務權限**」，則指所從事的事務，符合法令所賦與的職務權限，例如機關組織法規所明定的職務等。

❺　參照最高法院 107 年度臺上字第 1578 號判決：所謂**依法令服務於國家、地方自治團體所屬機關**，乃指國家或地方自治團體所屬機關中依法令任用之成員。故其依法代表、代理國家或地方自治團體處理公共事務者，即應負有特別保護義務及服從義務。至於無法令執掌權限者，縱服務於國家或地方自治團體所屬機關，即不應認其為刑法上之公務員。

公立學校校長及其教、職員，依刑法修正前的規定，本屬依法令從事於公務的公務員，但於新刑法修正施行後，因公立學校非行使國家統治權的國家、地方自治團體所屬機關，則公立學校校長及其教、職員自非新刑法第 10 條第 2 項第 1 款前段所列依法令服務於國家、地方自治團體所屬機關的「身分公務員」。（最高法院 97 年度臺上字第 6765 號判決）

　　(2)**區公所里幹事**：刑法第 10 條第 2 項第 1 款前段規定之身分公務員，其任用方式，或依考試、或經選舉、聘用、派用、僱用，均所不論；亦不論其係專職或兼職、長期性或臨時性、職位高低，只須有法令之任用依據即可。至所謂「**法定**」職務權限，自亦包含依法律與以行政命令所定之職務在內。依法律者，如組織條例、組織通則；以行政命令者，機關長官基於內部事務分配而為之職務命令，亦屬之。又凡為公務員在其職務範圍內所應為或得為之事務均為其「**法定職務權限**」，無關公權力之公行政作用及其他私經濟行為亦包括在內。（最高法院 110 年度臺上字第 2648 號判決；最高法院 104 年度臺上字第 1329 號判決亦有同旨）

　　(3)**監理所業務佐**：經國家公務人員考試及格任用之人員，且其負責窗口違費收款及退款申請等業務，係其職務範圍內所應為或得為之事務，均為其「**法定職務權限**」，自屬依法令服務於國家所屬機關而具有法定職務權限之人，為刑法第 10 條第 2 項第 1 款前段所稱之身分公務員，亦該當貪污治罪條例第 2 條所稱之公務員。（最高法院 110 年度臺上字第 4533 號判決）

二、授權公務員

　　所謂**授權公務員**，係指依法令授權而從事於公共事務且具有法定職務權限的人員而言。雖非服務於國家或地方行政機關的人員，惟法令上特別規定將公共事務處理的權限，直接交由特定團體的成員為之，而使

其享有法定的職務權限者,既然係依法令負有一定公共事務的處理權限,當然應負有特別的保護義務或服從義務,亦應認其為刑法上的公務員。例如,「公立學校、公營事業機構中,實際負責承辦、監辦採購之基層人員,以及有權審核或參與採購之各級上級主管,甚或其首長,均為授權公務員。❻」

此種類型的公務員,採職務公務員的概念,須有法令授權的依據。亦即,須有法令特別規定將公共事務處理的權限,直接交由該特定團體的成員為之,而使其享有法定的職務權限者,始足成立。

所謂**公共事務**,固然不問其為國家或地方的事務,惟以涉及有關公權力行使的事項為限。凡公務員代表國家行使權力的行為,而與國家的權力作用有關者,均屬之。有關公權力的內涵,實與行使公法上的行為相同,故國家公行政的行為,除私經濟作用的私法行為外,均宜認其屬於公權力的範圍。例如隸屬行政院國軍退除役官兵輔導委員會事業單位的桃園工廠,係以商業營利為目的之私法人,該工廠人員亦無「法定職務權限」,其行為係屬私經濟領域,與一般公務員的行為與公共事務有關的概念並不一致❼。

---

❻ 參照最高法院 105 年度臺上字第 2039 號判決。此外,參照最高法院 106 年臺上字第 206 號判決:「依政府採購法規定之各公立學校、公營事業之承辦、監辦採購等人員,不以實際承辦、監辦採購之基層人員為限,其審核、核定各項採購程序之辦理採購人員,倘實質上具有參與決定、辦理採購程序之權限,足以影響採購結果,應均屬之。」;最高法院 106 年度臺上字第 89 號判決亦有同旨。另參照最高法院 107 年度臺上字第 703 號判決:按「授權公務員」係指刑法第 10 條第 2 項第 1 款後段所稱之「其他依法令從事於公共事務,而具有法定職務權限者」。依自來水公司之內部組織規程、自來水法規定之立法目的等證據資料,認定自來水公司所從事者為公共事務,其員工屬刑法之**授權公務員**。

❼ 參照桃園地方法院 97 年度訴緝字第 27 號判決針對有關**公共事務**與**法定職務權限**的認定:「刑法修法後關於公務員概念之範圍,僅限縮於『與公共事務及公權力之行使相關之人員』,本案所涉之桃園工廠雖為附屬於行政院國軍退除役官兵輔導委員會之事業單位,惟本件桃園工廠係以商業營利為目的之私法

【授權公務員的實務見解】

(1)負責採購作業的各階段人員：公營事業依政府採購法辦理採購，就階段區分，可分為招標、審標、決標、履約及驗收等行為。此各階段之事務，均屬完成採購作業之各階段行為，具有連貫性，悉與公共利益攸關。……又參諸刑法修正說明，依政府採購法規定之公營事業之承辦、監辦採購等人員，既均屬刑法第10條第2項第1款後段之「**授權公務員**」，亦無僅因上開處理爭議之救濟程序上之便宜規定，即進而強行區分其承辦、監辦前階段之招標、審標、決標等人員，始屬刑法上之公務員，而後階段之履約、驗收等承辦、監辦人員，則否定其為刑法上公務員，而致原本同以依法令從事公共利益為前提之群體事務（即公共事務）定其主體屬性之體系，因此割裂而異其適用之理。題旨情形，乙負責系爭公共工程採購案之**監工及驗收事務**，自屬刑法上之公務員。（最高法院108年度第5次刑事庭會議，另參照最高法院108年度臺上字第4073號判決、最高法院98年度臺上字第4328號判決）

(2)公立學校校長及其教職員：公立學校校長及其教職員，依上開修正前的規定，雖屬依法令從事於公務的公務員；但修正施行後，因公立學校並非行使國家統治權之國家、地方自治團體所屬機關，

人，非屬國家或地方自治團體所屬機關，亦非受國家、地方自治團體所屬機關依法委託，從事與委託機關權限有關之公共事務者。該工廠人員亦無『法定職務權限』，其行為係屬私經濟領域，與一般公務員之行為與公共事務有關之概念並不一致，已無論以修正後刑法第十條第二項第一款前段及第二項所稱『公務員』之餘地。又本案所涉之國防醫學中心工程，乃係國防部聯合勤務總司令部工程署辦理招標後，桃園工廠基於公司經營與獲利為目的而參與投標及辦理得標後相關工程施作業務，易言之，此乃基於私法地位，所為之私經濟之商業行為，與一般民間公司參與工程無異，因其所執行之事務與公共事務無關，亦非公權力之行使，要非依法令或受機關委託而從事所謂之『公共事務』。」

則公立學校校長及其教、職員自非依法令服務於國家、地方自治團體所屬機關的「身分公務員」。而公立學校校長及其教、職員，是否係受國家、地方自治團體所屬機關依法委託，從事與委託機關權限有關的公共事務，為具有法定職務權限的「授權公務員」，則應就其所受委託機關委託的事務，是否為「公共事務」，亦即是否與國家公權力作用有關，而具有國家公權力性質的事項？所從事的事務，是否符合法令所賦與委託機關的職務權限？依個案而具體認定。（最高法院97年度臺上字第4483號判決）❽

　　(3)非身分公務員的授權公務員：政府機關、公立學校、公營事業採購案倘應適用政府採購法時，已屬具有法定職務權限之公共事務。是負責採購事務之承辦、監辦人員，如係「依法令服務於國家、自治團體所屬機關，而具有採購職務權限者」，本有「身分公務員」之適用。惟倘非依法令服務於上述機關而具有採購職務之人，因政府採購法賦予從事政府採購業務之法定職務權限時，依政府採購法第94條及採購評選委員會組織準則第3條、第4條規定，應認係其他依法令從事於公共事務而具有法定職務權限之「授權公務員」。（最高法院108年度臺上字第2878號判決）❾

---

❽　另參照最高法院109年度臺上字第2323號判決：公營事業之員工，若依政府採購法之規定承辦或監辦採購之行為，縱其採購內容係私權或私經濟行為之事項，惟因公權力介入甚深，仍解為有關公權力之公共事務，屬於刑法第10條第2項第1款後段所稱之授權公務員；最高法院107年度臺上字第703號判決：按授權公務員係指刑法第10條第2項第1款後段所稱之『其他依法令從事於公共事務，而具有法定職務權限者』。依自來水公司之內部組織規程、自來水法規定之立法目的等證據資料，認定自來水公司所從事者為公共事務，其員工屬刑法之授權公務員。

❾　另參照最高法院106年度臺上字第2480號判決：按公務人員高等考試二級考試公職醫師類科考試及格之醫師，且依公務人員任用法分發任用，擔任公立醫院之醫師，並兼職主任，及擔任該院藥事委員會委員，而實際參與該醫院藥

三、委託公務員

　　所謂委託公務員，係指受國家或地方自治團體所屬機關依法委託，從事與委託機關權限有關公共事務的人員而言。此類型之公務員，係參酌行政程序法第 16 條第 1 項「行政機關得依法規將其權限之一部分，委託民間團體或個人辦理。」、同法第 2 條第 3 項「受託行使公權力之個人或團體，於受託範圍內，視為行政機關。」；國家賠償法第 4 條第 1 項「受委託行使公權力之團體，其執行職務之人於行使公權力時，視同委託機關之公務員。受委託行使公權力之個人，於執行職務行使公權力時，亦同。」等規定。因此，依此等法令受委託行使行政機關的權限或公權力的人，亦應視為刑法上的公務員。

　　委託公務員並無具有上述「法定職務權限」，但在公權力機關依法委託下，取得原機關權限，並從事與該委託機關的公權力行使，或從事於公共事務。例如海基會職員驗證在大陸製作的文書、公私立大學關於教師升等的評審、受公路主管機關委託辦理汽車定期檢驗的汽車修理業者。

【委託公務員的實務見解】

　　(1)**機關輔助人力**：刑法第十條第二項第二款規定之委託公務員，係以受國家、地方自治團體所屬機關依法委託，從事與委託機關權限有關之公共事務者為其要件。所稱「依法委託」，應依法律、法律

品管理審定之公共事務，自屬刑法第 10 條第 2 項第 1 款後段之依法令從事於公共事務，而具有法定職務權限之公務員。次按公立醫院藥品採購係一完整之多階段程序，若無前階段藥事委員會作成之決議，院長亦無從加以審核認可。從而公立醫院完整之藥品採購程序自應將前階段藥事委員會決議等納入考量，倘予以不當切割，認為藥事委員會之決議僅具建議效力，仍須院長核可始得執行，而忽略藥事委員會參與藥品管理審議等重要環節之作用與功能，並以藥事委員會決議係採合議制，忽視合議制成員參與決議之權力機能，而誤認藥事委員會之委員並不具有法定職務權限，於法自有未合。

授權之法規命令、職權命令、自治條例、自治規則、委辦規則或其他對多數不特定人民就一般事項所作對外發生法律效果之規定為委託；倘係依私法契約委託，則僅屬履行私法契約義務之契約當事人，並非委託公務員。又所謂「從事與委託機關權限有關之公共事務」，必其受託之公共事務與委託機關之權限有關，並因而於受託範圍內取得行政主體身分，而得以自己名義獨立對外行使公權力職權。若僅係在機關指示下，協助處理行政事務，性質上祇屬機關之輔助人力，並非獨立之官署或具有自主之地位，尚難認係上揭所稱之委託公務員。至技師或建築師受機關委託從事工程或建築物之規劃設計、監造等業務，依技師法、建築師法等相關規定獨立從事業務，並負其法律責任，乃人民受法律規範之常態，並非來自機關之委託，不能誤認為委託公務員。（最高法院 104 年度臺上字第 1144 號判決）

(2)公立大學教授：從事科學研究計畫之公立大學教授（下稱主持教授），既非總務、會計人員，採購物品，並非其法定職務權限，實際上，其任務主要係在於提出學術研究之成果，政府或公立研究機關（構）對於主持教授，並無上下從屬或監督之對內性關係，人民對於主持教授學術研究之成果，亦毫無直接、實質的依賴性及順從性，遑論照料義務。是**主持教授雖有辦理採購，仍不符合公務員有關公共事務、法定職務權限等要件，自非刑法上之公務員**。具體而言，請購物品（非採購）固勿論；縱有直接辦理採購事務，依政府採購法規定意旨及法律解釋之原則，因非專業之人員，且所涉亦非攸關國計民生之事項，同非在授權公務員之列。況其後修正通過之科學技術基本法，為杜爭議，已經直接在第六條第四項明文規定，上揭各情形，不適用政府採購法之規定，排除授權公務員之適用；至於科學技術基本法雖有子法即科學技術研究發展採購監督管理辦法之設，僅為內部管理之便，不能超越該母法及政府採購法規定意旨，採取更為寬鬆之解釋，不應因此被視成委託公務員。（最高法院

103 年度第 13 次刑事庭會議㈠） ❿

　　⑶公立大學教授：公立大學教授受民間委託或補助，負責執行科學技術研究發展計畫，由學校與委託或提供補助者簽約，受託或補助之研究經費撥入學校帳戶，該教授為執行此項科學技術研究發展計畫而參與相關採購事務，因經費既係來自民間，即不涉及國家資源之分配使用，而**與公共事務無涉，非屬授權或委託公務員**，自不能認為具有刑法上之公務員身分。（最高法院 103 年度第 13 次刑事庭會議㈡） ⓫

---

❿　另參照最高法院 97 年度臺上字第 4813 號判決：國立大學研究所教授，其工作內容係教學研究並非公共事務，非刑法第 10 條第 2 項第 1 款的公務員，針對採購案既負責採購物品的查訪、機具設備規格明細表的製作、廠商資格標的審查，應就其是否受大學委託，從事有關採購公用器材的公共事務，而具備刑法第 10 條第 2 項第 2 款的公務員身分詳查究明，否則無論認其有無涉犯貪污治罪條例，均有判決不備的理由。

⓫　另參照最高法院 99 年度臺上字第 285 號判決：「臺灣省自來水公司雖係依公司法規定組織設立的法人，但基於自來水法第 1 條規定之目的，為供應充裕而合於衛生的用水，改善國民生活環境，促進工商業發達等，可見自來水公司的設立，在於發揮公共供水事務的重要機能，並非單純以營利為目的。行為人等任職於自來水公司，負責採購執行業務，自然屬於刑法第 2 條所規定具有法定職務權限的公務員」；按衛生署轄下之醫院乃公立醫療機構，當事人若係考試及格依法任用之人員，且擔任醫院之藥委會委員，則其身分在刑法修正前，自屬依法令從事於公務之人員。又刑法修正後，任職於公立醫療機構之醫師，其本職工作內容在於提供病患醫療服務，非屬行使國家公權力職務權限，固非上述之身分公務員。然當事人為藥委會委員，就藥品之採購具可否之實質決定及辦理採購程序之權限，藥委會委員之職務行使，應認係該醫院承衛生署所頒法令之監督而授權院內人員從事藥品採購審議之公共事務。是當事人縱非依政府採購法規定之承辦、監辦採購等人員，亦非該等人員之主官、主管，然依上述，能否謂其即非屬依法令從事於公共事務，而具法定職務權限之授權公務員，即有待商榷（最高法院 102 年度臺上字第 3028 號判決、最高法院 101 年度臺上字第 5654 號判決）；另外，公立學校校長依法令而經辦該校工程營繕與財物購

第三項　公文書

刑法上所稱文書，可分為公文書與私文書兩種。例如，偽造變造私文書罪規定「偽造、變造私文書，足以生損害於公眾或他人者，處五年以下有期徒刑。」(§210)；偽造變造公文書罪規定「偽造、變造公文書，足以生損害於公眾或他人者，處一年以上七年以下有期徒刑」(§211)。刑法針對公文書所做的立法解釋為「稱公文書者，謂公務員職務上製作之文書」(§10III)。第 10 條第 3 項的「公務員」，既無明文排除第 2 項第 2 款的「委託公務員」，則委託公務員因從事與委託機關權限有關之公共事務所製作的文書，亦屬公文書。因此，若屬於公務員從事公務所製作的文書，即屬於刑法上的公文書範疇，至於公務員在職務以外所製作的文書，即非公文書。

> ### 【公文書的實務見解】
>
> ⑴綜合所得稅各類所得資料清單：刑法第 10 條第 3 項規定，稱公文書者，謂公務員職務上製作的文書。有關偽造 93 年度綜合所得稅各類所得資料清單，其上載有「財政部臺灣省南區國稅局」字樣，足以令人認係該管公務員於職務上製作的文書，性質上應屬公文書；而扣繳憑單、在職證明書、薪資明細表則屬文書證明的性質。又偽造私文書、公文書、特種文書後復持以行使，就偽造私文書、公文書部分，偽造印章、蓋用印文乃係偽造私文書、公文書的階段行為，不另論罪。有關偽造特種文書部分，偽造印章乃係偽造印文的階段行為，亦不另論罪，又偽造私文書、公文書及特種文書的低度行為應為其後行使的高度行為所吸收，均不另論罪。(臺灣高等法院 98 年度臺上訴字第 1041 號判決) ❷

置等事務，就該事務之執行，自屬依法令而從事公共事務之公務員。(參照最高法院 101 年度臺上字第 5303 號判決)

　　(2)公證書附件：公證書內引用他文書或與文書有相同效用之物件為附件，經公證人、請求人或其代理人、見證人於公證書與該附件之騎縫處蓋章或按指印，或以其他方法表示其為連續者，視為公證書之一部，故公證買賣契約書雖是私人製作之文書，惟經蓋用公證人之公印，編訂於公證書之公文書內視為公務員所表示者，視為公證書之一部，以公文書論。且公證人就其所執行者為公共事務而言，屬於刑法第 10 條第 2 項所稱之最廣義公務員，故其於明知為虛偽之買賣契約書上蓋公證人之公印，並將繕本送其所屬之地方法院備查，係觸犯刑法第 216 條、第 213 條之行使公務員登載不實公文書罪。(最高法院 110 年度臺非字第 206 號判決)

　　(3)納稅憑證的繳款書收據聯：刑法第 10 條第 2 項所稱「公共事務」，除所從事者為公權力行政（高權行政）外，雖有包括部分之給付行政在內，惟應以攸關國計民生等民眾依賴者為限。而稅捐之徵收（含稅款之收納），係屬公權力行政。稽徵機關收納稅款，依公庫法第 4 條第 1 項、第 10 條及各級公庫代理銀行代辦機構及代收稅款機構稅款解繳作業辦法第 4 條等規定，係委託各該公庫代理銀行或其轉委託之代辦機構及代收稅款機構（下稱各代收稅款金融機構）辦理稅款之收納，各代收稅款金融機構收納以現金或金融機構即期票據繳納之稅款，應掃描繳款書條碼或登打繳款書相關資料，並在繳款書各聯加蓋出納章或櫃員章及經收人員私章後，將收據聯交由納稅義務人收執。故各代收稅款金融機構經收人員係受稽徵機關之委託從事收納稅款，並在繳款書收據聯加蓋出納章或櫃員章及經收人員私章，作為納稅憑證，其所為涉及收納稅款公權力之行使，並

---

❷　另參照最高法院 106 年度臺上字第 30 號判決：「按里長於里基層工作經費支用核銷單之『村里長』欄蓋用其章於其上，乃係基於里長之公務員身分，因執行該里公務，核銷相關公務之『工作經費』，而對其職務上所掌管之事項所製作之文書，自屬刑法第 213 條所稱公文書無疑，此不因尚須有其他公務員於該類核銷單上之其他欄位蓋章及其他公務員係形式審查或實質審查而有異。」

非私經濟行為，不能因其係被動受理或未被賦予收納稅款以外之公權力，即謂其僅係在行政機關指示下，協助處理行政事務，所從事者為單純勞力性、機械性的事務，並未以自己之名義行使公權力，屬行政助手（或行政輔助人），而非委託公務員。則各代收稅款金融機構經收人員交付納稅義務人收執，**作為納稅憑證之繳款書收據聯，應認係委託公務員**因從事與委託機關權限有關之公共事務**所製作之文書，屬公文書**。（最高法院 110 年度臺上字第 2280 號判決）

刑法上的文書，若非屬於公文書，則為私文書。公文書與私文書的區別實益，在於偽造、變造公文書或私文書，其法律效果有所不同。所謂文書，係指「在紙上或物品上之文字、符號、圖畫、照像，依習慣或特約，足以為表示其用意之證明者」（§220 I）或「錄音、錄影或電磁紀錄，藉機器或電腦之處理所顯示之聲音、影像或符號，足以為表示其用意之證明者」（§220 II）。

第四項　重　傷

刑法上的傷害罪可分為輕傷罪（§277 I）與重傷罪（§278 I）兩種類型。所謂輕傷，係指重傷以外的傷害；所謂重傷，係指刑法第 10 條第 4 項所規定的傷害行為，亦即，毀敗或嚴重減損五官、肢體、生殖機能或其他於身體或健康有重大不治或難治的傷害行為。

依據刑法對重傷所做的立法解釋，可分為以下六種類型：(1)毀敗或嚴重減損一目或二目的視能；(2)毀敗或嚴重減損一耳或二耳的聽能；(3)毀敗或嚴重減損語能、味能或嗅能；(4)毀敗或嚴重減損一肢以上的肢體機能❸；(5)毀敗或嚴重減損生殖的機能❹；(6)其他於身體或健康，有重

---

❸　參照最高法院 62 年臺上字第 3454 號判例：「被害人左膝蓋關節組織主要之伸出迴轉機能，既經完全喪失，不能回復而殘廢，無法上下樓梯，且該關節屈時受阻，伸時呈無力並發抖，自難自由行走並保持身體重心之平衡，殊不能謂非達於毀敗一肢機能之程度。上訴人既因其傷害行為，發生重傷之結果，自應構

大不治或難治的傷害❶。其中(1)至(5)係有關生理機能重傷的列舉規定；而(6)則為關於機能以外身體與健康重傷的**概括規定**。

　　就罪刑法定主義的明確性原則而言，列舉規定可避免適用上的疑慮，應係最具妥適性的規定，但實務上出現諸多重大傷害而卻不涵蓋在(1)至(5)的各項機能者，例如屬於容貌上鼻或耳的部分被切割，已經造成被害人嚴重身體與心理的創傷，但卻不屬於列舉規定的範圍，故本項重傷定義附加概括規定，主要係補充列舉規定的不完整性。

　　所謂**毀敗**，係指完全而永遠喪失五官、肢體或生殖機能。至於所謂**嚴重減損**，則係指雖未完全而永遠喪失五官、肢體或生殖機能，但已經導致上述機能嚴重地減損❶。

成傷害致人重傷罪。」

⓮　參照南投地方法院 95 年訴字第 258 號判決：「陰莖除具有男性生殖機能外亦係排尿通道，以剪刀利刃剪斷男性陰莖，即便嗣後手術接合，仍不能完全回復，將導致受害人身體健康產生重大難治傷害之結果，被告正值青壯，對此自知之甚詳。然被告竟仍持扣案之銳利剪刀剪斷告訴人之陰莖，堪認被告確有致人重傷之犯意與決心。」

⓯　參照最高法院 54 年臺上字第 1697 號判例：「司法院院字第一四五九號解釋之重傷，依其解釋全文及刑法第十條第四項第六款規定，係指傷害重大且不能治療或難於治療者而言，如傷害雖重大，而未達於不能治療或難於治療之程度，仍難以重傷既遂論。」

⓰　參照最高法院 110 年度臺上字第 182 號判決：所稱**毀敗**，係指語能、味能或嗅能，因傷害之結果完全喪失其效用者而言；所稱**嚴重減損**，則指語能、味能或嗅能雖未達完全喪失其效用程度，但已有嚴重減損之情形，是否嚴重減損並不以驗斷時之狀況如何為標準。因此，如經過相當之診治，仍不能回復原狀而嚴重減損者，即不能謂非重傷害；最高法院 106 年度臺上字第 1986 號刑事判決「所謂毀敗或嚴重減損一肢以上之機能，係指肢體因傷害之結果完全喪失其效用或其效用嚴重減損者而言。而被害人因頭部外傷後，其右側肢體無力情形加劇，導致肢體肌力下降、範圍擴大，經推斷復原機會極微，已達嚴重減損一肢以上機能之重傷程度；且病歷並說明被害人舊疾不足以影響行為人加害行為之客觀歸責性等情之判斷理由，已就被害人經過相關復健治療後之現狀暨將來可

　　有關嚴重減損的規定，基於修法前實務上的主張，關於視能、聽能等機能，須完全喪失機能，始符合各該款要件，如僅減損甚或嚴重減損效能並未完全喪失機能者，縱有不治或難治情形，亦不能適用同條項第6款規定，仍屬普通傷害，既與一般社會觀念有所出入，而機能以外身體或健康倘有重大不治或難治情形的傷害，卻又認係第6款的重傷，兩者寬嚴不一，且兩罪法定刑度輕重甚為懸殊，故嚴重減損機能仍屬普通傷害，實嫌寬縱❶❼。

　　於2005年2月刑法總則修正時，立法機關特別就刑法對人體的保護機能與法律的平衡合理精神觀點，認為宜將嚴重減損生理機能納入重傷定義，而於第4項第1款至第5款增列「嚴重減損」字樣，期能達到法律的公平性與合理性❶❽。

　　能狀況之評估，詳加調查審認，採為判斷被害人傷勢已達嚴重減損一肢以上機能之部分論據，要無不合」。

❶❼　參照最高法院30年上字第445號判例：「刑法第十條第四項第四款所謂毀敗一肢以上之機能，係指一肢以上之機能完全喪失其效用而言，若**臂骨雖經折斷**，但醫治結果仍能舉動而僅不能照常者，祇可認為**減衰機能**，要與毀敗全肢之機能有別，又毀敗一肢以上之機能，既設有專款規定，則傷害四肢之重傷，自以有被毀敗之情形為限，其同條第四項第六款所規定其他於身體或健康有重大不治或難治之傷害，即不包括傷害四肢在內。」

❶❽　參照2005年針對重傷修正的立法理由(四)：「本條第四項第一款至第五款原係有關生理機能重傷之規定；第六款則為關於機能以外身體與健康重傷之規定，其第一款至第五款均以毀敗為詞，依實務上之見解，關於視能、聽能等機能，須完全喪失機能，始符合各該款要件，如僅減損甚或嚴重減損效能並未完全喪失機能者，縱有不治或難治情形，亦不能適用同條項第六款規定，仍屬普通傷害之範圍（參照最高法院二十五年上字第四六〇號、三十年上字第四四五號、四十年臺上字第七三號判例），既與一般社會觀念有所出入，而機能以外身體或健康倘有重大不治或難治情形之傷害，則又認係重傷（第六款），兩者寬嚴不一，已欠合理，且普通傷害法定最高刑度為三年有期徒刑（參見第二百七十七條第一項），而重傷罪法定刑最低刑度為五年有期徒刑（參見第二百七十八條第一項），兩罪法定刑度輕重甚為懸殊，故嚴重減損機能仍屬普通傷害，實

【重傷的實務見解】

⑴**嚴重減損**：舉凡對視能、聽能、語能、味能、嗅能與一肢以上機能之情形有重大影響，且不能治療或難於治療之情形，應認均構成重傷，以與各該機能以外關於身體或健康之普通傷害與重傷區分標準之寬嚴一致，並使傷害行為得各依其損害之輕重，罪當其罰，俾實現刑罰應報犯罪惡性之倫理性目的而發揮其維護社稷安全之功能。從而，傷害雖屬不治或難治，如於視能、聽能、語能、味能、嗅能與一肢以上機能之情形無重大影響，仍非重傷。而減損視能之程度應達若干，始能認為係「**嚴重減損**」，自應依醫師之專業意見，參酌被害人治療回復狀況及一般社會觀念認定之❶。

⑵**五官外形**：重傷之定義，除毀敗或嚴重減損視能、聽能、嗅能、一肢以上機能或生殖之機能外，尚包括其他於身體或健康，有重大不治或難治之傷害。而人之五官外形，均與容貌有關，容貌上顯有缺陷，而又不能回復原狀，自與其他於身體或健康，有重大不治或難治之傷害之規定相符。（最高法院 107 年度臺上字第 4453 號判決）

⑶**重大不治或難治**：刑法第 10 條第 4 項重傷害，係指毀敗或嚴重減損視能、聽能、語能、味能、嗅能、四肢機能、生殖機能，及

嫌寬縱，不論就刑法對人體之保護機能而言，抑依法律之平衡合理之精神而論，均宜將嚴重減損生理機能納入重傷定義，爰於第四項第一款至第五款增列『嚴重減損』字樣，以期公允。」

❶ 參照最高法院 101 年度臺上字第 6144 號判決。另參照最高法院 106 年度臺上字第 840 號判決：「刑法第 10 條第 4 項第 1 至 5 款所定『嚴重減損』之認定，固應參酌專業之醫療機構就傷害程度所為之鑑定意見，然鑑定機構所憑醫學上之鑑別標準或定義，能否遽行轉化或等同於刑法上之構成要件，仍應由法院綜合醫療機構鑑定所得客觀數據之內涵、被害人實際治療回復狀況及一般社會觀念，加以演繹判斷，以為法律適用上之依據。」

其他於身體或健康，有重大不治或難治之傷害。而所謂**重大不治**，指傷害重大，終身不能回復而言；所謂**難治**，雖非絕無治癒之可能，然與重大不治相差無幾，甚難治癒復原而言。又傷害雖屬不治或難治，但如於身體或健康無重大影響者，仍非本款所稱重傷。此外，是否已達一時無痊癒希望之程度，應依裁判時身體或健康之狀態判斷。（臺灣高等法院高雄分院109年度勞安上易字第2號判決）

重傷的認定標準，最高法院最早係採身體組織完好說，以器官機能完全毀壞來認定；其後則採機能說，以器官的效用作為判斷標準。例如，甲將乙打傷至一顆腎臟破裂必須摘除，若從身體組織完好說的觀點，甲應成立重傷罪，惟若從機能說的觀點，在醫學上一顆腎臟並未影響腎臟機能，故甲並不成立重傷罪。

第五項　性　交

我國刑法原本並無規定「性交」的定義，直至1999年4月，為配合刑法第十六章等的修正[20]，增列「性交」的定義。亦即，在刑法第10條第5項明文規定「稱性交者，謂左列性侵入行為：一、以性器進入他人之性器、肛門或口腔之行為。二、以性器以外之其他身體部位或器物進入他人之性器、肛門之行為」。

---

[20] 刑法於1999年4月修正時，將原第二編第十六章妨害風化罪修正為「妨害性自主罪」；原第221條「對於婦女以強暴、脅迫、藥劑、催眠術或他法，至使不能抗拒而姦淫之者，為強姦罪，處五年以上有期徒刑。姦淫未滿十四歲之女子，以強姦論。前二項之未遂犯罰之。」（強姦罪）修正為「對於男女以強暴、脅迫、恐嚇、催眠術或其他違反其意願之方法而為性交者，處三年以上十年以下有期徒刑。前項之未遂犯罰之。」（強制性交罪）；原第227條第1項「姦淫十四歲以上未滿十六歲之女子者，處一年以上、七年以下有期徒刑。」修正為第227條第3項「對於十四歲以上未滿十六歲之男女為性交者，處七年以下有期徒刑。」

其後，在 2005 年 2 月刑法總則大幅度修正時，將醫生所為醫療行為引發性交的爭議以及性交行為有非侵入行為的爭議，再修正為「非基於正當目的之性侵入行為」，且將性交行為增訂「或使之接合之行為」。因此，現行的性交定義形成「稱性交者，謂非基於正當目的所為之下列性侵入行為：一、以性器進入他人之性器、肛門或口腔，或使之接合之行為。二、以性器以外之其他身體部位或器物進入他人之性器、肛門，或使之接合之行為」。依據本條所規定的性交定義，可歸納以下幾個涵義：

一、由於性交定義的明文規定，原本行為對象為男對女，而現在行為對象則包含男對女、女對男、男對男、女對女等。亦即，原本女對男、男對男、女對女等性行為，其並非屬於性交的概念，而現在已經包含在性交的範圍內，非常明顯地係擴大性交的概念。

二、性交的行為有二：(1)以性器進入他人的性器、肛門或口腔的行為（即性交行為包含口交與肛交等非常態性行為）；(2)以性器以外的其他身體部位或器物進入他人的性器或肛門的行為（即性交行為包含以其他身體部位或器物進入他人的性器或肛門的變態行為）。亦即，原本屬於非常態性行為的口交與肛交，或屬於變態行為的以性器以外部位或器物所為的性行為，皆包含在性交的範圍內。

三、性交行為必須係「非基於正當目的」，因此醫師所為檢查性器等部位的醫療或治療行為，並非性交行為，惟若醫師違反病患的意願而為檢查性器等部位的行為，則有成立強制性交罪的可能性。

【性交的實務見解】

(1)以器物是否進入被害人性器為準：刑法第 10 條第 5 項規定，稱性交者，謂非基於正當目的所為之下列性侵入行為：一、以性器進入他人之性器、肛門或口腔，或使之接合之行為。二、以性器以外之其他身體部位或器物進入他人之性器、肛門，或使之接合之行為。祇要行為人非基於正當目的而為該項所定之性侵入行為，即屬

刑法第十六章妨害性自主罪所稱之性交，並不以行為人主觀犯意在滿足其個人之性慾為必要，故是否成立強制性交既遂罪，係以器物是否進入被害人之性器為準，不以滿足行為人之性慾為必要。又刑法第 332 條第 2 項所列 4 款情形，祇須所結合之二罪間，在時間上有銜接性，在地點上有關聯性為已足。（最高法院 102 年度臺上字第 1471 號判決）

(2)強制猥褻行為係強制性交的前置行為：行為人基於滿足個人性慾之主觀意念，所為性交以外之舉動或行為，依一般社會通念，認為足以引起、滿足或發洩性慾之方法或手段等一切情色行為，均屬刑法上所稱之猥褻行為。且行為人如先對被害人為強制猥褻，繼而為強制性交，則強制猥褻行為係強制性交之前置行為，依刑法行為階段理論，該強制猥褻行為，即屬強制性交之階段行為。是行為人倘以手指撫摸女子陰部而為猥褻之行為，並進而以手指插入該女子陰道內，則撫摸陰部之猥褻行為，即屬繼而以手指插入陰道內而為性交之前置行為，該二行為具有前後階段、高低度之關係。（最高法院 110 年度臺上字第 1532 號判決）

綜觀此一立法規定，似乎已經過度擴張性交的定義，與一般社會觀念出現重大的落差，因此在司法實務上適用此項規定時，應謹慎斟酌而加以限縮解釋。

第六項　電磁紀錄

我國刑法規定：「稱電磁紀錄者，謂以電子、磁性、光學或其他相類之方式所製成，而供電腦處理之紀錄」（§10VI）。此一條文係仿自日本刑法所作的規定，日本刑法第 7 條之 2 針對電磁紀錄所作的定義為「本法所稱之電磁紀錄，謂以電子方式、磁氣方式或其他以人之知覺不能認識之方式所製成之紀錄，而供電腦為情報處理之用者」[21]。

舊法原本在第 220 條第 3 項規定電磁紀錄的定義，惟由於電磁紀錄

除在第十五章偽造文書印文罪，亦適用於第十三章偽造有價證券罪、第二十八章妨害秘密罪以及刑事訴訟法（例如 §§122，128）、陸海空軍刑法（§§20，31，63，78）、軍事審判法（§111）等，因此將原本在第 220 條第 3 項所規定的電磁紀錄，作文字修正後，移至總則第 10 條第 6 項，以資概括適用 ❷❷ 。

【電磁紀錄的實務見解】

　　⑴電磁紀錄的特性：電磁紀錄，謂以電子、磁性、光學或其他相類之方式所製成，而供電腦處理之紀錄，刑法第 10 條第 6 項定有明文。而電磁紀錄的特性，係可透過電腦設備予以編輯、處理、傳輸、顯示或儲存，本質上具備一定之可再現性，且因電腦科技的創新與進步，在重複讀取、傳輸電磁紀錄的過程中，原有電磁紀錄的檔案內容，可以隨時複製而不致減損，屬電磁紀錄與一般動產的差異所在。同法第 359 條（破壞電磁紀錄罪）所規範之行為態樣之一，係以「無故取得」，而非財產犯罪之「竊取」用語，即有意區隔兩者之不同。⋯⋯故在「無故取得」電磁紀錄的行為態樣中，縱使原所有人仍繼續保有電磁紀錄的支配占有狀態，然如行為人藉由電腦設備的複製技術，使自己同時獲取檔案內容完全相同、訊號毫無減損的電磁紀錄，仍該當此罪的成立。⋯⋯因電磁紀錄具有記載錄製使用者發送、接收、輸入、觀察、處理電子訊號過程的功能，並不具

---

❷❶　另參照日本刑法第 161 條之 2（不正製作電磁紀錄及提供不正之電磁紀錄罪）「Ⅰ以使他人為錯誤之事務處理為目的，而不正製作供該事務處理用之關於權利、義務或事實證明之電磁紀錄者，處五年以下懲役或五十萬元以下罰金。Ⅱ前項之罪，應由公務機關或公務員所作之電磁紀錄有關者，處十年以下懲役或一百萬元以下罰金。Ⅲ以第一項之目的，將不正製作有關權利、義務或事實證明之電磁紀錄，提供事務處理之用者，與不正製作電磁紀錄者，處以同一之刑。Ⅳ前項之未遂犯，罰之」。

❷❷　參照 2005 年針對電磁紀錄修正的立法理由㈦。

公示性，亦非在他人監督下所為，應專屬於使用者個人所獨有的擬制空間，無論其以文字或影音方式呈現，均足以顯示使用者在特定期間內所見所聞、所思所欲，具有排他性的價值感，自應受隱私權、財產權的保護。（最高法院107年度臺上字第1096號判決）

⑵網路銀行輸入他人代號等資料：此等輸入之網路銀行使用者代號、密碼及身分證統一編號等資料經驗證後，接受其後續之指令，該等「下單」、「轉帳」之指令（含IP位置、輸入時間、指示出售股票種類、交易金額、股數或轉帳金額、轉入帳戶等），即在磁碟或硬碟上儲存，而留有紀錄以供日後憑查、對帳，自屬上開之電磁紀錄即準私文書無疑。（最高法院107年度臺上字第927號判決）

⑶偽造不實線上刷卡消費：按刑法第10條第6項規定，稱電磁紀錄者，謂以電子、磁性、光學或其他相類之方式所製成，而供電腦處理之紀錄。經查，行為人偽造不實之線上刷卡消費電磁紀錄，佯以表示係真正持卡人向酒店刷卡付款之意思，屬同法第220條第2項所規定之準文書。核其所為，係犯同法第216條、第210條、第220條第2項之行使偽造準私文書罪及同法第339條第1項詐欺取財罪。（臺灣臺北地方法院110年度審簡字第155號刑事簡易判決）

第七項　凌　虐

我國刑法規定：「稱凌虐者，謂以強暴、脅迫或其他違反人道之方法，對他人施以凌辱虐待行為」（§10Ⅶ）。例如凌虐人犯罪（§126）、以凌虐犯強制性交罪（§222Ⅰ⑸）、凌虐未滿18歲之人罪（§286）。

凌虐的立法解釋係2019年5月29日新增訂，其立法理由如下：

一、刑法第126條第1項、第222條第1項第5款及第286條均有以凌虐作構成要件之規範，依社會通念，凌虐係指凌辱虐待等非人道待遇，不論積極性之行為，如時予毆打，食不使飽；或消極性之行為，如

病不使醫、傷不使療等行為均包括在內。

二、參酌德國刑法有關凌虐之相類立法例有第 225 條凌虐受照顧之人罪、第 343 條強脅取供罪、第 177 條之加重強制性交，有關凌虐之文字包括有：qualen 即長期持續或重複地施加身體上或精神上苦痛，以及 miBhandeln 即不計時間長短或持續，對他人施以身體或精神上的虐待。

三、是以，倘行為人對被害人施以強暴、脅迫，或以強暴、脅迫以外，其他違反人道之積極作為或消極不作為，不論採肢體或語言等方式、次數、頻率，不計時間之長短或持續，對他人施加身體或精神上之凌辱虐待行為，造成被害人身體上或精神上苦痛之程度，即屬凌虐行為。前述所謂其他違反人道之方法，係獨立之行為態樣。

【凌虐的實務見解】

(1)凌虐行為的解釋：……祇要以強暴、脅迫或其他違反人道之積極作為或消極不作為之方法，使他人承受凌辱虐待等**非人道待遇，即屬凌虐行為**，尚不以長期性、持續性或多次性為必要。該項關於凌虐之定義性規定，適用於刑法分則所有與凌虐構成要件有關之規定。至同法第 286 條第 1 項修正理由雖謂：「實務上認為凌虐行為具有持續性，與偶然之毆打成傷情形有異」，旨在說明增訂第 10 條第 7 項前之實務見解，自不得據此認為該條所稱之凌虐構成要件，以具有持續性為必要。又同法第 286 條第 3 項係同條第 1 項之加重結果犯，只要行為人主觀上對於被害人為未滿 18 歲之人，明知或有預見之不確定故意，而施以前開凌虐行為，因而發生死亡之加重結果，兩者間有相當因果關係，且行為人對於該加重結果之發生主觀上雖無預見，但客觀上有預見可能性，即成立該項前段之罪。倘行為人對於加重結果之發生有所預見，則屬故意犯之範疇，應論以兒童及少年福利與權益保障法第 112 條第 1 項前段、刑法第 271 條第 1 項之殺人罪。

(2)凌虐行為的認定:「被告因甲童未依其要求習字,逕自瞌睡、摸魚,又調皮不聽從其處罰甲童半蹲之指令,為處罰、管教及恫嚇甲童,先持衣架毆打甲童之手臂及背部,逼使甲童順從,再用童軍繩將甲童之雙手反綁於背後及雙腳捆綁,並將捆綁甲童手、腳之童軍繩2條連結起來,使甲童無法掙脫,亦無法自行站立,僅能坐躺在浴缸內後,開始在浴缸內注滿水,使甲童僅下巴以上部分露出水面,仰躺浮在水面上後;復於甲童緊張、啜泣並左右扭動其身體掙扎時,以手將甲童頭(臉)部壓入水面下3、4秒,致甲童因此嗆水」、「足認被告確有以強暴、違反人道之方式對甲童施以凌辱虐待之客觀行為及主觀犯意,是被告對甲童施以凌虐之行為,應堪認定」。(最高法院109年度臺上字第4353號判決)

第五章　刑法的適用範圍

　　刑法所規定的刑罰法規，究竟其效力及於何種範圍？此即有關刑法適用範圍（刑法的效力）的問題。在刑法第一編第一章法例中，即規定刑法有關人、事、時、地的適用範圍，其中第 1 條與第 2 條係規定時間的適用範圍、第 3 條至第 8 條係規定場所的適用範圍、第 3 條前段係規定人的適用範圍，而第 11 條係規定刑法總則於「其他法律有刑罰或保安處分之規定者，亦適用之」的事項的適用範圍。

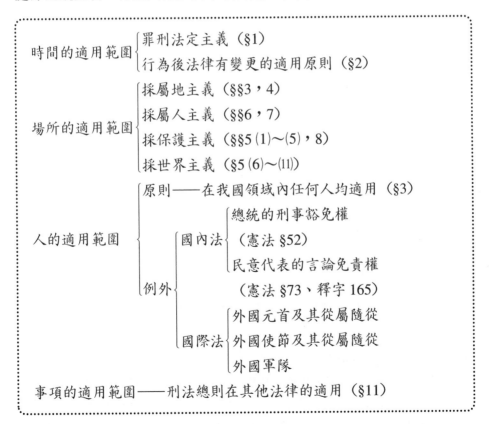

時間的適用範圍：
- 罪刑法定主義（§1）
- 行為後法律有變更的適用原則（§2）

場所的適用範圍：
- 採屬地主義（§§3，4）
- 採屬人主義（§§6，7）
- 採保護主義（§§5⑴～⑸，8）
- 採世界主義（§5⑹～⑾）

人的適用範圍：
- 原則——在我國領域內任何人均適用（§3）
- 例外：
  - 國內法：
    - 總統的刑事豁免權（憲法§52）
    - 民意代表的言論免責權（憲法§73、釋字165）
  - 國際法：
    - 外國元首及其從屬隨從
    - 外國使節及其從屬隨從
    - 外國軍隊

事項的適用範圍——刑法總則在其他法律的適用（§11）

第一節　時間的適用範圍

第一項　禁止溯及既往的原則

　　刑法關於時的效力與其他法律相同，以公布施行之日起發生效力，至廢止之日喪失效力❶，惟我國刑法自公布施行後，並無廢止或停止的規定，而且在刑法開宗明義即明白揭示罪刑法定主義，亦即「行為之處罰，以行為時之法律有明文規定者為限。拘束人身自由之保安處分，亦同。」（§1）。因此，刑法的適用範圍（效力所及範圍）係指僅適用於刑法施行後的犯罪，不得溯及施行前的行為，此正係所謂禁止溯及既往的原則。

　　我國刑法第 1 條原本僅規定刑事制裁的刑罰必須依循罪刑法定主義，但基於防衛社會及矯治犯罪人的目的，特別在刑法中將保安處分區分為拘束人身自由的保安處分與非拘束人身自由的保安處分兩種類，基於「拘束人身自由之保安處分（如強制工作），係以剝奪受處分人之人身自由為其內容，在性質上，帶有濃厚自由刑之色彩，亦應有罪刑法定主義衍生之不溯及既往原則之適用。」的理由，故於刑法修正時在後段增列「拘束人身自由之保安處分，亦以行為時之法律有明文規定者為限」❷。因此，現行刑法所應依循的禁止溯及既往原則，應包含刑罰與拘束人身自由的保安處分。

---

❶　依中央法規標準法的規定，法律明定自公布日施行者，自公布之日起算至第三日起發生效力；法律特定有施行日期或以命令特定施行日期者，自該特定日起發生效力（中標法 §§13，14）。例如 2005 年刑法部分條文修正係 2005 年 2 月 2 日公布，而於刑法施行法明定自 2006 年 7 月 1 日起施行（刑法施行法 §10 之 1）。

❷　參照 2005 年 2 月 2 日刑法修正第 1 條的立法理由㈡。

第二項　行為後法律有變更的意義

　　我國刑法公布施行至今，雖未廢止，但在施行期間，為了因應社會時空環境的變遷，經常會適時地針對條文規定加以修正。在行為後，由於刑法部分條文的修正而變更或刪除處罰規定時，究竟應適用**行為時**的**舊法**，還是行為後裁判時的新法。有關此一問題，由於新法與舊法之間涉及刑罰的減輕與加重，對行為人的有利與不利，故必須謹慎地處理此一適用問題。在此，必須先釐清「**行為後法律有變更**」的實質意涵為何，其次再討論究竟適用行為時或裁判時的法律。

一、法律有變更的意義

　　所謂**法律**，不僅限於刑法，包括刑罰法規以外的其他法律及行政規章、命令等；而所謂**法律有變更**，則係指法律所規定的犯罪行為的法律要件或法律效果有所修正或廢止而言。然而，在此所謂法律有所變更，是否僅指刑事法律的修正或廢止，而不包含刑事法律以外的其他法律或行政規章或命令的修正或廢止，此一問題在學說與實務上仍然有不同的立場存在。

(一)肯定說

　　肯定說認為，若其他法律及行政規章或命令的變更，足以影響可罰行為的範圍或法律效果者，屬於法律有變更。

　　例如**空白刑法**❸中的空白構成要件，有待其他法律及行政規章或命

---

❸　所謂**空白刑法**，係指在刑罰法規中僅規定罪名、法律效果與部分構成犯罪事實，至於其禁止內容則委由其他法律或行政規章或命令，基於現實的考量而做補充規定而言。例如刑法第 117 條違背局外中立命令罪中的「中立命令」，係由政府依真實交戰情形的現實需要而頒布；刑法第 192 條第 1 項違背預防傳染病法令罪中的「預防傳染病所公布之檢查或進口法令」，係由政府衛生主管機關依傳染病的事實需要而頒布；懲治走私條例第 2 條第 1 項「管制進出口物品或數額」，係由行政院依現實狀況而公布等。

令補充其空白部分，始能成為完整構成要件，故此種空白構成要件的行政規章或命令，雖不具法律的形式，且無刑法的實質內涵，但與空白刑法結合而成為空白構成要件的禁止內容，足以影響可罰性的範圍。因此，採肯定說的學者認為，此種補充空白構成要件的行政規章或命令有所變更時，必然導致構成要件的變更，應屬於刑法第 2 條第 1 項的「法律有變更」❹。

㈡否定說

否定說認為，僅刑罰法律的變更，屬於法律有變更，其他法律及行政規章或命令的變更，並非屬於法律有變更。學說上，係從刑法第 2 條第 1 項的法條文字解釋，而認為法律有變更僅指刑罰法律的變更，刑罰法律以外的法律變更，並非刑法第 2 條第 1 項的法律有變更❺。在實務見解上，針對基於行政命令而變更空白構成要件的內容，認為係屬事實變更，而非法律變更，例如最高法院判例與大法官會議解釋皆採此種見解❻。

---

❹ 採肯定說見解者，參照林山田，《刑法通論（上）》，作者自版，2008 年 1 月增訂 10 版，127 頁；柯耀程，〈二〇〇三年刑事實體法實務見解回顧〉，《台灣本土法學雜誌》第 66 期，2005 年 1 月，120 頁。

❺ 採否定說見解者，參照韓忠謨，《刑法原理》，作者自版，1997 年，555、559 頁。

❻ 參照最高法院 49 年臺上字第 1093 號判例：「行政院於四十九年一月二十一日將管制物品重行公告，乃是行政上適應當時情形所為事實上之變更，並非刑罰法律有所變更，自不得據為廢止刑罰之認定，無論公告內容之如何變更，其效力皆僅及於以後之行為，殊無溯及既往而使公告以前之走私行為受何影響之理，即無刑法第二條第一項之適用。」；51 年臺上字第 159 號判例：「犯罪構成事實與犯罪構成要件不同，前者係事實問題，後者係法律問題，行政院關於公告管制物品之種類及數額雖時有變更，而新舊懲治走私條例之以私運管制物品進口為犯罪構成要件則同，原判決誤以事實變更為法律變更，其見解自有未洽。」；51 年臺非字第 76 號判例：「刑法第二條所謂有變更之法律，乃指刑罰法律而言，並以依中央法規制定標準法第二條（前）之規定制定公布者為限，此觀憲法第一百七十條、第八條第一項，刑法第一條之規定甚明。行政法令縱

> **【法律變更的問題思考】**
>
> 　　民法第 983 條第 1 項第 3 款關於近親結婚的禁止，有「旁系血親在五親等以內，輩分不相同者，不得結婚。」的規定。甲男隱瞞與乙女間所具有的上述近親關係，並與乙女結婚，若審判時因親屬法修正，廢止該款近親結婚的禁止規定，有無刑法第 2 條法律變更適用的問題。（此問題的關鍵在於刑法第 2 條中所謂法律究竟所指為何？）

　　本書認為，不僅係刑事法律的刑罰變更，凡其他法律及其他行政規章或命令的變更已經實質上對「刑」產生影響者，應解釋為法律有變更；而在此種分歧意見之下，若將刑法第 2 條第 1 項「**法律有變更**」修正為「**刑有變更**」❼，或許可避免爭議性。

二、行為後的意義

　　所謂**行為後**，係指犯罪行為實行終了後而言。既然刑法第 2 條第 1 項係規定「行為後法律有變更」，則其適用問題僅在於實行行為終了後法律有變更的情形，因此犯罪行為的實行開始與實行終了，自然係屬適用範圍上的關鍵所在。在一般犯罪類型之中，自犯罪行為的實行開始，至實行終了而後發生犯罪的結果，此種情形並無疑義。

　　可認為具有法律同等之效力，但因其並無刑罰之規定，究難解為刑罰法律，故如**事實變更**及刑罰法律外之法令變更，均**不屬本條所謂法律變更範圍之內**，自無本條之適用。」；52 年司法院釋字第 103 號解釋理由書：「刑法第二條所謂法律有變更，係指處罰之法律規定有所變更而言。行政院依懲治走私條例第二條第二項專案指定**管制物品及其數額之公告**，其內容之**變更**，**並非懲治走私條例處罰規定之變更**，與刑法第二條所謂法律有變更不符，自無該條之適用。」

❼　參照日本刑法第 6 條規定：「犯罪後法律有刑罰之變更者，適用處罰較輕之法律。」

　　然而，犯罪行為的實行開始後而犯罪的結果已經發生，但犯罪行為人在未終止其犯罪行為時，其違法狀態仍在繼續中（例如繼續犯），此種情形應屬實行行為未終了，在此期間若法律有所變更，應無行為後法律變更的適用問題❽。

第三項　法律變更的適用原則

一、從舊原則

　　所謂從舊原則，係指不論法律如何增修變更，一律依行為時的舊法處斷的原則而言。從罪刑法定主義觀之，亦即基於「行為之處罰，以行

---

❽　有關繼續犯的法律適用問題，參照最高法院89年度臺非字第186號判決：「寄藏手槍罪為繼續犯，於其終止寄藏之前，犯罪行為仍在繼續實施之中，其間法律縱有變更，但其行為既繼續實施至新法施行以後，自無行為後法律變更之可言。本件原判決係認定被告張○廷於民國八十五年五月間，受託代為保管具有殺傷力之改造玩具手槍及改造四五手槍各一支，無故予以寄藏，經警於八十七年二月八日及八十七年六月十四日先後查獲等情。則依前揭說明，被告寄藏上開槍枝之行為繼續中，槍砲彈藥刀械管制條例雖於八十六年十一月二十四日修正公布（同月二十六日生效），仍不生行為後法律變更，應為新舊法比較之問題，自應適用其行為終止時之現行槍砲彈藥刀械管制條例第十一條第四項未經許可，寄藏可發射子彈具有殺傷力之槍枝罪論處，乃原判決竟以被告行為後之法律已有變更，而依刑法第二條第一項但書之規定，適用有利於被告之修正前槍砲彈藥刀械管制條例第十條第三項論罪，顯有適用法則不當之違背法令。」；96年度臺上字第2162號判決：「按連續、接續或繼續犯之行為過程中，遇有刑罰之法律變更時，其一部行為涉及舊法，一部行為涉及新法者，仍應依最後行為時之法律處斷。又公職人員選舉罷免法於九十四年十一月三十日修正公布，同年十二月二日施行。依原判決之認定，上訴人與黃○間係共同正犯，上訴人在犯意聯絡之範圍內，對於共同正犯黃○之連續行為即應負責，故上訴人交付黃○賄款之時間雖在九十四年十二月一日，惟黃○最後轉交該賄款予他人之部分犯行既在公職人員選舉罷免法於九十四年十二月二日施行以後，自應適用修正後之規定處罰，原判決並無適用法則不當之違誤。」

為時之法律有明文規定者為限。」的原則，犯罪行為要件與法律效果既然以「**行為時**」為斷，故不能溯及既往，當然不容許適用裁判時的新法。

二、從新原則

所謂**從新原則**，係指不論法律如何增修變更，一律適用**裁判時**的新法處斷的原則而言。此種立法例認為，由於舊法有缺失疏漏，不能因應當前社會需要，而有增修的規定，故應依新法處斷。然而，採此種適用原則，無異直接抵觸罪刑法定主義，因此僅在例外情形下始可適用。例如我國 2005 年刑法修正前曾就保安處分採從新原則，亦即「保安處分，適用裁判時之法律。」（舊 §2Ⅱ）的規定；而新修正的現行刑法規定「非拘束人身自由之保安處分適用裁判時之法律。」（§2Ⅱ）亦採從新原則。

三、從輕原則

所謂**從輕原則**，係指就行為時的舊法與裁判時的新法之間，比較其輕重，取其最有利於行為人的輕法適用的原則而言。採此種原則的立法例，例如日本刑法第 6 條「犯罪後之法律有刑罰之變更者，適用處罰較輕之法律。」

採從輕原則的立法例，可分為「**從舊從輕原則**」與「**從新從輕原則**」二種方式。前者以罪刑法定主義為基礎，適用行為時的舊法，但行為後的法律變輕時，為保護行為人，則例外適用新法；後者以適用裁判時的新法為原則，但當新法為重、舊法為輕時，則例外適用舊法處斷。無論係採從舊從輕原則或從新從輕原則的折衷方式，最後適用仍歸於從輕原則，故就實質面而言，此兩種立法方式與從輕原則並無差異性存在。

採從新從輕原則的立法例，例如我國舊刑法「行為後法律有變更者，適用裁判時之法律。但裁判前之法律有利於行為人者，適用最有利於行為人之法律。」（舊 §2Ⅰ）的規定；採從舊從輕原則的立法例，例如我國現行刑法「行為後法律有變更者，適用行為時之法律。但行為後之法律有利於行為人者，適用最有利於行為人之法律。」（§2Ⅰ）的規定。

【從舊從輕原則的案例思考】

被告甲基於轉讓第一級、第二級毒品的犯意，於民國 104 年 9 月 18 日零時許，在新北市某汽車旅館 121 號房，無償轉讓量微、不詳數量（無積極證據證明轉讓第一級毒品數量已達淨重五公克以上，第二級毒品數量已達淨重十公克以上）的海洛因及甲基安非他命予乙某一次。最高法院認為，藥事法第 83 條第 1 項轉讓禁藥罪之法定本刑，較毒品危害防制條例第 8 條第 2 項轉讓第二級毒品罪之法定本刑為重，是轉讓甲基安非他命之第二級毒品，除轉讓達一定數量；或成年人對未成年人為轉讓行為；或明知為懷胎婦女而對之為轉讓行為，依同條例第 8 條第 6 項、第 9 條有加重其刑至二分之一之特別規定，而應依各該分則加重規定處罰者外，均應依同法第 83 條第 1 項之規定處罰。（最高法院 106 年度臺上字第 1247 號判決）

此案例的關鍵在於：被告行為後，藥事法第 83 條第 1 項於 104 年 12 月 2 日修正公布施行，將原先「明知為偽藥或禁藥，而販賣、供應、調劑、運送、寄藏、牙保、轉讓或意圖販賣而陳列者，處七年以下有期徒刑，得併科新臺幣五百萬元以下罰金。」的規定，修正為「明知為偽藥或禁藥，而販賣、供應、調劑、運送、寄藏、牙保、轉讓或意圖販賣而陳列者，處七年以下有期徒刑，得併科新臺幣五千萬元以下罰金。」修正後條文已將罰金刑部分由「新臺幣五百萬元以下」，提高為「新臺幣五千萬元以下」，是比較新舊法結果，以舊法即行為時法較有利於被告，依刑法第 2 條第 1 項前段的規定，自應適用修正前藥事法第 83 條第 1 項的規定。

第四項　我國刑法的適用原則

我國刑法在法律變更時，其適用原則，依現行刑法第 2 條的規定，可分為下列入罪化、除罪化與刑法變更處罰等三種情形。

一、入罪化

　　所謂入罪化，係指刑法為因應時代環境的變遷，新增訂處罰條款，將某些行為由不處罰轉而規定為犯罪行為而言。此種情形，因而形成行為時法律不為罪而不予處罰，但行為後法律入罪變成可罰的犯罪行為。依據刑法第 1 條「行為之處罰，以行為時之法律有明文規定者為限。拘束人身自由之保安處分，亦同。」所揭示罪刑法定主義的精神可知，行為時的法律既然無明文規定係犯罪行為，即應採從舊原則，亦即其後刑法雖增訂處罰該行為的條文，亦無適用的餘地。

二、除罪化

　　所謂除罪化，係指由於刑法修正而將某行為原有處罰的規定予以刪除，形成該行為非犯罪而言。此種情形，因而形成行為時法律規定係為犯罪行為而應予處罰，但行為後不為犯罪，法律不加處罰的現象。針對此種情形，刑法第 2 條第 1 項前段雖有「行為後法律有變更者，適用行為時之法律。」的規定，但依同條項後段「但行為後之法律有利於行為人者，適用最有利於行為人之法律。」的但書規定，既然法律已將該行為除罪化，則採最有利於行為人的從輕原則，該行為即不應加以處罰❾。

　　其次，若該行為已經法院裁判確定後，法律始變更而不再處罰該行為時，則不影響裁判的確定力，但影響裁判的執行，刑法為了解決此種問題而規定：「處罰或保安處分之裁判確定後，未執行或執行未完畢，而法律有變更，不處罰其行為或不施以保安處分者，免其刑或保安處分之執行。」（§2III）。因此，已確定的裁判若未執行，則不需執行，若已開始執行而尚未執行完畢，則由執行機關逕予釋放，不需再經過裁定。

　　此外，若係屬於特定時期需要而公布施行的限時法 (Zeitgesetz)，由

---

❾　針對行為後，該犯罪已經除罪化的情形，若行為人的行為係在偵查階段，則由檢察官為不起訴處分（刑訴 §252）；若在審判中，由法院諭知免訴的判決（刑訴 §302 (4)）。

於該種法律皆明定施行期間或落日條款，故特定期間屆滿，該法律自行失效❿。因此，行為人的行為若在限時法有效期間內違犯時，縱然在裁判時該法律有效期限已經屆滿而失效，仍然應適用該限時法來論罪科刑⓫。有關解決限時法的溯及效力問題，有下列兩種立法方式：(1)個別立法、(2)一般立法。

【限時法的溯及效力】

(1)個別立法

採個別立法方式，係在限時法的附則另行規定法定期間經過後，仍可處罰在有效期間內違犯的行為。例如民國88年9月25日總統緊急命令（九二一震災）第11點規定：「I因本次災害而有妨害救災、囤積居奇、哄抬物價之行為者，處一年以上七年以下有期徒刑，得併科新臺幣五百萬元以下罰金。II以詐欺、侵占、竊盜、恐嚇、搶奪、強盜或其他不正當之方法，取得賑災款項、物品或災民之財物者，按刑法或特別刑法之規定，加重其刑至二分之一。III前二項之未遂犯罰之。」，而於民國89年2月3日公布施行的九二一震災重建暫行條例第71條規定：「於緊急命令施行期間內，犯緊急命令第十一點所規定之罪者，於緊急命令施行期滿後，仍適用緊急命令第十一點之規定處罰。」

(2)一般立法

採一般立法方式，係在刑法中增設限時法的溯及規定。例如德

---

❿ 有關限時法的施行期間，例如民國88年9月21日臺灣地區發生大地震，總統於同年9月25日發布施行六個月的緊急命令，亦即民國88年9月25日總統緊急命令（九二一震災）第12點：本命令施行期間自發布日起至民國89年3月24日止。

⓫ 在限時法的情形中，若由於限時法有效期間屆滿而失其效力，則行為人在接近法定有效期間終了時所違犯的行為，將形成無法處罰，因此在理論上應認為仍適用限時法來論處。

國刑法第 2 條第 4 項規定：「僅有效施行特定時期的法律，縱然已經
因時限經過而失效，惟對於有效施行期間內違犯之行為，仍有適用。
但法律另有規定者，不在此限。」

三、刑法變更處罰

　　刑法變更處罰規定有以下三種情形，即法律效果變更、法律要件變
更以及法律效果與法律要件均變更。

　　所謂**法律效果變更**，係指新法加重或減輕刑罰效果，亦即變更前與
變更後的法律均認為有罪，只是刑罰輕重不同。此種情形，若行為發生
在刑法變更前，而在刑法變更後始接受裁判時，基於折衷原則，法官應
比較新法與舊法何者對行為人較為有利，而適用輕法。例如，刑法的普
通強盜罪（§328Ⅰ）在 2002 年 1 月修法時將法定刑由原來的「三年以上
十年以下有期徒刑」提高至「五年以上有期徒刑」，兩者相較以舊法為輕，
即依舊法處斷。

　　所謂**法律要件變更**，係指構成要件的變更，亦即新舊法都有處罰規
定且刑度相同，但構成要件有所變更而言。此種情形，仍然採折衷原則，
比較新舊法的輕重，而適用輕法。

　　至於**法律效果與法律要件均變更**的情形，必須綜合比較後始能決定。
新法與舊法輕重的比較，係以對行為人有利與否為標準，對行為人有利
者為輕，反之，對行為人不利者為重；而有關比較的基準，係以可罰性
的範圍、刑罰的輕重、是否為告訴乃論、有無免除其刑、得免或必免除
其刑等情形來決定。

　　例如，2002 年 11 月修正公務員圖利罪（§131）的規定，新法變更
犯罪成立要件及刑罰效果，其犯罪要件新增「明知違背法令」的主觀要
素，所圖者須為「自己或其他私人不法利益」且「因而獲得利益者」，係
限縮該罪的成立要件，對行為人有利，而處罰效果維持「一年以上七年
以下有期徒刑」，但得併科的罰金從「七千元以下」提高為「七萬元以下」。

此時究竟係舊法或新法對行為人有利，則須綜合地加以判斷。

四、刑法變更保安處分

由於現行刑法第 1 條規定「行為之處罰，以行為時之法律有明文規定者為限。拘束人身自由之保安處分，亦同。」，故拘束人身自由的保安處分，亦應以行為時法律有明文規定為限。換言之，刑法中保安處分的規定有變更時，應依拘束人身自由與非拘束人身自由而分別適用。若屬於拘束人身自由的保安處分，則依從舊從輕原則，亦即依「行為後法律有變更者，適用行為時之法律。但行為後之法律有利於行為人者，適用最有利於行為人之法律。」（§2 I ）的規定而為適用；至於若係非拘束人身自由的保安處分，則依從新原則，亦即依「沒收、非拘束人身自由之保安處分適用裁判時之法律。」（§2 II）的規定而為適用。

此外，若裁判確定後始廢止保安處分規定時，則依刪除刑罰的規定處理，亦即依「處罰或保安處分之裁判確定後，未執行或執行未完畢，而法律有變更，不處罰其行為或不施以保安處分者，免其刑或保安處分之執行。」（§2III）的規定，自然無需繼續執行保安處分。

第五項　我國實務的新運作

我國刑法於 2005 年 2 月 2 日將刑法總則大幅度修正後，自 2006 年 7 月 1 日起開始施行，在修正後至開始施行的緩衝期間，有關法律變更的適用問題，學界與實務界意見紛歧，為避免開始施行新法後造成實務上無謂的困擾，最高法院於 2006 年 5 月提出統一標準[12]，此種統一標準或許學界仍有不同意見，但至少在實務操作上有一依循的準則，亦不失係一種妥當的處理方式。茲將其主要內容歸納如下：

---

[12] 參照 2006 年 5 月 23 日最高法院 95 年度刑事庭第 8 次決議案。

一、法律變更的比較適用原則

㈠新法第 2 條第 1 項的規定，係規範行為後，法律變更所生新舊法律比較適用的準據法，於新法施行後，應適用新法第 2 條第 1 項的規定，採「從舊從輕」的原則。

㈡基於罪刑法定原則與法律不溯及既往原則，行為的處罰，以行為時的法律有明文規定者為限，必須係行為時與行為後的法律均有處罰的規定，始有新法第 2 條第 1 項的適用。拘束人身自由的保安處分，亦有罪刑法定原則與法律不溯及既往原則的適用，其因法律變更而發生新舊法律的規定不同者，依新法第 1 條、第 2 條第 1 項規定，決定其應適用的法律；至非拘束人身自由的保安處分，仍適用裁判時的法律。

㈢比較適用時，應就罪刑有關的共犯、未遂犯、想像競合犯、牽連犯、連續犯、結合犯，以及累犯加重、自首減輕暨其他法定加減原因（如身分加減）與加減例等一切情形，綜合其全部罪刑的結果而為比較。至於從刑附屬於主刑，除法律有特別規定者外，依主刑所適用的法律。

二、公務員定義變更的適用原則

新法第 10 條第 2 項所稱公務員，包括同項第 1 款的職務公務員及第 2 款的委託公務員，因舊法的規定已有變更，新法施行後，涉及公務員定義的變更者，應依新法第 2 條第 1 項的規定，適用最有利於行為人的法律。

三、刑內容變更的適用原則

㈠主　刑

有關罰金刑部分，新法第 33 條第 5 款規定「罰金刑為新臺幣一千元以上，以百元計算之。」，新法施行後，應依新法第 2 條第 1 項的規定，適用最有利於行為人的法律。有關第 35 條刑的重輕標準，依裁判時的規定❸。

(二)易刑處分

易科罰金❶的折算標準(§41)、易服勞役❶的折算標準及期限(§42)，新法施行後，應依新法第 2 條第 1 項的規定，適用最有利於行為人的法律。

四、累犯與緩刑構成要件變更的適用原則

新法修正第 47 條累犯規定，將累犯條件限於「……故意再犯……」，新法施行前，過失再犯有期徒刑以上的罪，新法施行後，應依新法第 2 條第 1 項的規定，適用最有利於行為人的法律。

新法將第 74 條緩刑要件修正為「未曾因故意犯罪受有期徒刑以上刑之宣告者」，犯罪在新法施行前，新法施行後，緩刑的宣告，應適用新法的規定。

---

❸ 2005 年 2 月 2 日修正刑法第 35 條，增訂刑的重輕標準，修正條文如下：「主刑之重輕，依第三十三條規定之次序定之。同種之刑，以最高度之較長或較多者為重。最高度相等者，以最低度之較長或較多者為重。刑之重輕，以最重主刑為準，依前二項標準定之。最重主刑相同者參酌下列各款標準定其輕重：一、有選科主刑者與無選科主刑者，以無選科主刑者為重。二、有併科主刑者與無併科主刑者，以有併科主刑者為重。三、次重主刑同為選科刑或併科刑者，以次重主刑為準，依前二項標準定之。」

❹ 有關易科罰金部分，除於 2005 年 2 月 2 日修正「折算標準」及「數罪併罰的應執行之刑逾六月，不得易科罰金」之外，復於 2009 年 1 月 21 日增訂易服社會勞動，更於 2009 年 12 月 30 日修正「數罪併罰之數罪均得易科罰金者，其應執行之刑雖逾六月，亦得易科罰金或易服社會勞動」。有關易科罰金的內容變更，亦應採最有利於行為人的規定。關於修正後的內容，參照第三篇第三章第二節第二項。

❺ 2005 年 2 月 2 日修正刑法第 42 條易服勞役規定後，復於 2009 年 6 月 10 日增訂第 42 條之 1（罰金易服勞役之再易服社會勞動），更於 2009 年 12 月 30 日修正罰金易服勞役的排除條款該條文。有關易服勞役的內容變更，亦應採最有利於行為人的規定。關於修正後的內容，參照第三篇第三章第二節第三項。

五、數罪併罰內容變更的適用原則

㈠刑的執行

新法第 51 條第 2 款增訂罰金與死刑併予執行；第 5 款提高多數有期徒刑合併應執行的刑不得逾三十年。新法施行後，應依新法第 2 條第 1 項之規定，適用最有利於行為人的法律。裁判確定前犯數罪，其中一罪在新法施行前者，亦同。

㈡競合犯

新法第 55 條想像競合犯的但書規定「但不得科以較輕罪名所定最輕本刑以下之刑。」，係科刑的限制，為法理的明文化，非屬法律的變更。

新法廢止第 55 條後段「犯一罪而其方法或結果之行為犯他罪者」的牽連犯規定，有關「犯一罪而其方法或結果之行為」，均在新法施行前者，新法施行後，應依新法第 2 條第 1 項的規定，適用最有利於行為人的法律。若其中部分的行為在新法施行後者，該部分不能論以牽連犯。

新法廢止第 56 條「連續數行為而犯同一之罪名者，以一罪論。但得加重其刑至二分之一。」的連續犯規定，有關「連續數行為而犯同一之罪名」，均在新法施行前者，新法施行後，應依新法第 2 條第 1 項的規定，適用最有利於行為人的法律。部分的數行為，發生在新法施行前者，新法施行後，該部分適用最有利於行為人的法律。若其中部分的一行為或數行為，發生在新法施行後者，該部分不能論以連續犯。常業犯的規定刪除後，法律的比較適用亦依據此原則。

六、刑的酌科及加減

㈠新法第 57 條刑罰的酌量與第 59 條酌量減輕的規定，係法院就刑的裁量及酌減審認標準見解的明文化，非屬法律的變更。

㈡新法施行前，違犯新法第 61 條裁判免除第 2 款至第 6 款增訂的罪名者，新法施行後，應依新法第 2 條第 1 項規定，適用最有利於行為人的法律。

(三)新法將第 62 條自首減輕的「減輕其刑」修正為「得減輕其刑」，犯罪及自首均在新法施行前者，新法施行後，應依新法第 2 條第 1 項的規定，適用最有利於行為人的法律。犯罪在新法施行前，自首在新法施行後者，應適用新法第 62 條的規定。

(四)新法刪除「對未滿十八歲人犯殺害直系血親尊親屬罪者，得判處死刑或無期徒刑」的規定，未滿十八歲之人在新法施行前，犯刑法第 272 條的罪者，新法施行後，應依新法第 2 條第 1 項的規定，適用最有利於行為人的法律。

(五)新法施行前，犯法定本刑為死刑、無期徒刑之罪，有減輕其刑的原因者，新法施行後，應依新法第 2 條第 1 項之規定，適用最有利於行為人的法律。新法施行前，法定罰金刑有加減的原因者，新法施行後，應依新法第 2 條第 1 項之規定，適用最有利於行為人的法律。

七、保安處分內容變更的適用原則

(一)新法修正第 87 條監護處分與第 88 條酗酒禁戒處分規定，有關監護處分或酗酒禁戒處分的事由，發生在新法施行前者，新法施行後，應依新法第 2 條第 1 項的規定，就其具體情形，適用最有利於行為人的法律。

(二)新法修正第 90 條強制工作與第 91 條之 1 性犯罪強制治療規定，有關強制工作或性犯罪強制治療的事由，發生在新法施行前者，新法施行後，應依新法第 2 條第 1 項的規定，適用最有利於行為人的法律。

(三)拘束人身自由保安處分的事由，發生在新法施行前者，新法施行後，其許可執行，應依新法第 2 條第 1 項的規定，適用最有利於行為人的法律。

八、告訴或請求乃論的罪

刑罰法律就犯罪是否規定須告訴（或請求）乃論，其內容與範圍，以及其告訴或請求權的行使、撤回與否，事關國家刑罰權，非僅屬單純

的程序問題，如有變更，亦係刑罰法律的變更，而有新法第 2 條第 1 項的適用。

第二節　場所的適用範圍

第一項　立法主義

現行刑法針對人（何人犯罪）、事（所犯何罪）、地（在何處犯罪）的適用，基於三者具有密切關聯性，故在場所的適用範圍❶上必須加以限制，而於刑法第 3 條至第 8 條加以規範，而且交叉運用。有關三者效力的關係，大致與歐陸法系的國家相同，有四種立法主義：⑴屬地主義、⑵屬人主義、⑶保護主義、⑷世界主義。

一、屬地主義

所謂**屬地主義** (Territorialitätsprinzip)，係指國家在其主權領域之內所發生的所有犯罪，不問行為人或被害人為本國人或是外國人或為無國籍之人，亦不問所犯為何，均適用本國刑法來加以處斷。此種主義係國際上共同承認的原則，其乃基於國家主權而來，任何人均應遵守所在地國家的法律。

二、屬人主義

所謂**屬人主義** (Personalitätsprinzip)，係指無論係在本國領域內或在領域外，本國人違反本國刑法者，一律適用本國刑法來處斷。

---

❶ 刑法的場所適用範圍與裁判權係屬不同的概念，裁判權係指一個國家統治權所及的領域，因此在刑法的場所適用範圍亦包含國外犯時，本國為了能對在外國的犯罪行為人行使本國的裁判權，必須從外國引渡該犯罪人，此即國際司法共助問題，而在立法上必須有犯罪人引渡法使得以引渡。

三、保護主義

所謂保護主義 (Schutzprinzip)，係指無論犯罪行為人係屬本國人或外國人，亦不論其犯罪行為係發生在本國領域內或在領域外，凡侵害本國重要國家法益或本國人民的重要法益，一律適用本國刑法來處斷。

四、世界主義

所謂世界主義 (Weltrechtsprinzip)，係指無論在本國領域內或在領域外，亦無論係屬本國人或外國人，凡侵害世界各國共通的特定法益，各國均適用各該國的刑法來處斷。

第二項　我國刑法的立場

一、屬地主義

刑法在判斷人、事、地的適用範圍時，主要採屬地主義。因此我國刑法上明白揭示採屬地主義，亦即「本法於在中華民國領域內犯罪者，適用之。」(§3 前段)。所謂領域，包含領土、領海及領空，而犯罪地兼指行為地與結果地，亦即「犯罪之行為或結果，有一在中華民國領域內者，為在中華民國領域內犯罪。」(§4) ❼。

刑法第 3 條所稱「中華民國之領域」，依國際法上的觀念，可分為真

---

❼　犯罪的行為地與結果地不同者，學說上稱為隔地犯。在繼續犯的犯罪類型中，例如刑法第 241 條略誘罪即有隔地犯的情形，參照最高法院 70 年臺上字第 5753 號判例：「上訴人辯稱其犯罪地點在美國，依刑法第六條、第七條規定，不適用刑法第二百四十一條第三項第一項規定處罰，經查上訴人違反監護權人即自訴人之意思，擅將陳某帶回臺灣定居，所犯和誘罪為繼續犯，其侵害自訴人監護權之犯罪行為至提起自訴時仍在繼續中，依刑法第四條規定犯罪之行為或結果有一在中華民國領域內者，為在中華民國領域內犯罪，上訴人犯罪行為既在中華民國領域內，自得依刑法規定追訴處罰。」

實領域與想像領域（擬制領域）二種，真實領域係指我國的領土、領海、領空等；想像領域係指在我國領域外的我國船艦、航空器❸及我國駐外外交使節的辦公處所等。在我國領域外的我國船艦及航空器犯罪者，依本法「在中華民國領域外之中華民國船艦或航空器內犯罪者，以在中華民國領域內犯罪論」（§3 後段）❹的規定處理，並無爭議性存在。有關**中華民國領域**的解釋，具爭議性者有下列兩個問題：(1)在**大陸地區犯罪**是否有我國刑法的適用？(2)在**我國駐外使領館內**犯罪是否有我國刑法的適用？

㈠在大陸地區犯罪

所謂領土，係指一國固有的疆域而言。依據我國憲法第 4 條「中華民國領土，依其固有之疆域，非經國民大會之決議，不得變更之。」以及中華民國領海及鄰接區法第 2 條「中華民國主權及於領海、領海之上

❸　此外，若航行、停泊或停放於本國領域內的船艦或航空器內犯罪者，無論屬於我國或外國所有，均依本法第 3 條前段處斷。參照最高法院 79 年臺非字第 277 號判例：「依國際法上領域管轄原則，國家對在其領域內之人、物或發生之事件，除國際法或條約另有規定外，原則上享有排他的管轄權；即就航空器所關之犯罪言，依我國已簽署及批准之一九六三年九月十四日東京公約（航空器上所犯罪行及若干其他行為公約）第三條第一項規定，航空器登記國固有管轄該航空器上所犯罪行及行為之權；然依同條第三項規定，此一公約並不排除依本國法而行使之刑事管轄權。另其第四條甲、乙款，對犯罪行為係實行於該締約國領域以內、或係對於該締約國之國民所為者，非航空器登記國之締約國，仍得干涉在飛航中之航空器，以行使其對該航空器上所犯罪行之刑事管轄權。因此，外國民用航空器降落於我國機場後，我國法院對其上發生之犯罪行為，享有刑事管轄權，殆屬無可置疑。」

❹　2005 年 2 月 2 日刑法修正時，將「**航空機**」修正為「**航空器**」，參照修法的立法理由：「按『**航空機**』之含義，較之包含飛機、飛艇、氣球及其他任何藉空氣之反作用力，得以飛航於大氣中器物之『**航空器**』（參見民用航空法第二條第一款）範圍為狹。航空器雖未必盡可供人乘坐航行，但『犯罪地』一詞如採廣義解釋，當包括中間地，則此種航空器亦有成為犯罪地之可能。為期從廣涵蓋，乃將『**航空機**』一詞，修改為『**航空器**』。」

空、海床及其底土。」的規定，在領土之內，國家行使其統治權，即外國人來本國者，原則上亦應受本國統治權的支配。雖本國統治權因戰爭關係，不能完全行使，但其所屬的領土範圍，仍無變更，從而本國的被占領地，亦係本國的領土。準此，大陸地區由於係屬本國的被占領地，仍屬我國固有領土的範圍。

【領土的實務見解】

中華民國憲法第 4 條明文：「中華民國領土，依其固有之疆域，非經國民大會之決議，不得變更之。」而國民大會亦未曾為變更領土之決議。又中華民國憲法增修條文第 11 條復規定：「自由地區與大陸地區間人民權利義務關係及其他事務之處理，得以法律為特別之規定。」且臺灣地區與大陸地區人民關係條例第 2 條第 2 款更指明：「大陸地區：指臺灣地區以外之中華民國領土。」揭示大陸地區仍屬我中華民國之領土；該條例第 75 條復規定：「在大陸地區或在大陸船艦、航空器內犯罪，雖在大陸地區曾受處罰，仍得依法處斷。但得免其刑之全部或一部之執行。」據此，大陸地區現在雖因事實上之障礙為我國主權所不及，但在大陸地區犯罪，仍應受我國法律之處罰，即明示大陸地區猶屬我國領域，並未對其放棄主權[20]。

此外，有關「臺灣地區人民在大陸犯罪，回國後是否仍要接受處罰」的問題。由於依照臺灣地區與大陸地區人民關係條例第 2 條第 2 款規定，所謂大陸地區，指臺灣地區以外的中華民國領土。大陸地區應非屬刑法第 9 條所稱的「外國」，故無該條的適用。然而，為因應在事實上國家分裂狀態下的刑法適用問題，臺灣地區與大陸地區人民關係條例第 75 條規定：「在大陸地區或在大陸船艦、航空器內犯罪，雖在大陸地區曾受處罰，

[20] 參照最高法院 90 年度臺上字第 705 號判決。此外，最高法院 89 年度臺非字第 94 號判決、90 年度臺上字第 4247 號判決、法務部民國 100 年 5 月 13 日法檢字第 1000802553 號決議等，亦有相同旨趣。

仍得依法處斷。但得免其刑之全部或一部之執行。」因此，臺灣地區人民在大陸地區犯罪，縱在大陸地區曾受處罰，回國後仍應接受處罰，僅得免其刑的全部或一部的執行。

㈡在我國駐外使領館內犯罪

在我國駐外使領館內犯罪者，亦即在我國駐外外交使節的辦公處所犯罪者，可否視為在我國領域內犯罪？由於刑法第 3 條規定，並未包括我國駐外外交使節的辦公處所，因此在適用時仍然有諸多爭議性存在。在學說與實務上，有**肯定說**、**否定說**與**折衷說**等三種不同見解。

1.肯定說

採肯定說見解的學者認為，依國際法原則，各國駐外使領館不服從駐在國的裁判權，故我國駐外使領館雖於外國領域內，但仍為我國法權所及之地，因此在我國駐外使領館內犯罪者，即視同在我國國內犯罪，適用本法處斷[21]。本書亦採此說見解。

2.否定說

採否定說見解的學者認為，由於本法並未規定在我國駐外使領館內犯罪者，以在本國領域內犯罪論的明文，為了避免違背類推禁止原則，自不宜比附援引第 3 條後段，故在我國駐外使領館內犯罪不得以在我國領域內犯罪論[22]。

3.折衷說

我國實務上係採折衷說的見解。此說認為，針對想像領域部分，刑法第 3 條後段僅明定在我國領域外的船艦及航空器內犯罪者，以在我國領域內犯罪論。然而，對於在我國駐外使領館內犯罪者，是否亦應以在我國領域內犯罪論，則無規定，依行為的處罰，以行為時的法律有明文規定者為限，似難比附或擴張同條後段的適用，而將在我國駐外使館內犯罪亦以在我國領域內犯罪論。換言之，就國際法的觀點言，對於任何國家行使的管轄權，雖無嚴格的限制，惟在慣例上，本國對於在本國駐

---

[21]　參照韓忠謨，《刑法原理》，作者自版，1997 年 12 月，572 頁。

[22]　參照林山田，《刑法通論（上）》，自版，2008 年 1 月增訂 10 版，132–133 頁。

外國使領館內的犯罪者，能否實施其刑事管轄權，常以駐在國是否同意放棄其管轄權為斷❷。

二、屬人主義

屬人主義的基本思想，係國家對於國民的主權及國民對國家法秩序的遵守義務，因此我國國民雖不在本國領域內，仍應遵守國家法律，至少不應為刑法規定的重大犯罪行為，尤其對國家負有忠誠義務的公務員更應遵守刑法的規定。我國刑法針對在我國領域外的犯罪，採屬人主義有下列兩種情形：⑴對公務員的屬人主義、⑵對一般人民的屬人主義。

㈠對公務員的屬人主義

我國公務員在我國領域外犯以下的罪時，仍得依我國刑法處斷(§6)：⑴瀆職罪（§§121～123，125，126，129，131，132，134）、⑵縱放便利脫逃罪（§163）、⑶偽造公文書罪（§213）、⑷公務侵占罪（§336 I）。

㈡對一般人民的屬人主義

我國刑法亦處罰一般人民在領域外犯罪，惟必須具備以下四種要件，始得依本法處罰：⑴行為人必須為本國人民，而於本國領域外違犯；⑵

---

❷ 參照最高法院58年8月25日第1次民刑庭總會會議決議㈡。此外，參照最高法院58年臺非第129號判決：「刑法第三條所稱中華民國之領域，依國際法上之觀念，固有其真實的領域及想像的（即擬制的）領域之分，前者如我國之領土、領海、領空等是，後者如在我國領域外之我國船艦及航空機與夫我國駐外外交使節之辦公處所等是。但對於想像的領域部分，同條後段僅明定在我國領域外之船艦及航空機內犯罪者，以在我國領域內犯罪論，對於在我國駐外使領館內犯罪者，是否亦應以在我國領域內犯罪論，則無規定，揆之行為之處罰，以行為時之法律有明文規定者為限之原則，似難比附或擴張同條後段之適用，而謂在我國駐外使館內犯罪亦應以在我國領域內犯罪論。即純就國際法之觀點言，對於任何國家行使的管轄權，雖無嚴格之限制，惟在慣例上，本國對於在本國駐外國使領館內之犯罪者，能否實施其刑事管轄權，常以駐在國是否同意放棄其管轄權為斷。是以對於在我國駐外國使領館內之犯罪者，若有明顯之事證，足認該駐在國已同意放棄其管轄權者，固非不得以在我國領域內犯罪論。」

行為人所犯之罪必須為第 5 條、第 6 條以外之罪；(3)所犯之罪為最輕本刑三年以上有期徒刑之罪❷ ；(4)該行為依犯罪地法律亦處罰者（§7）。

三、保護主義

我國刑法對在我國領域外的犯罪，採保護主義的規定，有下列二種情形：(1)保護本國的國家法益、(2)保護本國人民的法益。

㈠保護本國的國家法益

我國刑法規定「本法於凡在中華民國領域外犯下列各罪者，適用之。」（§5）：(1)內亂罪；(2)外患罪；(3)偽造貨幣罪；(4)偽造有價證券罪（§§201，202）❷ ；(5)偽造文書印文罪（§§211，214，216，218）❷ 。

㈡保護本國人民的法益

刑法的保護，將其適用範圍擴張至領域外侵害我國人民個人法益的情形，但必須符合下列五個要件（§8）：(1)行為人為外國人；(2)被害人為我國人；(3)行為人所犯為刑法第 5 條、第 6 條以外之罪；(4)行為人所犯之罪為最輕本刑三年以上有期徒刑之罪；(5)該行為依犯罪地法律亦處罰者。

---

❷　實務見解參照最高法院 69 年臺上字第 156 號判例：「被告所犯殺人罪犯罪地在英、法兩國共管屬地『三托島』，依刑法第七條前段規定，應適用刑法處罰。」

❷　有關有價證券係指我國發行的有價證券，參照最高法院 72 年臺上字第 5872 號判例：「刑法為國內法，採屬地主義；刑法第五條第一款至第五款之規定，雖兼採保護主義，但以我國國家、社會、人民之法益為保護之對象；故刑法第五條第四款所稱有價證券，不包括在外國發行流通之有價證券在內。」

❷　有關公務員職務上所掌管的公文書，係指我國公務員職務上所掌管的公文書而言。參照最高法院 69 年臺上字第 2685 號判例：「刑法第五條第五款所指犯刑法第二百十四條、第二百十六條之罪，其所謂公務員職務上所掌之公文書，係指我國公務員（如駐外使、領館人員）職務上所掌管之我國公文書而言。至於在我國境外使外國公務員在其職務上所掌之外國公文書為不實之登載，自不在我刑法保護範圍之內。」

四、世界主義

基於維護世界共同法秩序的觀點，不問行為人的國籍，不問在何地犯罪，亦不問侵害何種法益，各該國刑法皆可適用，因此我國刑法亦規定「本法於凡在中華民國領域外犯下列各罪者，適用之」（§5）。

【在我國領域外犯罪適用本法的犯罪類型】

(1)內亂罪。

(2)外患罪。

(3)第 135 條、第 136 條及第 138 條的妨害公務罪。

(4)第 185 條之 1 及第 185 條之 2 的公共危險罪。

(5)偽造貨幣罪。

(6)第 201 條至第 202 條的偽造有價證券罪。

(7)第 211 條、第 214 條、第 218 條及第 216 條行使第 211 條、第 213 條、第 214 條文書的偽造文書罪。

(8)毒品罪。但施用毒品及持有毒品、種子、施用毒品器具罪，不在此限。

(9)第 296 條及第 296 條之 1 的妨害自由罪。

(10)第 333 條及第 334 條的海盜罪。

(11)第 339 條之 4 的加重詐欺罪❷❼。

從上述規定可知，適用此種世界主義者，大多數係屬於國際性犯罪，例如內亂罪、外患罪、劫機犯罪、偽造有價證券罪、公海上的海盜罪、

---

❷❼ 第 11 款「第 339 條之 4 加重詐欺罪」係 2016 年 11 月新增訂，其立法理由為「跨境電信詐騙案件的新興犯罪造成民眾財產鉅大損害與危害國家形象等情形，為維護本國之國際形象，並對於該類跨境加重詐欺案件，賦予我國司法機關有優先的刑事管轄權，以符合民眾對司法之期待，暨提升司法形象，爰將第三百三十九條之四之加重詐欺罪納入中華民國刑法第五條國外犯罪之適用。」

國際間販毒組織犯罪等。

第三項　外國判決的效力

倘若犯罪地係在我國領域之外，由於有上述輔助原則的規定，得以適用我國刑法規定加以處斷，但因為外國領域為該國司法主權所及範圍，該國法院亦可對該犯罪人加以裁判。然而，從我國的刑罰權來看，該國法院的裁判僅屬於一種事實狀態，並非具有確定力的裁判，因此在我國刑法上特別規定「同一行為雖經外國確定裁判，仍得依本法處斷。」（§9前段）。

準此，由於該行為若已受外國法院裁判，並在外國已執行全部或一部分時，本國法院對於此種事實狀態宜作免除刑罰執行的依據，如此始不至於對行為人處罰過於嚴苛，因此我國刑法規定「在外國已受刑之全部或一部執行者，得免其刑之全部或一部之執行。」（§9後段）。

第三節　人的適用範圍

刑法針對人的適用範圍，依據現行刑法規定「本法於在中華民國領域內犯罪者，適用之。」（§3前段），因此所有在我國領域內犯罪之人，不論其為本國人、外國人或無國籍之人，一律適用本法處斷。然而，在國內法與國際法上仍有特別排除適用的限制，亦即有受我國憲法保障執行特定職務的刑事免責權、刑事豁免權以及在國際法享有外交豁免權的例外情形。

第一項　國內法上的例外

我國刑法針對人的排除適用，係指以下兩種執行特定職務之人，雖在我國領域內犯罪，但不在刑法的適用範圍內，亦即此兩種特定身分之人有不受刑事訴追的豁免權與免責權。

㈠**總統**：依憲法規定「總統除犯內亂或外患罪外，非經罷免或解職，

不受刑事上之訴究。」（憲 §52），故若總統在職中犯內亂罪（§§100，101）或外患罪（§§103～115），仍應依本法規定追訴，而其他刑事犯罪暫時不予追訴。

至於「不受刑事上之訴究」的意涵為何？其中問題有三：(1)現職總統競選連任時，是否仍有刑事豁免權的適用？(2)總統的刑事豁免權範圍如何？(3)總統享有國家機密特權的範圍如何？

【總統競選連任時的刑事豁免權】

憲法第 52 條規定，總統除犯內亂或外患罪外，非經罷免或解職，不受刑事上之訴究。此係憲法基於總統為國家元首，對內肩負統率全國陸海空軍等重要職責，對外代表中華民國之特殊身分所為之尊崇與保障。現職總統競選連任時，其競選活動固應受總統副總統選舉罷免法有關規定之規範，惟其總統身分並未因參選而變更，自仍有憲法第 52 條之適用 **28**。

【總統刑事豁免權的範圍】

依據司法院大法官會議解釋：刑事偵查及審判機關，於總統任職期間，就總統涉犯內亂或外患罪以外之罪者，暫時不得以總統為犯罪嫌疑人或被告而進行偵查、起訴與審判程序而言。但對總統身分之尊崇與職權之行使無直接關涉之措施，或對犯罪現場之即時勘察，不在此限 **29**。

【總統國家機密特權的範圍】

總統依其國家機密特權，就國家機密事項於刑事訴訟程序應享有拒絕證言權，並於拒絕證言權範圍內，有拒絕提交相關證物之權。

---

28 參照 86 年司法院釋字第 388 號解釋。
29 參照 96 年司法院釋字第 627 號解釋。

立法機關應就其得拒絕證言、拒絕提交相關證物之要件及相關程序，增訂適用於總統之特別規定。於該法律公布施行前，就涉及總統國家機密特權範圍內國家機密事項之訊問、陳述，或該等證物之提出、交付，是否妨害國家之利益，由總統釋明之。其未能合理釋明者，該管檢察官或受訴法院應審酌具體個案情形，依刑事訴訟法第 134 條第 2 項、第 179 條第 2 項及第 183 條第 2 項規定為處分或裁定❸⓿。

　　㈡民意代表：針對中央民意代表，憲法規定「立法委員在會議時或院內所為之言論及表決，對外不負責任。」（憲 §73），故立法委員在立法院會議期間，其所為言論與表決享有免責權。而其在議事外，例如召開記者會、在院會或委員會就言論與表決以外的言行，則仍應受本法的追訴。

　　有關立法委員言論免責權保障範圍如何界定？司法機關於必要時得否對立法委員逾越保障範圍的非職權行使行為偵審？

【立法委員言論免責權的範圍】

　　憲法第 73 條規定立法委員在院內所為之言論及表決，對院外不負責任，旨在保障立法委員受人民付託之職務地位，並避免國家最高立法機關之功能遭致其他國家機關之干擾而受影響。為確保立法委員行使職權無所瞻顧，此項言論免責權之保障範圍，應作最大程度之界定，舉凡在院會或委員會之發言、質詢、提案、表決以及與此直接相關之附隨行為，如院內黨團協商、公聽會之發言等均屬應予保障之事項。越此範圍與行使職權無關之行為，諸如蓄意之肢體動作等，顯然不符意見表達之適當情節致侵害他人法益者，自不在憲法上開條文保障之列。至於具體個案中，立法委員之行為是否已逾越保障之範圍，於維持議事運作之限度內，固應尊重議會自律之

---

❸⓿　參照 96 年司法院釋字第 627 號解釋。

原則，惟司法機關為維護社會秩序及被害人權益，於必要時亦非不得依法行使偵審之權限❸。

此外，針對地方民意代表的言論免責權，依據司法院大法官會議解釋：地方議會議員在會議時就有關會議事項所為之言論，應受保障，對外不負責任。但就無關會議事項所為顯然違法之言論，仍難免責❸。因此，民意代表在會議時就有關會議事項所為的言論，同樣應受保障，對外不負責任。

第二項　國際法上的例外

我國刑法基於國際法或國際外交慣例，對具有特定身分的外國人，縱使在我國犯罪，由於國際禮讓而享有外交豁免權，並不受我國刑法的訴追。然而，此種免除刑事訴追，係指上述特定身分之人在其具有該種身分或職位時而言，倘若該等人已經不具有該種身分或職位時，在追訴期間內仍可對其提起刑事訴追。

所謂具有特定身分的外國人，係指外國元首（包含其家屬及隨從）、外國使節（大使、公使、領事等外交代表）或經我國許可而屯駐在我國領域內的外國軍隊。

第四節　事項的適用範圍

我國刑法總則編適用的範圍，依現行刑法規定為「本法總則於其他法律有刑罰、保安處分或沒收之規定者，亦適用之。但其他法律有特別規定者，不在此限」（§11）。本條規定原本為「本法總則於其他法令有刑罰之規定者，亦適用之。但其他法令有特別規定者，不在此限」（舊 §11），基於法律保留及罪刑法定原則，刑法以外的其他刑事特別法，應係指法

---

❸　參照 86 年司法院釋字第 435 號解釋。
❸　參照 69 年司法院釋字第 165 號解釋。

律的規定，不包括行政命令在內，因此於 2005 年 2 月將原條文中的「法令」修正為「法律」，亦即以符上開基本原則之意旨。其次，原條文關於「有刑罰之規定者」，雖解釋上兼含保安處分在內，亦即以保安處分為法律效果的法律，亦認為有刑罰規定的法律，而適用刑法總則編的規定，然為使法規範明確，2005 年 2 月增訂「有保安處分之法律」亦適用本法總則編的規定。

此外，2015 年 12 月刑法部分條文修正，引進沒收新制，同時修正刑法第 11 條而將沒收列入本條規定中。綜觀以下本條立法理由，可清楚理解沒收在法律競合時，其應適用的原則：一、本次修正將沒收列為專章，具有獨立之法律效果，為使其他法律有關沒收原則上仍適用本法沒收規定，爰予修正，以資明確。二、有關本法修正後與其他法律間之適用關係，依此次增訂本法施行法第 10 條之 3 第 2 項「施行日前制定之其他法律關於沒收、追徵、追繳、抵償之規定，不再適用。」規定，就沒收適用之法律競合，明白揭示「後法優於前法」之原則，優先適用本法。三、至於沒收施行後其他法律另有特別規定者，仍維持本條「特別法優於普通法」之原則，以杜爭議❸。因此，現行刑法第 11 條規定：「本法總則於其他法律有刑罰、保安處分或沒收之規定者，亦適用之。但其他法律有特別規定者，不在此限。」此即刑法以外刑罰法律適用刑法總則的法律依據。

依上開刑法第 11 條的規定，由於刑法總則編係刑事實體法的原理原則，故所有以刑罰、保安處分或沒收為法律效果的法律，均應適用刑法總則的規定。換言之，刑法總則的適用範圍，除刑法分則外，刑事特別法與行政刑法亦應適用刑法總則的規定。

刑法以外的其他刑罰法律，有設總則規定者，但大多數並無總則的規定。在設有總則規定的刑罰法律中，由於其性質係屬特別法，應優先適用特別刑法的總則規定，但因該種特別法的總則規定較刑法總則簡單

---

❸　參照 2015 年 12 月 30 日刑法修正第 11 條的立法理由。

扼要，故針對刑法總則與特別法總則不相牴觸者，仍得適用刑法總則。例如「刑法總則之規定，與本法不相牴觸者，適用之。」（陸海空軍刑法§13）。在未設總則規定的刑罰法律中，應適用本法總則的規定。例如，在特別刑法中，有規定「本條例未規定者，適用其他法律之規定。」（組織犯罪防制條例§1Ⅱ、貪污治罪條例§19）、「走私行為之處罰，海關緝私條例及本條例無規定者，適用刑法或其他有關法律。」（懲治走私條例§11）。

第二篇

犯罪論

第一章　犯罪與犯罪論體系

第一節　犯罪的概念

每當社會上發生殺人、竊盜或強盜等案件時，無論任何人都會不加思考地認定該等行為即屬於犯罪。此時，通常警察即開始偵查，經由蒐集該犯罪的各種證據、逮捕犯罪行為人，而後移送檢察官偵辦，再由法官審判而判刑，最後將該等犯罪行為人送入監獄服刑。

然而，當一般人聽到鄰居的打麻將聲、或看見鄰居有男女二人裸體擁抱等情形時，或許會將該等打麻將的人視為係在消遣打發時間、或認為該男女二人係兩情相悅地在交往，不會將其視為係屬於犯罪行為。警察在此時若無當事人或相關人告訴或告發，自然不會介入偵查。在此種情形，縱然可認為其係與殺人、竊盜或強盜等情形同樣侵害某種特定法益，其行為本身亦屬於具有違反社會倫理道德的不良行為，但此種行為是否屬於犯罪，仍必須依據行為當時刑法有無處罰規定始能認定。

刑法與社會倫理規範的關係，本書已經在第一篇第一章第四節中敘述。依據刑法係倫理道德的最低限度，刑法必須經常因應社會環境的變遷而作修正，此種修正條文有大多數係因為價值觀與社會倫理規範的改變。例如上述違反社會倫理道德的不良行為，並非理所當然不成立犯罪，亦非在每一個時代或任何環境皆不屬於犯罪，因應價值觀與社會倫理規範的改變，即可透過刑法的修正而將其規定為犯罪行為。

蓋社會倫理規範上的正邪與善惡，係依人類的內心態度來決定所規定的犯罪，當世間給予非難的社會制裁無法抑制其邪惡的內心態度時，則必須經由國家刑罰的強制制裁，並在刑法上規定為犯罪；反之，某些犯罪亦可能由犯罪轉為社會倫理規範的制裁。因此，犯罪並非具有*絕對*

性，而係一種**相對性**的概念，亦即其內涵具有相對性。換言之，縱然係具有相同侵害特定法益的行為，或係同屬於社會倫理道德上的不良行為，但在不同時代或不同地域，可能係犯罪行為，亦可能不屬於犯罪行為；或同樣係屬犯罪行為，但有可能係輕罪行為，亦有可能係重罪行為❶。有關刑法的相對性概念，可依下列事例來理解其中的意涵。

【相對性概念的思考】

(1)**通姦行為**：有配偶之人在婚姻關係外的通姦行為，在中國古代係屬於重罪，而在民國 110 年 6 月前係屬於一年以下有期徒刑的罪（舊 §239），而且係屬告訴乃論的罪（舊 §245），但現行刑法已經廢止通姦罪，目前的通姦行為已經不構成犯罪（重罪→輕罪→無罪）。

(2)**酒醉駕車行為**：民國 88 年 4 月之前，酒醉駕車行為僅僅屬於道路交通管理處罰條例所規範的違反秩序行為，並非刑法所規定的犯罪行為；88 年 4 月，為了維護交通安全，在刑法第 185 條之 3 增設　「服用酒類或其他相類之物過量致不能安全駕駛動力交通工具罪」，法定刑為「一年以下有期徒刑、拘役或三萬元以下罰金」；97 年 1 月，將法定刑修正為「一年以下有期徒刑、拘役或科或併科十五萬元以下罰金」；100 年 11 月，將法定刑提高為「二年以下有期徒刑、拘役或科或併科二十萬元以下罰金」，同時增訂「因而致人於死者，處一年以上七年以下有期徒刑；致重傷者，處六月以上五年以下有期徒刑」的加重結果犯處罰規定；102 年 6 月，將酒醉駕車罪的法定刑修正為「二年以下有期徒刑，得併科二十萬元以下罰金」，並將結果加重犯的刑度提高為「因而致人於死者，處三年以上十年以下有期徒刑；致重傷者，處一年以上七年以下有期徒刑」；108 年 6 月，增訂「曾犯本條或陸海空軍刑法第五十四條之罪，經有罪判決確定或經緩起訴處分確定，於五年內再犯第一項之罪因而致人於死者，

---

❶　參照林山田，《刑法通論（上）》，作者自版，2008 年 1 月增訂 10 版，179 頁。

處無期徒刑或五年以上有期徒刑；致重傷者，處三年以上十年以下有期徒刑」，藉以遏止酒醉駕車造成嚴重傷亡事故的發生；111年1月，將酒醉駕車罪的法定刑提高為「三年以下有期徒刑，得併科三十萬元以下罰金」，並將累犯的處罰再加重為「曾犯本條或陸海空軍刑法第五十四條之罪，經有罪判決確定或經緩起訴處分確定，於十年內再犯第一項之罪因而致人於死者，處無期徒刑或五年以上有期徒刑，得併科三百萬元以下罰金；致重傷者，處三年以上十年以下有期徒刑，得併科二百萬元以下罰金」（無罪→輕罪→重罪）。

第一項 犯罪的意義

犯罪的意義 { 實質的犯罪意義 → 具有高度社會侵害性的行為
（具有應刑罰性的行為）
形式的犯罪意義 → 現行刑法所規定的處罰行為
（具有可罰性的行為）

從犯罪的性質而言，其包括惡害性、反社會性、反道德性等基本內涵，刑法究竟係基於何種基礎來界定犯罪？在刑法學上，可從實質與形式兩種層面來加以說明。關於實質的犯罪意義，其係基於社會侵害性的理論，對於侵害社會生活上利益，且具有高度有害性的行為，在謙抑主義之下，使用刑罰為最後手段，藉此均衡由行為所產生的惡害，進而確保社會共同生活的法秩序。換言之，具有高度社會侵害性的行為，即屬於刑法上的犯罪，一般稱為具有應罰性 (Strafwürdigkeit) 的行為。

依據實質的犯罪概念，精神障礙者或未滿十四歲者等無責任能力人所為的犯罪行為，自然係屬於具有高度社會侵害性的行為，故此等人的犯罪行為亦屬於實質的犯罪。然而，倘若將此等行為人收容在監獄內，並無任何意義，故並非所有具有高度社會侵害性行為的行為人均可加以

處罰。因此，刑法並非處罰所有具有應罰性的行為，亦即刑法所規定的犯罪並非屬於實質的犯罪概念，而係屬於形式的犯罪概念。

關於形式的犯罪意義，在英美法上，係以主觀要素的 mens rea（犯意）與客觀要素的 actus reus（犯罪行為）來判斷是否成立犯罪；在歐陸法上，犯罪則係指該當構成要件、具有違法且有責的行為。我國刑法係採歐陸法系，故所謂犯罪，係指現行刑法所規定的處罰行為。如同前述，基於罪刑法定主義的原則，針對何種行為應屬於犯罪以及該種犯罪應科以何種刑罰，經由刑事立法程序而將該種行為予以犯罪化，若無刑事法的處罰規定，即無從成立犯罪。因此，在形式的犯罪概念之下，犯罪係以行為具有**可罰性 (Strafbarkeit)** 為其主要內涵。

第二項　犯罪的成立要件

犯罪的成立要件(構成要素)，係指行為成立刑法上犯罪的必要要素。如前所述，刑法上的犯罪，係指該當構成要件、具有違法且有責的行為。因此，犯罪的成立必須有構成要件該當性、違法性與有責性三種要素。

一、構成要件該當性

犯罪必須該當（符合）刑法分則或其他刑罰法規所規定構成要件的行為，蓋行為具有構成要件要素的性質，即一般所稱**構成要件該當性**。基於罪刑法定主義的原則，所稱「犯罪」並非僅指單純反社會性的應罰行為，必須係該當成文刑罰法規所規定構成要件的行為。

所謂**構成要件**，例如殺人罪在刑法上規定「殺人者，……」（§271）、竊盜罪在刑法上規定「意圖為自己或第三人不法之所有而竊取他人財物者，……」（§320），該種規定即指構成要件。而**構成要件要素**，則係指形成構成要件的各種要素。構成要件要素可分為主觀與客觀構成要件要素、記述性與規範性構成要件要素、成文與不成文構成要件要素。

二、違法性

所謂**違法性**，係指該當構成要件的行為具有違法的性質，亦即該行為具有法所不容許的性質而言，其係從整體法秩序觀點所做的無價值判斷或無價值性❷。違法性具有法律所不容許行為的性質，其是意味著在法律的對應關係上，行為係無價值的，亦可謂係對於行為的法律無價值判斷。

原本構成要件即係將反社會的違法行為，加以類型化或定型化而形成，故該當構成要件的行為原則上係屬違法，但在例外上亦有適法的情形存在（**阻卻違法事由**）。例如依法令行為、業務上正當行為、正當防衛與緊急避難等行為，雖係該當各該構成要件的行為，但卻不具實質的違法性。

三、有責性

在刑法學上，所謂**有責性**（**責任**），係針對一個實現構成要件該當而具有違法性行為的行為人，予以其人格上的無價值判斷，亦即評價行為人所實行的行為是否具有處罰的必要性存在。倘若該行為具備處罰的必要性，則可依此而歸責或非難該行為人（**歸責可能性**或**非難可能性**）。若該行為不具備處罰的必要性，則不可歸責或非難該行為人，例如針對精神障礙者或未滿十四歲人等並無歸責可能性，故不具有責性。

行為人的行為若具有上述構成要件該當性、違法性與有責性等三種

❷ 關於「無價值」的用語，從日常的語感而言，容易被理解為「沒有價值」。惟其並非消極地指「沒有價值」而言，更積極地包含侵害法秩序所肯定的價值、違反價值秩序在內的意義，故一般認為使用「反價值」的用語較符合實質的意義。基此，由於將行為無價值與結果無價值視為價值侵害來理解較容易理解，故在積極地違反價值的旨趣上，應使用行為反價值與結果反價值的用語來整理思緒。然而，由於無價值的用語已經被廣泛使用，故本書不特意改變該用語，在此特加說明。

要素，即成立犯罪，此時經由國家發動刑罰權加以制裁。然而，縱然成立犯罪，但刑罰權的發生仍有一定條件，此種條件即所謂客觀處罰條件。此外，亦有阻卻刑罰權發生的特定事由，例如阻卻刑罰事由（**個人阻卻刑罰事由與個人解除刑罰事由**）。此等阻卻刑罰權的事由，在犯罪論體系構造上屬於刑罰論的範圍，在後述第三篇第一章中詳細敘述。

第三項　犯罪的本質

犯罪的本質
- 啟蒙主義 → 權利侵害說
- 實證主義 → 法益侵害說
- 價值主義 → 義務違反說（一元的行為無價值論）
  ↓
  二元的行為無價值論

十九世紀初期，刑法學上大多數認為犯罪的本質係權利的侵害（**權利侵害說**），此種見解在當時具有支配性的地位，其主要係以啟蒙時代的刑法思想為基礎，而由刑法學者封・費爾巴哈所強力提倡。然而，僅以權利的觀念並無法完整說明實定法上的犯罪，故為其後所提出的法益侵害說所取代。**法益侵害說**最初係由**伯恩包姆** (Birnbaum, 1792–1872) 所提出，其主要係基於實證主義的觀點，認為犯罪的本質並非對於權利本身的侵害，而係對於權利的對象（亦即對於受國家保護的法益）所為的侵害或威脅。此說見解經由賓丁、**封・李斯特**❸等學者繼承而加以發揚，同時獲得多數刑法學者的支持。

進入二十世紀後，法益概念更深深影響刑法理論而成為刑法在立法及解釋上的重要指標，首先係由**赫尼** (R. Honig, 1890–1990) 提出應將法

❸　封・李斯特認為，法益係受法律所保護的利益，所有法益都是生活的利益，包括個人及共同社會的利益。此種利益，係由生活所形成，並非來自於法秩序，但由於受法律的保護而使得生活利益提昇成為法益。

益視為各種刑罰法規所肯認的立法目的 ；其次由舒溫格 (E. Schwing, 1903–) 提出應將法益視為刑法的解釋與概念形成的指導原則。然而，在當時亦有全面否定法益侵害說的見解，其中最具重要影響者，係在德國的納粹時代，由沙弗史坦 (F. Schaffstein, 1905–2000) 等學者主張犯罪的本質並非法益的侵害，而應係義務的違反（義務違反說）。

否定法益侵害係犯罪本質的見解，在二次大戰後更為明顯化，主要係由刑法學者魏采爾 (H. Welzel, 1904–1977) 以目的行為論為基礎，主張視為犯罪要素的違法性並非僅係結果無價值的法益侵害，亦應考慮行為人有關的行為無價值，依此而強力推展二元的行為無價值論❹，此種理論不僅在違法性的判斷上，亦在犯罪的本質論上成為目前刑法學上的多數見解。而義務違反說的見解，從價值主義的觀點而論，係基於一元的行為無價值論的立場，故亦成為目前刑法理論中的重要見解。

上述三種學說的論點，除權利侵害說已被現代刑法學者所揚棄外，法益侵害說與義務違反說已經成為兩種對立的見解。本書認為，犯罪的本質基本上係依據法益侵害說，惟如同刑罰法規的規定，並非單純地對法益侵害的結果規定為犯罪，同時亦重視對於法益侵害或其威脅的態樣，亦即將相同法益侵害結果的犯罪，依侵害的態樣而加以類型化，此種實定法上的立法即係二元的行為無價值論的思考模式❺。依此而論，現在刑法學上犯罪的本質，基於價值主義的立場，應係以法益侵害或其威脅（法益侵害說）為前提，而同時思考社會倫理秩序的違反，故犯罪的本質係「違反社會倫理秩序的法益侵害行為」。

---

❹ 有關二元行為無價值論的論點，參照余振華，《刑法違法性理論》，作者自版，2010 年 9 月第 2 版，88–90 頁。

❺ 例如竊盜罪、搶奪罪、強盜罪、侵占罪、詐欺罪等，在依個人財產法益的侵害為內容的層面上，雖具有共通的性格，惟因為其侵害的態樣不同，故將侵害個人法益的財產犯罪區分成該數種類型。

第二節　犯罪論的體系

第一項　犯罪論體系的概念

犯罪論係探討犯罪成立與態樣的理論，而犯罪論體系則係探討犯罪如何成立的刑法理論。所謂體系，係指依一定原理所組織而成的知識統一體而言。在刑法學上，以刑法的目的與機能為基礎，將實現刑法目的與機能的知識統一且組織化，此即架構體系的任務❻。換言之，架構體系必須涵蓋知識的各種領域，並將各種領域的知識有系統地歸納整合成一體。因此，體系具有統一性與包括性二種特徵❼。

倘若將構成要件該當性 (Tatbestandsmäßigkeit) 、違法性 (Rechtswidrigkeit)、有責性 (Schuld) 等三個要素架構成一個體系，則針對行為人所實行的行為，依順序檢視各個要素，若符合三個要素，則行為人成立犯罪。此種體系化的檢視方法，由於可實現特定的目的，故具有實際面的意義。有關該種特定目的，並非僅係防治犯罪的刑事政策的目的，亦具有保障人權與保護法益的刑法機能，因此犯罪論體系屬於**目的論體系**。

在目的論的基礎下，犯罪論體系必須係明確界定犯罪成立與不成立的界限，而且提供適當認定犯罪的統一原理，不可置入對刑事司法的感情論或恣意性。基此，在從事判斷是否成立犯罪之際，必須依統一的體系性思考，而在體系上導出結論，此種判斷犯罪成立與否的方法，可謂係排除法官恣意擅斷與保障人權的最佳方法。

第二項　犯罪論體系的構成

在現代刑法學上，犯罪論體系的建構，可溯自近代學派的封・李斯

---

❻　參照大谷　實，《刑法講義總論》，成文堂，2010 年 3 月新版第 3 版，94 頁。

❼　參照川端　博，《刑法總論講義》，成文堂，2006 年 2 月第 2 版，84 頁。

特。**封‧李斯特**從實定法探討犯罪概念與犯罪行為的刑罰要件，主張所謂犯罪係指違法且具有罪責，而應科處刑罰的行為。**封‧李斯特**之後，**貝林** (E. Beling, 1866–1932) 提出較完整的犯罪概念，其認為行為是否犯罪，尚須經過實定法的明定，在無法律即無犯罪及無法律即無刑罰的罪刑法定主義之下，唯有該當刑事實體法所明定的構成要件行為，始屬於犯罪。

貝林主張將違法性與責任從廣義的構成要件中抽出，而規定於刑法總則中，並提倡構成要件該當性的概念，將類型化各種犯罪的構成要件規定於刑法分則中，因而形成構成要件該當性、違法性與責任三者同為犯罪成立要件的三分體系，此種理論體系成為其後所有犯罪理論的基礎❽。

一、犯罪體系三階層理論

關於犯罪成立的判斷，亦即行為人的行為是否成立犯罪，究竟依何種順序來判斷？主張依三個階段來判斷的說法，學說上稱為犯罪論體系三階層理論(或稱三元論)。學說上，關於三階層理論有以下兩種見解❾：

(1)基於「**認識根據說**」的立場，構成要件係違法性的認識根據，故若行為該當於構成要件時，即可推定該行為具有的違法性。此說係由德國學者**麥耶** (M. E. Mayer) 所提倡，其係以構成要件該當性為違法性的表徵，故亦稱為違法表徵說。若採此說的論點，則構成要件該當性與違法性係屬於各自獨立的要件(個別考察)。因此，犯罪理論體系的成立要件，即為**構成要件該當性、違法性與有責性**。

(2)基於「**存在根據說**」的立場，構成要件不僅係違法性的認識根據，而且係存在根據，故若行為該當於構成要件時，即可推定該行為具有違法性。此說為德國學者**梅芝格**所提倡，其認為構成要件該當性的具備，

---

❽ 貝林的犯罪論體系，係基於二十世紀初期的法實證主義思潮，且依據當時自然科學上的分析思考而形成。

❾ 參照川端 博，《刑法總論講義》，成文堂，2006 年 2 月第 2 版，87 頁。

不僅係違法性的表徵，而且無疑係違法的宣示，故亦稱為**違法宣示說**。若採此說的論點，則構成要件該當性與違法性屬於互為表裡的關係（整體考察）。因此，犯罪理論體系的成立要件，即為**行為**、**不法**與**有責性**。亦即，構成要件該當性與違法性並非各自獨立的要件，二者應包括在「不法」的概念中。

二、犯罪體系二階層理論

然而，亦有少數學者主張依二個階段來從事犯罪的判斷，亦即依據構成要件與有責性二個階段的所謂**二階層理論**（或稱二元論）。二階層理論係將三階層理論中的構成要件視為「正面構成要件」，而違法性視為「負面構成要件」，將此二者合併而成為「整體構成要件」。

三、犯罪體系四階層理論

此外，亦有學者主張將行為列入檢視的階段，亦即以行為、構成要件該當性、違法性、有責性而構成**四階層理論**（或稱四元論）。主張四階層理論的論者認為，二階層理論與三階層理論均忽視在檢視構成要件該當性之前，必須先確定行為人所實行的行為是否屬於刑法上具有意義的行為，故必須將行為獨立形成一個階層，首先檢視行為後，再進入構成要件階層的判斷。關於犯罪論體系的構成方法，究竟是否將「行為」列為「構成要件該當性」的先行階段？學說上有**行為說**與**構成要件說**二種說法❿。

將行為解釋為犯罪概念的第一要件者，係屬於行為說的立場。若欲給予構成要件該當性、違法性、有責性等刑法的評價，必須先將犯罪限定為「行為」，此即行為說的特色。此說認為，唯有行為始有構成要件該當的可能性，故於行為階段，首先將行為區分為「刑法概念上的行為」與「非刑法概念上的行為」，其次始於構成要件該當性的階段，區分「該

---

❿　參照曾根威彥，《刑法總論》，弘文堂，2010 年 4 月第 4 版，44–45 頁以下。

當於構成要件的行為」與「非該當於構成要件的行為」。

　　將構成要件該當性解釋為犯罪概念的第一要件者，則係構成要件說的立場。依據構成要件說的見解，雖然犯罪終究僅限於人類的行為，但該種情形的行為係存在於各個構成要件之中，而成為是否該當於構成要件的判斷對象，因此並無將行為另外獨立出來的必要性。

四、通說的立場

　　基於上述論點，首先，必須依據刑法或其他刑罰法律有關犯罪的規定，例如依據刑法第 1 條所規定「**行為之處罰，以行為時之法律有明文規定者為限**」，確立該行為係屬於刑法分則中法律所明文規定的犯罪行為。其次，再判斷行為人的行為是否符合刑法上所規定的犯罪，通常係依三個階段來作判斷：亦即構成要件該當性 (Tatbestandsmäßigkeit)、違法性 (Rechtswidrigkeit) 與有責性（Schuld，亦稱責任、罪責）等三個階段。此種犯罪的判斷方式，係目前德國、日本及我國的通說見解。本書亦採此種立場。

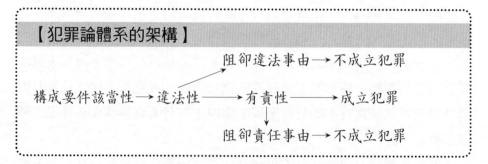

【犯罪論體系的架構】

阻卻違法事由→不成立犯罪

構成要件該當性→違法性——→有責性——→成立犯罪

阻卻責任事由→不成立犯罪

第二章　構成要件論

【構成要件論的構造】

構成要件的種類
- (1)基本構成要件與修正構成要件
- (2)單一構成要件與結合構成要件
- (3)完結（封閉）構成要件與開放構成要件

構成要件的要素
- (1)主觀構成要件要素
  - 一般要素→故意、過失
  - 特殊要素→意圖
- (2)客觀構成要件要素
  - 行為主體、行為客體、實行行為
  - 行為情狀、行為結果、因果關係

行為與結果的犯罪類型
- (1)一般犯、身分犯與親手犯
- (2)行為犯（舉動犯）與結果犯（結果加重犯）
- (3)即成犯、繼續犯與狀態犯
- (4)實害犯與危險犯
- (5)單行為犯與複行為犯
- (6)作為犯與不作為犯

第一節　構成要件的概念

由於犯罪論體系的確立，目前通說所稱「犯罪」，係指該當構成要件、且具有違法性與有責性的行為。因此，構成要件 (Tatbestand) 可謂係犯罪成立的第一個要件。在此所稱構成要件，係指狹義的構成要件而言，亦即立法者將各種犯罪行為的構成犯罪事實，經過類型化、概念化、抽象化，而以具體條文規定在刑法分則，或附屬刑法中具有刑罰法律效果的條款中，依此而成為違法行為的前提要件。

相對於狹義的構成要件，亦有將法律上所有的構成要件概括統稱為構成要件者，此即廣義的構成要件。此種廣義的構成要件，有認為係指狹義的構成要件、違法性與有責性三者，亦有將客觀處罰要件包含在廣義的構成要件之中的見解者。然而，在本書中所提及的構成要件，係專指狹義的構成要件而言，特此敘明。

我國刑法的構成要件係基於所要保護的法益而予以體系化，亦即依法益種類的不同，將犯罪區分為各種不同的犯罪形態，基本上刑法分則係依法益的位階而為規定，亦即依國家法益（§§100～172）、社會法益（§§173～270）、個人法益（§§271～363）的順序而做規定❶。

【構成要件的體系化】

國家法益包含內亂罪（§§100～102）、外患罪（§§103～115）、瀆職罪（§§120～134）、妨害公務罪（§§135～141）、妨害投票罪（§§142～148）、妨害秩序罪（§§149～160）、脫逃罪（§§161～163）、

---

❶　然而，其中有關第十六章妨害性自主罪（§§221～229 之 1）係在 1999 年刑法部分條文修正時，為避免大量條號的變動，而將原「妨害風化罪」章修正為第十六章「妨害性自主罪」及第十六章之一「妨害風化罪」，因此第十六章妨害性自主罪應係屬於侵害個人法益。

藏匿人犯及湮滅證據罪（§§164～167）、偽證及誣告罪（§§168～172）等。

社會法益包含公共危險罪（§§173～194）、偽造貨幣罪（§§195～200）、偽造有價證券罪（§§201～205）、偽造度量衡罪（§§206～209）、偽造文書印文罪（§§210～220）、妨害風化罪（§§230～236）、妨害婚姻及家庭罪（§§237～244）、褻瀆祀典及侵害墳墓屍體罪（§§246～250）、妨害農工商罪（§§251～255）、鴉片罪（§§256～265）、賭博罪（§§266～270）等。

個人法益包含妨害性自主罪（§§221～229之1）、殺人罪（§271～276）、傷害罪（§§277～287）、墮胎罪（§§288～292）、遺棄罪（§§293～295）、妨害自由罪（§§296～308）、妨害名譽及信用罪（§§309～314）、妨害秘密罪（§§315～319）、竊盜罪（§§320～324）、搶奪強盜及海盜罪（§§325～334之1）、侵占罪（§§335～338）、詐欺背信及重利罪（§§339～344）、恐嚇擄人勒贖罪（§§346～348之1）、贓物罪（§§349，351）、毀棄損壞罪（§§352～357）、妨害電腦使用罪（§§358～363）等。

第一項　構成要件的機能

一、推定違法性與有責性的機能

構成要件係將各種犯罪行為的構成犯罪事實經過類型化而成，在此種概念之下，構成要件係違法性與有責性的類型。換言之，構成要件係犯罪成立的第一要件，行為人的行為在該當於構成要件之後，始繼續討論有無違法性與有責性，故只要不該當構成要件，該行為即無討論違法性與有責性的必要性。在此種立場上，若係該當構成要件的行為，**原則上可肯定違法性與有責性的存在**。基此，構成要件具有**推定違法性與有責性的機能**。此種推定機能，亦稱為**表徵機能**。

二、犯罪要素體系化的機能

然而，構成要件並非僅單純引導違法性與有責性的內容，其亦在未遂犯、正犯與共犯、罪數上具有判斷的機能。例如，針對「殺人者」(§271 I)此種殺人罪的基本構成要件，將其以修正形式而規定者，即為第 2 項「前項之未遂犯罰之」與第 3 項「預備犯第一項之罪者」。此種情形在刑法上係以單獨行為人完全實現犯罪為其典型的犯罪類型，惟在該行為的發展階段之中，雖有未達既遂結果而仍具可罰性者，亦即未遂犯與預備犯。又例如此種單獨行為人的基本犯罪類型，事實上亦有多數人參與的情形，故以修正單獨犯的形式而形成共同正犯、教唆犯與幫助犯（§§28，29，30）等犯罪類型。

上述犯罪類型，皆係以基本構成要件為前提，基本上其構成要件並無不同，故亦適用阻卻違法事由與阻卻責任事由等。亦即，該等犯罪類型的內容係依基本構成要件為標準而確定，進而在罪數的判斷上亦以構成要件為標準而從事判斷。基此，構成要件對犯罪的成立，具有將必要的要素予以體系化的機能。

三、維護社會秩序的機能

構成要件將犯罪個別化、明確化而規定於刑法的條文之中，依據此種明文規定，若不屬於刑罰法規所顯示的構成要件，該行為即不在處罰範圍之內，藉此達成刑法保障自由與維持社會秩序的目的。因此，構成要件具有維護社會的機能。

例如，同樣係屬於剝奪他人生命的行為，但由於剝奪他人生命的態樣有所不同，故刑法依其構成要件不同，而將各種犯罪態樣個別化成殺人罪、傷害致死罪與過失致死罪等犯罪類型，依此可明確依個別構成要件而加以處罰，充分達到人權保障的目的，亦藉以維持社會秩序。

第二項　構成要件的種類

構成要件依刑法所規定的內容，可區分為以下三種類型：(1)基本構成要件與修正構成要件、(2)單一構成要件與結合構成要件、(3)完結（封閉）構成要件與開放構成要件。

一、基本構成要件與修正構成要件

在刑事立法上，針對特定犯罪行為，將基本構成要件依據發展階段或加重減輕情狀等加以修正，此種修正的犯罪類型，基本上侵害法亦係屬相同，惟僅加入特殊的情狀，而另外形成一種特定犯罪的加重或減輕類型。例如在殺人罪（§271 I）或竊盜罪（§320 I）的情形，有關「殺人者」或「意圖為自己或第三人不法之所有，而竊取他人之動產者」的規定，均屬殺人行為或竊盜行為的**基本構成要件**。

將基本構成要件依犯罪事實或各種特殊情狀而加以修正而成的犯罪類型，例如竊盜罪的加重或減輕類型，有加重竊盜罪（§321）或親屬相盜免刑 （§324 I）；殺人罪的加重或減輕類型 ， 有殺害直系尊親屬罪（§272）、義憤殺人罪（§273）、生母殺嬰罪（§274）、加工自殺罪（§275）等。此等犯罪類型的構成要件，係將基本構成要件加以修正而成，故稱為**修正構成要件❷**。

二、單一構成要件與結合構成要件

在構成要件中，僅有一種犯罪行為者，稱為**單一構成要件**；若在構成要件中，包含多數犯罪行為者，則稱為**結合構成要件**。結合構成要件可分為明示的結合構成要件與默示的結合構成要件二種。

明示的結合構成要件，亦有稱為形式的結合構成要件，係指刑法上明文所規定的「結合犯」，例如結合妨害性自主罪與普通殺人罪或重傷罪，

---

❷ 修正的構成要件亦有稱為「**變體構成要件**」。參照林山田，《刑法通論（上）》，2008 年 1 月增訂 10 版，243 頁。

而成立妨害自主而故意殺人或使重傷罪（§226 之 1）等。而默示的結合構成要件，亦有稱為實質的結合構成要件，例如強盜罪（§328）包含強暴與脅迫等的強制行為與強取財物行為，或擄人勒贖罪（§347）包含恐嚇取財行為與剝奪行動自由行為。在犯罪類型上，默示的結合構成要件雖與明示的結合構成要件均屬於結合的構成要件，但默示的結合構成要件並非刑法規定上的結合犯，此點有加以釐清的必要性存在。

【刑法上結合犯的型態】

(1)**強制性交猥褻等罪的結合犯** （§226 之 1）：本罪係將強制性交罪（§221）、加重強制性交罪（§222）、強制猥褻罪（§224）、加重強制猥褻罪（§224 之 1）、乘機性交猥褻罪（§225）等與殺人罪（§271）或重傷罪（§278）結合而成。

(2)**發掘墳墓罪的結合犯** （§249）：本罪係將侵害屍體罪、侵害遺骨遺髮殮物遺灰罪（§247）與發掘墳墓罪（§248）結合而成。

(3)**強盜罪的結合犯** （§332）：本罪係將普通強盜罪（§328）與殺人罪（§271）、放火罪（§173）、強制性交罪（§221）、擄人勒贖罪（§347）、使人重傷罪（§278）結合而成。

(4)**海盜罪的結合犯** （§334）：本罪係將海盜罪（§333）與殺人罪（§271）、放火罪（§173）、強制性交罪（§221）、擄人勒贖罪（§347）、使人重傷罪（§278）結合而成。

(5)**擄人勒贖罪的結合犯** （§348）：本罪係將擄人勒贖罪（§347）與殺人罪（§271）、強制性交罪（§221）、使人重傷罪（§278）結合而成。

三、完結（封閉）構成要件與開放構成要件

　　將構成要件完整地規定於刑罰法規者，稱為完結（封閉）構成要件，而未完整地將構成要件規定於刑罰法規，另由其他法律或行政規章或命令的規定來加以補充者（空白構成要件），稱為開放構成要件。

在我國刑法規定上，大多數構成要件皆屬於完結（封閉）構成要件，僅有少數構成要件係屬開放構成要件。例如，違背中立命令罪（§117）僅規定「違背政府局外中立之命令者，……」，而將構成要件的禁止內容委由其他法律或行政規章或命令；違背預防傳染病法令罪及散布傳染病菌罪（§192）僅規定「違背關於預防傳染病所公布之檢查或進口之法令者，……」，而將構成要件的禁止內容委由其他法律或行政規章或命令❸。

第三項　構成要件要素的種類

犯罪的成立，以構成要件的判斷為前提，可從主觀面向與客觀面向兩種層面來加以分析。主觀層面的判斷，係指主觀構成要件要素，而客觀層面的判斷，則係指客觀構成要件要素。

所謂**客觀構成要件要素**，係指描述行為人的客觀行為與從外觀上可察知的行為結果，其包括**行為主體、行為客體、實行行為、行為時的特別情狀、行為結果、因果關係**等；至所謂**主觀構成要件要素**，係指描述行為人主觀心理狀態的內在構成要件，亦即係指犯罪行為人對於實現客觀構成要件的認知與實現的意欲。換言之，行為人首先對於客觀構成犯罪事實有所認識或有所預見，而後基於此種主觀的認知或預見，進而決意使其認識或預見成為事實，或者容認其認識或預見成為事實，此種內心情狀或主觀心態，即為**故意**。

刑法所規定處罰的犯罪行為，大多數屬於故意犯，故在刑事立法上，將此等犯罪行為的主觀構成要件所必須的故意，在總則中規定其定義，而不在分則或其他輔刑法中另外重複的規定。此外，在過失犯的情形，

---

❸ 此外，有將刑法總則中**過失犯**的構成要件、不純正不作為犯的構成要件等情形，亦包含在開放構成要件者。其主要理由為：刑法總則僅規定過失犯的定義（§14），而有關違反注意義務的內涵，仍須由法官依據學理來確定；而有關**不作為犯**僅規定「有防止義務」的作為義務（§15），但作為義務的產生根據（保證人地位的有無），仍須由法官依據學理來確定。由於本書係採狹義的構成要件概念，故不認為過失犯與不作為犯的構成要件係屬於開放構成要件，在此敘明。

並非犯罪行為人對於構成要件事實的認知與意欲，而係屬於「不知」與「不欲」，其亦屬於描述行為人主觀心理狀態的內在構成要素，故過失亦屬於主觀構成要件要素。

對於少部分的故意犯，立法者在制定犯罪構成要件時，在條文中附加特定目的之意圖，亦即學理上所稱意圖犯。此種意圖犯係將特定目的，規定在刑法分則各種故意作為犯的條文所形成，故將意圖稱為特殊主觀構成要件要素。例如，「意圖供行使之用」（§§195 I，201 I）、「意圖營利」（§§231 之 1 I，240III，241 II）、或「意圖為自己或第三人不法之所有」（§§320 I，325 I，335 I，339 I）等。

第二節　行為主體

所謂行為主體，係指實行構成要件行為的行為人。在刑罰法規上，通常係以「……者，處……」的型態而規定，其中「者」正係指行為主體（行為人）。由於行為人具有成為處罰對象的意義，故亦稱為犯罪主體，其中亦包含多數人共同犯罪的參與犯（正犯與共犯）。

在刑法典中，行為主體原則上不設限制，係指所有的自然人，但亦有例外在構成要件上規定必須具有特定身分者，例如受賄罪（§§121 I，122 I）的行為人必須具有「公務員」身分、生母殺嬰罪（§274）的行為人必須具備「生母」身分，始能成為行為主體；其他例如必須親手實行的重婚罪（§237）、偽證罪（§168）等，必須係行為人親自實行該種行為，始能成立該種犯罪（親手犯）。此外，在刑法以外有規定處罰法人的刑罰法規中，法人亦可能成為犯罪的行為主體。

第一項　法人的犯罪能力

通常針對犯罪的描述，立刻會令人想起以「自然人」為行為主體而違反刑法上所規定的犯罪，例如在現行刑法所規定的殺人罪、竊盜罪、詐欺罪、恐嚇罪等犯罪，即係屬於自然人的犯罪。傳統的刑法理論，亦

以自然人的犯罪為前提所架構而成，惟在現實社會上，仍有由超越自然人而存在的「**法人**」所實行的犯罪行為，特別係企業的犯罪行為，而且此種法人犯罪，亦已經呈現與日俱增的趨勢❹。

在現在社會生活上，法人活動確實具有非常重要的意義，而隨著法人活動範圍的擴大，以刑法來限制法人活動亦有其必要性，為因應此種現實的需求，在刑法中增設處罰法人的規定，確實係必須思考的重要議題❺。在思考此一問題之際，首要關鍵應確認法人究竟有無犯罪能力？

所謂**犯罪能力**，係指能夠成為構成要件行為主體的能力，亦即指**行為能力**而言。在英美法系的領域上，廣泛地承認法人的犯罪能力，而在大陸法系的刑法上，基本上係否定法人的犯罪能力。屬於大陸法系的我國刑法與日本刑法均無法人的明文規定，而多數學說與實務見解亦均否定法人具有犯罪能力，惟在行政刑法領域中卻有不少處罰法人的規定。在此種現況之下，法人的處罰問題，確實不得僅視為係特別法上的例外現象來處理。因此，有學者對傳統上否定法人犯罪能力說的理論根據提出強烈質疑，而積極在學說上肯認法人具有犯罪能力。

近來，在日本持肯定說的見解，可謂占有優勢的地位，甚至有學者提倡所謂「企業組織體責任論」來詮釋法人犯罪，此種見解已經使法人

---

❹ 我國法人犯罪的類型，係以經濟犯罪與公害犯罪為主。有關經濟犯罪，例如囤積、壟斷、操縱、套匯、冒貸、地下錢莊、擾亂金融、虛設行號、逃漏稅捐等；而公害犯罪則包含水污染、空氣污染、廢棄物污染、噪音、公司作業過程所發生的危險或災害等。法人犯罪在理論上雖屬於行政犯，但亦漸漸轉向刑事犯的趨勢，故刑法上法人犯罪已經成為重要的議題。

❺ 我國刑法於 2015 年 12 月修正部分條文時，已經將法人的沒收明文規定在刑法中，亦即在第 38 條第 3 項規定「前項之物屬於犯罪行為人以外之自然人、法人或非法人團體，而無正當理由提供或取得者，得沒收之。但有特別規定者，依其規定」、第 38 條之 1 第 2 項規定「犯罪行為人以外之自然人、法人或非法人團體，因下列情形之一取得犯罪所得者，亦同：一、明知他人違法行為而取得。二、因他人違法行為而無償或以顯不相當之對價取得。三、犯罪行為人為他人實行違法行為，他人因而取得」

是否可處罰的問題導向一個新的解釋論。然而，針對法人犯罪，並非僅在解釋論上提供理論根據而已，倘若僅限於解釋論的解決方式，亦僅改變歷久以來的思考模式，為求針對法人犯罪問題有效且適當地解決，應在立法論上思考新的立法措施。有關此一論點，確實值得我國刑法學界的重視與深入探討，依此或許可提供我國針對法人處罰的立法參考。

【企業組織體責任論】

　　此種理論係強調即使肯定法人的犯罪能力，但針對法人的處罰要件與範圍，若與否定犯罪能力說並無不同，則無實益可言；又若無法具體地確定企業組織體中的那一個行為人實行可罰行為，而無法處罰法人，則同樣無任何價值可言，因此可將企業組織體活動視為一體，依此而處罰企業組織體❻。實質而言，即使無法具體地確定分擔企業組織體活動的何人實行可罰行為，亦可能處罰法人，此即企業組織體責任論所具有的最大優點。倘若個別來處理從業人員的行為，最後仍無法具體地確定係何人所實行的可罰行為，則法人的企業組織體活動，即使如同企業犯罪具有逸脫社會的不正當行為，該法人亦經常免於處罰，故依企業組織體責任論即能具體且妥當地解決此一問題❼。

　　針對法人的處罰問題，我國刑法理論仍然執著於以個人犯罪為基礎的教條式條文，未能確實地把握法人犯罪的實態，而僅在行政刑法內規定各種處罰法人的規定。目前多數學說亦否定法人具有犯罪能力，而針

---

❻　參照板倉　宏，《企業犯罪の理論と現實》，有斐閣，1975 年 10 月，20 頁以下；板倉　宏，《現代社会と新しい刑法理論》，勁草書房，1980 年，44 頁以下。此外，在過失犯的情形，由於共同工作者相互之間可適用信賴原則，故即使企業組織體活動有懈怠安全對策而造成社會不當損害，亦形成各個人並無過失，但依企業組織體責任論，將可排除此種不合理的情形。

❼　參照川端　博，《刑法總論講義》，成文堂，2006 年 2 月第 2 版，123 頁。

對例外以行政刑法來處罰法人的情形，主要係以肯定法人具有「受刑能力」的形態來承認處罰法人。

　　然而，有日本學者對否定法人犯罪能力說強烈地提出質疑，而積極主張肯定法人犯罪能力說的見解。以下，歸納日本學者所主張否定說與肯定說的論點，藉以探討法人處罰是否有在刑法上明文規定的必要性。

一、否定說的理論根據

㈠法人無自由意思與肉體，自然無刑法上的行為能力

　　倘若以單純的物理現象來看，法人確實不能如自然人一樣地以身體的動靜而實行行為。法人係一種人為所擬制的觀念形象，此為當然的道理，故以法人與自然人不同為理由，而否定法人的犯罪能力，其係一開始即以「自然人始有犯罪能力」為前提要件而否定法人的犯罪能力❽，惟依此論點並無法對肯定犯罪能力說做有效的批判。因此，實質問題係在於應如何「評價」構成「機關」中自然人的意思形成及其實現，亦即視此為法人的行為者，是否能解釋為「皆係法思維的產物，而具體的事實行為係視同機關地位的自然人行為」❾。

㈡法人無法負擔倫理的責任

　　所謂責任，係指對行為人人格的非難，亦即屬於倫理（道義）責任。倫理（道義）本來即以人類的「人格陶冶」為目的，而從善惡觀點而言，倫理亦係以人類的意思活動為對象，因此倫理（道義）責任當然應歸責於自然人的個人行為，法人並非實踐倫理（道義）的主體，並無負擔責任的能力。

㈢法人無法科處自由刑或生命刑

　　現行法的刑罰體系確實原本即係為自然人而設，其中最重要的死刑、無期徒刑、有期徒刑、拘役等刑罰根本無法適用於法人，因此否定說的論者認為此論點係最具說服力的實質根據。

---

❽　參照板倉　宏，《企業犯罪の理論と現實》，有斐閣，1975 年 10 月，22 頁。
❾　參照植松　正，《再訂刑法概論Ⅰ　總論》，勁草書房，1974 年 5 月，119 頁。

㈣處罰自然人再處罰法人，違反「禁止二重處罰原則」

　　否定說的論者認為，針對同一案件，既處罰直接的行為人，又處罰該法人，亦違反禁止二重處罰原則。

二、肯定說的理論根據

㈠法人係透過其組織體而形成意思，故亦可實行行為

　　既然法人實際存在於社會，且承認法人所實行的行為，則針對構成機關的自然人行為，肯定其為法人的具體事實行為，自無不妥之處。其理由為，僅拘泥於自然人的物理性舉動，係無法因應法人的活動實態。本來，以「無形的」存在的法人，在其意思形成與意思實現上，有必要以「有形的」存在的自然人為媒介，但自然人的參與，僅止於媒介而已，並不具有超越此種內容的含意。換言之，代表機關的自然人，僅止於實現法人的具體事實行為上有所關聯，而不應受到另外的獨立評價。因此，由於法人可透過其機關形成意思而實行行為，故法人具有刑法上的行為能力。

㈡責任主體並非侷限於個人的人格

　　由於法律係以維持社會生活的正常秩序為目的，而以社會或反社會的觀點所見的行為作為其對象，故當然容許從刑法的觀點，對視為社會統一體的法人所為的反社會活動，追究其法律責任[10]。進而，從傳統倫理責任非難的觀點，針對法人的集團性意思形成，亦非毫無倫理的非難可能性[11]。

㈢對法人亦可科處罰金刑或其他處罰

　　倘若深入思考「由於法人無法適用死刑等刑罰，故否定法人具有犯罪能力」，則其根本上係屬於一種本末倒置的說法。其理由為，法律要件

---

[10]　參照金澤文雄，〈法人の刑事責任〉，收錄於《判例演習講座刑法Ⅰ》，21頁；下村康正，〈法人の犯罪能力〉，收錄於《法學演習講座・刑法總論》，40頁。

[11]　參照藤木英雄，《刑法講義總論》，弘文堂，1975年，110頁；板倉　宏，《企業犯罪の理論と現実》，有斐閣，1975年10月，23頁。

原本即係此種法律效果的前提，上述論點係將法律效果視為法律要件的基礎根據，係屬嚴重錯誤的說法。況且針對法人的處罰，以法人的解散、停止資格、停止活動（業務）等作為刑事立法規定的議題，應可視為法人犯罪能力的法律效果問題來加以檢討❷。

㈣針對同一案件處罰自然人與法人並無違反「禁止二重處罰的原則」

法人的處罰，不外乎肯定其犯罪能力後，應於何種範圍內處罰的法律效果問題。縱然有禁止二重處罰的問題，但其係指不得二重處罰同一自然人或同一法人❸。一般而言，機關的自然人行為，具有兩個層面，其一係其個人的行為，另一則係代表機關的行為，因此即使在同一案件中處罰自然人與法人二者，亦非二重處罰。

三、兩罰規定的詮釋

「理論上是否肯定法人的犯罪能力」與「現行法在何種程度可承認法人的處罰」二者，係屬於不同的問題。因此，主張肯定說的論者針對法人的處罰範圍，亦有不同的見解。多數說認為應限定在有處罰法人的明文規定（大多為兩罰規定）；少數說則認為依犯罪性質、法定刑種類可視為法人行為者，縱使無明文規定，亦可處罰法人❹。

【兩罰規定】

所謂兩罰規定，係指有關業務主體的自然人或法人的業務，若由法人的職員、自然人的雇用人等實行違法行為時，除處罰實際的行為人（實行行為人）外，對於業務主體的自然人或法人，亦有科以罰金

---

❷　參照板倉　宏，前揭書，23頁；下村康正，前揭文，40頁。

❸　參照下村康正，前揭文，38頁。

❹　參照藤木英雄，《刑法講義總論》，弘文堂，1975年11月，110頁；下村康正，前揭文，41頁；八木　胖，〈法人の刑事責任〉，收錄於《刑法基本問題六十講》，25頁。

刑的規定。兩罰規定在刑罰法規上，通常係以「法人的代表人、法人或自然人的代理人、雇用人以及其他員工，有關其法人或自然人的業務違反某條文所規定的行為時，除處罰行為人外，另對於該法人或自然人科以各該法條所定的罰金刑。」的立法形式而規定。

具體而言，在兩罰規定中，業務主體原本係行政上負擔義務的主體，而從事實際工作的職員僅係履行該義務的輔助者，此種職員一般應負遵守法令的義務，若違反此義務則獨立成為犯罪的主體。無論何種情形，擔任實際工作者在實行業務主體的行為時，必須以事實上該當違法行為為前提，在該違法行為確定成立犯罪後，再對其業務主體的自然人或法人科處罰金刑，此即係兩罰規定的基本概念❶。

關於業務主體（法人）的刑事責任，若依否定法人犯罪能力說的見解，則將其解釋為非基於法人本來的犯罪，故法人的處罰根據係基於其職員所實行的違法行為，而將罪責轉嫁於法人（轉嫁罰），使法人負刑事責任。基此，若法律無明文規定「若證實業務主體的自然人或法人無過失，則可免除責任」（無過失的免責），則法人等即不得免除刑事責任。然而，此種情形係明顯地違反責任主義的精神。

法人犯罪能力肯定說認為，業務主體的自然人或法人，針對其職員的違法行為，在未善盡防止其實行違法行為的注意義務上，應認其有過失責任。換言之，法人係經營事業的主宰者，應負有監督其職員不從事違反業務行為的注意義務，對於違反該義務者，應解釋為法人本身的責任，並非轉嫁責任。此種責任，係屬於違反選任監督注意義務的過失責任。在學說上，有將此種過失解釋為業務主體（法人）等的擬制過失（擬制過失說）、推定過失（推定過失說）、單純過失（過失責任說）等見解。本書認為，若從貫徹責任主義的觀點而論，採過失責任說的見解，應較為妥當。

---

❶ 參照藤木英雄，《刑法講義總論》，弘文堂，1975 年 11 月，111–112 頁。

第三節　行為客體與保護客體

第一項　行為客體

保護客體與行為客體係屬不同的概念，兩者必須嚴格加以區分。所謂**行為客體** (Handlungsobjekt)，係指行為所侵害的對象，包括人或物。由於行為客體係行為攻擊的對象，故亦稱為**攻擊客體** (Angriffsobjekt)。例如殺人罪（§271）的「人」、竊盜罪（§320）的「他人之動產」與「他人之不動產」、傷害罪（§277）的「人之身體或健康」、剝奪他人行動自由罪（§302）的「人之行動自由」等。

然而，並非所有犯罪均明文規定行為客體，亦有僅有行為而不具有行為客體者，例如偽證罪（§168）的「虛偽陳述」、誣告罪（§169）的「誣告」、侵入住居罪（§306 II）的「不退去」、脫逃罪（§161）的「脫逃」等。

第二項　保護客體

所謂**保護客體** (Schutzobjekt)，係指刑罰法規依該犯罪的構成要件而保護的利益（法益）而言。例如，上述殺人罪的行為客體係「人」，而保護客體則係人的「生命」法益；竊盜罪的行為客體係他人的「動產」，保護客體則係他人的「財產」法益；妨害公務罪的行為客體係執行公務的「公務員」，而保護客體則係「公務」的國家法益。由於保護客體係以法益為對象，故在此有釐清法益概念的必要性。

【行為客體與保護客體的區別】

(1)行為客體具有客觀具體可見性，而保護客體則係不能具體掌握之社會秩序的抽象價值，故不具有具體可見性。

⑵行為客體雖係大多數犯罪所具有，但並不一定存在於每一種犯罪之中，並非不可缺少的要素，某些犯罪並無行為客體，例如聚眾不解散罪（§149）；保護客體則存在於所有犯罪之中，無論何種犯罪均須有法益的存在。

⑶行為客體通常規定在構成要件之中，屬於感覺的對象，係構成要件要素；法益並未出現在明文表達的構成要件要素中，屬於觀念的對象，並非構成要件要素。

一、法益的種類

刑法的制定，主要係保護國民的生活與保障國民的人權。換言之，刑法的任務，原則上在保護國民依法所保護的生活利益。例如，刑法典規定殺人罪，乃藉由防止殺人，而保護人的生命法益。因此，所謂法益(Rechtsgut)，係指值得受刑法所保護的生活利益或法秩序的抽象價值。法益依不同的標準，可分為以下的類型：

㈠公益與私益

以法律所保護利益係屬於公的利益或私的利益，可分為公益與私益。國家與社會的利益係屬公益；而個人的利益屬於私益。此種分類法係早期即已經存在的思想，稱為法益二分說。

㈡國家法益、社會法益與個人法益

以法益二分說為基礎，將公共利益細分為國家利益與社會利益，而形成國家法益與社會法益，再與個人法益結合而區分為國家法益、社會法益與個人法益等三種類型，此種分類法即所謂法益三分說。

國家法益係以國家主體為主的權力關係，而社會法益係以社會大眾為主的利害關係，至個人法益則係以個人為主的利害關係。法益三分說雖係晚近的法益分類法，惟現在已經被多數國家採為規範犯罪的分類法，例如德國、日本及我國的刑法分則均採此種分類的立法體例。

㈢專屬法益與非專屬法益

　　在個人法益中，依是否專屬於個人一身為標準，可區分為專屬法益與非專屬法益。例如，生命、身體、自由、名譽與人的秘密等，係專屬於個人一身的法益，稱為專屬法益；而專屬法益以外的法益則係屬於非專屬法益，例如得與個人分離的財產，非專屬於個人一身，稱為非專屬法益。

二、法益的機能

　　建立法益體系的架構，在刑法上具有確立犯罪體系、指導刑法解釋、決定違法性與認定罪數等四種機能。

(一)確立犯罪體系的機能

　　刑法分則係將各種犯罪行為予以類型化，而以法益性質依序規定之。現行刑法典依據法益三分說的分類，將犯罪分為「對國家法益為侵害的犯罪」、「對社會法益為侵害的犯罪」與「對個人法益為侵害的犯罪」等三大種類，此即係法益確立犯罪體系的機能。

(二)指導刑法解釋的機能

　　依據法益的體系概念，可清楚理解刑罰的目的，故法益對於刑法的解釋，具有方法論的機能。換言之，法益所具有的方法論機能，對於刑法目的論解釋具有指導的機能。

(三)決定違法性的機能

　　有關違法性的本質，學說上有**法益侵害說與規範違反說**二種對立的見解。法益侵害說係以法益的侵害或其危險為標準，依此決定有無具有違法性；至規範違反說則認為唯有逸脫社會相當性的法益侵害，始具有違法性。因此，無論採取其中任何一說，法益侵害的欠缺或衝突，均可阻卻違法性的成立，亦即法益係決定違法性有無的重要參考。

(四)認定罪數的機能

　　針對侵害國家或社會法益時，其法益數的計算通常可依包括的方法而計算其罪數。例如侵害國家法益時，係依國家的存立、作用等保護法益，若侵害法益係一個，可包括地評價為一罪，而若侵害數個法益，則

成立數罪；侵害社會法益時，係依公共安全、公共信用、社會風俗、公共衛生等保護法益，若侵害法益係一個，可包括地評價為一罪，而若侵害數個法益，則成立數罪。

針對侵害個人非一身專屬法益時，例如同時竊取複數所有人的複數財物時，可包括地評價為一罪；而若分別竊取複數的財物時，則依所有人的個數而評價為數罪。

然而，若侵害個人一身專屬法益時，例如侵害生命、身體、自由、名譽、隱私等，由於該等法益本身應受獨立的評價，無法與其他法益包括地加以評價，故通常係依侵害法益的個數，亦即被害人的人數來計算罪數。

第四節　行為與結果

第一項　行為的概念

刑法針對犯罪，主要係處罰行為人而非行為，惟行為係行為人所為，故對行為人科以刑罰最確實的根據，係行為人表現在外部的身體動靜，此正係法諺所謂「任何人不因思想而受處罰」、「思想可通過稅關，但無法通過地獄」的根本道理。在犯罪概念的基礎上，行為係屬重要的要素。無論從古典學派或從近代學派的立場而言，行為在判斷犯罪上皆具有相當重要的意義。即使是在目前的刑法學上，犯罪概念仍然係以「行為」為其核心，而在我國刑法典中，亦多以「行為」為犯罪的重要要素來加以規定，故行為係犯罪概念的基礎事實（基本要素）。在犯罪的階層判斷理論上，犯罪係指「該當構成要件、具有違法性且有責性的行為」，而在實定法上亦有明文規定「行為」者，例如「行為之處罰，以行為時之法律有明文規定者為限」（§1）、「行為非出於故意或過失者，不罰」、「未滿十四歲人之行為，不罰」（§18）等等。

基於此種觀念，以「行為」為犯罪論體系的出發點，係屬當然的道

理；惟目前大多數學者認為應以構成要件為出發點，此種見解係基於構成要件乃行為的類型，本書亦採此種立場。關於行為概念的機能，有學者認為具有基本要素、結合要素與界限要素等三種機能。本書認為基本要素機能與結合要素機能二者，皆係屬於架構犯罪論體系的機能，主要具有連結各階層的作用，故本書認為行為具有連結體系與劃定界限兩大機能。

第二項　行為概念的機能

在目前所採犯罪論體系三階層論上，行為究竟係先於構成要件論，或係包含於構成要件論之中，無論採其中何種見解，終究行為在目前通說的見解上，並不具有獨立的犯罪論體系地位。然而，基本上行為係犯罪成立要件的共通要素，在討論構成要件該當性的判斷之前，應基於一般行為論的立場，事先理解行為所具有的機能。一般而言，行為的基本機能有二❶⑥：亦即連結體系的機能與劃定界限的機能。

一、連結體系的機能

在犯罪的判斷上，無論係記述要素的確認或規範要素的評價，均係以行為作為其共通的基礎，行為係屬於上位概念。亦即，經過事實判斷或評價判斷，認定係屬於該當構成要件、違法且有責的「行為」後，始能成立犯罪。在此種意義上，行為係犯罪成立要件的基本要素。進而，在架構犯罪論的體系時，此種基本要素係貫穿構成要件、違法、責任等各階層的要素，亦即行為具有使各個犯罪範疇相互連結的機能。

二、劃定界限的機能

刑法上不具重要意義的舉動態樣，例如思想、性格或疾病狀態等，自始即認為並非行為，而排除於刑法的考察範圍之外。換言之，行為概

---

❶⑥　參照大塚　仁，《刑法概說（總論）》，有斐閣，2008 年 10 月第 4 版，97 頁；山中敬一，《刑法總論》，成文堂，2008 年 3 月第 2 版，136–137 頁。

念可將具有刑法規範意義的行為與不具刑法規範意義的行為事先區分，唯具有刑法規範意義的行為，始在犯罪體系階層中加以判斷與評價。在此種意義上，行為概念係具有劃定界限的作用。

第三項　行為概念的學說

行為的概念
- 因果行為論 → 將行為解釋為行為人基於意思所為的身體動作
- 目的行為論 → 將行為解釋為行為人依目的而支配的身體動作
- 人格行為論 → 將行為解釋為具有人格主體化表現的身體動作
- 社會行為論 → 將行為解釋為具有社會重要性的人類身體動作

行為理論係就刑法概念闡釋行為的理論，從而對所有犯罪現象提出一個能夠包容故意犯與過失犯的行為概念，由於學者所持行為概念的相異，因而演繹出各種不同的行為理論。歸納而言，行為理論有下列四種見解：(1)因果行為論、(2)目的行為論、(3)人格行為論、(4)社會行為論。

一、因果行為論

因果行為論 (Die kausale Handlungslehre)，係指將行為解釋為行為人基於意思所為的身體動作的學說。此種學說係早期由多數學者基於自然行為概念而主張的行為理論，故亦稱**自然行為論**❶。基於因果行為論的論點，行為係由兩種要素所形成，亦即(1)行為人基於實現意思的**內心要素**（原因）與(2)外觀可見的身體動靜（行止）的**外觀要素**（結果）。此兩種要素即如因果關係的原因與結果，依此而形成因果關係的整個過程（因

---

❶　參照大谷　實，《刑法講義總論》，成文堂，2010 年 3 月新版第 3 版，101 頁。

果歷程)。基於此種見解,例如反射動作、睡眠中的身體動作、無意識的動作等情形,由於欠缺行為人的內心要素,故並非行為,而僅止於思想或人格的缺陷等情形,由於此欠缺外在要素,亦非屬行為。

【因果行為論的案例思考】

　　甲在家中燒開水時,因鄰居好友邀請而前往隔壁鄰居家中作客聊天,由於相談甚歡忘記家中正在燒開水,結果開水煮乾後引起火災,整棟公寓付之一炬,甲燒開水的行為是否為刑法上的失火行為?

　　(問題關鍵在於:從因果行為論中對於行為的解釋,亦即內心要素與外觀要素的觀察,若欠缺內心要素是否仍為刑法上的行為?)

　　因果行為論係將行為定位在「意思活動的原因性」。亦即,行為僅須基於某種意思而引起人的舉動即為已足,至於其目的何在,例如基於何種目的而殺人或竊盜,則非所問。因此,因果行為論具有兩種特徵[18]:(1)**有意性**:行為應基於現實的意思決定;(2)**有體性**:行為應基於人類的感覺上可以知覺其存在。

　　因果行為論可說明故意或過失的作為犯。然而,仍具有下列的問題:(1)無法合理說明不作為:由於不作為不可能帶有身體動作,故依此種理論,無法將不作為包含於行為概念之中;(2)無法合理說明無認識過失的不作為犯 (特別係忘卻犯,例如因失神而忘記將平交道柵欄放下):由於忘卻犯並非基於意思而為身體動靜,欠缺「有意性」,故此種理論無法說明忘卻犯。

二、目的行為論

　　目的行為論 (Die finale Handlungslehre),係指將行為解釋為行為人依目的而支配的身體動作的學說。此學說係於 1930 年代,由德國學者**魏采**

---

[18]　參照曾根威彥,《刑法總論》,弘文堂,2010 年 4 月第 4 版,48 頁。

爾 (H. Welzel, 1904–1977) 所提倡，至第二次世界大戰後，由於受到多數德國學者的支持而展開議論。依目的行為論的見解，認為行為並非係如同因果行為論者所主張，僅由**自由意思**支配因果歷程，而係具有**目的性** (finalitat) 活動的實施。基於目的行為論的立場，若將人類行為從存在論的觀點來觀察，則行為的目的性係行為的本質，行為可謂係行為人為了實現自己所預定的特定目的，選擇達成該目的所必要的手段，有目的地支配因果歷程的身體活動。

依據目的行為論的見解，行為的「目的性」係行為的本質要素，此種論點在理論內涵上應包含以下兩層含意：

(1)就重視主觀面的目的性而言，其具有主觀主義的性格。以行為論的觀點強調「目的性」的主觀主義，係於行為論上先採屬於責任要素的故意「內涵」，其論點過於「主觀」主義化，且其著重行為契機的行為人主觀面向（目的性），與前述主觀主義刑法理論仍然有所不同。

(2)目的行為論強力主張「存在」論的哲學基礎。在該存在論上，行為論應為「客觀」上所存在的行為實體所拘束，即所謂「存在的拘束性」。此種存在的拘束性可從客觀觀點來加以理解❶。亦即，所謂現實的行為實體，係獨立且非僅從規範觀點來看的行為，而係現實上客觀存在的行為，在把握該行為的實體上，可謂其具有客觀主義的意義。

目的行為論將行為定位在「人類活動或舉止的目的性」。所謂目的，係指行為人對行為結果的認識；而所謂目的性行為，係指由目的意識所支配的作用，本質上係控制因果歷程的意識力。基此，目的行為論可說明故意犯，且使得故意與過失從責任階層移至構成要件該當性階層討論，進而重新建構犯罪論體系。

然而，由於目的行為論針對過失犯及不作為犯的行為性無法論證，故此種理論被學界評價係屬不妥當的見解❷。亦即，倘若採目的行為論

---

❶ 參照川端 博，《刑法總論講義》，成文堂，2006 年 2 月第 2 版，128–129 頁。

❷ 日本係最先引入目的行為論者，惟日本對於目的行為論的發展與確立，完全異於德國。日本主張目的行為論的學者相當少，甚至可謂支持者幾近於無，故目

的論點，針對無認識過失的情形，由於行為人並未預見行為所發生的結果，亦即欠缺此種理論所謂的「目的性」，故過失並非「行為」；針對不作為犯的情形，由於不作為並無法經由目的意識而支配因果歷程，亦欠缺此理論所謂的「目的性」，故不作為犯亦非「行為」。

> ### 【目的行為論的案例思考】
>
> 　　甲為一名打擊能力優異的棒球球員，某日於比賽上場打擊時，由於擊出全壘打，而打傷觀看比賽的觀眾。試問：甲擊出全壘打並打傷觀眾的行為是否係刑法上的傷害行為？
>
> 　　（問題關鍵在於：甲上場打擊的目的係擊出全壘打，其後所造成觀眾受傷的結果，雖係甲所擊出的全壘打所導致，但對於內心要素與外觀要素的觀察，擊出全壘打的目的是否為目的行為論中的目的性？）

三、人格行為論

　　人格行為論 (Die personale Handlungslehre)，係指將行為解釋為具有人格主體化表現的身體動作的學說。人格行為論係從「行為」與「行為人」不可切割的觀點重新詮釋行為的概念，其一方面掌握行為係「評價客體」的認知，避免與作為「客體評價」的規範相互混淆；另一方面，將行為視為行為人的產物，故行為應理解為「人格的表現」，亦即行為必須歸屬於精神或心靈主體的人，且行為必須反映出該行為主體的人格意識表現。此種理論的見解，實際上係與因果行為論同樣在確認行為適格下所產生，惟較因果行為論所稱人的「意思活動」，此種理論係以人的「人格意識表現」來說明。

　　基於此種理論的論點，可肯認構成要件故意與過失的概念，故可在

的行為論在日本僅止於促進行為論的發展，在我國的情形大致上亦同。

構成要件該當性階層中區別故意行為與過失行為。此外，例如反射動作或無意識的絕對強制動作等，由於並非係人格的意識表現，故非屬行為，但屬於忘卻犯的情形，卻係屬於與本人的主體人格有關的不作為，故可謂係行為。

然而，人格行為論亦具有以下的缺點❷：⑴人格係屬難以把握的概念，若依此概念來解釋行為，則很難掌握具體的行為概念；⑵倘若認為將反規範的人格態度加以現實化的表現亦屬行為，則例如僅產生想要殺人的思想，亦為行為；⑶「主體性」為哲學用語，「行為」則為事實的基礎概念，以主體性來定義行為概念，不僅不明確，而且由於其具有多種意義，反而將刑法上的主體概念予以混淆。

四、社會行為論

社會行為論 (Die soziale Handlungslehre)，係指將行為解釋為具有社會重要性的人類身體動作的學說。社會行為論係於 1930 年代，由德國刑法學者舒密特 (E. Schmidt) 所提倡。至第二次世界大戰後，由於支持的學者日增，形成德國的有力學說。基於此種理論的立場，人類的身體動作是否屬於刑法概念上的行為，必須依據其與社會環境的關係來作決定。依此行為概念，則刑法上所謂的行為係指意志所支配或可以支配的社會重要身體動作。

依據社會行為論的見解，人類的身體動作，包括作為與不作為，不問出於故意抑或過失，只要足以引起有害於社會的結果，而具社會重要性者，均屬刑法概念上的行為。此理論係將行為定位在「人的活動或舉止與環境的關係」，其捨棄因果行為論的「有意性」概念，亦捨棄目的行為論的「目的性」觀點，而從行為規範的觀點認為，倘有「意思支配的可能性」與「社會的結果預見可能性」即為已足，將「社會性」解釋為行為概念的本質。

---

❷ 參照川端 博，《刑法總論講義》，成文堂，2006 年 2 月第 2 版，133 頁。

社會行為論針對故意犯、過失犯與不作為犯等情形，雖可克服目的行為論的缺點，而統一地說明其行為的概念，然其捨棄行為的實質內容，亦即忽視行為要素的主觀面向，仍然被視為係最大的缺點。由於現實的行為係包含主觀面與客觀面，故目的行為論將主觀面包含在行為的概念之中，此點應具妥當性。亦即，行為雖係產生外界變動的身體動靜，但並非僅係單純的身體動靜，仍應係受行為人主觀面所支配的身體動靜。基此，基於行為人故意或過失的身體動靜，終究應解釋為刑法上的行為。

此外，社會行為論具有下列的問題：(1)是否具有「社會重要性」，並無一個明確的標準；(2)將「社會重要性」解釋為具備刑法上可歸責的判斷意義者，會造成循環論證的情形，蓋一個人的態度必須經過「構成要件該當性」的判斷後，始能清楚知悉是否具有刑法上可歸責的判斷意義。

第四項　刑法上行為的解釋

犯罪係具有刑事不法本質的人類行為，必須先有人類行為的存在，而後經過刑法的評價，始有可能成立犯罪，若無人類行為的存在，即無從為刑法的評價，故無行為，即無犯罪。因此，行為可謂係犯罪判斷與刑法評價的基礎。在刑法概念上的行為，係指出於意思所支配的人類身體動靜，而形諸於外觀可見的態度，必須引致外界發生具有社會重要性的結果。依據此種概念，刑法上的行為具有**意思支配的可能性**與**外觀的態度**二種要素。

一、意思支配的可能性

刑法上的行為，必須係具有意思支配可能性的行為，此種概念最主要係將其與自然現象作區別。自然現象係由自然科學的因果法則所支配，而人類的行為係依行為人的意思支配因果法則，兩者在性質上具有差異性。人的行為雖亦屬因果法則的範疇，惟人類具有可依意思而選擇因果法則的能力，故行為人的身體動靜係屬可支配性。所謂支配身體動靜的意思，包括意思決定與意思活動。換言之，行為人依意思決定而開始實

施行為，然後依意思活動而持續地支配該行為，終於導致結果的發生。

因此，具有意思支配可能性的身體動靜，係屬刑法上的行為，而不具有意思支配可能性的身體動靜，則不係屬刑法上的行為。在一般概念之下，自然現象（包含動物）的單純動靜，非屬刑法上的行為；而關於人類的身體動靜，有屬於行為人的意思可支配（操縱）者，亦有非屬於行為人的意思可支配（操縱）者。

然而，某些外觀可見的身體動靜，對於外界亦產生具有刑法重要性的結果，但此等動作卻係受自然或生理的因果法則所支配，並非行為人的意思所可支配者，故亦非屬刑法上的行為。此種情形大致有❷：反射動作（例如病發抽搐、觸電或神經注射產生痙攣等）❸；受絕對強制下的動作（例如完全無法抗拒，意思支配被排除的機械動作或行為模式）、無意識狀態下的動作（例如睡眠、麻醉或催眠下的動作）。

除上述無法依意思支配的身體動靜之外，日常生活中的大部分動作，係屬依意思可支配的行為。惟仍有以下情形必須思考：

㈠遭受他人心理強制或相對強制暴力的行為性

例如日本奧姆真理教殺人事件，脫逃的信徒在受到教主強制下，為了活命而殺死另一教徒，此種行為人的自由意思受影響而實行的特定行為，其是否具備期待可能性，則值得探討。由於遭受外力強暴或脅迫致使行為人的意思支配遭受壓抑，仍然具有自由意思，故仍屬刑法上的行為，惟可依「期待可能性」的程度加以思考，而免除或減輕其責任。

㈡忘卻犯的行為性

有關忘卻犯的行為性，依據意思的支配可能，可清楚理解是否為刑法上的行為。例如母親在熟睡下給嬰兒餵奶，導致嬰兒窒息死亡的情形。

---

❷ 參照林山田，《刑法通論（上）》，作者自版，2008 年 1 月增訂 10 版，102 頁；黃常仁，《刑法總論（上）》，作者自版，2000 年 9 月，17 頁以下。

❸ 一般或許認為飲食、走路等動作係屬反射動作，但該等動作與反射動作不同，其係經由學習或訓練而形成的行動方式，雖然係在潛意識下進行，但仍屬意思可支配的行為。

在此種情形中，母親使嬰兒窒息的動作，由於係屬睡眠中的動作，故不可謂係基於意思的身體動作。然而，若回溯至睡覺前的時間點，則無論使嬰兒安全睡覺或不使嬰兒窒息死亡，皆係屬於可依自由意思而支配的因果歷程，由於母親係處於可依意思作用而選擇的狀態，故母親有意思支配的可能性。

【忘卻犯的案例思考】

　　甲為國道客運駕駛，於深夜時段負責駕駛臺北開往屏東的車次，行經臺南至高雄路段時，精神不濟打瞌睡，不久進入淺眠狀態，而追撞前方大貨車，導致自車翻覆，而造成多名乘客死傷。甲的睡眠舉止是否為刑法上的行為？

二、外觀的態度

　　行為人單純內心的思考或意圖，並無形諸於外的態度，非屬刑法上的行為，此點無庸置疑。惟有外觀的態度而無支配可能性者，例如上述的反射動作、受絕對強制下的動作、無意識狀態下的動作，或有外觀的態度且屬於支配可能性者，例如飲食、走路等動作，此等身體動靜在刑法的評價上，係屬無意義，應排除在刑法上的行為之外。因此，外觀態度的實質意義，必須係可成為刑法評價對象的「具有社會生活意義的態度」。

　　人的外觀態度，包含客觀可見的身體舉動與靜止兩種層面。依實行方式而言，人可依身體舉動而改變因果法則的方式，亦可在可支配意思下依放置不管的身體靜止方式，實現自己的意思。前者，係作為，而後者，則係不作為。

　　綜合上述，本書認為，刑法上的行為，應解釋為「**所謂行為，係指依人的意思可支配的具有社會生活意義的身體動靜**」。依此可見，精神障礙者或未滿十四歲人等無責任能力人，自然係以意思而支配因果法則，

或係有意思的支配可能性，故亦屬刑法上的行為。

第五項　結果的概念

由人類行為引發具有刑法評價意義的後果，即為結果，例如死亡、傷害、物品毀損等。除行為犯以外，行為人行為必須發生構成要件的結果，例如公共危險罪（§§174，175）必須具有「致生公共危險」的結果，偽造文書罪（§§210，211）必須具有「足以生損害於公眾或他人」的結果等。刑法概念上的結果，有下列三種分類：

一、具體結果與抽象結果

行為發生結果的外在表徵，有客觀可見的具體結果與客觀不可見的抽象結果。客觀可見者，例如被害人的死亡、身體的傷害、財物的損壞等結果；客觀不可見者，例如人信用名譽的破壞、家庭婚姻的破裂、信託關係的破壞等情形。

二、實害結果與危險結果

就結果對於行為客體的影響程度、或依對於刑法所保護法益危害實現的程度，結果可分為實害結果與危險結果。前者係指行為所造成的外界變動，對於刑法所保護的客體已產生客觀可見的損害；後者則係指行為所造成的外界變動，對於刑法所保護的客體構成危險，但未造成客觀可見的實害，亦即係指行為僅對於行為客體造成危險狀態，而有發生實害之虞。

三、構成要件該當的結果與處罰條件相當的結果

依刑法的評價而言，結果可分為構成要件該當的結果與處罰條件相當的結果。前者係指構成要件所規定的結果，行為必須有產生這種結果，始具有構成要件該當性。後者則係指客觀的處罰條件相當的結果，例如刑法第238條中的「致婚姻無效之裁判或撤銷婚姻之裁判確定」、刑法第

283 條中的「致人於死或重傷」等。

　　此外，構成要件的結果又可分為普通結果與加重結果，普通結果係指基本構成要件該當的結果，例如將人毆打成傷，該傷害結果即構成傷害罪（§277Ⅰ）。然而，行為的結果有時並非行為人所能控制，行為人若以基本構成要件該當的故意，實行基本構成要件該當的行為，但卻發生較基本構成要件所預期結果更為嚴重的實害結果。例如犯輕傷罪而導致死亡或重傷的加重結果（§277Ⅱ）、犯遺棄罪（§§293Ⅰ，294Ⅰ）而致人於死或重傷的加重結果（§§293Ⅱ，294Ⅱ）等。

第六項　行為與結果的犯罪類型

　　行為與結果之間是否具有因果關係，係刑法理論上最重要的議題之一，因果關係的判斷，僅存在於行為人的行為有發生結果的情形，若無結果的發生，則不存在因果關係的問題，因此必須先理解行為與結果相關的犯罪型態。有關行為與結果的犯罪，可區分為以下六種類型：(1)一般犯、身分犯與親手犯、(2)行為犯（舉動犯）與結果犯（結果加重犯）、(3)即成犯、繼續犯與狀態犯、(4)實害犯與危險犯、(5)單行為犯與複行為犯、(6)作為犯與不作為犯。

一、一般犯、身分犯與親手犯

(一)一般犯

　　所謂一般犯，係指在構成要件中，對於行為人的資格與條件並未做特別的限制，亦即係指任何人均能成立的犯罪而言。在刑法上所規定的犯罪，除特定身分或特定關係之外，大多數均屬於一般犯。

(二)身分犯

　　所謂身分犯，亦稱為特別犯，其係指唯有具備特定資格之人始屬適格的行為人，唯有此種特定人始能成立的犯罪。從刑法的規定而言，某一犯罪必須行為人具備特定身分或其他特定關係，始能成立該種犯罪，亦即意謂著具有該種一定身分或特定關係時，始足以影響犯罪的成立或

犯罪的輕重等，此即身分犯的概念❷。身分犯又可分為純正身分犯與不純正身分犯。

1. 純正身分犯

所謂純正身分犯，亦稱為純正特別犯❷，係指行為人必須具有一定身分或特定關係，始能成立的犯罪類型而言。純正身分犯的本質在於：具有一定身分或特定關係之人，由於該種身分或特定關係而應負擔特定的義務。因此，唯有違反該種特定義務的特定身分人，始能成立該種犯罪，其性質屬於義務犯。例如受賄罪（§§121 I，122 I）的「公務員」、偽證罪（§168）的「證人、鑑定人、通譯」、侵占罪（§335）的「持有他人之物者」、背信罪（§342 I）的「為他人處理事務者」等。

有關純正身分犯的犯罪類型，不具該種身分或特定關係之人，並無法獨自成立該種犯罪，而必須係與具有該種身分或特定關係之人共同犯罪時，始能構成該種犯罪。此種情形，係依據刑法第 31 條第 1 項「因身分或其他特定關係成立之罪，其共同實行、教唆或幫助者，雖無特定關係，仍以正犯或共犯論。但得減輕其刑」的規定而處理。

2. 不純正身分犯

所謂不純正身分犯，亦稱為不純正特別犯或加減身分犯，係指行為人所具有的一定身分或特定關係並不影響犯罪的成立，惟由於具有該種身分或特定關係，而有加重、減輕或免除刑罰的犯罪類型。例如，殺害直系血親尊親屬罪（§272）的「直系血親卑親屬」、生母殺嬰罪（§274 I）

---

❷ 依刑法第 31 條規定可知，身分係屬於「特定關係」的一種，所謂「特定關係」，係指行為人所特別具有的資格、地位或狀態而言。其中有基於自然關係者，例如懷胎婦女；有基於法律規定者，例如父子關係；有基於契約關係者，例如醫生病人關係等，皆屬於所稱的特定關係。參照余振華，《刑法深思‧深思刑法》，作者自版，2005 年 9 月，315 頁。

❷ 在日本學說上，一般有將純正身分犯稱為「構成身分犯」，而將不純正身分犯稱為「加減身分犯」的情形。關於此種用語，主要係依據該種犯罪類型的性質而來，此應係屬較能顯示其真正意義的用語。

的「生母」或親屬間竊盜罪（§324Ⅰ）的「直系血親、配偶或同財共居親屬」等係屬不純正身分犯。

　　有關不純正身分犯的犯罪類型，若係屬於不具有該種身分或特定關係之人，而與具有該種身分或特定關係之人共同犯罪時，僅能成立基本構成要件的犯罪。此種情形，係依據刑法第 31 條第 2 項「因身分或其他特定關係致刑有重輕或免除者，其無特定關係之人，科以通常之刑」的規定而處理。

㈢親手犯

　　所謂親手犯，亦稱為己手犯，其係指在構成要件上規定唯有特定的行為主體始能實行構成要件行為的犯罪類型。換言之，在親手犯的情形中，由於行為人必須親自實行構成要件行為，始能成立犯罪，故任何第三人雖可教唆或幫助他人違犯該種犯罪行為，而成立親手犯的教唆犯或幫助犯，但絕對不可能成為正犯，特別係不能成立間接正犯❷❻或共同正犯❷❼。例如偽證罪（§168）、重婚罪（§237）。我國刑法上所規定的親手犯，原則上均係屬於行為犯，而非結果犯。

❷❻　在日本判例上，亦有採此種見解者，例如針對公務員偽造文書罪 （日本刑 §156），非公務員共同犯罪時，除依同法第 157 條使公務員登載不實罪處罰以外，不能成立間接正犯，故將公務員偽造文書罪解釋為親手犯。參照最高裁判所 1954 年 12 月 25 日判決，《最高裁判所刑事判例集》第 6 卷第 12 號，1387 頁。

❷❼　參照我國最高法院 107 年度臺上字第 4227 號判決：偽證罪係屬學說上所謂之「己手犯」，「己手犯」之特徵在於正犯以外之人，雖可對之加功而成立該罪之幫助犯或教唆犯，但不得為該罪之間接正犯或共同正犯，亦即該罪之正犯行為，唯有藉由正犯一己親手實行之，他人不可能參與其間，縱有犯意聯絡，仍非可論以共同正犯。此因證人於法院審判或檢察官偵查時，於案情有重要關係，供前或供後具結，而為虛偽陳述者，構成刑法之偽證。數證人於同一案件各別具結而為證述，其具結之效力，僅及於具結之各該證人，所為之證述是否於案情有重要關係，是否虛偽陳述，應依各該證人之陳述事項內容而定，各自負責，不及其他證人，無由成立共同正犯。

【親手犯的案例思考】

甲、乙、丙、丁四人在某餐廳聚餐，席中甲、乙、丙三人僅吃飯未喝酒，而丁因高興而喝了些酒，回家之際，丁堅持並未喝過量，而駕駛自用小客車送甲乙丙三人回家，行駛途中因疏於注意而將路上行人 A 撞傷，在警察前來處理之前，丁拜託未喝酒之甲掩護，由甲坐上駕駛座而頂替，但經警察機關深入偵查後，發現事實上係丁酒駕肇事，經酒測後，丁之吐氣所含酒精濃度達每公升 0.21 毫克，全案移送地檢署偵辦。檢察官傳訊甲乙丙三人作證時，甲乙丙三人事前竟基於共同犯意之聯絡，一致作證係甲酒駕肇事，且三人就肇事時駕駛係何人此一於案情有重要關係之事項，均供前具結而為虛偽證述係甲駕車肇事。試問：甲、乙、丙、丁四人之行為應如何處斷？

（問題關鍵在於：偽證罪係屬學說上所謂的「親手犯」，而「親手犯」之特徵，即在於正犯以外之人，雖可對之加功，而成立該罪的幫助犯或教唆犯，但不得為該罪的間接正犯或共同正犯，亦即該罪的正犯行為，唯有藉由正犯一己親手實施之，故甲乙丙係各別犯偽證罪，並無共同正犯可言，蓋甲所犯的偽證罪，乙丙均不可能參與其間，縱互有犯意聯絡，仍非共同正犯。）

有關親手犯與純正身分犯的關係與區別，學說上有兩種不同見解：其一、兩者有所不同，純正身分犯係依法律規定而限定其範圍，而親手犯並不一定依法律來加以限定範圍；其二、兩者並無不同，而將純正身分犯解釋為親手犯的一種[28]。本書基於親手犯無法成立正犯（間接正犯），

---

[28] 日本採否定說見解的學者，認為刑法所規定的純正身分犯（日本刑 §65 I），明白地將不具身分特定關係的參與犯罪人以共犯來處罰者，主要因為純正身分犯在本質上係屬於親手犯。參照木村龜二著，阿部純二增補，《刑法總論》，有斐閣，1978 年 4 月增補版，159 頁。

而純正身分犯可成立正犯的基本立場，故採兩者並不相同的見解。

二、行為犯（舉動犯）與結果犯（結果加重犯）

所謂**行為犯** (Tatigkeitsdelikte)，亦稱為**舉動犯**，係指行為人只要有構成要件所行為的外部身體動靜，無須有任何結果發生，即可成立的犯罪。例如偽證罪（§168）、誣告罪（§169）、重婚罪（§237）、侵入住宅罪（§306 I）、公然侮辱罪（§309 I）等。

所謂**結果犯** (Erfolgsdelikt)，係指行為人的行為必須發生構成要件所預定的一定結果，始能成立既遂的犯罪。換言之，行為人除實行構成要件的行為之外，尚須發生構成要件的結果者，始構成犯罪的既遂犯；若未發生的結果者，則僅能成立該犯罪的未遂犯。例如殺人罪（§271）、竊盜罪（§320）等。

在結果犯的情形中，有所謂**結果加重犯** (Erfolgsqualifizirte Delikte)，係指行為人出於基本構成要件故意，而實行基本構成要件該當的行為，而發生超出基本構成要件的加重結果，致該當加重構成要件所成立的犯罪。例如傷害致死罪（§277 II）、遺棄致死罪（§293 II）等。關於結果加重犯的成立，必須行為人主觀上對於基本犯罪具有故意，而對於加重結果的發生具有「能預見其發生」❷❾。

依據行為犯與結果犯的意義，可建立以下三點概念：(1)行為犯僅有既遂犯，而結果犯則有未遂犯與既遂犯；(2)行為犯並無過失犯，而結果犯則有過失犯；(3)行為犯並無因果關係的問題，僅結果犯必須討論因果關係的問題。

---

❷❾ 針對「行為人能預見其發生」，一般解釋為具有「過失」，故依我國刑法規定，結果加重犯的構造係以「故意＋過失」所形成，日本刑法與我國刑法相同，但德國刑法有「過失＋過失」的結果加重犯，例如德國刑法第 309 條失火致死罪的規定。有關結果加重犯的構造，參照余振華，《刑法深思・深思刑法》，作者自版，2005 年 9 月，247–249 頁以下。

三、即成犯、繼續犯與狀態犯

依據構成要件結果的發生與法益侵害結果的關係，可以將犯罪區分為即成犯、狀態犯與繼續犯。在德國學說上，有區分為繼續犯與狀態犯兩種類型 ❸ 。在日本學說上，大致係依構成要件結果的發生與法益侵害的關係，而將犯罪區分為即成犯、繼續犯與狀態犯 ❸ 。我國實務上係以「行為」為區別標準，準此而認為即成犯與狀態犯係屬同一概念，故實務上僅區分為即成犯（包括即成犯與狀態犯）與繼續犯。

㈠即成犯

所謂**即成犯** (délit instantané)，亦稱即時犯，係指因一定的法益侵害或法益侵害危險的發生，犯罪即屬既遂，同時犯罪亦已經終了。例如殺人罪（§271 I）、放火罪（§§173 ～ 175）等，刑法上大部分的犯罪均屬於即成犯。

㈡繼續犯

所謂**繼續犯** (Dauerdelikte)，係指行為人的行為只要實現構成要件，在法益侵害的發生時，犯罪即屬既遂，惟若行為人未放棄犯罪的實行，則法益侵害仍在繼續狀態，犯罪係屬尚未終了的犯罪。此種犯罪類型，例如私行拘禁罪 （§302 I）、略誘未成年人罪 （§241 I）、加重略誘罪（§241 II）、使人為奴隸罪（§296 I）、略誘婦女罪（§298）、妨害居住自由罪（§306）、擄人勒贖罪（§347 I）等。

> **【繼續犯的特徵】**
>
> 在繼續犯的情形中，雖然該種犯罪已屬既遂，由於犯罪仍在繼

---

❸ 參照林山田，《刑法通論（上）》，作者自版，2008 年 1 月增訂 10 版，254–255 頁。

❸ 參照大塚　仁，《刑法概說（總論）》，有斐閣，2008 年 10 月第 4 版，123 頁；我國論者採此見解者，參照郭君勳，《案例刑法總論》，作者自版，2002 年 4 月，126 頁以下；蘇俊雄，《刑法總論II》，作者自版，1998 年 12 月修正版，47 頁。

續的期間，因此(1)若第三人在其後參與該種犯罪，仍可成立承繼的共同正犯或承繼的幫助犯；(2)在犯罪終了之前，若行為人實現加重構成要件時，可成立結果加重犯；(3)由於犯罪尚未終了，違法狀態仍在繼續進行中，因此針對該種犯罪可成立正當防衛。

(三)狀態犯

所謂狀態犯 (Zustandsdelikte)，係指因一定的法益侵害或法益侵害危險的發生，犯罪即已屬終了，惟其後的法益侵害狀態雖仍在繼續中，但並不視為係犯罪事實。例如竊盜罪（§320Ⅰ）、詐欺罪（§339Ⅰ）等，即為其適例。

【狀態犯的特徵】

在犯罪完成後，法益侵害繼續狀態下所實行的行為，若屬於該構成要件所預定的範圍，則不另外構成其他犯罪。例如竊盜犯對竊取的財物加以破壞，並不構成器物損壞罪，此即稱為不罰的後行為（與罰的後行為）。然而，若超越該構成要件所預定的範圍，而實行另外的違法行為時，則仍成立其他犯罪。例如使用所竊得的存摺而實行詐騙他人財物的行為，則另成立詐欺罪。

此外，在刑法上將犯罪型態區分為即成犯、繼續犯與狀態犯，主要有以下三點實益存在：

1.不罰後行為的有無

有關不罰後行為的罪數問題，唯有在「狀態犯」的情形始會發生。例如，若行為人於違犯竊盜罪之後，搬運、寄藏或媒介該竊盜所得財物時，則屬於不罰的後行為。若屬於即成犯與繼續犯的情形，則並無不罰後行為的發生。

2.追訴權時效的起算

依刑法第 80 條第 2 項：「前項期間（追訴權之消滅時效）自犯罪成

立之日起算。但犯罪行為有連續或繼續之狀態者，自行為終了之日起算」的規定，故有關追訴權的時效，「即成犯與狀態犯」係從犯罪成立之日起算，而「繼續犯」則自行為終了之日起算。

3. 參與犯的成立與否

即成犯與狀態犯係自行為終了後，犯罪即已成立，故於其行為終了後再參與犯罪者，並不構成該種犯罪的共同正犯或幫助犯；繼續犯則只要在行為繼續中，參與實行犯罪行為時，仍可成立該罪的共同正犯或幫助犯。

【狀態犯與承繼的共同正犯】

甲等三人以共同實行恐嚇取財行為的意思，對 A 施以強暴脅迫使其受輕微瘀傷而心生畏懼。當 A 屈服之際，甲的女友乙湊巧經過，與甲等人取得犯意聯絡並瞭解上述事實後，依甲的指示收取 A 所交付的財物。此種情形，乙是否成立傷害罪？

（問題關鍵在於：後行為人對於前行為人的行為所造成的結果與事態具有認識，並利用此種事態遂行後行為，後行為人固然必須對後行為負責，但是否對前行為負責，則因前行為所成立的罪係繼續犯或狀態犯而有不同。傷害罪係屬狀態犯，在 A 負傷之時該犯罪已屬終了，故乙不須對前行為所造成的傷害結果負責，不成立傷害罪。此外，若甲等三人所實行之罪，係屬繼續犯的情形，例如私刑拘禁罪、擄人勒贖罪、略誘未成年罪或妨害居住自由罪等，則後行為人可與前行為人成立該等罪的承繼共同正犯。）

四、實害犯與危險犯

依行為對法益所造成的侵害程度作為區別標準，可將犯罪區分為實害犯與危險犯。其中，危險犯依危險狀態的不同，尚可分為抽象危險犯與具體危險犯。

所謂**實害犯** (Verletzungsdelikte)，係指行為必須造成客觀可見的實害結果，始能成立既遂的犯罪。例如重傷害行為必須有使人受重傷的結果，始構成重傷既遂罪（§278）；否則，只能成立重傷未遂罪（§278）。

所謂**危險犯** (Gefährdungsdelikte)，係指行為僅須對於法益或行為客體造成危險結果，即可成立的犯罪。例如行為人只要遺棄無自救力人，而使其生命陷於危險狀態者，即可構成遺棄罪（§§293，294）。

所謂**具體危險犯** (Konkrete Gefährdungsdelikte)，係指將危險狀態視為構成要件要素，而規定於刑法條文中的犯罪類型而言。例如刑法公共危險罪章中所規定「致生公共危險」的危險狀態（§§174ⅡⅢ，175ⅠⅡⅢ）。關於是否有「致生公共危險」的危險狀態，必須由法官就具體案例而審酌判斷，若認定確實對構成要件所保護的法益存有具體危險時，則成立該犯罪。故就具體危險犯的性質而言，其係屬於法益侵害危險已經現實發生的犯罪類型，亦即以具體的危險發生作為構成要件要素的犯罪，故其性質上屬於結果犯。

所謂**抽象危險犯** (Abstrakte Gefährdungsdelikte)，係指將社會通念上具有法益侵害危險的行為加以類型化而形成的犯罪。例如行為人放火燒燬現供人使用的住宅，此種放火行為，在社會通念上即有將住宅內居住者燒死的法益侵害危險存在，故行為人放火時，無論事實上住宅內是否有人，皆可成立放火罪（§173Ⅰ）。此種情形的法益侵害危險，可謂係具體危險的前階段，由立法者基於社會通念（經驗法則），認為某一類型行為對特定法益帶有一般危險性時，預先將該類型的行為設定為危險犯。因此，行為只要符合構成要件所描述的事實，即可認定具有此種抽象危險，無需由法官就具體案情來認定。

【具體危險犯的思考案例】

甲不務正業以竊取變賣貴重金屬維生，某日破壞台糖公司已廢止使用的火車軌道，將其部分鋼鐵變賣後，遭警方查獲而移送法辦。

甲是否成立妨礙行駛安全罪？

（問題關鍵在於：刑法第 184 條第 1 項妨礙行駛安全罪係具體危險犯，以「致生往來之危險」為要件，破壞已無火車通行的火車軌道，並無「致生往來之危險」的事態，故不成立本罪。）

五、單行為犯與複行為犯

依構成要件所描述的行為作為區別標準，可將犯罪區分為單行為犯與複行為犯兩種型態。所謂**單行為犯** (Einaktige Delikte)，係指構成要件所描述的行為僅屬單數的犯罪。例如殺人罪（§271 I）的「殺害行為」、竊盜罪（§320 I）的「竊取行為」等。至所謂**複行為犯** (Mehraktige Delikte)，則係指在一個獨立構成要件中兼含兩個行為的犯罪。例如，強盜罪（§328）係包括強暴或脅迫等強制行為與取得財物行為；強制性交罪係包括強暴或脅迫等強制行為與性交行為。

六、作為犯與不作為犯

刑法上的行為形態可分為作為與不作為。所謂**作為** (Begehungs)，就自然概念而言，係指具有身體運動外形的積極行為形態（動態），就刑法概念而言，則係指行為人在意思主宰支配下，針對特定目的，運用體力而形成的身體移動，依此而破壞法益或違反義務。因此，行為人在意思主宰支配下，積極的有所為，即構成作為的行為形態，此作為並非單純的「為」，而係「為」法律所禁止的「不得為行為」。

所謂**不作為** (Unterlassungs)，係與作為相對的一種行為概念，其係指身體靜止而不具運動外形的消極行為形態（靜態），刑法上的不作為，係指行為人在意思支配下，針對特定目的，不運用體力或身體移動，而導致法益遭受破壞或違反義務的履行。因此，不作為即行為人在意思支配下，消極的有所「不為」，形成不作為的行為形態，刑法的不作為非單純的不為或消極的無所為，而是「不為」法律所命的「應為行為」。

【作為與不作為的區別】

(一)相同性：作為與不作為二者均屬行為概念上的行為形態，出於行為
　　　　　　人意思所支配的破壞法益或違反義務的行為，因此兩者相
　　　　　　同點係在於意思支配性與法益破壞性或義務違反性。

(二)相異性：(1)在主觀上，作為乃出於有所欲而呈現的積極動作，相
　　　　　　　反地，不作為則出於有所不欲而呈現的消極靜止。

　　　　　　(2)在客觀上，作為存在一個動作，而不作為則係一個不
　　　　　　　行動。

　　　　　　(3)在違反義務性上，作為係違反不作為義務，而不作為
　　　　　　　則係違反作為義務。

在刑法理論上，依行為人的行為態樣為區別標準，可將犯罪區分為作為犯與不作為犯。所謂**作為犯** (Begehungsdelikte)，係指行為人係以積極的作為而違犯的犯罪而言。而所謂**不作為犯** (Unterlassungsdelikte)，則係指行為人以消極的不作為而違犯的犯罪而言。不作為犯可區分為**純正不作為犯**與**不純正不作為犯**兩種類型。

所謂**純正不作為犯** (echte Unterlassungsdelikte)，係指僅能以不作為的行為方式，始能實現刑法上以不作為的行為方式所規定的犯罪，亦即在刑罰法規的構成要件明示行為人「應為一定作為」，而處罰行為人的不作為。例如聚眾不解散罪（§149）、滯留不離去罪（§306Ⅱ）等犯罪的構成要件明文規定，若不遵從「解散」或「退去」的命令，即成立該等犯罪，故純正不作為犯係違反**命令規範** (Gerbotsnormen)。

所謂**不純正不作為犯** (unechte Unterlassungsdelikte)，係指行為人以「不作為方式」而實現刑法上以「作為形式」所規定的犯罪行為，刑法針對不純正不作為犯明文規定「對於犯罪結果之發生，法律上有防止之義務，能防止而不防止者，與因積極行為發生結果者同」（§15Ⅰ）。例如殺人罪（§271）係規定禁止「殺人」，倘若母親故意不給予嬰兒牛奶而導

致嬰兒死亡，則成立殺人罪。在此種犯罪的情形中，行為人係以不作為而實現原本以作為犯所規定的禁止殺人行為，故不純正不作為犯係違反禁止規範 (Verbotsnormen)。

第五節　因果關係

第一項　因果關係的概念

所謂**因果關係** (Kausalität)，係指時間先後關係的事實間所存在的必然關係，而刑法上的因果關係則意味著對於一定犯罪的成立，行為（原因）與結果間所應存在的必然關係。基於此種概念，因果關係主要係以實行行為至發生結果的**因果歷程**之間所存在的必然關聯事實為討論對象，故在對結果具有重要意義的犯罪類型（例如結果犯、過失犯、結果加重犯等）上，始有因果關係的問題存在❸❷。

首先，在行為犯的情形，例如偽證罪（§168）或侵入住宅罪（§306），只要行為人的行為與構成要件所記述的行為情狀相吻合，即成立該等犯罪，並不必有結果的發生，故完全無因果關係的問題。而在**結果犯**的情形，由於行為必須發生構成要件所預定的結果，始能既遂的犯罪，故若未發生結果者，只能成立未遂犯。例如殺人罪（§271）必須有「死」的結果發生、竊盜罪（§320）必須有「財物被竊取」的結果發生等。因此，若外觀上有該等結果發生，則必須判斷該結果是否係因該行為人的實行行為所惹起，若無法認定係由行為人的行為所惹起時，行為人的實行行為與結果的發生並無因果關係，此時亦僅能成立未遂犯。

---

❸❷ 我國最高法院有關因果關係的判例，其犯罪類型有兩種：⑴**過失致死罪**：例如29年非字第52號、29年上字第2705號、32年上字第1206號、32年上字第2548號、58年臺上字第404號、69年臺上字第3119號、70年臺上字第3933號、75年臺上字第1685號、76年臺上字第192號等判例；⑵**傷害致死罪**：例如28年上字第3268號等判例。

　　其次，針對**過失犯**的情形，必須係行為人的過失「行為」惹起一定法益侵害的「結果」時，始得處罰該行為人，故屬於結果犯的一種。換言之，過失犯並非處罰該過失行為，而係有因該過失行為而發生結果時，始能加以處罰。目前在學說上，過失係以「違反客觀注意義務」為要件，並以「客觀的預見可能性」與「客觀的結果迴避可能性」為其內容，故過失犯的成立必須判斷違反注意義務行為與構成要件結果之間是否具有因果關係❸。

　　接著，在結果犯中有**結果加重犯**的犯罪類型，亦即行為人出於基本構成要件故意，而實行基本構成要件該當的行為，竟生超出基本構成要件的加重結果，致該當加重構成要件而成立的犯罪類型。結果加重犯在刑法的各本罪中，係以「犯……，因而致……」的立法方式而呈現，例如傷害致死罪（§277II）、遺棄致死罪（§293II）等規定。由於結果加重犯必須行為人對於加重結果的發生有預見可能性時，始能成立，故有關因果關係的判斷，亦應以過失犯的因果關係來加以認定❸。

---

❸　針對過失犯中「注意義務與結果」的因果關係，實務見解參照最高法院97年臺上字第3115號判決：「過失不純正不作為犯構成要件之實現，係以**結果可避免性**為前提。因此，倘行為人踐行被期待應為之特定行為，構成要件該當結果即不致發生，或僅生較輕微之結果者，亦即該法律上之防止義務，客觀上具有安全之相當可能性者，則行為人之不作為，即堪認與構成要件該當結果間具有**相當因果關係**。本件被告經營遊樂區，提供遊客從事水上活動，自具有防止遊客發生危險之保證人地位，應負法律上防免遊客發生因從事水上活動致生危險之防免義務。而此防免義務，應包含場所之相關安全設備、救生衣、水上活動器具之安全維護及設置救生員等必要之安全措施。」

❸　針對加重結果犯中「行為與加重結果」的因果關係，實務見解參照最高法院97年臺上字第5073號判決：刑法第17條規定『因犯罪致發生一定之結果，而有加重其刑之規定者，如行為人不能預見其發生時，不適用之。』其中所謂『因犯罪致發生一定之結果』，必其犯罪構成要件行為之實行與結果之發生間具**相當因果關係**，始與加重結果犯之成立要件該當。刑法第277條第2項之傷害致人於死罪，除須實行傷害犯罪之行為人，對於被害人發生死亡之加重結果，在

【因果關係與過失犯的案例思考】

(1)甲與乙上山打獵，在打獵的過程中，突然有一隻黑熊出現，甲為了驅離黑熊，乃朝黑熊開槍，不料甲開槍時，乙正朝甲開槍的方向奔去，因而中彈負傷，甲見狀後隨即檢視乙的傷勢，依其經驗判斷乙的傷勢已經相當嚴重，將於 10 至 15 分鐘後死亡，且因山上地處偏僻，無法及時將乙送醫救治，甲見乙痛苦難忍，遂朝乙再補一槍而將乙殺死。針對此種情形，甲的行為應如何處斷？

（問題關鍵在於：甲開槍使乙中彈負傷的行為，是否為刑法上的傷害行為，其因果關係如何判斷；若前行為已成立過失致死罪，則其後甲為減輕乙的痛苦而再開槍殺害的行為，是否另外成立普通殺人罪；若亦成立普通殺人罪，則其與前行為所成立的過失致死罪應如何處理？）

(2)被告甲駕駛小客車於目的地附近尋找停車位，看到對向車道有路邊停車位而欲迴轉，於是將車速從時速 50 公里左右開始減速慢行，在事故現場前約 31 公尺處，打方向燈準備迴轉，並於事故現場前約 15 公尺處，看車內後照鏡確認後方行車安全，但沒有看到後方有來車。為了在幅員狹小的道路迴轉，乃將車身稍微打向右邊而開始向左迴轉，此時急於確認後方行車安全。另一方面，在同一車道上，乙駕駛重型機車以時速近一百公里的車速行進中，看到前方行進路線上的甲車，想要從左側超車而駛入對向車道。但是，見到甲車跨越對向車道迴轉，心想有碰撞的危險而緊急煞車，惟仍煞車不及而猛烈衝撞甲車後半部。結果，乙負傷倒地，而甲車後座乘客 A 因頭部受重創而死亡。試問：甲的行為應如何處斷？

客觀上有預見之可能外，並須行為人所實行之傷害行為本身與被害人死亡結果之間具有**相當因果關係**，始足當之。

第二項　條件關係

　　由於條件關係的存在與否，係相當因果關係說的前提，故首先應在理論上明確地判斷是否存在條件關係，其中擇一關係與疫學的因果關係，亦屬於條件關係中重要的問題，因此有先釐清其內涵的必要性。

一、條件關係的意義

　　所謂條件關係，係依據 Conditio 公式 (Conditio sine qua non) 來確定行為與結果之間的關係。基此，若肯定行為與結果之間存在著「非 P 則非 Q」的關係，則可謂 P 與 Q 間具有條件關係。由於因果關係論的第一層次，係屬事實層面的問題，故所謂「非 P 則非 Q」的條件關係，在通常的情況下，可謂係一個相當容易認定的判斷公式。其理由在於：所謂因果關係論係事實層面的問題，其具有非從規範論觀點加以判斷，而係在存在論的層次上，以事實為基礎來判斷的涵意。

　　相對之主張客觀歸屬理論的學者認為，由於因果關係係刑法上的問題，故應該將其視為一個純粹規範的問題來加以理解。因此，若從規範保護目的（刑法係為保護特定法益而存在）的觀點來觀察，則呈現從規範立場來認定因果關係的傾向 **⑤**。在此種立場上，應該沒有必要受到因果關係的基本原則所拘束，就因果關係而言，可謂係一種新的觀點。

　　針對上述見解，大多數學者認為，因果關係乃客觀上存在的行為與結果之間所存在的問題，故仍主張應基於「非 P 則非 Q」的因果法則的基本立場來判斷因果關係。換言之，其並非「基於規範的立場，僅將刑法所應處理問題視為客觀歸屬的問題來處理，即為已足」的規範主義，而係不應忽視「現實上始終係先有行為，而後產生結果」的事實主義。亦即，由於刑法無法忽視人類行為的事實面向，而單純地僅就規範觀點來討論，故仍然必須堅持應重視事實面向問題的立場。

---

⑤　參照山中敬一，《刑法總論》，成文堂，2008 年 3 月第 2 版，250 頁。

二、擇一競合的條件關係

基於因果關係乃事實面向問題的立場，若無法確定條件關係，則在事實面向上已出現理論上的破綻。在此種情形中，相當因果關係說亦隨著失去其正當性，正因為如此，故客觀歸屬理論的論者舉**擇一競合**為例，批評其無法檢驗條件關係的存在。因此，擇一競合的情形，無論係對條件說或係對相當因果關係說而言，都造成理論上的衝擊。

擇一競合的問題為何具有重要性？其主要理由為：在擇一競合的情形，並不使用「非 P 則非 Q」的條件關係公式。換言之，在一般情形中，針對條件關係的有無，可簡單地加以認定，惟在擇一競合的情形中，卻無法認定條件關係的存在。

所謂**擇一競合** (alternative Konkurrenz)，係指將兩個不具關聯性的行為分別獨立來思考，縱使其中某一行為不存在，仍然會由於另一行為而導致結果發生的情形而言。換言之，擇一競合係指在複數行為中，縱使僅有其中一個行為，亦可獨立地使同一結果發生的情形。若將複數行為分別來觀察，則就其中一個行為而言，縱使該行為不存在，結果仍然會發生；對另外的行為而言，其情形亦同。基於此種情形，擇一競合可謂係具有二個因果關係，故亦稱雙重的因果關係。

【擇一競合的案例】

甲、乙二人各自以殺害 A 的意思，分別在 A 所喝的威士忌中加入足以致死分量的毒藥，A 因喝下毒酒而死亡的情形。若甲、乙二人有意思的連絡，則成立共同正犯，可引用「**一部行為全部責任**」的法理來解釋，故就因果關係而言，並不生另外的問題。然而，在擇一競合的情形，若將「非 P 則非 Q」的條件公式適用在本案例，則縱使沒有甲的行為，A 仍然會因乙的行為而死亡；反之，若沒有乙的行為，A 亦會因甲的行為而死亡，故甲的行為、乙的行為與結

果發生之間，不得不說各自均無條件關係。在一般情形下，若甲未在 A 的酒裡加入足以致人於死分量的毒藥，則 A 不會死亡，故甲的行為與 A 的死亡結果之間具有條件關係，此為理所當然。惟非常奇妙地，在擇一競合的案例中，竟然否定甲的行為具有條件關係，乙的行為亦是如此。基此，若甲的行為與乙的行為皆各自被認為不具條件關係，此種結論顯然相當不妥當。

針對上述案例，假設甲、乙所下毒藥的分量僅係足以致死量的一半，則可容易地判斷出具有條件關係的存在。然而，若所加入毒藥的分量均單獨地足以致人於死的情形，反而認為沒有條件關係存在，此種結論顯然與法感情不相符合。因此，在擇一競合的情形，其係以「若否定條件關係的存在，則不符合法感情」作為實質根據，此種論據亦成為通說的見解。

在擇一競合的情形，為避免推論出不適當的結論，故應將條件關係公式修正為「若各自獨立的二個行為同時不存在，則結果不會發生」。依據此種修正公式，在上述案例的情形，若甲與乙的行為同時不存在，則 A 就不會死亡，故認為甲與乙的行為與 A 的死亡結果之間，具有條件關係。因此，在一般的情形，條件關係乃**個別行為與結果**之間的關係，惟在擇一競合的情形，條件關係則係**複數行為與結果**之間的關係。

此外，針對此種修正公式的必要性，僅以不符合法感情為理由，其理論根據並不充足，故必須提出具有說服力的論述。在客觀歸屬理論以確定條件關係的論點，對條件說或相當因果關係說無法維持條件關係的確定性展開批評之際，應提出以下的解釋加以回應：從因果關係的事實基礎觀點而言，應維持條件關係的存在，故縱然將條件公式作例外的修正，亦不會產生理論上的破綻。

三、疫學的條件關係

刑法上的因果關係，並非意謂著科學上的因果法則，科學上的因果

法則僅係認定條件關係的一種經驗法則而已。在經驗法則之中，包含物理學、病理學、生物學等，其中亦包含疫學，故在日本有提出疫學的因果關係來認定條件關係的見解。換言之，針對科學上無法證明其因果歷程的情形，可依自然法則等的經驗知識來認定「非 P 則非 Q」的條件關係。

所謂疫學的因果關係，係指在醫學上無法釐清的事項，使用統計學的方法，透過大量觀察而找出其規則性，依此規則性來認定因果關係❸。例如在不同地區發生多數人中毒症狀、腹瀉症狀等，當無法查出其真正病因時，可使用疫學的因果關係來歸納其規則性，進而認定其間的因果關係，藉此發現病因。在日本最高法院曾經基於此種疫學的方法而解決當時的重大社會案件，主要有 1964 年至 1966 年間在千葉、神奈川、靜岡等地所發生的集體腹瀉案件（通稱「千葉大學傷寒事件」）❸；以及在熊本水俁地區發生既癢且痛的皮膚病（俗稱「痛痛病」），以疫學方法確定係廢水污染的公害事件（通稱「水俁病事件」）❸。

第三項　因果關係的理論

行為與結果之間的結合關係，究竟有無刑法上的因果關係，刑法理論上提出各種不同的理論來從事判斷，此即因果關係理論。學說上，因果關係理論主要有條件說（等價說）、相當因果關係說（相當說）與**客觀歸屬理論**（歸責說）等三種見解，以往條件說曾經具有支配的地位，現在條件說係屬少數說，學說與實務見解絕大多數係採相當因果關係說❸。

---

❸ 所謂**疫學**，係指以群體為對象，透過不同角度來觀察該群體所發生的疫病或其他事項的分布情形，依此研究疫病發生原因的學問。

❸ 參照日本最高裁判所 1982 年 5 月 25 日判決，《判例時報》第 1046 號，15 頁。

❸ 參照日本最高裁判所 1988 年 2 月 29 日判決，《最高裁判所刑事判例集》第 42 卷，第 2 號，314 頁。

❸ 在最近的最高法院判決中，亦有多數係採**相當因果關係說**來判斷，例如⑴ 97 年度臺上字第 2346 號判決：「醫療行為是否具有過失，應視醫療當時臨床醫療實

惟我國自從十餘年前，從德國引進客觀歸屬理論後，我國學者採此理論來論斷因果關係者，有逐漸增加的趨勢，此種趨勢似有取代相當因果關係說的可能性，因此本書亦將客觀歸屬理論列入因果關係論的討論範疇。

一、條件說

　　所謂條件說，係指若無該行為即無結果發生的條件關係存在時，即有刑法上的因果關係。例如甲毆打 A，導致 A 受擦傷，而 A 在前往醫院就醫途中，因乙違規駕駛卡車而將 A 撞死，若依條件說的見解，甲與乙的行為皆與 A 的死亡結果具有因果關係。

　　基於條件說的觀點，所有造成結果的各個條件，均具同等價值，都同樣係造成結果的原因，故條件說亦稱為等價說 (Äquivalenztheorie)。若依此說的見解，在上述案例中，對甲科以負 A 死亡的罪責，顯然失之過

踐之醫療水準判斷是否違反注意義務而定。本件被害人家屬認被害人並無心臟病宿疾，故行為人當時並無施與心臟病試劑檢驗，而僅以心電圖及抽血檢查等需時較長之檢驗方式，對於被害人返家翌日發病一事於客觀上實難預見，又鑑定時因無屍體解剖而未能確認被害者死因，縱被害人已儘早得到診療，亦不能保證能避免其因心臟病或其他突發疾病死亡，應認行為人之診療與被害人死亡間不成立**相當因果關係**。」(2) 99 年度臺上字第 985 號判決：道路交通安全規則第 102 條第 1 項第 6 款規定，轉彎車應讓直行車先行。但直行車尚未進入交岔路口，而轉彎車已達中心處開始轉彎，直行車應讓轉彎車先行。本件遭撞擊之車輛係甫自加油站進入車道，車速顯然較已於車道上持續行駛之撞擊車輛為低，遭撞擊車輛駕駛人未讓直行車先行即進入車道，即難謂違規行為與車禍結果間無**相當因果關係**，原審以證據不足為由判決行為人無罪，自有未盡審酌之謬誤。

此外，最高法院 97 年度臺上字第 3428 號、97 年度臺上字第 4739 號、98 年度臺上字第 6056 號、98 年度臺上字第 7186 號、99 年度臺上字第 578 號、99 年度臺上字第 558 號、99 年度臺上字第 3891 號等判決，亦皆採相當因果關係說來判斷。

苟，將過度擴張結果罪責的範圍，因此過去曾有主張條件說的學者為了排除條件說所呈現的缺點，而提出因果關係中斷的說法，但此種中斷說終究無法獲得學者的支持，因而被揚棄不採。

有關因果關係中斷說無法獲得學界的支持，主要理由有三 **❹**：(1)刑法上的因果關係僅係存在與不存在的問題，一旦已經有因果關係存在，在因果關係進行中突然消失，此點在論理上無法解釋；(2)提出因果關係中斷說的學者係以條件說為基礎，惟條件說既然已經認為有條件關係存在，卻又以中斷為理由否定因果關係的存在，係屬自我矛盾的說法；(3)依據因果關係中斷的說法，無法正確導出刑法上的因果關係。

> ### 【因果關係中斷說】
>
> 在因果關係的歷程中，若有被害人或第三人的故意行為、抑或係自然力（例如地震、颱風、雷電等）的介入時，則因果關係被中斷，該行為與結果之間即無因果關係存在。亦即，在一般人理智上所無法預知的第三者介入，或被害人自行招惹的危險行為，使原有的因果關係為之中斷。例如在上述案例的情形，甲的毆打行為與乙的違規駕駛肇事行為皆係導致 A 死亡的條件，而後者所介入的乙肇事行為，將甲毆打至 A 死亡結果的因果關係中斷。

然而，事實上甲若不打傷 A，A 即不需就醫，A 若不就醫，即不會發生車禍而死亡，故 A 的死亡結果與甲的毆打行為之間，具有經驗上的因果關係，並不因後來的車禍而有所中斷。因此，依因果關係中斷說，亦會產生不當的結論，故此說無法獲得學界的支持，而條件說亦難以維持，在此背景下所提出的見解，即重要性說與原因說。

所謂**重要性說**，係以條件說的因果關係與行為人的刑事責任問題的區別為出發點，嚴格區分因果思想與歸責思想，認為刑法處罰犯罪行為，

---

❹ 參照大谷　實，《刑法講義總論》，成文堂，2010 年 3 月新版第 3 版，215 頁。

主要係因為該行為所造成的具體結果在刑法上具有重要性**❹**，故將其視為係造成具體結果的條件，並認定係造成結果發生的原因。

　　至於**原因說**，則係指應就各種條件的特性逐一加以評估，篩選出其中的一個條件視為原因，經被判定為原因的條件，始與所發生結果之間具有因果關係。例如對結果的發生最具優勢的條件、最有力的條件、最後的條件、最具決定性的條件等。然而，實際上針對最具優勢、最大比重、最有力或最後條件等，並無明確的判斷標準，故支持原因說的學者亦僅止於極少數。

二、相當因果關係說

　　由於條件說過度擴張結果歸屬的範圍，所以學說上提出修正理論，主要係說明具有刑法意義與價值的原因與結果關係，其中最主要的學說係相當因果關係說。所謂**相當因果關係說**，係以條件關係為前提，根據人類知識的經驗作客觀的判斷，認定在通常情況下，若該條件足以造成該結果時，則該條件與結果具有「相當性」，而認為其與結果之間具有因果關係；反之，若該條件在通常情況下，並不一定會造成該具體結果，而且結果的發生又可認為係完全脫軌或偏離常態者，則該條件與結果並無「相當性」，而不具有因果關係**❷**。

---

❹　針對有無刑法的重要性，原則上應就構成要件的規定以及其所保護的法益而認定，唯有構成要件相當的條件，始能認為係形成結果歸責的原因，而與結果具有因果關係。重要性說的內容係補充說明相當因果關係說，但由於其嚴格區分結果原因與結果歸責，故屬於客觀歸屬理論的奠基理論。

❷　有關實務上針對「相當因果關係」的解釋，參照最高法院 76 年臺上字第 192 號判例：「所謂**相當因果關係**，係指依經驗法則，綜合行為當時所存在的一切事實，為客觀的事後審查，認為在一般情形下，有此環境、有此行為之同一條件，均可發生同一之結果者，則該條件即為發生結果之相當條件，行為與結果即有相當之因果關係。反之，若在一般情形下，有此同一條件存在，而依客觀之審查，認為不必皆發生此結果者，則該條件與結果並不相當，不過為偶然之事實而已，其行為與結果間即無相當因果關係。」

㈠相當性的判斷標準

　　某種行為在通常情形下可否發生某種結果，亦即「相當性」的有無，依據以「何種範圍的事實」為前提來判斷，其結論亦有差異性存在。在學說上，針對相當性的判斷標準，有主觀說（主觀的相當因果關係說）、客觀說（客觀的相當因果關係說）與折衷說（折衷的相當因果關係說）等三種見解。

【相當性的判斷】

　　主觀說認為應以行為當時，行為人所認識的事實及所可能認識的事實為基礎，亦即以行為人所預見或可能預見的範圍（即責任內容的範圍）為因果關係的範圍，故此說的判斷標準係與故意或過失的範圍應具有同義性❹❸；**客觀說**認為於裁判時，立於法官的立場，除行為當時客觀上所存在的一切事實之外，亦以行為後所產生的事實中，在客觀上有預見可能性的事實為基礎❹❹；**折衷說**認為，應以行為當時一般人所可能認識的事實，以及行為人所特別認識的事實為基礎，而作相當性的判斷❹❺。

　　基於折衷說的立場來判斷是否具有「相當性」的見解，在日本的學說及實務見解上占有支配性的地位。在此所謂一般人的概念，係以社會上普通人所能認識的事實為基礎，亦即以普通人、平均標準人作為判斷的標準。針對以上見解，折衷說係立於主觀說與客觀說的中間立場，同

---

❹❸　主觀說係由德國學者柯里斯 (Kries) 所提倡，而日本的宮本英脩博士亦採主觀說的見解。

❹❹　參照曾根威彥，《刑法總論》，弘文堂，2010 年 4 月第 4 版，74 頁；前田雅英，《刑法講義總論》，東京大学出版会，2006 年 3 月第 4 版，183–184 頁以下。

❹❺　參照木村龜二著・阿部純二增補，《刑法總論》，有斐閣，1986 年 4 月增補版，183 頁。此外，團藤重光、大塚　仁、福田　平、西原春夫、藤木英雄、內田文昭、大谷　實及川端　博等學者亦採此說的見解。

時考慮行為當時一般人所可能認識的事實以及行為人所特別認識的事實兩種層面，此種判斷更為客觀且具有適當性的基礎，故被認為係最符合因果關係論旨趣的見解。本書基於上述理由，於說明因果關係說之際，亦採此種標準來判斷「相當性」。

(二)相當性的案例

(1)甲男到醫院探訪友人，在友人住的病房內，與同住該病房的慢性腎衰竭病患 A 女發生衝突，生氣之下，動手打 A 女巴掌一下，A 女突然昏倒在地，經急救後發現顱內出血，變成植物人狀態，兩天後因併發敗血性休克不治死亡。事後，經臺大醫院鑑定結果發現，慢性腎衰竭病患因凝血機能異常及外力撞擊等因素，比正常人容易發生自發性顱內出血。試問：甲的行為應如何處斷？

(問題關鍵在於：甲的行為與 A 的死亡有無相當因果關係？亦即，相當性如何判斷？其判斷的標準為何？)

上述案例，若依折衷說的論點來判斷，甲對於打一巴掌會導致死亡的結果，並無特別的認識（特別係對慢性腎衰竭病患的凝血機能異常情狀），即使係一般人亦無法認識該種事實，故甲的行為與 A 的死亡之間，應無相當的因果關係。若依主觀說或客觀說的立場，皆可能認定甲的行為與 A 的死亡之間，具有相當的因果關係。因此，採折衷的相當因果關係說，應係妥當的見解，甲成立刑法第 277 條第 1 項的傷害罪，不成立同條第 2 項的傷害致死罪。

(2)甲餵食被害人 A 足以致死的毒物。在毒性未發作前，與甲無關係的乙偶然侵入屋內開槍將 A 射殺。試問：甲的行為應如何處斷？

(問題關鍵在於：甲的餵毒行為與 A 的死亡之間有無相當因果關係？亦即，相當性如何判斷？其判斷的標準為何？)

(3)甲在家中客廳與其妻乙發生口角，竟心懷殺意，拿獵槍向乙開槍。子彈射偏，朝天花板飛去，意外命中躲在天花板上方的小偷A，子彈貫過A的心臟，A當場死亡。試問：甲的行為應如何處斷？

（問題關鍵在於：甲的行為與A的死亡之間是否具有相當因果關係？）

(4)美國大兵甲駕駛自用小轎車，渾然不覺撞到被害人A，更不知A因撞擊而被彈到該車車頂上。行駛4公里後，共乘該車的乙始發見，惟亦未將該種情況告知甲，不久A自車頂摔落至柏油路面而死亡。試問：甲的行為應如何處斷？

（問題關鍵在於：甲的行為與A的死亡之間有無相當因果關係？）

(5)從事潛水講習課程指導業務的浮潛教練甲，於某日下午9點左右，在靠近海岸的海中，指導三名助理教練與六名學員使用氧氣筒等呼吸器材進行夜間潛水。準備完成後，甲指示每一名助理教練分別督導二名學員，而開始進行團體潛水。在向海中前進約一百公尺後，甲向學員們示範捕魚等潛水技巧，並繼續向前進，心想讓學員自行體驗潛水捕魚，但並未對助理教練另外下督導指示。此時，學員A因專注搜尋魚群，而未即時發現眾人已向前離去，在發覺後急欲趕上隊伍，惟途中因氧氣筒氧氣用盡而陷入恐慌狀態，在缺乏潛水經驗與技術未成熟的情況下，未能採取適當因應措施而溺水死亡。試問：甲的行為應如何處斷？

（問題關鍵在於：甲的行為與A的死亡之間有無相當因果關係？）

三、客觀歸屬理論

德國學者認為上述各種理論的判斷標準不夠細緻，無法充分解決結果歸責的問題，故以相當因果關係說與重要性說的觀點，加入由刑法規

範本質所導出的客觀可歸責性概念，而形成**客觀歸屬理論** (Lehre von der objektiven Zurechnung)，依此來決定結果的歸責問題❹。客觀歸屬理論係於 1920 至 1930 年間所提出的見解，近來再度由已退休的前慕尼黑大學教授駱克新 (C. Roxin) 極力提倡，因而引起日本及我國學者的廣泛討論與評價。其再度提出評價的背景，來自於德國學說與實務見解大多數係採條件說，故有學者提出客觀歸屬理論來批評條件說。

在日本學界，目前條件說亦屬少數說，雖然基本上判例被認為係採條件說，但近來已經有不少判決係採客觀相當因果關係說，而針對客觀歸屬理論，亦大都認為此種理論尚未達到完全發展成熟階段，至今仍係一開放性而有待補充的理論。

㈠客觀歸屬理論的內涵

所謂**客觀歸屬理論**，係指若行為人的行為對於行為客體製造或升高了一個法律所不容許的危險（**創造危險**），並且該危險在具體事件歷程中實現，因而導致構成要件結果的發生（**實現危險**）時，該結果始可歸屬於行為人而言。客觀歸屬理論在因果關係論的發展，主要係以過失犯的領域為中心，故其與客觀注意義務的違反具有密切關聯性。基此，若從違反注意義務的觀點來觀察，有無客觀可歸屬性的存在，必須從以下兩個面向來加以思考❹。

1.**危險的增加（注意義務的關聯性）**：唯有行為人的行為對於結果創造（或升高）危險，始可肯定客觀歸屬性。倘若行為人已經善盡注意義務，而結果仍然發生，則該結果不可歸責於行為人。

2.**規範的保護目的範圍**：唯有該行為所惹起的結果係在規範保護目

---

❹ 我國學者大多將此種理論，稱為客觀歸責理論，惟使用「歸責」的用語，容易造成在討論因果關係時，即直接進入責任論討論歸責的混淆。因此，本書認為採「歸屬」的用語，應較為妥當。

❹ 參照山中敬一，《刑法における客觀的帰屬の理論》，成文堂，1997 年 6 月，1 頁以下；前田雅英，《刑法総論講義》，東京大学出版会，2006 年 3 月第 4 版，177 頁。

的範圍之內，始得歸屬於行為人。縱然行為人違反注意義務，若所發生的結果係在規範的保護目的範圍之外，則該結果不可歸屬於行為人。

(二)客觀歸屬理論的議論

　　主張客觀歸屬理論的學者針對相當因果關係說提出以下批評：由於相當因果關係說採所謂相當性的規範上評價，因此將原本應該屬於事實問題的因果關係與評價規範混淆在一起。質言之，客觀歸屬理論認為因果關係乃刑法上另外一種值得保護的要件，故因果關係的有無係屬另外的問題。若從此一觀點來看，則原本屬於客觀事實問題的因果關係論，由於加入相當性的價值判斷（價值評價），故將因果關係論予以規範化，此點或許令人質疑。

　　上述批評的理由可謂非常充分，但對於客觀歸屬理論的批評，應做以下的思考 [48]：因果關係論既然係屬於事實面向的問題，自然亦係構成要件該當性的問題，亦即刑法上的價值判斷係在評價刑事責任之前的階層，而由於其主要係以某一行為應否置於刑法領域來討論為中心，故當然要加入評價的要素。又若從因果關係論係探討客觀歸責的觀點來看，加入價值評價並無矛盾之處，亦即並無將事實面向與評價面向相互混淆之虞。

　　此外，就實質面而言，客觀歸屬理論與相當因果關係說二者並無相當大的差異性。客觀歸屬理論係在事實面的因果關係論之外，提出規範保護的觀點而加以規範化，故其內容可謂係與相當因果關係說相類似。因此，客觀歸屬理論雖然在學界引起熱烈討論，但由於其內容在實質上與相當因果關係說並無差異，而且依相當因果關係說即可圓滿解決因果關係的問題，故本書始終認為維持相當因果關係說的見解，並無不妥當之處，無須再採客觀歸屬理論。

---

[48]　參照川端　博，《刑法總論講義》，成文堂，2006 年 2 月第 2 版，156–157 頁。

第六節　構成要件故意

依行為人主觀犯意的有無為區別標準，可將犯罪區分為故意犯與過失犯兩種類型。所謂**故意犯** (Vorsatzdelikte)，係指行為人主觀上出於故意而實行犯罪行為的犯罪類型。在故意犯的情形中，尚有基於特定目的而成立的意圖犯，亦稱為目的犯❹。而所謂**過失犯** (Fahrlassigeitsdelikte)，則係指行為人主觀上並無故意，惟由於過失行為而導致結果發生的犯罪類型。

我國刑法規定「行為非出於故意或過失者，不罰。過失行為之處罰，以有特別規定者為限。」(§12)。依照上述規定，必須有故意或過失的行為，始能成立犯罪而接受處罰，倘若不是出於故意或過失的行為，則不能成立犯罪，惟由於過失的不法內涵較故意為低，基於刑事政策上的考量，僅針對較重法益造成實害或危險結果者，始加以處罰，故對過失行為的處罰，必須以有法律明文規定為限。換言之，我國刑法係以處罰故意為**原則**，而以處罰過失為**例外**。

第一項　故意的意義

在我國刑法上係以「行為人對於構成犯罪之事實，明知並有意使其發生者為故意。行為人對於構成犯罪之事實，預見其發生，而其發生並不違背其本意者，以故意論。」(§13) 來明示故意的意義❺。基於此種規定，故意的成立必須對於構成要件的客觀事實具有認識與將其實現的意欲，亦即其包含知 (Wissen) 與欲 (Wollen) 二個要素，前者係故意的認

---

❹　目的犯的「目的」係屬於特殊的主觀構成要件要素，在日本學說上亦將傾向犯的「主觀傾向」(例如強制猥褻罪中滿足性慾的心理傾向)、表現犯的「內心狀態」(例如偽證罪中依記憶內容的心理狀態) 等視為特殊的主觀構成要件要素。

❺　目前有多數學者認為應將故意定位於構成要件的領域，而將其視為係主觀構成要件要素，依此而稱為**構成要件故意**。

識要素，而後者則係故意的決意要素。

一、認識要素

　　所謂認識要素，係指行為人主觀上必須對該當構成要件的客觀事實有所認識，倘若行為人對客觀事實無認識，則不成立故意。故意的認識對象，係指客觀的構成要件要素，亦即構成要件所記述的要素以及規範的要素。關於記述的要素，例如行為主體、行為客體、行為、行為情狀、結果、因果關係等；規範的要素，例如財物的他人性、文書性、猥褻性等。關於認識，一般係指瞭解現實所存在事實，惟在刑法上則係包含「預見」將來應該會發生的事實。

【規範要素與意義認識】

　　甲販賣客觀上屬於刑法第235條「猥褻」圖畫的寫真集。甲知道該書係色情書刊，但不知該書係刑法所規定的猥褻物品。

　　（問題關鍵在於：「猥褻」係規範要素，須經過法律專家依其專業知識所為的刑法評價或價值判斷）

　　司法院釋字第407號解釋明白宣示：猥褻出版品，乃指一切在客觀上，足以刺激或滿足性慾，並引起普通一般人羞恥或厭惡感而侵害性的道德感情，有礙於社會風化的出版品而言。刑法的規制對象係社會大眾，而非僅止於規制具法律素養的專業人士，應以社會一般人、非專業人的認知作為判斷標準。因此，行為人對於猥褻等規範要素的認識，以一般人的意義認識即為已足，故甲對於其販賣的寫真集係屬色情書刊具有認識，即得成立故意。

【對於客體屬性的不確定認識】

　　美國籍男子甲，受幫派分子乙之脅迫，將不明物品3000公克藏在腹部，自日本搭飛機到臺灣。入境後在旅館房間內取出其中2000

公克，觸摸觀察後，驚覺該物應該是禁止攜帶至臺灣且對人身有害的違禁藥物，但未明確認識到該物是毒品。事實上該物是海洛因，隔日甲遭警方逮捕。甲是否成立毒品危害防制條例第 11 條第 1 項持有第一級毒品罪？

（問題關鍵在於：關於毒品犯罪，行為人往往只知道持有物是毒品，但該物究竟是何種毒品《例如：古柯鹼或海洛因等》並沒有明確認知。）

在上述案例中，倘若要求行為人對於該毒品的種類有所認識始成立故意，顯不合理，惟仍須對於該物具備意義的認識。關於該客體屬性認識程度的具體判斷內容，有以下三種判斷標準❺❶：(1)以認識到該物應該係違法物質為已足；(2)該物須為刑事法規有明文規定的違禁物，且以行為人有認識到該物係具成癮性的有害物質為必要；(3)以行為人內心隱約有想到該物大概是特定毒品(例如有想到是「大麻」)為標準。在三種判斷標準中，(3)的見解已否定意義認識的論理，對於認定故意的標準過於嚴苛，若採此標準，對於越是不在乎客體性質的行為人越有利，顯不得宜；(1)的見解的標準，又太過寬鬆，使毒品犯罪的故意範圍不當擴大，諸如，行為人對於持有物的認識，僅以於食品衛生管理法第 14 條之 1 對於國民的身體或健康有嚴重危害的國外食品或食品添加物（例如三聚氰胺），即具備毒品犯罪的故意，亦不適當；(2)的見解較為妥當，惟仍須注意「成癮性」、「有害性」（法益侵害性）與規範要素其實十分相近。

二、決意要素

行為人對於客觀的構成犯罪事實有所認識以後，並進而具有實現該認識內容的**決意要素**（亦稱為實現要素），始能構成故意。若行為人雖知

❺❶　參照高橋則夫、伊東研祐、井田　良、杉田宗久，《法科大学院テキスト　刑法総論》，日本評論社，2005 年 4 月第 1 版，148 頁。

其行為將致人於死，但卻不想置他人於死，縱然由於其行為而導致他人死亡的結果，此時因行為人欠缺殺人故意，無法成立故意殺人罪，充其量僅止於成立過失致死罪而已。

有關決意要素，學說上有認識說與希望說兩種見解：(1)認識說係將故意的本質解釋為犯罪事實的認識；(2)希望說係將犯罪事實的實現解釋為希望或意欲。本書認為，故意的本質應解釋為行為人已經認識犯罪事實，而仍然有實現該認識內容的意思，故希望說應係較為妥當的見解。

第二項　故意的種類

```
        ┌ 確定故意（直接故意）
        │           ┌ 擇一故意
故意 ┤           │
        │ 不確定故意 ┤ 概括故意
        └           └ 未必故意（間接故意）
```

一、確定故意與不確定故意

所謂**確定故意**，係指行為人對於犯罪構成事實及其實現具有確定的認識而言。至所謂**不確定故意**，則係指行為人對於犯罪構成事實及其實現具有不確定的認識而言。

【確定故意的案例思考】

在甲心懷殺意對前方 20 公尺的 A 開槍；乙為取得保險金放火燒自家房屋時，有認識到房子裡的老人 A 必然會被燒死的情形中，甲、乙對於 A 的死亡是否具備殺人故意？

（問題關鍵在於：甲對於實現殺人既遂罪構成要件，有明確的目的與意圖；乙對於實現殺人既遂罪構成要件，雖無明確的目的與

意圖，但對於該要件事實《將致人死亡》有明確認識。因此，甲乙二人皆具有確定故意。）

關於不確定故意，又可分為擇一故意、概括故意、未必故意等三種類型。

(一)擇一故意

行為人雖然預見其行為將會實現多數構成要件或侵害多數行為客體，但其行為究竟會實現何種構成要件或侵害何種行為客體，行為人並無確定的認識，但只要其行為能夠對於其中之一的客體造成損害或實現其中一個構成要件，即與行為人的本意相符，此種情形的主觀心態，稱為擇一故意。例如，甲經常遭受 A 一家人嘲諷而欲殺 A 洩恨，某日欲開槍射殺 A 時，適巧 A 身邊有其妻子 B 與兒子 C 同行，甲心想無論射中其中何人皆無妨，而向 A 所在之處開槍射擊。

(二)概括故意

行為人雖然預見其行為將會發生犯罪結果，但究竟將發生幾個結果或侵害客體，並無確定的認識，而仍決意實行其行為，結果導致同時實現多數構成要件或同時侵害多數行為客體，此種情形的主觀心態，稱為概括故意（或稱累積故意）。例如，甲對群眾開槍，行為人雖明知將有人傷亡，但不確定其中究竟何人傷亡、傷亡人數有多少的情形。

【韋柏的概括故意】

在刑法理論上，另有對概括故意做不同的解釋。亦即，所謂概括故意，係指行為人最初所意圖的結果雖未發生，但誤信已經發生，進而實行第二行為，依第二行為而發生最初所意圖的結果。此種解釋係 1825 年由德國刑法學者**韋柏** (von Weberscher) 所提出，故學說上稱為**韋柏的概括故意**❺❷。例如，甲欲殺 A 而勒住 A 的頸部，A 因

❺❷ 針對此種情形，雖有認為係屬概括故意，而視為故意的問題來處理，惟本書認

精疲力竭而倒地，甲認為 A 已經死亡，為了湮滅犯罪證據，於是將 A 搬運到最近的湖泊並投入湖中，然 A 在被勒頸時尚未死亡，而因為喝下過量之水而溺死。

(三)未必故意

行為人主觀上對於構成要件的實現有所預見，而聽任其自然發展，終於發生構成要件該當結果，或實現構成要件的主觀心態。行為人如此聽天由命，容認構成要件實現或聽任結果發生的內心情狀，稱為未必故意。未必故意在我國刑法上係以「行為人對於構成犯罪之事實，預見其發生，而其發生並不違背其本意者，以故意論。」（§13 II）的規定而呈現。

【未必故意的案例】

(1)甲搭乘列車私自取走行李架上的手提袋時，主觀上不確定該物是否在他人持有狀態之下，惟客觀上手提袋係他人所遺失之物。甲是否具備竊盜罪與侵占遺失物的故意？

（問題關鍵在於：甲雖不確定該手提袋是遺失物或他人持有物，但對竊盜罪與侵占遺失物罪的事實，主觀上雖無明確認識，惟皆有所預見，且其行為在客觀上係構成竊盜罪或侵占遺失物罪皆不違背其本意，故具備竊盜罪與侵占遺失物罪的未必故意，應成立竊盜罪與侵占遺失物罪，依想像競合犯處斷。）

(2)甲於跳蚤市場向乙選購二手名牌服飾時，看到衣服樣式，與近期新聞所報導的名牌服飾店失竊物頗為類似，進而懷疑該物係乙不法取得之物，惟因價格低廉禁不起誘惑，仍然買入數件，事實上該服飾確實係贓物。此種情形，甲是否具備故買贓物的故意？

為，其係行為人所認識的內容與因果歷程之間的錯誤，故將其視為因果關係的錯誤來處理，應係較妥當的見解。

　　（問題關鍵在於：故買贓物的故意並不以明知買受物為贓物者為必要，而以購買人知道買受物可能係贓物，仍執意買入者即為已足。）

二、直接故意與間接故意

　　將故意區分為直接故意與間接故意兩種類型者，係屬於依據我國刑法的規定而作的分類。所謂**直接故意**，係指行為人對於構成要件該當結果的發生，有所認識，並進而決意促使其所認識的結果發生，此種明知故犯的心理狀態，稱為直接故意。亦即係指「行為人對於構成犯罪之事實，明知並有意使其發生者，為故意。」（§13Ⅰ）的規定而言。至於所謂**間接故意**，則係指行為人對於構成要件該當結果的發生，預見其發生，而其發生並不違背其本意者而言。此種容認（聽任）的主觀心態，稱為間接故意，亦稱為未必故意（§13Ⅱ）。

第三項　故意的犯罪論體系地位

　　在古典與新古典犯罪理論中，將故意與過失視為係非難行為人的心理狀態，其屬於責任條件（責任形態），故當時的刑法學者係將故意與過失一併置於責任論領域來討論。然而，現在犯罪理論已經改變以往的見解，認為不僅故意與過失係屬主觀的要素，在構成要件上亦有主觀的要素存在。例如殺人罪與過失致死罪二者的區別，主要係將故意與過失視為主觀構成要件要素而加以個別化❸。針對故意究竟係「構成要件要素」抑或係「責任要素」？在學說上，有構成要件要素說、責任要素說、構成要件要素與責任要素說等三種主要見解，各說的主要論旨如下。

---

❸　參照福田　平，《全訂刑法總論》，有斐閣，2004 年第 4 版，70 頁。

一、構成要件要素說

構成要件要素說認為故意係構成要件要素，亦稱為**違法類型說**。此說的論點，係在刑法理論的演進過程中所形成，特別在主觀違法要素理論發展以來❺，使以往「違法性係屬客觀，責任係屬主觀」的堅固命題產生動搖。主觀違法要素理論除將目的犯的「目的」、傾向犯的「主觀傾向」、表現犯的「內心狀態」等視為特別的主觀違法要素之外，未遂犯的「故意」亦被視為主觀違法要素，因而使故意成為違法性理論的主觀要素。

由於構成要件係違法行為的定型化，故若肯認故意係屬違法要素，則其體系地位係由違法性移至構成要件。在刑法理論的演進上，故意的位置係依「責任→違法性→構成要件」的過程而產生變化。此種論點正如目的行為論所述：行為的本質要素乃實現構成要件結果的「目的」，而故意（事實故意）係形成行為的要素，故在所有故意犯上，故意應係屬構成要件的要素，而在成為違法判斷對象的意義上，故意亦為違法性的要素。

此外，有學者認為，由於責任係非難可能性，故具有非難可能性的期待可能性或違法認識可能性，始屬於責任，縱然事實的故意或過失的行為意思，亦為責任非難的對象，但仍然不屬於責任，因此故意與過失係屬構成要件的要素，而非責任條件（責任要素）❺。

---

❺ 關於**主觀違法要素理論**的發展，參照川端 博，《事例式演習教室》，勁草書房，2009 年 6 月第 2 版，36 頁以下。

❺ 參照木村龜二著·阿部純二增補，《刑法總論》，有斐閣，1978 年 4 月增補版，203 頁；福田 平，《全訂刑法總論》，有斐閣，2004 年第 4 版，70 頁。本書亦採此種立場，故將故意與過失歸納在構成要件中論述，在責任論中則不再論故意與過失，特此敘明。

二、責任要素說

責任要素說認為故意係責任要素，此說係屬於最傳統的見解，且曾經係以往的通說見解。責任要素說認為，故意或過失係非難行為人的心理狀態，因此故意係積極的責任要素，而包含構成要件事實的認識與違法性的認識。若依此說的論點，行為人儘管認識該當構成要件的事實及其違法性，而在可期待其捨棄違法行為而實行合法行為的情形下，卻違反可期待性而實行違法行為，此時附著於法律上非難行為的故意即可成立❺❻。此說的特徵，可謂係使故意專屬於責任，而不承認其與構成要件具有關聯性。

此外，亦有主張故意係責任要素，但不包含違法性認識可能性的見解。例如，故意應如往常地解釋為責任要素，並無所謂構成要件故意的個別化機能，有關故意的內容，該當構成要件的事實即為已足，而違法性認識可能性並非屬於故意，係屬於另一種責任要素❺❼。此種見解亦屬於責任要素說，惟此說與以往通說的相異點在於：究竟將違法性認識或認識可能性視為「故意」要素？抑或視為責任要素？

三、構成要件要素與責任要素說

構成要件要素與責任要素說認為，故意具有兩面性，一方面係屬主觀構成要件要素，屬於其中的違法與有責類型，而另一方面則係屬於責任要素，包含以違法性為基礎的事實認識以及違法性認識或違法性認識

---

❺❻　參照瀧川幸辰，《犯罪論序說》，有斐閣，1947 年 11 月改訂版，126–127 頁；內藤　謙，《刑法講義總論（上）》，有斐閣，1983 年 3 月，220 頁；中山研一，《刑法總論》，成文堂，1982 年 3 月，349 頁。此外，我國學者蔡墩銘教授亦認為故意必須具有「期待可能性」，參照蔡墩銘，《刑法總論》，三民書局，2004 年 3 月修正 5 版，200–201 頁。

❺❼　參照平野龍一，《刑法總論 I》，有斐閣，1972 年 7 月，159 頁以下、258 頁以下。

可能性❺❽。依據此說的見解，倘若行為人有犯罪事實的認識或容認，則可歸責該行為人，而在以構成要件該當性為理論根據的同時，亦能以有責性為根據，因此故意具有雙重機能。

此外，亦有認為，故意於討論成立犯罪之際，首先以構成要件故意來理解，其次再以主觀違法要素的違法故意來考量，更進而在本質上應視為責任故意來理解❺❾。

第七節　構成要件過失

如上所述，在傳統的犯罪理論中，係將過失與故意並列為責任條件（責任形態），故過失係在責任論領域來加以探討。若依據此種論點，則過失的本質在於：犯罪事實的欠缺認識係基於行為人的不注意，亦即倘若行為人已經善加注意，則可認識構成要件結果的發生，而且能防止該結果的發生。換言之，過失行為係因行為人不注意而欠缺該種犯罪事實的認識，終究導致構成要件結果的發生。

現在的犯罪理論，不僅將過失視為責任的條件，亦認為在構成要件上具有主觀的要素。基於此種立場，在犯罪成立判斷上，若否定主觀構成要件的過失，則無法檢視構成要件的該當性，故過失應與故意並列為主觀構成要件要素，此即所謂**構成要件過失**❻❶。

❺❽ 參照團藤重光，《刑法綱要總論》，創文社，1990 年 3 月，209 頁以下；藤木英雄，《刑法講義總論》，弘文堂，1975 年，138 頁；板倉　宏，《刑法》，第 5 版，有斐閣，2008 年 3 月，169–170 頁；大谷　實，《刑法講義總論》，成文堂，2010 年 3 月新版第 3 版，164 頁。我國學者林山田教授亦採此說見解，參照林山田，《刑法通論（上）》，作者自版，2008 年 1 月增訂 10 版，397–398 頁。

❺❾ 參照大塚　仁，《刑法概說（總論）》，有斐閣，2008 年 10 月第 4 版，179 頁以下。

❻❶ 林山田教授認為，將過失犯罪視為可罰行為的特別類型，具有獨立的構造，故其法律概念與故意一樣，具有行止形態與罪責形態雙重性格。參照林山田，《刑法通論（上）》，作者自版，2008 年 1 月增訂 10 版，397–398 頁。

第一項　過失犯的概念

　　故意犯係行為人認識客觀的構成犯罪事實，且具有實現的意欲，因而實現構成要件結果的犯罪；而過失犯則係行為人違背在日常社會活動中客觀所必要的注意義務，在無意欲的心態下，造成法益侵害或危險的犯罪。換言之，過失犯對於法規範的禁止或誡命，並非有意實行犯罪行為，僅止於疏忽不注意而實行該行為的程度。

　　就刑法理論而言，故意犯所可能成立的犯罪類型，過失犯亦能成立，因此過失犯亦可能有行為犯與結果犯、實害犯與危險犯、作為犯與不作為犯。然而，針對法益侵害較輕微的過失行為，則基於刑事政策的目的與刑法謙抑性的原則，不列為刑罰的對象。因此，過失行為的處罰僅以有特別規定者為限（§12 II），在現行刑法的規定中，有處罰過失犯的實害犯與危險犯，但並無處罰行為犯與純正不作為犯的規定。

　　關於作為犯與不作為犯的情形，係依違反注意義務的**行為形態**來分類，可區分為過失的作為犯與過失的不純正不作為犯。前者係因積極作為的違反注意義務而實現構成要件的犯罪類型，故屬於**積極的過失**，例如駕車不慎而發生撞傷人的結果；後者係因消極不作為的違反注意義務而實現構成要件的犯罪類型，故屬於**消極的過失**，例如將已上膛的手槍置於桌上，對他人玩弄而不加警告或阻止，致發生誤傷的結果等。

【刑法過失犯的形態】

　　我國刑法對於過失犯的規定，除過失致死罪（§276）與過失傷害罪（§284）兩種犯罪係以獨立法條規定者外，其餘皆係附隨於故意犯，而以另一項規定在同一法條中，例如：戰時過失不履行軍需契約罪（§108 II）、公務員過失洩漏交付國防私密罪（§110 II）、過失違法行刑罪（§127 II）、過失洩漏國防以外之私密罪（§132 II）、公務員過失縱放或便利脫逃罪（§163 II）、失火燒燬現住建築物及交

通工具罪（§173 II）、失火燒燬非現住建築物及交通工具罪過失準放
火罪（§174 III）、失火燒燬住宅等以外之物罪（§175 III）、準失火罪
（§176）、過失決水浸害現供人使用之住宅或現有人所在之建築物及
交通工具罪（§178 II）、過失決水浸害現非供人使用之住宅或現未有
人在之建築物罪（§179 II）、過失決水浸害住宅等以外之物罪
（§180 III）、過失破壞防水蓄水設備罪（§181 II）、過失傾覆或破壞
現有人所在之交通工具罪（§183 II III）、過失妨害舟車及航空機行駛
安全罪（§184 III IV）、過失不法使用爆裂物及其加重結果犯（§186 之
1 III）、過失放逸核能放射線致生公共危險罪（§187 之 2 III）、過失損
壞保護生命設備罪（§189 III IV）、過失妨害公眾飲水罪（§190 III）、
流放毒物罪及結果加重犯（§190 之 1 IV）。

在刑法的規定上，對過失犯的處罰規定，並未訂立一個完整的構成
要件，故在目前面對大量的過失案件，尤其在過失傷害與過失致死罪與
日俱增的情形下，如何評價行為人的行為屬於刑法上的過失行為，確實
是司法實務工作者所面臨的一大挑戰。

刑法將過失定義為「I 行為人雖非故意，但按其情節應注意，並能
注意，而不注意者，為過失。II 行為人對於構成犯罪之事實，雖預見其
能發生而確信其不發生者，以過失論。」（§14）。然而，此種過失的明文
規定，僅止於係一個概括而抽象的法律定義，主要仍須由法官就具體情
狀從事判斷。因此，過失判斷的主要關鍵在於：在具體案例中，判斷的
標準為何？亦即，行為人所違反的注意義務，其實質內涵究竟為何？針
對此一問題，若無過失的理論根據，實無法具體且正確地判斷究竟是否
屬於過失。

第二項　過失的實質內涵

針對過失的實質內涵為何？亦即過失的「注意義務」究竟係預見結
果義務抑或係迴避結果義務？學說上主要有舊過失論與新過失論兩種相

異見解，茲將此兩種理論對過失的詮釋敘述如下。

一、舊過失論

舊過失論（傳統過失論）係以心理責任論為其理論基礎，認為相對於故意係指行為人對於構成犯罪事實的認識或預見的心理狀態，過失則係指行為人對於構成犯罪事實的不認識或不預見的心理狀態而言。在故意犯的情形，行為人因對構成犯罪事實有認識，而具有違法性的認識，儘管可期待該行為人不為該違法行為，但行為人仍實行該違法行為而導致結果發生，依此種期待性可能性而非難該行為人。然而，在過失犯的情形，行為人係對於構成犯罪事實的不認識或不預見的消極態度，故無法如同故意犯一樣加以非難。

基此，舊過失論針對注意義務的判斷標準，著重在行為人於行為當時對於結果的發生有無「主觀的預見可能性」。亦即，行為人原本對於構成犯罪事實能認識或能預見，但因疏於注意而不認識或不預見，故未採取基於認識或預見的迴避結果措施，因而導致該結果發生時，依此而可非難該行為人❻❶。因此，行為人主觀上因欠缺意識的集中，致未預見原可預見的具體結果發生時，可肯認該行為人具有過失，此種以「**主觀的預見可能性**」為前提的「**違反注意義務**」（主觀的過失），即為舊過失論的主要論旨。

二、新過失論

二十世紀初期，德國學者賴特布魯夫 (Radbruch) 針對舊過失論著重行為人行為當時心理狀態的論點提出批判，而認為應將「客觀注意義務」當作違法要素，此見解並經葉克斯那 (Exner)、恩義許 (Engisch) 等學者所肯認。

---

❻❶　日本山口　厚、曾根威彥教授亦係採舊過失論，參照山口　厚，《刑法総論》，有斐閣，2005 年 2 月補訂版，202 頁；曾根威彥，《刑法総論》，弘文堂，2010 年 4 月第 4 版，170–171 頁。

其後，在 1930 年代中，魏采爾 (H. Welzel) 基於目的行為論而提倡違法性理論，其認為對於故意犯或過失犯而言，並非所有法益侵害均具有違法性，只有違反社會性的法益侵害存在時始具有違法性。換言之，依據目的行為論的解釋，過失犯係以結果目的為潛在的「目的行為」，故過失犯從以往重視結果的注意性（即預見可能性）轉變為重視其行為的惡性。

基此，過失犯所特有的實行行為（亦即是否為逸脫標準的行為），係以行為是否違反客觀注意義務來加以認定，而此種客觀的注意義務係以一般人的立場為標準，包括客觀的預見結果義務與客觀的迴避結果義務，特別係為了迴避結果發生所應盡的「採取適切措施」義務，此係屬外在的態度，因此被認為係客觀的義務。換言之，以行為人行為當時所處的情境，就行為人的立場而言，有無踐行預防結果發生的必要措施，倘若已踐行迴避結果發生的措施，而結果仍然發生，則其行為仍屬合法；惟若未踐行此種迴避結果發生的措施，進而導致發生結果時，其行為則屬違法。

新過失論係以是否已盡「迴避結果發生」為義務中心，依此作為過失犯成立與否的判斷標準，並將違法性的本質解釋為「基於違反社會性的行為所產生的法益侵害」，而非廣泛地理解為一般的法益侵害。換言之，違法性並非僅屬於單純法益侵害的「**結果無價值**」，而亦應求諸於「違反迴避結果義務」（客觀的過失），而實行不適切行為的 「**行為無價值**」(Handlungsunwert)。

在新過失論之中，針對視為迴避結果義務前提的「客觀的預見可能性」，除有主張必須要求「具體的預見可能性」，而該預見成為結果發生原因的見解外 [62]，亦有主張對該結果具有「可能發生的危懼感(不安感)」，即認為具有客觀預見可能性的見解（學說有稱為「新新過失論」或「危懼感說」）。有關此種見解，在日本曾經被使用在「森永奶粉中毒事件」

[62]　參照西原春夫，《刑法總論》，成文堂，2006 年，174 頁。

的判決中❸，但其後並無學者支持此一見解，亦未曾再度援用於其他判決。

【危懼感說】

依據危懼感說的見解，在科學實驗或開發新食品等未知領域，對於不能具體預見結果發生的情形，由於存有「該業務行為是否將對身體產生任何危害」的一般危懼感，故行為人實施業務行為時，只要沒有為了確保安全而提高注意，就無法消除危懼感或不安感。在此種情形下，在論理上當然可以要求行為人盡可能地避免冒險行為而謹慎地行動❹。然而，此種理論以「行為無價值論」為根據，而將預見可能性概念抽象化為危懼感的論點，遭受學者諸多批評，已逐漸不為學者所接受。

基於上述過失理論，可將過失的內涵及其犯罪論體系地位歸納如下：(1)若依舊過失論的見解，過失係屬於責任要素，而在責任階層來討論，通常係視為主觀的過失，違反注意義務係意味著主觀的「違反預見可能性」；(2)若依新過失論的見解，過失係屬於構成要件要素或違法要素，而在構成要件階層來討論，通常係視為客觀的過失，違反注意義務係意味著「違反客觀迴避結果義務」。因此，在學說上，有主張過失係屬構成要件要素者，或有主張過失係屬責任要素者，亦有主張過失不僅屬於構成要件要素、亦屬於責任要素者（亦即具有雙重機能）。本書認為，過失係屬構成要件要素，而應在構成要件階層來討論。

---

❸　森永奶粉中毒事件的事實概要：1955 年 6 月，百餘名嬰幼兒飲用森永乳業德島工場所製造的嬰兒奶粉後不幸身亡，原因是奶粉在製造過程時，加入的第二燐酸蘇打內含大量的砷，檢察官將當時的工場長（工廠廠長）與製造課長以業務過失致死罪起訴。參照德島地方裁判所 1973 年 11 月 28 日判決，《判例時報》第 721 號，7 頁。

❹　參照藤木英雄，《刑法講義總論》，弘文堂，1975 年，240 頁。

第三項　有認識過失與未必故意

　　我國刑法針對過失的規定，係在總則中明示過失的定義❻，亦即將過失區分為無認識過失與有認識過失。

　　所謂無認識過失 (Unbewußte Fahrlässigkeit)，亦稱無意識過失，係指行為人在客觀情狀及個人情況負有注意義務，且有注意能力，但竟不注意，而在主觀心態上毫無認識情狀下實現構成要件而言❻。亦即，刑法所規定之「行為人雖非故意，但按其情節應注意，並能注意，而不注意者，為過失。」（§14 I）。

　　所謂有認識過失 (Bewußte Fahrlässigkeit)，亦稱為有意識過失，係指行為人雖認識其行為有實現構成要件的可能性，但因過於自信，且認為其行為不致發生構成要件的結果，乃貿然地著手實行，終於發生構成要件結果的主觀心態。換言之，行為人雖預見其行為對於法律所保護的客體存有危險，但因低估此等危險或高估自己能力，而確信構成要件不致實現，但仍舊發生構成要件的結果。亦即，刑法所規定之「行為人對於構成犯罪之事實，雖預見其能發生而確信其不發生者，以過失論。」（§14II）。

【預見可能性的判斷】

　　(1)甲係貨運業務駕駛人，駕駛貨車以時速 65 公里的車速行駛於限速 30 公里的狹窄道路上，看到對向突然有來車，一時驚慌失措將

---

❻　在刑法總則有明文規定故意與過失的定義者，除我國刑法之外，例如德國與日本刑法皆未有類似規定，有關故意與過失的定義皆以學說或實務見解來加以解釋。

❻　過失的認定標準，應以行為人對行為的結果**有無認識**來判斷。參照最高法院 50 年臺上字第 1690 號判例：「刑法上所謂過失，指無犯罪故意因欠缺注意致生犯罪事實者而言。故是否過失，應以對於其行為之結果有無認識為標準，**若明知有此結果而悍然為之，自不得謂係過失。**」

方向盤急往右打，致自車擦撞道路右側護欄，且因驚慌失措又將方向盤往左打，致自車失控，而使後車廂左側猛烈撞擊置於道路旁的號誌燈柱，貨車後車廂內共乘者 A、B 因而死亡，副駕駛座的 C 亦負傷。甲於事發後才知道後車廂內載有 A、B 兩人。甲對於 A、B 死亡有無過失？

（問題關鍵在於：構成要件過失的判斷，以行為時一般通常人可能認識的事實、資料及資訊作為前提，而以一般通常人若加以注意則可預見具體結果發生與否作為判斷標準。須注意者，乃所謂「一般通常人」，係指與行為人在日常生活上所承擔的社會地位、功能、角色具同等性之人，例如醫師、工程師等各領域之人，並非係指社會一般平均人。甲為貨運業務駕駛，判斷有無構成要件過失的標準，應以一般貨運駕駛是否可得預見作為標準，而非以一般汽車駕駛人的預見可能性作為標準，故應負較高的注意義務。）

(2)工程師甲在近畿日本鐵道東大阪線生駒隧道內進行電纜線連接工程，因怠於取下 Y 字型電流分歧器，使原本應該導入地面的高壓電，因該分歧器的阻礙，而未能導入地面。高壓電阻塞在該電流分歧器的半導電層部分未能流出，使導電管路炭化，因長時間累積集中而發生火災，導致多人死傷的結果。甲是否具備過失？

（問題關鍵在於：高壓電長時間無法導入地面，使導電管路炭化，有導致火災發生可能性的情形，甲雖無預見，但若有預見其發生的可能性，就足以認定行為人成立過失犯罪。然而，此案例的預見可能性與結果迴避義務的判斷，涉及專業知識，究竟必須採一般通常人標準或社會一般平均人標準？）

第四項　有認識過失與未必故意的區別

有認識過失與未必故意在概念上有些雷同，容易招致混淆，而在實際判斷上亦非簡單，因此有嚴格區分的必要性。兩者相同之處係行為人

同樣對於構成犯罪的客觀事實有所預見；相異之處係行為人在主觀心態上並不相同。換言之，有認識過失係行為人在**主觀上確信**其行為絕對不會實現構成要件或發生構成要件該當的結果；至未必故意則係行為人在**主觀上對其行為發生構成要件結果並不違反其本意**。

簡單而言，有未必故意的行為人，雖然預見其行為有發生構成要件該當結果的高度可能性，但其主觀上卻存在著「果真發生那種結果，又如何？」的無所謂的心理狀態；相對地，有認識過失的行為人，雖然同樣預見其行為有發生結果的高度可能性，但其主觀上卻存在著「絕對不可能發生那種結果」的確信的心理狀態。

學說上，針對如何將故意的「下限」（未必故意）與過失的「上限」（有認識過失），在僅有一線之隔的界限上劃分清楚，使其具有更明確的判斷標準，基本上有基於認識要素與決意要素二種立場。基於認識要素立場者，有可能性說與蓋然性說二種見解；而基於決意要素立場者，有希望說、容認說與動機說三種見解。茲將各種見解的主要論點敘述如下：

一、可能性說

可能性說基於認識要素的立場認為，行為人若認識構成要件結果有發生的可能性，即足以成立故意。若依本說的見解，則故意並非以行為人對構成犯罪事實結果的希望為要素。本來於意圖結果發生或希望結果發生時，雖經常認定有故意存在，惟若無希望結果發生，亦不得認定其無故意。若依此說見解，例如以詐領保險金為目的而放火燒燬房屋，結果導致他人死亡的情形。縱然行為人並非希望有人死亡，惟在可預見他人死亡的情況下，行為人對發生結果仍有故意❻❼。

然而，倘對結果的發生僅僅以認識可能性為已足，則有認識過失將被歸納為故意，形成不合理的結論。此種不合理結論，確實係可能性說

❻❼ 此說係日本舊派學者所提出的見解。參照泉二新熊，《日本刑法論上卷（總論）》，有斐閣，1939年，452、456頁；宮本英脩，《刑法大綱》，弘文堂，1935年，140頁。

的最大缺點，因此，為了解決此一問題，主張認識說學者將「可能性」修正為「蓋然性」，而提出蓋然性說的見解。

二、蓋然性說

蓋然性說認為，行為人若僅僅認識構成要件結果有發生的可能性，並不足以成立故意，必須認識結果發生具有高度蓋然性時，始成立故意，亦即行為人若認識結果發生僅有較低的可能性時，則成立有認識過失[68]。由於此種區分未必故意與有認識過失的標準，並未加入「內心與感情的因素」的思考，故獲得正面的評價。

然而，以結果發生可能性的程度來判定蓋然性，往往係非固定者，無法成為確實的判斷標準，而且以如此不確實的「量的判斷」來區分故意與過失，而使其轉為「質的判斷」，畢竟係屬於恣意地區別故意與過失而已。換言之，蓋然性與可能性僅在程度上有所差異而已，故非僅僅難以劃分故意與過失的界限，且由於故意與過失在違法性或責任內容上具有「質的差異」，以「量的標準」來區分兩者，不免令人質疑。

三、希望說

希望說基於決意要素的立場認為，行為人必須意欲或希望發生構成要件的結果，始可成立故意[69]。若依本說的見解，僅在行為人積極地意欲或希望發生構成要件的結果，始成立故意，將導致無法解釋未必故意的存在。換言之，若貫徹希望說的論點，則未具有意欲者，不成立故意，故行為人於實現本來目的之際所產生的附隨結果，只要非屬行為人的意

---

[68] 此說係日本新派學者所提出的見解。參照牧野英一，《刑法總論（下）》，有斐閣，1959 年，556 頁。目前採此種見解者有前田雅英、斎藤信治等。參照前田雅英，《刑法總論講義》，東京大学出版会，1999 年 2 月第 3 版，285 頁；斎藤信治，《刑法總論》，有斐閣，2008 年 5 月第 6 版，98 頁。

[69] 此說係日本舊派學者所提出的見解，參照大場茂馬，《刑法總論下卷》，中央大学出版会，1917 年，701、727 頁。

欲，則不成立故意。亦即，在未必故意的情形，亦幾乎全部成為有認識過失。

非僅如此，在行為人認識該當構成要件的事實，卻又實行行為的情形，若完全不包含行為人對結果的意思態度，實屬無法想像之事。原本行為人的意欲，依據行為人有何種認識即可明白加以判斷，而一個人現實上所能意欲的事態，亦僅限於其所能認識的範圍。因此，即使係採決意要素的立場，亦不能忽視認識的要素，故希望說係屬不妥當。

四、容認說

容認說係將希望說修正而成的見解。此說認為，行為人必須認識構成要件結果發生的可能性，而且容認該結果發生，始可成立故意❼。針對容認的意義，學說上主要有兩種解釋：(1)將容認解釋為採「同意」或「放任」的積極態度，而尚未達到希望或意欲的程度者；(2)行為人對於自己所認識有發生結果可能的結果，採「不介意」或「絲毫不關心」的消極態度。簡單而言，前者係「行為人知道結果或許會發生，而認為即使發生亦無妨時，即成立故意」；而後者則係「行為人將結果發生視為不得已或不介意，而實行行為時，即成立故意」。

容認說係將故意的認識要素與決意要素分別處理，而明確地區別故意與過失的「質的差異」，此點受到相當的評價。本書支持此說見解，而認為在實際上判斷所謂容認的心理狀態，應委由法官依具體事實謹慎地加以判斷，方能避免與認識說同樣，對故意的成立範圍，造成過於寬鬆的情形。

---

❼ 此說係日本目前的通說見解，參照團藤重光，《刑法綱要總論》，創文社，1990年3月，295頁；佐伯千仞，《刑法講義（總論）》，有斐閣，1981年4訂版，255–256頁；木村龜二著‧阿部純二增補，《刑法總論》，有斐閣，1978年4月，210頁；福田　平，《全訂刑法總論》，有斐閣，2004年第4版，110頁；大塚仁，《刑法概說（總論）》，有斐閣，2008年10月第4版，228–229頁等。

五、動機說

動機說係基於「行為人認識構成要件有發生結果的可能」對「相反動機的形成」造成影響的觀點，而區別未必故意與有認識過失[71]。然而，有基於認識說的立場，而提出「自己行為的結果，已預見他人將死亡時，必須取消行為的動機，但行為人卻仍不取消該動機而實行該行為，依此加以非難。依此，一般將認識說視為係動機說」的見解[72]。

此外，亦有基於容認說的立場，而主張「行為人雖然認識結果發生的可能性，但最後並未否定該結果發生的可能性，因此在該認識未能抑止行為動機時，應認為成立未必故意，反之，則成立有認識過失」的見解[73]。

若採動機說的論點，則有兩個問題存在：(1)動機說主張以「動機形成過程」來區別未必故意與有認識過失，此種區別標準已經深入內心部分，在事實上難以判斷；(2)在事實故意中加入責任非難的要素，畢竟係與構成要件故意的概念無法相容。因此，此說見解係屬不適當。

第五項　複數行為人的過失競合

有關過失犯的刑事責任，以往大多僅論及直接惹起結果的行為人，惟最近針對工業工程安全、食品藥品、醫療及大型火災等發生事故時，亦論及對直接行為人具有監督地位者的過失責任，此即所謂監督過失。在此所謂監督過失，係指廣義的監督過失而言，包含狹義的監督過失與管理過失二種類型。

---

[71] 此說係日本學者瀧川幸辰所提出的見解。參照瀧川幸辰，犯罪論序說，有斐閣，1947 年 11 月改訂版，133–134 頁。

[72] 參照平野龍一，《刑法總論 I》，有斐閣，1972 年 7 月，185 頁；曾根威彥，《刑法總論》，弘文堂，2010 年 4 月第 4 版，166 頁。

[73] 參照井上正治，《過失犯の構造》，有斐閣，2003 年 2 月，140 頁。

一、監督過失的意義

一般而言，所謂**狹義的監督過失**，係指對他人實行危險行為具有監督地位者所產生的過失而言。例如，化學工廠現場工作員因過失漏逸有毒氣體，使工廠附近居民中毒時，負有監督該工廠員工執行業務的廠長，若未盡其應盡的監督義務，則應負過失的責任。

所謂**管理過失**，係指對危險物、設備或動物等具有管理責任者，因設備、機構或體制上的管理不當而產生的過失而言**❼❹**。例如，火災自動預警系統因管理人疏於管理，致釀成火災，造成多人死傷。在管理過失的情形，針對管理者的疏忽管理，主要係未善盡迴避結果發生的管理義務（不作為）。換言之，管理責任者負有安全確認義務，而此義務與不純正不作為犯的「保證義務」相同，故基於不作為犯的觀點，亦可處理管理過失問題。

二、監督過失與不作為的關係

有關管理監督過失的型態，則有將其分為**危險狀態發生以前**的管理監督行為與危險狀態已經發生後的管理監督行為二種類型。**危險狀態已經發生後**的管理監督義務，例如醫院在進行手術發生意外時，醫師對於護士的行為具有監督義務。然而，現實上發生意外事故時，主要論以監督過失應以事前的管理監督義務為主。此種事前義務的內容可分成二大類事例來加以思考。

其一，在事前未採防止危險發生的措施，例如大型火災事故的情形，針對防火區域鐵捲門的設置、救助袋的設置、自動撒水滅火器的設置及避難誘導訓練的實施等，皆屬於火災發生具體危險時，防止死傷結果發生的系統，故管理監督者在事前應善盡事前的防止義務。更簡單的案例，例如由於選任不會游泳的游泳池管理人，而無法救助溺水小孩的情形。

❼❹ 參照山中敬一，《刑法總論》，成文堂，2008 年 3 月第 2 版，391 頁；中山研一、米田泰邦編著，《火災と刑事責任》，成文堂，1993 年 11 月初版，83 頁。

其二，在事前義務設置危險源或製造危險狀態的情形，例如在小孩可能會進入的原野放置一個大型的冷凍庫，小孩在附近玩結果誤入冷凍庫被關閉而導致窒息死亡者，或例如醫師命並未受過完整訓練的實習護士參與手術，由於該實習護士的錯誤而導致患者死亡的情形。

在論述管理監督過失之際，有從共犯的觀點，提出成立「過失共犯」的見解，亦有從不作為犯的觀點，認為成立「過失的不純正不作為犯」的見解。本書認為，由於管理監督過失大都具有不純正不作為犯的要素，故以不作為犯的保證人說來解釋，應係較為妥當的見解。

三、監督過失的可罰性

監督過失係由於身處監督地位者，而應同負過失的責任，故監督過失並非特別的過失，其成立要件與一般過失相同。然而，在層層管理的現代社會結構中，監督過失的認定，必須詳細地探討相關行為人在事故發生當時的關係。換言之，雖然同樣係監督者與被監督者，但可能由於事故現場的情形不同，而使責任歸屬產生變化。

事實上，位居高權位者不但享有領導支配的權勢，其亦大都比其部屬享有較高的物質待遇，然而當意外事故發生之時，往往係由其部屬首當其衝地負起刑事責任，而在上位者卻大多不需負擔起任何刑事責任，而僅僅負政治或行政責任，此相當不符合社會大眾心中的公平正義標準。或許有人會提出以下兩點質疑：(1)倘若在意外事故發生時，一併追究監督管理者的刑事責任，是否有所謂「連帶責任」之嫌？(2)行政上管理疏失課予行政責任的處罰即可，倘若課予監督管理者嚴屬的刑事罰，是否違反刑法的謙抑性原則？

本書認為，針對第一個問題，具有監督管理地位者，其原本即係應對自己因未克盡注意義務所造成的傷亡結果，負起「個人責任」，而非「連帶責任」。或有論及「刑法上的過失，其過失行為與結果間在客觀上有相當因果關係始能成立」，此種論點極為正確。然而，問題點在於，具有監督管理責任者的疏忽行為與傷亡結果之間，應該亦具有「相當」因果關

係。從刑法理論上對於「相當」因果關係的認定而言，其判斷應以「行為人於行為時一般人所能認識的事實以及行為人個人所特別認識的事實為基礎」為標準，而作相當性的判斷。因此，具有監督管理責任者對於所監督或管理業務的疏失行為，屬於一般人所能認識的事實，且其對於事業方面的特別常識，又屬於具有監督管理責任者在專業領域內所當然特別認識的事實，綜此兩種基礎而為判斷，應認為監督管理責任的疏忽行為與傷亡結果之間具有「相當」因果關係。

針對第二個問題，在刑法理論的適用上，確實經常援用「謙抑性思想」作為一指導原則，而不輕易發動國家刑罰權。然而，面對重大事故時，其所造成的傷害與死亡程度，豈能與一般輕過失相提並論？因此，不能單純僅從故意或過失的層面來予以論斷，而逕予認為過失行為原本即係行為人主觀出於「不注意」所導致，故不應加以重罰，而必須正視客觀上已經造成重大傷亡的結果，此時倘若僅課以監督管理者「行政罰鍰」而避開「刑事責任」的科處，實在不符合刑法上謙抑性原則的真諦。

第六項　可容許的危險

任何人參與社會共同生活的各種活動時，均應謹慎行事，以避免其行為發生危險，而侵害他人的法益。然而，隨著時代的進步，文明的發達，速度的增快，各種行為活動應運而生，例如高速度的交通移動、精密技術的醫療治療、工業的發展等，此等運用科技的行為活動皆伴隨著對法益侵害的高度危險性，但該行為卻係對人類社會具有實用性與必要性，在利弊衡量之下，為了活性社會化，改善人類物質的生活，享受新科技的利益，應該在一定的範圍內允許這種危險的存在，此即所謂可容許的危險 (erlaubtes Risiko)。因此，並非所有的危險行為均在法律規範禁止之列，唯有超出容許危險界限之外的危險行為，始有以法律加以禁止的必要性。

危險是否被容許，應依危險行為的社會有益性來作決定。行為人所從事的行為對於社會生活具有價值與實用性者，其危險自然就被法律所

容許。當然，若行為所具有的危險程度較高，則行為人所應盡的注意義務亦相對地提高。例如醫生改變傳統的醫療技術（醫療常規），使用特別有效但具有高度危險性的開刀治療方法，則於執行手術時必須要有正確且嚴密的急救與監視病人身體情狀的措施；又例如工廠在使用危險儀器或機器時，亦應設置必要的安全設備與監視措施。

針對高科技所帶來的危險，法律規範必須斟酌各種社會活動所具有不同的危險方式及危險程度，依據一般人所應注意的客觀標準，訂立注意規則，例如核能發電、航空、鐵公路交通運輸、採礦、建築、藥物食品的製造、醫療配藥、獵人狩獵、警察使用槍械等。倘若該行為人違反有關的注意規則，而怠於履行此等注意規則所提示的注意事項，即可認定該行為**違反客觀注意義務**。

社會共同生活領域中各種注意規則，有不成文規定者，亦有成文規定者。不成文規定係指各行業或經歷多年活動經驗累積而成的習慣，例如醫生的醫術規則或醫療常規、各種運動的比賽規則等。成文規定則指規定於各種法律或命令中，具有法條形式的規則，例如警械使用條例中規定「警察人員使用警械應注意勿傷及其他的人以及勿傷及該人致命的部位」、道路交通安全規則中規定「行車前應注意的事項、行車速度、保持安全距離、酒後駕車」等規定。倘若行為人依此注意規則而營社會活動，但仍發生構成要件結果，此時應認為行為人已經善盡注意義務，對結果的不發生具有相當信賴性，應可援引信賴原則來阻卻過失的構成要件該當性。

【可容許危險的實務見解】

建築物設置電梯，係因應高層建築物的人員與物品上下交通(運輸)迅速便捷，而設置具危險性的交通運輸工具，本質上固屬於所謂被容許危險行為的一種；但其被容許的行為，仍應本諸社會有利性為準據而定其規範界限，故保障或維護利用電梯的人員、物品安

全，不致遭受傷亡或其他損害，自屬界定設置電梯是否符合社會有利性的判別標準。因此，倘此項電梯的安裝、維護及修理，即容許危險的設計、維修及監督管理，未盡其業務上應盡的注意義務，有所疏失，而逾越上述社會有利性規範的界限，肇致法益被侵害的結果者，若猶認其尚無過失，得卸免其應負的責任，實亦難遽認其符合法律上關於容許危險行為存在的意旨（最高法院 83 年度臺上字第 6023 號判決）。

第七項　信賴原則

信賴原則的產生，係在 1930 年代，德國因大量生產汽車且將汽車行駛速限提高，在汽車促進交通發達以及道路相關設施完備等時代背景下，針對交通事故所浮現的過失認定問題，基於交通順利發展的整體利益考量，因而在學說上提出信賴原則藉以解決過失責任問題，而在 1935 年的判例上確立此種原則的適用。

德國提出信賴原則後，歐洲各國在面臨交通事故的過失責任歸屬問題時，亦相繼採用此種原則來處理，例如瑞士與奧地利等國幾乎在同時期援引此一原則 **⑦⑤**。

一、信賴原則的意義

所謂信賴原則 (Vertrauensgrundsatz)，係指行為人於實行某種行為之際，信賴被害人或第三人當為適切的行為，而此種信賴具有相當性的情形時，縱使被害人或第三人實行不適切行為而發生構成要件結果，行為人亦不需對該結果負刑事責任的原則 **⑦⑥**。信賴原則適用於交通事故的情

---

⑦⑤ 有關瑞士及奧地利針對信賴原則的適用，參照宮澤浩一，《現代社会相と內外刑法思潮》，成文堂，1976 年 10 月，3 頁以下。

⑦⑥ 參照余振華譯・川端　博著，《刑法總論二十五講》，元照出版，1999 年 11 月，103 頁。

形，可參考日本最高裁判所判例的解釋。

【信賴原則的實務見解】

(1)**日本信賴原則的指導性判例**：針對「某汽車於右轉時在交叉路口中央突然減速而欲慢慢前進之際，撞上欲強行超越其車的被害車輛」的交通案件，最高裁判所認為「汽車駕駛人只要無特別的情狀……對於其他車輛……信賴其會為適切的駕駛行為即為已足，並無須預想進行中的車輛會有違反交通法規之行為……確認其安全，而防止事故發生於未然的業務上注意義務」，依此而撤銷原審認定被告有過失的判決（日本最高裁判所 1966 年 12 月 20 日第 3 小法庭判決，《最高裁判所刑事判例集》第 20 卷第 10 號，1212 頁）。

(2)**北大電氣手術刀誤接事件**：日本更在醫師與醫療小組的信賴關係上，探討信賴原則的適用性，例如針對「外科醫師甲於實施動脈手術之際，由於護士乙疏於注意而誤接電氣手術刀的電線，導致該電氣手術刀燒傷病人」的醫療事故，札幌高等裁判所認為「甲係執行手術的醫師，對上述電線的誤接，因欠缺具體的認識，倘鑑於該項誤接而發生傷害事故的預見可能性並不高，而在手術前，信賴經驗豐富的護士乙，致未檢查電線連接的正確與否，在當時的具體狀況下，事實上並非屬於無理由，則針對甲預見電線誤接的傷害事故，以及未採迴避事故發生的檢查措施，認為執刀醫師甲違反一般的注意義務，係屬不可能。」，依此而判決執刀醫師甲不成立過失傷害罪（日本札幌高等裁判所 1976 年 3 月 18 日判決，《高等裁判所刑事判例集》第 29 卷第 1 號，78 頁）。

(3)**架設屋外電線事件**：「屋外供電線路裝置規則」係經濟部依電業法第 34 條訂定發布，其有關架空電線與地面垂直間隔之規定，已有安全上之專業考量，在一般正常情況下，符合該規則設置之電線，應足確保安全無虞。本件架空屋外高壓供電導線之高度，符合該規

則所定之基本垂直間隔，為原判決確認之事實，則設置機關或負有安全監督責任之被告，於不違反其客觀上防止危險結果發生之注意義務下，**在通常情形一般人俱應予以容認**，而作適切之相應行為，不致高舉導電物品行經電線下方，期能共維安全，自有**正當之信賴**；故被害人垂直持魚竿行經上開高壓供電導線下方，要屬其自身之危險行為，不能令被告負過失責任（我國最高法院 93 年臺非字第 94 號判例）。

　　具體而言，信賴原則應可廣泛地適用於一般過失，特別係被害人或第三者的行為與發生結果具有關聯性的過失認定問題。換言之，信賴原則並非交通事故的專屬原理，而針對防止危險而具有協力分工合作關係的各種案件皆可適用。在複數行為人一方面信賴對方的行動，一方面又以分工方式而實行工作的情形，例如擔任外科手術的醫師，只要無特別的情狀，可信賴手術所準備的器具業已消毒完畢；食品製造業者訂購政府指定規格的物品時，可信賴貼上政府指定規格標籤的食品內容具有真實性等。

二、信賴原則的理論基礎

　　信賴原則的理論基礎主要有二：其一為「可容許的危險」，其二為「危險的分配」。可容許危險的法理，係指在社會生活的必要注意限度內，為達成社會有益性的目標，行為人所遂行的危險行為亦被肯認係屬於可容許的行為。在因信賴其他參與者當為適切行動，肯定自身所為危險行為係可容許的論點上，可容許的危險與信賴原則在思想上具有脈絡相通性[77]。

　　至於危險分配的法理，則係指應將交通上的危險負擔，適當地分配

---

[77] 新過失論將信賴原則解釋為來自於「可容許危險」的法理，而舊過失論則將其視為「預見可能性」的問題。參照林　幹人，《考える刑法》，弘文堂，1986 年，203 頁。

於各個相關人，不應由行為人獨自負擔該種，此種法理在對信賴其他參與者行動的行為人，予以減輕負擔的論點上，亦與信賴原則在內容上具有共通性❼❽。因此，信賴原則基於可容許危險與危險分配等二種法理，針對過失行為，作為可阻卻構成要件過失的理論根據。

三、信賴原則的判斷標準

【相當性概念的思考】

甲平日以駕駛聯結車載運貨物為業，於 2000 年 7 月 7 日駕駛大貨車聯結拖車沿臺東縣臺九線公路，由北往南方向行駛，於下午 3 時許途經該路段 418 公里以南 400 公尺處，時值雨勢滂沱視線不清，該路段行車速率限制為時速 40 公里，甲以約 40 多公里的時速繼續行駛於內側車道。適有 A 駕駛自小客車搭載乘客 B，沿著同一公路由南往北方向行駛，當車行至該處時，疏未注意將車駛入來車車道的內側車道。甲發現該車迎面駛至，因車速過快，煞車閃避不及而致二車互相撞擊，導致 A、B 二人顱內出血而當場不治死亡。本案經臺東地檢署依業務過失致人於死罪將被告甲提起公訴。

判決要旨：臺東地方法院判決甲成立業務過失致人於死罪，惟臺灣高等法院花蓮分院審理結果，認為肇事原因係被害人 A 所駕駛自小客車跨越中心分向限制線，侵入對向車道，甲駕駛聯結車並無肇事因素，無法證明被告犯罪，乃撤銷第一審論處甲業務過失致人於死罪的判決，改判甲無罪。嗣經臺灣高等法院花蓮分院檢察署檢察官提起上訴，最高法院認為審理事實的法院對於被告的犯罪證據未經詳細調查而遽為無罪的判斷，仍有不妥當，因此撤銷原判決，發回臺灣高等法院花蓮分院❼❾。

---

❼❽　參照余振華譯・川端　博著，前揭書，104 頁。
❼❾　參照余振華，《刑法深思・深思刑法》，作者自版，2005 年 9 月，75 頁以下。

在交通事故案件中，既然汽車駕駛人信賴被害人或第三人應迴避危險而實行適當行動，故在實行特定行為之際，此種信賴必須具有相當性。在此所謂相當性，係基於可容許危險而建立的相當性，其係與近代刑法學上視為阻卻違法理論根據的「社會相當性」或「社會相當行為」具有密切的關聯性❽。亦即，過失的成立與否，係以「行為人是否懈怠社會上必要的注意」（即社會相當性的標準）為前提，信賴的相當性亦依據社會相當性而從事判斷❽。因此，可容許危險、社會相當性及違反客觀注意義務三者形成一個整體的標準，而信賴原則即係基於此一標準，判斷信賴的相當性與過失存在與否的理論。例如，在其他行為人有明顯不適切行為的情形，對於行為人本身違反交通規則是否成立過失犯，應綜合各種要素而以社會相當性為判斷標準。

在實務見解上，我國最高法院對交通事故中被告過失責任的認定，重視行為人本身必須無違規情形，認為信賴原則的適用應以行為人自身並未違規為前提，倘若行為人有違反道路交通安全規則的情形，即無法適用信賴原則❽。惟本書認為，其與過失論的「注意義務」有相違背。亦即，倘行為人已具有預見可能性，且已善盡防止結果發生的義務，則

---

❽ 我國針對交通事故採信賴原則的實務見解，參照最高法院 74 年臺上字第 4219 號判例：「汽車駕駛人雖可信賴其他參與交通之對方亦能遵守交通規則，同時為必要之注意，謹慎採取適當之行動，而對於不可知之對方違規行為並無預防之義務，然因對於違規行為所導致之危險，若屬已可預見，且依法律、契約、習慣、法理及日常生活經驗等，在不超越社會相當性之範圍應有注意之義務者，自仍有以一定之行為避免結果發生之義務。因此，關於他人之違規事實已極明顯，同時有充足之時間可採取適當之措施以避免發生交通事故之結果時，即不得以信賴他方定能遵守交通規則為由，以免除自己之責任。」

❽ 參照福田　平，《全訂刑法總論》，有斐閣，1992 年 11 月增補版，121–122 頁。

❽ 參照最高法院 84 年臺上字第 5360 號判例：「汽車駕駛人對於防止危險發生之相關交通法令之規定，業已遵守，並盡相當之注意義務，以防止危險發生，始可信賴他人亦能遵守交通規則並盡同等注意義務，若因此而發生交通事故，方得以信賴原則為免除過失責任。」

不必要求駕駛人的行為係屬無違反交通規則的完全「無瑕疵」(clean hand)行為。換言之，針對交通事故的行為人是否具有過失責任，係基於社會倫理秩序（或社會有益性）的二元行為無價值論觀點❸來判斷行為人信賴他人會實行適切行為的「相當性」。

　　本書認為，可容許危險與社會相當性二種法理皆係立足於行為無價值的觀點上，針對儘管有法益侵害結果的發生，但從社會倫理秩序來思考社會生活上具有相當性的目的與手段時，惹起法益侵害的行為若係具有社會有益性，而且係合乎社會倫理秩序的行為，應屬於適法行為。該二者的相異僅在於：社會相當性係針對「故意或過失」所惹起法益侵害結果的行為從事判斷，而可容許危險則僅針對「過失」所惹起法益侵害結果的行為從事判斷，兩者之間實具有重疊的關係存在。

四、信賴原則的體系定位

　　有關信賴原則在犯罪論體系中的地位，應從過失犯的構造來加以理解。由於信賴原則係決定「客觀注意義務」界限的實質與具體標準的一種原則，故依據如何理解過失犯的構造，客觀注意義務的意義亦產生差異❹。換言之，信賴原則的體系地位係依據「客觀注意義務」在犯罪論體系中的地位而決定。

　　若將客觀注意義務解釋為構成要件要素的立場，則信賴原則係屬於阻卻構成要件該當性事由；相對地，若認為可容許危險的法理係屬於實質的利益衡量問題，而歸屬於違法性論的範疇時，信賴原則係屬於阻卻違法事由。然而，無論基於何種立場，由於實質上判斷標準不同，故其對立始終僅止於「體系上的對立」。

　　本書認為，將信賴原則解釋為構成要件該當性的問題，正符合過失行為僅處罰具有高度危險性的理論結構，因此將其視為**阻卻構成要件該**

❸　有關二元行為無價值論的論點，參照余振華，《刑法違法性理論》，作者自版，2010 年 9 月第 2 版，90 頁。

❹　參照大谷　實，《刑法總論講義》，成文堂，2010 年 3 月新版第 3 版，203 頁。

當性事由，應係妥當的見解。

五、信賴原則的適用要件

若從交通事件而言，信賴原則的適用，必須具備以下要件[85]：

㈠主觀的要件：1.信賴的存在：在現實上信賴其他交通相關人會依交通秩序而為適切行動，只要無積極的不信賴或相當程度的疑念即為已足；2.信賴的相當性：行為人的信賴，從該具體交通情況來看，具有社會上的相當性。

㈡客觀的要件：1.汽車的速限提高與交通圓滿順暢的必要性；2.交通環境的完備；3.交通教育與交通道德的普及，亦即使交通相關人違反交通秩序的行為減至最低程度。

㈢具體排他性：信賴原則排斥適用的情形：1.行為人很容易預見他人有實行交通上不適切行動的情形；2.被害人為老人、幼兒、殘障者或酒醉者等，無法期待其實行適切行動的情形；3.行為人有可歸責於己的重大交通違規或其他不適切行動的情形。

第八節　不純正不作為犯

針對不純正不作為犯的情形，若以「違反禁止規範」與「違反命令規範」的觀點而言，難免產生依據禁止規範規定而處罰命令規範違反行為（例如以不作為實行殺人行為）的疑問。針對此一疑問，可做以下的解釋：所謂「殺人」行為，在刑法理論上，亦可包含不作為，而在實質上，若否認不作為殺人，顯然係不具合理性。因此，我國刑法基於作為與不作為具有等價性 (Äquivalenz) 的觀點，而明文規定「Ⅰ對於犯罪結果之發生，法律上有防止之義務，能防止而不防止者，與因積極行為發生結果者同。Ⅱ因自己行為致有發生犯罪結果之危險者，負防止其發生

---

[85] 參照西原春夫，《交通事故と信賴の原則》，成文堂，1980 年 11 月，43 頁以下。

之義務」（§15）。

【防果義務的實務見解】

（1）刑法第 15 條第 1 項有關不作為犯「防果義務」之規定，所謂法律上之防止義務，不限於法律明文規定者，依契約或**其他法律行為、習慣或法律之精神、危險共同體、對危險源具監督義務**等觀察有此義務時，亦應包括在內。是特定危險源之監督者，就其所支配或管理之危險源，基於公共安全之義務，負有保證人地位。則物主既對其危險物負有監督責任，自對該物會進一步危害他人一事具有預見可能性，原則上負有防止危險發生之義務，其能防止而疏未防止者仍應就犯罪結果之發生負過失責任。（最高法院 110 年度臺上字第 4038 號判決）

（2）按**過失犯**以行為人對於結果發生應注意並能注意而不注意為成立要件。又行為人具有保證人地位，在法律上**對於結果發生負有防止之作為義務**者，其不作為將構成過失不作為犯；保證人地位，不僅依法令負有作為義務者，其他如**自願承擔義務、最近親屬、危險共同體、違背義務之危險前行為及對危險源監督義務**者，也具有保證人地位。而過失不純正不作為犯之成立要件，指居於保證人地位之行為人，因怠於履行防止危險發生之義務，致構成要件結果產生，即構成犯罪。過失不純正不作為犯構成要件之實現，係以結果可避免性為前提。因此，行為人若履行被期待應為之特定行為，構成要件結果即不致發生或僅生較輕微之結果；即法律上之防止義務，客觀上具有安全之相當可能性，則行為人之不作為，即可認與符合構成要件之結果具有相當因果關係。（最高法院 110 年度臺上字第 4034 號判決）

（3）刑法第 15 條第 1 項規定不作為犯「**防果義務**」。所謂法律上之防止義務，並不以法律明文規定者為限，即依**契約或法律之精神**

觀察有此義務時，亦應包括在內。而特定危險源之監督者，對其所支配或管理之危險源，基於交易安全之義務，負有保證人地位。是物主既對其危險物負有監督責任，自對該物會進一步危害他人一事具有預見可能性，原則上負防止危險發生之義務，能防止而疏未防止者，仍應就犯罪結果之發生負過失之責。（最高法院 110 年度臺上字第 624 號刑事判決）

　　不作為犯所存在的問題，並非純正不作為犯，而係不純正不作為犯。在此，以「不作為是否亦該當構成要件所預定的實行行為」為主軸而展開論述。關於不純正不作為犯，除與作為犯同樣必須具備主觀構成要件的故意或過失之外 **⑧⑥**，其成立要件有三：⑴不作為的存在、⑵因果關係

---

⑧⑥ 最高法院 110 年度臺上字第 4257 號判決：防止結果發生之義務，並非課予杜絕所有可能發生一切犯罪結果之絕對責任，須以該**結果之發生**，係可歸責於**防止義務人故意或過失之不作為**為其意思責任要件，方得分別論以故意犯或過失犯，否則不能令負刑事責任。因此，法院對於是否成立過失不純正不作為犯，除審查有否應防止之保證人義務外，尚應對於行為人是否能防止及其結果是否具可避免性等項，詳予調查，並綜合全部調查所得資料，本於職權審慎認定，並於理由中妥為記載，方為適法；最高法院 110 年度臺上字第 4976 號判決：刑法第 15 條不純正不作為犯之規定，因自己之行為，致有發生犯罪結果之危險者，應負防止該結果發生之義務，此所稱防止結果發生之義務，並非課予杜絕所有可能發生一切犯罪結果之絕對責任，仍須以該結果之發生，係可歸責於**防止義務人故意或過失之不作為**為其意思責任要件，方得分別論以故意犯或過失犯，否則不能令負刑事責任。操作堆高機搬移時，未將切粒機側翻並以繩子穩固，足見其並未盡注意義務，採取適當穩固措施以防止切粒機翻落，亦未於搬移作業之區域設置必要隔離設施或措施，終造成堆高機貨叉上之切粒機翻落，砸中趨前進入作業區試圖阻止切粒機翻落之被害人受傷不治死亡，自難認無過失；最高法院 109 年度臺上字第 5566 號判決：刑法第 15 條不純正不作為犯之規定，所稱負防止結果發生之義務，並非課予杜絕所有可能發生一切犯罪結果之絕對責任，仍應以依日常生活經驗一般人有預見可能，且於事實上具防止避免之可能性為前提，亦即須以該結果之發生，係**可歸責於防止義務人故意**

的存在、(3)法律上作為義務的存在。

第一項　不純正不作為的成立要件

一、不作為的存在

　　若將「作為」係「有」、「不作為」係「無」的概念，認為係行為的
上位概念，則不作為犯的行為性即產生問題，而不作為亦不存在。然而，
更重要者在於「不作為不能成為目的性行為」的議論。特別係在目的行
為論成為有力的學說後，不作為的行為性更引起熱烈的討論。

　　在不作為的情形中，確實係欠缺基於實現目的性意思的積極支配行
為。然而，不作為犯並無理由認為係「不行為」，而全然不具可罰性。因
此，不作為犯論形成重視行為無價值的「目的行為論」上的一大難題，
而若基於結果無價值論的立場，則僅重視法益侵害的結果，而忽視外部
的身體態度，同樣地亦難以圓滿地解釋不作為犯。然而，基於行為係由
人的意思而具有支配可能性的身體外部態度（行動或靜止），故不僅可肯
認不作為具有行為性質，若從不作為與作為具有等價性的觀點，亦可肯
定其具有可罰性。

二、因果關係的存在

　　在不作為與實行行為的關聯性上，以活動而言，不作為係「無」，從
「無中不能生有」的觀點而言，若從不作為不具原因力的觀點，將導出
否定實行行為的結論。然而，不作為並非「什麼都沒做」的「絕對無」，
而係具有「不為被期待的特定作為」。在學說上，由於肯認「若為被期待
的作為，則可防止結果的發生」的因果關係，故一般認為不作為具有實
行行為的性質。

　　在思考實行行為與因果關係之際，作為與不作為具有相異性。在作
或過失之不作為為其意思責任要件，方得分別論以故意犯或過失犯，否則不能
令負刑事責任，始符合歸責原則。

為犯的情形，由於行為包含行為本身具有侵害法益的危險，其實行行為的性質非常明確，故很容易認定「若不為該行為，則不會發生結果」（若非 P 則非 Q）的條件關係。而在不作為犯的情形，由於係以「若為被期待的行為，則可防止結果的發生」（若 P 則 Q）的條件關係為前提，故若無防止結果發生的可能性，則無法認定有實行行為，亦即無法確定有條件關係存在。關於此一問題，可參考以下案例來做思考。

【不作為因果關係的實務見解】

被告甲係幫派成員，在某旅館以性行為為交換條件而為 13 歲少女 A 施打迷幻藥物，A 剛開始向甲哭訴有頭痛、噁心等症狀，之後即陷入錯亂，終至昏迷狀態，而甲儘管感覺到 A 有生命危險，但惟恐為 A 施打毒品的行為被發現，並未採取聯絡救護車等救助措施，立即匆忙離開該旅館，因而導致 A 因急性心臟衰竭而死亡的結果。本案被告甲被檢察署依保護責任者遺棄致死罪起訴。

判決要旨：第一審法院基於「縱然立刻送醫急救，同樣會導致死亡的結果」的理由，而認為該遺棄行為與死亡結果之間並不具有因果關係。對此，第二審法院則認為若送醫急救，「十之八九有救命的可能性」，因此認定兩者之間具有因果關係。最高法院針對第二審判決亦認為，依據被害人 A 被注射迷幻藥物而於陷入錯亂狀態的時點，若被告甲立刻採取急救措施，則「十之八九有救命的可能性」，因此遺棄行為與死亡結果之間具有因果關係，應成立保護責任者遺棄致死罪 ❽。問題關鍵在於：不作為的因果關係，係「若為被期待的特定行為，則十之八九有救命的可能性」的「若 P 則 Q」關係。

上述事件係屬於遺棄罪的加重結果犯，惟若將事實稍加改變，假設

---

❽ 此一事件的判決，係日本最高裁判所針對「不作為的因果關係」所做出的首次判決，特別引起學界的重視。參照最高裁判所 1989 年 12 月 15 日判決，《最高裁判所刑事判例集》第 43 卷第 13 號，879 頁。

被告甲具有殺人故意的情形，將「即使聯絡救護車亦無法救命」視為「刑法上的因果關係」來處理，由於若甲認為無法救助則欠缺因果關係，因而導致不作為殺人罪根本不存在的結論，此即呈現不合理的矛盾。一般而言，因果關係主要在於連結實行行為與結果的問題，但在不作為犯的情形，若無結果防止的可能性，就不能認為有作為義務的存在，而既然不能將結果防止假設成具體的可能作為，就無法從實行行為的「不作為」來理解因果關係。基此，在不具有迴避結果可能性時，由於欠缺因果關係，故應認為行為人欠缺實行行為而不成立犯罪。

關於不作為犯的**實行行為性**，主要係由防止（迴避）結果的可能性與作為義務所連結而成。在作為犯的情形，事實上，結果迴避可能性不成為問題。但不作為犯係以原已存在的結果發生危險性作為前提，若具有結果防止的可能性，則有作為義務的產生。因此，在不作為犯的情形中，應注意因果關係（條件關係）與實行行為在事實上係具有重疊性。

三、法律上作為義務的存在

(一)作為義務的產生根據

不純正不作為犯的構成要件該當行為，必須加上法律上的作為義務始可成立。刑法上作為義務的發生根據，一般係採所謂形式的三分說見解，亦即將法令、契約及先行行為等三者解釋為產生作為義務的根據❽。

依據形式三分說的見解，首先，在基於**法令**方面，有法律的規定時，被認定當然具有作為義務，而所謂法令，並不限於刑法，其他例如基於**民法**上親子關係的「養護義務或監護義務」，或基於民法上防止房屋傾斜的注意義務等亦在解釋範圍之內❾。此外，**道路交通管理處罰條例**亦包

---

❽　參照川端　博，《刑法總論講義》，成文堂，2006 年 2 月第 2 版，223 頁；此外，亦有區分為法令、事務管理及一般規範等三種的見解，參照曾根威彥，《刑法總論》，弘文堂，2010 年 4 月第 4 版，203 頁。

❾　參照最高法院 30 年上字第 494 號判例：**民法第 795 條**規定，建築物或其他工作物之全部或一部有**傾倒之危險**，致鄰地有損害之虞者，鄰地所有人得請求為

含在法令之中，基於該條例的「救護義務」，理應視為具有作為義務的性質。

其次，有基於契約關係而立於一定地位與基於先行行為⑨而產生作為義務的情形。基於先行行為係一種例示說法，亦可謂係基於法理、習慣所產生的作為義務，此係基於邏輯的思考；而基於法律規定而產生的法義務，當然意味著義務人應該實行一定的作為。在簽訂不發生一定結果的契約時，基於該契約所產生的義務當然亦形成作為義務⑨。接著，由於先行行為而產生法益侵害危險的情形，在法理上則明顯地顯示出必須排除該種危險⑨。上述見解係基於法令、契約、先行行為等關係而產

必要之預防。此項規定，依同法第九百十四條，為典權人與土地所有人間所準用。上訴人典受某處之房屋，其右邊牆垛高聳，向外傾斜，致鄰地某甲之牙刷合作社有損害之虞，經某甲催促上訴人修整，並經該管縣政府早於一個月前派巡官勒令修整，是上訴人**對於此項危險之發生**，在**法律上不能謂無防止之義務**，且非不能防止者，上訴人雖購辦木料召泥水匠承包修造，因圖藉此終止某乙租賃契約，發生交涉迄未興工，致該牆倒塌，將合作社舖房倒毀，壓斃工人某丙，自不得以其僅為典主，而主張對此危險必須商諸所有人始得為必要之預防。至某乙久未遷移，及某甲之未另行覓屋避免危險，亦均不能阻卻上訴人犯罪之成立。

⑨ 所謂**先行行為**，係指行為人由於自己行為而導致有發生結果的危險而言，例如汽車駕駛人由於不注意而撞傷路人，導致該傷者有發生死亡結果的危險時，即由於先前的不注意行為而負有防止死亡結果發生的義務。

⑨ 參照最高法院 52 年臺上字第 521 號判例：上訴人既以**經營電氣及包裝電線為業**，乃於命工裝置電線當時及事後並未前往督察，迨被害人被該電線刮碰跌斃，始悉裝置不合規定，自難辭其於**防止危險發生之義務**有所懈怠，而應負業務上過失致人於死之罪責。

⑨ 參照最高法院 29 年上字第 2975 號判例：原審判決以**被告前往某甲家擬邀其外出同看電影**，某甲見被告衣袋內帶有土造小手槍，取出弄看，失機槍響斃命，認某甲之死，非由被告之行為所致，諭知被告無罪，惟被告所帶手槍，如果裝有子彈，則取而弄看，不免失機誤傷人命之危險，按之**刑法第 15 條第 2 項**規定，被告即有阻止某甲弄看，或囑其**注意之義務**，倘當時情形，被告儘有阻止

生，然始終都是從形式的立場來看，故稱為形式的三分說。

　　刑法上作為義務的產生根據，雖有依據法令、契約、先行行為等，但並非任何法令的違反皆可發生作為義務，亦不僅係不救助子女的父母親始可成立不作為的殺人罪，而應認為有與「積極的殺人行為」同等程度的作為義務，即可成立殺人罪的不作為犯 **❸**。

　　相對於作為義務發生根據形式上的分類，亦有學者從**實質性**與**機能性**的觀點提出作為義務的產生根據，亦逐漸成為有力的見解。例如，有從保護一定法益義務的**保護義務**及防止一定危險源侵害法益的**危險源監督義務**而加以分類的見解 **❹**。然而，從「為何行為主體在該種場合應負保護法益的義務？」「為何必須負擔危險管理的責任？」等實質上問題加以探討，即可得到親屬關係、看護契約、先行行為等作為義務 **❺**。因此，

───────────●───────────

或囑其注意之時間，因不注意而不為之，以致某甲因失機彈發斃命，依同條第一項規定，即不得不負過失致人於死之責；29 年上字第 3039 號判例：被害人某甲，雖係自己躍入塘內溺水身死，如果**某甲確因被告追至塘邊**，迫不得已，始躍入水中，則依**刑法第 15 條第 2 項**規定，被告對於某甲之溺水，負有救護之義務，倘當時並無不能救護之情形，而竟坐視不救，致某甲終於被溺身死，無論其消極行為之出於故意或過失，而對於某甲之死亡，要不得不負相當罪責。

❸ 參照最高法院 29 年上字第 1689 號判例：上訴人將紅信水銀投入飯鍋內，如其犯意僅在毒殺其夫某甲一人，而於乙、丙先後喫食此飯時，雖在場知悉，因恐被人發覺不敢加以防止，即係另一犯意，以**消極行為**構成連續**殺人罪**，應與毒殺某甲之行為併合處罰；31 年上字第 2324 號判例：**消極的犯罪**，必以行為人在法律上具有**積極的作為義務為前提**，此種作為義務，雖不限於明文規定，要必就法律之精神觀察，有此義務時，始能令負犯罪責任。

❹ 參照林山田，《刑法通論（下）》，作者自版，2008 年 1 月增訂 10 版，254–258 頁。最高法院 109 年度台上字第 4212 號刑事判決、最高法院 107 年度台上字 1133 號刑事判決亦有同旨。

❺ 參照最高法院 30 年上字第 1148 號判例：因自己行為致有發生一定結果之危險者，應負防止其發生之義務，刑法**第 15 條第 2 項**定有明文。**設置電網**既足使人發生**觸電之危險**，不能謂非與該項法條所載之情形相當。上訴人為綜理某廠事務之人，就該廠設置之電網，本應隨時注意防止其危險之發生，乃於其電門

本書仍基於形式三分說的立場，認為作為義務的發生根據有法令、契約及先行行為等三種。

【作為義務的案例思考】

甲在自己所有且現無人居住的木造房屋設有神明桌，某日甲到該屋拜拜並點燃桌上的蠟燭，由於燃燒中的蠟燭擺設並不牢固，很有可能向神明紙畫傾倒。甲見此情狀，心生詐領火災保險金的歹念，雖預見燭火將點燃易燃物而燒燬該房屋，但卻置之不理地離開該屋，結果導致該房屋付之一炬。甲是否成立刑法第 174 條第 2 項放火燒燬非現住自己所有建築物罪？

（問題關鍵在於：甲係放任既存危險而不為所動，係屬於不作為犯，其不作為《不為適當處置》與房屋燒燬之間具有因果關係，惟甲是否具有作為義務？）

㈡作為義務的成立要件

不純正不作為犯的成立，必須具有不使法益侵害結果發生的法律上作為義務，而此種作為義務必須具有以下三個要件：(1)現實上發生結果的危險、(2)防止結果發生的可能性、(3)作為的可能性。

1.現實上發生結果的危險

基於不作為犯與作為犯具有等價性的觀點，作為義務必須具有若不實行防止結果發生的一定行為，則現實上有發生結果的急迫危險。例如小孩正在溺水或房子已經著火等情形，由於現實上已經發生急迫危險，故有實行救助行為的作為義務存在。然而，父母意圖餓死嬰兒而將嬰兒放在家中外出的情形，在該時點並不立即成為殺人的實行行為，而係在該嬰兒體弱將近死亡之時，始產生殺人罪的作為義務。

2.防止結果發生的可能性

之損壞，漫不注意修理，以致發生觸電致死情形，顯係於**防止危險之義務有所懈怠**，自難辭過失致人於死之罪責。

　　針對結果的發生，不作為犯是否具有作為犯相等程度的原因力，此一問題係基於行為人必須有可支配事實上因果歷程的立場。因此，不純正不作為犯的實行行為必須具有「依被期待的作為而確實有防止結果發生的可能性」的要件。例如在交通事故現場，並不清楚是否須對被害人採救護措施的情形，縱然不施予救護而被害人死亡，仍應視為係因交通事故死亡，該種不採救護的行為並非不作為犯的實行行為。

3.作為的可能性

　　刑法上的作為義務，基本上係根據社會生活上的相互依存關係，而依法令、契約或法理習慣所產生，惟作為義務仍須在有作為義務者有作為的可能性，始能成立不作為犯。若不具該種作為的可能性，社會即不能期待行為人防止結果的發生，亦即作為義務並不存在。例如父母眼見自己小孩溺水，由於浪濤洶湧而事實上不可能救助時，並無作為義務，但若係父母不會游泳的情形，並無法否定作為義務，而應在違法性或責任上來加以思考。

第二項　作為義務的犯罪論體系地位

　　誠如上述，所謂作為義務係指法律所要求的一定作為，亦即法律要求行為人應實行積極身體動作的義務。例如上述所舉母親對其嬰兒負有應哺乳的作為義務的情形，該母親不哺乳時，其不哺乳的不作為，儘管亦可由具有行為能力的其他人為之，但唯有該母親可構成不純正不作為犯。換言之，在不純正不作為犯上，其「行為主體」必須加以限定。有關此點，過去通說認為唯有母親負有作為義務，而唯有違反該作為義務始構成違法行為。此種以各個具體的作為義務為其內涵，而將該違反義務視為違法性要素的見解，稱為違法性說。

　　若依違法性說的解釋，由於不純正不作為犯的「行為主體」，僅限於有作為義務之人，因此行為主體的限定，很容易在理論上加以說明。然若採違法性說，則由於有作為義務者以外的其他人，亦可能具有構成要件該當性，故構成要件該當性在不純正不作為犯上，與作為犯的情形相

異，而產生不具有「違法推定機能」的不合理情形。為排除此種不合理情形而提出的學說，乃保證人說。

依據保證人說的解釋，僅在對於犯罪結果發生的危險狀態，法律上負有應防止義務的保證人，在不為應防止義務（作為義務）時，始可肯認該當構成要件行為，故將保證人地位 (Garantenstellung) 視為構成要件要素，而具有作為義務者，即為保證人。依據此種解釋，即可將不純正不作為犯的「行為主體」限定在構成要件該當性的階段上。然而，將個別或具體的作為義務，在屬於定型或抽象判斷的構成要件該當性階段來討論，此乃不妥當的見解。

針對上述不妥當見解，有學者提出二分說，主張將保證人地位類型化後，再視其為「構成要件要素」，而將作為義務解釋為「違法性要素」❾❻。換言之，不作為人必須居於保證人地位，其不作為始具有構成要件該當性，而成立不純正不作為犯。至於作為義務（保證人義務），則與作為犯中的「不作為義務」同屬於違法要素。

第三項　作為義務的錯誤

上述二分說的主要意義，係在處理作為義務（保證人地位）錯誤的情形。例如，在父親得救助溺水的子女而不去救助的案例中，若該父親認為係「非自己子女」時，則屬於保證人地位的構成要件錯誤；惟若認為「雖然是自己子女，亦無救助義務」時，則成為保證人義務的違法性錯誤。

---

❾❻　參照內藤　謙，《刑法講義總論（上）》，有斐閣，1983 年 3 月，229–230 頁；福田　平，《全訂刑法總論》，有斐閣，2004 年第 4 版，94 頁；曾根威彥，《刑法總論》，弘文堂，2010 年 4 月第 4 版，209 頁；林山田，《刑法通論（下）》，作者自版，2008 年 1 月增訂 10 版，249 頁。

【作為義務錯誤的案例思考】

(1)父親甲與自己兒子 A 一起去海邊游泳，當 A 游離自己身邊時，甲發現海上有小孩正在溺水，但卻誤認溺水者並非自己兒子 A，而是他人的小孩。此時，甲瞭解對他人的小孩並無救助的義務，即使該小孩溺死亦事不關己，因此袖手旁觀而並未實行救助行為。在此種情形中，甲是否成立殺人罪？

（問題關鍵在於：此一問題，其係屬於**作為義務錯誤**的問題？）

在上述案例中，甲誤認溺水者「非自己兒子 A」，由於甲係對作為義務的基礎情狀產生錯誤，故其問題較為單純，甲係屬**構成要件錯誤**，可阻卻構成要件故意，而成立過失致死罪。然而，倘若係處理有關作為義務本體的錯誤時，例如甲已經認識是自己兒子，卻認為並無救助義務時，此種錯誤究竟應如何處理？此種情形，倘若將甲主觀上具有「雖然是自己子女，亦無救助義務」的錯誤，認為係屬於構成要件錯誤，因而認定欠缺殺人罪的故意，確實係屬不妥當，因此應認為此種情形係屬**違法性錯誤**。在此，將上述案例改變一下，來思考其中的問題。

(2)甲經過其子 A 所寄託的托兒所附近池塘，看到 A 正在溺水，但深信溺水者係最近相處失和的鄰居乙的小孩，認為即使那小孩溺死亦無妨，遂置之不理而離去。此外，托兒所褓姆丙因為與托兒所所長爭吵而從托兒所跑出來，亦剛好經過現場，丙雖然看見自己負責照顧的 A 正溺水，但卻認為「雖然在托兒時間內，但對任意跑出所外的兒童，褓姆並不須負擔任何責任」，同時亦因為對所長還有氣，雖明知置之不理，A 將會溺死，但心想「果真如此亦無妨」，於是離開現場而回家，A 因此而溺死。

在上述案例中，甲的錯誤係與案例(1)相同，係屬構成要件錯誤。然

而，身為托兒所褓姆的丙，對「作為義務的基礎情狀」並無錯誤，丙雖認識有照顧 A 的作為義務，但卻認為「在托兒時間內對任意跑出所外的兒童並不須負擔任何責任」，此種錯誤係屬於「作為義務本體」的錯誤。此種問題究竟應如何處理？

倘若將褓姆丙的錯誤認為係**構成要件錯誤**，則可阻卻構成要件故意，而成立過失致死罪，此種結論相當不合理，故應認為丙係屬違法性錯誤，不阻卻構成要件故意，而從責任的非難性可能性觀點，亦即從丙究竟係屬可避免的違法性錯誤或係屬不可避免的違法性錯誤來論處，始為妥當的見解。換言之，作為義務的錯誤應分為兩種情形：(1)作為義務基礎情狀的錯誤，依構成要件錯誤來處理、(2)作為義務本體的錯誤，依違法性錯誤來處理。

第九節　構成要件錯誤

所謂**錯誤 (Irrtum)**，係指觀念與事實不相符合的情形而言；而刑法上的錯誤，係指行為人主觀上的認識與客觀上所存在或發生的事實不相符合的情形而言。關於刑法上的錯誤，早期學說將其分為**事實錯誤與法律錯誤**，但事實與法律二者很難有明確的界限，經常出現難以區分何者為事實錯誤、何者為法律錯誤的情形，因此目前學說上大致將錯誤區分為**構成要件錯誤與違法性錯誤（或稱禁止錯誤）**。所謂**違法性錯誤 (Rechtswidrigkeitirrtum)**，係指行為人心理上欠缺對法律的認知或對法律的認識錯誤，亦即行為人欠缺違法性認識，致其主觀上認為自己所為係合法行為，但在客觀事實上，卻係屬於法律規定所加以處罰的行為而言**❼**。

---

❼ 違法性錯誤對於故意並無影響，而係對行為人可否歸責的問題，在犯罪論體系上屬於責任論的範疇，因此另於第二篇第四章責任論第四節詳細論述其中的內涵。

第一項 構成要件錯誤的意義

構成要件錯誤亦即早期所稱的事實錯誤，所謂**構成要件錯誤** (Tatbestandsirrtum)，係指行為人於行為時主觀上所認識的構成要件事實與現實上所發生的構成要件結果之間產生不一致的情形而言。

在構成要件錯誤的情形，行為人因為認識錯誤所發生的構成要件結果，是否可謂係行為人「故意」地實現，亦即「**是否阻卻故意**」，此即構成要件錯誤主要探討的問題。倘若不可謂該構成要件結果係行為人故意地實現時，則須再論是否成立過失犯。換言之，在構成要件故意（事實故意）中，包含事實的基礎，其問題在於依行為所惹起的構成要件結果，是否為「故意」實現？其結果倘非行為人因故意所發生，則不可謂係「故意」地實現，因而「阻卻故意」。

構成要件錯誤的主要問題在於：是否阻卻故意以及其理論根據。然而，此等問題亦依錯誤的種類而有所差異，故首先必須從構成要件錯誤分類來加以探討。針對構成要件的錯誤，可由下列兩個觀點來加以分類：

一、從構成要件範圍而分類

行為人的認識與結果在同一構成要件範圍內時，稱為「具體事實的錯誤」；若在相異的兩個構成要件時，稱為「**抽象事實的錯誤**」❾❽。例如，甲欲射殺 A 而開槍射擊，但子彈卻命中在 A 其身旁的 B，導致 B 死亡的結果，此種錯誤因為在殺人罪構成要件的範圍內，故為具體事實的錯誤。反之，若甲欲殺 A 而開槍射擊，但子彈未命中 A，而擊中 A 身旁的汽車，導致汽車毀損，此種錯誤因為係與殺人罪及器物毀損罪兩個構成要件有關，故為抽象事實的錯誤。

---

❾❽ 學說上，亦有將具體事實的錯誤與抽象事實的錯誤，稱為**構成要件等價的錯誤**與**構成要件不等價的錯誤**。參照林山田，《刑法通論（上）》，作者自版，2008 年 1 月增訂 10 版，419–421 頁。

二、從構成要件要素而分類

依據行為人的認識與結果在構成要件的何種要素產生不一致，可分為以下三種錯誤類型：(1)方法錯誤、(2)客體錯誤、(3)因果關係錯誤等三種。

在**方法錯誤** (aberratio ictus) 的情形，係指行為人的攻擊手段產生偏差，導致結果發生於其他客體上，例如上述射擊偏差的案例即是，亦稱為**打擊錯誤**（或打擊失誤）。在**客體錯誤** (Objektsirrtum) 的情形，係指行為人所認識的客體與現實的客體產生不一致，例如甲欲殺 A，卻將 B 誤認係 A，而將 B 殺害的情形，亦稱為**目的物錯誤**。在**因果關係錯誤**的情形，係指行為人所認識事實與發生事實一致，但卻在預想外的因果歷程發生結果，例如甲欲以溺斃方式殺害 A，而將其推落河川，結果 A 卻因頭部撞及橋墩而導致死亡，亦稱為**因果歷程錯誤** (Irrtum über den Kausalverlauf)。

綜上二種分類方法，關於具體事實錯誤、抽象事實錯誤與方法錯誤、客體錯誤、因果關係錯誤，係從不同的觀點而加以區別，故有其交錯的情形存在，亦即在具體事實錯誤與抽象事實錯誤上，方法、客體、因果關係等錯誤皆可能產生。然而，抽象事實錯誤因為係具有兩個相異構成要件的客體，故不形成因果關係錯誤的問題。

第二項　具體事實的錯誤

一、方法錯誤

有關具體事實錯誤中方法錯誤（打擊錯誤）或客體錯誤的判斷，學說上有具體符合說與法定符合說兩種相異的見解：

(一)具體符合說

具體符合說 (Konkretisierungstheorie) 認為，行為人所認識的事實與實際發生的事實，必須具體符合或一致時，始能成立故意犯，否則阻卻

故意，再論是否有處罰過失的規定，有處罰過失規定時，則成立過失犯。若依具體符合說的見解，例如上述甲欲射殺 A 而開槍射擊，但子彈卻命中在 A 身旁的 B，導致 B 死亡結果的案例。若甲以殺 A 的故意而殺死 A 時，則成立殺人既遂罪（§271 I），而甲以殺 A 的故意而導致 B 死亡時，對 B 不成立殺人罪，此即由於阻卻殺人的故意，故對 B 若有過失，則成立過失致死罪（§276 I）。對 A 而言，則因甲以殺害意思而實行殺人行為，但未達殺死的結果，故成立殺人未遂罪（§271 II），此二罪係以一個行為而造成，依想像競合而從一重（殺人未遂罪）處斷。

㈡法定符合說

法定符合說 (Gleichwertigkeitstheorie) 認為，行為人所認識的事實與實際所發生的結果，若於法律所規定的構成要件概念範圍內（罪質）符合或一致時，即為已足，並不須具體符合，即可成立故意犯。若依法定符合說的見解，若甲欲殺 A（人）而卻殺死 B（人），則須負殺「人」罪的罪責。換言之，刑法第 271 條所禁止者乃殺人行為，故其所殺之人究竟為 A 或 B，在法律上並非重要，只要係在「法定」構成要件的「人」的概念範圍內，其具體的「人的個別性」，並非問題的關鍵，故甲僅成立一個殺人罪。

二、客體錯誤

在具體事實錯誤中客體錯誤（目的物錯誤）的情形，無論具體符合說或法定符合說均主張不阻卻故意，而肯定行為人對所發生的結果，須負故意既遂犯的罪責。此種情形，若依具體符合說的見解，雖行為人認識行為時的客體，然僅因誤解該客體的意義，故應視為係具體符合。反之，若依法定符合說的見解，在客體錯誤的情形，行為人的認識與實際所發生的結果，在構成要件概念的範圍內，被視為係屬符合。

具體符合說在錯誤論上具有實質意義者，乃針對客體錯誤的情形，肯定故意既遂的論點。例如甲以殺害 A 的意思，將 B 誤以為係 A 而殺害的情形，具體符合說認為成立殺害 B 的故意。此種情形，甲所認識（殺

A）與所發生結果（殺 B），儘管非屬「具體上」一致，然亦肯定故意者，係因甲意圖殺害 (A) 的「人」，卻殺害不同 (B) 的「人」。形成行為對象的「人」與死亡的「人」間，由於被視為一致或符合，故不阻卻故意。在此種限度中，構成要件範圍內的事實被加以「抽象化」。儘管如此抽象化，但仍被稱為具體符合說者，主要係因具體行為的「對象」並非不一致。

在上述案例中，若依法定符合說的見解，甲以意圖殺害 A 的「人」，而殺害 B 的「人」，故有殺人罪構成要件上所要求的「人」存在，此時該「人」究竟係 A 或 B，並不成問題，因此對所發生的 B 死亡結果，肯定甲具有故意。法定符合說認為方法錯誤與客體錯誤可用同一種原理加以說明，此一論點可謂係此說最大的優點。

【具體事實錯誤的案例思考】

(1)甲基於殺意對 A 開槍，子彈貫穿 A 的身體後，亦命中一旁的 B，導致 A、B 二人死亡的結果。甲對 A 成立殺人既遂罪，對 B 成立何罪？

（問題關鍵在於：就具體現象而言，甲只有殺 A 的意思，並無殺 B 的意思，但客觀上導致 B 死亡，甲所認識的事實（殺死 A）與現實發生的事實（殺死 A 並殺死 B）不一致，係錯誤的問題。對 B 的死亡已經逾越甲的主觀想像，係屬逾越故意範圍的「過剩結果」，對 B 的死亡應不能評價為故意，僅可能評價為過失，而成立過失致死罪。只成立一個故意犯，稱為一故意犯說。若基於具體符合說的立場，對 A 成立殺人既遂罪，對 B 成立過失致死罪；若基於法定符合說的立場，對 A、B 皆成立殺人既遂罪，對 B 亦以故意犯處斷，成立兩個殺人既遂罪，稱為數故意說。主張具體符合說的論者，認為數故意說無視「故意的個數」，係屬不妥的見解。）

(2)甲心懷殺意對 A 開槍，子彈貫穿 A 的身體後，亦命中一旁的 B，A 負傷、B 死亡。甲對 A、B 成立何罪？

（問題關鍵在於：若基於**具體符合說**的立場，則對 A 成立殺人未遂罪，而對 B 的死亡則係出於方法錯誤而阻卻故意，成立過失致死罪。採**法定符合說**的立場者，見解分歧不一，採**數故意說**論者，認為對 A 成立殺人未遂罪，對 B 成立殺人既遂罪，此種見解的疑問點與前案例相同；採**一故意說**論者，認為對 A 成立過失傷害罪，而對 B 成立殺人既遂罪，其理由係故意僅止於對於 B 的殺人既遂罪，剩餘的事實僅不過係逾越故意範圍所併發的過剩結果，故以過失犯來處理。然而，實際上甲係對 A 心懷殺意，對 B 成立殺人既遂罪，有違一般常理，惟錯誤論係認定故意的問題，係在討論應否將現實事實評價為故意犯，部分現實事實已有被評價為故意，其餘部分理應只能依過失犯來評價❾❾。）

三、因果關係錯誤

行為人主觀上所認識的事實與現實上所發生的結果，雖然係屬一致，但該結果卻係在行為人所未預見的因果歷程中所發生，此種情形即屬於**因果關係錯誤**。例如在甲欲殺 A，將 A 自橋上推下河，但 A 未直接掉入河中溺斃，而係撞到橋墩而死亡的情形。

關於因果關係錯誤，多數學說係採相當因果關係說的見解，亦即倘若因果關係的錯誤係在「相當性」的範圍之內，則不阻卻故意，若在「相當性」的範圍之外，則可阻卻故意。其理由在於：在因果關係的判斷上，一方面採折衷的相當因果關係說而確定因果關係的範圍，另一方面亦採法定符合說的見解，而認為應成立故意。若依據折衷的相當因果關係說的論點，可肯認上述案例中甲的行為與 A 的死亡具有相當因果關係，而成立殺人既遂罪。

---

❾❾　參照川端　博，《新論点講義シリーズ　刑法総論》，弘文堂，2008 年 9 月，59–60 頁。

【因果關係錯誤的案例思考】

甲以殺害 A 的意思而扼住 A 的頸部，在見到 A 呈現昏迷狀態時，誤認 A 已經死亡，為了湮滅證據而將 A 拋入河川中，結果導致 A 溺死。

（問題關鍵在於：在案例中，由於有企圖實現結果所實行的第一行為，與誤信該結果已經被實現而實行的第二行為，此兩個行為與該結果之間因果關係應如何判斷？）

針對上述案例，學說上有以下三種不同見解。

⑴第一說認為，該前後兩個行為完全不同，第一行為係未遂犯，而第二行為則係過失犯，故甲應負殺人未遂罪與過失致死罪的罪責。然而，既然將其解釋為不同而獨立的兩個行為，則並非成立想像競合，因此唯有依數罪併罰處斷 ⓿。

⑵第二說認為，必須概括全部過程來觀察，針對第一行為應承認故意犯的成立，其理由係甲最後因實現當初的故意，因此可認定甲成立殺人罪 ❶。此種觀點稱為「韋柏的概括故意」。亦即，概括故意係概括地肯認第一行為與第二行為係一個故意，而肯定其成立既遂。

⑶第三說認為，基於相當因果關係說的立場，若因果關係錯誤係在相當因果關係說中「相當性」的範圍內，則肯定故意，而若在其範圍之外，則阻卻故意 ❷。若依此說見解，甲欲殺 A 而扼住其頸部，由於誤認

---

❿ 參照曾根威彥，《刑法總論》，弘文堂，2010 年 4 月第 4 版，167–168 頁；香川達夫，《刑法講義（總論）》，成文堂，1995 年第 3 版，240 頁。

⓫ 我國學者亦有採此種見解者，參照黃常仁，《刑法總論》，作者自版，2000 年，40 頁。

⓬ 例如在甲以殺意開槍射擊 A，僅導致 A 受輕傷，經數日後，A 卻因患有血友病而死亡，在此種情形中，只要甲確實不知 A 患有血友病，則以因果關係的錯誤而論，可肯認阻卻殺人既遂的故意，則甲成立殺人未遂罪。學說上，有採客

A 已死亡而將其丟進河中湮滅罪跡的第二行為，係一般經驗上所經常存在，故甲的因果關係錯誤係在相當性範圍內，不阻卻故意，而應成立殺人罪[103]。

綜合上述三種說法，韋柏的概括故意僅係因果關係錯誤的一種型態而已，且韋柏的概括故意目前大致上不被學界所接受，第一說將行為分離為兩種各自獨立的行為，而論以數罪併罰，有違背法感情，故採第三說應係屬妥當的見解。

第三項　抽象事實的錯誤

在抽象事實錯誤的情形中，亦有方法錯誤與客體錯誤兩種。針對**方法錯誤**，可分為兩種情形：(1)行為人以較重的犯意而實現較輕的結果：例如在甲欲殺 A 而開槍射擊，但子彈未命中 A，而擊中 A 身旁的寵物 B 狗，導致 B 狗死亡的情形；(2)行為人以較輕的犯意而實現較重的結果：例如在甲欲殺 A 的寵物 B 狗而對 B 狗開槍射擊，卻擊中 A，導致 A 死亡的情形。

針對**客體錯誤**，亦可分為兩種情形：(1)行為人以較重的犯意而實現較輕的結果：例如在甲欲殺 A，在天色昏暗中將 A 的寵物 B 狗誤認為 A

觀歸責（咎）觀點來論述者，其觀點不同而結論係屬相同。參照林山田，《刑法通論（上）》，作者自版，2008 年 1 月增訂 10 版，425–426 頁；林東茂，《刑法綜覽》，一品文化出版，2009 年 9 月第 6 版，1–289、290 頁。

[103] 我國判例亦有採「相當因果關係說」的見解，參照最高法院 28 年上字第 2831 號判例：某甲並不因被告之殺傷而死亡，實因被告將其棄置河內始行淹斃，縱令當時被告誤為已死而為棄屍滅跡之舉，但其殺害某甲，原有致死之故意，某甲之死亡又與其殺人行為有**相當因果關係**，即仍應負殺人既遂責任。至某甲在未溺死以前尚有生命存在，該被告將其棄置河內，已包括於殺人行為中，並無所謂棄屍之行為，自不應更論以遺棄屍體罪名；此外，66 年臺上字第 542 號判例：「上訴人以殺人之意思將其女扼殺後，雖昏迷而未死亡，誤認已死，而棄置於水圳，乃因溺水窒息而告死亡，仍不違背其殺人之本意，應負殺人罪責」亦有相同旨趣。

而開槍射擊，導致 B 狗死亡的情形；(2)行為人以較輕的犯意而實現較重的結果：例如在甲欲殺 A 的寵物 B 狗，在天色昏暗中將 A 誤認為 B 狗而開槍射擊，導致 A 死亡的情形。

針對方法錯誤的情形，若依具體符合說的見解，無論(1)或(2)的情形，皆不阻卻故意。亦即，對(1)的情形，甲成立殺人未遂罪與過失器物毀損罪，但刑法上不處罰過失毀損罪，故甲僅成立殺人未遂罪；對(2)的情形，甲成立器物毀損未遂罪與過失致死罪，但刑法不處罰器物毀損未遂，故甲成立過失致死罪。若依法定符合說的見解，對(1)的情形，甲成立殺人未遂罪與過失器物毀損罪，但刑法上不處罰過失毀損器物罪，故甲僅成立殺人未遂罪；對(2)的情形，甲成立毀損器物未遂罪與過失致死罪，但刑法上不處罰毀損器物未遂，故甲僅成立過失致死罪。

針對客體錯誤的情形，若依法定符合說的見解，則不同於對「具體事實的錯誤」的判斷。法定符合說對「具體事實錯誤」的客體錯誤判斷，係將行為對象的「人」與死亡的「人」間，在構成要件範圍內的事實被加以「抽象化」。然而，抽象事實錯誤係屬不同構成要件，故不能將其抽象化。換言之，並無採抽象符合說的必要性。

所謂**抽象符合說**，係指行為人所認識的犯罪構成要件事實與現實所發生的事實有不一致時，不問其罪質如何，皆不阻卻故意。換言之，縱然認識的犯罪構成要件事實與現實所發生的事實各屬於不同構成要件，亦應重視其可罰的事實，認為抽象的一致，使其成立犯罪的既遂。此說係日本獨自採行的學說，主要係解決日本刑法第 38 條第 2 項「為本應該當於重罪之行為，而行為時不知情者，不得以重罪處斷之。」，不得處罰不知的重罪時所採的學說見解，故針對抽象事實錯誤的客體錯誤與方法錯誤，仍應採法定符合說較為妥當。

第三章　違法性論

第一節　違法性的概念

在犯罪的判斷上,確認行為人的行為已經具有構成要件該當性之後,必須進一步進行違法性的判斷,經確認其係具有違法性之後,最後始進行責任的判斷。由於構成要件係違法類型,故行為人的行為若該當構成要件,**原則上**係具備違法性。然而,在**例外**的情形,該當構成要件的行為亦有可能以正當理由而阻卻違法性,因而不成立犯罪。

該當構成要件行為在何種情況下具有違法性,刑法並無針對違法性的意義加以規定,立法上亦無法逐一規定何種行為具有違法性,故僅以「反面規定」形式加以規定,亦即該當構成要件的行為若無正當理由,即屬於具有違法性的行為,此種立法形式上的正當化理由,學說上稱為**法定阻卻違法事由**,亦稱為正當化事由。我國刑法針對阻卻違法事由的規定,依法條順序有依法令的行為(§21 I)、依所屬上級公務員命令的職務上行為(§21 II)、業務上的正當行為(§22)、正當防衛(§23)與緊急避難(§24)等五種類型。此五種阻卻違法事由的法律效果,刑法規定為「不罰」,其意義為「不成立犯罪」,而非成立犯罪後不加以處罰(免除其刑)。

此外,某些該當構成要件行為並不屬於法定阻卻違法事由,但經過違法性的評價後,認為該行為在實質上並未與法律所規範的價值體系產生對立衝突,故不具違法性。換言之,某些該當構成要件行為並非屬於刑法所規定的阻卻違法事由,而係經由刑法學說或實務見解所主張的**實質上正當化理由**而阻卻違法性,學說上將此種正當化理由稱為**超法規阻卻違法事由**。目前學說上所提出的超法規阻卻違法事由,大致有得被害人的同意或承諾、義務衝突、可罰的違法性安樂死等類型。

第一項　違法性的意義

違法性 (Rechtswidrigkeit) 與違法行為或不法行為 (Unrecht),在本質

上並不相同，應嚴格加以區別。在刑法學上，行為人以主觀構成要件的故意，而實現客觀構成要件的行為，即該當於構成要件的行為，此乃刑法上所謂的違法行為，而此種違法行為係與私法上或其他領域的不法行為有所不同。所謂**違法性**，係指行為人所為的行為具有違法的性質，亦即該行為具有法所不容許的性質而言。亦即，從整體法秩序的觀點，針對行為人所為行為所做的無價值判斷（無價值性、反價值性或非價）。因此，違法性係具有法律所不容許行為的性質，其意味著在法律的對應關係上，行為係屬無價值性，亦可謂係對於行為在法律上的無價值判斷。

【違法與不法】

違法所表示者乃行為與法規範間對立衝突的事實，其行為已顯現對於「法規範所宣示的禁止及誡命」的敵對狀態，其應為「存在或不存在的概念」(ein Ja-Nein-Begriff)，故違法行為即係指行為人所為的行為與整體法秩序衝突，行為不違法則指該行為與整體法秩序並無衝突，並無介於中間的可能違法或可能不違法的概念存在，亦無層升 (Abstufungen) 的性質。然而，**不法**則係指經由行為而顯現於外部客觀可見而為法規範所否定的無價值 (Unwert) 而言，其具有層升性質（亦即具有民事不法、行政不法與刑事不法等三種輕重不同的不法）。若依種概念而言，則違法性 (Rechtswidrigkeit) 與不法 (Unrecht) 二者在本質上即具有其差異性，應嚴格加以區別。

在我國實定法的規定中，針對特定的犯罪，有所謂**無故**（§§306，315～318 之 1）、**違法**（§127 I）、**非法**（§§137，142，146，302）、**枉法**（§124）、**無正當理由**（§186，社維法 §§63，65，68，72，74，89 等）、**擅自**（著作權法 §§91，92）、**濫用**（§125）等用語，惟此等法律用語是否可視為將違法性以犯罪構成要件要素方式規定於法條中？事實上，就刑法的論理而言，應將該等用語視為刑法上的特殊構成要件要素，倘若某種行為該當此等構成要件要素，即為特殊構成要件的違法行為。而此種刑法上

的違法行為，並非即指具有違法性，究竟是否具有違法性，仍須依據整體法秩序進行價值判斷始能確立。

正確而言，刑法上並未積極地規定違法性為犯罪的成立要件，而僅係消極地將阻卻違法事由（正當化事由）規定於總則之中，亦即刑法第21至24條的規定。換言之，視為法律無價值性的違法性，並非刑法上的特殊構成要件行為，而係從整體法秩序所進行的無價值判斷行為。此種論點，可謂係如何區別違法性與違法行為或不法行為的最佳詮釋。

第二項　違法性的立論基礎

綜觀德國與日本的刑法規定，皆與我國刑法同樣未將違法性以明文規定於條文中，故有關違法性的意義必須藉由刑法理論加以詮釋，方得以清楚地理解。在刑法理論上，針對違法性的解釋，基本上有三種類型：⑴形式違法性與實質違法性、⑵主觀違法性與客觀違法性、⑶行為無價值與結果無價值。

一、形式違法性與實質違法性

德國刑法學者封‧李斯特首先提出形式違法性 (formelle Rechtswidrigkeit) 與實質違法性 (materielle Rechtswidrigkeit) 兩種相互對立的見解。在此使用「形式」與「實質」的用語，正如同將犯罪定義區分為形式犯罪定義與實質犯罪定義，專就法律規定的形式與行為的實質內涵來加以區別違法性。

依據封‧李斯特的見解，所謂形式違法性，係指行為人的行為違反國家規範（即違反法秩序的命令或禁止）而言，在此種意義上，違法性僅係行為與法律規定的形式關係而已；而實質違法性則係指行為係反社會或非社會而言，亦即違法性係具有實質內涵的意義。換言之，倘依形式違法性論的見解，則違法性係屬於依構成要件該當性的判斷而確認範圍的「類型的違法性」；而若採實質違法性論的見解，則違法性應解釋為，以整體法秩序為判斷的「具體內容的違法性」。

　　其次，有關形式違法性與實質違法性的關係如何？有學者主張兩者具有表裡一致與相輔相成的關係，亦有學者謂係互相矛盾而對立者，究竟如何解釋，見解分歧不一❶。在德國傳統刑法理論上，**封・李斯特**認為此兩種論理，並非指有兩種相異違法性的存在，僅僅因為對於行為的法「規範」無價值「判斷」，而有兩種解釋方法，依此而形成概念上的不同而已。惟現在刑法學上，大多數見解係將形式違法性與構成要件該當性視為同義使用，而將實質違法性視為無阻卻違法事由的構成要件該當性。我國學者有依此觀點而認為，形式違法性與實質違法性並非對立的概念，而可謂實質違法性係在違法性的判斷上，為彌補形式違法性的不足而存在，兩者實乃相輔相成，而非相互牴觸❷。

　　本書認為，確立形式違法性與實質違法性的對立概念，有其獨特的意義存在。例如具有阻卻違法事由的正當防衛、緊急避難等行為，在形式上認定係違法，而實質上卻可認為不違法。又針對欠缺可罰違法性的超法規違法阻卻事由，例如在論述侵害財產價值極度輕微的竊盜罪情形時，一般係在違法性的實質問題上討論，惟亦有在決定構成要件該當性的階段上，以違法性的類型（形式違法性）欠缺為考量，認為在刑法上不值得保護者，乃未符合竊取行為客體的「財物」。因此，或依類型違法性、或依據具體內容違法性，均有其解釋上的理論根據，而採用兩種對立概念的見解，亦具有其存在的意義。

【實質違法性的內容】

　　實質違法性論係屬德國與日本的通說，惟實質違法性的內容究竟如何？學說上有以下不同的論點：
(1)法益的侵害（或威脅）、或生活利益的侵害（或危險）說
(2)行為的反常規性說（亦即行為違反公序良俗說）

---

❶　參照余振華，《刑法違法性理論》，作者自版，2010年9月第2版，75頁。

❷　參照林山田，《刑法通論（上）》，作者自版，2008年1月增訂10版，309頁。

(3)違反國家法律秩序的精神及目的，且違背其具體規範的要求說

(4)違反法律秩序標準的社會倫理規範說

(5)違反國家所承認的文化規範說

(6)對於國民文化保護秩序的法律正當目的，欠缺正當手段的性質說

(7)違反規律社會生活的法律目的說

(8)對於國家共同體，給予較利益更多一層的觀念及文化損害的一般傾向說

(9)與具體或歷史現實的國家秩序有密切關係的特定社會相矛盾說等見解❸。

以上各種論點，雖所強調的內容不同，惟若將其歸納分析，則係涵蓋法益侵害說與規範違反說、結果無價值與行為無價值的對應關係。

二、主觀違法性與客觀違法性

關於違法性的另一種解釋，係主觀違法性 (subjektive Rechtswidrigkeit) 與客觀違法性 (objektive Rechtswidrigkeit)。客觀違法性論係 1821 年黑格爾 (Hegel) 提出「無犯意的不法」概念後，在德國所形成的通說見解。然而，1867 年德國學者梅克爾 (A. Merkel) 提倡主觀違法性說，而同年葉林 (Jhering) 在「羅馬私法的責任要素」上確立客觀違法性概念後，主觀違法性與客觀違法性始形成激烈的爭論。其後，由於那格勒 (J. Nagler)、洛佛勒 (A. Loffler)、梅芝格 (E. Mezger)、麥耶 (M. E. Mayer) 等學者對客觀違法性做有系統性的整理，而且在梅芝格將評價規範與決定規範分離後，使客觀違法性說更具完備性，再度占有支配的地位。

此兩種違法性的概念，使用「主觀」與「客觀」的用語，可從傳統刑法學上「違法性趨向客觀，責任趨向主觀」的論理來理解。針對此議

---

❸ 參照余振華，《刑法違法性理論》，作者自版，2010 年 9 月第 2 版，77 頁。

題，在違法性論上，係以「無責任的違法性」能否存在的問題，而從主觀面與客觀面加以探討。基本上，此種問題係從「所謂違法性係指行為具有法所不容許的性質」的觀點，論述違法性的法律性質究竟如何？亦即，違反法律的性質，究竟係違反「命令規範」？抑或違反「評價規範」？

　　針對違法性的法律性質，究竟應採主觀性或客觀性的立場，除了對正當防衛具有密切關係外，其他如責任、構成要件、未遂犯、正犯與共犯、保安處分等，亦均以違法性為其先決問題❹。因此，必須理解主觀違法性與客觀違法性針對法規範的論點，始能確立應採主觀違法性說或客觀違法性說。

　　主觀違法性說認為，法規範係「命令規範」，由於受規範者皆係能理解命令的有責任能力人，故僅有責任能力人的行為始具有違法性。此說強調僅有責任能力人能實行違法行為，將違法性的存在限定在有無責任能力的「主觀」要素上，故稱為主觀違法性說❺。基此，主觀違法性說係將違法性與責任在同一階層來理解，故形成「**違法性與責任結合**」的論點，而否定「**無責任的違法性**」的概念。

　　客觀違法性說將法規範分為「評價規範」與「決定規範」，從法規範係「客觀的評價規範」的觀點來看，違法性係違反客觀的評價規範，而責任則係違反主觀的決定規範。依據此說見解，只要客觀上所見違反法規範的行為即具有違法性，其係與行為人是否具有責任能力無關，故無責任能力人所實行的行為亦可能具有違法性，依此形成「**違法性與責任分離**」的論點，而肯認「**無責任的違法性**」的概念。

　　綜合兩說的論點，主觀違法性說將責任判斷歸納於違法性判斷之中，形成採用「行為與違法」或「構成要件與違法」的犯罪體系二階層理論，導致對於犯罪認定欠缺嚴密性的情形。因此，客觀違法性說應係較為妥當的見解。

---

❹　參照余振華，《刑法違法性理論》，作者自版，2010 年 9 月第 2 版，79–86 頁。

❺　參照大谷　實，《刑法講義總論》，成文堂，2007 年 4 月新版第 2 版，237 頁；川端　博，《刑法總論講義》，成文堂，2006 年 2 月第 2 版，275 頁。

三、行為無價值與結果無價值

在戰後學派論爭平息後，隨著 1950 年代中期**目的行為論**的興起，違法性論深受影響而產生行為無價值的概念，從 1970 年以來，違法性論的本質，產生所謂**行為無價值 (Handlungsunwert) 與結果無價值 (Erfolgsunwert)** 二種理論的對立。

行為無價值的概念，係主張目的行為論的**魏采爾 (H. Welzel)**，基於合理解釋過失犯的違法性，在強調行為無價值的**人的不法概念 (personaler Unrechtsbegriff)** 時所提出的。魏采爾針對過失犯的疑問，認為其不法內容本質上係屬於行為無價值，結果無價值僅具有從違反注意義務行為中，篩選刑法上具有重要性行為加以限制而已，而否定結果無價值的不法構成意義。

關於違法性的本質，究竟係行為無價值或結果無價值？一般而言，所謂行為無價值，係針對行為人「行為」的反倫理性，從事否定價值的判斷；至所謂結果無價值，則係著眼於行為惹起法益侵害或危殆性的「結果」，對此所做的否定價值判斷。若依據魏采爾的見解，則縱然無法益的侵害或危殆性，僅有違反社會倫理性的行為（行為無價值）亦可加以處罰，此即一元行為無價值論。反之，若忽視違反社會倫理性的行為無價值，僅以具有法益的侵害或危殆性來從事具違法性的行為，此即一元結果無價值論。

然而，基於一元行為無價值的概念，法益的侵害或危險雖對大部分犯罪具有本質性，惟其僅是人類違法行為的部分要素而已，絕非意味著法益侵害具有行為違法的全部特徵。法益侵害（結果無價值）僅存在於人類的違法行為（行為無價值）之中，始具有刑法上的意義。行為無價值乃刑法上所有犯罪的無價值，而在具體的情況上，某些行為可能欠缺行為無價值，例如不能未遂的情形。因此，倘若忽視結果無價值，則無法判斷刑法的違法性，行為無價值必須以結果無價值為前提，而合併考慮對結果無價值所表示事態的刑法上意義，此種折衷式的論點即所謂二

元行為無價值論。

　　從實際面而言，人類社會伴隨著現代化、科技化，所呈現者乃複雜化的社會。在現代社會生活中，人類幾乎不可能在無法益侵害的狀態中生活，故若將一切有法益侵害結果發生均以違法而禁止，則社會活動即將停止。因此，針對具有法益侵害的行為，若該行為合乎社會相當性的規範，應視為欠缺違法性，而不成立犯罪，亦即唯有超脫社會相當性的法益侵害，始具有違法性而成立犯罪。

> ### 【社會相當性的概念】
>
> 　　所謂社會相當性，係指為了實現有秩序社會生活的活潑化機能，在必要或不得已的情況下，侵害一定的法益者，不視為違法而言。亦即，在人類社會生活中，依歷史演進過程所形成的社會倫理秩序範圍內的行為，即屬合乎社會相當性的行為。基於此種原理，判斷何種行為具有違法性？何種行為屬於合法行為？本書認為，其判斷的標準必須求諸於二元的行為無價值❻。

　　此時，有關違法性以及阻卻違法性的問題，應當就其行為的全部，包括侵害的程度與反擊的方法，詳細地加以考察。而在論斷正當防衛與否時，違法性的本質乃問題的中心。換言之，依行為無價值與結果無價值而論，在「不法並非全部是惹起結果（法益侵害），而僅僅在行為視為行為人一定的活動時，方為違法。行為人在目的活動上對該客觀行為提供何種設定的目的？以何種心情實現該種行為？行為之際存在何種義務？凡此種種，都與或許發生的法益侵害相提並論，而決定性地決定行為的不法」的觀點上，倘若僅以結果無價值的法益侵害及危殆性，則無法正確地說明其違法性。

---

❻　參照余振華，《刑法違法性理論》，作者自版，2010 年 9 月第 2 版，91 頁。

【相當性的案例思考】

　　某日，在某市區發生強盜案件，嫌犯陳某於搶劫財物後逃離現場，在道路上被追呼為強盜犯之際，被附近居民吳某等七、八人攔住，眾人同心協力施以實力圍毆而將陳嫌逮捕，但嫌犯因而受重傷，經送醫後不治死亡。

　　（問題關鍵在於：在此事件中，居民吳某等七、八人見義勇為的圍捕強盜犯行為，依刑事訴訟法第88條規定，固然有逮捕準現行犯的適法事由，惟將該逃走中嫌犯毆打致死的行為，對協助維護治安的七、八名居民而言，其造成法益侵害結果的發生，究竟是否屬於合乎社會相當性的行為？在違法性的判斷上，應以何種理論根據來思考？）

　　在上述事例中，七、八名居民圍毆強盜致死的行為，具有該當共同傷害致人於死的構成要件行為，其係為排除現在不法侵害的反擊行為，或有可不必致人於死的情形。若採法益侵害說的結果無價值論，則該行為無阻卻違法的正當化事由，而具有違法性，惟同時加上社會倫理性的評價，則可肯認具有正當化事由。其具體及實踐的理論根據，可依目前社會的現實觀點而論，在包含人的生命、身體、財產等各種法益侵害中，現實上存在著許多具有危險性的行為，倘若廣泛地禁止該危險性行為，則無法經營現代化的社會生活，故在法律所容許危險或適度危險的範圍內，只要已經盡必須注意的義務，縱然現實上惹起法益侵害的結果，依據**法益衡量原則**，若具有優越利益性，亦應解釋為欠缺違法性。

　　在此，應可謂法律所容許的危險與法益衡量原理二者，乃係社會相當性的具體理論根據。因此，本書認為，將社會相當性的概念導入行為無價值的理論中，並無不妥當之處，而此時的無價值判斷，亦即所謂二元行為無價值論。

第二節　違法性的判斷

第一項　違法性判斷的意義

在犯罪理論形成後，古典學派將構成要件區分為客觀要件（行為、構成要件該當性、違法性）與主觀要件（有責性），並主張構成要件的無價值（反價值）判斷，僅就行為在客觀上的現象而從事判斷；而實證學派則以法規範的價值體系為著眼點，主張違法性的判斷並非僅就客觀存在的現象為標準，必須兼就行為人的主觀心態而從事判斷。此即近代刑法違法性論中，產生行為無價值論與結果無價值論（人的不法論與物的不法論）兩種對立見解的思想背景。

違法性成為犯罪本質論的一環，而具有獨立的意義，在深受德國刑法學影響的日本及我國，均占有其重要的地位；反之，在英美或法國的刑法學上，卻不認為違法性具有獨立的意義。因此，在德國、日本與我國的犯罪論上，係以具有違法性的行為，為成立犯罪的最重要條件。某種行為事實經由事實判斷的結果，倘若符合構成要件的行為，可認為具有構成要件該當性的行為，初步可以認定係犯罪行為。然而，此種情形僅止於係一種擬制，亦即從構成要件該當性而推定具有違法性或有責性，僅以推定而未經違法性的價值判斷，畢竟並非具有違反法律價值的犯罪行為。

此外，在認定某種行為是否係犯罪行為時，並非僅以具有法規上的阻卻違法事由為根據（形式的根據），必須進而判斷「為何阻卻違法」（實質的根據），因此違法性的判斷，確實係認定成立犯罪的重要階段，此種判斷係屬於違法性本質的問題。簡單而言，某種構成要件該當的行為，僅依阻卻違法事由或超法規阻卻違法事由的存在，仍然無法遽然論斷不具違法性，重要關鍵在於必須針對阻卻違法事由的意義與範圍從事解釋，始可確定該行為是否係具有違法性的行為。

第二項　違法性判斷的標準

一、事後判斷→客觀標準

違法性的存在與否，以往係採從客觀的事後觀點而從事判斷的見解。亦即，違法評價係事後 (ex post) 的判斷，原則上不以事前 (ex ante) 判斷。若依此說見解，由於違法性上具有決定性者，乃該行為究竟現實上係何種行為，特別是該行為在現實上惹起或有惹起之虞的法益侵害（結果）等，故法官對於違法性的判斷，應依據公判審理結果明確後而加以判斷，不應以假設自己於行為當時在場而事先做成任何的判斷。基此，將在裁判時已經釐清的客觀事實視為前提，而決定有無違法性，此種判斷稱為違法性的事後判斷。

由於判斷的事前性或事後性，係屬於究竟係以行為時的一般人為標準、或係以裁判時的法官判斷為標準的爭論，因此將行為時已經存在的客觀事實，依裁判時的客觀判斷而作認定，此種情形當然亦屬於事後判斷。

二、事前判斷→主觀標準

所謂事前判斷，係指以行為時的一般人為標準而認定有無違法性而言。在重視行為人主觀面向的「人的不法論」觀點上，由於實行行為者（行為人）的主觀意思，正是行為時的主觀認識，故主觀面向影響違法性的存在與否，應以行為時為標準而從事違法性判斷。亦即，違法性應依事前判斷。雖然「事前」判斷的用語，容易引起誤解，但於非「事後的」的意義上，其係指「事前」，而非「行為前」。實際而言，事前判斷係以「行為時」為判斷標準，故應稱為「以行為時為標準的判斷」。

三、本書的立場

本書認為，由於刑法規範最初係以「行為」規範為基礎，故在違法性判斷之際，以一般人為對象的「行為」規範具有重要意義，而應重視

行為時行為人的「主觀」面向。在此所謂主觀，係基於一般人的觀點，並非單純地僅重視行為人的「主觀」面向。因此，事前判斷應係較妥當的見解。

若採事前判斷的見解，容易招致將**違法性予以主觀化**的批評。本書認為，批評違法性過於主觀化者，應係忽略「一般人」的客觀標準而產生的誤解，實際上事前判斷的標準，並非純屬行為人的主觀面向。

第三節　阻卻違法事由

第一項　阻卻違法事由的意義

該當於刑法分則或其他附屬刑法條文所規定構成要件的行為，是否即為犯罪行為（刑罰行為，Straftat）？其關鍵在於：該行為是否具備違法性，而屬於刑法上所加以處罰的刑事違法行為？然如前所述，由於立法技術的問題，從**正面**上規定何種行為具有違法性，實際上有其困難性存在，故刑法僅在**反面**上規定阻卻違法事由，依此而排除構成要件該當行為的違法性。換言之，構成要件該當行為若被評價係屬具有違法性的行為時，其必須符合阻卻違法事由不存在的消極要件。

由於有此等特定事由的存在，而將構成要件該當行為予以正當化，使其成為合法行為，故阻卻違法事由亦稱為**合法化事由**或**正當化事由**（Rechtfertigungsgründe）。此外，阻卻違法事由並不以法律明文規定者為限，甚至依法理或習慣法亦可導出其他可阻卻違法的效果，此即一般所謂**超法規阻卻違法事由**（或稱超法律阻卻違法事由），而此種超法規阻卻違法事由，雖然並非刑法所明文規定，但由於並非事後惡化行為人的法律地位，故並無牴觸類推禁止原則❼。

阻卻違法事由的確立，其有如在違法階段創設另一個消極要件，倘

---

❼　參照林山田，《刑法通論（上）》，作者自版，2008 年 1 月增訂 10 版，314–315 頁。

若此消極要件存在，行為人的行為即被法律所容許，故此消極要件亦稱為「容許構成要件」或「合法化構成要件」。必須容許構成要件的客觀與主觀要素同時存在時，始能阻卻違法性，例外地構成法律所容許的行為❽。亦即，防衛者於進行正當防衛之際，由於防衛行為將造成攻擊者的身體傷害，故客觀上必須有防衛的情狀存在，且行為人主觀上具有防衛意思，始可使原本該當於傷害罪構成要件的行為，由於正當防衛的理由而阻卻該行為的違法性。

第二項　阻卻違法事由的理論根據

阻卻違法事由究竟在何種情狀始可確立，亦即構成阻卻違法事由（含超法規阻卻違法事由）的理論根據何在？探討此一問題的真諦在於：針對所有阻卻違法事由建立共通的統一原理，進而理解既存的法定阻卻違法事由，並把握其整體概念，而在探討各個阻卻違法事由的成立要件時，能夠對其在解釋論上的方向有所理解。此外，在超法規阻卻違法事由的問題上，是否須肯認或在何種情狀始得肯認其為超法規阻卻違法事由，阻卻違法事由的理論根據亦可提供其認定的基礎❾。

一、一元論與多元論

違法性的肯定或否定，並非可依不同情況而做不同的最後判斷，故「某種行為一般而言須被禁止，可積極地肯定其具有違法性」與「該行為在特別的情狀下，應阻卻其違法性」二者的判斷標準，必須基於同一原理始能獲得合理且正確的判斷，此即所謂「一元論」(die monistische Theorie)。相對的見解，則主張其間的判斷標準未必要有統一的原理，亦即所謂多元論 (die pluralistische Theorie)，茲分別敘述如下：

---

❽ 此見解為目前的通說，但亦有主張容許構成要件不須有主觀要素者，例如正當防衛不必具有防衛意思。相關問題的探討，參照甘添貴，〈正當防衛之防衛意思〉，收錄於月旦法學雜誌別冊，公法學篇，174 頁。

❾ 參照曾根威彥，《刑法における正当化の理論》，成文堂，1980 年 5 月，152 頁。

㈠一元論

主張一元論的學者認為，現行刑法中的法定阻卻違法事由應該有統一的原理原則，並積極地尋求其一致的上位概念，且在統一原理原則的基礎上，使各種阻卻違法事由的基礎及其界限的問題能獲得明確的解決❿。因此，若採一元論的見解，則各個阻卻違法事由應有一個總括的正當化標準，並且係一個能有效劃出正當化界限的上位概念。

大體而言，一元論所主張的阻卻違法事由根據有三說：⑴以法益論為基礎的「法益衡量說」、⑵以規範論為基礎的「目的說」、⑶以社會倫理秩序為基礎的「社會相當性說」。茲將此三種理論根據分別析述如下：

1.法益衡量說

法益衡量說 (Abwägungstheorie) 的重點在於：刑法以保護法益為其主要任務，違法性的本質即為侵害法益。因此，某些行為即使形式上侵害他人的法益，然若其行為係欲保護其他較有價值的法益（即優越利益）時，即符合刑法的理想與目的，應阻卻違法性⓫。此說係將廣義的利益衝突狀態作為正當化判斷的前提，而在利益相互衡量之下，劃定有無正當化的界限⓬。以正當防衛而言，在行為人實行防衛行為之際，由於其侵害他人的法益較本身遭受法益侵害顯著地減低，故可肯認正當防衛係

❿　參照曾根威彥，前揭書，1980 年 5 月，153 頁。

⓫　參照甘添貴，〈超法規的違法阻卻事由之理論〉，收錄於《刑法之重要理念》，瑞興圖書公司，1996 年 6 月初版，57 頁。

⓬　支持一元論的學者諸如德國學者紹爾 (Sauer) 認為，雖然各種活動（舉動、行動、不作為）一般會產生有害於國家共同體的倫理，然若產生更多的利益時，該行為即為適法；史密特豪爾 (Schmidhäuser) 則認為，阻卻違法事由應從法益與義務的衝突中求取「以優先法益請求權為考量」，作為正當化的原理；駱克新 (Roxin) 則認為，若欲解決阻卻違法事由的刑事政策機能在社會上的糾結，應係如何以社會相當性的角度適當地規制一方與他方的利益問題；諾爾 (Noll) 則認為，所有阻卻違法事由的基礎應置於價值衝突的問題上，亦即「價值衡量」乃是一般的正當化原理。以上參照曾根威彥，《刑法における正当化の理論》，成文堂，1980 年 5 月，153–155 頁。

阻卻違法事由類型之一❸。

2.目的說

目的說 (Zwecktheorie) 認為，違法性的本質係指行為人的行為違反國家所承認的共同生活目的（即國家目的）。因此，倘若行為人對於法益的侵害或法義務的違反，係出自於達成國家所承認的共同生活目的時，其行為不能認為係違法❹。例如，在正當防衛與緊急避難的情形中，由於行為人所實行的防衛或避難行為係達成正當目的下的必要相當手段，故該等行為不能認為具有違法性。

3.社會相當性說

社會相當性說 (Sozialadäquanztheorie) 認為，行為人所實行的行為若逾越由歷史演進所形成的社會倫理秩序（即社會相當性）時，則該行為具有違法性。換言之，若行為人所實行的行為具備社會相當性，則縱有造成法益侵害的結果，仍可肯認係屬合法行為❺。例如在正當防衛的情形中，縱然行為人所實行的防衛行為已經造成法益侵害的結果，但基於整體法秩序的觀點評價該防衛行為時，並無違反社會倫理秩序，亦即該行為係屬於具有社會相當性的行為，故可肯認不具違法性。

㈡多元論

由於各種阻卻違法事由具有不同的態樣，而且受制於刑法保護法益的多樣性，以及阻卻違法事由往往削減刑法對保護法益的效用，故一元論確實難以說明各種阻卻違法事由的構造及其正當化的射程。一元論的見解可能會使違法與適法二者的界限更加模糊，且其並無法說明各種阻卻違法事由的特質，遂有學者從法益衡量說發展出優越利益說，而將優越利益說從保全利益的優越性與欠缺應保護的利益來加以說明，此即所謂多元論，其重要見解如下❻：

---

❸　參照前田雅英，《刑法總論講義》，東京大学出版会，2006 年 3 月第 4 版，323 頁。

❹　參照甘添貴，〈超法規的違法阻卻事由之理論〉，收錄於《刑法之重要理念》，瑞興圖書公司，1996 年 6 月初版，58 頁。

❺　參照甘添貴，前揭文，58 頁。

1.德國學者梅芝格以法益衡量說為基礎，將阻卻違法的理論根據區分為二：(1)優越利益的情形 (Fälle des mangelnden Interesses)，屬於優越利益者，例如公務員的職務行為、基於法令的行為或懲戒等優越的行為義務，或正當防衛、緊急避難等特別行為權利以及超法規的一般法益衡量原則；(2)欠缺應保護的利益 (Fälle des überwiegenden Interesses)，例如得被害人的承諾與推定的承諾。

2.日本學者西原春夫基於法的任務在於保護有必要且優越的正當利益，故將阻卻違法的個別原理區分為三：(1)正當利益的保護原理，例如依法令行為、正當防衛或自救行為等；(2)優越利益的保護原理，例如業務正當行為或緊急避難等；(3)必要利益的保護原理，當利益主體放棄被保護的要求時，此種利益即非法所欲保護的對象，例如得被害人的承諾。

二、本書立場

一元論與多元論的對立點在於：究竟是否有貫通所有阻卻違法事由的統一原理存在？本書認為，阻卻違法的原理不僅係阻卻違法事由的解釋原理，其亦可作為違法與適法界限的一般原理，阻卻違法共通原理與此一般原理乃立於密不可分的關係。因此，阻卻違法原理應以社會相當性說為基礎，而以目的說與利益衡量說為輔助原則，將此三種理論根據結合而形成各種阻卻違法事由的理論根據。

第四節　依法令的行為

基於阻卻違法性的原理，依法令的行為係出自於達成國家所承認的共同生活目的，其行為不能認為具有違法性，故刑法規定「依法令之行為，不罰。依所屬上級公務員命令之職務上行為，不罰。但明知命令違法者，不在此限」(§21Ⅰ)。所謂法令，包含法律、行政規章與行政命令。

⓰　參照甘添貴，〈法規的違法阻卻事由之理論〉，收錄於《刑法之重要理念》，瑞興圖書公司，1996 年 6 月初版，58 頁。

所謂「明知」係指直接故意而言，若該公務員係屬未必故意的情形，則仍可阻卻違法性。

【依法令行為的實務見解】

(1)衍生其他觸犯刑章的行為：刑法第 21 條第 1 項規定：「依法令之行為，不罰」，係指該項行為在外觀上雖然具備犯罪之形態，然其係依據法律或命令所應為之行為；在刑法之評價上，不認其具有違法性與可罰性，故特以明文規定阻卻其違法而不予處罰而言。例如軍人在戰場上死傷敵軍、警察依法逮捕嫌犯、檢察官依法執行死刑或沒收財產等均屬之。又醫師法第 21 條規定：醫師對於危急之病症，不得無故不應招請或無故遲延。此係法律賦予醫師對於危急病患強制診療之義務，旨在保障危急病患得以隨時就診之利益。該項緊急醫療行為之本身如具備犯罪之形態（如為傷患麻醉、開刀切除內臟或肢體等），固得依據刑法第 21 條第 1 項或第 22 條之規定以阻卻違法。但醫師如因履行此項法定強制診療義務時，另外衍生其他觸犯刑章之行為，例如因醫療過失致病患傷害或死亡、以虛報或匿報急診醫療收入等不正當方法逃漏稅捐，或隱瞞在自宅兼業為病患診療之事實，而向所屬醫院詐取基本或服務獎勵金等，此乃屬於另一行為事實之問題，自應依據刑法及有關法律之規定對於該項行為加以評價及處罰，與該醫師看診對象之病情是否危急，以及其是否履行上開醫師法所規定之義務無關；自不能以其公餘在自宅為危急之病患診療，為履行醫師法第 21 條所規定之義務，而認其因此所衍生之其他觸法行為均屬依據法令之行為，而阻卻其違法。（最高法院90 年度臺上字第 3137 號判決）

(2)行政裁量的行為：「依法令之行為，不罰。」刑法第 21 條第 1 項定有明文。行政行為具多樣性、主動性及未來性，立法技術絕無可能僅藉各機關組織法、行政作用法、職權命令或機關內部行政

規則等法令規定，即能鉅細靡遺地將各式各樣行政行為具體、詳盡、毫無遺漏地完整規定。公務員在無法令可循之情況下，為完成行政任務，**本於行政行為積極主動性而為裁量決定時**，基於權力分立原則，司法自應予以尊重，不能逕以無行政法規依據所作成的行政行為，即認為違反刑法，也不能以有違法或牴觸行政命令，即逕賦予刑事不法之評價。（最高法院 106 年度臺上字第 1502 號判決）

　　⑶**逾越必要程度的行為**：上訴人身為法警，**逮捕脫逃犯**，依刑事訴訟法第 90 條規定，原得使用強制力倘未逾必要之程度，即屬依法令之行為，依刑法第 21 條第 1 項規定，應在不罰之列（最高法院 59 年度臺上字第 371 號判決）；依法逮捕犯罪嫌疑人之公務員，遇有抵抗時，雖得以武力排除之，但其程度以能達逮捕之目的為止，**如超過其程度，即非法之所許，不得認為依法令之行為**。（最高法院 30 年上字第 1070 號判例）

第一項　公務員職務行為的阻卻違法

一、公務員的職務行為

　　公務員依據法律規定，執行其職務的行為，係執行法令的職務行為，自然屬於依法令的行為，而阻卻違法。此種依法的職務行為，例如警察人員偵查犯罪於短時間內**限制犯罪嫌疑人行動自由**❶、或司法警察或檢察官執行逮捕、拘提、搜索、扣押等**強制處分行為**（刑訴 §§78 I，87 I，131 I）；稅捐稽徵機關的公務員依法實施搜查的調查行為（稅捐稽徵法

---

❶　有關警察人員執行職務**有無濫用職權**的實務見解，參照最高法院 28 年上字第 3507 號判例：販賣妨害衛生之飲食物品，刑法第 191 條定有處罰明文，上訴人所售賣之豬肉，既因顏色不同，有妨害衛生之嫌疑，被告為**執行警察職務之公務員**，將其帶局訊問後，責令保釋，顯係依法令之行為，自不能因其調查犯罪嫌疑，於**短時間內限制其自由**，遽以濫用職權或妨害自由罪相繩。

§31Ⅰ）。

再者，警械使用條例第12條規定「警察人員依本條例使用警械之行為，為依法令之行為」**⑱**，故警察人員執行職務時，若依本條例第2條、第3條規定使用警棍、第4條規定使用警械，因而致生侵害法益的行為，應屬於依法令的行為，可阻卻違法性，不成立犯罪。

此外，警械使用條例第5條規定「警察人員依法令執行取締、盤查等勤務時，如有必要得命其停止舉動或高舉雙手，並檢查是否持有兇器。如遭抗拒，而有受到突擊之虞時，得依本條例規定使用警械」、第6條規定「警察人員應基於急迫需要，合理使用槍械，不得逾越必要程度」、第8條規定「警察人員使用警械時，應注意勿傷及其他之人」、第9條規定「警察人員使用警械時，如非情況急迫，應注意勿傷及其人致命之部位」，故警察人員使用警械若違反上開規定，而致生傷害、死亡或毀損的結果，則屬於逾越必要程度或過當的情形，非屬依法令的行為，不得阻卻違法。

二、依所屬上級公務員命令的行為

依公務員服務法第2條「長官就其監督範圍以內所發命令，屬官有服從之義務。但屬官對於長官所發命令，如有意見，得隨時陳述」的規定，公務員依所屬上級公務員的命令所為的職務行為，自然屬於依法令的行為，可阻卻違法性，故刑法明文規定「依所屬上級公務員命令之職

---

⑱ 有關警察人員使用警械造成毀損或傷亡等情形，參照73年2月22日司法院⑺廳刑一字第179號法律問題解釋：「法律問題：警械使用條例第十一條：『警察人員依本條使用警械之行為，為依法令之行為』，其含義如何？討論意見：甲說：按刑法第二十一條第一項規定：『依法令之行為，不罰。』凡警察人員依本條例使用警械行為之結果，發生毀損、傷、亡等情形均不罰。乙說：所謂使用警械之行為，為依法令之行為，（不罰）其範圍，係指刑法第一百八十六條及第一百八十七條之持有軍用槍砲、子彈，以及現行之『槍砲彈藥刀械管制條例』有關條文之罪責而言。如因而發生毀損、傷、亡等情形，應視有無故意或過失及刑法第二十三條、第二十四條之情形，而定其刑責。結論：贊成甲說。」（《刑事法律問題研究彙編》第3輯，25頁）

務上行為，不罰。但明知命令違法者，不在此限」（§21Ⅱ）。

其中，依公務員服務法第 2 條但書規定「但屬官對於長官所發命令，如有意見，得隨時陳述」，可謂下級公務員針對上級的命令，並無絕對服從的義務，故下級公務員若明知命令違法，則不能阻卻違法性。此外，下級公務員若明知上級公務員的命令違法，但係在受強暴或脅迫之下所為的行為，則應依責任論的有無期待可能性，論斷是否阻卻責任。

因此，公務員依上級公務員命令的職務行為，必須具備以下要件，始得阻卻違法性：⑴執行命令者必須出於行使職權的意思；⑵執行命令者必須非明知命令為違法；⑶執行命令者的行為不得逾越命令的範圍❿。

【依上級公務員命令行為的實務見解】

⑴**執行命令者必須出於行使職權的意思**：上訴人充任聯保主任，挾嫌將某甲捕送區署，其妨害自由之罪名即已成立，無論厥後繼續羈押至十餘日之久，是否參入區長之命令，要不能阻卻犯罪之成立。（最高法院 29 年上字第 348 號判例）

⑵**執行命令者必須非明知命令為違法**：依上級公務員命令之行為，限於為其職務上行為，且非明知命令違法者，始在不罰之列，刑法第 21 條第 2 項規定甚明。上訴人等將捕獲之匪犯某甲，立即槍決，固係奉有聯保主任之命令，但聯保主任對於捕獲之匪犯，並無槍決之權，既非上訴人所不知，此項槍殺之命令，亦顯非屬於上訴人職務上之行為，乃明知命令違法，任意槍殺，自不能援據刑法第 21 條第 2 項之規定，而主張免責。（最高法院 29 年上字第 721 號判例）；刑法第 21 條第 2 項規定：依所屬上級公務員命令之職務上行為，不罰。但明知命令違法者，不在此限。則以但書所定排除本文

---

❿　參照最高法院 30 年上字第 1070 號判例：依法逮捕犯罪嫌疑人之公務員，遇有抵抗時，雖得以武力排除之，但其程度以能達逮捕之目的為止，如超過其程度，即非法之所許，不得認為依法令之行為。

之阻卻違法事由之適用，應就明知命令違法為嚴格之證明。尤其軍人以服從為天職，陸海空軍刑法第 47 條第 1 項並就違抗長官職權範圍內所下達與軍事有關之命令者，定有處罰。於此，雖非可謂軍人排除上開刑法但書之適用，惟於判斷其是否明知上級命令違法時，自應與一般公務員不同，即應採更高密度之審查標準，以免在違法執行與抗命間產生義務衝突。就具體個案，並應審酌有無期待可能性而阻卻責任。（最高法院 102 年度臺上字第 4092 號判決）❷⓿

第二項　私人權利義務行為的阻卻違法

一、刑事訴訟法上的逮捕現行犯行為

依刑事訴訟法「現行犯，不問何人得逕行逮捕之」（刑訴 §88 I）的規定，當有犯罪在實施中或實施後，即時被發覺者（現行犯、刑訴 §88 II），或被追呼為犯罪人者、因持有兇器、贓物或其他物件，或於身體、衣服等處露有犯罪痕跡，顯可疑為犯罪人者（準現行犯、刑訴 §88 III）的情形時，縱然不具司法警察身分之人，使用強制力加以逮捕的行為，縱然該當刑法傷害罪（§277 I）或私行拘禁罪（§302）的構成要件，仍屬於依法令的行為，而可阻卻違法性。

惟依刑事訴訟法「無偵查犯罪權限之人逮捕現行犯者，應即送交檢察官或司法警察官或司法警察」（刑訴 §92 I）的規定，若上述一般人逮捕現行犯或準現行犯後，未立即送交檢察官或司法警察，則仍構成私行

---

[20] 此外，參考最高法院 98 年度臺上字第 6806 號判決：依據刑法第 21 條第 2 項本文雖規定，依所屬上級公務員命令之職務上行為不罰，然參照該條項但書意旨，須行為人非明知所屬上級公務員命令係屬違法者，方得不罰。又參酌學理通說，行為受不法之強暴、脅迫而實行犯罪行為，倘係無期待可能性，固應阻卻責任，惟所謂無期待可能性，仍應限於所受之強暴、脅迫，已致其生命身體受有危險，而臻於不可抵抗，復不能以其他方法避免之情形，始足當之。

拘禁罪，不能阻卻違法性❷❶。

二、民法上的自力救濟行為

依民法「為保護自己權利，對於他人之自由或財產施以拘束、押收或毀損者，不負賠償之責。但以不及受法院或其他有關機關援助，並非於其時為之，則請求權不得實行或其實行顯有困難者為限」（民 §151）的規定，在來不及請求公權力救濟時，得以自力救濟行為來保全自己的權利。

此外，在民法的債編與物權編尚有具有自力救濟性質的特別規定：例如不動產出租人的留置權（民 §445）、旅店主人的留置權（民 §612）、土地所有人的留置權（民 §791 II）、土地所有人越界枝根割取權（民 §797 II III）、占有人的自力防禦權及自力取回權（民 §960）等。

三、民法上的親權行為

依民法「父母得於必要範圍內，懲戒其子女」（民 §1085）的規定，父母對子女基於教育的意思，在必要限度內所為的懲戒行為，縱然該當刑法上妨害自由罪（§302 私行拘禁罪，§304 強制罪）的構成要件，但屬於依法令的行為而阻卻違法。

倘若非父母對子女的懲戒❷❷、或父母非出於教育的意思或逾越必要範圍而體罰子女時，則不屬於依法懲戒子女的行為，不能阻卻違法。例

---

❷❶ 參照最高法院 28 年上字第 2974 號判例：某氏當眾辱罵某甲，不得謂非公然侮辱人之現行犯，無論何人皆有逮捕之權。則上訴人徇某甲之請，當場將其逮捕，本為法令所許，除於**逮捕後不即送官究辦**，另有單純私禁之故意外，要不成立**妨害自由罪**。

❷❷ 參照最高法院 28 年上字第 3002 號判例：上訴人之**祖父**縱為家長，按照民法第 1125 條規定，不過有管理家務之權責，乃以**家屬某氏**之行為不端，遽令上訴人**強施綑縛**，顯已逾越管理家務之必要範圍，上訴人之實施綑縛行為，自應**負妨害自由之罪責**，上訴人所稱奉命辦理之情形，要不得據為阻卻違法之事由。

如父母對子女的懲戒行為，若超越必要範圍，可能屬於精神或肉體上的虐待行為，不得阻卻違法。

【父母懲戒權的案例思考】

某甲對鄰居小孩乙稱：「如再來偷東西，就打死你」，另對自己未成年的小孩丙稱：「再發現你偷東西，就打死你」，分別致乙、丙二小孩心生畏懼，某甲所為，是否均可成立刑法第305條的恐嚇罪？

甲說：均不成立。因某甲恐嚇乙，係基於防衛其財產權的動機；而恐嚇丙，則係其行使教養懲戒權的手段，雖方法不當，但均有正當目的。而且，某甲所為惡害的通知並非確定，亦即危害是否發生，仍取決於受通知人乙、丙是否再為竊盜行為。此種附條件、不確定危害的通知，尚不足構成恐嚇罪。

乙說：均可成立。按刑法第305條的恐嚇罪，所謂致生危害於安全，不以發生客觀上的危害為要件，凡使受惡害的通知者心生畏懼，而有不安全的感覺即足構成。某甲的恐嚇行為，雖附有條件，並非確定的危害，但該不確定的危害，已足使乙、丙二人有不安全的感覺，均應構成恐嚇罪。

丙說：(1)甲對乙所為，構成恐嚇罪，其理由如乙說；(2)甲對丙所為，不成立恐嚇罪。按「父母對於未成年之子女，有保護及教養之權利義務」、「父母得於必要範圍內懲戒其子女」，分別為民法第1084條第2項及第1085條所明定。本件某甲為戒絕其小孩丙竊盜的惡習，對之施以威嚇，雖其手段並不適當，但尚未逾越行使懲戒權必要的範圍，依刑法第21條第1項之規定：「依法令之行為，不罰。」應可阻卻違法。

結論：採甲說[23]。

---

[23] 參照83年1月13日司法院(83)廳刑一字第01160號法律問題解釋，《司法院公報》第36卷4期78頁、《刑事法律問題研究》第10輯209–211頁。

第五節　業務上正當行為

第一項　業務上正當行為的意義

刑法規定：「業務上之正當行為，不罰」（§22）。從事業務之人，在業務必要上所為的正當行為，即得依本條規定，阻卻其違法性。所謂業務，係指事實業務，不以官廳所許可的業務為限❷。從事業務者的業務行為，必須屬於正當者，始可謂業務上的正當行為，否則，若非業務上的行為，或屬於業務上的不正當行為，自不得依本條規定阻卻其違法性❷。例如牙醫從事結紮手術、獸醫從事病患醫療行為等。

至於業務行為是否正當，應就業務的性質、目的及執行業務的方法，而做綜合的判斷。例如醫事人員因業務需要而依法使用麻醉藥品，該業務行為自屬正當，惟若對治療上無必要使用麻醉藥品之人，故意假借醫療名義而施用毒品，則可構成毒品危害防制條例的罪責。

第二項　業務上正當行為的種類

一、醫師的醫療行為

屬於業務上正當行為者，有醫師的醫療行為，例如外科醫師為病人治療而施行截肢手術、或為節育夫婦施行結紮手術等，雖屬該當重傷罪（§278Ⅰ）的構成要件行為，但若係醫生執行醫療的業務行為，即不具違法性。

此外，例如婦產科醫師若係依優生保健法第 9 條第 1 項規定❷為懷

---

❷　參照最高法院 24 年 7 月 24 日年度總會決議㈨：「業務」兩字採事實業務說，以事實上執行業務為標準，不以曾經官廳許可之業務為限。

❷　刑法第 22 條「業務上之正當行為，不罰」的規定，應排除不正當業務的行為，故修正為「正當業務上之行為，不罰」，應較為妥當。

胎婦女施行人工流產手術，縱然該當墮胎罪（§289Ⅰ）的構成要件，仍屬依法令的行為，可阻卻違法性。

二、職業運動競技行為

在棒球、拳擊、角力等職業運動比賽的情形，因為選手相互間的競技，因而造成身體傷害的結果，雖該當傷害罪（§277Ⅰ）的構成要件行為，但若該競賽選手並未違反競賽規則，仍然能阻卻違法性。

第六節　正當防衛

在現代法治社會中，對於法益的保全或法益衝突，禁止以私人行為來進行，必須遵循公權力的法定程序為原則，若任由人民以私力進行救濟，則法秩序將更形混亂與惡化。然而，當法益侵害已迫在眉睫，而公權力對於法益侵害的預防與維護，處於不可能或顯有困難的緊急狀態時，則應肯認私人可行使自力救濟，以達法益保全的目的。此種緊急行為，刑法將其類型化而形成**正當防衛**與**緊急避難**兩種類型。

第一項　正當防衛的意義

所謂**正當防衛** (Notwehr)，亦稱緊急防衛，係指為了防衛自己或第三人的權利，針對現在進行中的違法侵害或攻擊行為，在無法及時獲得國家法律保護之下，容許私人實施必要的防衛行為而言。此種情形，主要

---

❷ 優生保健法第 9 條第 1 項規定：懷孕婦女經診斷或證明有下列情事者，得依其自願，施行人工流產：(1)本人或其配偶患有礙優生的遺傳病、傳染性疾病或精神病者；(2)本人或其配偶的四親等以內的血親患有礙優生的遺傳疾病者；(3)有醫學上理由，足以認定懷孕或分娩有招致生命危險或危害身體或精神健康者；(4)有醫學上理由，足以認定胎兒有畸型發育之虞者；(5)因被強制性交、誘姦或依法不得結婚者相姦而受孕者；(6)因懷孕或生產，將影響其心理健康或家庭生活者。

係在緊急情況下，基於自衛的本能，而以必要手段來排除現在所遭受的違法侵害或攻擊行為，故屬於緊急防衛權。基此，關於正當防衛的性質，可謂其屬於「自然權」與「緊急權」。

所謂**自然權**，可依「正當防衛不具有歷史」❷❼的用語來理解。從此用語的文義觀之，似乎容易讓人誤解為在歷史上本來即不存在正當防衛的概念，然而事實上並非如此，實際上其乃意味著自古以來，正當防衛權被視為係超越社會發展階段以及國家體制而係理所當然存在的一種權利。亦即，其意謂正當防衛「權」本來即屬於一種「自然權」，即使對任何人而言，亦不應強制其忍受不法侵害，其始終擁有自我防衛的權利。因此，從正當防衛具有「超」歷史的性質而論，應該更明確地說，所謂**正當防衛權**乃人類歷史演進過程中自然發展而來的歷史事實，不論古今中外，正當防衛概念均為社會所共同肯定的確信，並依此形成**法感**❷❽，而在法社會上建立法確信的地位。

所謂**緊急權**，可依「緊急不須依法」的法諺來理解。正當防衛係屬緊急防衛，當國家機關無暇救助一般國民的利益時，可肯認一般國民以自力來保全利益。此種視為緊急權的正當防衛權，係從法秩序的觀點來界定「何種範圍？」與「何種程度？」始可被容許。換言之，法秩序觀點的所謂「容許」，係屬防衛行為的「正當化」（阻卻違法性），而「正當化」正是違法性理論發展過程中最主要討論的議題，故緊急權係依違法

❷❼ 此一用語首見於 1862 年德國刑法學者蓋柏 (G. Geib) 所著德國刑法教科書第 2 卷中，渠引用希舍歐 (Cicero) 所述 "lex non scripta, sednata" 的概念，主張「正當防衛的適法性及不可罰性，其基礎來自於一般人本性的感情，正當防衛原來即不具任何歷史，亦有不能具有歷史的理由。」，直至現在成為刑法學上論述正當防衛時所經常被引用的名言。

❷❽ 所謂**法感** (Rechtsgefühl)，係指在當時代的環境與文化之下，一般國民對於具體事象是否公平合理的共通感覺。正當防衛權的存在，即係在歷史演進的過程中，所逐漸形成的國民共通感覺。目前英美法系國家所施行的陪審員，或日本所施行的裁判員制度，其參與審判的**陪審員**或**裁判員**，並非依據刑罰法規的規定與刑法學說的論點，而完全係以法感來做有罪無罪或如何論罪的判斷。

性理論來界定此種權利行為。

第二項　正當防衛的成立要件

刑法於第 23 條明文規定此種權利行為,亦即「**對於現在不法之侵害,而出於防衛自己或他人權利之行為,不罰。但防衛行為過當者,得減輕或免除其刑**」的規定。依據此條文的規定,緊急防衛行為的法律效果係「不罰」,亦即可阻卻其違法性而「不成立犯罪」。然而,此種正當防衛行為,雖僅簡單數字片語,其內涵則係意義深遠,必須謹慎深慮而正確適用,始能避免濫用正當防衛權。

依據刑法第 23 條的規定,正當防衛的成立要件有客觀要件與主觀要件。客觀要件係指:(1)現在不法的侵害、(2)防衛自己或他人的權利;而主觀要件係指:(3)防衛意思。

一、現在不法的侵害

(一)現在性

所謂**現在性**,亦即「緊急性」,係指從客觀情狀觀察,該侵害法益的危險已經迫在眼前,非立即排除該危險,將產生侵害結果。因此,針對侵害或攻擊已經開始而仍在繼續進行當中等情狀,始具有現在性❷⁹;至於侵害尚屬未來,亦即尚未形成緊急防衛情狀,則不得主張正當防衛❸⁰;

---

❷⁹　參照最高法院 26 年渝上字第 1520 號判例:刑法上之防衛行為,衹以基於排除現在不法之侵害而不超越必要之程度為已足,不以出於不得已之行為為條件,上訴人因耕種縣政府調解撥歸其耕種之祭田 , 某甲以其尚未履行調解條件為詞,突用袖藏石灰揚迷其目,復用所荷鐵鎬,向其頭部猛擊,上訴人先閉目躲閃,幸未受傷,當即反手以防身矛槍扎傷某甲左腿,為原判決認定之事實,是**當時某甲既無再鎬擊,或不能再加鎬擊之情形,則其不法之侵害,不得不謂為尚屬現在**,上訴人用矛反擊,自屬正當防衛權之行使。

❸⁰　參照最高法院 27 年上字第 2879 號判例:刑法上之正當防衛以遇有現在不法之侵害為前提,如不法侵害**尚未發生**,即無防衛之可言。本件被告因見被害人身帶尖刀勢欲逞兇,即用扁擔打去,奪得尖刀將被害人殺斃,是被害人只帶刀在

同理，若侵害已屬過去，則緊急防衛情狀亦已經消失，自然不得主張正當防衛。

(二)不法性

所謂**不法**，應解釋為違法。所謂**違法**，基於客觀違法性說或二元的行為無價值論的立場，其係指違反整體法秩序而言。因此，**違法的侵害**應解釋為違反整體法秩序的侵害。基此，此種違法侵害行為必須侷限於人的侵害行為，亦即須人的侵害行為或攻擊行為在客觀上屬違背法律且違反整體法秩序，此時遭受侵害者對此侵害或攻擊並無忍受的義務，故可主張正當防衛，而阻卻違法性**❸**。

> ### 【對物防衛的案例】
>
> 甲帶著自己所豢養的名犬 A 出外散步，當走到某道路時，突然有臺灣獼猴 B 襲擊該名犬 A，而將 A 犬咬倒在道路上，甲見情狀緊急，心想倘若放任不管，自己所有的名犬 A 可能被 B 獼猴咬死或咬成重傷，此種事實情況十分明顯，因此甲乃拾起地上木棍將 B 獼猴打死。

上述情形，可分為有主動物與無主動物的攻擊兩種。倘若獼猴 B 係無人飼養的野生動物（保育類動物），A 犬遭受獼猴 B 攻擊時，甲為避免

身，並未持以行兇，即非有不法之侵害，被告遽用扁擔毆打，不得認為排除侵害之行為；38 年臺上字第 29 號判例(二)：正當防衛以對於現在不法之侵害為條件，縱如上訴人所云**恐遭傷害**，始開槍示威，但被害人之加害與否，僅在顧慮之中，既非**對於現在不法之侵害**加以防衛，即與刑法第 23 條之規定不符。

❸ 參照最高法院 31 年上字第 2543 號判例：被告既非現行犯，所犯罪名又僅係妨害婚姻及家庭，某甲身充村長，依照現行法令，對該被告自屬**無權拘提**，乃於接受某鄉鄉公所囑託後，不轉請該管檢察官或司法警察官核辦，竟親率團兵持槍前往圍捕，要**不得謂非現在不法之侵害**，因而被告對於圍捕之團兵開槍射擊，核與正當防衛應具之條件，似無不合。

其造成自己財產法益侵害所採取的措施，可主張緊急避難。然而，若 B
獼猴係有人飼養，經由飼主所驅使或放任 B 獼猴攻擊他人，則該 B 獼猴
成為飼主的攻擊武器，仍屬刑法上的違法侵害行為，其係屬於人力攻擊
的延伸，此時殺死攻擊的 B 獼猴與毀損攻擊者的武器，在本質上並無差
異，故遭受攻擊的 A 犬主人應可主張正當防衛❷。因此，上述兩者的差
異性在於：動物的攻擊行為是否係基於人類的故意或過失？若係基於人
類的故意或過失的動物攻擊行為，可視為違法侵害，反之，則不能解釋
為違法侵害。

(三)侵害行為

所謂侵害，係指對他人權利所造成的實害或危險的狀態。有關侵害
行為，無論係故意或過失、作為或不作為，皆非所問。例如，寵物因主
人疏於注意而對人攻擊（過失）、受退去之要求而仍留滯者（不作為），
亦屬於侵害行為。換言之，侵害行為係指一切即將破壞法益或妨害權利
的行為，而此等侵害行為必須係刑法概念上的行為，亦即係人的意思所
支配或所可支配的外在舉動或靜止。

至於侵害行為所侵害的利益（亦即權利），並不限於生活利益，大凡
刑法所保障的一切利益均包括在內，例如生命、身體、自由、財產、隱
私權、公物使用權等法益均屬之。

此外，侵害行為必須係客觀上所存在者，故誤想防衛的情形，不能
認為係侵害行為，惟若該誤認，就一般人而言亦有可能發生時，仍屬侵
害行為。

二、防衛自己或他人的權利

(一)自己或他人的權利

所謂權利，係指自己或他人的法益，不包含國家拘禁力在內❸。除

---

❷ 有關對物防衛的肯定說與否定說，參閱余振華譯‧川端　博著，《刑法總論二
十五講》，元照出版，1999 年 11 月，149–152 頁。

❸ 參照司法院 32 年 2 月 12 日院字第 2464 號解釋：刑法第 23 條所稱之**權利**，不

防衛自己權利之外，防衛他人權利亦包含在正當防衛範圍內，此種有關他人權利的正當防衛，亦稱緊急救助。所謂他人，並不限於自然人，亦包含法人或其他團體❸❹。

　　至於權利是否僅限於個人法益，而不包含國家法益與社會法益？此點仍有不同意見，有主張權利應包含國家法益與社會法益者、有主張僅限於個人法益者、亦有主張原則上僅限於個人法益而在非常緊急狀態可例外地包含國家法益與社會法益者等三種見解❸❺。然而，保護國家法益或社會法益，原本即屬於國家機關的固有任務，若輕易委由私人或私人團體來保護時，反而容易導致法秩序的混亂，故除了侵害國家或社會法益，同時亦侵害個人法益的情形外，**應以個人法益為限**。

(二)防衛行為的必要性

　　正當防衛必須係屬於客觀上有必要而不可或缺的防衛行為。所謂客觀上具有必要性，係指以防衛行為可立即終結侵害或攻擊行為，且保證能排除遭受侵害的危險，若客觀上認無必要者，不得成立正當防衛。針對是否具有**客觀必要性**，係就侵害或攻擊行為的方式、輕重、緩急與危險性等因素，並參酌侵害或攻擊當時防衛者可資運用的防衛措施而做判斷。基此，若防衛行為人係採當時所可資運用的必要手段，則成立正當防衛，而阻卻違法❸❻；若防衛行為在客觀上係屬無必要性者，則不能成

　　包含國家拘禁力在內，執行拘禁之公務員，追捕脫逃罪犯而將其擊斃者。不適用該條規定。林山田教授亦採此見解，參照林山田，《刑法通論（上）》，作者自版，2008 年 1 月增訂 10 版，319 頁。

❸❹　參照司法院 34 年 9 月 24 日院字第 2977 號解釋：刑法上所稱之他人，涵義並不一致，如第 189 條第一項之他人，係專以自然人為限；而第 23 條、第 174 條第 1 項之他人，則係兼指自然人及法人而言。此類情形，自應依各法條規定之性質，分別決之。至同法所稱之第三人，均**包含自然人及法人在內**。

❸❺　日本通說見解認為，權利不包含國家法益與社會法益在內，惟最近有多數學者主張國家法益或社會法益所遭受侵害屬於非常緊急狀態時，可**例外地由私人代為保全該種法益**。

❸❻　參照最高法院 52 年臺上字第 103 號判例：被告因自訴人壓在身上強姦，並以

立正當防衛。

(三)防衛未過當

所謂**防衛過當**，係指行為人對於現在不法侵害，出於防衛自己或他人權利所為的反擊行為，逾越防衛程度（相當性範圍）而言。正當防衛係以維護法律秩序與個人權利為宗旨的權利行為，但該權利不得濫用，否則即違背法律的基本精神，因此正當防衛必須劃定一定的範圍。

關於防衛是否過當，應視具體狀況來判斷，例如對無責任能力人（未滿十四歲人、精神病患）或輕微價值的法益侵害，防衛手段必須要慎重，若防衛手段顯然超越必要程度，即屬防衛過當 ❸。有關防衛過當的**法律效果**，依刑法第 23 條後段規定「……但防衛行為過當者，得減輕或免除其刑。」

三、防衛意思

(一)防衛意思的必要性

正當防衛係將對於現在不法侵害，「**出於防衛**」自己或他人的權利而採取的行為予以正當化。所謂**出於防衛**，究竟係指只要客觀上有「**防衛效果**」即為已足（防衛意思不要說）、或必須主觀上具有「**防衛意思**」（防衛意思必要說）？此兩種見解各有所論，判例與通說係立於防衛意思必要說的立場。

舌頭伸入口中強吻，無法呼救，不得已而**咬傷其舌頭**，以為抵抗，是被告顯係基於排除現在不法侵害之正當防衛行為，**且未超越必要之程度**，依法自屬不罰。

❸ 參照最高法院 48 年臺上字第 1475 號判例：對於現在不法侵害之防衛行為**是否過當**，須就**侵害行為之如何實施**，防衛之行為是否超越其必要之程度而定，不專以侵害行為之大小及輕重為判斷之標準；63 年臺上字第 2104 號判例：刑法上之防衛行為，祇以基於排除現在不法之侵害為已足，防衛過當，指防衛行為超越必要之程度而言，防衛行為是否超越必要之程度，須**就實施之情節而為判斷**，即應就不法侵害者之攻擊方法與其緩急情勢，由客觀上審察防衛權利者之反擊行為，是否出於必要以定之。

㈡防衛意思的內容

關於防衛意思的內容，分為防衛的意圖或動機以及防衛的認識（亦即有現在不法侵害事實的認識）兩種。基於防衛意思必要說的立場，防衛意思的內容係「對應現在不正侵害的意思」，亦即一方面意識現在不法侵害，一方面欲迴避該侵害的單純心理狀態。此即對防衛意思採「防衛的認識」的解釋。相對地，防衛意思不必要說則將防衛意思的內容解釋為「防衛的意圖或動機」。若依防衛意思必要說的見解，對侵害產生憤怒或興奮之餘所實行的反射性反擊行為，亦應具有防衛意思而成立正當防衛❸。

在吵架互毆的情形，是否可主張正當防衛？學說與實務見解仍有不同意見。若從整體來觀察吵架互毆，雙方皆係攻擊，亦皆係防衛，欲判斷何者先出手攻擊，事實上相當困難。日本從大審院判例即有主張「喧嘩兩成敗」的思想❸，亦即吵架互毆的雙方，無法判定任何一方的對或錯，故皆不成立正當防衛❹。

然而，在吵架之際，雙方皆係徒手互毆，突然有一方拿出短刀攻擊另一方時，此時已經改變雙方互相防衛與互相攻擊的同等立場，故遭受短刀攻擊的一方可認為係遭受現在不法侵害，而主張正當防衛❹。

---

❸　參照余振華，〈口角互毆之正當防衛界限——評最高法院九十八年臺上字第六五五八號刑事判決〉，《月旦裁判時報》第 3 期，2010 年 6 月，97 頁。

❸　參照日本大審院 1932 年 1 月 25 日判決，《大審院刑事判例集》第 11 卷，1 頁。

❹　參照最高法院 17 年上字第 686 號判例：查正當防衛係對於現在不正之侵害防衛自己或他人之權利者而言，本案上訴人與某甲口角互毆彼此成傷，不能證明某甲先行侵害，自不得主張正當防衛。

❹　參照最高法院 30 年上字第 1040 號判例：正當防衛必須對於現在不法之侵害始得為之，侵害業已過去，即無正當防衛可言。至彼此互毆，又必以一方初無傷人之行為，因排除對方不法之侵害而加以還擊，始得以正當防衛論。故侵害已過去後之報復行為，與無從分別何方為不法侵害之互毆行為，均不得主張防衛權；97 年臺上字第 5049 號判決：正當防衛以對於現在不法之侵害，而出於防衛自己或他人權利之行為。至彼此互毆，必以一方初無傷人之行為，因排除對

(三)防衛意思的判斷

行為人實行一定行為時，必須著重於「行為時」行為人的主觀意思，否則不具有其意義。原本正當防衛係針對違法侵害者的「侵害法益」行為，由於欲阻止該違法侵害者的「侵害法益」，而以防衛自己或他人法益之「目的」所實行的行為，故依法益「保全」行為而加以正當化。亦即，防衛行為始終應解釋為具有防衛「目的」。

然而，若嚴格地要求防衛「目的」，則其內容漸漸地被緩和化，將導致正當防衛的成立範圍不當地縮小。防衛意思的內容，縱使極度地緩和，但只要解釋為正當防衛「行為」的要素，則應在行為的時點判斷其存在與否。既以行為時為標準而理解「防衛意思」的內容，則防衛行為必須具有「目的」或「動機」。

在此種意義上，防衛意思必要說原本即是「目的」主義，而防衛意思不要說則為「結果」主義。若依防衛意思不要說的見解，則在產生與行為人的主觀（目的）完全無關且客觀的防衛「結果」時，亦成立正當防衛。此種觀點，係屬客觀的「事後」判斷。因此，防衛意思應行為時的「目的」判斷，亦即採事前判斷為妥，此即防衛意思必要說的立場。

第三項　挑撥防衛

一、挑撥防衛的意義

所謂挑撥防衛，亦稱自招防衛，係指在正當防衛的客觀要件中，現在不法侵害的「侵害」係屬自招侵害的情形，亦即防衛者欲藉正當防衛之名，有意圖地挑撥他人攻擊，而利用該機會侵害對方的情形。例如，行為人對他人實行公然的侮辱、諷刺、惡作劇等行為，企圖在他人因而忿怒而毆打自己之際，藉此機會實行正當防衛行為而傷害對方的情形。

此種自己招致不法侵害而製造正當防衛的狀況，亦即「可歸責於己」

方不法之侵害而**加以還擊**，始得以正當防衛論；如對被害人之加害與否，僅在顧慮之中，即非對於現在不法之侵害加以防衛，即與正當防衛不符。

的挑撥行為所產生的不法侵害，挑撥者可否主張正當防衛？針對此一問題，首先必須討論「可歸責於己」的挑撥行為，其性質如何？關於「挑撥行為」的性質，學說上有對立的見解，其爭論的重點在於此種「挑撥行為」究竟係法律上的違法行為？抑或僅係社會倫理所非難的行為？

若「挑撥行為」係法律上的違法行為，則被挑撥者自然可主張正當防衛，而挑撥者的權利行使就會受到限制，亦即針對對方的侵害行為不得主張正當防衛；反之，若「挑撥行為」僅係社會倫理所非難的行為，則被挑撥者針對挑撥行為係屬反應過度時，挑撥者對被挑撥者的攻擊行為，可主張正當防衛。

二、挑撥防衛的行為評價

其次，必須探討挑撥行為者主觀心態上究竟居於何種意思而實行其挑撥行為？針對此一問題，大致可分為以下兩種情形：(1)欲假借正當防衛之名而行攻擊之實的「意圖式（直接故意）挑撥行為」；(2)挑撥行為係屬過失或附條件的故意（未必故意）。

> 【挑撥防衛的案例】
>
> 　一、甲意圖公然侮辱A，利用A必然因憤怒而毆打自己的機會，假藉實行正當防衛之名來傷害A（意圖的挑撥行為）。
>
> 　二、甲認為公然侮辱A，A未必會因憤怒而毆打自己，心想若A果真毆打自己亦不會實行正當防衛而傷害對方，然於公然侮辱A後，A果真毆打自己，在實行正當防衛時將A毆傷（過失或未必故意的挑撥行為）。

針對挑撥行為係屬過失或附條件故意（未必故意）的情形，基本上應可行使正當防衛權，大致上應該沒有爭議性。問題在於「意圖式挑撥」的情形，實行挑撥行為者可否就其本身所引發的不法侵害主張正當防衛？有關此一問題，學說上有肯定說與否定說兩種見解，茲分述如下：

(一)肯定說

採肯定說的學者認為，在先行行為乃屬意圖式挑撥行為時，先行行為人面對被挑撥者所為的不法侵害仍可主張正當防衛，且挑撥者的防衛行為亦不構成犯罪行為，此又稱「全面肯定說」。然而，亦有主張僅有於被挑撥者的攻擊係屬無法迴避的情況時，防衛者（即挑撥者）始可主張正當防衛，且先前挑撥行為倘若係屬犯罪行為，則挑撥者仍然須受到處罰，亦即採「限制肯定說」❷。

(二)否定說

採否定說的學者認為，正當防衛的客觀成立要件本係以現在的不法侵害具有「偶然性」為其前提，防衛者對於現在不法的侵害實行反擊時，必須限於緊急防衛狀況並非由防衛者「故意」引起，始得主張正當防衛，若防衛者主觀上自始即具備挑撥意圖 (Provokationsabsicht)，有意利用對方的不法侵害，製造緊急防衛狀況來達成攻擊他人的實際目的，顯然屬於正當防衛權的濫用，自不得主張正當防衛❸。依此種論點，挑撥者的行為仍屬犯罪行為而必須予以處罰，但卻有以下兩種不同的處理方式：

1.挑撥者不可主張正當防衛，且其反擊行為成立犯罪行為：採此種處理方式，其主要有下列幾點❹：

(1)被挑撥者的侵害行為在基本上可認係為挑撥者的「承諾」，因此不可認其具違法性，挑撥者亦不可對其主張正當防衛。

(2)就挑撥者的立場而言，受挑撥者的行為並非正當防衛規定中的「現在」侵害，因此，挑撥者不可對其主張正當防衛。

(3)就挑撥者的主觀認知而言，其主觀上並不存在「防衛意思」，當然不可主張正當防衛。

---

❷ 參照齊藤誠二，《正当防衛権の根拠と展開》，多賀出版，1991 年 3 月初版，199 頁。

❸ 參照蔡墩銘，《刑法總則爭議問題研究》，1990 年 2 月 3 版，94 頁；林山田，《刑法通論（上）》，作者自版，2008 年 1 月增訂 10 版，332 頁。

❹ 參照余振華，《刑法違法性理論》，作者自版，2010 年 9 月第 2 版，172–173 頁。

⑷針對被挑撥者的侵害行為，挑撥者的反擊行為並非可認係具「相當性」的行為，亦即，其並非正當防衛的行為。

⑸挑撥者如果行使其正當防衛權，則為一種權利濫用，因此，不應認挑撥者可主張正當防衛。

⑹挑撥者的挑撥行為基於不純正不作為犯的先行行為而言，其立於保證人地位者，必須立於使被挑撥者在行為全部過程中不陷入危險狀態的立場，當然不可對被挑撥者主張正當防衛。

2.挑撥者可主張正當防衛，但其防衛行為最後仍成立犯罪行為：針對此種處理方式，學者係以**原因違法行為** (actio illicta in causa) 的理論來加以論述，其認為挑撥者仍可主張正當防衛，但其行為最後仍成立犯罪❹。原因違法行為係在權利濫用理論之外，在學說上另外發展而成的理論，其主要在處理「意圖式挑撥」的問題。採此種理論的學者認為於挑撥者意圖為挑撥行為的情形，挑撥者雖有正當防衛權，縱然挑撥者實行正當防衛行為，該挑撥行為亦非違法，且其並不須負刑事責任，然於此正當防衛行為之前，行為人實行有原因的挑撥行為，結果卻實行防衛行為，因為係使對方受害，故從有原因的挑撥行為透過防衛行為來使對方受侵害的整個歷程觀之，挑撥者應負刑事責任。

本書認為，基於企圖殺害對方的「有目的性的挑撥」，挑撥對方激怒而實行侵害行為，然後假借正當防衛的名義予以反擊而將其殺害的情形，**此種故意的挑撥行為係屬權利的濫用，不能主張正當防衛。至於過失的挑撥行為**，若該過失係屬輕微，或對方的輕微反擊行為係屬可預知，但對方卻為重大法益侵害的反擊行為時，該挑撥行為人仍可主張正當防衛。

---

❹　此種情形，挑撥者係將自己視為適法行為的工具，其係與所謂「原因自由行為」法理的意識上將自己置於無責任狀態下而為違法行為者相同，行為人皆須負刑事責任。採此種思考模式時，通常皆容易將基於挑撥行為的侵害而為正當防衛者，視為係「原因自由行為」的一種相似性格。

第四項　偶然防衛

儘管現實上有現在違法侵害存在，行為人在不知的情況實行侵害行為，結果產生與正當防衛相同情形者，其能否肯認正當防衛的成立，此即屬於偶然防衛的問題❹。

【偶然防衛的案例】

　　甲早就對 A 懷著恨意，一直在尋找殺 A 的機會。某天夜晚，二人約好在公園見面，甲從可瞄準狙殺 A 的處所，開槍射殺 A。然而，經事後判明，當時 A 亦準備開槍射殺甲。

防衛意思不要說將偶然防衛解釋為成立正當防衛，而防衛意思必要說則認為不成立正當防衛。本書基於防衛意思必要說的立場認為，偶然防衛並不成立正當防衛，而係與一般的犯罪行為具有相同性質。亦即，在偶然防衛上，行為人係基於侵害意思（故意）實施法益侵害，縱然事後客觀所見具有正當防衛的客觀要件，但無法評價該行為係屬於法益保全行為。此種情形，若從法秩序的觀點而論，則完全與一般違法行為相同。因此，偶然防衛應解釋為不成立正當防衛。

關於偶然防衛的法律效果，在防衛意思必要說上，認為成立既遂犯者，為多數說。但有少數學者主張在事後或客觀上所見，偶然防衛因欠缺結果無價值的行為，僅成立未遂犯的見解❹。亦有主張在偶然防衛的情形中，行為本身雖有違法性，但因欠缺結果的違法性，因此應準用該犯罪的未遂規定❹。

---

❹　有關偶然防衛的違法性問題，參照余振華，《刑法違法性理論》，作者自版，2010年9月，301頁以下。

❹　參照中　義勝，《講述犯罪總論》，有斐閣，1980年，136頁；曾根威彥，《刑法總論》，弘文堂，2010年4月第4版，104–105頁；井田　良，《刑法總論の理論構造》，成文堂，2005年，141頁。

在防衛意思不要說上，有全面採用客觀違法論，基於「將危險性以事後的客觀事實為基礎而判斷」的客觀危險說立場，主張由於不發生「違法結果」的客觀危險，故偶然防衛係屬不可罰，此為多數說見解❹。惟亦有認為依據狀況可成立未遂犯的見解。例如與將屍體認為係活人而開槍射擊的情形同樣地思考，雖不發生「違法結果」（即非正當防衛的結果），但其結果有發生危險時，可成立未遂犯❺。

依上所述，偶然防衛的法律效果，有(1)既遂犯說、(2)未遂犯說、(3)準未遂犯說、(4)不可罰說等四種見解。若認為偶然防衛成立未遂犯，則既遂犯與未遂犯的相異，非現實的「有無發生結果」，而係完全存在於「結果無價值的量」的差異之中，此係將未遂概念大幅地變更，並非妥當。因此，將偶然防衛認為係未遂犯或準未遂犯而處罰者，並非妥當見解。

若從事後一切事態已經明確的時點所見，則偶然防衛行為人與被害人的行為，均是朝向法益侵害。若捨去行為人的主觀而思考，則兩者生命（法益）均遭受急迫不正侵害的危險，而兩者的任何一方，誰先為法益侵害，結果可防衛自己的法益，此乃「快者先勝」的處理方法，並非妥當。因此，正當防衛的要件，應以事前判斷，亦即以行為當時為基準來加以判斷，其法律效果應成立既遂犯。

第七節　緊急避難

第一項　緊急避難的意義

所謂**緊急避難** (Notstand)，係指行為人處於危急情狀下，為了避免自

---

❹ 參照野村　稔，《刑法總論》，成文堂，1998 年補訂版，225–226 頁。

❹ 參照中山研一，《刑法總論》，成文堂，1982 年，281 頁；內藤　謙，《刑法總論（中）》，344 頁；前田雅英，《刑法總論講義》，東京大学出版会，2006 年 3 月第 4 版，344–345 頁。

❺ 參照平野龍一，《刑法總論 II》，有斐閣，1975 年 6 月，243 頁。

己或他人生命、身體、自由或財產上的現時危難，出於不得已的行為，因而導致侵害他人法益的情形。由於社會成員彼此之間負有參與社會共同生活的連帶義務，每個成員均有義務犧牲少許自我利益，來拯救陷入危難的其他社會成員，故為保全自己或第三人的利益，不得不採取侵害他人利益的措施，此時基於法秩序的觀點，應可容許此種侵害他人法益的行為，而遭受侵害之人亦有容忍的義務。

然而，此種社會連帶義務亦應有一定的界限，亦即不容許過度犧牲他人的利益，故避難者所保護的利益明顯地優於所犧牲的利益時，始能賦予避難者採取此種避難措施的權限，而他人始有忍受的義務。

> **【緊急避難的典型案例】**
>
> 　　甲與 A 因船遭遇海難而掉入大海之中，並同時朝著僅能負載一人的船板游去，A 先抓到此塊船板，並欲推開隨後而來欲抓住該船板的甲，甲見狀加以反擊而將 A 推落海中，A 因而溺斃。

第二項　緊急避難的成立要件

對於緊急避難行為，刑法明文規定可阻卻違法性，亦即「I 因避免自己或他人之生命、身體、自由、財產之緊急危難而出於不得已之行為，不罰。但避難行為過當者，得減輕或免除其刑。II 前項關於避免自己危難之規定，於公務上或業務上有特別義務者，不適用之」(§24)。根據上述法條的規定，緊急避難的成立要件，有客觀要件與主觀要件。客觀要件係指：(1)緊急避難情狀、(2)緊急避難行為；而主觀要件係指：(3)緊急避難意思。

一、緊急避難情狀

所謂緊急避難情狀，係指自己或他人的生命、身體、自由或財產等法益，正處於緊急危難當中，非立即避開該危難，則此等現在危難將變

成實害。行為人必須面臨緊急危難，而且正在處於緊急避難情狀之下，其緊急避難行為始有阻卻違法的可能性。緊急避難情狀必須符合下列兩種情狀：

㈠必須有危難存在

緊急避難情狀必須有危難的存在，危難係依據具體狀況有發生災難的可能性，只要有災難發生的可能性，不論其程度的高低，都是屬於緊急避難所指的「危難」。有關危難，依刑法第 24 條第 1 項規定係具體列舉生命、身體、自由、財產等四種保護法益。我國刑法具體列舉四種法益，係與日本刑法第 37 條第 1 項❺相同，在學說上同樣有不同的解釋，主要有(1)例示規定說與(2)限定列舉說兩種見解。

採例示規定說者認為，避難者的避難行為能否阻卻違法，係以所欲保護的利益是否優越於所犧牲的法益，故不應限於生命、身體、自由、財產四種法益，例如名譽、貞操、隱私權、信用等法益，並不劣於身體或自由法益，亦屬於重要的個人法益，故亦應包含在內❺。採限定列舉說者則係基於立法的立場，認為立法者將緊急避難限定於生命、身體、自由、財產四種法益，係將其與正當防衛做不同的處理，故應限定其範圍❺。本書認為，限定列舉說的見解，較為妥當，惟若屬於非常緊急狀態的國家或社會法益的侵害，例外地可由個人實施緊急避難，此時可視為超法規阻卻違法的緊急避難。

---

❺ 參照日本刑法第 37 條第 1 項：「對於因避免自己或他人生命、身體、自由、或財產之現在危難而出於不得已之行為，以依其行為所產生之危害不超過其所欲避免之危害為限，不罰。但超過限度之行為，依其情狀，得減輕或免除其刑。」

❺ 主張此種見解者，參照林山田，《刑法通論（上）》，作者自版，2008 年 1 月增訂第 10 版，338 頁。日本通說亦採此種見解，參照大谷　實，《刑法講義總論》，成文堂，2010 年 3 月新版第 3 版，303 頁；川端　博，《刑法總論講義》，成文堂，2006 年 2 月第 2 版，366 頁。

❺ 採限定列舉說的見解者，有認為因生命、身體、自由或財產以外的利益而避難，屬於超法規阻卻違法的緊急避難。參閱蔡墩銘，《中國刑法精義》，1990 年，138 頁。

(二)必須屬於緊急的危難

所謂緊急，係與正當防衛的「現在」概念具有同義性。然而，「危難」的含意不同於「侵害」，並不限於人的行為，亦有來自於動物的行為。緊急避難情狀發生時，行為人若未立即採取避難措施，即有可能喪失救助法益的機會，而無法阻止損害的發生，或有可能造成擴大損害的狀況。危難是否緊急，其判斷係以危險是否有可能發展為實際損害為標準。

二、緊急避難行為

行為人必須正處於緊急避難情狀，始可實施緊急避難行為，而阻卻違法性。惟緊急避難行為必須在客觀上係不得已，而行為人非屬具有特別義務者，始能成立緊急避難。

(一)必須係客觀上不得已的避難行為

所謂客觀上不得已，係指行為人為了達到避難目的，在客觀上實行必要的緊急避難行為❺。有關「不得已」的情形，學說上稱為**補充性原則**，其係指行為人所採避難行為係屬唯一的方法，捨此並無他途，若尚有其他可選擇的方法，即不能認定係不得已的避難行為，無法成立緊急避難。換言之，行為人由於自己或他人的生命、身體、自由、財產等法益正處於緊急危難狀態，唯有立即採取避難行為，犧牲他人法益或利益，始得保全自己或他人的法益或利益時，始可謂所採避難手段具有必要性。

(二)負有特別義務者的例外

在公務上或業務上，或因其他特定關係，負有承擔危險的特別義務者，例如檢察官、軍人、警察、消防隊員、船長、醫生、救生員、登山隊的領隊等均屬之。對於他人生命、身體、自由或財產的緊急危難，固

---

❺ 參照最高法院92年臺上字第4500號判決：「刑法第二十四條第一項前段緊急避難，以因避免自己或他人生命、身體、自由、財產之緊急危難而出於不得已之行為為要件，所謂**不得已之行為**，即其行為之取捨，只此一方，**毫無選擇餘地**，或選擇之可能性者而言。如緊急危難發生之際，尚有其他方法可以避免自己或他人權益之危害者，即難謂為不得已。」

得為避難行為，但該等人員在執行職務或執行業務之際，往往對於自己生命、身體、自由或財產等亦會構成緊急危難，但因其公務或業務而負有特別義務，故對於該職務或業務行為所具有的通常危險，必須加以承擔而不得主張緊急避難行為，因此本法特別規定「前項關於避免自己危難之規定，於公務上或業務上有特別義務者，不適用之。」（§24 II）

(三)避難未過當

緊急避難行為在客觀上必須係出於不得已之外，尚須不過當，倘若在客觀上顯已過當者，即已經逾越緊急避難的範圍，應認定係屬避難過當❺，不能阻卻該行為的違法性，僅能減免其責任。

緊急避難行為過當與否的判斷，係指其所保全的利益價值，等於或小於犧牲他人利益價值的判斷。例如地震發生時，大夥人爭先恐後奪門而出，由於推擠他人而導致他人死亡的結果，此種情形難以認為係屬過當；又例如火災事故發生時，為搶救家具而撞傷他人，導致他人死亡的結果，此種犧牲他人生命以挽救自己財產的避難行為，應係屬避難過當。

三、緊急避難意思

當客觀上有緊急危難存在時，行為人必須在主觀上出於救助自己或他人的意思，而實行避難行為，始得主張緊急避難。關於避難意思，其係與正當防衛的「防衛意思」具有相同的解釋。亦即，學說上有避難意思不要說與避難意思必要說二種見解，實務與通說皆係基於避難意思必要說的立場。

關於救助意思，亦包含救助自己緊急危難的意思與救助他人緊急危難的意思二種。而救助他人緊急危難的意思，「他人」係指自己以外的任何人，而是否違反他人意思，並非所問。

---

❺　有關避難過當與否，參照最高法院33年非字第17號判例：「被告雖係**依法拘禁之人**，於**敵軍侵入城內情勢緊急**之際，為避免自己之生命危難，而將看守所之械具毀壞，自由行動，核與緊急避難之行為並無不合，其**毀壞械具**，亦難認為過當，自不應成立刑法第一百六十一條第二項之脫逃罪。」

第三項　自招危難

危難有出於自然的災害，亦有出於人的行為或動物的行動等情形所造成，但如果係自己故意而招致的危難，則無緊急避難情狀可言，無適用緊急避難的餘地。惟如果係自己過失而招致的危難，應可認為係屬緊急避難情狀，而適用緊急避難，阻卻其違法性。

【自招危難的案例思考】

(1)甲駕駛卡車超越中央線行駛，見對向有另一部卡車迎面行駛而來，心想若繼續超越中央線往前行駛，將與該卡車對撞，於是在危急間快轉方向盤變換行進方向而避開事故。此時，甲後方有 A 駕駛機車隨後行駛而來，由於來不及閃避而撞上甲所駕駛的卡車，導致 A 當場死亡。

(2)甲出門散步，當經過乙家門口時，發現乙所飼養的猛犬被加鎖拴住蹲在門口，一時興起，撿起地上小石頭丟向該猛犬，該猛犬在極度憤怒之下，掙開該鎖而衝向甲，甲見狀拔腿狂奔，逃入附近丙的家中。不知情的丙見甲無故侵入家裡，乃向前用力抓住甲的衣領，將甲推出屋外，甲因而被該猛犬咬成重傷。試問：甲的行為應如何論處？

關於**自招危難**，是否可成立緊急避難？學說上，有三種見解：(1)肯定說：此說認為即使危難係屬於自己所招致，仍可主張緊急避難；(2)否定說：此說認為由於自己故意或過失所招致的危難，並無法主張緊急危難；(3)折衷說：此說認為由於自己故意所招致的危難，不成立緊急避難，但由於自己過失所招致的危難，仍可主張緊急避難。

我國實務係採否定說的立場，從下述最高法院二則判決，可清楚理解實務對於「有責行為的緊急避難」，係採否定的見解。

(1)最高法院 59 年度臺上字第 2505 號判決：刑法上之緊急避難行為，

須以災難之發生非出於行為人之故意或過失所致為前提，若災難之發生係由於行為人之故意或過失所致，則其故意或過失之行為自應依法處罰，殊無主張緊急避難之餘地。

(2)最高法院 72 年度臺上字第 7058 號判決：刑法第 24 條所稱因避免緊急危難而出於不得已之行為，係基於社會公平與正義所為不罰之規定。倘其危難之所以發生，乃因行為人自己過失行為所惹起，而其為避免自己因過失行為所將完成之犯行，轉而侵害第三人法益；與單純為避免他人之緊急危難，轉而侵害第三人法益之情形不同，依社會通念，應不得承認其亦有緊急避難之適用。否則，行為人由於本身之過失致侵害他人之法益，即應成立犯罪，而其為避免此項犯罪之完成，轉而侵害他人，卻因此得阻卻違法，非特有背於社會之公平與正義，且無異鼓勵因過失即將完成犯罪之人，轉而侵害他人，尤非立法之本意。至其故意造成「危難」，以遂其犯罪行為，不得為緊急避難之適用，更不待言。

本書認為，在**故意招致危難**的情形，若將其視為阻卻違法事由的緊急避難，係屬「權利的濫用」，而若將其視為阻卻責任事由，則其是否具有期待可能性，仍有討論的空間存在；至於在**過失招致危難**的情形，由於不能過度要求行為人忍受危難，因此自己過失所招致的危難，可成立緊急避難。針對此種思考，緊急避難仍應從立法上做以下修正，始可避免產生爭議❺❻。

> 第 24 條（緊急避難）
> I 對於自己或他人之生命、身體、自由、財產或其他法益，遭受以其他方法無法避免之急迫危難時，為避免該危難而出於不得已之行為，因而產生之危害不超過欲避免之危害程度時，不成立犯罪行為。
> II 前項規定，具有自己應承擔危難之公務上或業務上特別義務或故

❺❻　參照余振華，《刑法違法性理論》，作者自版，2010 年 9 月第 2 版，250–251 頁。

> 意自行招致危難者，不適用之。

第八節　超法規阻卻違法事由

第一項　得被害人的承諾

一、得被害人承諾的意義

　　所謂得被害人承諾，係指被害人對於自己法益的侵害，予以表示同意的行為。例如同意他人抽取自己身上的血液。被害人同意他人侵害其法益的情形，在現實生活上經常發生，實際上並未破壞其他任何人的法益，因此承認其亦阻卻違法性，亦即通說所稱超法規的阻卻違法。基本上，得被害人承諾所具有的法律效果，依各該犯罪的罪質而不同，並非皆具有阻卻違法性的效果。由於承諾係屬於私權處分行為，故被害人的承諾是否影響犯罪，自以被承諾的法益是否具有個人可能處分的性質而定。

　　針對此種超法規違法性阻卻事由，被害人須具備理解承諾意義與內容的能力，而於侵害行為開始時或開始前，親自明白表示其承諾。此外，該承諾必須具有真摯性與任意性，且行為人必須認識該承諾的存在，而以具社會相當性的手段，為不逾越承諾的範圍的侵害行為。

　　得被害人的同意或承諾，係指被害人同意行為人侵害其法益。但構成要件中將被害人的同意或承諾列入構成要件之一，必須在被害人表示同意條件下，始能實現構成要件，則得被害人的承諾並不得阻卻違法。例如得被害人承諾而殺害的加工自殺罪（§275Ⅰ）、得被害人承諾而重傷的加工自傷罪（§282）、準詐欺罪（§341ⅠⅡ）、重利罪（§344）等。

二、得被害人承諾的成立要件

得被害人承諾，得阻卻其違法性的情形，必須從以下五種條件來探討：(1)被害人的承諾能力、(2)被害人承諾的內容、(3)被害人承諾的效力、(4)被害人承諾的方法、(5)承諾的認識。

(一)被害人的承諾能力

被害人必須係具有承諾能力的人，始能阻卻其違法。亦即，依其心智成熟度而有能力認知其所捨棄法益的意義及其效果，且有能力加以判斷者，始具有承諾能力。被害人如在欠缺判斷能力的情況下，必須得其法定代理人的承諾，始具有承諾的效力。

(二)被害人承諾的內容

被害人所捨棄的法益，必須係被害人可以處分的個人法益，倘若係國家法益與社會法益，由於非屬個人法益，當然不允許個人任意捨棄。然而，有些一身專屬的個人法益，個人雖有處分權，但若該涉及社會公共利益，亦不得捨棄。例如得被害人承諾而傷害或殺害的行為，不得阻卻其違法，僅能成為法定刑上減輕的事由而已。

(三)被害人承諾的效力

被害人承諾須出於被害人本人的自由意思，始有成立阻卻違法的承諾，倘若係具有重大瑕疵而為的承諾，即非有效的承諾，不得阻卻違法。例如被害人遭強暴脅迫或被施以詐術或破壞告知義務等手段，而導致被害人不得不承諾，或因陷於錯誤而做出的承諾，並不具承諾的效力。

(四)被害人承諾的方法

被害人的承諾方法，必須於行為前明示或表現於外部具體行為而可得知，始得阻卻違法，若係事後再承諾者，則不能發生承諾的效力。

(五)承諾的認識

行為人在主觀上必須對被害人的承諾有所認識，始得阻卻其違法性。此種主觀的意思，係與正當防衛強調行為人主觀的防衛意思具有同義性。

三、得被害人承諾的理論根據

得被害人承諾在犯罪論體系上應置於違法性的層次，故在得被害人承諾的情形，行為人所實行的行為具有構成要件該當性時，若被害人的承諾具有效力，則可成為阻卻違法事由，而不成立犯罪。因此，得被害人承諾對於行為人的構成要件該當行為，決定其是否為形式違法或實質違法的地位。然而，得被害人承諾成為阻卻違法事由的立論基礎究竟何在，學說上有以下四種見解：

(一)利益欠缺原則

此說係基於結果無價值論的法益衡量說立場，認為違法性的本質完全在於法益侵害的結果無價值，當法益主體放棄法益的利益而承諾侵害行為時，並不須適用為保護利益而存在的刑罰法規來加以處罰[57]。若依此種見解，在得被害人承諾的情形中，由於欠缺以違法性為基礎要件的法益，故可解釋為阻卻違法性。

利益欠缺原則僅強調結果無價值的論點，多數學者對此提出批評，有學者認為針對生命或身體此種個人法益，應從國家或社會的立場加以限制阻卻違法性；亦有學者針對得被害人承諾的傷害罪，應從侵害結果的重大性觀點認為不阻卻違法性[58]。此種批評可謂係基於健全社會的觀念，認為得被害人承諾所為的行為絕對不能忽視全體國民共同生活社會的觀感。

(二)國家目的性與社會相當性原則

此說認為違法性的本質不能僅重視法益侵害的結果無價值，同時必須思考行為無價值。若依此說見解，得被害人承諾的阻卻違法性應求諸於為達成「國家所承認共同生活目的」而為適當手段（目的說）[59]，或

---

[57]　參照平野龍一，《刑法總論II》，有斐閣，1975 年，248 頁。

[58]　參照福田　平・大塚　仁，《対談　刑法總論（中）》，有斐閣，1986 年，63 頁。

[59]　參照木村龜二著・阿部純二增補，《刑法總論》，有斐閣，1978 年增補版，286–287 頁。

依據法理念認為屬於社會相當的行為（社會相當性說）**⑥**。綜合此兩種論點，有學者提出較為具體的見解，主張僅有依照國家及社會倫理規範認為相當的傷害行為，應視為適法，否則不阻卻違法性**⑥**。本書支持此種綜合說的見解。

(三)自己決定的自由

此說基本上亦係基於結果無價值論的立場，而從「自律的原理」說明阻卻違法性。此說認為依承諾而實現的「個人自由」，有優越於得承諾行為所侵害的法益時，可阻卻違法性**⑥**。此說係追求導致放棄保護法益的承諾基礎，進而發現「自己決定的自由」，接著在同一人格的被害人內部做「利益衡量」。此種見解係屬於最近提出的論點，特別係在討論醫療行為的阻卻違法性問題上，已經受到相當程度的重視。

(四)優越利益與目的綜合說

此說亦係基於行為無價值論的立場，主張目的說不一定係與優越利益說對立。此說認為，倘若目的係指刑法的目的（即法益保護），則目的說已經可以說明優越利益說；而法益侵害的概念，由於係綜合結果無價值與行為無價值，故目的說從行為面說明其具有價值性，而優越利益說則說明包含行為整體的有價值性（即優越利益）**⑥**。

若依此說觀點來思考得被害人承諾的傷害罪時，則是否阻卻違法性應作以下的思考：身體固然係屬於法益主體的個人法益，惟不能認為可與自由或財產同樣地任意處置；身體的重要部分，在產生「處置意思」

---

⑥ 參照團藤重光，《刑法綱要總論》，有斐閣，1990 年第 3 版，209 頁以下；福田平，《刑法總論》，有斐閣，1984 年全訂版，165–166 頁等。

⑥ 參照大塚　仁，《刑法概說　總論》，有斐閣，2008 年 10 月第 4 版，364 頁。

⑥ 參照須之內克彥，〈刑法における「自己決定」に関する一考〉，《愛媛法学会雑誌》，3 卷 2 号，95 頁。

⑥ 參照余振華譯・川端　博著，《刑法總論二十五講》，元照出版，1999 年 11 月，172 頁；阿部純二，〈傷害と承諾・再論〉，《研修》，502 号，1990 年，3 頁以下。

的前提上,乃超越「意思」的價值,應認為是至高無上價值的人類尊嚴 **❻**。因此,有關身體的承諾,必須依據具體的情況,透過讓渡身體所得利益的比較衡量,而決定是否具有妥當性。

綜合以上四種見解,通常若以**結果無價值的立場**觀之,會依法益衡量說來加以說明,而採「利益欠缺原則」或「自己決定的自由」;若基於**行為無價值的立場**,則會採「國家目的性與社會相當性原則」或「優越利益說與目的綜合說」的見解。然而,無論採何種論點,由於被害人承諾使得該行為人的行為欠缺實質違法性,故並無處罰行為人的必要性,應認為阻卻違法性。

四、推定的承諾

所謂**推定的承諾** (mutmaßliche Einwilligung),係指被害人雖無現實的承諾,但就情狀予以合理、客觀判斷,可推定被害人將為承諾者而言。推定承諾的要件,大致上與被害人的承諾行為相同。然而,既然係「推定」,即屬於法官在論理法則與經驗法則的拘束下,事後所為的蓋然性事實判斷,縱事後被害人不為承諾,亦無礙於推定承諾的效力。

依前述,得被害人的承諾必須符合上述條件,始得阻卻違法性,但有時在事實上欠缺被害人承諾的情形,構成要件該當行為在特定的情況下,即推測被害人可為承諾,而阻卻違法。此種情況係因法益持有人或其法定代理人未在現場或未能及時趕到現場,致不能取得其承諾或未能及時取得其承諾,或雖在現場,而情況特殊(例如重傷昏迷等),在權衡其法益或利益下,就有利於法益持有人的觀點,而假設法益持有人或其代理人在現場,亦應會做出如此的承諾,或法益持有人未昏迷而保持清醒者,亦會承諾,此即為推定的承諾。

關於被害人推定的承諾,其成立要件有以下三項:(1)必須係被害人對其法益有處分權者;(2)必須被害人未為現實上的承諾,而在實際上不可能

---

❻ 參照內田文昭,《刑法 I(總論)》,青林書院,2002 年 1 月改訂版,193 頁。

取得時；⑶行為人的行為目的、手段、方法及程度必須有社會相當性。

第二項　義務衝突

一、義務衝突的概念

所謂**義務衝突** (Pflichtenkollision)，係指有數個各自獨立的法律上義務同時存在時，義務人為了履行其中一個義務，勢必怠忽履行其他義務的情形。產生衝突的義務，必須係屬法律上義務，不包含道德上或宗教上的義務，而包含依法令、契約、條理或習慣等情形所產生的作為義務。

例如醫師同時接受兩個重症病患的醫療，由於情況緊急而僅能立即醫治其中一人，故對另外一人的重症延遲診療，此時醫生雖對兩病患皆有診療義務，即產生診療義務的衝突；又例如父親眼見兩兒子正在溺水，對兩兒子皆有救助義務，立即救起其中一人，而未能救起另一人時，即產生救助義務的衝突。

二、義務衝突的法律性質

在義務衝突的情形中，大都是屬於緊急狀態，故其與緊急避難類似，但一般認為其法律性質係屬於緊急避難的特別情形。兩者的相異點在於：⑴在緊急避難的情形中，若身處危難者在可容忍該危難的範圍內，則可不實行避難行為，但義務衝突的情形，在緊急狀況仍必須履行法律上義務；⑵緊急避難係以作為方式實行避難行為，而義務衝突所放任的義務係屬於不作為❻。

針對義務衝突中兩個各自獨立的義務，由於係不得已而怠忽履行，故義務輕重的比較，若履行義務與放任義務係屬相等輕重程度時，至少必須具有優越利益原則，始可解釋為法所容許的義務違反。因此，為了

---

❻　參照大谷　實，《刑法總論講義》，成文堂，2007 年 4 月新版第 2 版，277 頁；福田　平，《全訂刑法總論》，有斐閣，2004 年第 4 版，170 頁；大塚　仁，《刑法概說（總論）》，有斐閣，2008 年 10 月第 4 版，413 頁。

履行較高程度義務或相等義務而有義務違反時，可阻卻違法性；若履行較低程度義務而放任較高義務時，應解釋為不阻卻違法性，可依無期待可能性而阻卻責任。

三、義務衝突的型態

法律上的義務可分為由命令規範所生的作為義務，以及由禁止規範所生的不作為義務，因此可能成立義務衝突的情形，有以下二種型態：

(一)作為義務與作為義務的衝突

例如父親對於陷身火海的兩名子女僅能救出一人的情形；或高速公路發生車禍，多人身受重傷的情形，醫生無法同時對數人實施必要的治療行為。

(二)作為義務與不作為義務的衝突

例如醫師在診療病患的情形，發現病人患有其他法定傳染病，該醫生雖負有不得洩漏因業務知悉秘密的不作為義務，但為避免傳染他人，此時即負有告知其同居人的作為義務。

第三項　可罰的違法性

一、可罰違法性的意義

違法性係指行為具有違反整體法秩序的性質，而必須從整體法秩序的觀點加以統一地理解，惟違法性仍然存有輕重程度上的差異性。亦即，刑法上該當構成要件且違法的行為，其違法性係意味著具體上值得處罰的違法性，從整體法秩序的觀點來認定違法性之外，更須具有一定程度的量，而且在質的層面上適切地科處刑罰。此種情形，即屬於**可罰違法性**的基本思考。

可罰違法性係由日本學者所提倡，在日本係屬於超法規阻卻違法事由的一般類型。此種理論，主要係依是否具有值得科處刑罰程度的實質違法性，而決定是否具有違法性的一種理論。可罰違法性概念的緣起，

係來自於日本大審院的一厘事件，亦即種植菸草農民僅僅未繳納市價約一厘的菸草一片，雖屬違反菸草專賣法，但大審院認為該種極輕微的違法行為並不成立犯罪 ❻❻。

> **【可罰違法性理論的實務見解】**
>
> 在我國實務上，最高法院 74 年臺上字第 4225 號判例係屬實務承認可罰違法性理論的表示 ❻❼。依據此則判例的判決要旨所示：行為雖適合於犯罪構成要件的規定，但如無實質的違法性時，仍難成立犯罪。本件上訴人擅用他人的空白信紙一張，雖其行為適合刑法第 335 條第 1 項侵占罪的構成要件，但該信紙一張所值無幾，其侵害的法益及行為均極輕微，在一般社會倫理觀念上尚難認有科以刑罰的必要性。而且此項行為，不予追訴處罰，亦不違反社會共同生活的法律秩序，自得視為無實質的違法性，而不應繩之以法。本書認為，若從此則判例的解釋內容來觀察，其係與日本**一厘事件**的判決精神具有相同旨趣，故可肯認該判決係採可罰違法性理論。

二、可罰違法性的理論基礎

可罰違法性的概念，係來自於日本實務上的一厘事件判決，而在日本學說上，有提出刑法謙抑性與違法相對性兩種思想作為其理論基礎。亦即，⑴刑法謙抑性思想：基於刑罰的侵害人權甚為重大，故刑法在運用之際，必須本於謙讓抑制的本旨，在必要及合理的最小範圍內為之。⑵違法相對性思想：違法性仍有輕重之別，唯有達到足以科處刑罰的程度者，始有以刑法論斷的必要性。

基於上述兩種思想，某種行為雖然該當構成要件，但由於該刑罰法規

---

❻❻ 參照日本大審院 1911 年 10 月 11 日判決，《大審院刑事判決錄》第 16 輯，1620 頁。

❻❼ 參照甘添貴，《刑法之重要理念》，瑞興圖書公司，1996 年 6 月，120 頁。

原本即預定必須具有一定程度的違法性，故在被害極其輕微且未達到該種程度的情形，以及被害法益的性質係屬刑罰不適合干涉的情形，應認為該行為未達犯罪類型所預定的可罰性程度，可阻卻該行為的違法性 **❻⑧**。

此外，有學者基於阻卻構成要件該當性的立場，認為可罰違法性必須符合以下兩種判斷標準：(1)被害法益侵害極輕微；(2)行為逸脫社會相當性的程度極輕微 **❻⑨**。依據此說見解，倘若該當構成要件的行為同時具備此二種要件，即可認定該行為未達可罰違法性的程度，而阻卻構成要件該當性。

第四項　安樂死

從 1970 年代以來，刑法學界不斷提出「患者自主決定權」此種新的權利，相對地亦興起安樂死或幫助自殺的合法化運動。美國奧立岡州於 1994 年制定「醫師對末期患者實行幫助自殺合法化的法律」；荷蘭在經過三十年的議論後，於 2002 年 4 月開始施行在一定條件下醫師施行積極安樂死不處罰的法律（基於囑託終結生命與幫助自殺之審查法）**❼⓪**；2002 年 5 月比利時亦制定醫師實行積極安樂死合法化的「安樂死法」；我國僅於 2000 年 6 月制定屬於消極安樂死性質的「安寧緩和醫療條例」（而於 2002 年 12 月修正第 3 條、第 7 條；2011 年 1 月修正第 1 條與第 7 條、增訂第 6 條之 1、刪除第 13 條；2013 年 1 月修正第 1 條、第 3 條到第 5 條、第 6 條之 1 到第 9 條）**❼①**，針對積極安樂死與幫助自殺仍然規定係

---

❻⑧ 此說見解係採阻卻違法性。參照佐伯千仞，《刑法講義（総論）》，弘文堂，1981 年 4 訂版，176 頁。

❻⑨ 此說見解係採阻卻構成要件該當性。參照藤木英雄，《刑法講義総論》，弘文堂，1975 年 11 月，117 頁。

❼⓪ 荷蘭雖已經施行「基於囑託終結生命與幫助自殺之審查法」，但在刑法上仍然維持囑託殺人罪與幫助自殺罪之處罰規定（刑法第 293 條第 1 項、第 294 條）。有關荷蘭安樂死議題之發展，參照ペーター・タック著・甲斐克則編譯，《オランダ医事刑法の展開》，慶応義塾大学出版会，2009 年 7 月，1-5 頁。

刑法上的犯罪行為。

【安樂死的類型】

積極安樂死：此種類型係藉由積極地剝奪生命來終止死亡痛苦的情形。例如，使用致死量的嗎啡注射 (morphine injection) 或以勒死等行為（作為）來解除死亡痛苦的情形。此種積極安樂死係刑法上爭論的焦點。

消極安樂死：此種類型係為了不延長死亡的痛苦，不採積極的生命延長措施而提早死亡時間的情形。例如，儘管持續樟腦注射 (Camphor injection) 或林格式注射 (Ringer injection) 能延長生命，卻不採取注射方式的情形。此種消極安樂死，欲成立不純正不作為犯時，必須嚴格認定其作為義務。換言之，必須確定具有積極地命其伴隨死亡痛苦而延長生命的法義務。消極安樂死係為了解除死亡痛

---

❼　我國所施行的消極安樂死係依據安寧緩和醫療條例第 7 條的規定：「Ⅰ不施行心肺復甦術或維生醫療，應符合下列規定：一、應由二位醫師診斷確為末期病人。二、應有意願人簽署之意願書。但未成年人簽署意願書時，應得其法定代理人之同意。未成年人無法表達意願時，則應由法定代理人簽署意願書。Ⅱ前項第一款之醫師，應具有相關專科醫師資格。Ⅲ末期病人無簽署第一項第二款之意願書且意識昏迷或無法清楚表達意願時，由其最近親屬出具同意書代替之。無最近親屬者，應經安寧緩和醫療照會後，依末期病人最大利益出具醫囑代替之。同意書或醫囑均不得與末期病人於意識昏迷或無法清楚表達意願前明示之意思表示相反。Ⅳ前項最近親屬之範圍如下：一、配偶。二、成年子女、孫子女。三、父母。四、兄弟姐妹。五、祖父母。六、曾祖父母、曾孫子女或三親等旁系血親。七、一親等直系姻親。Ⅴ末期病人符合第一項至第四項規定不施行心肺復甦術或維生醫療之情形時，原施予之心肺復甦術或維生醫療，得予終止或撤除。Ⅵ第三項最近親屬出具同意書，得以一人行之；其最近親屬意思表示不一致時，依第四項各款先後定其順序。後順序者已出具同意書時，先順序者如有不同之意思表示，應於不施行、終止或撤除心肺復甦術或維生醫療前以書面為之。」

苦的注射至少可提早死亡時間，但卻不採提早死亡時間的注射措施，此點必須事先予以釐清。在此種情形中，注射對回復健康完成沒有幫助，僅止於醫師應採延長死亡痛苦的措施，一般解釋為醫師並不具刑法上的作為義務。

一、積極安樂死的阻卻違法論

近年來，從患者的自主決定權來論證「積極安樂死」的阻卻違法性，此種說法已經逐漸成為有力的見解。學說上大致有下列兩種論點：

(1)具痛苦的生命與不具痛苦的縮短生命相互衝突時，究竟應該選擇其中的何者，此雖成為安樂死的問題，但與一般的緊急避難不同。由於安樂死的利益主體只有患者一人，第三人不能作客觀上利益衡量而代替本人提出決定，故患者的自主決定權始為安樂死的基本要素，而此種邏輯對積極安樂死或消極安樂死皆能適用[72]。

(2)基於人權論的觀點，在考慮本人失去自律生存的可能性以及確保死亡意思的真實性客觀條件，容許本人具有生命的處分權，將實現本人意思的積極安樂死視為正當行為[73]。

本書認為，以患者自主決定權為基礎的見解，基於在延長死亡的痛苦與縮短生命的痛苦兩種惡害中，若必須選擇其中一種時，此種選擇僅能委由惡害主體自己作自由的決定。因此，醫師或患者本人家屬所為的積極安樂死行為，在理論上雖應可評價該行為係屬正當行為，但必須注意應以患者本人的真摯同意為前提，在衡量延長死亡的痛苦與縮短生命的痛苦二者的利益之下，始有阻卻其違法性的可能性。

---

[72] 參照町野 朔，〈違法論としての安楽死・尊厳死〉，《現代刑事法》第2卷第6号，37頁；町野 朔，〈患者の自己決定権と医師の治療義務〉，《法ジャーナル》第8号，47頁。

[73] 參照福田雅章，《日本の社会文化構造と人権》，明石書店，2002年3月，327頁。

二、積極安樂死的實務見解

我國實務上並無針對安樂死的判例，而日本的最高裁判所上，至今尚未出現有關安樂死的判例，只有數起下級裁判所的判例。在此等判例中，每一件都是由親人實施積極安樂死的案例，結果皆判決否定阻卻違法性❼❹，可見日本對於安樂死事件，判例上仍採慎重的態度。其中，最著名的判例係名古屋高等裁判所的判決，此判決係日本最早提出安樂死可阻卻違法性要件的實務見解，故目前學說與實務上已經將該見解認為係積極安樂死可阻卻違法的一般基準（通稱「安樂死基準」）。

> ### 【安樂死的案例】
>
> 被告甲的父親 A 因腦溢血而全身癱瘓且長時間臥病在床，導致四肢產生劇烈地疼痛及打嗝發作，經常為了無法呼吸而感到苦惱，故常常喊著「快點讓我死吧！」「殺我吧！」等語，由於醫生告知只有七～十天的生存時間，故甲認為解除父親病痛是盡最後的孝心，於是將有機磷殺蟲劑混入牛乳中，藉由母親之手讓父親 A 喝下而導致 A 死亡。第一審否定 A 囑託的存在，認為甲成立殺害尊親屬罪，但名古屋高等裁判所撤銷原判決，而以囑託殺人罪判處被告甲有期徒刑一年，緩刑三年。

名古屋高等裁判所認為是否肯認安樂死，此問題仍有爭議，但無論如何，安樂死係以人為的方式來剝奪至高無上的生命，故必須符合以下

---

❼❹ 關於日本針對**安樂死案件的判決**，參照鹿兒島地方裁判所 1975 年 10 月 1 日判決，《判例時報》第 808 号，112 頁；神戶地方裁判所 1975 年 10 月 29 日判決，《判例時報》第 808 号，112 頁；大阪地方裁判所 1977 年 11 月 30 日判決，《判例時報》第 879 号，158 頁；高知地方裁判所 1990 年 9 月 17 日判決，《判例時報》第 1363 号，160 頁；橫浜地方裁判所 1995 年 3 月 28 日，《判例時報》第 1530 号，28 頁。

六種要件，始能成立阻卻違法性。

(1)患者所患係現代醫學知識與技術無法醫治的疾病，而且亦瀕臨死亡的時間。

(2)患者身受非常嚴重的病痛，已達到任何人皆不忍目睹的程度。

(3)完全基於緩和患者死亡痛苦之目的。

(4)在患者的意識仍然清楚而能表示意思時，本人有真摯的囑託或承諾。

(5)原則上須藉由醫師之手來實行，當無法由醫師實行時，應有足以肯認無法由醫師實行的特別情狀。

(6)其實行方法在倫理上亦屬妥當，可予以認同。倘若未具備上述所有要件，應解為安樂死仍然具有行為的違法性。

從上述要件來看，基於被告甲的父親 A 被認為罹患不治之症而其生命危在旦夕；A 每次移動身體時所遭受的痛苦及打嗝所引發凌駕死亡的痛苦，真是不忍目睹；被告甲係目睹父親 A 的痛苦，為了解除其痛苦而實行的行為等情況，由於必須符合上述所有要件，故被告的所為雖符合安樂死的(1)、(2)、(3)三要件，但要件(4)似乎有問題，縱使暫且擱置，而針對其並無任何足以肯認無法由醫師實行的特別情狀以及採此種使病人喝下摻入有機磷殺蟲劑的牛奶，實為倫理上難以認同的手段等二個觀點，其缺乏(5)、(6)二要件，因此被告甲的行為不足以阻卻違法性。

第九節　阻卻違法事由情狀的錯誤

第一項　阻卻違法事由情狀錯誤的概念

所謂阻卻違法事由情狀錯誤，係指有關阻卻違法性事由的事實前提的錯誤。此種錯誤，雖始終為關於「事實」的錯誤，但在有關「違法性」的事實上，係與構成要件事實的錯誤相異。有關是否應重視該種相異性，見解呈現對立的狀況。然而，若以應認為阻卻故意的單純法感為前提，

則越強調此種相異性，越難以認為阻卻故意，將導致自陷困境的反效果。

因此，有主張以構成要件事實錯誤的類推而圖肯定阻卻故意的見解，此即「構成要件錯誤說」；反之，若嚴密地把握視為事實故意的構成要件故意，則以上的處理形成不合理，故有依否定阻卻故意，而主張將其從事實錯誤的範疇抽出的見解，亦即「違法性錯誤說」。

以往，阻卻違法事由情狀錯誤，有究竟係阻卻故意的「構成要件錯誤」、抑或「違法性錯誤（禁止錯誤、法律錯誤）」的爭議。惟在難以對兩種錯誤分類的情況下，乃有「獨立錯誤說」的出現。此說一方面在以往錯誤論的範圍內處理，一方面追求在其中間領域上而為解決，故成為最近的有力見解。

第二項　誤想防衛

一、誤想防衛的概念

阻卻違法事由情狀錯誤的典型案例，即誤想防衛的情形。有關誤想防衛的意義與範圍，現在仍然係見解不一致。但對於誤認有現在不法侵害的情形，包含於誤想防衛中，卻是無異論。亦即，誤認侵害的急迫性及侵害的不法性，被視為是典型的誤想防衛，有關其法律處理的議論，係以誤想防衛論而展開。以往，為了區別其與正當防衛成立要件中其他要素的錯誤，將其稱為「有關阻卻違法性事由之事實前提的錯誤」，而最近則以「阻卻違法事由情狀的錯誤」稱之。

【誤想防衛的案例思考】

甲為某大學戲劇系學生，為提出畢業作品而在學校演出殺人劇場，由自己扮演殺人犯的男主角，將臉上化妝成兇惡的面孔，並在身上沾滿番茄醬，外觀神似殺人犯。演出結束後，已經夜晚，因急著回家而並未卸妝。在返家的道路上，適巧碰到刑事偵查員A，A因

追捕剛剛發生的殺人案件犯人而來到該道路，看見甲面貌兇惡，神色緊張，且身上沾滿血跡，認定甲係殺人嫌犯而欲加以逮捕。甲確信 A 係違法逮捕，乃出拳攻擊 A，A 受攻擊不支倒地，甲趁機逃離現場。甲回家後，心想不對，經過與共同生活的養父乙討論後，乙告訴甲：「此事恐怕有法律上的問題，應迅速找律師處理」，因此，甲乙二人一起前往委任律師丙，準備往後的訴訟問題。丙交代甲趕快處理掉化妝道具及沾有番茄醬的衣物等，甲乙二人立即將所有相關物品燒燬。數日後，A 循線追捕而至，將甲逮捕，全案移送法辦。

請問：甲、乙、丙之行為應如何處斷？ ❼⑤

有關誤想防衛的範圍 ❼⑥，有以下三種情形：⑴除誤認現在不法侵害的事實以外，亦包含防衛行為的誤認，而客觀上現在與不法侵害要件均具備的情形；⑵對於防衛行為本身，因防衛而欲實行適當行為，卻實行錯誤、不適當、特別是超越防衛程度行為的情形（認為成立過失犯的情形，有視為防衛過當而有減輕其刑的餘地）；⑶雖然所實行的行為係具有相當性的行為，但對於誤認客體（有客體錯誤及方法錯誤兩種，在過失的情形，於緊急避難問題上，具有特異性）發生侵害結果的情形。

二、誤想防衛的行為評價

針對誤想防衛的行為，刑法學說上究竟如何評價，各家學說紛歧不一，大致可歸納以下五種主要見解：⑴消極的構成要件要素說、⑵故意說、⑶嚴格責任說、⑷限縮責任說、⑸限制法律效果說。茲將各種學說論點分別敘述如下 ❼⑦：

---

❼⑤ 本案例係作者所命的 99 年律師高考考題。

❼⑥ 有關誤想防衛的意義及範圍，參照余振華，《刑法違法性理論》，作者自版，2010年 9 月第 2 版，256 頁以下。

❼⑦ 有關誤想防衛的評價，參照余振華，《刑法違法性理論》，作者自版，2010 年9 月第 2 版，270 頁以下。

㈠消極的構成要件要素說

消極的構成要件要素說認為，誤想防衛係屬構成要件的錯誤，可直接阻卻行為人的故意。惟在此種解釋的理由中，被迫於必須對傳統的構成要件概念做重大的變更。亦即，構成要件除以違法性積極地為基礎的事實外，亦包含將違法性消極地作為基礎（阻卻違法性）的事由（即消極的構成要件）。依據此說的見解，在阻卻故意的情形中，更形成過失犯成立與否的問題。

本說特點雖在於明確地肯定阻卻故意，但將原本非類型的正當化情狀，加入定型的構成要件要素中，在理論上乃非妥適者。亦即，將完全相異性質的構成要件該當性與違法性統合的結果，乃使定型的構成要件該當性判斷所具有的獨自意義消失殆盡，於破壞所謂構成要件該當性、違法性、責任（有責性）的犯罪論三階層論的觀點上而言，實非妥當的見解。

㈡故意說

故意說認為，故意除了對於構成犯罪事實的知與欲之外，尚包括違法性的認識。基此論點，行為人對於以違法性為基礎的事實無認識時，不應令其面對規範面的問題，必須在行為人認識以違法性為基礎的事實後，始能對行為人評價其違法性而令其面對規範面的問題。因此，誤想防衛行為人主觀上係對阻卻違法事由有關的事實發生錯誤，以其對以違法性為基礎的事實並無認識為理由，應解釋為可阻卻故意，而僅能成立過失犯。

㈢嚴格責任說

嚴格責任說認為，並無所謂「視為責任要素」的故意概念，而將成為其內容的違法性認識或其認識可能性，解釋為係與故意相異的獨立責任要素。本說將誤想防衛解釋為違法性錯誤（禁止錯誤），而認為在該種錯誤無法避免時，由於誤想防衛行為人並無違法性認識的可能性，故阻卻行為人的責任，而在該錯誤可避免時，肯定其成立故意犯。

㈣限縮責任說

限縮責任說認為,誤想防衛雖非構成要件錯誤,但仍屬於對於犯罪事實要件的錯誤。行為人的主觀誤認雖係屬於事實面的問題,然其與構成要件事實有所不同,因此誤想防衛行為人的行為在客觀上雖具備構成要件該當性及違法性,但在責任故意上檢驗有無故意時,由於行為人發生錯誤者係以違法性為基礎的事實而非構成要件事實,理應不阻卻故意。然而,若依此論點,則將該種違反視為事實錯誤,類推適用以事實認識面的共通性為基礎的構成要件事實錯誤,依此而認為可阻卻故意。

㈤限制法律效果說

限制法律效果說認為,誤想防衛既非構成要件錯誤,亦非違法性錯誤(禁止錯誤),而係一種異於二者的獨立錯誤類型,此說已成為目前的有力說。在此種論點上,誤想防衛係採「類推」構成要件錯誤的法律效果,而肯定阻卻故意,故此說亦稱為限制法律效果責任說。

三、本書的立場

誤想防衛係行為人對於阻卻違法事由的基礎事實,在認知上發生錯誤,倘若從事實面發生錯誤的觀點而言,可稱其為構成要件事實錯誤。然而,構成要件錯誤與違法性錯誤兩者的區分畢竟仍有其模糊之處。因此,本書雖認為以構成要件錯誤來處理誤想防衛具有相當的說服力,但不應以「事實」與「法律」為區分標準來看待誤想防衛,故不採構成要件錯誤說的見解。

本書認為,從違法論層面採以違法性錯誤為基礎(二元的嚴格責任說)而產生阻卻故意的論點,係較為妥當的見解。亦即,在不應將誤想防衛視為構成要件事實錯誤而為處理的觀點上,係與視為違法性錯誤說的嚴格責任說,具有相同的理解,惟於承認阻卻違法可能性上,係與嚴格責任說的論點迥異。換言之,在肯認構成要件故意與過失有所區別的範圍內,既然阻卻故意,則不應認為仍有過失存在,而應在肯定故意後思考成立故意犯。依此論點而將誤想防衛加以定位應係妥適的見解。

第四章　責任論

【責任論的構造】

責任能力
- 年齡
  - 未滿十四歲（無責任能力人§18Ⅰ）
  - 十四歲以上未滿十八歲（限制責任能力人§18Ⅱ）
  - 滿八十歲（限制責任能力人§18Ⅲ）
  - 十八歲以上未滿八十歲（完全責任能力人）
- 精神狀態
  - 無辨識違法能力之人（無責任能力人§19Ⅰ）
  - 辨識違法能力低之人（限制責任能力人§19Ⅱ）
- 生理狀態——瘖啞人（限制責任能力人§20）

責任形態
- 責任故意
- 責任過失

違法性認識——違法性認識錯誤
- 無法避免的錯誤（法定阻卻責任事由）
- 可避免的錯誤（法定減免責任事由）

期待可能性→無期待可能性（超法規阻卻責任事由）

第一節　責任論的基礎

　　行為人所實行的行為是否成立犯罪，除應檢視該行為是否具備構成要件該當性及違法性之外，責任 (Schuld) 的存在與否亦屬於必要的條件。責任的判斷，係指在法政策上，針對實現一個構成要件該當且具有違法性行為的行為人所科處的刑罰，判斷其是否具有妥當性而言。而作為此一判斷的基礎，乃「責任原則」。

【責任原則的內涵】

　　關於責任原則，其至少包含以下三種內涵：

(1)無責任即無刑罰（消極責任原則）。

(2)有責任即有刑罰（積極責任原則）。

(3)責任與刑罰應成正比（刑責均衡原則）。

　　近代學者則有主張，縱然有「無責任即無刑罰」(ohne Schuld keine Strafe) 的責任原則存在，然而「有責任」並不必然伴隨著「有刑罰」❶，而應著眼於行為人的行為必須具有「應刑罰性」，因此，重點在於必須對行為人的行為在價值觀上進行評價。

　　在責任原則的基礎下，責任包括主觀責任與個人責任兩種責任：

　　一、**主觀責任**：責任係指行為人對其行為負責，故必須該行為係出於行為人主觀上的故意或過失。此即主觀上的責任。

---

❶　例如我國刑法第 167 條規定「配偶、五親等內之血親或三親等內之姻親圖利犯人或依法逮捕拘禁之脫逃人，而犯第一六四條或第一六五條之罪者，減輕或免除其刑」以及第 324 條第 1 項規定「於直系血親、配偶或同財共居親屬間，犯本章之罪者，得免除其刑」的情形，即屬行為人具備責任，但得免除其刑的適例。此外，針對具有違法性而無責任的行為，雖不能科以刑罰，但得科處保安處分。

二、**個人責任**：責任係指任何人只對自己的行為負責，對他人的行為並無需負責，因而責任僅有個人責任，並無所謂團體責任（轉嫁責任）的概念。

第一項　責任的意義

在刑法學上，將責任解釋為，針對一個實現構成要件該當而具有違法性行為的行為人予以其人格上的「無價值評價」。亦即，評價行為人所實行的行為是否具有處罰的必要性，倘若該行為具備處罰的必要性，則可依此而歸責或非難該行為人。簡單而言，所謂**責任**，係指對行為人的**「歸責可能性」**或**「非難可能性」**而言。因此，責任係連接行為與行為人之間的一種概念，其係行為人的行為是否成立犯罪的一個要素，亦即行為人的行為縱然具有構成要件該當性與違法性，但若不具有責性，則該行為仍然不能成立犯罪。

責任的基本思想，係以行為人具有**自由意思**為前提，亦即責任係以行為人在具有自由意思狀態下，能正確地判斷且辨別合法與違法的能力為基礎。倘若行為人具有此種**辨別合法與違法的能力**，而在可以避免實行違法行為的條件下，竟然不予以避免而仍敢於實行違法行為，此時即具有責任。

犯罪判斷係綜合行為人及其行為所做的評價，違法性係針對行為的價值所做的評價，其評價內涵係「行為無價值」與「結果無價值」，而責任則係對行為人的人格性質所做的評價，其評價內涵係「良知無價值」。在責任的判斷上，必須判斷行為人是否係屬於法律規範的適格受規範人，以及是否必須接受法律的規範，亦即必須判斷對於行為人是否有歸責可能性（非難可能性❷）。

---

❷　關於「非難可能性」的用語，係屬於日本學界通稱的用語，其意義係指**可責難性、可詰責性、可譴責性**而言。

第二項　責任的本質

有關責任的本質，學說上有如下的見解：(1)針對責任非難的本質有道義責任論與社會責任論；(2)針對責任判斷的要素有心理責任論與規範責任論。

一、責任非難的本質

有關責任非難的根據，基於古典學派的**自由意思論（非決定論）**與近代學派的**非自由意思論（決定論）**二種不同立場而有對立的見解。道義責任論係基於自由意思論的立場，以絕對的自由意思為基礎，認為任何人都有平等的自由意思，故行為人既有自由思想，若進而為違法行為，自然要加以非難。因此，刑事責任的根據，即係道義上的非難。此種道義非難的根據，主要係在於形成各個行為的主觀上「惡的意思」，亦即個別行為的意思責任。

道義上的非難，雖為多數學者所主張，但最近有學者認為在現實的行為中，除了基於行為人的自由選擇與活動之外，尚有受遺傳或環境的影響，故應以「相對的自由意思」為基礎，亦即道義上的非難應係超越「個人倫理」，屬於「社會倫理」的非難❸。

社會責任論則基於近代學派的非自由意思論立場，否認人具有自由意思，認為人的行為是否合法，完全係受環境與遺傳所支配。因此，對於違法的行為人，必須以社會力量加以矯正、治療甚或加以隔離。因此，所謂責任，係指社會的處置而言。至於社會處置的根據，在於行為人受環境或遺傳影響所滋生的反社會性。

二、責任判斷的要素

心理責任論係十九世紀至二十世紀初期德國的通說見解，此種理論

---

❸　參照川端　博，《刑法總論講義》，成文堂，2006 年 2 月第 2 版，388 頁。

係基於道義責任論的基礎來探討責任的內涵，認為責任的內容係屬於心理的事實，故係指行為人的責任能力以及故意或過失等心理狀態。換言之，心理責任論將責任解釋為行為人對於自己所為行為的心理關係，而將此種心理關係區分為對行為或結果的認識（故意）或認識可能性（過失），亦即故意與過失係責任的形態。依據心理責任論的論點，行為人若具有故意或過失，即具有責任，而若無故意或過失，則無責任可言。

規範責任論係在二十世紀初期，由德國刑法學者法蘭克 (R. Frank, 1860–1934) 所提倡的理論。法蘭克並未排斥心理責任論或道義責任論，而係為了克服心理責任論的缺點，認為在對行為人的違法行為加以非難時，不僅必須考慮主觀的要素（故意、過失），對於客觀的要素（期待可能性）❹亦須一併考量。亦即，規範責任論係就行為當時的具體狀況，基於法規範的立場，判斷有無可能期待行為人不實行違法行為而實行合法行為。

依據規範責任論的見解，法規範分為評價規範與決定規範，評價規範係以任何人為對象，而決定規範係以能依法命令而做意思決定者為對象，當其違反法的期待而決意實行違法行為時，始有責任，反之，則阻卻責任。基此，縱然行為人具有責任能力、責任形態（故意、過失），但若無期待可能性的存在，亦不可歸責該行為人。

此外，規範責任論針對故意，認為違法性的認識或其認識可能性係故意的要素。本書認為，違法性的認識或其認識可能性係屬於故意以外的獨立要素（此部分將在本章第四節「違法性認識」詳細敘述），而所謂**規範的責任要素應包括責任能力、責任形態、違法性認識與期待可能性**。基此，在我國刑法上，無責任能力（§§18Ⅰ，19Ⅰ）與無法避免的違法性錯誤（§16 前段），係屬於阻卻責任事由；而可避免的違法性錯誤（§16 但書）、防衛過當（§23 但書）與避難過當（§24Ⅰ但書），係屬**減免責任事由**。此外，無期待可能性，則係屬**超法規的阻卻責任事由**。

---

❹　有關期待可能性的理論形成、內涵及判斷標準，參照本章第六節「期待可能性」。

第二節　責任能力

第一項　責任能力的概念

　　行為人已經實行違法行為時，為了使行為人負其行為的責任，首先行為人必須具有負擔刑事責任的能力，此即所謂責任能力 (Schuldfähigkeit)。換言之，無責任能力人所實行的行為，縱然係該當構成要件且具有違法性的行為，仍然不成立犯罪。有關責任能力的內涵及其體系地位為何，係屬責任能力問題首先必須建立的概念。

一、責任能力的內涵

　　責任能力的內涵，係與責任理論具有密切關聯性。若基於道義責任論的立場，則所謂責任能力，係指行為人能辨別是非並能控制行動的能力（**辨識能力與控制能力**），故此種能力的有無，係依行為當時行為人的狀態來決定。若採社會責任論的見解，則行為人並無基於自由意思而選擇實行合法行為的可能性，故所謂責任能力並非係非難行為人過去所為的行為，而係指行為人將來是否能接受社會處置、適應刑罰制裁的能力（**受罰能力**）。換言之，責任能力只需在接受刑罰制裁時存在即為已足，不需考慮行為人在行為當時有無此種能力。

　　若採規範責任論的見解，則所謂責任能力，係指行為人具有能夠理解刑法規範而實行適合刑法規範行為的能力（**有責能力**）。此種能力係行為人在行為當時具有判斷合法或違法的能力，且依此而不為違法行為的能力。

　　本書認為，責任能力係指「**有責的行為能力**」，亦即具有符合規範要求的能力（**規範的責任能力**）。換言之，責任能力係指有責地實行生物學與心理學上行為的能力。在此種意義上，實行該當構成要件且具違法性行為的行為人，其本身具有辨識自己所為行為係屬違法的能力，且具有

依此辨識而控制自己行動的能力。

二、責任能力的體系地位

關於責任能力的**體系地位**，有責任要素說與責任前提說二種見解。責任要素說認為，責任能力係與責任形態（故意、過失）、違法性認識、期待可能性等並列，而係對個別行為的責任要素；此說基於個別行為責任論的立場，認為即使是相同的行為人，在某種犯罪上係屬於無責任能力人，在其他犯罪上仍可能為有責任能力人。

責任前提說認為，責任能力並非對個別行為的能力，而係成為責任前提的一般能力；此說並不認為有部分責任能力的存在。本書採責任前提說的見解，認為責任能力係責任的前提，故在欠缺責任能力時，並無須判斷違法性認識或期待可能性，直接可肯認阻卻責任。至於欠缺責任能力人，可依刑法所規定的保安處分來處置。

三、責任能力的存在時期

關於責任能力的**存在時期**，亦即責任能力究竟係應在行為的何種階段存在？學說上，有以下兩種見解：(1)**實行行為說**、(2)**原因行為說**。實行行為說認為，責任能力必須在實行行為時存在；而原因行為說則認為，責任能力只要在形成實行行為的原因階段存在即為已足。

本書原則上係採實行行為說的立場，惟在原因自由行為的情形，由於實行行為時並無責任能力，故基於原因行為時的意思而實行行為者，該種實行行為原本即係基於自由意思所做的決定，仍然應加以非難，因此**例外地**肯認「與實行行為具有相當關係的原因行為時」(此部分將在本章第三節「原因自由行為」詳細敘述)，亦為具有責任能力的時期。

第二項　責任能力的種類

行為人有無責任能力，應依下列兩種情狀來做判斷：(1)年齡、(2)精神狀態。刑法依行為人於行為當時的年齡或精神狀態的不同，將責任能

力區分為無責任能力人、限制責任能力人與完全責任能力人等三種。此外，針對身體障礙的瘖啞人，刑法亦特別將其規定為限制責任能力人。

一、年　齡

年齡的長幼與其心智成熟度有關，當然影響到其辨別行為是否違法的能力，刑法以年齡大小定其責任能力，區分為無責任能力、限制責任能力及完全責任能力❺。

㈠無責任能力

由於年紀幼小者所受教育有限，心智尚未成熟，對於行為欠缺判斷不法與控制自我行為的能力，並對行為後果的嚴重性無法理解，當然不能期待其為合法行為，因此不能歸責其所實行的違法行為。針對無責任能力人，立法者係以十四歲為基準，因此在刑法第 18 條第 1 項規定「未滿十四歲人之行為，不罰」。

㈡限制責任能力

年齡稍長但尚未達完全成年的青少年，其心智仍未完全成熟，對於是非善惡尚未能完全判斷，仍有其限制，故為限制責任能力人。因此，刑法第 18 條第 2 項規定 「十四歲以上未滿十八歲人之行為，得減輕其刑。」此外，滿八十歲之人，由於其心智已日漸退化，其判斷事理的能力亦在減退當中，若其實行違法行為，不應被嚴厲譴責，故立法者亦於

---

❺ 參照最高法院 105 年度臺上字第 553 號判決：刑法第 18 條關於行為人年齡之規定，係依行為人行為時實際年齡而定其刑事責任能力之有無或輕重，相應為不罰或減輕其刑依據，並**不包括精神病理上所謂「心智年齡」在內**；最高法院 100 年度臺上字第 3336 號判決：行為人之年齡，用以區分責任歸屬及範圍之責任年齡，亦為一判斷有無責任能力之準據。又未滿十四歲之人，因心智尚未發育成熟，欠缺判斷不法與自我控制之能力，故刑法第 18 條第 1 項即明定不罰，屬無刑事責任能力之人。縱有參與犯行，仍不受非難評價。是各共同正犯數中，若有未滿十四歲之人，仍應剔除該無責任能力人之犯行，而不予計入共同正犯人數。

第 18 條第 3 項規定「滿八十歲人之行為，得減輕其刑」。

㈢完全責任能力

　　人至成年後，心智均已成熟，可以完全正確地判斷是非與善惡，此時對其所為行為自然應負完全的責任，故屬於完全責任能力人。

　　年齡的計算採周年法計算，即以其出生之日起經過一年，始滿一歲，至於行為人出生日期應調查確定，如出生的年月日無調查方法可調查確定時，則依民法第 124 條第 2 項規定，推定其出生年月日。亦即，出生的月、日無從確定時，推定其為 7 月 1 日出生；知道其出生的月份，而不知其出生的日期者，推定其為該月 15 日出生。

　　此外，對未滿十四歲之人係屬無責任能力之人，雖不得施予刑事追訴與處罰，但仍可適用少年事件處理法規定，施以訓誡、保護管束、感化教育等保護處分。

二、精神狀態

　　我國刑法原將精神障礙分為心神喪失與精神耗弱，而規定「心神喪失人之行為，不罰。」（舊法 §19 I），「精神耗弱人之行為，得減輕其刑。」（舊法 §19 II）❻。然而，心神喪失與精神耗弱的語意極不明確，究竟如何判斷，在刑法實務上確實造成相當大的困擾，一般仍然係委由精神醫學專家鑑定，因此為符合精神醫學用語，且使精神醫學專家在判斷上能有明確的標準，乃於 2005 年 2 月將心神喪失與精神耗弱用語加以修正❼。

---

❻　有關「心神喪失」與「精神耗弱」兩種用語，係源自於日本刑法第 39 條「心神喪失人之行為，不罰。心神耗弱人之行為，減輕其刑。」，其係屬法律用語，並非精神醫學上的用語。

❼　參照 2005 年 2 月刑法部分修正案的立法理由㈡：「關於責任能力之內涵，依當前刑法理論，咸認包含行為人辨識其行為違法之能力，以及依其辨識而行為之能力。至責任能力有無之判斷標準，多認以生理學及心理學之混合立法體例為優。易言之，區分其生理原因與心理結果二者，則就生理原因部分，實務即可

依據新法的規定，當行為人在實施違法行為時，倘若其精神異常已經嚴重至不能辨別事理及無法控制自己行為的程度，此時非難其違法行為而施以刑罰，亦無實際效用。因此，刑法針對此種情形，依其精神狀態程度，區分為「完全不能辨識事理程度」的無責任能力、「辨識事理而為行為能力顯著減輕」的限制責任能力與「完全可辨識事理」的完全責任能力，而依此三種精神狀態來決定其責任能力。

㈠無責任能力

無責任能力之人，係指「行為時因精神障礙或其他心智缺陷，致不能辨識其行為違法或欠缺依其辨識而行為之能力者，不罰。」（§19 I）

㈡限制責任能力

限制責任能力之人，係指「行為人在行為當時由於前項的原因，致其辨識行為違法或依其辨識能力而行為之能力，顯著減低者，得減輕其刑。」（§19 II）。

㈢完全責任能力

上述二種情況以外之人，應負完全責任，屬於具有完全責任能力之人。關於精神是否有障礙或心智缺陷的判斷，主要係以行為當時為標準，若行為人在行為當時屬於正常狀態，而後行為轉為異常，則行為人的責任並不受影響。反之，若行為人在行為當時屬於異常狀態，但行為後回復正常，亦不得以行為後正常精神狀態而歸責行為當時所為的行為。

至於如何回溯判斷行為當時的精神狀況，自然要仰賴專業的精神科醫生的鑑定意見，惟醫生的鑑定意見係屬於證據的一種，其最後的證據價值，仍然應由法官來做判斷。行為人於行為當時必須具有正常人的精神狀態，始具有完全責任能力，如其精神狀態與常人有異，有精神障礙或其他心智缺陷，則其辨別合法與非法的能力，可能完全喪失，或雖未

依醫學專家之鑑定結果為據，而由法官就心理結果部分，判斷行為人於行為時，究屬無責任能力或限制責任能力與否。在生理原因部分，以有無精神障礙或其他心智缺陷為準；在心理結果部分，則以行為人之辨識其行為違法，或依其辨識而行為之能力，是否屬不能、欠缺或顯著減低為斷。」

完全喪失，但顯較常人為低，前者屬無責任能力人，而後者則為限制責任能力人。

【辨別是非能力的實務見解】

　　行為人責任能力之判斷依據，一為年齡，一為精神狀態。行為時未滿十四歲，屬無責任能力；行為時已滿十四歲，但未滿十八歲，則為限制責任能力人；滿十八歲即屬責任能力。而精神狀態係行為人於行為時，具有正常人之精神狀態，始有責任能力，如因精神障礙，其辨別是非之能力及依此辨別而作為或不作為之能力，完全喪失時，應為無責任能力人；若雖未完全喪失，但顯較常人為低者，則為限制責任能力人。行為時為二十歲以上之成年人，因罹患**亞斯柏格症**，其心智年齡顯然低於一般人，致其辨識行為違法或依其辨識而為行為或不行為之能力顯較常人為低，然此係精神狀態得否減輕其刑之範圍，非可據此而謂上訴人為無責任能力人。（最高法院 99 年度臺上字第 818 號判決）

三、瘖啞人

　　所謂瘖啞人，係指自出生及自幼起，其聽能與語能同時障礙之人，若僅聽能障礙而語能正常，或語能障礙而聽能正常，皆不屬於瘖啞人❽。瘖啞人的立法規定，係源自於**日本刑法第 40 條**「瘖啞人之行為，不罰或減輕其刑」，惟該規定已經於 1995 年刑法修正時，基於「縱然係屬瘖啞人，但其大多數並非精神障礙，對此種人特別處置，並非妥當。特別是現在聾啞教育相當進步與普遍化，並無特別規定的必要性。」的理由，而將該規定加以刪除。

　　我國刑法在早期刑事立法時，認為此種人因其身體機能的障礙缺陷，

---

❽　參照司法院 26 年院字第 1700 號解釋。

致其接受教育與社會化的能力顯然低於一般人，且其心智成長亦不如一般人，有如精神耗弱之人，故在本法規定「瘖啞人之行為，得減輕其刑」（§20）。然而，有鑑於現在國內啟聰教育的進步與普及，同時基於憲法平等原則，若再將瘖啞人視為弱勢而特別處置，或許更造成弱勢團體的心理不平衡，故應審慎評估刪除此規定的可行性。

第三節　原因自由行為

第一項　原因自由行為的意義

刑法規定行為人實施犯罪行為時，若屬精神障礙或其他心智缺陷，則無責任能力，阻卻責任，不成立犯罪。然而，其精神障礙或其他心智缺陷的原因，若係行為人基於故意或過失，放任自己在精神障礙或其他心智缺陷狀態下實行違法行為，則行為人的責任不能依法免除。此種情形，學說上稱為原因自由行為 (actio libera in causa) ❾。

我國刑法在第 19 條第 3 項規定「前二項規定，於因故意或過失自行招致者，不適用之」，此即關於精神障礙或其他心智缺陷，排除減免罪責的規定 ❿。依據此條文的規定，原因自由行為可能為故意犯，亦可能為

---

❾　所稱「原因自由行為」，係由於行為人在精神障礙或其他心智缺陷狀態下所實現結果的行為係屬不自由，但在實行該行為的原因設定階段，行為人係屬有意思決定的自由。

❿　原因自由行為係於 2005 年 2 月刑法修正時將其明文化。參照 2005 年 2 月 2 日刑法修正第 19 條的立法理由㈢：按犯罪之成立，當前刑法理論咸認行為應具備犯罪之構成要件該當性、違法性與有責性後，始足當之。責任能力之有無及其高低，為犯罪有責性判斷之一要件。關於責任能力之判斷，依通說之規範責任論，應就行為人所實施具備構成要件該當且屬違法之行為，判斷行為人辨識其行為違法之能力，以及依其辨識而行為之能力，倘行為人之欠缺或顯著減低前述能力，係由於行為人因故意或過失自行招致者，而行為人仍能實施具備犯罪構成要件該當性及違法性之行為，依規範責任論，即難謂其屬無責任能力或

過失犯。**故意的原因自由行為**係指行為人故意自陷於精神障礙或其他心智缺陷（例如飲酒或使用麻醉藥物），並決意利用無責任狀態，實施違法行為，例如借酒壯膽而向仇人挑戰等。至於**過失的原因自由行為**係指行為人故意或過失自陷於精神障礙或其他心智缺陷狀態，預見自己可能在無責任能力狀態下實施違法行為，卻樂觀地相信不致如此，而未採取預防措施，例如爛醉開車而撞死路人等。

【原因自由行為的案例思考】

⑴**故意犯**：甲係煙毒患者，經戒毒治癒出院後，因私自注射 Ephedrine 交感神經興奮劑，導致被害妄想症，誤認其大姊 A 欲殺他，於是企圖在心神喪失狀態殺 A 而後自殺，某日，在注射該興奮劑後，持刀將 A 殺死。此種情形，甲對自己注射興奮劑產生妄想症而殺人行為，主觀上有故意，應成立殺人罪。

⑵**過失犯**：甲在餐廳獨自飲酒消愁，不知不覺喝至酒醉，在餐廳內大聲喧嘩，致騷擾餐廳內其他客人，餐廳負責人 A 見狀，乃勸其離開，甲已經酒醉，在理智不清之下，揮拳毆打 A，導致 A 傷重死亡。此種情形，甲對毆打 A 並無主觀上的故意，應成立過失致死罪。

第二項　原因自由行為的理論根據

一、類推間接正犯說

在原因自由行為的情形中，為了符合「實行行為與責任同時存在」的要求，應將原因設定階段的行為解釋為構成要件所要求的「實行行為」。然而，將著手實行的時點解釋為實行行為的開始，此種立論無異於在原

限制責任能力；爰參酌暫行新刑律第 12 條第 2 項酗酒不適用不為罪之規定及瑞士現行刑法第 12 條、奧地利現行刑法第 35 條之立法例，於第 3 項予以明定。

本就欠缺實行著手的原因設定行為上思考「實行行為性」，不免發生矛盾。

為了合理說明原因自由行為，學說上係採類推適用間接正犯的理論。相對於「利用他人」作為犯罪工具的間接正犯，原因自由行為係利用「陷於無責任能力狀態下的自己」作為犯罪工具，就此點而言固然有所不同，然而兩者的論理構成並無差異性存在。因此，依照類推間接正犯說的觀點，既然在間接正犯的情形，利用者的行為被視為實行行為，同理，在原因自由行為的情形，原因設定行為在論理上當然亦應被視為係實行行為❶。

二、修正實行行為與責任同時存在原則說

通說肯認「實行行為」與責任同時存在原則，並在原因設定階段上思考「實行行為性」，此係造成通說在論理上發生矛盾的原因。為了克服通說所面臨的難題，因此有主張責任主義所要求者，並非「實行行為」與責任同時存在，而係「廣義的行為」與責任同時存在的修正說❷。換言之，包含責任能力的判斷在內的責任評價，原本就是以行為人的意思決定為評價對象，而行為人的意思決定未必係在實施實行行為時始形成，既然責任能力的判斷屬於責任評價，應該考慮在形成意思決定時是否具備責任能力的問題。

從而，行為人為了貫徹一個意思決定而實行的某個行為，倘若在作成意思決定時，係屬有責任能力的狀態，則行為人對於整個行為，必須負有責任能力狀態下所為行為的責任。至於廣義行為中的實行行為，則仍然依通常犯罪的著手實行時點來加以判斷。此種見解可謂係同時滿足「責任主義」與「構成要件上實行行為」二種要求的立論。

---

❶　參照余振華譯・川端　博著，《刑法總論二十五講》，元照出版，1999 年 11 月，192–193 頁。

❷　參照余振華譯・川端　博著，前揭書，193 頁。

第四節　違法性認識

關於責任的判斷，一般係從歸責可能性（非難可能性）的觀點，評價行為人的行為是否具備應刑罰性。因此，基於責任本質的歸責可能性觀點，屬於責任要素的違法性認識或違法性認識可能性，其意義及其判斷標準，亦係責任論上重要的議題。此一問題，包含違法性認識的意義及其內涵為何？違法性認識究竟係屬故意成立的要件抑或係屬一獨立的責任要素？違法性認識在犯罪論上的體系地位為何？諸此問題實有加以釐清的必要性。

第一項　違法性認識的意義

違法性認識 (Bewußtsein der Rechtswidrigkeit)，亦有稱為違法性意識，或有稱為不法意識 (Unrechtsbewußtsein)，其係指行為人主觀上認識自己所實行的客觀行為係屬於違法的情形而言。違法性認識的理論根據在於：若行為人認識自己所實行的行為係屬違法時，必然能期待其產生實行合法行為的相反動機，而決意實行合法行為(亦即具有期待可能性)。

因此，行為人主觀上僅具備故意或過失時，原則上並無法對該行為人加以責任的非難，必須在行為人具有實行合法行為可能性的情況下，竟然不為該合法行為的決意而實行違法行為時，國家刑罰權始得對該行為人加以責任的非難。由於行為人主觀上具有實行合法行為的決意可能性，故行為人主觀上必須認識行為的違法性，或者必須具有認識違法性的可能性，始足以對該行為人加以責任的非難。

關於違法性認識的問題，一般大多將此議題視為違法性錯誤的反面問題來加以討論。針對此一問題，除了探討故意與違法性認識的關係之外，尚有從我國現行刑法第 16 條「除有正當理由而無法避免者外，不得因不知法律而免除刑事責任。但按其情節得減輕其刑」的解釋來加以思考者。換言之，對於我國現行刑法第 16 條規定的詮釋，倘若從行為人是

否必須認識自己所為的行為係屬違法的立場而論，則有「違法性認識必要說」與「違法性認識不必要說」二種對立的見解。

在採「違法性認識不必要」的立場時，對於本條文所稱「不得因不知法律而免除刑事責任」，可解釋成縱然行為人不具備違法性的認識，亦不能阻卻行為人主觀上的故意。至於「有正當理由而無法避免者」的規定，則係指針對行為人主觀上自認具備相當理由且已達無法避免程度時，不成立犯罪的情形而言。倘若從比較法的角度來觀察，以往德國與日本的學說與判例均曾有主張違法性認識不必要說的立場者❸，然而隨著刑事責任理論的發展與變遷，違法性認識必要說儼然已逐漸成為責任論的主流。

第二項　違法性認識的內涵

在「不具備法服從的動機可能性，不處罰行為人」的責任主義下，可理解違法性認識必須係行為人主觀上產生實行合法行為的相反動機，且有服從法的動機可能性存在。基此，行為人主觀上必須認識自己行為係法所不容許，而針對此種違法性認識的內涵，學說上主要有以三種不同見解：⑴行為人必須認識自己所實行行為係違反法規範的「法規範違反的認識說」、⑵行為人必須認識自己所實行行為係具有可罰性的「可罰性的認識說」、⑶行為人僅認識自己所實行行為係法律所不容許即為已足的「行為係法律所不容許的認識說」。

一、法規範違反的認識說

此說認為，所謂違法性的認識，行為人必須認識自己所實行行為係違反法規範的行為。德國大多數的實務判例及學說主張行為人主觀上僅須認識先於法律的「違反倫理上義務」即為已足，但此說被認為不足成為刑事責任的法律要件論，且被認為行為人主觀上並不須要具備可罰性

---

❸　參照高山佳奈子，《故意と違法性の意識》，有斐閣，1999 年 4 月，16 頁。

的認識。實際上，目前德國大多數實務判例及學說之所以主張違法性認識內涵以行為人具備對「違反一般法秩序」的認識即為已足者，其係因為在探討責任論階段前的「違法性」上，在其他法領域中的違法性與刑法領域上的違法性具有共通性之故❶❹。因此，能否將該違法性認識內涵單獨切離而予以討論，學說上仍存有質疑的空間。

在日本，以往對於違法性認識的內涵，學者有從嚴格故意說的立場，將其解釋為行為人主觀上必須認識「反條理性」者❶❺、有解釋為行為人主觀上必須認識「違反國民道義」者❶❻。最近亦有採德國多數說的見解而將「一般法秩序違反的認識」視作基準的論點❶❼。

二、可罰性的認識說

針對違法性認識不必係屬刑法上違法性的論點，實際上仍有疑問存在。對此，有將違法性認識的內涵解釋為必須有可罰性 (Strafbarkeit) 的認識者，此乃最近的有力說。例如，有學者從責任係依據刑罰目的論所規定的立場，認為對於誤認可罰性而實行行為的行為人，因為其不具有相對刑罰論的意義，故可罰性的認識仍屬必要❶❽。

依據此說的見解，違法性認識係基於消極性一般預防效果的要件，此見解的重要關鍵在於，行為人主觀上欠缺具體刑罰權發動的認識，亦即其並無違法性的認識。基此，除了犯罪論體系上的「違法性」以外，責任要件以及客觀處罰條件等亦可成為「違法性認識」的相關內涵。

---

❶❹　參照高山佳奈子，前揭書，288 頁。

❶❺　參照瀧川幸辰，《犯罪論序說》，有斐閣，1947 年 11 月改訂版，127 頁。

❶❻　參照小野清一郎，《新訂刑法總論講義》，有斐閣，1950 年增補版，154 頁。

❶❼　參照長井長信，《故意概念と錯誤論》，成文堂，1998 年 3 月，89 頁；松原久利，《違法性の意識の可能性》，成文堂，1992 年 7 月，53 頁。

❶❽　參照日高義博，《刑法錯誤論の新展開》，成文堂，1999 年 8 月，180 頁。

三、行為係法律所不容許的認識說

此說係將違法性認識解釋為「法律上不容許的認識」的見解，在日本學界占有通說的地位❶。此說認為，違法性認識的內涵必須屬於法律違反的認識，亦即對於實定法規違反的認識。而對於法律上禁止或命令違反的認識，其是否意味著實質違法性的認識，則仍必須加以探討。有學者主張必須區別「形式上法律規定的知或不知」與「實質違法性的認識」二者，而欠缺後者即為欠缺違法性認識的見解❷，此種見解被解釋為所謂違法性認識並非實定法規違反的認識。

此外，採取將「法律上不容許」與「實質違法性」二者並列說明的立場者，亦不在少數❸。依據本說見解，行為人主觀上僅認識其所實行行為具有違反倫理性或反社會性時，並不足以認定行為人主觀上具備違法性認識，而必須行為人具有法律上禁止或命令違反的認識，且不必要具有可罰性的認識，始可謂行為人主觀上具備違法性認識。

針對上述各種論點，本書認為，在確立違法性認識的實體乃「行為人於行為當時明白其行為係違反刑法上禁止或命令規範」的概念後，再從行為規範加以考察，應更能清楚地解釋違法性認識的內涵❹。因此，採「實質違法性認識」的立場。亦即，依刑法學的理論而言，刑法規範可大別為「裁判規範」與「行為規範」二者，而應將違法性認識置於其與行為規範的關係上加以理解。

至於裁判規範與行為規範二者間的關係，可謂行為規範係存在於裁判規範之中。依此而論，違反行為規範的認識若僅僅係反倫理性或反社

---

❶ 參照川端　博，《刑法總論講義》，成文堂，2006 年 2 月第 2 版，424 頁；山中敬一，《刑法總論》，成文堂，2008 年 3 月第 2 版，655 頁。

❷ 參照團藤重光，《刑法綱要總論》，創文社，1990 年 3 月第 3 版，314 頁。

❸ 參照川端　博，《刑法總論講義》，成文堂，2006 年 2 月第 2 版，424 頁；大谷實，《刑法講義總論》，2010 年 3 月新版第 3 版，成文堂，345 頁。

❹ 參照余振華，《刑法深思・深思刑法》，作者自版，2005 年 9 月，70–71 頁。

會性的認識則並不充分，必須行為人主觀上具有該行為係法所禁止的認識始為已足，且該種認識並非係違反法規形式的違法性認識，其應解釋為係對於實質違法性的認識。

第三項　違法性認識的體系地位

本書肯認「違法性認識必要說」的論點，並認為「違法性認識」的體系地位應置於犯罪論體系中的**責任階層**，始屬妥適。至於在責任論上，違法性認識究竟係屬於故意的要素？抑或係屬於故意要素以外的獨立責任要素？針對此點，目前學說上在處理違法性認識的相關問題時，大致上有兩種不同見解存在：(1)將違法性認識視為故意要素的「**故意說**」；(2)違法性認識並不包含於故意的內容中，而係屬於獨立責任要素的「**責任說**」[23]。

基於故意說的立場，有嚴格故意說與限制故意說兩種見解，嚴格故意說將現實違法性的認識解釋為故意要素，亦即行為人在行為時有阻止違法行為動機的「相反動機」存在，而竟超越相反動機決意實行該違法行為，此即成為責任非難的根據；限制故意說認為現實違法性的認識並非成立故意的必要條件，只要有認識違法性的可能性即為已足，亦即行為人縱然無違法性的認識，但只要有認識違法性的可能性，可將其視為行為人的直接反人格態度，故肯定故意責任。

基於責任說的立場，有嚴格責任說與限制責任說兩種見解，此兩種見解皆認為違法性認識或認識違法性可能性並非故意要素，而將其解釋為獨立的責任要素。依據此兩說的見解，在違法性錯誤的情形，若行為人可避免該錯誤時，則有認識違法性可能性，應負刑事責任，反之，則阻卻責任。此兩說相異的論點在於：嚴格責任說與將阻卻違法事由的錯誤視為違法性錯誤，而限制責任說則將其視為構成要件錯誤。

責任說主張對於「事實」的認識，其認識與認識可能性二者之間係

---

[23]　參照川端　博，《刑法總論講義》，成文堂，2006 年 2 月第 2 版，424–427 頁。

存在「質的差異」，至對於「違法性」的認識，其認識與認識可能性二者之間則僅係「量的差異」，倘若依據此一論點，則雖然責任被視為係對行為人「人格」的非難可能性，然而並非抽象地非難行為人的人格，而係針對該「行為」予以非難行為人的人格態度。因此，責任說係採「違法性認識可能性」與「故意」二者應加以區別，且認為違法性認識係屬於獨立的責任要素。

本書認為，行為人主觀上具備違法性認識時，其直接的反規範態度（亦即法敵對性）較為強烈，而其主觀上僅止於具有違法性認識可能性時，其反規範態度較為間接（亦即對法的不關心），其法敵對性的程度亦相對地降低。因此，依據此一論點對行為人加以非難，應係較為妥適的見解。

第五節　違法性錯誤

第一項　違法性錯誤的概念

所謂**違法性錯誤** (Rechtswidrigkeitirrtum)，係指行為人對於行為的違法性認識錯誤而言。亦即，行為人對於法律規定加以處罰的行為（禁止的行為），誤認其係法律所容許的行為，故亦稱為**禁止錯誤** (Verbotsirrtum) 或**法律錯誤** (Rechtsirrtum) ❷。在違法性錯誤的情形，包含行為人主觀上欠缺違法性認識以及客觀上發生錯誤的結果。有關違法性錯誤，可分為不知法律與包攝錯誤兩種類型。茲分述如下：

一、不知法律

所謂**不知法律** (Ignorantia juris)，係指行為人對其行為有關的刑罰法

---

❷ 關於法律錯誤，係相對於事實錯誤的用語，過去學說上大多採事實錯誤與法律錯誤來加以區分，而目前學說針對其中實質內涵，則採構成要件錯誤與違法性錯誤來區分。

規無所認識，誤解其行為係法律所不加禁止而屬於合法的行為。不知法律的情形，有下列四種類型：

⑴行為人不知有刑罰法規的存在：例如大學生將具有版權的教科書影印成冊，廉價賣給同學，不知已觸犯著作權法。

⑵行為人誤認刑罰法規已經失效：例如已婚男女發生婚外情，誤認刑法通姦罪已經除罪化，事實上通姦罪僅在研議廢止，仍然係屬於刑法上的犯罪行為。

⑶行為人誤認刑罰法規不適用其行為：例如同性戀甲女以強制手段強迫乙女發生性行為，自認無刑法上強制性交罪的問題，事實上女對女的強制性交亦成立強制性交罪。

⑷行為人誤認有阻卻違法事由：例如書店老闆對偷竊漫畫書的小孩，誤認對行竊者毆打教訓可阻卻違法，事實上該行為仍然構成妨害自由罪與傷害罪；下級公務員明知上級公務員的命令違法，誤認只要依命令行事，即可阻卻違法，事實上明知上級公務員的命令違法，係屬於阻卻違法事由的排除適用。

【不知法律的實務見解】

所謂**不知法律**，應僅限於行為人積極誤信自己行為為法律所許，而不包含消極不知自己行為為法律所不許之情形；若行為人依其知識、經驗不可能意識到其行為之違法性，**亦即連認識其行為違法性之可能性都不具備，始得免除其刑事責任**。而收受存款為銀行之主要業務之一，非銀行不得經營銀行業務，稍具知識經驗之人亦無不知之理。又民間藉金錢消費借貸以取得一定之利息，雖屬常見，然若藉各項名義，向不特定之多數人收受款項、吸收資金，允予返還或給付高於本金之金錢，並以之為業，為法律所禁止，亦係稍具知識經驗之人所得認識。（最高法院 110 年度臺上字第 4524 號判決）

二、包攝錯誤

所謂包攝錯誤 (Subsumtionsirrtum)，亦稱為適用的錯誤，係指行為人認識刑罰法規的存在，但對該刑罰法規所涵蓋的內容有所誤解，致誤解自己出於故意所實行的構成要件該當行為，並非該法規所涵蓋的行為，而係屬於法律上所容許的行為。例如某知名人士在國寶書畫上題詩落款，誤解自己的落款可使該書畫更具價值，事實上該行為已經毀損該書畫，喪失其原有的價值性，應成立刑法上的毀損罪。

包攝錯誤的情形，行為人對於構成要件的事實並無錯誤，故並非構成要件事實的錯誤，不能阻卻故意的存在。然而，包攝錯誤的情形，依據行為人產生誤解的原因，應可在違法性錯誤上肯認係屬無法避免的錯誤，阻卻其責任。此種情形，有以下三種態樣：

⑴行為人信賴刑罰法規的效力：例如行為人信賴刑罰法規係屬有效而實行行為，但在行為後該法規被認為違憲而宣告無效。由於法規被宣告無效並非一般人所可理解，故行為人的行為係屬無法迴避的錯誤。

⑵行為人信賴最高法院的判例：例如行為人認為自己行為與具有權威性的判例係屬同一性質，由於信賴判例而誤解刑罰法規的涵蓋內容，其所實行的行為雖構成犯罪，但可認為係無違法性認識的可能性，故可阻卻其責任。

⑶行為人信賴專業人員的意見：例如行為人信賴政府機關或律師、會計師等的見解，誤解自己所實行的行為並非刑罰法規所涵蓋的內容。此種情形，若行為人係諮詢各專業的私人意見，不能認為係無法避免的錯誤，但若係來自於政府機關或律師、會計師公會的見解，應肯認係屬無法避免的錯誤，可阻卻其責任。

第二項　違法性錯誤的評價

一、違法性錯誤的理論基礎

違法性錯誤的問題，係屬於違法性認識的反面問題。有關違法性認識，如同前述**故意說**將違法性認識視為故意要素，而**責任說**認為違法性認識並不包含於故意的內容中，而係屬於獨立的責任要素。

本書基於違法性認識或認識違法性可能性並非故意要素，而係屬於獨立的責任要素，故認為針對違法性錯誤的處理，應採責任說較為妥當。基此，針對違法性錯誤的判斷，重點應在於判斷行為人究竟有無違法性認識的可能性，倘若行為人具有違法性認識的可能性，則必須負刑事責任，反之，則可阻卻責任。換言之，若行為人可避免該錯誤時，則有認識違法性的可能性，應負刑事責任，反之，則無認識違法性的可能性，可阻卻責任。因此，在違法性錯誤的情形，若行為人可避免該錯誤時，則有認識違法性可能性，應負刑事責任，反之，則阻卻責任。

二、「有正當理由而無法避免」的詮釋

我國有關違法性錯誤的法源依據，在 2005 月 2 月前，係依舊刑法第 16 條「不得因不知法律而免除刑事責任。但按其情節，得減輕其刑；如自信其行為為法律所許可而有正當理由者，得免除其刑」的規定。目前係依現行刑法第 16 條「除有正當理由而無法避免者外，不得因不知法律而免除刑事責任。但按其情節，得減輕其刑」的規定。此條文的修正，主要係因應刑法施行七十年期間的社會環境變化，在刑法理論的新趨勢下，擷取最符合刑法法理的觀點，而在違法性錯誤的內涵及法律效果作了重大的調整。

針對刑法第 16 條關於違法性錯誤的規定，除依學者所提出的批評而為修正外，更依目前通說見解，以責任說的論點為依歸，將違法性認識視為獨立的責任要素加以定位，並將舊刑法第 16 條「**不得因不知法律而**

免除刑事責任」的規定修正為「除有正當理由而無法避免者外，不得因不知法律而免除刑事責任。但按其情節，得減輕其刑」現行條文的規定係明示對於有「正當理由」而「無法避免」的違法性錯誤不具有責性，但若非無法避免的錯誤，仍不能免除刑事責任，僅得按其情節減輕其刑。因此，違法性錯誤的法律效果依責任說的觀點，應區分以下兩種情形：

(1)屬於「無法避免」的違法性錯誤者，亦即有正當理由而無法避免的違法性錯誤者，其法律效果係阻卻責任，其行為屬於不罰的「不成立犯罪」行為。

(2)屬於「可避免」的違法性錯誤者，其法律效果係不能阻卻責任，其行為係成立犯罪，僅得予以減輕其刑而已。

第三項　無法避免錯誤的判斷標準

儘管現行刑法條文將欠缺違法性認識的法律效果明確規定，但有「正當理由」而「無法避免」的判斷標準並非無爭議。在一般情形下，是否無法避免的判斷標準，應依一般人的客觀標準加以判斷。換言之，應以一般人置於行為人的相同條件下，是否可能具有違法性的認識為標準加以判斷。此種判斷並非行為人單純主觀的判斷，對於確信自己行為係為法所許（正當理由），應有相當客觀的情狀作為判斷的依據。

關於客觀的情狀，除依行為人個人的社會地位及能力在可以期待的範圍內做判斷之外，當行為人對於自己行為是否涉及違法有所疑慮時，應努力尋求答案來解決，亦即負有查詢義務，例如透過查詢學說或判例等相關資訊來澄清誤解，不能恣意地猜測，擅斷主張自己行為係屬「無法避免」的錯誤。在有必要時，必須向專業人士或機關加以查詢，行為人若信賴此專業查詢，即可主張係「正當理由」而「無法避免」的違法性錯誤。

【判斷違法性錯誤的實務見解】

⑴**違法性認識錯誤**：藥事法第83條第1項處罰轉讓禁藥罪規定所指之禁藥，係藉由中央衛生主管機關以行政命令加以補充，即所謂「空白刑法」。甲基安非他命於民國75年已經公告而成為禁藥，其同時亦為毒品危害防制條例所管制之第二級毒品，轉讓該藥未達法定應加重其刑之一定數量者，仍應依上開藥事法轉讓禁藥罪論處，行為人若已知所轉讓之客體為甲基安非他命，即應認其有轉讓該藥之故意，縱不知該藥業經公告為禁藥，亦僅屬**違法性認識錯誤**，對其故意之行為責任尚不生影響。至於該錯誤能否依刑法第16條規定免除或減輕刑責，**應依一般正常理性之人所具備之知識能力，判斷其是否已依符合客觀上合理期待之時機、方式等，善盡其探查違法與否之義務。**（最高法院110年度臺上字第4411號判決❷❺）

⑵**違法性認識**：行為人祇須瞭解其行為係法律所禁止，或違反社會法秩序而為法律所不允許，即有違法性認識，由於此係存在於行為人內心之意思活動，難以直接從外在事實探知，法院得依據行為人個別客觀狀況為基礎，於法律秩序維護與個人期待可能性間，綜合判斷之。屢見新聞報導顯不相當之報酬非法集資吸金為法律所禁止，已為一般民眾所知悉，行為人從事直銷業有相當社會歷練，以代為投資為由招攬投資者，收受款項並允以高額報酬，客觀上與銀行經營存款業務無異，當無不知自己所為屬非法吸金之違犯法律

---

❷❺ 此外，參照最高法院108年度臺上字第3639號判決：刑法第16條所規定之違法性錯誤情形採責任理論，依情節區分為有正當理由而無法避免者，應免除其刑事責任而阻卻犯罪成立，至非屬無法避免者，則不能阻卻犯罪成立，僅得按情節減輕其刑。惟究有無該條所定情形而合於得免除或減輕其刑者，係以行為人欠缺違法性認識為前提，即行為人對於其行為有法所不容許之認識，不以行為人確切認識其行為之處罰規定或可罰性為必要，**祇須行為人知其行為違反法律，即有違法性認識。**

行為，自無從以不知法律或欠缺違法性認識為由，冀圖免責或減輕其刑。（最高法院 110 年度臺上字第 4527 號判決）

具體而言，以下數則事例可提供實際判斷無法避免的違法性錯誤與可避免的違法性錯誤時的參考。首先，關於**無法避免的錯誤**，例如：(1)大地震發生後，對外交通及聯絡完全中斷的山區居民，對地震後所發布的新法令，並無認識法律的任何管道時，其所為違反新規定的行為，可認為並無違法性認識的可能性；(2)甲為外國人，且在其國家吸食大麻並不違法，今其來華旅遊，於行李中攜帶大麻而遭機場航警人員查獲❷❻。

其次，**可避免的錯誤**，例如：(1)甲見鄰居的狗整日狂吠，令人不得安寧，乃憤而將鄰居的狗撲殺，其不明白他人的狗為動產，仍觸犯刑法毀損罪；(2)某甲以為可任意處理自己所有的物，自認放火燒自己住家不為罪，惟若致生公共危險，仍構成刑法第 174 條第 2 項放火罪❷❼；(3)某甲看見鄰居有一老人平日無人照料，乃私自仲介菲傭照顧該老人，仍違反就業服務法❷❽。

此外，在實務見解上，最高法院針對「無法避免的違法性錯誤」，至今尚無判例出現，但從數則判決中可發現最高法院係採嚴格認定標準，以下僅提出兩則判決作為參考：

(1)有無刑法第 16 條所定情形而得免除或減輕其刑，係以行為人欠缺違法性之認識為前提。該條所規定之違法性錯誤之情形採責任理論，即依違法性錯誤之情節，區分為有正當理由而無法避免者，應免除其刑事責任，而阻卻犯罪之成立，至非屬無法避免者，則不能阻卻犯罪成立，僅得按其情節減輕其刑。然法律頒布，人民即有知法守法義務，是否得

---

❷❻　參照蘇俊雄，〈禁止錯誤理論及法制之比較研究〉，《刑事法雜誌》41 卷 2 期，2002 年 6 月，102 頁。

❷❼　參照張麗卿，〈無法避免的禁止錯誤〉，《台灣本土法學雜誌》73 期，2005 年 8 月，140 頁。

❷❽　參照張麗卿，前揭文，141 頁。

避免，行為人有類如民法上之善良管理人之注意義務，不可擅自判斷，任作主張。（最高法院 110 年度臺上字第 2918 號判決）

(2)刑法第 16 條固規定除有正當理由而無法避免者外，不得因不知法律而免除刑事責任；但按其情節，得減輕其刑。非法辦理國內外匯兌業務之行為人雖係外國華僑、學歷不高，對我國法律所知有限，且均為小額匯款，亦未因此獲有重利，惟其來臺定居已長達二十餘年，融入臺灣社會已相當時日，對於臺灣法令之規範，應有相當程度之瞭解與認識，且其擅自從事臺灣與外國間之國外匯兌業務，經手之匯兌多達百筆，金額百萬元，對金融秩序及交易安全之不利影響，不言而喻顯難認有上開規定所指「按其情節，得減輕其刑」之情形。（最高法院 110 年度臺上字第 2920 號判決）

(3)行為人如已知悉法規所禁止或要求應為之行為義務大致為何，就該違反行政法上義務之行為而言，行為人即已具備不法意識，應無適用行政罰法第 8 條但書規定對違反行政法上義務之行為人予以減輕或免除其處罰之餘地。至所謂「按其情節，得減輕或免除其處罰」之情況，如以行為人本身之社會經驗及個人能力，仍無法期待其運用認識能力而意識到該行為之不法，抑或對其行為合法性有懷疑時，經其深入思考甚至必要時曾諮詢有權機關解釋，仍無法克服其錯誤時，始具有所謂「無可避免性」。（最高行政法院 108 年度上字第 1017 號判決）

(4)針對違法收受存款案件：最高法院基於「刑法第 16 條所謂違法性錯誤，係指對於刑罰法律有所不知，且其行為不含惡性者而言，然行為人等從未抗辯渠等不知有銀行法第 29 條第 1 項、第 29 條之 1、第 125 條等規定，以致從事匯兌行為。行為人雖辯稱亦有類似組織獲無罪判決之前例，原審判決有理由不備之違法，惟原判決已敘明，前例收取之款項屬代收性質，而行為人之行為係代管款項，已屬收受存款，即難認判決不備理由」❷❾ 的理由，認為被告已經理解有判決的前例存在，不可謂無

---

❷❾　參照最高法院 99 年度臺上字第 607 號判決。

法避免認識違法性，故並非違法性錯誤，其違法收受存款的行為成立銀行法第 125 條違法匯兌罪。

(5)針對連續對未滿十四歲女子強制性交案件：最高法院基於「刑法第十六條規定：不得因不知法律而免除刑事責任。但按其情節得減輕其刑。如自信其行為為法律所許可而有正當理由者，得免除其刑；究有無該條所定情形而合於得免除其刑者，係以行為人欠缺違法性之認識，即以無違法性之認識為前提，且其自信在客觀上有正當理由，即依一般觀念，通常人不免有此誤認而信為正當，亦即其欠缺違法性認識已達於不可避免之程度者，始足當之。本件上訴人係連續對於未滿 14 歲之女子為性交，難認依一般觀念，通常人皆不免誤認該行為係正當，故原判決未依刑法第 16 條規定減輕或免除上訴人之刑責，核無違誤」❸ 的理由，認為被告連續強制性交未滿 14 歲女子，不可依一般觀念而解釋具有誤認行為係屬正當的情形，亦即該行為具有違法性的認識，非屬違法性錯誤。

第六節　期待可能性

第一項　期待可能性的意義

所謂期待可能性 (Zumutbarkeit)，係指在無法期待行為人為合法行為的意思決定時，不可歸責於行為人的見解。亦即，在行為當時的具體狀況下，唯有可能期待行為人為合法行為時，始可非難該行為人，使其負刑事責任。因此，亦稱為合法行為的期待可能性。

在心理責任論上，故意與過失被解釋係責任條件（責任形態），倘若行為人具有故意或過失，即視為有責任，而責任的本質則幾乎未曾被清楚地解釋。心理責任論將認識犯罪事實與容認的故意、以及對不認識犯罪事實與非意欲的過失，以「心理責任」的上位概念而概括者，可謂在

---

❸　參照最高法院 92 年度臺上字第 4497 號判決。

理論上出現矛盾性。亦即，基於心理責任論的觀點，「責任」概念的內容分析，並無任何意義存在。因此，在規範責任論取代心理責任論而成為責任的本質後，期待可能性被視為規範責任論上判斷非難可能性的核心要素。

基於規範責任論的觀點，針對該當構成要件且具違法性的行為，為使行為人負刑事責任，除必須檢視責任能力與違法性認識之外，仍須期待行為人有實行合法行為的可能性。換言之，規範責任論的責任本質，從「非難可能性」的觀點而言，正是期待行為人不為違法行為而為合法行為的**相反動機形成的可能性**，亦即此種相反動機形成的可能性係對行為人非難可能的理論基礎。

第二項　期待可能性的理論形成

期待可能性的概念，實際上係來自於德意志帝國法院針對「**癖馬案**」(Leinenfängerfall) 的判決，而在德國多數刑法學者的積極提倡之下，終於獲得學者界的支持，成為德國的通說見解。

【癖馬案】

甲受雇駕駛雙頭馬車，該兩匹馬中的其中一匹馬，在馬車夫以韁繩抽打趕路時，有以馬尾捲繞韁繩的怪癖，雇主乙雖知悉該馬有此種怪癖，但仍命令甲繼續使用該匹馬，若甲不遵從指示，將立即將其解雇。某日，甲雖知駕車外出會有危險，但深怕被解雇而仍駕馬車外出工作，在路途中，該馬果然使出怪癖，導致馬車失控而將行人撞傷。此案件經德國帝國法院以「不可期待甲不為該行為」為由而判決甲不成立過失傷害罪❸❶。

二十世紀初期，德國學者**法蘭克** (R. Frank) 首先發表有關期待可能

---

❸❶　參照 1897 年 3 月 13 日德意志帝國法院判決。

性的論文，而後歷經佛洛登達爾 (Freudenthal)、舒密特 (E. Schmidt)、梅芝格 (E. Mezger) 等實力派學者繼續展開論述，因而確立期待可能性的理論基礎。在德國納粹時代，儘管刑法學界強烈批判援用期待可能性理論係將刑法鬆弛化，但此種理論在學說上仍然受到多數學者的支持。

期待可能性理論傳入日本後，在日本學說上亦造成相當大的影響，雖然刑法學者對該理論的機能有不同的解讀，但並無學者否定該理論的本質。在日本實務上，1930 年代初期雖有以「期待可能性」為理由所做的判決（第五柏島丸事件），但最高裁判所並未直接地肯定或否定期待可能性理論，且曾多次撤銷高等裁判所以「欠缺期待可能性」為理由所做的無罪判決。

【第五柏島丸事件】

甲為駕駛渡輪的船長，某日，將限載 24 名乘客而已經搭載 127 名乘客的渡輪開駛，該渡輪在行駛途中，突然旁邊有快艇經過而濺起水花，該渡輪上的乘客因為要避開水花而起身移動，致使該渡輪呈現左右不平衡而翻船，導致其中 28 名乘客溺死、7 名乘客受傷的結果。大審院針對本事件，基於「在該地區因為缺乏交通機關，多數上班族大都爭先恐後地搭船，雖船員制止亦不聽勸阻，甚至職司取締任務的警察亦僅注意開船時刻，並未加以取締，船主雖考慮危險而要求甲特別注意安全，但甲仍在無可奈何情況下，將該超載渡輪開出」的理由，認為原審判決甲成立業務過失致死傷罪，處有期禁錮 6 個月，若考慮當時甲係在不得已的情況下所為的行為，該判決仍屬過重，因而改判 300 元罰金❸❷。

此外，針對下級審裁判所以「無期待可能性」為理由而判決無罪的三友炭礦事件，最高裁判所則以「欠缺可罰違法性」為理由而維持無罪

---

❸❷ 參照大審院 1933 年 11 月 21 日判決，《大審院刑事判例集》第 12 卷，2072 頁。

判決❸。其次，在不繳付失業保險費的**東芝川岸工場事件**上，高等裁判所對工廠廠長以「無期待可能性」為理由而判決無罪，最高裁判所則以「無繳納義務」為理由而否定構成要件該當性❹。依此可見，最高裁判所係採一方面維持原判決，一方面避免援用期待可能性理論的保守態度。

第三項　期待可能性的體系地位

針對行為人在無期待可能性的狀況下所為的行為，不科以刑罰的觀點，學說上並無異議，惟在理論上如何說明，卻仍有爭議性存在。換言之，期待可能性或期待不可能性的問題，究竟應定位於犯罪論體系上的何種位置，迄今學說上仍有不同的意見。歸納各種看法，大致上可區分為超法規阻卻責任事由與阻卻責任事由兩種見解。

一、超法規阻卻責任事由

在目前的學說上，將無期待可能性解釋為「超法規阻卻責任事由」，係屬多數學者所肯認的見解，本書亦支持此一論點。此說認為，刑法對

---

❸　參照最高裁判所 1956 年 12 月 11 日判決，《最高裁判所刑事判例集》第 10 卷第 12 號，1605 頁。**三友炭礦事件**的判決要旨：最高裁判所針對「礦坑勞工工會中有部份勞工罷工，該工會乃使用石油車連結裝載石礦的礦車開始作業，同工會婦女部長（被告）認為該部分罷工者的就業與經營者之間存在著不單純的動機，係屬妨害罷工的背叛行為，無法達到罷工的目的，於是率多數婦女勞工站在該石油車前，或坐進該車內、或橫臥車前而阻擋該車的前進，並怒罵道：『如果想通過，就輾死我們吧！』」的妨害業務事件，基於「欠缺可罰違法性」，認為被告並無違反刑法第 234 條以威嚇力妨害業務罪，而維持無罪判決。

❹　參照最高裁判所 1958 年 7 月 10 日判決，《最高裁判所刑事判例集》第 12 卷第 11 號，2471 頁。**東芝川岸工場事件**的判決要旨：最高裁判所針對「甲為失業保險法修正前所規定的企業主，屬於違反失業保險法第 32 條的公司代理人，並未將該公司失業保險被保險者所扣除的保險金在繳納期限內繳納」的欠繳保險金事件，基於該公司係處於經營與融資陷入困境的狀況，並無繳納義務，而否定違反失業保險法。

於欠缺期待可能性而阻卻責任，並無直接明文的規定，惟在第 23 條但書規定的「防衛過當」或第 24 條第 1 項但書規定的避難過當，則有「得減輕或免除其刑」的規定，應認為該等規定係在行為人針對「過當行為」欠缺期待可能性的基礎下所做的規定。

此外，在刑法分則各種犯罪的規定中，亦有思考期待可能性強弱而規定減免其刑者。例如，刑法第 162 條第 5 項「配偶、五親等內之血親或三親等內之姻親，犯第一項之便利脫逃罪者，得減輕其刑。」；第 167 條「配偶、五親等內之血親或三親等內之姻親圖利犯人或依法逮捕拘禁之脫逃人，而犯第一百六十四條或第一百六十五條之罪者，減輕或免除其刑。」；第 324 條第 1 項「於直系血親、配偶或同財共居親屬之間，犯本章之罪者，得免除其刑。」等規定，即係基於期待可能性的思考所做的規定。

基於上述，將無期待可能性解釋為阻卻責任者，在現行刑法的解釋論上，亦具有充分的理論根據存在。此種解釋，應認為係將期待可能性解釋為責任要素時，在無法期待行為人實行合法行為的情形中，阻卻責任係屬理所當然[35]。在無期待可能性的情形，學說上一致認為係阻卻責任，惟所主張的理論根據分歧不一，大致可歸納以下兩種見解：(1)將期待可能性解釋為故意或過失的要素、(2)將期待可能性解釋為獨立的責任要素。

本書認為，在「若無期待可能性，則不能謂有責任」的意義上，期待可能性的存在係責任的前提要件，若從反面來看，期待可能性不存在時，形成免責的原因。若從期待可能性與故意或過失的關係而言，則縱然無期待可能性，故意或過失亦能存在，因此必須肯認雖有故意或過失，卻無責任的論點。基於此種論點，將期待可能性解釋為責任能力、違法性認識以外的獨立責任要素，應係較妥當的見解。

---

[35] 參照大塚 仁，《刑法概說（總論）》，有斐閣，2008 年 10 月第 4 版，416 頁。

二、阻卻責任事由

此說認為，期待可能性係「阻卻責任事由」，其將責任能力與故意或過失解釋為**原則要素**，而無期待可能性則為**例外要素❸**。依據此說見解，責任能力與故意或過失可結合為一，而視為係責任的原則類型，故於責任能力與故意或過失存在的情形中，可期待行為人實行合法行為時，大致推定可非難實行違法行為人（原則型），惟於排除此種推定的具體情狀存在時，亦即實行合法行為的期待可能性不存在時（例外型），則對該行為人無法加以非難。因此，期待可能性的不存在，係屬於阻卻責任事由。

第四項　期待可能性的判斷標準

如上所述，對行為人不具有期待可能性的情形，阻卻責任而不成立犯罪。由於期待可能性的有無，對犯罪的成立與否具有重大的影響，故針對期待可能性如何判斷，其判斷標準在實際運作上具有相當重要的意義。有關其判斷標準，學說上有行為人標準說、國家標準說、平均人標準說等三種見解，茲分述如下：

一、行為人標準說

行為人標準說認為，應基於行為當時行為人本身的具體情狀，來判斷期待可能性的有無❸。依據行為人標準說的論點，倘若從期待可能性

---

❸　參照佐伯千仭，《刑法に於ける期待可能性の思想》，有斐閣，1952 年 11 月，347 頁；曾根威彥，《刑法總論》，弘文堂，2010 年 4 月第 4 版，160–161 頁；江家義男，《刑法總論》，千倉書房，1970 年 1 月，147 頁以下；平場安治，《刑法總論講義》，有信堂，1952 年，110–111 頁；吉川經夫，《刑法總論》，法學叢書，1972 年，203 頁等。

❸　參照大塚　仁，《刑法概說（總論）》，有斐閣，2008 年 10 月第 4 版，419–420 頁；吉川經夫，《刑法總論》，法學叢書，1972 年，210 頁；內田文昭，《改訂刑法Ⅰ總論》，青林書院，2002 年 1 月，240–241 頁等。

理論原本即係企圖針對行為人的人性弱點給予法律救濟的觀點來看,則判斷期待可能性存在與否的標準,必須求諸於行為人本身的立場,而由於責任係針對行為人實行該當構成要件的違法行為,所加諸的人格非難,故必須考慮行為人的個人立場❸。基此,期待可能性的判斷標準,應以行為人為標準。

若採行為人為標準來作判斷,可能有以下的問題存在:無論任何人在該種具體的行為狀況之下,都有行為外部情狀的必然條件存在,因而形成無實行其他合法行為的可能性。針對此一問題,主張行為人標準說的論者認為,所謂「考慮行為人本身的具體情狀」,並非係指僅偏重行為人主觀面而毫無條件地將其肯定,而係針對行為人的能力,在能力的上限上從事客觀的評價判斷。實際上,以責任能力的一般規定為前提,對於具有責任能力者的行為人,無法期待其實行合法行為的事態並不多見,因此仍應基於行為人的標準來從事判斷。

二、國家標準說

國家標準說認為,應基於國家或法秩序所期待行為人實行合法行為的標準,來判斷有無期待可能性❸。亦即,期待可能性應以期待者(國家)與被期待者(行為人)之間的現實關係為著眼點,並非以行為人的實際能力來判斷,更須要求行為人的集中注意力與努力。

國家標準說所呈現的問題在於:本說論點違反期待可能性的根本思想,亦即違反對人性弱點給予法律救濟的本質;此外,本說在論述法律

---

❸ 參照大塚 仁,《刑法總論》,有斐閣,2008 年 10 月第 4 版,419–420 頁。此外,團藤博士一方面以本說為基本,另加以修正為「由於法規範並非期待超過一般人所被期待者的情狀,故其上限應依一般人的標準來加以界定」,參照團藤重光,《刑法綱要總論》,創文社,1990 年 3 月第 3 版,329 頁。

❸ 參照平野龍一,《刑法總論II》,有斐閣,1975 年 6 月,278 頁;平場安治,《刑法總論》,有信堂,1952 年,113 頁;中 義勝,《講述犯罪總論》,有斐閣,1980 年,188 頁等。

上何種情形得肯認有期待可能性時，僅認為在法秩序有期待的情形即可
認定，並未思考行為人的實際能力。因此，此種完全忽視行為人具體情
狀的判斷標準，終究無法得到學者的認同與支持。

三、平均人標準說

平均人標準說認為，應基於行為人所處的具體情狀，對一般人（平
均人）是否可期待其實行合法行為的標準，來判斷期待可能性的有無❹。
若依本說的論點，則期待可能性的判斷，在行為人所處的具體情狀下，
以具備通常理性的一般人（非英雄亦非懦夫的一般人）取代行為人的立
場，依是否可期待該一般人實行合法行為的標準來決定❹。

所謂「以一般人為標準」者，既然係以刑事責任為思考，則只能針
對有責任能力之人。將該種有責任能力之人視為一般人，假設一般人係
處於該行為人的具體行為情狀之下，依此來思考是否有期待可能性的存
在。至於所謂具體行為情狀，諸如年齡、性別、職業等，皆係應該考慮
的具體因素❹。

平均人標準說有以下問題存在：(1)由於非難責任應以行為人可能非
難的程度作為界限，故雖然一般人具有期待可能，但行為人係期待不可
能時，仍無法非難行為人；(2)由於一般人係屬不明確的概念，故以此為
前提時，將無法清楚判斷期待可能性的有無；(3)由於責任能力已經以一
般人為基礎而構成，故以一般人作為期待可能性的標準，有疊床架屋之
嫌。

針對上述三點問題，主張平均標準人說者認為，一般人係判斷責任

---

❹　參照木村龜二著・阿部純二增補，《刑法總論》，有斐閣，1978 年 4 月增補版，
　　305 頁；植松　正，《刑法概論Ⅰ 總論》，勁草書房，1974 年 5 月再訂版，206 頁；
　　西原春夫，《刑法總論》，成文堂，1977 年 4 月，431 頁；藤木英雄，《刑法講
　　義總論》，弘文堂，1975 年 11 月，226 頁等。

❹　參照藤木英雄，《刑法講義總論》，弘文堂，1975 年，226 頁。

❹　參照植松　正，《再訂刑法概論Ⅰ　總論》，勁草書房，1974 年，207 頁。

的法律標準要素，依此而被非難責任者，乃行為人，因此認為採一般人的標準者，並非即認定非難行為人以外的他人；至於將一般人視為社會學型態中的一般人，並非妥當。

以上各種學說，究竟何者較為妥當？基於行為人標準說的立場，經常會出現對行為人期待不可能的情形；而基於國家標準說的立場，由於以國家為標準，一方面特意地思考期待不可能的阻卻責任，另一方面則事實上在法規以外並無特別標準，故亦同樣地形成期待不可能的結論❹。

關於平均人標準說，其主張檢討行為人於行為時的各種具體情狀，不僅係外部的客觀情狀，亦包含行為人精神或身體的狀況，而在該種情狀下，以平均人若處於該情況將會採取何種行動，作為判斷期待可能性的標準，應視為在從事該種判斷之際，亦考慮著期待者的期待性強弱❹。本書認為，由於法律係以平均人被要求準則的違反為有責性而加以非難，故平均人標準說係屬妥當的見解。

第五項　期待可能性的錯誤

有關期待可能性的錯誤，有以下兩種情形：(1)儘管欠缺期待可能性的外部行為情狀不存在，但行為人誤認有該種外部行為情狀存在（**積極的錯誤**）。例如，行為人誤認他人的財物係親屬的財物而竊取的情形；(2)儘管有欠缺期待可能性的外部行為情狀存在，但行為人不知該種外部行為情狀存在（**消極的錯誤**）。例如，行為人不知他人的財物實際上係親屬的財物而竊取的情形。以上兩種情形，雖然刑法規定親屬相盜「得免除其刑」（§324 I），但該種錯誤是否如同欠缺期待可能性一樣，可阻卻其責任，即成為問題的所在。有關期待可能性錯誤的處理，學說上有**阻卻責任說**❹與**過失犯說**❹兩種見解。

---

❹　參照植松　正，前揭書，206 頁。

❹　參照福田　平，《全訂刑法總論》，有斐閣，2004 年第 4 版，202–203 頁。

❹　日本學界大多係採**阻卻責任說**。參照團藤重光，《刑法綱要總論》，創文社，1990 年 3 月第 3 版，331 頁；大塚　仁，《刑法總論》，有斐閣，2008 年 10 月第 4 版，

一、阻卻責任說

基於阻卻責任說的立場，由於行為人的主觀精神狀態係與無期待可能性完全相同，故在該種錯誤係屬不可避免時，應肯認係欠缺期待可能性，可阻卻責任。阻卻責任說有基於故意說與責任說兩種見解。故意說認為阻卻責任故意，而責任說認為阻卻責任。

依據責任說的見解，期待可能性的錯誤並非對構成要件內容的事實產生錯誤，而係由於行為人對該內容事實有所認識，故無法認定阻卻故意。有關期待可能性的錯誤，在可避免該錯誤時，雖不阻卻責任，但在無法避免該錯誤時，應解釋為阻卻責任❹，此種見解並無問題存在。本書認為，此種論點係屬妥當見解。

然而，若採**故意說**的見解，則依據採期待可能性是否係故意的內容而有不同結論。亦即，若採期待可能性係故意內容的見解，則在該種錯誤係無法避免誤認時，在整體上係欠缺期待可能性，故可阻卻故意❹。反之，若採期待可能性係客觀責任要素，而與視為心理責任要素的「責任故意」併列為責任要素時，則期待可能性的錯誤係與責任故意的錯誤具有性質上的差異，依據期待可能性的判斷標準，檢視行為人陷入該種錯誤是否為期待不可能，若可認定係屬真正不得已的情形，則欠缺期待可能性，而應認為阻卻責任❹。

---

421 頁；福田　平，前揭書，206 頁；西原春夫，《刑法總論》，成文堂，1977 年 4 月，432 頁；內田文昭，《改訂刑法 I 總論》，青林書院，2002 年，259 頁；大谷　實，《刑法講義總論》，成文堂，2010 年 3 月新版第 3 版，361 頁等。

❹ 參照佐伯千仞，《刑法講義（總論）》，弘文堂，1981 年 4 訂版，281 頁；中山研一，《刑法總論》，成文堂，1982 年，397 頁。

❹ 參照福田　平，前揭書，206 頁。

❹ 參照團藤重光，前揭書，331 頁。

❹ 參照大塚　仁，前揭書，421 頁。

二、過失犯說

針對期待可能性的錯誤，有採過失犯說的少數見解，認為若無期待可能性，則阻卻責任，但對於期待可能性的錯誤，若行為人有過失，則另外成立過失犯。換言之，儘管無阻卻期待可能性的情狀，但仍應區別行為人誤認有該情狀存在（**積極的錯誤**）與雖有該情狀存在而行為人不知（**消極錯誤**），積極錯誤係有關事實的誤信，雖阻卻故意，但從行為人的精神狀態來看，若欠缺期待可能性，而對陷於錯誤具有過失時，則應成立過失犯。

此外，在消極錯誤的情形，無論事實錯誤或違法性錯誤，原則上均不成問題，但在法律上規定為阻卻刑罰事由（例如刑法規定親屬相盜「得免除其刑」）時，應將期待可能性解釋為客觀的責任要素，只要在客觀上有類型化的「阻卻期待可能性的情狀」存在，由於係屬刑事政策上免除刑罰事由，故並不受主觀上因素的左右，得免除其刑❺⓪。

---

❺⓪　參照山中敬一，《刑法總論》，成文堂，2008 年 3 月第 2 版，687 頁。

第五章 未遂犯論

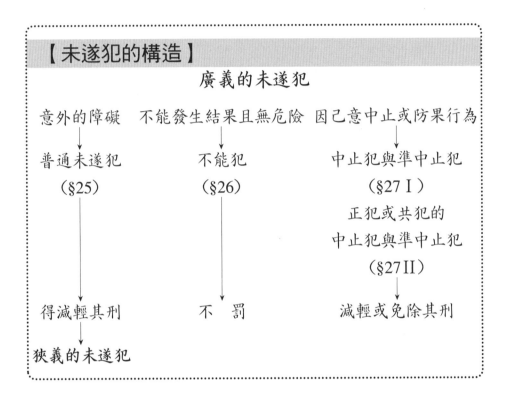

【未遂犯的構造】

廣義的未遂犯

意外的障礙	不能發生結果且無危險	因己意中止或防果行為
↓	↓	↓
普通未遂犯 （§25）	不能犯 （§26）	中止犯與準中止犯 （§27Ⅰ） 正犯或共犯的 中止犯與準中止犯 （§27Ⅱ） ↓
得減輕其刑 ↓	不　罰	減輕或免除其刑
狹義的未遂犯		

第一節　未遂犯的概念

第一項　犯罪的發展階段

　　犯罪係從行為人內心產生犯罪動機開始，在決意實行該犯罪行為後，可能向其他人表示犯意而相互謀議，此即為陰謀。基於行為人個人的決意或二以上行為人的謀議後，開始著手實行前的準備行為，進入預備階段。在著手實行犯罪行為後，依據因果的歷程，有時未如預期發生結果，成為未遂，有時正如預期而發生結果，則達到既遂。因此，犯罪係依以下階段而發展：決意→陰謀→預備→著手實行→結果未發生（未遂）→結果發生（既遂）。

　　在上述犯罪的發展階段中，行為人出於各種動機而萌生犯意，此乃行為人內心的意思決定，若尚未形諸於外，刑法通常不加處罰，此正係法諺所言「任何人不因思想而接受處罰」，亦即「思想不犯罪」的概念。然而，倘若行為人將犯罪決意以口頭、書面或行動表示於外，刑法即開始對其加以處罰，故有陰謀犯、預備犯、未遂犯與既遂犯等犯罪類型的呈現。針對此四種犯罪類型，刑法原則上係處罰既遂犯，而在例外情形始處罰陰謀犯、預備犯、未遂犯。

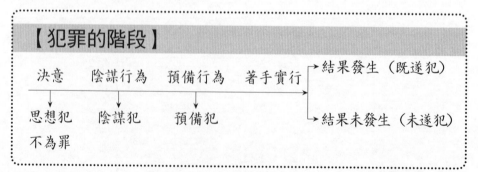

【犯罪的階段】

決意　　陰謀行為　　預備行為　　著手實行　　→結果發生（既遂犯）

思想犯　　陰謀犯　　　預備犯　　　　　　　　→結果未發生（未遂犯）
不為罪

　　行為人內心具有犯罪意思，進而與其他行為人共同商議如何實行該犯罪，則屬進入陰謀階段，此時離著手實行還有一段距離，因此除極少

數較為嚴重的犯罪（例如我國刑法的**內亂罪**與**外患罪**）之外，其他犯罪均不處罰陰謀行為。

> **【我國刑法上的陰謀犯】**
>
> ⑴**內亂罪**：陰謀犯暴動內亂罪（§101Ⅱ）
>
> ⑵**外患罪**：陰謀犯通謀開戰端罪（§103Ⅲ）、陰謀犯通謀喪失領域罪（§104Ⅲ）、陰謀犯直接抗敵民國罪（§105Ⅲ）、陰謀犯單純助敵罪（§106Ⅲ）、陰謀犯加重助敵罪（§107Ⅲ）、陰謀犯洩漏交付國防秘密罪（§109Ⅳ）、陰謀犯刺探搜集國防秘密罪（§111Ⅲ）。

行為人具有犯罪意思或與他人謀議如何實行犯罪後，接下來進行準備工作，例如前往超級市場探查現場狀況、準備行竊工具，或準備凶器尾隨仇人、埋伏在仇人經常出入的路口伺機行動等，此種預備行為距離實際行為尚有一段距離，因此刑法原則上不加以處罰，但若係屬侵害重要法益的行為，則刑法始加以處罰。預備犯可區分為**形式預備犯**與**實質預備犯**兩種類型。

所謂**形式預備犯**，係指附屬於某一基本犯罪構成要件之下，針對著手實行該基本犯罪構成要件之前的準備行為，特別設有處罰規定者而言，亦稱為**附屬預備犯**。例如內亂罪、外患罪、殺人罪、強盜罪、擄人勒贖罪等。

所謂**實質預備犯**，係指在刑法條文中雖無預備之文言，但該行為實質上屬於特定犯罪的預備行為，而獨立設定完整的構成要件者而言，亦稱為**獨立預備犯**。例如加重製造或販賣持有危險物罪、製造交付收受偽造變造幣器械原料罪、製造交付收受偽造變造有價證券器械原料罪、持有煙毒或吸食鴉片器具罪等。

【我國刑法上的預備犯】

⑴內亂罪：預備犯普通內亂罪（§100Ⅱ）、預備犯暴動內亂罪（§101Ⅱ）

⑵外患罪：預備犯通謀開戰端罪（§103Ⅲ）、預備犯通謀喪失領域罪（§104Ⅲ）、預備犯直接抗敵民國罪（§105Ⅲ）、預備犯單純助敵罪（§106Ⅲ）、預備犯加重助敵罪（§107Ⅲ）、預備犯洩漏交付國防秘密罪（§109Ⅳ）、預備犯刺探搜集國防秘密罪（§111Ⅲ）

⑶公共危險罪：預備犯放火燒燬現住建築物及交通工具罪（§173Ⅲ）、預備犯劫持交通工具罪（§185之1Ⅵ）、加重製造或販賣持有危險物罪（§187）

⑷偽造貨幣罪、偽造有價證券罪、鴉片罪：製造交付收受偽造變造幣器械原料罪（§199）、製造交付收受偽造變造有價證券器械原料罪（§204）、持有煙毒或吸食鴉片器具罪（§263）

⑸殺人罪：預備犯普通殺人罪（§271Ⅲ）、預備犯殺害直系血親尊親屬罪（§272）

⑹強盜罪、擄人勒贖罪：預備犯普通強盜罪（§328Ⅴ）、預備犯擄人勒贖罪（§347Ⅳ）

　　行為人開始實行犯罪行為，即為著手實行，若行為人一旦著手實行，犯罪行為即已經完成，而成立刑法上的犯罪，則屬行為犯，例如偽證罪（§168）、重婚罪（§237）、公然侮辱罪（§309Ⅰ）等。若行為人一旦著手實行犯罪，立即發生犯罪結果，或經過一段時間始發生結果，則屬結果犯，例如開槍殺人導致他人死亡。行為人著手實行犯罪後，發生預期的結果者，即為既遂；反之，有些則未完成實行行為，或實行行為已完成，但尚未發生結果者，則屬未遂。

第二項　未遂犯的分類

依據我國刑法第三章未遂犯的規定，將未遂犯依其未遂的原因分為普通未遂犯（§25）、不能犯（§26）與中止犯（§27）等三種類型。

一、普通未遂犯

所謂普通未遂犯，係指由於意外的障礙原因而未發生構成要件結果的犯罪類型而言，學說上亦有稱為障礙未遂犯。此種未遂犯，係基本定義上的未遂犯，屬於狹義的未遂犯。

二、不能犯

所謂不能犯，係指由於行為的性質根本不能發生構成要件結果的犯罪類型而言，學說上亦有稱為不能未遂。此種未遂犯，係屬於廣義的未遂犯。

三、中止犯

所謂中止犯，係指由於行為人出於己意而中止犯罪的實行，或行為人防止其結果的發生，而未發生構成要件結果的犯罪類型而言。前者為中止犯，後者為準中止犯，學說上亦有稱為中止未遂或準中止未遂。此種未遂犯，係屬於廣義的未遂犯。

第三項　未遂犯的處罰根據

在早期的刑法中，例如日耳曼法或羅馬法，皆係以「結果」存在與否作為判斷責任有無的基礎，故僅重視客觀「結果」的發生，並無未遂的概念。雖然在羅馬法中，亦曾經對行為人的主觀意思有某種程度的考慮，惟其僅於非常狹隘的範圍內，將未遂（或預備）行為與既遂行為同樣地處理，在解釋學上雖有認為當時已有未遂犯的概念，但從未遂行為與既遂行為同視的觀點而言，當時並未肯認未遂犯的獨立性。

　　刑法典最早以明文規定「未遂犯」者，可追溯至中世紀的「義大利刑法」，然而該部法典仍未將「未遂犯」與「預備犯」做一明確的區別。將未遂犯與預備犯二者明確區別者，係 1810 年 2 月 22 日所公布的「法國刑法」，其第 2 條規定「著手實行重罪之未遂，非因行為人之意思而中止或未發生結果之情形，以重罪論」❶；其後，1871 年 5 月 15 日所制定的「德意志帝國刑法」第 43 條亦同樣以「著手實行」為未遂犯的成立要件❷。

　　我國刑法有關未遂犯的規定，源始於 1908 年日本學者岡田朝太郎所擬定的「新刑律草案」，其內容大多仿自 1880 年的「日本刑法」，日本刑法係以 1810 年的「法國刑法」為藍本。在 1912 年所公布的中華民國暫行新刑律深受「新刑律草案」的影響，故可謂從暫行新刑律開始，在我國刑事立法上，開始出現未遂犯的規定。有關未遂犯的處罰根據，學說上有主觀未遂理論、客觀未遂理論與折衷理論三種見解❸。

一、主觀未遂理論

　　主觀未遂理論係基於行為無價值的立場，認為未遂犯的處罰在於行為人以未遂行為在主觀上表現法敵對的意思，並非未遂行為對於構成要件所保護的法益產生危險。倘若依據本說的見解，不能犯具有可罰性，並且基於行為人在既遂行為與未遂行為所表現的法敵對意思係屬相同，故在刑法效果上，既遂犯與未遂犯二者應予以相同的刑罰。

---

❶　法國在 1992 年 7 月 22 日所公布的新刑法第 121 條至第 125 條中，亦有相似的規定。

❷　西德在 1974 年 3 月 2 日所公布的刑法第 22 條中，亦有相似的規定。

❸　我國有關未遂犯的處罰，大致從主觀主義與客觀主義的觀點，提出主觀說、客觀說與折衷說等三種見解。參照林山田，《刑法通論（上）》，作者自版，2008 年 1 月增訂 10 版，394–395 頁。

二、客觀未遂理論

　　客觀未遂理論係基於結果無價值的立場，認為未遂犯的處罰在於未遂行為對於構成要件所保護的法益已經產生危險（結果發生的客觀危險性）。本說針對主觀未遂理論完全著重行為人主觀意思，形成既遂犯、未遂犯與預備犯無法區辨的缺點，而將重點置於實現構成要件結果的危險性，主張未遂行為因為有導致結果無價值的高度可能性而必須加以處罰，但絕對不能發生結果且無危險者，即不具刑罰性。此外，本說認為該種高度可能性僅存在於行為人著手實行之後，並且未遂犯因欠缺結果無價值，故刑罰的效果係「必減輕其刑」。

三、折衷理論

　　折衷理論係基於採二元行為無價值論的立場，以主觀未遂理論為出發點，而以客觀未遂理論為輔，認為未遂犯的處罰在於行為人以未遂行為顯露其與法規範相違背的主觀意思，而此種客觀可見的未遂行為足以引致社會大眾的不安感，進而破壞法律的安定性與法秩序，故應具刑罰性。

　　若依此說的見解，則並非所有出於主觀犯意的未遂行為，均具應刑罰性，而應加以刑罰的制裁，而係表徵主觀犯意的客觀行為，足以令社會大眾感到不安，法律若不加以處罰，則足以危害法律的安定性與法律秩序者，始有加以刑罰制裁的必要。

　　從我國刑法原規定「未遂犯之處罰，以有特別規定者，為限。」（§25 II），「未遂犯之處罰，得按既遂犯之刑減輕之。」（§26 前段），2005年修正為「未遂犯之處罰，以有特別規定者為限，並得按既遂犯之刑減輕之。」（§25 II）依據此種規定可知，我國刑法並不認為所有未遂行為，均具應刑罰性，而只有在刑法明文規定處罰的未遂行為，始具應刑罰性，而成立未遂犯。有關未遂犯的處罰，既未如客觀未遂理論所主張的「必減其刑」，亦未如主觀未遂理論主張與既遂同罰，而係「得按既遂犯之刑減輕之」，因此我國刑法對於未遂犯的處罰理由，係採主觀與客觀混合的

未遂理論。

此外，針對不能犯的情形，刑法規定「行為不能發生犯罪之結果，又無危險者，不罰。」（§26），依據此一規定，不能犯的處罰理由，係採客觀未遂理論。

第二節　普通未遂犯

第一項　普通未遂犯的意義

犯罪行為若已著手實行，但行為在實行中或行為終了後，由於意外的障礙原因，導致構成要件結果未能實現，即成立普通未遂犯，亦稱為障礙未遂犯。刑法認為行為人實行犯罪行為時，即已顯示違反法律規範的意思，足以動搖社會大眾對於法律的信賴，而破壞法律的安定性與法律秩序，故應加以處罰。

然而，由於尚未發生實害結果，故並非所有未遂行為均加以處罰，而僅對較嚴重的犯罪行為，且足以令社會大眾感到不安者，始有加以處罰的必要性，因此刑法規定「未遂犯之處罰，以有特別規定者為限，並得按既遂犯之刑減輕之。」（§25 II）。

第二項　普通未遂犯的成立要件

刑法規定「I 已著手於犯罪行為之實行而不遂者，為未遂犯。II 未遂犯之處罰，以有特別規定者為限，並得按既遂犯之刑減輕之」（§25）依據此一規定，未遂犯的成立要件必須具有以下四個要件：(1)有實現構成要件的故意、(2)已經著手實行構成要件的行為、(3)欠缺構成要件的完全實現、(4)刑法設有處罰規定。茲分述如下：

一、有實現構成要件的故意

行為人在主觀上必須具備實現構成要件的故意，此種主觀的犯意包

含直接故意與間接故意，而著手實行犯罪行為，始有能構成未遂犯。行為人若非出於實現構成要件的故意，而係因過失行為而致生結果者，則無成立未遂犯的餘地。

二、已經著手實行構成要件的行為

行為人必須開始實行犯罪構成要件行為，亦即其行為達到著手實行的行為階段，始有可能成立未遂犯。倘若未達著手實行，則屬於預備階段，在刑法有處罰預備犯規定時，可成立預備犯❹。因此，有無著手實行係區別預備與未遂的關鍵所在❺。

三、欠缺構成要件的完全實現

行為人著手實行的行為必須尚未達既遂的階段，始能成立未遂犯。此種欠缺構成要件完全實現的情形，係指行為人尚未完全實現所有客觀構成要件要素而言。其態樣有著手未遂與實行未遂二種情形。

四、刑法設有處罰規定

我國刑法對於未遂犯的處罰理由，係採重視結果的客觀主義與重視行為人危險性的主觀主義兩者併重的折衷主義，認為並非對所有的未遂

❹　參照最高法院 29 年上字第 21 號判例：上訴人因懷恨被害人，遂於傍晚攜刀侵入被害人店內，**潛伏其臥床下**，擬乘機殺害，當被發覺拿獲，是其行為尚未達於實施之程度，僅應構成**預備**殺人罪；32 年上字第 217 號判例：上訴人某甲意圖殺害某乙，雖已侵入其住宅，然甫至二門即**被防護團堵截**，未能入內，是其所欲殺害之人，因尚未見面，亦即無從著手實施，關於殺人部分，顯尚在**預備之階段**，原判決以殺人未遂論罪，自屬於法有違。

❺　參照最高法院 39 年臺上字第 315 號判例：刑法上之**預備犯與未遂犯，應以已否著手於犯罪行為之實行為區別**，被告某甲因挾警員某乙勸告帶所補領自行車牌照之恨，於途中等候，俟某乙行抵其前，自懷中取刀著手刺殺，經某乙呼喊，某丙奔到，始行他去，是被告既已著手實施殺害行為，縱因意外障礙未達到目的，亦應依殺人未遂犯處斷，不能論以預備殺人。

行為,均有加以處罰的必要性,故必須係法律有明文規定「未遂犯罰之」者,始能構成未遂犯。

此外,未遂犯的處罰,採委由法官自由裁量的**得減主義**,亦即「**得按既遂犯之刑減輕之**」。倘若行為人犯罪惡性重大,縱然係屬未發生犯罪結果的未遂犯,亦可不予減輕,而與既遂犯相同處罰;唯有在行為人犯罪惡性輕微時,由法官予以酌量減輕。

第三項 著手實行的判斷標準

行為人的行為在何種時點始可認為已經著手,而達著手實行的階段,係認定可否成立未遂犯的關鍵所在。行為的過程如果已經達到預備階段,在客觀上行為人已經開始實行構成要件所明定的行為,其對於構成要件即有一定程度的實現,固然可認定行為人已達著手實行的階段。例如行為人已持刀開始砍殺被害人,或竊取被害人的財物,或開始實施詐術等,其對殺人罪、或竊盜罪或詐欺罪等構成要件即有一定程度的實現。

然而,行為人的行為在客觀上倘若尚未能明確而足以認定已屬於構成要件的行為,則究應認定係已著手而成立未遂犯,或認定未著手實行而成立預備犯,事實上相當困難。認定著手實行的時點問題,有各種不同的學說見解,計有**形式客觀說、實質客觀說、主觀說、主觀與客觀混合說**。

一、形式客觀說

早期通說係採**形式客觀說**,認為只有在行為人已有開始實行嚴格意義的構成要件該當行為,亦即行為人行為的外觀已經係該當構成要件的行為,或密切接近於該當構成要件的行為時,即為著手實行。例如竊盜行為的情形,必須行為人已經開始動手竊取財物或接近財物時,始可謂著手實行;至於殺人行為的情形,則必須行為人已經開始實行揮刀砍殺或持刀追殺等行為時,始可謂著手實行❻。

二、實質客觀說

實質客觀說係著眼於行為內在的實質，認為行為人必須已經開始實行依據客觀見解可以認為與構成要件具備有必要關聯性，而可以視為構成要件部分的行為，始屬著手實行。此外，亦有認為行為人開始實行足以對於構成要件所保護的行為客體形成直接危險的行為，始得認定已經達到著手實行的階段。

三、主觀說

主觀說認為，行為是否已達著手實行的行為階段，應就行為人主觀的意思來加以判斷。亦即，依行為人的犯意及其犯罪計畫而可判斷犯罪行為已經開始實行者，即可認定為著手實行。

四、主觀與客觀混合說

主觀與客觀混合說係以行為人主觀的意思與行為在客觀上對於構成要件所保護的行為客體直接攻擊為出發點，此說係綜合主觀說與客觀說的觀點而提出的見解。此說認為，行為人直接依其對於行為的認識，而開始實行足以實現構成要件的行為，即可認定行為已達著手實行的行為階段。

---

❻ 我國實務上採此種見解者，例如最高法院 30 年上字第 684 號判例：刑法第 25 條所謂已著手於犯罪行為之實行，係指對於**構成犯罪要件之行為**，已開始實行者而言，若於著手此項要件行為以前之準備動作，係屬預備行為，除法文有處罰預備犯之明文，應依法處罰外，不能遽以未遂犯罪論擬；59 年上字第 2861 號判例：上訴人既有殺人之犯意，又有放置含有毒素之陸角牌乳劑於食物內之行為，雖因其放置毒品後即被發現，尚未發生有人死亡之結果，亦係已著手於犯罪行為之實行而不遂，應構成殺人未遂罪，而非預備殺人。

【著手的實務見解】

(1)**販賣毒品**：已著手於犯罪行為之實行而不遂者，為未遂犯。凡基於販賣毒品營利之犯意，**與他人接洽聯繫**販賣毒品之種類、數量、價格、交易時間、地點等相關事宜，或向他人兜售毒品，即已著手實行販賣毒品之構成要件行為，縱嗣後未能完成買賣，仍應負販賣毒品未遂刑責。(最高法院 103 年度臺上字第 1735 號判決)

(2)**放火燒燬建築物**：刑法第 25 條第 1 項所謂「著手」，係指犯人對於構成犯罪之事實開始實行而言，其在開始實行前所為之預備行為，不得謂為「著手」，自無成立未遂犯之餘地。又刑法第 173 條第 1 項之放火燒燬現有人所在之建築物罪，須有放火燒燬之行為，為其構成要件之一。所謂「放火」，乃指故意使火力傳導於特定之目的物，使其燃燒之意。如尚未著手於「點燃引火媒介物」之行為，尚屬預備階段。(最高法院 103 年度臺上字第 2610 號判決)；按刑法所謂「不能犯」，係指已著手於犯罪之實行，而不能發生犯罪之結果，且無危險者而言。倘行為人有犯罪之故意，並已著手實行犯罪行為，其犯罪之不完成，並非因其行為在性質上絕無發生結果之可能性，而係由於外部障礙所致，即非前揭所謂「不能犯」。次按判斷刑法第 173 條第 1 項放火罪關於行為人**是否著手或僅為預備**之階段，應判斷客觀行為是否足以**引燃燒燬**現供人使用之住宅或現有人所在之建築物，並具高度危險性而定。(最高法院 105 年度臺上字第 254 號判決)

(3)**性交的前置行為**：按刑法第 25 條第 1 項規定所稱已著手於犯罪行為之實行，係指行為人對於犯罪構成事實開始實行。亦即實行與犯罪行為具有一貫性之密接行為，客觀上足以顯現其犯意，且隨時能實現犯罪構成要件者而言。如已著手於犯罪行為之實行而不遂，自屬刑法上之未遂犯。以與未成年人性交罪而言，倘行為人已進行

愛撫等前置行為，在欲進行性交行為時因他人打擾而中斷，其犯行係屬障礙未遂，**非僅屬預備行為者**，自應論以未遂犯。至於行為人遭中斷時之性器與被害人距離遠近，與認定是否為預備行為尚屬無涉。（最高法院 104 年度臺上字第 1761 號判決）

第三節　中止犯

第一項　中止犯的意義

所謂中止犯，亦稱為中止未遂 (Rücktritt vom Versuch)，係指行為人著手實施犯罪行為後，因己意或自願而放棄繼續實行行為，或以積極行為防止結果發生的犯罪型態。行為人因己意或自願而放棄繼續實行行為的情形，例如行為人在殺人後，由於被害人求饒，因而放棄繼續殺害行為；行為人以積極行為防止行為結果發生的情形，例如行為人在殺人後，立刻打電話請救護車送醫急救，而救回被害人生命。

我國刑法對於中止犯係採必減免主義的「減輕或免除其刑」(§27)，其與普通未遂犯採得減免主義的「得按既遂犯之刑減輕之」相比較，享有更寬厚的法律待遇。針對中止犯的特別待遇，其理論根據學說上大致有刑事政策說與法律說二種見解，而法律說又有**違法性減少說、責任減少說及違法性與責任減少說**三種見解。

【中止犯應減其刑之理論根據】

```
┌ 刑事政策說
│           ┌ 違法性減少
└ 法律說 ┼ 責任減少
           └ 違法性及責任減少
```

一、刑事政策說

刑事政策說係由德國學者封·費爾巴哈所創倡，其認為雖然無法以中止行為而完全消除已經成立的未遂犯，但在任意中止的情形中，因褒賞其任意中止而減免其刑者，乃合乎刑事政策上**一般預防**的目的。依據此說的見解，對於中止犯寬鬆處罰的理由，係從刑事政策的觀點，鼓勵行為人中斷其行為或防止結果發生，猶如替行為人架設一座「**後退的黃金橋**」(goldene Brücke zum Rückzug)，使行為人能自犯罪行為中及時回頭。

針對後退的黃金橋對一般國民採事前的預防效果，最近更有提出針對行為人的**特別預防說**。此說係將中止行為視為「犯罪後的行為人行為」來理解，其中止行為應定位於「量刑情狀」，在積極的特別預防上，中止犯係屬行為人一身專屬，此即立法者將中止犯減免其處罰的理由❼。

然而，依據刑法的解釋論，應無法維持刑事政策說。其理由為，德國刑法第 24 條規定中止犯不處罰，但我國刑法第 27 條則規定其刑為必要的減輕或免除，僅依此點，確實難以達到防止犯罪的目的。此外，其區別應減輕其刑或免除其刑的理由，從刑事政策的觀點無法予以說明，而且為了達到預防犯罪的目的，免除其刑（或減輕其刑）的恩典必須要事先為行為人所理解，但現行刑法上並無規定該種要件。換言之，在現行刑法上，對於中止行為究竟係免除其刑或減輕其刑，完全委由法官做事後裁量，故難以充分期待其能發揮刑事政策的效果。

二、違法性減少說

違法性減少說認為，在未遂犯的情形中，由於故意係屬於主觀違法要素，故在一度產生故意後再放棄、或自己防止結果發生時，可肯認違

---

❼ 參照伊東研祐，〈積極的特別予防と責任非難～中止犯の法的性格を巡る議論を出発点に～〉，收錄於《香川達夫博士古稀祝賀・刑事法学の課題と展望》，成文堂，1996 年，273 頁以下。

法性的減少，而且若將違法性認為係一種評價，則違法性在其後消滅者，亦具有可能性❽。此種思考的實質根據在於，若採責任減少說，則由於強調規範意識或真摯性，有強烈將「心情的倫理」加入刑事責任之虞，故並非妥當❾。

違法性減少說雖係基於客觀違法性論的觀點而為主張，但亦有從人的不法論的觀點，主張違法性減少說與刑事政策說併用的見解。例如，針對違法性減少的情形，所謂「因自己意思」而中止的主觀要素，由於影響違法性的評價，故違法性減少說具有妥當性❿；由於實害尚未發生，加上撤回違反規範意思而採合乎規範意思，此種表現於外的中止行為，應肯認具有違法性的減少⓫。

然而，若採違法性減少說的見解，則在共犯（教唆犯或幫助犯）與中止犯之間的關聯上將產生矛盾的狀況。亦即，若肯認違法性的減少，則依限制共犯從屬性說的觀點，正犯的中止行為效果可及於全部共犯，惟此種情形明顯地違反中止犯的所謂「一身專屬的效果」。換言之，既然肯定「違法係連帶性，而責任則係個別性」的命題，則對全部共犯皆應以結果不發生為理由，而肯認其違法性減少。

此外，僅以**違法性的減少**作為中止犯「必減免其刑」的理由，並無法充分說明，亦即必須再加上**責任減少**，始能充分地說明必要減免其刑的理由。換言之，基於放棄主觀違法要素的故意，固然可承認違法性的減少，但其違法性減少始終僅限於放棄故意的限度內。倘若中止犯的法律性質完全係在違法性的減少，則對於中止行為並不須要求「任意性」。其理由為，無論有無任意性，只要放棄故意，即可充分說明違法性的減少。然而，刑法既然規定必須具有「因自己意思」而中止行為，則除違法性的減少之外，仍須從責任減少的觀點來加以說明。

---

❽　參照平野龍一，《刑法總論II》，有斐閣，1976 年，335–336 頁。

❾　參照平野龍一，《犯罪論の諸問題（上）總論》，有斐閣，1981 年，165–166 頁。

❿　參照福田　平，《刑法總論》，有斐閣，1984 年全訂版，215 頁。

⓫　參照西原春夫，《刑法總論》，成文堂，1977 年，287 頁。

三、責任減少說

責任減少說係以「責任非難程度的減少」作為減免其刑的根據，而認為責任減少的理由，學者所論不一，主要有以下幾種說法：(1)行為人具有不使自己的犯罪達到著手實行的感情，亦即否定自己行為價值的規範意識；(2)中止行為所顯示行為人的人格態度；(3)中止行為係屬廣義的後悔；(4)行為人企圖再度符合法義務；(5)行為人具有否定自己行為價值的動機；(6)行為人基於自發性意思而阻止犯罪的完成；(7)中止犯比普通未遂犯更具有輕微的倫理非難性。綜合各種不同說法，大致上可依「行為人企圖再度符合法義務」的觀點總括地加以說明❷。

然而，在責任減少說之中，有將中止犯的任意性解釋為倫理的悔悟，亦有以倫理責任的減少為基礎而主張責任減少的見解，此種見解係將法責任與倫理責任予以混淆，故並非妥當。

四、違法性與責任減少說

違法性與責任減少說係將違法性減少說與責任減少說併用的一種見解。此說認為，只要將故意視為主觀違法要素，則應肯定中止行為的違法性減少，而具有任意性的中止行為，由於使法敵對性減弱，亦無法否定其責任的減少。

依據此說的見解，防止結果發生或以此為目標的行為，使主觀違法要素的故意失其實效性，由於確定除去法益侵害的現實危險，故使違法性減少。此外，中止行為若出於行為人自發的意思而為決意時（即中止行為具任意性時），其企圖再度合乎法義務的人格態度，已經明確地減弱「法敵對性」，故責任非難的量相對地減少，應承認其責任的減少。

此外，針對中止犯中違法性與責任間的關係，此說認為，行為人既然已經實行行為，則行為人可放任法益侵害的事態發生，但行為人反而

---

❷　參照川端　博，《刑法總論講義》，成文堂，2006年2月第2版，475頁。

自發地「決意」阻止該事態發生的行為，依此可減少對行為人的法律非難，而應減少其責任。在「決意」中止行為的過程中，儘管可決意適法行為 (亦即儘管可形成相反動機)，但只要行為人仍有敢於實行違法行為的意思形成時，即可對其加以責任非難。依據此種解釋，中止犯中違法性與責任間的關係，應可明確地說明❸。

　　本書認為，基於違法性與責任減少說的立場，由於具有違法性減少與責任減少時，始有中止犯的法律效果，故縱然係採共犯的限制從屬性說，但正犯的中止行為，其效果仍然不及於共犯 (教唆犯或幫助犯)，故此說論點可合理解釋違法性減少說對於共犯的中止犯所呈現的矛盾狀況。因此，本書支持此說見解。

第二項　中止犯的成立要件

　　我國刑法規定「Ⅰ已著手於犯罪行為之實行，而因己意中止或防止其結果之發生者，減輕或免除其刑。結果之不發生，非防止行為所致，而行為人已盡力為防止行為者，亦同。Ⅱ前項規定，於正犯或共犯中之一人或數人，因己意防止犯罪結果之發生，或結果之不發生，非防止行為所致，而行為人已盡力為防止行為者，亦適用之。」(§27)。

　　依據此一規定，中止犯的成立要件必須具有以下五個要件：(1)有實現構成要件的故意、(2)著手實行構成要件的行為、(3)欠缺構成要件的完全實現、(4)己意中止、(5)中止行為。由於中止犯係屬廣義的未遂犯，故(1)至(3)的成立要件係與普通未遂相同，而(4)與(5)係中止犯成立的最主要條件。

一、己意中止

　　有關中止犯的成立要件(4)「己意中止」，其係指行為人的中止行為必須具有「任意性」而言。然而，重要的問題在於任意性的判斷基準究竟

---

❸　參照川端　博，《刑法總論講義》，成文堂，2006 年 2 月第 2 版，476 頁。

為何？此一問題在障礙未遂與中止未遂的界限上，應該進入「具體上兩者究竟如何區別？」的方法論來加以解決。學說上有主觀說（心理的主觀說）、客觀說、限定主觀說（規範的主觀說）三種見解。

㈠主觀說

主觀說亦稱「心理的主觀說」，本說認為，中止的內部動機並非由外部障礙所產生時，即具有中止的任意性；反之，若內部動機係經由外部障礙所產生時，則屬於障礙未遂[14]。換言之，所謂中止的任意性，係指行為人主觀上必須出於中止意思而中止犯罪行為，亦即行為人必須具有放棄犯罪的故意或產生防止結果發生的決意。依據此種見解，行為人的中止意思，必須是出於己意（自願），始能成立中止犯；若行為人並非出於己意（自願）而中止犯罪，則僅成立障礙未遂犯，並無成立中止犯的餘地。此種判斷基準，係來自於德國刑法學者法蘭克 (R. Frank, 1860–1934) 所提出的論點，亦即「縱然我能繼續實行，我亦不願繼續實行 (Ich will nicht zum Ziele kommen, selbst wenn ich es könnte.)，即屬於自願；縱然我願繼續實行，我亦不能繼續實行 (Ich kann nicht zum Ziele kommen, selbst wenn ich es wollte.)，則屬於非自願」。一般稱此判斷基準為「法蘭克模式」(Frank' sche Formel)。

㈡客觀說

客觀說認為，任意性的判斷基準，應依社會通念上，有無強烈影響行為人意思的外部情狀來作判斷。若對行為人意思具有強烈影響時，成立障礙未遂犯；反之，若非由該種情狀所形成的動機而中止犯罪行為時，應認為屬於任意性，而成立中止犯[15]。例如，行為人能繼續實行犯罪行

---

[14] 參照團藤重光，《刑法綱要總論》，創文社，1990 年 3 月第 3 版，363 頁；大塚仁，《刑法概說（總論）》，有斐閣，2008 年 10 月第 4 版，259 頁；福田 平，《刑法總論》，有斐閣，1992 年 11 月全訂增補版，259 頁。

[15] 參照木村龜二著・阿部純二增補，《刑法總論》，有斐閣，1978 年 4 月增補版，362 頁；江家義男，《刑法總論》，千倉書房，1970 年 1 月，159 頁；前田雅英，《刑法總論講義》，東京大學出版会，2006 年 3 月第 4 版，167 頁；川端 博，

為，但基於被害者可憐而中止行為、或基於不高興而中止行為等，可認為成立中止犯。而若遇刺殺被害者，但因手發抖無法刺殺而中止行為、或看到被害者流血後身體僵直而中止行為等情形，其係因外部情狀強烈影響意思而中止行為，無法肯認責任減少，故應否定具有任意性，依障礙未遂犯來處斷。此種情形，即係屬於「是否能繼續實行」的客觀判斷基準。

本說針對任意性的判斷「基準」，雖然求諸於一般人，但其判斷的「對象」，則是求諸於行為人的「表象」或「動機」。本說除基於違法性減少說的立場，將違法性視為係違反一般人的規範，亦依據責任減少說的見解，將責任的內容視為犯罪人的反社會性格，而依一般人的規範意識來加以非難。本說針對外部情狀給予行為人動機形成的影響，係採客觀的評價，因此亦有稱之為「折衷說」或「主觀的客觀說」❻。本書支持客觀說的見解。

(三)限定主觀說

限定主觀說亦稱為「規範的主觀說」，本說係基於規範意識認為，中止的動機僅基於悔改、同情等廣義的後悔而中止的情形，始能成立中止的任意性。此說係與責任減少說具有密切的關係❼。在基於後悔而中止行為的情形，雖然減低責任的非難性，但若是出於不高興而中止犯罪行為、或是懼怕被逮捕而中止犯罪行為等，應認為不減低責任的非難性。

【己意中止的實務見解】

(1)消極停止殺人行為：按刑法第 27 條第 1 項關於中止犯之規

《刑法總論講義》，成文堂，2006 年 2 月第 2 版，477 頁以下；井田　良，《講義刑法学・總論》，有斐閣，2013 年 3 月初版第 6 刷，430 頁。

❻ 參照松原芳博，《刑法總論》，日本評論社，2017 年 3 月第 2 版，351 頁。

❼ 參照宮本英脩，《刑法大綱》，成文堂，1985 年覆刻版，184 頁；參照佐伯千仭，《刑法講義（總論）》，弘文堂，1981 年 4 訂版，323 頁；內田文昭，《刑法 I（總論)》，青林書院，2002 年 1 月改訂版，272 頁。

定，其必以行為人已著手於犯罪行為之實行，因己意中止或防止全部犯罪結果之發生，始能成立。倘行為人已實行犯罪行為，且其所為之犯罪行為已發生一定之犯罪結果後，僅消極停止其犯罪行為，並未為防止結果發生之積極作為，僅因其已經實行之犯罪行為，因其他因素未能發生預期犯罪結果者，仍屬障礙未遂而非中止未遂。是以殺人罪案件中，行為人殺傷被害人一刀後，因**被害人抵抗及呼救，加上旁人之制止**，始未繼續殺害行為時，應屬消極停止其殺人行為，揆諸前揭說明，自屬障礙未遂而非中止未遂。（最高法院 103 年度臺上字第 2518 號判決）

　　(2)**無主動中止或防止犯罪結果發生之行為**：受害人所為不利於行為人之指證，與事實相符堪予採信，並據以推論行為人確有致受害人於死地之決意，而無救護受害人之意思，並在**發現受害人撥打電話報警後，有出手奪下其手機而阻止其報案之舉動**，認為行為人並無任何主動中止或防止其犯罪結果之發生，或有與防止結果發生之相當行為，而受害人係因警方及救護人員接獲其報案電話而趕到現場，並及時將其送醫治療後，始未發生死亡之結果，故行為人所為並非中止未遂，**應屬障礙未遂**，而依刑法第 25 條第 2 項規定減輕其刑，尚無適用同法第 27 條第 1 項關於中止未遂犯減輕或免除其刑規定之餘地。（最高法院 110 年度臺上字第 3280 號判決）

　　(3)**未為防止結果發生之積極作為**：行為人已實行犯罪行為，在犯罪之客觀結果未發生前，係因受外在環境影響，經他人發現而阻止，行為人始中止犯罪行為，即非屬自願中止，或其所為之犯罪行為已發生一定之犯罪結果後，僅消極停止其犯罪行為，**並未為防止結果發生之積極作為**，只因其已經實行之犯罪行為，因其他因素未能發生預期犯罪結果者，**仍屬障礙未遂**，非中止未遂，難依刑法第 27 條第 1 項前段規定減免其刑。（最高法院 110 年度臺上字第 3376 號判決）

二、中止行為

在中止犯的成立要件(5)「**中止行為**」中，由於有行為人出於己意中止犯罪的實行，而未發生構成要件結果（消極的中止），以及行為人防止其結果的發生，而未發生構成要件結果（積極的中止）等二種情形，在刑法未對其實行程度加以明文規定之下，仍須依據實行程度將未遂區分為行為人著手實行而未完成實行行為的「**著手未遂**」（或稱未了未遂）與行為人著手實行且已完成實行行為而未發生結果的「**實行未遂**」（或稱既了未遂）二種類型。

在著手未遂的情形，若行為人有不繼續實施實行行為的消極不作為時，即能成立中止犯；惟在實行未遂的情形，則必須行為人具有防止結果發生的積極作為，始能成立中止犯。換言之，在著手未遂的情形，於行為人已著手實行的時點，倘若未更進而遂行實行行為，則不可能有因該實行行為而發生結果，故行為人即使係採消極的不作為亦為已足。反之，在實行未遂的情形，倘若可導致結果發生的實行行為已經實行終了，則若行為人不加理會而任其繼續發展，此時由於發生結果的危險性相當大，故必須行為人具有排除該危險的積極作為始為妥當。

【著手未遂與實行未遂的實務見解】

(1)按所謂中止犯，依刑法第 27 條第 1 項前段之規定，係指「已著手於犯罪行為之實行，而因己意中止或防止其結果之發生者」而言；亦即，除了具備一般未遂犯的成立要件之外，必須行為人主觀上出於自願之意思，客觀上因而中止實行犯罪（**未了未遂之中止**）或防止其結果之發生（**既了未遂之中止**），結果之不發生，乃出於自願之中止行為，而非因外在非預期之障礙事由；主觀自願性之要件，是指「縱使我能，我也不要」，此乃與障礙未遂之區別。否則，著手犯罪後，因非預期之外界因素影響，依一般社會通念，可預期犯罪

之結果無法遂行，或行為人認知，當時可資運用或替代之實行手段，無法或難以達到犯罪結果（包括行為人繼續實行將會招致過大風險，例如事跡敗露之風險），因而消極放棄犯罪實行之情形，即非因己意而中止未遂，應屬障礙未遂之範疇。原判決認定上訴人於對未滿16歲之A女利用其熟睡著手性交行為之過程中，見A女二度翻身、拉上棉被，可能即將醒來，始未繼續其性交犯行，並以上訴人放棄繼續實行犯行，既因外在不得已之障礙事由，**為免事跡敗露而消極放棄**，並非出於自願而中止犯罪，**自無中止未遂之適用**。（最高法院108年度臺上字第2649號判決）

(2)按刑法第27條第1項前段規定之中止犯，係以已著手於犯罪行為之實行，而因己意中止或防止其結果之發生為要件。所謂「因己意中止」，於**著手未遂之情形**而言，行為人僅須消極放棄實行犯罪行為為已足；於**實行未遂之情形**而言，行為人尚須以積極之舉止防止結果之發生，始足當之。是行為人殺人犯行顯係因外部障礙而未遂，難認有何出於己意中止犯罪或防止結果發生之情事，法院因此認不符前開中止犯之規定，於法並無不合。（最高法院106年度臺上字第2219號判決）

有關行為人所採排除該危險的積極作為，由於在一旦違法「行為」終了後，為求與法義務合致，故應解釋為行為人必須認真地防止結果的發生，亦即唯有行為人具有真摯性的中止行為，始能減弱中止行為人的法敵對性。至於所謂真摯性，其與倫理評價無直接的關係，而係從是否誠摯使結果不發生而付諸行動的觀點來做判斷**❽**。

---

❽ 參照林山田，《刑法通論（上）》，作者自版，2008年1月增訂10版，494頁；日本判例所示「中止犯要件的防止結果發生行為，雖非必限於行為人單獨實施，惟行為人本身至少須為得與自己防止結果發生同視程度的努力始可。因此，放火後，由於恐懼火勢，僅僅求人幫忙，而自行逃走者，不成立中止犯。」（大審院1937年6月25日判決，《大審院刑事判例集》第16卷，998頁），應可

第三項　準中止犯的內涵

一、準中止犯的立法緣由

中止犯既屬未遂犯的一種，其成立條件自然必須以犯罪的結果不發生為前提，始足當之。然而，犯罪結果的不發生，有由於行為人的防止結果發生的行為所導致與由於行為人以外的原因所導致二種情形。在由於行為人防止結果發生的行為所導致的情形，倘若行為人出於己意所為，其成立中止犯，固然無所爭議。

然而，在並非由於行為人防止結果發生行為所導致的情形，而行為人已盡力為防止結果發生的行為，其行為在客觀上既然足以防止結果的發生，僅因偶然的因素，而未產生防止結果的效果，其情形與結果的不發生係由於行為人的防止結果發生行為所導致者，事實上無任何差異，此種情形準用中止犯的效果，應係符合平等原則的要求。基此，2005 年2 月刑法修正第 27 條中止犯規定時，增設「結果之不發生，非防止行為所致，而行為人已盡力為防止行為者，亦同。」（§27Ⅰ後段）的準中止犯規定。

二、準中止犯的成立要件

在準中止犯的適用上，首先應理解所謂「結果之不發生，非防止行為所致」的真正意涵。一般而言，結果的不發生，非行為人防止行為所致，其可能產生的原因，大致有第三人的行為介入、被害人的行為介入與自然事實的介入等三種情形❿。

(一)第三人的行為介入

行為人於實行行為終了後，雖積極地實行防止結果發生的行為，惟

作為**真摯努力**的判斷標準。此外，大審院 1938 年 4 月 19 日判決，《大審院刑事判例集》第 17 卷，336 頁，亦有相同旨趣。

❿　參照甘添貴，《刑法之重要理念》，瑞興圖書公司，1996 年 6 月，150–151 頁。

偶然地由於無關的第三人行為介入，以至於結果並未發生。例如，行為人放火後，立即打 119 電話報請消防單位前來滅火，但在消防車抵達之前，大火已被鄰居合力撲滅的情形。

(二)被害人的行為介入

行為人於實行行為終了後，雖積極地實行防止結果發生的行為，惟因被害人的行為介入，以至於結果並未發生。在此種情形中，倘若行為人已經盡其防止結果發生的真摯努力，應與中止犯等同視之。例如，行為人在放火後，立即打電話請消防車前來滅火，但在消防車抵達之前，被害人自行以滅火器將火撲滅的情形。

(三)自然事實的介入

行為人於實行行為終了後，雖然已盡其真摯努力積極地實行防止結果發生的行為，惟因有自然事實的介入，以至於結果並未發生，此時亦同樣可適用中止犯。例如，行為人放火後，立即打 119 電話報請消防單位前來滅火，但在消防車抵達之前，突然下起傾盆大雨，火勢因而熄滅的情形。

此外，行為人實行防止結果發生的行為時，究竟須達何種程度始能符合中止犯的成立要件？學說與實務見解大都採行為人必須誠摯努力地防止結果的發生，亦即要求行為人的中止行為必須具有真摯性[20]，此種見解係來自於單純形式上實行中止行為，並不認為可以減輕責任的概念。

【準中止犯的實務見解】

(1)刑法第 27 條規定，已著手於犯罪行為之實行，而因己意中止或防止其結果之發生者，減輕或免除其刑。結果之不發生，非防止行為所致，而行為人已盡力為防止行為者，亦同。該條第 1 項後段規定，「結果之不發生，非防止行為所致，而行為人已盡力為防止行為者」之準中止犯，所稱已盡力為防止行為，乃**依當時情況，行為**

---

[20] 參照[18]

人因衷心悛悔，已誠摯努力，積極盡其防止之能事，而實行與有效防止結果行為，具有相當性之行為而言。亦即，至少須為與自己防止其結果之發生，可同視程度之努力者，始克相當。倘行為人僅消極停止其犯罪行為，並容忍外力之介入，致未發生結果；或其防止結果行為，尚有未盡，而係因外力之介入，致未發生結果者，仍屬障礙未遂，非準中止未遂（最高法院98年度臺上字第7359號判決）。

　　(2)刑法第27條第1項所稱「防止結果之發生」係指行為人實行犯行，而有結果發生之危險者，因己意而為誠摯努力，積極盡力防止結果發生。則縱認行為人有當場委請其母報警及通知救護車到場，但其**並未進一步參與救助之行為**，亦難認已達積極盡力防止結果發生之程度，自與所謂「防止其結果之發生」不合。（最高法院102年度臺上字第5029號判決）

三、準中止犯的理論根據

　　既然行為人以真摯性中止行為防止結果發生時，可成立中止犯，則倘若行為人已真摯地實行防止結果發生的行為，但係因為其他原因而防止其結果的發生，此時仍可適用中止犯的觀念，則其理論根據究竟何在？此一問題，不外乎係中止行為與結果不發生之間，究竟是否必須具有因果關係的問題。在學說上，有採「責任減少說」與「違法性減少說」二種對立的見解。

(一)責任減少說

　　責任減少說認為，中止行為本身的責任非難已經減少，故行為人只要有中止行為即為已足，毋須再要求中止行為與結果不發生之間具有因果關係。

(二)違法性減少說

　　違法性減少說認為，由於中止行為係結果不發生的原因，故要求中止行為與結果不發生之間必須具有因果關係。我國與日本的學說及實務

見解皆認為必須有因果關係的存在❷，惟並無嚴格地解釋該因果關係，認為只要行為未遂，仍然有違法性的減少，甚至於責任亦減少，故可以肯認適用中止犯的規定❷。

第四項　正犯或共犯中止的內涵

一、正犯或共犯中止的立法緣由

　　我國刑法典自暫行新刑律、舊刑法乃至於 2005 年 2 月修正第 27 條，對於正犯及共犯的中止犯，雖無明文規定，惟實務見解與司法解釋則皆予以肯認。例如「共謀行劫，同行上盜，經抵事主門首，心生畏懼，即行逃回，事後亦未分得贓物者，既已於著手強盜之際，以己意而中止，則對夥犯入室後拒傷事主，自不負責。」❷ 及「共同正犯、教唆犯、從犯須防止結果發生，始能依中止犯之例處斷。」❷ 等，即屬適例。

　　關於正犯及共犯亦可成立中止犯，固然已經成為各國立法例及實務上所一致肯認的見解，惟僅因己意中止其犯罪行為即足以成立中止犯，抑或須進而防止結果的發生始成立中止犯，實務立場並不一致。德國刑法第 24 條第 2 項規定「因己意而防止犯罪的完成」，其係採後說的看法，日本實務上亦採後說❷。至於我國實務上的見解，起初係認為僅「以己

❷　參照甘添貴，《刑法之重要理念》，瑞興圖書公司，1996 年 6 月，149–150 頁；大審院 1929 年 9 月 17 日判決，《大審院刑事判例集》第 8 卷，446 頁。

❷　此一見解係基於違法性與責任減少說的立場，亦即「只要肯認故意為主觀違法要素，則應肯認中止行為的違法性減少，而己意中止行為因為減弱法敵對性，故亦不可否認責任減少。」參照川端　博，《刑法總論講義》，成文堂，2006 年 2 月第 2 版，472–473 頁。

❷　參照大理院 6 年非字第 67 號判例。

❷　參照司法院 21 年院字第 785 號解釋。此外，最高法院 32 年上字第 2180 號判例：「殺人之幫助犯，欲為有效之中止行為，非使以前之幫助全然失效，或為防止犯罪完成之積極行為不可」，亦有相同旨趣。

❷　例如，在甲與乙共謀恐嚇丙交付財物，但其後甲因重新思考而中止實行該行為，

意而中止」即可依中止犯的規定處斷，嗣有認為「須防止結果發生之效果發生」❷❻，始可依中止犯的規定處斷，故亦係漸漸採後說為主。

　　中止犯既為未遂犯的一種，因此必須犯罪的結果尚未發生，始有成立中止犯的餘地。正犯及共犯的中止犯，其情形亦同此原理，亦即僅共同正犯或共犯的一人或數人自己任意中止犯罪，尚未足以產生中止的利益，必須經其中止行為，與其他共犯以實行的障礙或有效防止其犯罪行為結果的發生或勸導正犯全體中止。此項見解既已為實務界所採，當有納入刑法，予以明文化的必要。

　　再者，犯罪的未完成，雖非由於行為人的防止行為所致，只須行為人因己意中止而盡防止犯罪完成的真摯努力者，仍足認定其成立中止犯，故參照德國刑法及日本改正刑法草案的條文，宜增訂第 2 項規定，以杜絕疑義。

　　僅乙繼續實行而取得財物的事件中，「被告甲已經著手實行恐嚇取財行為，因恐懼而中止，其行為因為係屬共謀犯罪，在未採取防止共謀實行的手段時，仍應對該實行行為所發生的結果負責。」，故不成立中止犯，應成立恐嚇取財罪的既遂犯（大審院 1923 年 7 月 2 日判決，《大審院刑事判例集》第 2 卷，610頁）；在甲與數人共謀強姦乙女，而當其中數名共同行為人強姦乙女並產生傷害結果後，甲因己意中止強姦行為的事件中，「被告等人因共謀強姦乙女，且在強姦乙女之際傷害乙女，故共謀的全部行為人應負強姦致傷罪。被告甲雖在欲強姦乙女之際，因乙女哀求而中止強姦行為，但其他共同行為人強姦乙女並已傷害乙女，甲自然成立強姦致傷罪的共同正犯，不成立中止犯。」（最高裁判所 1949 年 7 月 12 日判決，《最高裁判所刑事判例集》第 3 卷第 8 號，1237頁）。同樣地，在教唆犯或從犯的情形中，教唆犯或從犯必須阻止正犯達到既遂，始可成立中止犯（大審院 1913 年 11 月 18 日判決，《大審院刑事判決錄》第 9 輯，1212 頁）。

❷❻　例如「共同正犯須防止結果發生之效果發生，始能依中止犯之例處斷。原判決既認上訴人於著手實施犯罪後，因心中不安，中止犯罪行為，並未防止其他共同正犯之進行，任由其按計劃實施，其他共同正犯縱因被害人報警被捕，未達犯罪目的，既非由於上訴人之防止行為致防止結果之效果發生，自與中止犯之要件不符。」（最高法院 52 年度臺上字第 2255 號判決）。

基於以上理由，2005 年 2 月刑法修正第 27 條中止犯規定時，增設正犯與共犯的中止犯及準中止犯規定，亦即「前項規定，於正犯或共犯中之一人或數人，因己意防止犯罪結果之發生，或結果之不發生，非防止行為所致，而行為人已盡力為防止行為者，亦適用之。」（§27 II）。

二、正犯或共犯中止的成立要件

中止犯係以行為人的中止意思與其真摯性的中止行為，作為刑法評價的對象。在單獨犯的情形，固然無所疑義，惟在多數人犯罪的情形，由於行為人係屬複數，且中止犯的減免刑罰係屬中止行為人一身專屬事由，僅實行中止行為的行為人始能接受此種寬厚的法律待遇，故參與犯中實行中止行為的行為人與其他共同行為人之間的關係如何，實有必須釐清的必要性存在。

一般而言，共同犯罪的複數行為人係屬於一個整體，故單獨犯成立中止犯的要件可適用於共同犯罪的複數行為人。在中止犯規定適用於共同犯罪關係時，自然必須正犯或至少共同正犯的一人已經著手實行時，始能成立中止犯。同樣地，共同犯罪的行為人亦必須如同單獨犯因己意中止或防止結果發生，始有中止犯的適用。因此，在共同正犯、教唆犯或從犯的情形中，實行中止行為的行為人必須防止結果的發生，始能依中止犯的規定處斷。

三、正犯或共犯中止的判斷

㈠共同正犯的中止

依據現行刑法的規定，共同正犯欲成立中止犯，必須共同正犯中的一人或數人，於共同正犯著手實行後，因己意防止犯罪結果的發生，或結果的不發生非防止行為所致，而行為人已盡力為防止行為時，始足當之。中止犯既屬於未遂犯類型的一種，故共同正犯欲成立中止犯的情形，首先必須係處於未遂階段，倘若一部分行為人已盡其真摯努力而為防止結果發生的行為，惟其他共同行為人仍使犯罪達於既遂，自無成立中止

犯的可能性。

此外，共同正犯的部分行為人已盡其防止結果發生的真摯性努力，但因第三人行為或自然事實的介入，雖其結果的不發生與行為人的中止行為二者之間並無因果關係存在，亦得肯認中止犯的成立。

【共同正犯成立中止犯的實務見解】

(1)甲乙二人共同謀議殺 A，當甲以日本刀砍傷被害人 A 的右肩部，進而欲繼續實行砍殺行為之際，乙阻止甲的攻擊行為，而且請友人將被害人 A 送醫急救，A 因而倖免於死。法院判決認為，乙的行為係屬於著手未遂，應成立中止犯。其理由為，共同正犯成立中止犯的情形，除自己中止殺人行為之外，尚必須阻止其他共同行為人繼續實行犯罪行為，防止其結果的發生，因而未導致被害人死亡的結果❷❼。

(2)共同正犯應就全部犯罪結果共負責任，故正犯中之一人，其犯罪已達於既遂程度者，其他正犯亦應以既遂論科。又中止犯仍為未遂犯之一種，必須犯罪之結果尚未發生，始有成立之可言。共同正犯之一人或數人雖已中止其犯罪行為，尚未足生中止之利益，必須經由其中止行為，予其他共犯以實行之障礙；或勸導正犯全體中止；或有效防止其犯罪行為結果之發生；或其犯罪行為結果之不發生，雖非防止行為所致，而行為人已盡力為防止行為者，始能依中止未遂之規定減輕其刑。（最高法院 96 年度臺上字第 2883 號判決）

倘若共同犯罪的部分行為人雖因己意中止行為，卻未阻止其他共同行為人繼續實行犯罪行為，實務上皆否定成立中止犯。例如，在被告著手實行恐嚇行為之後，因心生恐懼而中止，而其他共謀行為人仍取得財

---

❷❼　此則判例特別清楚地區別著手未遂與實行未遂，依此而肯定共同正犯可成立中止犯。參照東京高等裁判所 1976 年 7 月 14 日判決，《判例時報》第 834 號，106 頁。

物的案件中，由於被告並未採取防止其他共謀行為人實行的手段，故不成立中止犯❷。再者，在被告參與裝設賭場器具之後，雖未參與誘引賭徒、決定抽頭等開設賭場行為的案件中，由於被告並未阻止其他共謀行為人實行賭博行為，故不成立中止犯❷。

此外，在甲乙共謀進入丙宅搶劫財物，當進入丙宅脅迫丙交出金錢之際，丙僅拿出九百日圓，甲想丙既無金錢，僅取少許金錢並無意義，乃中止搶劫行為而要求乙一起離去，甲離開丙宅後，乙仍強取該金錢的案件中，由於甲並未阻止共同行為人乙強取財物，任由乙完成強盜行為，故甲不能成立中止犯❸。

綜合以上判例的旨趣可知，共同正犯的部分行為人於著手實行後，其中止行為是否得以成立中止犯，除必須以己意中止為前提要件外，其後尚必須防止其他共同行為人實行犯罪行為，並且從「是否已經阻止結果發生」的觀點來作為判斷的標準。

㈡共犯的中止

在教唆犯成立中止犯的情形，教唆者必須因己意中止教唆的故意，且真摯地防止被教唆者實行犯罪行為，始能成立中止犯。有關教唆者究竟須使被教唆者處於何種階段，始屬於實行防止結果發生的行為？學說上，從共犯獨立性說與共犯從屬性說而論，產生相異的見解。

基於**共犯獨立性說**的立場，由於將教唆行為解釋為教唆犯的行為，故教唆行為開始而尚未終了前，己意中止其教唆行為；或教唆行為終了後，被教唆者已決意實行行為前，阻止其實行的決意；或被教唆者已決意實行後，尚未實行行為之前，均得成立中止犯。基於**共犯從屬性說**的立場，教唆者須被教唆者實行行為後，始有成立中止犯的可能性，至前述各階段的中止，均相當於教唆犯預備的中止，刑法既然無處罰教唆犯

---

❷　參照大審院 1924 年 7 月 2 日判決，《大審院刑事判例集》第 2 卷，610 頁。
❷　參照大審院 1935 年 6 月 20 日判決，《大審院刑事判例集》第 14 卷，722 頁。
❸　最高裁判所 1949 年 12 月 17 日判決，《最高裁判所判例集》第 3 卷第 12 号，2028 頁。

預備的規定，實際上本屬「不罰」。

　　現行刑法係採共犯從屬性說的立場，認為教唆者在被教唆者實行行為後，因己意防止犯罪結果的發生，或結果的不發生，非防止行為所致，而教唆者已盡力為防止行為時，始成立中止犯。至若被教唆者已達於既遂階段，教唆者縱然有真摯地防止結果發生的行為，亦無由成立中止犯的餘地。

　　此外，在幫助犯成立中止犯的情形，基於現行刑法規定與共犯從屬性說的立場，亦可採上述教唆犯成立中止犯的標準來做判斷。亦即，幫助犯必須因己意中止其幫助的故意，且真摯地防止正犯實行行為發生犯罪的結果，始得成立中止犯。同樣地，正犯倘若已達於既遂階段，幫助犯亦無成立中止犯的可能性。

第四節　不能犯

第一項　不能犯的意義

　　所謂不能犯，亦稱為不能未遂 (untaugliche Versuch)。有關不能犯的意義，學者有不同的說法；例如，不能犯乃指行為在本質上即不能達到既遂狀態，而又無危險的未遂犯，亦即指行為人雖然著手實行以實現構成要件為目的的行為，但是由於事實上或法律上的理由，使行為決意的實現與行為人原所認識者不相一致，在客觀上又無危險，而不能完全實現客觀不法構成要件所成立的未遂犯❸❶；不能未遂是指，行為人在認知上發生了重大錯誤，誤以為自己的手段可以實現構成要件，或誤以為攻擊的對象存在（事實上不存在），使得構成要件結果根本不能實現❸❷。

　　此外，亦有認為不能未遂並非刑法上的未遂者，亦即行為既然無

---

❸❶　參照林山田，《刑法通論（上）》，作者自版，2008 年 1 月增訂 10 版，498–499 頁。

❸❷　參照林東茂，《刑法綜覽》，一品文化出版，2012 年 8 月修訂 7 版，1–218 頁。

法實現結果，且其危險性與可能性皆不存在，蓋刑法不須對根本不可能發生法益侵害危險的行為加以規範，即使此種行為在行為人主觀的意思上，仍舊具有法敵對的意思，但因其客觀事實不存在，故仍非屬刑法上所欲評價的對象，應排除在未遂規範外，是以不能未遂根本不是刑法的論理概念，僅是一種事實狀態、一種思維❸❸。

　　本書認為，所謂不能犯，係指行為人雖然已著手實行行為，但由於該行為事實上「不能」發生構成要件的結果，亦即並無產生未遂犯處罰根據的具體危險，故不成立普通未遂，而成立不具可罰性的犯罪型態❸❹。簡單而言，不能犯雖然呈現著手實行行為的外觀，然而該行為在性質上卻沒有實現構成要件內容的可能性。

　　在不能犯的情形，判斷是否可能發生構成要件結果的標準，有許多學說互相對立，而此等學說係以不能犯與普通未遂犯的區別為背景而展開討論。不能犯與普通未遂犯同樣係屬於未發生構成要件的結果，但普通未遂犯係因為外部障礙而未發生構成要件結果，不能犯則係由於行為的性質上無結果實現的可能性。

　　行為人的未遂行為，究竟成立不能犯抑或係成立普通未遂犯，若從其與「構成要件的實現」相關的觀點來看，應屬構成要件該當性的問題。然而，構成要件係違法行為的定型化，而發生結果的危險（實現構成要件的危險）不外乎係「法益侵害」的危險，從此種角度來看，區別不能犯與普通未遂犯應屬於違法性的問題，故不能犯既然係屬於不具實現構成要件危險性的未遂犯類型，則在犯罪論體系上，應將其不具刑罰性定位為阻卻違法事由的「不罰」❸❺。

---

❸❸　參照柯耀程，《刑法總論釋義　修正法篇（上）》，元照出版，2005 年，243–244頁。

❸❹　針對不能犯的法律效果，依據德國刑法第 23 條第 3 項及我國刑法舊第 26 條後段規定，雖然亦可能成為具有可罰性的不能犯，但我國現行刑法第 26 條係將其定位為不具刑罰性。

❸❺　參照余振華，《刑法深思・深思刑法》，作者自版，2005 年 9 月，113 頁。

第二項　不能犯的內涵

一、不能犯的成立要件

　　刑法針對不能犯規定「行為不能發生犯罪之結果，又無危險者，不罰。」(§26)。依據此一規定，不能犯的成立要件必須具有以下四個要件：(1)有實現構成要件的故意、(2)已經著手實行構成要件的行為、(3)欠缺構成要件的完全實現、(4)須無危險。由於不能犯係屬廣義的未遂犯，故(1)至(3)的成立要件係與普通未遂相同，而(4)無危險係不能犯成立的最主要條件。

　　有關「無危險」的詮釋，除行為人的行為發生結果的可能性極其輕微之外，其行為所採的手段與方法，又必須不具危險性，始可肯認其成立不能犯。至於無危險的判斷標準，應係所採手段與方法在社會上一般人的心理上不具有危險感為標準。

　　某些行為，即使行為人著手實行，根本無法達成其犯罪目的，但仍然具有危險性，故不成立不能犯。舉例而言，行為人在認知上發生錯誤，誤以為自己手段可以實現構成要件，例如誤將砂糖當做砒霜殺人的情形；或誤認為被害的對象存在（實際上不存在），例如誤以為懷孕而實施墮胎行為的情形。針對該等手段或客體不能的情形，雖不能發生犯罪的結果，但仍有危險性存在，仍應認為成立普通未遂犯。

二、不能犯的法律效果

　　針對不能犯「法律效果」的理解，首先必須從 2005 年 2 月修正刑法第 26 條時，將不能犯修正為不具刑罰性的背景來觀察。有論者批評將不能犯的法律效果修正為「不罰」，係仿傚日本刑法而有此修正條文，惟實際上日本刑法並無不能犯的規定❸，只是其學說及實務上皆肯認不能犯

---

❸　日本基於學說及實務見解皆肯認不能犯的概念，曾於 1974 年改正刑法草案第 25 條提出「行為在性質上絕對不能發生結果者，為未遂犯，不罰。」的規定，

的概念，並且採不罰的法律效果。

再者，德國刑法係於第 23 條第 3 項明文規定「行為人由於重大無知而誤認犯罪對象和手段之性質上絕對不能達到既遂者，法院得減輕或免除其刑。」，依據此種規定可知，德國刑法針對不能犯的意義 ❸，雖與我國舊刑法第 26 條的「行為不能發生犯罪之結果，又無危險者，減輕或免除其刑。」規定不同，但兩者皆規定不能犯的可罰性，所不同者僅在於「得減輕或免除其刑」與「減輕或免除其刑」而已。

我國刑法係從暫行新刑律時代開始，即肯定不能犯的可罰性，並將其與普通未遂犯同視 ❸，1928 年舊刑法亦加以沿用 ❸。然而，在實務上

可理解有將不能犯明文化的旨趣。

❸ 德國刑法（德刑 §23Ⅲ）與學說上均肯認「不能未遂」可能成為可罰性的不能犯，而有無危險性的判斷標準，係基於行為人是否出於重大無知而著手實行，並非從客觀上有無實現構成要件的可能性觀點。

❸ 暫行新刑律第 17 條規定：「Ⅰ犯罪已著手而因意外之障礙不遂者，為未遂犯。其不能發生犯罪之結果者，亦同。Ⅱ未遂犯之為罪於分則各條定之。Ⅲ未遂罪之刑得減既遂罪之刑一等或二等。」暫行新刑律認為，例如使用少量毒物未致人於死及探囊未取得財物的不能犯情形，其成立犯罪與否，雖於學者間仍有爭論，但應與普通未遂罪同論，故於第 17 條第 1 項後段規定：「其不能發生犯罪之結果者，亦同。」依據該規定，不能犯的範圍較廣，除可類分為目的不能與手段不能的情形外，目的不能與手段不能復可各區分為絕對不能與相對不能的情形，惟在處罰效果上，則與障礙未遂相同，參照同條第 3 項所明文「未遂罪之刑得減既遂罪之刑一等或二等」的規定。

❸ 舊刑法第 39 條規定：「Ⅰ已著手於犯罪之實行而不遂者，為未遂罪。其不能發生犯罪之結果者，亦同。Ⅱ未遂之處罰以有特別規定者為限。」；第 40 條後段規定：「但犯罪之方法決不能發生犯罪之結果者，得減輕或免除本刑。」舊刑法係將不能犯的「絕對不能」與「相對不能」情形分別規定，於第 39 條第 1 項後段仍維持與暫行新刑律第 17 條第 1 項後段同樣的規定。此外，於第 40 條後段規定：「但犯罪之方法決不能發生犯罪之結果者，得減輕或免除本刑。」，則為絕對不能犯的規定，依據此規定觀之，當時所稱絕對不能犯，係指犯罪的「方法」絕對不能發生犯罪的結果者而言。

卻因學說有「不罰」的絕對不能與「可罰」的相對不能，而從危險的觀點認為，不能發生結果的行為，若基於實際上並無危險者，並不成立未遂罪。

其後，1935 年舊刑法認為不能犯不具危險性，應科處較普通未遂犯更輕的刑罰，故將不能犯規定為「行為不能發生犯罪之結果，又無危險者，減輕或免除其刑。」（舊 §26 但書規定）**❹**。2005 年 2 月修正第 26 條時，更基於刑法謙抑主義、法益保護的機能及未遂犯的整體理論，由折衷印象理論而改採客觀未遂理論，將不能犯的處罰效果修正為「不罰」。

第三項　不能犯的學說

關於未遂犯的處罰根據，長久以來一直存在著客觀主義刑法理論與主觀主義刑法理論的對立。亦即，關於未遂犯的處罰根據，客觀主義僅探討*行為*的危險性，但是主觀主義則注重於*行為人*乃至於*法秩序*的危險性，故在檢視是否屬於不能犯時，必須基於此種觀點來加以判斷。

有關不能犯與普通未遂犯的區別標準，學說上針對不能犯與普通未遂犯的區別，大致有純主觀說、抽象危險說、絕對不能與相對不能說、具體危險說等，茲將學說論點敘述如下：

一、主觀說

(一)純主觀說

純主觀說將未遂犯的處罰根據求諸於**行為人性格的危險性**，由於犯罪意思在外部明確地呈現之時，即可確認行為人的危險性格，故肯定未遂犯的可罰性，原則上否定有不罰的不能犯。換言之，縱然在客觀上不可能發生結果，但既然經由犯罪意思的存在而表徵行為人的危險性格，

---

❹　現行刑法舊第 26 條係將舊刑法第 39 條第 1 項後段與第 40 條後段的規定合併，且增列「又無危險」用語。舊刑法對於不能犯的處罰採得減免主義，並僅以犯罪的方法絕對不能發生結果者為限，但現行刑法則係不問目的或手段的不能，如無危險者，即必予減免。

則應該肯定其具備未遂犯的可罰性。

然而，本說亦肯認應視為不能犯的例外情形，例如利用雕刻人偶等超自然方法殺人的迷信犯，應視為不能犯，不具可罰性。其理由為：在迷信犯的情形，行為人並無使用任何自然方法的反規範性格，其不堪採一切現實的自然方法，僅僅具有懦弱的性格，並無訴諸於現實手段的危險，故其不具任何危險性，並無違法可言❹。

(二)抽象危險說

抽象危險說亦稱為主觀危險說，將未遂犯的處罰根據求諸於行為人**主觀意思的危險性**，以行為人於**行為時**所認識的情狀作為判斷基礎，在該認識事實係屬現實所存在時，從一般人觀點認為具有發生結果的危險時，成立未遂犯，倘若不具有危險性時，則成立不能犯❷。本說雖然係與純主觀說皆屬主觀說，但本說係基於一般人的觀點來判斷行為人意思的危險性，而其所採判斷標準係與主觀的相當因果關係說相同，故與純主觀說仍有所差異。

若依此說論點，例如行為人企圖利用砂糖來作為殺人手段的情形，由於從一般人的觀點來觀察時，使用砂糖並不能殺人，因此成立不能犯。反之，行為人出於殺人的意思，並確信自己所取者為氰酸鉀，但卻誤取砂糖放置於被害人所飲用的飲料中的情形，由於在行為人主觀上所認識的情狀下，倘若依此而實行該行為，客觀上即有發生結果的抽象危險，故成立普通未遂犯。

二、客觀說

(一)絕對不能與相對不能說

絕對不能與相對不能說係現代刑法學上所稱的**舊客觀說**，其係指以十九世紀德國學者封・費爾巴哈 (Paul Johann Anselm von Feuerbach) 的

---

❹ 參照宮本英脩，《刑法大綱》，成文堂，1985 年覆刻版，192–193 頁。

❷ 參照木村龜二著・阿部純二增補，《刑法總論》，有斐閣，1978 年 4 月增補版，356 頁。

學說為中心，而與純主觀說相對立的危險判斷學說。此說將未遂犯的處罰根據求諸於行為的法益侵害危險性，在客體以及手段不具有抽象或客觀的危險時，若結果始終不可能發生，則成立不能犯，但若結果僅僅係偶然不發生，則成立普通未遂犯。依據此說見解，在行為人相信屍體為活人而以殺人意思持槍對其射擊的情形，係屬於客體的絕對不能；而若行為人基於殺人意思而使人服用足以致死量的毒物，卻誤將砂糖誤以為毒物而使用的情形，則係屬於手段的絕對不能。

此外，行為人基於殺人的意思，相信該他人在室內而開槍，然而該他人卻偶然不在室內的情形，係屬於客體的相對不能；而若行為人基於殺人的意思朝他人開槍射擊，但子彈卻突然卡彈無法發射的情形，則係屬於手段的相對不能。本說的特徵在於，其將行為的具體狀況與行為人的意思內容予以抽象化，並從事後的觀點來判斷有無危險性。

封・費爾巴哈認為，具有可罰性的未遂行為，必須係具有完全惹起犯罪意圖的外部行為，且該行為必須符合下列兩要件時，始得加以處罰：⑴行為人沒有變更既遂的（自由）意思，只是單純因為外部障礙而不發生既遂結果，係屬障礙未遂而非中止未遂時；⑵行為本身的外部性質與意圖犯罪有（直接、間接、或多或少的可能的）因果關係時，即具客觀的危險 **❹**。若依此種見解，客觀危險的有無，依可能的因果關係的存在與否來做決定，將導致未遂行為幾乎皆形成不可罰的結果。因此，基於與當時的時代背景與法感情不相符合，進而有相關修正學說的提起。

㈡具體危險說

具體危險說係由德國學者封・李斯特 (Franz v. Liszt) 基於客觀未遂理論的觀點所提出的見解，亦稱新客觀說。封・李斯特主張將未遂的本質訴諸於意思活動的表現，而所謂意思活動表現的內容，包含主觀的故意（人內心的意思活動）與客觀結果發生的可能性（行為的危險性），且未遂的本質應解釋為係由意思活動的危險性所產生。

---

❹　參照山口　厚，《危險犯の研究》，東京大学出版会，1982 年，56 頁。

　　封・李斯特所提倡的具體危險說，係以經驗法則作為危險判斷的標準，其將未遂犯的處罰根據求諸法益侵害的危險性，以行為時一般人所能認識的情狀以及行為人所特別認識的情狀作為判斷基礎，在該種情狀下所實行的行為，從一般人的觀點來觀察，如果有發生結果的可能性，則屬於未遂犯，如果並無發生結果的可能性，則屬於不能犯❹。換言之，此說的危險判斷係以一般人的危險感覺作為判斷有無危險的中心，且以行為當時「一般人所能認識的情狀」與「行為人所特別認識的情狀」來作為判斷基礎。基於此說的論點，多數學者提出究竟以前者為優先考量、或以後者為優先考量的爭論，因而另外提出抽象危險說的見解。

　　本說的特徵在於，以行為時所存在的具體情狀為基礎，並限於行為人所能認識以及一般人所特別認識該種存在情狀，來判斷有無危險性。換言之，相對於絕對不能與相對不能說係從「事後」的觀點來判斷有無危險，具體危險說係從「事前」觀點來判斷有無危險。

　　此外，若將具體危險說與抽象危險說相比較，則兩說同樣係以一般人的觀點從行為時從事危險的判斷，然而其判斷標準卻有所不同。換言之，抽象危險說係以行為人的意思內容本身作為判斷資料，而具體危險說僅於行為人的計畫內容未實現者，但從一般人的立場來看卻屬實現的情況下，始作為判斷的資料。例如，行為人將砂糖誤認為氰酸鉀而使人飲用，唯有在一般人亦會將飲用的粉末誤認係氰酸鉀的情況下，或例如在行為人殺害屍體的情形，唯有一般人在行為當時亦認為該屍體為活人的情況下，始可肯定其屬於普通未遂犯。然而，抽象危險說則未加區別地將上述情形一律視為普通未遂犯，此點仍然與具體危險說有所差異。

❹　參照團藤重光，《刑法綱要總論》，創文社，1990 年 3 月第 3 版，168 頁；大塚仁，《刑法概說（總論）》，有斐閣，2008 年 10 月第 4 版，230 頁；福田　平，《刑法總論》，有斐閣，1992 年 11 月全訂增補版，222-223 頁；西原春夫，《刑法總論》，成文堂，1977 年 4 月，301 頁；大谷　實，《刑法講義總論》，成文堂，2010 年 3 月新版第 3 版，379-380 頁；野村　稔，《刑法總論》，成文堂，1990 年 6 月，347 頁。

第四項　不能犯的類型與思考

有關不能犯在實務上的判斷，應從其具體類型來加以思考，亦即應從主體不能、客體不能與方法不能等三種不能犯類型，同時一併思考其相關類型的幻覺犯、迷信犯與構成要件的欠缺，依此始能清楚理解不能犯的成立範圍。

一、主體不能

所謂主體不能，係指行為人不具身分或特定關係（主體資格），卻誤以為自己具有該種身分或特定關係，而著手實行構成要件行為的犯罪類型。例如，收賄罪的情形，甲不具公務員身分，卻以為自己係公務員而接受他人的賄賂；不作為殺人罪的情形，甲欲殺害其子女而詐領保險金，誤以為溺水呼救者係其子女，而故意不救助，導致溺水的他人小孩溺死；背信罪的情形，甲誤以為自己係為他人處理事務者，而實行背信行為。

主體不能究竟是否屬於不能犯，學說上仍有相異的見解❹⑤。德國通說認為，特別身分或特定關係屬於真正的構成要件要素，無身分或特定關係之人因為錯誤而誤以為具有特別犯的行為主體資格，而著手實行犯罪行為，只不過屬於反面的構成要件錯誤，故主體不能仍可成立不能犯，而屬於可罰的不能犯❹⑥。

本書認為，在主體不能的情形，例如背信罪，若從具有事後判斷的客觀危險說（絕對不能與相對不能說）來觀察，很容易導出非為他人處理事務者並無不能犯的危險，但若從具有事前判斷的客觀危險說（具體危險說）來觀察，一般人亦經常會與行為人發生同樣的錯誤時，則難以否定成立不能犯，故主體不能應係屬於構成要件的欠缺，而非不能犯。

---

❹⑤　有學者認為主體不能係屬於幻覺犯，參照川端　博，《刑法總論講義》，成文堂，2006 年 2 月第 2 版，496 頁；陳子平，《刑法總論（下）》，元照出版，2006 年 2 月，39 頁；林東茂，〈不能犯〉，《月旦法學教室》38 期，2005 年，90–91 頁。

❹⑥　參照林山田，《刑法通論（上）》，2008 年 1 月增訂 10 版，509–510 頁。

二、客體不能

所謂**客體不能**，係指行為人針對根本不存在的行為客體，卻誤以為該行為客體存在，而著手實行構成要件行為的犯罪型態。例如，在殺人罪的案例中❹，行為人以殺人意思對已經死亡的屍體開槍時，若從絕對不能與相對不能說的觀點，則結果始終不可能發生，故屬於殺人罪的不能犯，僅成立毀損屍體罪；但若從具體危險說的觀點，以行為時一般人所能認識的情狀以及行為人所特別認識的情狀來判斷，則有發生結果的危險，故屬於殺人罪的未遂犯❹。

此外，例如行為人在黑暗中進入他人寢室，在一片漆黑中，主觀上以為隆起的棉被中有人，而對實質上沒有人的空棉被開槍的情形，若從具體危險說的觀點，行為對象若在行為人實行行為之前不久才離開，則有危險，成立殺人罪的未遂犯；但若從絕對不能與相對不能說的觀點，則該寢室中原本即無人在睡覺時，則並無危險，成立殺人罪的不能犯❹。

在竊盜罪的案例中，行為人將手伸入他人的衣服口袋中欲竊取財物，但該口袋內卻空無一物的情形，若從具體危險說的觀點，如果行為的相

---

❹ 參照最高法院 28 年上字第 2075 號判例：「上訴人向某甲開槍時，某甲已為某乙毆斃，是其所射擊者為屍體，而非有生命之自然人，縱令該上訴人意在殺人，因犯罪客體之不存在，仍不負殺人罪責。」

❹ 日本判例上有採「具體危險說」作為判斷依據者，例如在被告認為遭手槍射殺的被害人尚存生息，基於致人於死的犯意而以武士刀刺殺的事件中，高等法院認為「不僅係被告在行為當時認為被害人尚活著，即使一般人在行為當時亦無從得知被害人已經死亡」，因為一般人感受到「被告以武士刀刺殺被害人的行為，有導致被害人死亡的危險，此乃理所當然」及「不可謂行為在性質上沒有發生結果的危險」，故成立普通未遂犯（廣島高等裁判所昭和 36 年 7 月 10 日判決，《高等裁判所刑事判例集》第 14 卷第 5 號，310 頁）。

❹ 日本實務上有採「絕對不能與相對不能說」而肯認客體不能的判決，例如胎兒已經死亡無法成為墮胎罪客體的案例。參照大審院 1927 年 6 月 17 日判決，《大審院刑事判例集》第 6 卷，208 頁。

對人並非口袋中空無一物，而係將財物放在右側口袋，行為人卻將手伸入左側口袋時，此時即具有結果發生的危險，成立竊盜罪的未遂犯；但若從絕對不能與相對不能說的觀點，則經事後判斷，行為人根本不可能將手伸入右側口袋，故無結果發生的危險，成立竊盜罪的不能犯。

三、方法不能

所謂**方法不能**，亦稱為手段不能，係指行為人已經著手實行構成要件行為，惟其所使用的行為手段並無可能實現構成要件的犯罪型態。例如，製造毒品的案例，如果製毒的流程係屬妥當，而僅因為某種藥物的使用量不足而無法製成成品的情形，若從具體危險說的觀點，一般人認為行為人十分有可能摻入適切的藥量（假定的事實）時，則有發生結果的危險，成立毒品罪的未遂犯。反之，若所使用的主要原料並非真正的原料時（例如以麵粉煉製安非他命），則不可能製成毒品，成立毒品罪的不能犯 ❺⓿。

在殺人罪的案例中，行為人使用針筒將 20c.c. 至 30c.c. 的空氣注入他人靜脈之中，若不考慮客體特殊狀況的問題，實際上要注入 70c.c. 至 300c.c. 的空氣始有致人於死的危險。若從具體危險說的觀點，不考慮被注射者身體的狀況，則注入量已快達足以致死的劑量時，或劑量已足而適巧被注射者人當時的身體狀況特別好而未致死時，則有發生死亡結果的危險，成立殺人罪的未遂犯；但若從絕對不能與相對不能說的觀點，由於注入劑量非常少，根本沒有發生結果的危險，故成立殺人罪的不能犯。

此外，在所使用手段的外觀上具有危險，但事實上並無發生結果的

---

❺⓿　日本實務上有基於「絕對不能與相對不能說」而肯定方法不能的判例，例如使用硫磺殺人案件（大審院 1917 年 9 月 10 日判決，《刑事判決錄》第 23 輯，999 頁）；使用經過長時間埋在地下而性質上已經發生變化的雷管與導火線製成手榴彈的案件（東京高等裁判所 1954 年 6 月 16 日判決，《東京高等裁判所刑事判決時報》第 5 卷第 6 號，236 頁）。

情形，例如行為人基於殺人而奪取執行勤務中警察的配槍，且以該槍瞄準他人並扣下扳機，但該槍枝適巧未填裝子彈，故無法射擊的案例。在此種案例中，若從具體危險說的觀點，針對穿著制服執勤的警察所佩帶的槍枝，一般社會通念認為應係裝有子彈，搶奪該警槍而向他人射擊，發生殺人結果的可能性相當高，故成立殺人罪的未遂犯。但若從絕對不能與相對不能說的觀點，基於事後的判斷，該槍並無裝填子彈，絕對無發生結果的可能性，則可成立殺人罪的不能犯。

四、類似不能犯的類型

(一)幻覺犯

所謂幻覺犯 (Wahndelikt)，亦稱為誤想犯 (Putativdelikte)，係指某種事實在刑罰法規上並不構成犯罪，行為人將其誤認係法律所處罰的行為，係屬於錯誤的問題[51]。例如行為人誤認未婚男女間的性行為係構成刑法上的通姦罪（§239）。

幻覺犯與不能犯的區別在於：幻覺犯係屬於刑罰法規所不處罰的行為，行為人誤認係犯罪行為，而不能犯係行為人將並不存在的事實誤認可實現構成要件。因此，幻覺犯係屬反面的法律錯誤，而不能犯則屬於反面的構成要件錯誤，二者分別屬於規範與事實的範疇，其本質即具有相異性。

(二)迷信犯

所謂迷信犯 (abergläubiger Versuch)，係指行為人欠缺自然法則的知識，以迷信的手段實行犯罪行為，誤以為可實現構成要件，事實上並無發生結果的可能性。例如迷信茅山道術可殺人而仿效茅山道術施法企圖殺人的行為，或迷信符咒差鬼抓人而仿效法師作法抓人等情形。

由於迷信犯僅屬於行為人的迷信行為，並無支配外在因果歷程的行

---

[51] 有學者將幻想犯稱為反面的法律錯誤，而區分為反面的禁止錯誤、反面的容許錯誤與反面的包攝錯誤三種。參照林山田，《刑法通論（上）》，作者自版，2008年1月增訂10版，505頁。

為決意，亦即欠缺構成要件的故意，故其與不能犯具有著手實行犯罪、行為人危險的性格以及有可能發生結果等皆不相同，其性質上根本無法發生實害的結果，故刑法並不處罰此種迷信行為。

(三)構成要件的欠缺

所謂**構成要件的欠缺** (Mangel am Tatbestand)，亦稱為**事實的欠缺**，係指在構成要件要素中，除了因果關係以外，欠缺行為主體、行為客體、行為手段、行為情狀等要素，行為人誤以為有該等要素而實行行為的情形。例如欠缺行為主體（瀆職罪的「公務員」）、欠缺行為客體（§222 加重強制性交罪的「未滿十四歲之男女」等）、欠缺行為手段（殺人罪的「以無殺傷力的物品殺人」）、欠缺行為情狀（§106 單純助敵罪的「與外國開戰或將開戰期內」等）。

構成要件的欠缺，係欠缺構成要件要素的行為，而不能犯係欠缺構成要件要素的結果；構成要件的欠缺不屬於未遂犯，而不能犯係屬於未遂犯，故二者係屬不同的概念。因此，構成要件的欠缺，並非未遂犯，亦非不能犯，而係屬於一種特別的不罰行為。

第五項　不能犯的危險判斷

一、修法前的實務立場

我國實務上，在 2005 年 2 月修法前，針對不能犯的判斷，主要係基於以下兩則判例：

(1)最高法院 19 年上字第 1335 號判例：不能犯係指該項行為有發生實害之危險者而言，如實際上本不能發生損害，即無何種危險之可言，自不成立犯罪。本案上訴人侵入某甲家，雖意在將其殺害，但某甲既早已出外，絕無被害之危險，按照上開說明，究難令負殺人未遂罪責。針對此一案件，最高法院係採「絕對不能」與「相對不能」的區別方法，將絕對不能發生結果的行為，認為不具危險性，而判決被告應成立不可罰的不能犯。

(2)最高法院 70 年臺上字第 7323 號判例：刑法第 26 條但書所謂不能發生犯罪之結果者，即學說上所謂之不能犯，在行為人方面，其惡性之表現雖與普通未遂犯初無異致，但在客觀上則有不能與可能發生結果之分，本件原判決對於上訴人甲搶奪部分，既於事實認定被害人乙已預先掉包，故上訴人搶奪所得為石頭一袋而非黃金。上訴人甲意欲搶奪黃金，因被害人事先防範換裝石頭，未達目的，而又無危險，顯屬不能犯，自應依刑法第二十六條但書減免其刑，乃原判決竟以普通未遂犯處斷，自屬不合。針對此一案件，最高法院係從被告所搶得的物品係石頭而非黃金的結果來判斷，認為被害人事先防範換裝石頭，使被告無法達到目的而又無危險，故判決被告成立不能犯。

從上述兩則判例可知，在 2005 年 2 月修法前，最高法院針對不能犯的判斷，係基於實際上有無發生實害危險的可能性，且採事後判斷的標準❷。然而，若基於行為時一般人的觀點或行為人的認識事實來判斷，亦即採事前判斷的方法，則此二事件僅僅係偶然的機會而導致未發生結果，並非無發生結果的危險性，應成立普通未遂犯而非不能犯。

二、修法後的實務立場

從 2005 年 2 月修法後迄今，最高法院針對不能犯的成立問題，有以下較具代表性的判決：

(1)走私毒品：不能未遂，係指已著手於犯罪之實行，但其行為未至侵害法益，且又無危險者；其雖與一般障礙未遂同未對法益造成侵害，然須並無侵害法益之危險，始足當之。判斷有無侵害法益之危險，應綜合行為時客觀上通常一般人所認識及行為人主觀上特別認識之事實為基礎，再本諸客觀上一般人依其知識、經驗及觀念所公認之因果法則而為判斷，非單純以行為人主觀上所認知或以客觀上真正存在之事實情狀為基礎，更非依循行為人主觀上所想像之因果法則判斷認定之。若行為人

---

❷ 此二則判例業經最高法院 95 年 8 月 22 日 95 年度第 16 次刑事庭會議決議，以「法律已修正，本則判例不合時宜」為理由，自 95 年 7 月 1 日起不再援用。

之行為有侵害法益之危險，而僅因一時、偶然之原因，致未對法益造成侵害，則為障礙未遂，非不能未遂。行為人係利用不知情之他人前往領取自大陸地區私運入臺，裝有愷他命之十五箱螺絲起子，該十五箱螺絲起子內裝之愷他命雖於高雄港遭關稅局人員查獲取出扣押，致實際上不能發生運送愷他命之犯罪結果；然此係因被查扣之偶發因素，致未竟其功，並非無侵害法益之危險，原判決認其所為係屬障礙未遂，而非不能未遂；經核並無適用法則不當之違背法令。（最高法院 101 年度臺上字第 1570 號判決）❸

(2)放火燒燬現供人使用之住宅：刑法第 173 條第 1 項之放火罪係屬「抽象危險犯」，若行為人有放火燒燬現供人使用之住宅或現有人所在建築物之犯罪故意，而著手實行放火行為，即應構成該罪，縱令放火結果未使住宅、建築物重要部分開始燃燒或喪失主要效用，僅屬犯罪既、未遂與否之問題。又刑法第 26 條規定所謂「不能未遂」，係指已著手於犯

---

❸ 同旨參照最高法院 109 年度臺上字第 1566 號判決：㈠刑法第 26 條規定，行為不能發生犯罪之結果，又無危險者，不罰。故不能未遂係指已著手於犯罪之實行，但其行為未至侵害法益，且又無危險者而言；雖與一般障礙未遂同未對法益造成侵害，然須並無侵害法益之危險，始足當之。而有無侵害法益之危險，應綜合行為時客觀上通常一般人所認識及行為人主觀上特別認識之事實為基礎，本諸客觀上一般人依其知識、經驗及觀念所公認之因果法則而為判斷，若有侵害法益之危險，而僅因一時、偶然之原因，致未對法益造成侵害，則為障礙未遂，而非不能未遂。㈡原判決已說明上訴人基於意圖營利販賣第二級毒品之犯意，在網路上（微信群組內）留言對外出售第二級毒品甲基安非他命、MDMA，並與喬裝買家之員警談妥交易數量、價金及交易時地，已著手於販賣第二級毒品犯行之實行，雖因員警係喬裝買家以執行查緝，並無實際向上訴人購買毒品之真意，故本件毒品交易未能完成，然上訴人主觀上既原有販賣第二級毒品之意思，客觀上又已著手於犯罪行為之實行，自應成立販賣第二級毒品之未遂犯等旨。揆之說明，依上訴人上開主觀認識及一般人所認識之客觀事實判斷，其所為顯非刑法第 26 條規定之不能未遂至為明確，核原判決所為論斷於法並無違誤。

罪之實行，但其行為未至侵害法益，且又無危險者而言。而有否侵害法益之危險，應綜合行為時客觀上通常一般人所認識及行為人主觀上特別認識之事實為基礎，再本諸客觀上一般人依其知識、經驗及觀念所公認之因果法則而為判斷。若有侵害法益之危險，而僅因一時、偶然之原因，致未造成法益侵害，則為障礙未遂。（最高法院109年度臺上字第5573號判決）

⑶占用公有山坡地擅自興建建築物：刑法第26條規定行為不能發生犯罪之結果，又無危險者，不罰。即所謂不能犯，係指已著手於犯罪之實行，但其行為未至侵害法益，且又無危險者而言；其雖與一般障礙未遂同未對法益造成侵害，然須並無侵害法益之危險，始足當之。而有無侵害法益之危險，應綜合行為時客觀上通常一般人所認識及行為人主觀上特別認識之事實為基礎，本諸客觀上一般人依其知識、經驗及觀念所公認之因果法則而為判斷，若有侵害法益之危險，而僅因一時、偶然之原因，致未對法益造成侵害，則為障礙未遂，而非不能犯。行為人在公有山坡地內未經同意，擅自興建建築物、大規模種植農作物，主觀上有墾殖、占用之意思，客觀上又已著手於犯罪行為之實行，難謂為無造成水土流失之危險，惟無證據可資證明已致生水土流失之結果，依罪疑唯輕原則，原判決因認本件係障礙未遂，而非不能犯，所為論斷於法並無違誤。（最高法院110年度臺上字第199號判決）

⑷販賣毒品：刑法第26條規定行為不能發生犯罪之結果，又無危險者，不罰。故所謂不能未遂，係指已著手於犯罪之實行，但其行為未至侵害法益，且又無危險者；其雖與一般障礙未遂同未對法益造成侵害，然須無侵害法益之危險，始足當之。又上開條文之立法理由關於未遂犯之規定，雖載明採客觀未遂理論，惟若僅著眼客觀層面之實踐，不無過度擴張不能未遂之不罰範圍，而有悖人民法律感情，自非不得兼以行為人是否出於「重大無知」之誤認作為判斷依據。從而，有否侵害法益之危險，應綜合行為時客觀上通常一般人所認識及行為人主觀上特別認識之事實為基礎，再本諸客觀上一般人依其知識、經驗及觀念所公認之因

果法則而為判斷，非單純以客觀上真正存在之事實情狀為憑。行為人倘非出於「重大無知」之誤認，僅因一時、偶然之原因，未對法益造成侵害，然已有侵害法益之危險，仍為障礙未遂，非不能未遂。（最高法院 110 年度臺上字第 3511 號判決）❺❹

　　從上開四種類型犯罪的最高法院判決觀之，目前最高法院針對有無危險的判斷，係採具體危險說，而以行為的性質為斷。因此，我國實務上針對不能犯的成立，可謂已漸漸呈現採具體危險說來判斷「危險性」的趨勢。

---

❺❹　同旨參照最高法院 109 年度臺上字第 5126 號判決：刑法第 26 條規定行為不能發生犯罪之結果又無危險者，不罰，係指已著手於犯罪之實行，但其行為未至侵害法益，且又無危險者而言。有無侵害法益之危險，應綜合行為時客觀上及行為人主觀上認識之事實為基礎，本諸客觀上一般人依其知識、經驗及觀念所公認之因果法則而為判斷；若有侵害法益之危險，而僅因一時、偶然之原因，致未對法益造成侵害，則為障礙未遂，而非不能未遂；最高法院 97 年臺上字第 351 號判決：不能未遂係指已著手於犯罪之實行，但其行為未至侵害法益，且又無危險者；其雖與一般障礙未遂同未對法益造成侵害，然須並無侵害法益之危險，始足當之。而有無侵害法益之危險，應綜合行為時客觀上通常一般人所認識及行為人主觀上特別認識之事實為基礎，再本諸客觀上一般人依其知識、經驗及觀念所公認之因果法則而為判斷，既非單純以行為人主觀上所認知或以客觀上真正存在之事實情狀為基礎，更非依循行為人主觀上所想像之因果法則判斷認定之。若有侵害法益之危險，而僅因一時、偶然之原因，致未對法益造成侵害，則為障礙未遂，非不能未遂；最高法院 105 年度臺上字第 1538 號判決：按刑法第 26 條規定，不能未遂係指已著手於犯罪之實行，但其行為未至侵害法益，且又無危險者而言；雖與一般障礙未遂同未對法益造成侵害，然須並無侵害法益之危險，始足當之。而有無侵害法益之危險，應綜合行為時客觀上通常一般人所認識及行為人主觀上特別認識之事實為基礎，再本諸客觀上一般人依其知識、經驗及觀念所公認之因果法則而為判斷，若有侵害法益之危險，而僅因一時、偶然之原因，致未對法益造成侵害，則為障礙未遂，非不能未遂。

三、危險判斷基礎的確立

危險判斷究竟係採事前判斷或係採事後判斷？亦即，危險判斷係以行為時所可能認識的事實作為判斷資料、抑或係以裁判時判明的行為時到裁判時的一切事實作為判斷資料？此種危險判斷的基礎，係不能犯成立的重要關鍵，故必須確立危險判斷的基礎，始能提供實務上的運作方向。

針對早期所採相對不能與絕對不能說的區別方法，有學者認為雖然行為客體存在，只是與行為人的期待有所出入而不在現場，此時難以決定係絕對不能抑或相對不能❺。本書亦認為，絕對不能或相對不能的區別確實難有定論，故基於採客觀危險說的立場，相對不能與絕對不能說已不足採，而應趨向具體危險說的立場，始能客觀且正確地判斷危險的存在與否。然而，若採具體危險說的見解，則其理論根據何在？此一問題，應從刑法規範的觀點來加以探討。

刑法規範係行為規範，亦為裁判規範。一般認為，倘若刑法規範較側重行為規範，則刑法主要規範的對象係社會一般人。由於注重行為人行為時是否有違反刑法規範的意思，以及刑法規範係在規制社會一般人的行為，故對於一般人無法認識的事情，不能以此作為行為規範的內容而要求一般人，亦即不能對一般人無法認識的事情加以處罰。

從論理而言，著重行為規範者，係以行為時存在的事實作為危險判斷的基礎，其屬於採事前判斷的方法；至著重裁判規範者，認為裁判者係刑法主要規範的對象，故係以裁判時所判明的一切事實作為危險判斷的基礎，其屬於採事後判斷的方法。

本書認為，刑法規範的最基本功能，係規制社會一般人的行為。近代刑法雖有排除法官恣意裁判的目的，惟刑法規範若不具有行為規範的作用，則刑罰制裁將不具有效性，亦不符合憲法上的比例原則，因此行

---

❺ 參照林山田，《刑法通論（上）》，作者自版，2008 年 1 月增訂 10 版，509 頁。

為規範功能應較裁判規範功能重要。基此，若以一般人為受規範者的行為規範（評價規範）來思考，則一般人的觀點以及行為時的情狀具有相當重要的意義，故對於所發生結果的歸責，應以行為時行為人所能認識或一般人所特別認識的情狀作為判斷的基礎。

歸納而言，在危險判斷的客觀學說中，絕對不能與相對不能說完全無視於刑法的行為規範性，並非妥當。基於具體危險說的立場，倘若將未遂犯的處罰根據求諸法益侵害的危險性，以行為時一般人能夠認識的事實以及行為人特別認識的事實為基礎，從一般人的觀點來判斷，如果有發生結果的可能性，即屬於有危險，應成立普通未遂犯，如果沒有發生結果的可能性，即屬於無危險，則成立不能犯，此種判斷標準應較具妥當性。

第六章　正犯與共犯論

【正犯與共犯的構造】

```
                   ┌ 單獨正犯
                   │ 直接正犯
                   │ 間接正犯
                   │ 同時犯（平行正犯）
            正　犯 ┤
                   │                       ┌ 共謀共同正犯
                   │                       │ 承繼的共同正犯
                   │                       │ 過失的共同正犯
                   └ 共同正犯（§28）───────┤ 結果加重犯的共同正犯
任意的參與犯                               │ 不作為的共同正犯
                                           │ 預備罪的共同正犯
                                           └ 片面的共同正犯

            ┌ 教唆犯（§29）┐
            └ 幫助犯（§30）┘ 共　犯

                   ┌ 聚眾犯
必要的參與犯 ┤
                   └ 對向犯

                   ┌ 純正身分犯（§31 I）
身　分　犯 ┤
                   └ 不純正身分犯（§31 II）
```

第一節　正犯與共犯的概念

第一項　正犯與共犯的意義與種類

從行為人的人數來觀察，犯罪的實行，有由一人實行者，亦有數人共同實行者。由一人所實行者，係屬**單獨犯**（單獨正犯 Alleintäterschaft），多數人參與實行犯罪者，稱為**參與犯**。在單獨正犯的類型中，有行為人親手實現構成要件行為的**直接正犯** (unmittelbare Täterschaft)，亦有行為人利用他人為工具而實現構成要件行為的**間接正犯** (mittelbare Täterschaft)。

在參與犯的類型中，有一般原係由一人單獨完成犯罪而由二人以上共同實行的情形，稱為**任意的參與犯** (Die zufällige Beteiligung)，係刑法總則第四章「正犯與共犯」的適用問題；若必須二人以上參與實行始能成立的情形，則稱為**必要的參與犯** (Die notwendige Beteiligung)，係規定在刑法分則的犯罪類型❶。過去在學說或實務上大都係使用任意共犯與

---

❶ 我國實務針對**必要參與犯**的見解，參照最高法院 81 年臺非字第 233 號判例：
　共犯在學理上，有「**任意共犯**」與「**必要共犯**」之分，前者指一般原得由一人單獨完成犯罪而由二人以上共同實施之情形，當然有刑法總則共犯規定之適用；後者係指須有二人以上之參與實施始能成立之犯罪而言。且「必要共犯」依犯罪之性質，尚可分為「聚合犯」與「對向犯」，其二人以上朝同一目標共同參與犯罪之實施者，謂之「聚合犯」，如刑法分則之公然聚眾施強暴、脅迫罪、參與犯罪結社罪、輪姦罪等是，因其本質上即屬共同正犯，故除法律依其首謀、下手實施或在場助勢等參與犯罪程度之不同，而異其刑罰之規定時，各參與不同程度犯罪行為者之間，不能適用刑法總則共犯之規定外，其餘均應引用刑法第 28 條共同正犯之規定。而「對向犯」則係二個或二個以上之行為者，彼此相互對立之意思經合致而成立之犯罪，如賄賂、賭博、重婚等罪均屬之，因行為者各有其目的，各就其行為負責，彼此間無所謂犯意之聯絡，苟法律上僅處罰其中部分行為者，其餘對向行為縱然對之不無教唆或幫助等助力，仍不

必要共犯的用語，其中所稱「共犯」，係指共同正犯、教唆犯與幫助犯而言，惟由於 2005 年 2 月刑法修正時已經將第四章修正為「正犯與共犯」，為避免其與現行刑法所稱共犯係指教唆犯與幫助犯發生混淆情形，故應採用「參與犯」的用語，較為妥當。

【必要的參與犯】

　　所謂**必要的參與犯**，係指在構成要件的性質上，開始即預定多數人參與實行的犯罪型態，可區分為聚眾犯與對向犯兩種類型。(1) **聚眾犯**亦稱「**聚合犯**」或「**集團犯**」，係指在構成要件上多數參與者均朝向同一目標，共同參與實行構成要件行為的犯罪類型。例如暴動內亂罪（§101Ⅰ）、公然聚眾妨害公務罪（§136Ⅰ）、公然聚眾不遵令解散罪（§149）、公然聚眾施強暴脅迫罪（§150）、參與犯罪結社罪（§154）、聚眾賭博罪（§268）、聚眾鬥毆罪（§283）等。基本上，聚眾犯的所有參與者均係該罪的共同正犯，但我國刑法亦有將其規定不同刑罰者，例如公然聚眾妨害公務罪、公然聚眾不遵令解散罪、公然聚眾施強暴脅迫罪等分別規定首謀、下手實施與在場助勢相異的刑罰。(2)**對向犯**亦稱「**對合犯**」，係指在構成要件上係以二行為人為相對角色而相互實行犯罪的犯罪類型。例如受賄罪（§§121Ⅰ，122Ⅰ）、販賣陳列猥褻物品罪（§235）、重婚罪（§237）、受囑託殺人罪（§275Ⅰ）與買賣質押人口罪（§296之1）等。

　　針對任意的參與犯的情形，若所有行為人皆直接實行構成要件的行為，係屬於共同正犯（§28）；而若行為人係加功於構成要件以外的行為，亦即行為人係唆使或促成其他行為人實現構成要件行為，則係屬於教唆犯（§29）或幫助犯（§30）。再者，有多數行為人共同導致構成要件結果的發生，但多數人間並無共同行為決意的犯罪類型，係屬於同時犯（或

能成立該處罰行為之教唆、幫助犯或共同正犯，若對向之二個以上行為，法律上均有處罰之明文，當亦無適用刑法第 28 條共同正犯之餘地。

稱平行正犯 Nebentäterschaft) ❷。單獨犯、共同正犯與同時犯等三種犯罪類型，皆屬於正犯，而教唆犯與幫助犯，則係屬共犯（亦稱為加擔犯），正犯與共犯係屬於相對立的概念。

單獨犯的情形，在刑法的評價程序較為單純，其係屬於單一行為主體，僅依據行為人本身的行為及法條規範做評價即可。然而，參與犯的情形，由於係由多數人參與同一個犯罪行為，各個行為人在犯罪過程中所扮演的角色與所參與的分量並不相同，在刑法上的評價顯然較為複雜，故必須區別參與犯罪的行為人究竟係屬於正犯，或係屬於共犯，或其他犯罪類型。

針對犯罪態樣繁多的參與犯，刑法基於妥適評價各種不同參與犯罪方式的行為人刑事責任，雖將其在刑法制裁體系上的資格或地位加以類型化，但應如何評價參與犯的行為並加以明確定位，使其接受適當的刑罰制裁，此係正犯與共犯理論上最重要的問題所在。

第二項　正犯與共犯的立法體例

在世界各國的立法例上，有認為參與犯應區分為正犯與共犯者，此即採二元犯罪參與體系；亦有認為參與犯並無區分正犯與共犯的必要，而採單一正犯體系。

一、單一正犯體系

單一正犯體系係基於單一正犯概念的立法體例。所謂單一正犯概念，亦稱為統一正犯概念 (einheitlicher Tätersbegriff) 或包括的正犯概念 (umfassender Tätersbegriff)。單一正犯概念係在二次大戰後，德國刑法學者所使用的正犯概念，但實際上單一正犯概念作為一種立法現象，其存在的歷史係屬相當久遠❸。

---

❷　所謂**同時犯**，係指二以上無共同決意的行為人，於同時同地實行各自獨立的行為，侵害同一個行為客體，實現同一構成要件而言。例如兩個竊賊事前並無約定，正巧同時進入一別墅竊取財物。

在採單一正犯體系的立法例中，針對刑法制裁體系上的行為人資格並未區分正犯與共犯，亦即將所有參與犯罪的行為人，皆視為正犯，至於參與犯罪的行為人在整個犯罪過程與其對犯罪結果有何種貢獻，則在所不問，認為該種問題係屬於刑罰裁量上的問題。換言之，例如直接下手殺人、教唆他人殺人、提供武器給他人殺人等行為，都是參與殺人犯罪實現的行為，而將此等行為人一律視為正犯，再依據此等行為人參與犯罪的程度來決定刑罰的輕重。

採單一正犯體系的立法例，例如奧地利刑法第 12 條規定「非但是直接違反可罰行為之人，即使是唆使他人違反可罰行為之人，或是其他加功於實行可罰行為之人，皆為正犯。」，此規定係將教唆犯與幫助犯皆視為正犯來處理。此外，德國秩序違反法第 14 條、義大利刑法第 110 條、挪威刑法第 58 條及丹麥刑法第 23 條等，亦皆不區分共同正犯、教唆犯與幫助犯，將其一律以正犯來處理。

二、二元犯罪參與體系

二元犯罪參與體系係基於限縮正犯概念與擴張正犯概念的立法體例。此種立法體系，係指在法律條文之中，不僅將犯罪的成立區分正犯與共犯，亦在刑罰評價上對正犯與共犯加以區分的體系。換言之，二元犯罪參與體系係以基本的犯罪構成為前提，對多數人參與實行犯罪的情形，在刑法總則中設立正犯與共犯的一般規定，使其成為刑法分則各本條所規定犯罪的共同適用原則。

採二元犯罪參與體系的立法例，係屬於世界各國立法的一般立場，例如我國刑法第 28～30 條、日本刑法第 60～62 條、德國刑法第 25～28 條、法國刑法第 121、124 條、瑞士刑法第 24 條以下、希臘刑法第 45 條以下等均係採二元犯罪參與體系。

(一)限縮正犯概念

❸　參照木村龜二，〈包括的正犯者概念〉，收錄於《體系刑事法典》，青林書院，1966 年，264 頁。

限縮正犯概念 (Restriktiver Tätersbegriff)，亦稱為限制的正犯概念，其基於**構成要件理論**的立場，認為唯有自己親自實行構成要件行為者，始屬於正犯。若依據此種概念而論，正犯的成立，必須行為人所實行的行為本身係屬構成要件該當的行為，其他諸如唆使他人實行犯罪的教唆犯、或對他人犯罪行為提供助力的幫助犯，皆非親自實現構成要件的結果，不能成立正犯，故刑法若無教唆犯與幫助犯的特別規定，則不能加以處罰。

依據限縮正犯概念的論點，刑法原本係以處罰正犯為原則，而不處罰正犯以外的教唆犯與幫助犯，但在刑法總則上明文規定教唆犯與幫助犯兩種共犯類型，其係將可罰行為擴張至構成要件以外的行為，因此擴大處罰範圍的教唆犯與幫助犯規定係屬於**擴張刑罰事由** (Strafausdehnungsgründe)。

然而，針對**間接正犯**的情形，若採限縮正犯概念的論點，由於間接正犯並未親自實行構成要件行為，故無法成立正犯，僅得成立共犯。針對此種疑問，其根本解決方法仍應在刑法上明文規定「自任犯罪行為之實施者，為正犯，利用他人以實施者，亦同。」的間接正犯類型，始為妥當。目前係以學說見解來做解釋，亦即利用他人為工具而犯罪的行為，他人僅係無犯罪意思的工具，實質上利用行為與自己親自實行構成要件行為完全相同，故仍應視為正犯。

(二)擴張正犯概念

擴張正犯概念 (Extensiver Tätersbegriff) 係基於因果關係論的條件說（等價說）的立場，認為所有惹起構成要件結果的行為皆係正犯行為，故教唆行為與幫助行為亦屬於正犯行為，在本質上亦屬於正犯。換言之，依據**擴張正犯概念**的論點，所有參與犯罪者皆為正犯，並不加以區分正犯與共犯，但在刑法總則上將教唆犯與幫助犯規定為相異於正犯的**共犯**，故教唆犯與幫助犯的規定係限縮處罰範圍所做的特殊規定，亦即教唆犯與幫助犯的規定係屬於**限縮刑罰事由** (Strafeinschränkungsgründe)。

然而，依據擴張正犯概念的論點，將正犯的可罰性擴張至所有造成

構成要件結果具有因果關係的行為人,此種因果關係上的解釋並非妥當。例如親手犯與純正特別犯的情形,基於因果關係的論點,並無法解釋為何必須親手實行犯罪行為之人或具有一定身分之人始能成立正犯❹。

第三項　正犯與共犯的區別

在採二元犯罪參與體系的立法主義下,正犯與共犯的區別基準具有相當重要的意義。究竟如何區別正犯與共犯,在刑法理論上,早期有客觀理論與主觀理論的對立,而後有學者提出綜合客觀理論與主觀理論的論點而提出的折衷理論。此外,在我國實務見解上,針對正犯與共犯的區別標準,亦有不同的見解。茲將學說與實務的區別標準,分別敘述如下:

一、學說見解

(一)客觀理論

客觀理論係以行為外觀作為區別正犯與共犯的標準,此種就行為客觀層面而界分者,又可分為形式客觀說與實質客觀說兩種不同的見解。

1.形式客觀說

形式客觀說 (Die formell-objective Theorie) 係以構成要件理論為基礎,認為實行該當基本構成要件的行為人,係屬於正犯,而對正犯給予加功行為（教唆行為或幫助行為）的行為人,則屬於共犯。亦即,實行構成要件所規定的行為者,即屬正犯;若實行構成要件以外的行為者,例如提供犯罪工具、提供助言或把風等行為,而對於該犯罪行為的結果具有直接或間接的作用者,僅成立共犯❺。

---

❹　林山田教授認為,唯有採緊縮正犯概念始能合理說明該種現象。參照林山田,《刑法通論（下）》,作者自版,2008 年 1 月增訂 10 版,32 頁。

❺　參照柯耀程,〈共同正犯形成之判斷——評刑法修正後之適用與釋字第 109 號之重新詮釋〉,《東海大學法學研究》第 25 期,2006 年 12 月,7 頁;蔡墩銘,《刑法精義》,翰蘆出版,2007 年 3 月第 2 版,316 頁。

　　依據形式客觀說的見解，正犯與共犯雖以形式上「實行行為的有無」作為區別的標準，但正犯與共犯仍有「實質上」的差異，亦即正犯係實現該犯罪，故應負第一層責任，而共犯係藉由正犯而實現犯罪，故應負第二層責任。

　　然而，依據形式客觀說的論點，針對間接正犯，如同採限縮正犯概念的論點一樣，由於間接正犯並未親自實行構成要件行為，故無法成立正犯，僅得成立共犯。再者，在共同正犯的情形，亦形成不妥當的結論，例如甲乙丙三人共同決意殺害 A，由甲將槍交給乙，而由丙控制 A 的行動，乙開槍射殺 A，若依形式客觀說的論點，甲與丙僅能成立殺人罪的幫助犯，僅乙成立殺人罪的正犯。

2.實質客觀說

　　實質客觀說 (Die materiell-objective Theorie) 係以行為在客觀上的危險性，作為正犯與共犯的區別標準。換言之，正犯較之共犯（教唆犯或幫助犯）具有較高的危險性，而以行為在客觀的危險性或在因果關係上的分量，來作為區別正犯與共犯的標準❻。實質客觀說係在形式客觀說的基礎上，從實質的角度考慮行為對實現法益侵害的危險性程度，認為正犯者行為的危險性程度大於共犯者。

(二)主觀理論

　　主觀理論係以因果關係論的條件說（等價說）為基礎，認為所有客觀上的先行行為對結果發生都具有等價的原因，故無法從客觀面區分正犯與共犯，僅能以主觀面來加以區別。依據主觀說的論點，行為人有為了自己或他人的目的或利益而實行行為者，亦有以自己犯罪的意思或加工於他人犯罪的意思而實行行為者，因此應依故意或利益（目的）二種論點來區別正犯與共犯。

1.故意說

　　故意說 (Dolustheorie) 係屬純粹主觀說，此說認為，行為人以為自己

---

❻　參照高橋則夫，《共犯体系と共犯理論》，成文堂，1988 年 12 月，229 頁。

行為的意思 (animus auctoris) 而實行行為者為正犯；行為人以加功於他人行為的意思 (animus socii) 而實行行為者為共犯❼。換言之，此說係以參與犯罪的行為人是否將自己的意思從屬於他人的意思之下，亦即是否取決或仰賴於他人實現犯罪的意思決定，來決定究竟係正犯意思或共犯意思。

依據此說的見解，正犯的意思相對於共犯係具有獨立性，而共犯的意思則不具獨立性，亦即共犯在整個犯罪事實中，相對於正犯係以一非獨立且附屬的意思實行加功行為，其本身係從屬於正犯的一種行為❽。

2.利益說（目的說）

所謂利益說 (Interessentheorie)，係指行為人究係出於正犯意思，抑係出於共犯意思，往往以行為人參與犯罪的利益程度，從事犯罪意思的判斷❾。此說認為，正犯係指自己對於犯罪結果有直接利益之人，亦即為了自己的利益（或目的）而實行犯罪者，若係為了他人的利益（或目的）而實行犯罪者，則為共犯。

然而，基於自己的利益或目的而參與犯罪者，由於欠缺客觀上可合理驗證的表徵，因此在判斷上難免會因參與者客觀表徵的意志強度與種

---

❼ 參照木村龜二著・阿部純二增補，《刑法總論》，有斐閣，1978 年 4 月增補版，375 頁。

❽ 參照柯耀程，〈共同正犯形成之判斷──評刑法修正後之適用與釋字第 109 號之重新詮釋〉，《東海大學法學研究》第 25 期，2006 年 12 月，10 頁。

❾ 參照林山田，《刑法通論（下）》，作者自版，2008 年 1 月增訂 10 版，39 頁。德國實務上早期係採主觀理論，例如針對「甲女未婚生子，於甫生產後，因恐遭其兇暴的父親責打，而欲殺其甫生的 A 嬰兒，但因產後身體虛弱而無能為力。甲的姐姐乙出於同情甲的處境，乃將該嬰溺斃於浴盆中。」的所謂浴盆殺嬰事件，德意志帝國法院認為，甲女成立殺嬰罪的正犯，而乙成立殺嬰罪的幫助犯。德意志帝國法院主張乙實行構成要件行為並非就足以構成正犯，必須進一步檢視，乙係想將殺嬰行為視為自己的行為，或係將該行為視為幫助甲的行為，其主要係依據行為人自己就結果所得的利益來論斷。因此，本案中雖然係乙親自溺斃嬰兒，但因其行為係出於嬰兒母親甲的利益，故仍只以幫助犯論處。

類，以及各種利益的不同而受影響❿。其實利益說並非具有超越故意說的獨自意義，僅止於將故意說的主觀意思內容具體化而已，本質上仍無太大差異。

主觀理論以行為人的主觀面來區別正犯與共犯，在此種思考下，將會出現行為人以幫助他人犯罪的意思，實行構成要件的行為，卻只論以幫助犯的不合理情形。例如，我國刑法所規定的加工犯罪或為他人利益而實行犯罪的情形，若依利益說來判斷，將產生正犯地位不明確，而成為幫助犯的怪異現象⓫。因此，過分強調行為人主觀面的思考，完全忽視客觀上外在行為的重要性，在理論的適用上將會顯得處處矛盾。

㈢折衷理論

針對正犯與共犯的區別基準，主觀理論已經成為少數說，而客觀理論則係以實質客觀說為主流，亦即必須以行為人對於構成要件該當事實的因果上危險程度為判斷基準。為了調和主觀理論與客觀理論對於判斷正犯與共犯結果的差異，學理上遂進一步將主觀理論與客觀理論加以整合，而提出主觀主義與客觀主義兼顧的折衷理論。在德國提出的綜合理論，即**行為支配說**，而在日本提出的折衷理論，主要有**實行行為說**⓬。

1.行為支配說

---

❿　參照蘇俊雄，《刑法總論（II）》，作者自版，1998 年 12 月修正版，409 頁。

⓫　我國刑法第 275 條加工自殺罪、第 320 條竊盜罪、第 325 條搶奪罪、第 328 條強盜罪等意圖為他人不法利益的犯罪，上述皆為刑法分則上所規定的正犯型態，若以利益說的論點來看，具有正犯地位的行為僅能構成幫助犯，因此係屬不正確。

⓬　日本學界亦有提出從主觀與客觀兩種面向來區別正犯與共犯的綜合理論，此說係以**共同意思主體說**為根據，認為在共犯現象居於主要地位者，亦即擔任重要任務者，即為正犯，而擔任輕微任務者則為共犯。曾根威彥教授即係採此種見解的立場，其認為重要任務的主要內容係實行行為的分擔，分擔實行行為者縱然不一定係屬正犯，但至少不分擔實行行為者，不能成立正犯。亦即，實行行為雖非正犯概念的充分條件，但卻係正犯概念的必要條件。參照曾根威彥，《刑法總論》，弘文堂，2010 年 4 月第 4 版，236 頁。

　　行為支配說 (Tatherrschaftslehren)❸ 係同時就主觀面向與客觀面向來判斷行為人究竟係正犯或共犯，認為在整個犯罪過程中居於行為支配的地位者，即為**正犯**，無行為支配地位者，則為**共犯**。換言之，正犯係指對於整體犯罪過程具有操控主宰犯罪之人，屬於犯罪的核心人物；共犯則不具有操控主宰的地位，亦即對於實現構成要件該當行為，共犯則僅能藉由教唆或幫助等輔助行為來參與犯罪，而無法主導整體犯罪的進行。

　　行為支配說係目前德國刑法學理上所認同的見解，亦為區別正犯與共犯的通說見解。依據行為支配說的論點，行為人單獨一人實行犯罪而獨立實現構成要件的**單獨正犯**，或行為人親自而直接實現構成要件的**直接正犯**，或二人以上各自獨立實行同一犯罪且侵害同一法益的**同時犯**，此等行為人在犯罪過程上均具有行為支配 (Handlungsherrschaft)，因此皆屬於正犯。

　　再者，針對**間接正犯**的情形，行為支配說基於**意思支配** (Willensherrschaft) 的觀點而認為，行為人利用他人的行為，以實現不法構成要件而成立的犯罪型態，亦即行為人運用強制力，或利用無刑事責任人的行為，或利用他人的不知或錯誤，以達成其犯罪目的的間接正犯，由於參與犯罪者之間係具有**縱向的參與關係**，被利用者在主觀上並無自我決定的空間，故利用者隱身於幕後操控支配被利用者的意思決定與意思活動，其係具有**優越的意思支配** (verlegender Willensherrschaft)，因此屬於正犯而非共犯❹。

　　此外，針對共同正犯的情形，行為支配說基於**機能性行為支配** (funktionelle Tatherrschaft) 的觀點而認為，多數的參與行為者基於共同實

---

❸　Tatherrschaft 一詞，日本學者多譯為「行為支配」，我國學者多譯為犯罪支配，本書係以「行為支配」來表示。

❹　參照林山田，《刑法通論（下）》，作者自版，2008 年 1 月增訂 10 版，44 頁；柯耀程，〈共同正犯形成之判斷——評刑法修正後之適用與釋字第 109 號之重新詮釋〉，《東海大學法學研究》第 25 期，2006 年 12 月，15 頁。

行構成要件行為的意思，彼此分工合作且互為補充，其多數參與者之間，具有對等的橫向參與關係，對犯罪的實現皆具有**機能性**，因而所有參與者成立共同正犯。例如參與計畫、督導犯罪實行，或負責把風、聯絡、接應等行為，對犯罪的實現而言，全部具有機能性行為支配。

【機能性（功能性）犯罪支配的實務見解】

共同實行犯罪行為之人，在共同意思範圍以內，各自分擔犯罪行為之一部，彼此協力、相互補充以達其犯罪之目的者，即應對於全部所發生之結果，共同負責。故共同正犯在客觀上透過分工參與實現犯罪結果之部分或階段行為，以共同支配犯罪「是否」或「如何」實現之目的，並因其主觀上具有支配如何實現之犯罪意思而受歸責，固不以實際參與犯罪構成要件行為或參與每一階段之犯罪行為為必要。僅參與事前之計劃、謀議而未實際參與犯罪（計劃主持人、組織者），或僅參與犯罪構成要件以外之行為（把風、接應），倘足以左右其他行為人是否或如何犯罪，而對於犯罪之實現具有功能上不可或缺之重要性者，與其他參與實行犯罪構成要件行為之人，同具有**功能性的犯罪支配**地位，而為共同正犯。反之，未實際參與犯罪者或其他參與犯罪構成要件以外之參與行為雖可能影響犯罪之發展，但其他實際參與犯罪者可以獨力操控犯罪之發展，例如僅於謀議時提供作案地點、被害人生活作息、經濟情況或允諾提供作案交通工具，**對於犯罪過程無從置喙而不具有支配地位者**，則為共犯。又共同犯罪之意思不以在實行犯罪行為前成立為限，若了解最初行為者之意思而於其實行犯罪之中途發生共同之意思而參與實行者，亦足成立相續之共同正犯。行為人主觀上明知他人犯罪，為使犯罪易於達成，而參與實行犯罪構成要件以外之行為，**而無共同支配實現犯罪之意思者**，始能論以**幫助犯**。（最高法院103年度臺上字第2258號判決）

依據機能性行為支配的論點，參與犯罪的所有行為人，無論在主觀心態上或在客觀行為上，均具有依其扮演角色的機能性。基於機能性犯罪支配的基礎，欲判斷多數人皆為共同正犯的情形，必須滿足下列四個條件❶：

(1)**行為形成的共同性**：各參與者從犯罪決意的共同形成，必須存在著彼此間的意思形成共同性關係。

(2)**行為分擔的共同性**：各參與者對構成要件行為的實現，必須具備共同性存在，即使各參與者之間具有行為的分工關係，但仍依據個別分工行為而共同組成構成要件行為實現的全體，其中若有所欠缺，則原行為共同性關係即遭破壞，故分工關係僅係行為共同性下的行為分配形式而已。

(3)**地位對等**：各參與者之間的結構形成關係，均屬對等地位，並無相互間支配的問題存在。

(4)**歸責關係對等**：各參與者對於所實現的構成要件行為，具有同等承擔責任的關係，不論個別所實行的行為是否屬於構成要件的行為部分，其所實現的構成要件行為共同歸責於所有參與犯罪者。

2.實行行為說

在日本，由於學者對於行為支配概念所論述的內容不盡相同，因而大多數學者並不採行為支配說。例如，教唆犯的教唆行為對於結果可謂亦具有行為支配，若依據行為支配說無法區別正犯與共犯❶；又例如，由於教唆行為或幫助行為亦承擔著目的實現的實現意思而有行為支配，故依據行為支配的有無而區別正犯與共犯，實際上有其困難❶。因此，日本學界所主張的折衷理論，主要係以「實行行為」來作為區別正犯與共犯的理論基礎。

---

❶ 參照柯耀程，〈共同正犯形成之判斷——評刑法修正後之適用與釋字第 109 號之重新詮釋〉，《東海大學法學研究》第 25 期，2006 年 12 月，15 頁。

❶ 參照曾根威彥，《刑法總論》，弘文堂，2010 年 4 月第 4 版，235 頁。

❶ 參照山中敬一，《刑法總論》，成文堂，2008 年 3 月第 2 版，793 頁。

　　實行行為說認為，實行行為係實行該當構成要件的行為，其包含主觀與客觀兩層面的要素，在主觀面上具有實行的意思，而在客觀面上以實行為必要，兩者均具備始為實行行為。依據此說的論點，實行行為係以對犯罪的實現有直接的危險性（具體的危險性）為其內容，教唆行為或幫助行為雖亦含有對犯罪實現的危險性，但並非直接的危險性，此等行為僅以促進或援助正犯的實行行為而具有間接的危險性❸。因此，依參與行為人的行為是否為實行行為，而在實質上區別正犯與共犯，亦即參與實行行為者為正犯，參與實行行為以外行為者為**共犯**。

　　此外，持此說見解者亦有認為，實行該當基本構成要件行為者為正犯，實行該當修正構成要件行為（教唆行為或幫助行為）者為共犯。此種見解係基於構成要件論的立場，將實行該當基本構成要件行為作為正犯的要素❾。依據此種說法，正犯與共犯係以實行行為的有無作為形式上區別的基準，而在實質上的差異，在於正犯就實現該當犯罪負擔第一次責任，而共犯則促使正犯實現犯罪，因此負擔第二次責任。

　　我國學者早期採實行行為說見解者不在少數，但現在大多係採行為支配說。採實行行為說見解者，例如「在主觀上以共同實現犯罪的意思，或以幫助他人犯罪的意思，為區分正犯與從犯的成立要件，而在客觀上則以犯罪行為的實施，具有實現結果的分擔，與加工於犯罪行為，助成結果發生的危險性，做為區分正犯與從犯的成立要件，不無調和主觀說與客觀說的作用。」❹；亦有認為「正犯乃本其自己犯罪的意思，實施相當於構成要件的行為，惟其實施，有出於自己之手者，有利用他人之手者。稱前者，為直接正犯，或稱自手正犯，後者，為間接正犯，或稱他手正犯，均以其所實施者為相當於構成要件的行為，與教唆犯的教唆者所實施的教唆行為及幫助犯的幫助者所實施的幫助行為有別。因此，認教唆犯及從犯，並非正犯，而為共犯。」❺。

---

❸　參照大塚　仁，《刑法概說（總論）》，有斐閣，2008 年 10 月第 4 版，266 頁。

❾　參照川端　博，《刑法總論講義》，成文堂，2006 年 2 月第 2 版，514 頁。

❹　參照褚劍鴻，《刑法總則論》，1992 年增訂第 9 版，251 頁以下。

二、實務見解

在我國實務上，對於正犯與共犯的區別，主要係以民國 24 年民刑庭總會決議「正犯與從犯的區別標準：㈠以自己犯罪之意思而參與犯罪構成要件之行為者，為正犯。㈡以自己犯罪之意思而參與犯罪構成要件以外之行為者，為正犯。㈢以幫助他人犯罪之意思而參與犯罪構成要件之行為者，為正犯。㈣以幫助他人犯罪之意思而參與犯罪構成要件以外之行為者，為從犯」作為判斷的標準，最近最高法院的實務見解，可從下列幾則判決清楚理解。

【正犯與共犯的區別標準】

(1)刑法關於共同正犯之成立，係以其**主觀之犯意及客觀之犯行為標準**，凡以自己犯罪之意思而參與犯罪，無論其所參與者是否犯罪構成要件之行為，皆為正犯，其以幫助他人犯罪之意思而參與犯罪，其所參與者，如係犯罪構成要件之行為，亦為正犯。(最高法院 106 年度臺上字第 3468 號判決㉒)

(2)共同正犯之行為應整體觀察，就合同犯意內所造成之結果同負罪責，非僅就自己實行之行為負責。**凡以自己犯罪之意思而參與犯罪，無論所參與者是否犯罪構成要件之行為，皆為正犯。**(最高法院 110 年度臺上字第 1901 號判決)

(3)刑法上之幫助犯，固以幫助他人犯罪之意思而參與犯罪構成要件以外之行為而成立，惟所謂以幫助他人犯罪之意思而參與者，指其參與之原因，僅在助成他人犯罪之實現者而言。因此，倘以自

㉑ 參照陳樸生，《刑法專題研究》，1983 年，418 頁。

㉒ 此外，參照最高法院 103 年度臺上字第 2826 號判決：凡以自己犯罪之意思而參與犯罪，不論其所參與者，是否犯罪構成要件之行為，皆為刑法第 28 條所規定之正犯；必以幫助他人犯罪之意思而參與犯罪，其所參與者又為犯罪構成要件以外之行為，始為刑法第 30 條第 1 項所稱之幫助犯。

己共同犯罪之意思而參與，縱其所參與者為犯罪構成要件以外之行為，仍屬共同正犯。**如已參與構成要件行為，即屬分擔實行犯罪之行為**，雖僅以幫助他人犯罪之意思而參與，亦仍屬共同正犯。（最高法院 110 年度臺上字第 4046 號判決）

三、實務見解與學說的評析

　　針對上述實務見解，實際上將會使共同正犯成立範圍愈形擴大。亦即，就「以幫助他人犯罪之意思而參與犯罪構成要件之行為者，為正犯。」的判斷標準而言，行為人僅以幫助的意思而參與犯罪的行為，惟僅依其外觀上係屬於構成要件的行為，即將其與正犯做相同評價，將使共同正犯的範圍擴大。再者，就「以自己犯罪之意思而參與犯罪構成要件以外之行為者，為正犯。」的判斷標準而言，刑法評價不能僅依行為人是否有意成為正犯作為基準，亦針對行為人事實上所參與的行為而做判斷，否則亦擴大共同正犯的成立範圍。

　　此外，針對學說見解，在採犯罪支配說的論點上，有以下的缺點存在：(1)行為支配的概念，學者所論不一，且各種支配概念亦欠缺明確性[23]；(2)由於行為支配的概念，原本係視為有無責任的判斷標準，在責任論上並未受到重視，在此提出行為支配概念，只不過是將該概念重新改編而加以適用而已，且針對遠比責任更精細的正犯與共犯區別，並無產生作用[24]；(3)目前被視為無疑問的共犯（教唆犯），依據行為支配概念，不得不認定成立間接正犯，例如幫派首腦指示具有絕對服從意思的手下實行殺人行為的情形，依據行為支配概念，將由教唆犯而重新認定係屬間接正犯[25]；(4)教唆者（幫助者）對教唆行為（幫助行為）亦具有支配性，

---

[23]　參照大塚　仁，《刑法概說（總論）》，有斐閣，2008 年 10 月第 4 版，265 頁以下。

[24]　參照川端　博，《刑法總論講義》，成文堂，2006 年 2 月第 2 版，514 頁。

[25]　參照佐伯千仞，《刑法講義（總論）》，弘文堂，1981 年 4 訂版，346 頁。

故以行為支配來區別正犯與共犯，並非妥當❷。

基於實質客觀說的立場，正犯的處罰係基於其本身行為直接地使構成要件所保護的法益遭受侵害或危險，亦即正犯由於對法益的侵害或危險，具有直接地心理及物理的因果性，故得將其視為正犯加以處罰。至於共犯的處罰係由於其參與正犯的行為，而間接地使構成要件所保護的法益遭受侵害或危險，亦即共犯由於對法益的侵害或危險，不具有直接地心理及物理的因果性，僅具有間接地心理及物理的因果性而已，遂將其視為共犯加以處罰。

綜合上述學說論點，本書認為正犯與共犯的區別應**兼顧主觀的要素與客觀的要素**，亦即在主觀面向上，正犯的實行行為必須具有自己實行行為的主觀意思，而共犯的實行行為必須有教唆或幫助的主觀意思；而在客觀面向上，正犯係對於法益直接造成侵害或危險為標準，共犯必須透過正犯的行為始能間接對於法益造成侵害或危險。

第四項　正犯與共犯的關係

有關共犯的性質，究竟採行為人刑法或行為刑法，關鍵在於我國刑法應採何種立場為原則，不可認為共犯從屬性說係現代刑法的思潮，而採共犯獨立性則有違刑法的思潮。因此，有關共犯的性質，從以往區別共同正犯與共犯（教唆犯、幫助犯）的緊縮正犯概念與擴張正犯概念著眼之外，最主要者仍應探討正犯與共犯關係的共犯從屬性說與共犯獨立性說，方能真正釐清共犯於成立上的根本問題。

一、從屬性的有無

在論述正犯與共犯（教唆犯與幫助犯）的關係時，即產生共犯獨立性說與共犯從屬性說的對立見解。

㈠共犯獨立性說

---

❷　參照團藤重光，《刑法綱要總論》，創文社，1990 年 3 月第 3 版，373 頁。

　　共犯獨立性說 (Verselbständingungtherorie bei Teilnahme) 係基於近代學派主觀主義刑法理論的立場，認為共犯的教唆行為或幫助行為係與正犯行為同樣地具有行為人的反社會性格，只要共犯的行為對犯罪結果具有原因力，即具有犯罪性及可罰性。亦即，犯罪係行為人反社會性格的表徵，共犯的犯罪性與可罰性係共犯所固有，其成立與否，與正犯行為無關。

　　依據此說的論點，教唆行為與幫助行為係教唆者與幫助者自己犯意遂行的表現，縱無正犯的行為，亦可以處罰。共犯的成立僅具有其固有的行為（教唆或幫助行為）即為已足，被教唆者或被幫助者是否實行犯罪行為對共犯的成立並不具重要性，亦即共犯可從正犯分離而獨立加以處罰（獨立性）。

㈡共犯從屬性說

　　共犯從屬性說 (Akzessorietättherorie bei Teilnahme) 係基於古典學派客觀主義刑法理論的立場，認為共犯係經由誘發招致他人的犯罪故意（教唆行為），或經由推促或協助他人犯罪（幫助行為），而成為刑法所加以處罰的行為，此等行為必須依存於一個正犯的主行為，始足以成罪，亦即共犯的犯罪性及可罰性係從屬於正犯的實行行為（從屬性）。換言之，教唆者或幫助者僅有教唆或幫助行為並無法成立犯罪，必須被教唆者或被幫助者實行犯罪行為後，始能成立教唆犯或幫助犯。

　　在共犯的從屬性上，一般係從實行從屬性、要素從屬性以及罪名從屬性等三種問題加以理解。所謂實行從屬性，係指共犯的成立條件是否必須正犯著手實行犯罪行為，亦即實行從屬性係屬於從屬性有無的問題；所謂要素從屬性，並非討論從屬性的有無，而係討論從屬性的程度問題，亦即共犯的成立，正犯必須具備何種要素？此一問題經常係與間接正犯的成立問題合併而為討論❷；至所謂罪名從屬性，則係指共犯的罪名究

---

❷　有關要素從屬性，隨著正犯與共犯理論以及共犯處罰根據論的發展，而出現新的論點，例如以往採緊縮正犯概念而依據嚴格從屬形式彌補處罰漏洞的間接正犯概念，目前既然採共犯從屬於正犯的見解，則正犯概念的確立在論理上應先

竟應否從屬於正犯的罪名，亦即罪名從屬性係討論共犯是否應與正犯同一罪名的問題。

二、從屬性的程度

2005 年 2 月所修正的刑法，針對教唆犯與幫助犯明白揭示基於共犯從屬性的立場，亦即採共犯的成立必須正犯已著手於犯罪的實行，而且採限制從屬形式來決定共犯的要素從屬性❷。關於要素從屬性的問題，亦即共犯在**何種程度從屬**於正犯的問題，學說上針對正犯（被教唆者或被幫助者）的行為須具備何種要素，有各種不同見解。目前學說上大都採德國學者麥耶 (M. E. Mayer) 所主張的四種從屬形式：⑴最小限制從屬形式、⑵限制從屬形式、⑶嚴格從屬形式、⑷最嚴格從屬形式。

⑴**最小限制從屬形式** (minimal akzessorische Form)：此種從屬性原則認為，正犯的行為只須具有構成要件該當性，其教唆或幫助者即足以成立共犯。亦即，正犯行為雖欠缺違法性及有責性，亦認其具有從屬性。

⑵**限制從屬形式** (limitiert-akzessorische Form)：此種從屬性原則認為，正犯的行為具有構成要件該當性及違法性，其教唆或幫助者即足以成立共犯。亦即，正犯行為雖欠缺有責性，亦認其具有從屬性，故利用無責任能力人犯罪時，該利用人成立教唆犯。

於共犯概念，使間接正犯明確呈現其具有正犯的性質。

❷ 參照 2005 年 2 月修正刑法第 29 條的立法理由：教唆犯如採共犯獨立性說之立場，實側重於處罰行為人之惡性，此與現行刑法以處罰犯罪行為為基本原則之立場有違。更不符合現代刑法思潮之共犯從屬性思想，故改採德國刑法及日本多數見解之**共犯從屬性說**中之「限制從屬形式」。依限制從屬形式之立場，共犯之成立係以正犯行為（主行為）之存在為必要，而此正犯行為則須正犯者（被教唆者）著手於犯罪之實行行為，且具備違法性（即須正犯行為具備構成要件該當性、違法性），始足當之，至於有責性之判斷，則依個別正犯或共犯判斷之，爰刪除現行條文第三項失敗教唆及無效教唆之處罰，並修正要件為「教唆他人使之實行犯罪行為者，為教唆犯」，亦即被教唆者未產生犯罪決意，或雖生決意卻未實行者，教唆者皆不成立教唆犯。

(3)嚴格從屬形式 (extrem-akzessorische Form)：此種從屬性原則認為，正犯的行為須具有構成要件該當性、違法性及有責性，其教唆或幫助者始能成立共犯。亦即，教唆或幫助無責任能力人犯罪時，雖該無責任能力人實行構成要件該當性且具違法性的行為，然因其欠缺有責性，教唆人不成立教唆犯，而成立間接正犯。而幫助者則因無任何法理可以援引，故不予處罰。

(4)最嚴格從屬形式 (hyper-akzessorische Form)：此種從屬性原則認為，即正犯的行為除須具有構成要件該當性、違法性及有責性外，並應具備一定可罰條件，其教唆或幫助者始足以成立共犯。亦即，正犯身分所具有的刑罰加減免除事由，亦作為共犯的加重或減輕事由，更須具有可罰性。

針對上述四種從屬形式，倘若採最小限制從屬形式，則在肯認共犯從屬正犯行為僅須具有構成要件該當性而不須具有違法性的論點上，係欠缺考慮共犯的本質，故學說上不採此種從屬形式；至若採最嚴格從屬形式，則係與現行刑法上正犯因身分或特定關係的加重減輕事由不及於共犯的立場相違，亦難以在立法上予以解釋❷。我國刑法原本將教唆犯規定為「教唆他人犯罪者，為教唆犯」，故係採嚴格從屬形式，至新修正的教唆犯係規定「教唆他人使之實行犯罪行為者，為教唆犯」，則係採限制從屬形式。

---

❷　例如，我國刑法第 31 條第 2 項「因身分或其他特定關係致刑有重輕或免除者，其無特定關係之人，科以通常之刑」；日本刑法第 65 條第 2 項「因身分致刑罰有輕重時，無此身分之人，仍處通常之刑」、第 244 條親屬間竊盜罪免刑規定，其第 2 項「對於非親屬之共犯，不適用前項之規定」及第 257 條親屬間贓物罪免刑規定，其第 2 項「對於非親屬之共犯，不適用前項之規定」；德國刑法第 28 條特定個人特徵規定，其第 2 項「法定刑因行為人特定之個人特徵而加重、減輕或免除者，其規定僅適用於具有此特徵之行為人」。

第五項　共犯的處罰根據

　　針對教唆犯或幫助犯兩種共犯，由於此兩種犯罪類型，其本身並未親自實行犯罪行為，但仍視為共犯而加以處罰，其處罰的實質根據究竟何在？學說上，針對共犯的處罰根據主要有以下二種見解：(1)責任共犯說、(2)因果共犯說（惹起說）。

一、責任共犯說

　　責任共犯說係以教唆犯為重點所建構的理論，此說將共犯的處罰根據求諸於「共犯誘惑正犯，使正犯陷於責任與刑罰之中」。若依此說的見解，唯有正犯的行為具有構成要件該當性、違法性與有責性時，共犯始得加以處罰。因此，此說在解釋論上產生以下的結論：(1)必要共犯具有可罰性、(2)教唆的未遂具有可罰性、(3)未遂的教唆具有可罰性、(4)其與嚴格從屬形式相結合、(5)共犯從屬於正犯的身分、(6)對過失正犯行為，肯定成立共犯。

二、因果共犯說

　　因果共犯說係以幫助犯為重點所建構的理論，此說將共犯的處罰根據求諸於「共犯介入正犯的行為，而惹起法益侵害或法益侵害的危險」。依此說的論點，可區分為以下二種見解：(1)純粹惹起說、(2)修正惹起說。

㈠純粹惹起說

　　純粹惹起說將共犯的處罰根據求諸於「共犯與正犯共同惹起實現的結果」。此說係以刑法任務在於保護法益的法益侵害說為其基礎，在依正犯或共犯等參與人的不同而違法判斷亦有所不同相異之意義上，肯定**違法的相對性（個別性）**，只要共犯與正犯共同惹起結果即為已足。

　　基於純粹惹起說的論點，可肯認以下的結論：(1)必要共犯不具有可罰性、(2)教唆未遂若將未遂的處罰根據求諸意思的危險，則具有可罰性，若將未遂的處罰根據求諸法益侵害的危險，則不具有可罰性、(3)未遂教

唆不具有可罰性、(4)其與共犯獨立性說或最小限制從屬形式相結合、(5)身分要素除顯示法益侵害的事實依附性外，係屬個別性作用、(6)對非故意行為，肯定成立共犯。

(二)修正惹起說

修正惹起說否定違法的相對性，此說將共犯的處罰根據求諸於「共犯與正犯共同惹起違法的結果」，此說係現在德國的通說。此說係以客觀違法性說為其基礎，若依此說的論點，則有以下的結論：(1)共犯不被處罰的實質理由在於欠缺違法性，在必要共犯的情形，只要對方的行為係屬違法，則具有可罰性、(2)教唆未遂不具可罰性、(3)未遂教唆具有可罰性、(4)其與限制從屬形式相結合、(5)違法身分係連帶性作用，而責任身分係個別性作用、(6)對非故意行為，肯定成立共犯。

第二節　間接正犯

第一項　間接正犯的意義

所謂間接正犯 (Mittelbare Täterschaft)，係指利用他人為工具而實現犯罪的正犯形態。由於正犯係親手實行具有實現構成要件的現實危險性行為，因此，單方面地利用他人而實現犯罪的行為，與使用器具或動物等的直接正犯相同，亦可成立正犯。間接正犯在利用他人實現犯罪的觀點上，雖與共犯相同，但在欠缺行為人相互間的意思聯絡上，卻與共犯不同。因此，應將間接正犯解釋為，在單方面地利用他人的觀點上，正如同使用工具的直接正犯一樣，兩者具有相同的性質。

間接正犯雖未明文規定於刑法條文中，但在學說或判例上，均已經肯定間接正犯的概念。因此，我國曾於 1990 年、2002 年、2005 年的「刑法部分條文修正案」提出於第 28 條第 1 項增設間接正犯的規定，亦即「自任犯罪行為之實施者，為正犯。利用他人以實施之者，亦同。」 **⑳**，但因學者意見不一，而未通過增設該條文，至今仍係依據學說解釋的一種

正犯概念。

如前所述,在正犯概念採限縮正犯概念,或區別正犯與共犯採形式客觀說的論點時,由於間接正犯並未親自實行構成要件行為,故無法成立正犯,僅得成立共犯。再者,在共犯從屬性採嚴格從屬形式的論點時,正犯的行為必須具有構成要件該當性、違法性及有責性,其教唆或幫助者始能成立共犯,而教唆或幫助無責任能力人犯罪時,雖該無責任能力人實行構成要件該當且具有違法性的行為,然因其欠缺有責性,教唆者不成立教唆犯,而成立間接正犯。基於間接正犯的正犯性質,若採以上學說的論點,則產生可罰性的空隙,因此學說上提出間接正犯的概念,作為直接正犯的補充概念,此即間接正犯產生的背景。

第二項　間接正犯的理論根據

在十九世紀時,即有德國學者提出「工具說」來解釋間接正犯的正犯性質。工具說的代表學者麥耶 (M. E. Mayer) 認為,不能因為利用工具或自然力,即認定並非自己的行為。同樣地,利用無責任人的行為並不妨礙視為自己行為的成立。在法律的觀點上,此種有靈魂的工具與沒有靈魂的工具並沒有差異,因此僅能視其為工具❸❶。

依據工具說的論點,利用無責任能力人達到犯罪目的,與利用機械、器具等達到犯罪目的並無不同,其利用人皆為正犯,而將被利用人的法律性質視為係一種工具。然而,將六歲的兒童視為工具,在一般人的認知裡,或許可被接受,但將十三歲的少年亦視為工具,在現今的社會中,不免讓人質疑此種少年是否真的完全沒有自己的認知存在。

因此,針對間接正犯的正犯性質,仍然必須從固有的正犯概念加以論證,亦即必須確立包含間接正犯的「正犯」概念。基於正犯概念而解釋間接正犯的正犯性質,有以下三種學說見解:(1)行為支配說、(2)實行

❸⓪ 日本現行刑法亦無間接正犯的規定,惟於 1974 年改正刑法草案亦提出「自任犯罪行為之實施者,為正犯。利用他人以實施之者,亦同。」的相同規定。

❸❶ 參照大塚　仁,《間接正犯の研究》,有斐閣,1958 年 12 月初版,47 頁。

行為說、(3)規範障礙說。

一、行為支配說

行為支配說對於正犯與共犯的區別，已如前述。行為支配說用以說明間接正犯的正犯性質者，係意思支配（意志支配 Willenscherrschaft）。依據意思支配的論點，可將構成要件的實現歸責於沒有參與實行的背後利用者，主要係因為利用者以優越的意思來支配事象，結果的發生仍然控制在被利用者手中❸。

> ### 【正犯後的正犯】
>
> 正犯後的正犯 (Täter hinter dem Täter) 係基於犯罪支配說立場所主張的見解，其係指被利用者具備故意犯的所有要素，亦即具有完全可罰性，並非單純屬於被利用的工具，在此種情形下，幕後利用者並不成立教唆犯，而係成立間接正犯。例如組織支配 (Organisationsherrschaft) 的情形，組織首腦指示部屬執行殺人計畫，雖執行者係依組織命令行事，但其完全係基於故意所實行的殺人行為，並非屬於完全的工具，故成立該殺人行為的正犯，而幕後利用者亦成立殺人罪的間接正犯。

正犯後的正犯係基於意思支配（組織支配）的論點，而肯定幕後利用者成立特別利用關係的間接正犯，惟間接正犯必須係被利用者屬於利用者的行為工具，始有成立的可能性，組織支配的情形，組織指揮者與執行行為者之間，實質上具有共同行為的決意，而分工合作共同實現犯罪，應成立共同正犯。

此外，若意思支配僅指「背後利用者優越的意思」，則在利用「無身分有故意」行為的情形中，由於被利用者可以藉由本身的故意而支配犯

❸　我國學者亦有「採優越意思支配」概念來解釋間接正犯者。參照林山田，《刑法通論（下）》，作者自版，2008 年 1 月增訂 10 版，44 頁。

罪行為全體，背後利用者即因此無法支配犯罪行為全體的事象。換言之，「無身分有故意」的行為人，除了身分，從對事象支配的事實面來理解，即係直接正犯，因此無法將其視為工具來加以利用 ❸。

二、實行行為說

依據實行行為說的見解，間接正犯的正犯性質，其本質上係與直接正犯具有相同的實行行為性，亦即在背後利用者的行為中，其主觀上具有實行的意思，而客觀上具有使被利用者的行為實現特定犯罪（亦即使被利用者的行為達到法益侵害或威脅）的現實危險性 ❹。換言之，原本正犯係指行為人自己實行具有實現構成要件現實危險性的行為，而由於間接正犯係與直接正犯同樣地實行具有實現構成要件現實危險性的行為，故應解釋為正犯。

實行行為說與前述限縮正犯概念二者針對間接正犯的解釋有非常明顯的差異性。限縮正犯概念認為，正犯係親自實行具有實現構成要件現實危險性的行為，而間接正犯的利用者並未親自實行該種具有現實危險性的行為，故非正犯；實行行為說則認為間接正犯與直接正犯同樣係實行具有實現構成要件現實危險性的行為，故將利用者認定係屬正犯。

實行行為說將正犯概念解釋為，並不僅指親自實行基本構成要件者，亦包含以規範評價的觀點來認定的正犯，亦即在該當構成要件實行行為的觀念上導入規範的意義。此種規範評價意義的構成要件實行行為概念，可謂係屬妥當的解釋，因此本書亦採此說見解。

---

❸ 參照橋本正博，《「行為支配理論」と正犯理論》，有斐閣，2000 年 4 月初版，65–66 頁。

❹ 針對此種情形，有提出利用「無身分而有故意的行為」不成立間接正犯，而另外設立「義務犯」的概念。參照川端 博，《刑法總論講義》，成文堂，2006 年 2 月第 2 版，520 頁；團藤重光，《刑法綱要總論》，創文社，1990 年 3 月第 3 版，154 頁；福田 平，《刑法總論》，有斐閣，1984 年 1 月全訂版，260 頁；佐久間 修，《刑法講義（總論）》，成文堂，1997 年 11 月，74 頁。

三、規範障礙說

所謂規範障礙，係指基於規範責任論的立場，法秩序針對具有辨識違法性能力之人，期待該種人迴避違法行為而實行合法行為，而此種具有期待可能性的行為人，亦即具有「驅逐惡的行為動機而形成善的行為動機」能力而有發揮該能力狀態的行為人，在參與實行行為之際，從法秩序觀點認為該種人係實現犯罪的障礙。

依據規範障礙說的論點，在利用他人犯罪的情形中，若被利用者不足以形成規範障礙時，則利用者的利用係等同於自己親自實現犯罪，可認為其具有正犯性，而成立間接正犯，但若被利用者足以形成規範障礙時，則由於法秩序無法肯認利用者單方面的利用關係，故須在被利用者現實上著手實行犯罪行為後，利用者始能依共犯從屬性而肯認其成立共犯。因此，探討究竟何種被利用者無法成為規範障礙者，可明白確定間接正犯的成立範圍❸。

採規範障礙為基準，針對利用行為，劃定間接正犯與教唆犯的界限，此種觀點確實有其優點。然而，以規範性障礙的有無作為間接正犯與共犯的判斷標準，並不符合正犯的實際狀態，亦忽略利用者對被利用者的利用關係。此外，在利用正犯（即被利用者亦成立正犯）的情形，若依規範障礙說的論點，由於被利用者有規範障礙存在，利用者被認定係教唆犯，此種結果與一般將利用「有目的有故意者」的利用者認定係正犯的結論形成矛盾。

第三項　間接正犯的成立態樣

間接正犯的成立範圍，依據對於工具概念的嚴格或寬鬆解釋而影響，亦即工具概念愈寬鬆，間接正犯的成立範圍亦跟隨著擴大，反之，則間

---

❸　參照西原春夫，《刑法總論》，成文堂，1977 年 4 月，309 頁；曾根威彥，《刑法總論》，弘文堂，2010 年 4 月第 4 版，236 頁；野村　稔，《刑法總論》，成文堂，1998 年補訂版，405 頁。

接正犯的成立範圍亦縮小。間接正犯原本即屬於正犯概念的補充概念，此種概念係在共犯從屬性的理論前提下，不得不將無法成立共犯者認定成立正犯，故其具有**消極根據**的意義，然而若超過間接正犯理論根據的**積極論證範圍**，將使得**間接正犯的概念肥大化**。因此，間接正犯的成立範圍應係一種相對的概念，而非絕對的概念。

關於間接正犯的成立態樣，依據被利用者的行為性質，可分為利用無責任能力人的行為、利用無故意人的行為與利用有故意人的行為等三種類型。在**利用無故意人的行為**上，可分為以下三種形態：(1)完全不具過失的行為（無過失行為）、(2)具有過失的行為、(3)雖然對特定犯罪無故意，但對其他犯罪有故意的行為。**利用有故意人的行為**，可分為以下兩種形態：(1)利用無身分而有故意之人、(2)利用無目的而有故意之人。

一、利用無責任能力人的行為

行為人利用無責任能力人的行為實行犯罪，包含利用刑法上的無責任能力人（未滿十四歲之人、精神障礙或心智缺陷之人）或被強制人的行為等情形，其是否成立間接正犯？此一問題應從無責任能力人是否有自由意思決定來加以判斷。倘若無責任能力人不具自由意思決定，則不可將行為的法律效果歸屬於該行為人，而因為此種行為人不具行為的自由意思決定，故可謂其具有高度工具性，故利用此種行為人的行為實行犯罪，自然應成立間接正犯。

我國實務上有針對利用被強制人的行為實行犯罪的案例，認為應成立間接正犯而非教唆犯，例如：「教唆無犯罪意思之人使之實施犯罪者，固為教唆犯，若逼令他人犯罪，他人因怵於威勢，意思失其自由而實施者，在實施之人因無犯罪故意，既不構成犯罪，則造意之人為間接正犯而非教唆犯。」**❸❻**。我國學者贊同此見解者，亦不在少數**❸❼**。然而，亦

---

❸❻ 參照最高法院 93 年度臺上字第 1261 號判決。

❸❼ 參照甘添貴，《刑法之重要理念》，瑞興圖書公司，1986 年 6 月初版，181 頁；
蔡墩銘，《中國刑法精義》，漢林出版，1986 年 6 月 4 版，217–218 頁；周冶平，

有學者認為於運用強制力完全壓抑他人意思之情形，被強制者欠缺自己之意思，自始不得謂有任何行為，在強制之一方，應構成直接正犯❸。

　　本書認為，利用被利用者欠缺意思決定的情形，由於該被利用者的行為往利用者所預期法益侵害方向靠攏的可能性相當大，若達到百分百的程度，則可肯認被利用者具有高度的工具性，此時被利用者的行為即如同利用者手足的延伸，故應認定成立間接正犯。

二、利用無故意人的行為

　　㈠在利用無過失行為的情形中，由於該行為人具有高程度的工具性，故被廣泛地認為成立間接正犯，例如利用無過失的郵局人員寄送包裹實行犯罪的情形。

　　㈡在利用過失行為的情形中，見解分歧不一。例如醫師甲利用不知情的護士乙，使病患 A 服用毒藥而毒殺 A 的案例，一般認為在被利用者乙具有構成要件過失時，乙可成立過失犯，而利用者甲成立殺人罪的間接正犯。然而，亦有基於「利用過失行為無法與利用道具等同視之」的觀點，肯定應成立教唆犯的見解❸。

　　本書認為利用過失行為時，應成立間接正犯。其理由為：倘若認定醫師甲不成立殺人罪的間接正犯，則只要採共犯從屬性說，不得不認定甲係業務過失致死罪的教唆犯，結果形成有殺人的故意，卻必須依過失犯的法定刑而處斷，此種結論在具體上難以認為係屬妥當。

　　㈢在利用對特定犯罪無故意但對其他犯罪有故意的行為的情形中，亦有分歧的見解。針對在被利用者對其他較輕犯罪具有故意的情形，一般認為該利用者應負間接正犯的罪責。例如，甲欲殺在屏風後的 A，命令不知情的乙向屏風開槍的案例，此時乙雖有毀損器物的故意，卻無殺人的故意，故乙針對殺人部分，僅是單純的工具，甲應成立殺人罪的間

　　《刑法概要》，三民書局，1973 年 7 月 9 版，85 頁。

❸　參照韓忠謨，《刑法原理》，作者自版，1982 年 4 月增訂 15 版，頁 293。

❸　參照中　義勝，《講述犯罪總論》，有斐閣，1980 年，235 頁。

接正犯；又例如甲欲燒死在倉庫中的 A，命令不知情的乙放火燒倉庫的案例，此時乙雖有燒燬非有人居住建築物罪的故意，但甲的利用行為仍然成立殺人罪的間接正犯。

然而，針對上述案例，亦有依據規範障礙說的觀點上，否定成立間接正犯的見解❹，此種見解主要係因為在實質上對於工具性有相異的評價。本書認為仍應在利用者的故意上評價被利用者的工具性，始屬妥當。

三、利用有故意人的行為

(一)利用**無身分而有故意人的行為**的情形，例如在公務員甲使無公務員身分的妻乙瞭解事實狀況而收受賄賂的案例中，具有公務員身分的甲，利用欠缺成立身分犯的乙，乙具有故意而收受賄賂。此種情形，被利用者乙若單獨實行，則絕對不受處罰，但乙係與甲共同實行收賄行為，故甲與乙應成立收賄罪的共同正犯（§31Ⅰ），而非甲成立收賄罪的間接正犯而乙成立幫助犯。

(二)利用**無目的而有故意人的行為**的情形，例如在甲以行使目的使不知情的印刷工人乙偽造通用貨幣的案例中，甲利用乙欠缺目的而有故意的行為實行偽造貨幣行為。此種情形，對於工具性的評價，見解亦分歧不一。一般係肯定乙的工具性而成立間接正犯，但有少數說否定間接正犯的成立。

惟此種情形，若與上述「利用無身分而有故意人的行為的情形」相較，其具有較高程度的工具性。由於在此案例中，被利用者乙雖有製造偽幣的認識，但由於其對流通過程欠缺認識，故在此種範圍內，非常類似利用過失行為的情形。基於規範障礙說的論點，有學者提出「針對欠缺目的犯所必要目的的被利用者，由於其不具有實行刑法禁止行為的認識，故對行為動機無產生相反動機的可能性」為理由，認為甲成立間接正犯❹。

❹ 參照西原春夫，《刑法總論》，成文堂，2006 年，310–311 頁；野村　稔，《刑法總論》，成文堂，1998 年補訂版，408 頁。

第四項　間接正犯的著手實行

在間接正犯的情形，由於有利用者的行為與被利用者的行為，故間接正犯的著手實行時點，究竟係以兩者的「何者行為」為標準，學說與實務見解分歧不一，主要有以下三種學說存在❷：(1)以利用者開始利用行為的時點為認定標準（利用者說）、(2)以被利用者開始實行行為的時點為認定標準（被利用者說）、(3)以發生結果有產生具體危險的時點為認定基準（個別化說）。

一、利用者說

利用者說係基於形式客觀說為前提的實行行為概念，亦即認為著手實行係開始「實行行為」的一部分，在利用者開始利用行為的時點，即為間接正犯的著手實行，被利用者的行為雖未發生犯罪的結果，利用者亦可成立未遂犯。間接正犯雖有利用他人行為的形態，但始終由於在自己親手實行犯罪行為上始具有「正犯」性，故著手實行亦應認定係在「正犯」的利用者開始實行行為的時點上。

依據利用者說的論點，由於僅利用者具有實行行為的意思，故被利用者並無實行行為的存在。若採被利用者說的見解，則實行意思與實行行為分屬於個別的行為主體，而且在利用者的利用行為終了後，始認為係著手實行，相當不合常理。因此，被利用者的行為，應基於「實行行為」的因果關係歷程而加以理解，進而從被利用者的工具性來看，應解釋為利用者的利用行為具有實現犯罪的「具體危險性」。

---

❷　參照西原春夫，《刑法總論》，成文堂，2006 年，313 頁；曾根威彥，《刑法總論》，弘文堂，2010 年 4 月第 4 版，237 頁。

❷　形成此種對立的見解，主要係來自於究竟應以自然主義或規範主義來理解「實行行為」的概念，亦即基於十九世紀自然主義的立場，係重視被利用者的行為，而基於二十世紀規範主義的立場，則重視背後利用者的行為。

二、被利用者說

被利用者說認為，倘若被利用者係屬完全的工具，則依利用者說來解釋著手實行的時點，應不形成問題，但被利用者的工具性實際上有強弱程度的差別，故從發生結果的具體危險性來判斷，經常無法認定利用者的利用行為是否具有危險性。針對此種情形，應認定在被利用者的實行行為開始時點，始具有較高程度的具體危險性。

依據被利用者說的見解，若被利用者並非具有完全的工具性，則被利用者開始實行行為時，始有視為未遂犯而具有值得處罰的法益侵害的具體危險性；若被利用者係屬完全的工具，則利用者的利用行為始具有值得處罰的法益侵害的具體危險性。

然而，將著手實行與發生具體危險分別論斷，只是對間接正犯與原因自由行為具有實益性，無論在任何情形中，仍應解釋為著手實行與發生具體危險具有密切的關係。在間接正犯與原因自由行為的情形中，由於「時間距離」非常短暫，故「具體」危險的發生即產生差別性，若一律以被利用者的開始行為作為著手實行的時點，則顯得太過於形式化。

三、個別化說

個別化說認為，間接正犯的「實行行為」與「著手實行」應加以分離，亦即「著手實行」的概念，由於係該行為在促使產生結果發生的具體危險時加以處罰的「劃定階段概念」，故實行「行為」與實行「著手時點」，並非一定同時存在 ❹。因此，在間接正犯的情形中，一方面以利用

---

❹ 參照平野龍一，《刑法總論II》，有斐閣，1976年，318頁；西田典之，《刑法總論》，弘文堂，2008年3月，310-311頁。此外，林山田教授認為「間接正犯的著手實行時點，應以幕後利用者本身的利用行為做為判斷標準，而非取決於被利用的行為工具，但是被掌握支配的行為工具是否已經朝向犯罪目標前進，或者已經進展至何階段，則屬判斷利用者所操控導引的犯罪因果歷程是否已經對於行為客體造成直接危險時，所必須考量的事實。」，此種見解亦係屬

行為為處罰對象，另一方面著手時點以利用者的利用行為開始作為標準，係屬可能。

此外，持個別化說觀點者認為，著手實行係與共犯情形相異，在將無法成為「規範障礙」的被利用者視為工具的間接正犯情形中，可將利用行為視為正犯行為，而利用行為的開始即為「著手實行」。然而，其後既然已經預定被利用者將實行現實法益侵害行為，故從物理的觀點來看，利用者的利用行為僅僅是開始實行而已，不可謂有法益侵害的具體危險，必須在被利用者開始實行行為後，正犯行為始具有可罰性❹。

基於上述論點，應認為利用者的利用行為在對發生結果產生具體危險的階段上，開始有未遂犯的構成要件該當性。此種論點，應係妥當的見解。

第三節　共同正犯

第一項　共同正犯的意義

所謂共同正犯 (Mittäterschaft)，係指「二人以上共同實行犯罪之行為者，皆為正犯。」(§28) ❺，亦即指二以上行為人基於共同行為的決意，而共同實現犯罪行為時，所有參與行為人對該實現的犯罪均應負正犯的刑事責任而言。在成立共同正犯的情形，雖然所有參與行為人皆須自己實行犯罪行為，但不必各自直接實行全部的犯罪行為，即使係分擔實行

於個別化說的論點。參照林山田，《刑法通論（下）》，作者自版，2008 年 1 月增訂 10 版，67–68 頁。

❹　參照曾根威彥，《刑法總論》，弘文堂，2010 年 4 月第 4 版，240–241 頁。

❺　德國刑法第 25 條規定：「自己實行犯罪，或透過他人實行犯罪者，以正犯論。數人共同實行犯罪者，皆為正犯。」；日本刑法第 60 條規定：「二人以上共同實行犯罪者，皆為正犯。」，因此有關共同正犯的定義，德國、日本與我國刑法均有相同的規定。

行為的一部分，仍須對全部行為負刑事責任。此種情形，在共同正犯理論上稱為「一部行為全部責任」。

參與犯罪的行為人僅分擔實行行為的一部分，為何必須對全部行為負刑事責任，亦即一部行為全部責任的理論根據究竟何在？其主要係來自於「分工」的概念，亦即各參與行為人在共同犯罪的目的上，依據分工而形成共同力，此時不應將各行為人的行為在形式上予以分離，而應在實質上視為整體來做評價。因此，共同正犯所負的刑事責任，並非超越個人而負擔的「代位責任」，始終係依據分工（分擔）而對共同實現犯罪結果所負擔的「自己責任」。

【一部行為全部責任】

⑴**案例思考**：例如，在甲乙二人以同一殺人故意，同時開槍射殺A，甲未擊中A，而乙所發射子彈擊中A心臟，導致A死亡的情形中，甲雖未擊中A，但依「一部行為全部責任」的法理，仍須與乙二人共同負殺人既遂罪的全部責任。此外，例如在甲乙二人以殺人犯意欲殺A，甲持刀刺向A胸部，而乙從A背後頂住A，使甲順利刺中A，導致A死亡的情形，雖然僅甲的行為該當構成要件，但甲乙二人係共同分擔任務，分工合作互補互成，因此乙雖僅實行一部分行為，但依「一部行為全部責任」，仍應與甲共同負殺人既遂罪的全部責任。

⑵**一部行為全部責任的實務適用**：按結夥三人以上強盜罪，因條文已將參與犯罪人數「三人以上」列為犯罪構成要件，故凡結夥三人以上，朝同一目標，共同參與犯罪之實行，雖判決主文僅論知「結夥三人以上」犯罪之旨為足，無須特別標明「共同」犯罪之意。惟此種參與犯，因屬聚合犯類型，故分類上歸為廣義之必要共犯，然本質上仍屬刑法第28條所規定之共同正犯型態之一，自有「一部行為全部責任原則」之正犯性理論的適用。而依一般採用之犯罪共

同說，共同正犯之成立，各參與犯罪之人，在主觀上具有明示或默示之犯意聯絡，客觀上復有行為之分擔，即足當之。是以，於結夥三人以上強盜罪場合，只須各犯罪行為人間，基於犯意聯絡，在場參與分擔部分行為，以完成犯罪之實現，即應對整體犯行負全部責任，不以參與人「全程」參與犯罪所有過程為必要。（最高法院 109 年度臺上字第 4093 號判決）

⑶**共同正犯的逾越**：按共同正犯在刑事責任上有所擴張，亦即「一部行為，全部責任」。在此所謂意思聯絡範圍，亦適為「全部責任」之界限，因此**共同正犯之逾越，僅該逾越意思聯絡範圍之行為人對此部分負責，未可概以共同正犯論**。至於共同正犯意思聯絡範圍之認定，若係在犯罪計畫並未予以精密規劃之情形，則共同正犯中之一人實際之犯罪實行，即不無可能與原先之意思聯絡有所出入，倘此一誤差在經驗法則上係屬得以預見、預估者，即非屬共同正犯之逾越。蓋在原定犯罪目的下，祇要不超越社會一般通念，賦予行為人見機行事或應變情勢之空間，本屬共同正犯成員彼此間可以意會屬於原計畫範圍之一部分，當不以明示為必要。是以行為人就犯罪行為在應非屬難以預見或預估之情形下，且並未逸脫其與其他犯罪者原定犯罪目的意思聯絡之範圍時，行為人就此意思範圍內之各犯罪情節，依上開所述，自應對於全部所發生之結果，共同負責。（最高法院 102 年度臺上字第 3664 號判決）

關於共同正犯的規定，我國刑法原本在第四章規定「共犯」，在 2005 年 2 月刑法部分條文修法時，基於我國與德國、日本同樣採二元犯罪參與體系，而非單一正犯體系，且目前學說見解亦皆肯認正犯與共犯在本質上有所不同，亦即正犯被評價為直接實行行為者（例如直接正犯、間接正犯、共同正犯），共犯則被評價為間接參與實行行為者（例如教唆犯、幫助犯），因此將「共犯」的章名，修正為「**正犯與共犯**」。

此外，在修法時亦將第 28 條中「實施」修正為「實行」，原本針對

「實施」的規定，實務上係採民國 31 年院字第 2404 號解釋❹與民國 54 年司法院釋字第 109 號解釋❹，認為實施係指犯罪事實的結果直接由其所生，別乎教唆或幫助者而言，即未著手實行前，犯陰謀、預備等罪，如有共同實施情形，亦應適用該條處斷，故在解釋上認為共同正犯包括「共謀共同正犯」，實務上採取此種見解，主要係在為共謀共同正犯尋求法源的依據。

然而，對於第 28 條的解釋，若採 31 年院字第 2404 號解釋的見解，其所產生的最大爭議係在於應否肯認「陰謀罪的共同正犯」與「預備罪的共同正犯」二種犯罪類型？基於近代刑法的個人責任原則及法治國人權保障的思想，一般認為採否定見解應較為妥當。因此，基於以下理由而將「實施」修正為「實行」❹：

(1)預備犯、陰謀犯因欠缺行為的定型性，參考現行法對於犯罪行為的處罰，係以處罰既遂犯為原則，處罰未遂犯為例外，處罰預備、陰謀更為例外中的例外，學說對於預備共同正犯處罰多持反對的立場，尤其對於陰謀共同正犯處罰，更有淪於為處罰思想之虞。

(2)近代刑法的基本原理，強調「個人責任」，並強調犯罪係處罰行為而非處罰行為人的思想或惡性，即重視客觀的犯罪行為。陰謀犯、預備犯的行為，既欠缺如正犯的定型性，就陰謀犯而言，行為人客觀上僅有互為謀議的行為，主觀上具有一定犯罪的意思，即得成立。倘承認預備、

---

❹ 參照司法院 31 年院字第 2404 號解釋：刑法第 28 條所謂**實施**，係指犯罪事實之結果直接由其所生，別乎教唆或幫助者而言，即未著手實行前，犯陰謀、預備等罪，如有共同實施情形，亦應適用該條處斷。至實行，在現行刑法上乃專就犯罪行為之階段而言，用以別乎陰謀、預備、著手各階段之用語。

❹ 參照 54 年司法院釋字第 109 號解釋：以自己共同犯罪之意思，參與實施犯罪構成要件以外之行為，或以自己共同犯罪之意思，事先同謀，而由其中一部分人實施犯罪之行為者，均為共同正犯。本院院字第 1905 號、第 2030 號之 1、第 2202 號前段等解釋，其旨趣尚屬一致。

❹ 參照 2005 年 2 月刑法修正第 28 條的立法理由。

陰謀共同正犯的概念，則數人雖於陰謀階段互有謀議的行為，惟其中一人或數人於預備或著手階段前，即已脫離，並對於犯罪之結果未提供助力者，即便只有陰謀行為，即須對於最終的犯罪行為，負共同正犯的刑責，如又無中止未遂之適用，實有悖於平等原則，且與一般國民感情有違。

第二項　共同正犯的成立要件

我國刑法對於共同正犯的規定為「二人以上共同實行犯罪之行為者，皆為正犯。」（§28）依據學說上對本條文的詮釋，共同正犯的成立，參與行為人必須在主觀上具有共同實行的意思（主觀要件）[49]，而在客觀上必須具有共同實行的行為（客觀要件）。在實務上，最高法院判例係基於主觀要件與客觀要件兼顧的立場，針對主觀要件大致係採「意思聯絡」或「犯意聯絡」[50]，而客觀要件係採「行為分擔」的解釋[51]，來作為成

---

[49]　有關共同正犯的主觀要件，雖然多數學說認為，參與行為人在主觀上必須具有共同實行的意思，始能成立共同正犯，但本書認為，除參與行為人在主觀上具有共同實行的意思，可成立共同正犯之外，參與行為人之間在主觀上有共同違反注意義務時，亦可成立共同正犯。

[50]　參照最高法院77年臺上字第2135號判例：共同正犯之意思聯絡，原不以數人間直接發生者為限，即有間接之聯絡者，亦包括在內。如甲分別邀約乙、丙犯罪，雖乙、丙間彼此並無直接之聯絡，亦無礙於其為共同正犯之成立；73年臺上字第2364號判例：意思之聯絡並不限於事前有所謀議，即僅於行為當時有共同犯意之聯絡者，亦屬之，且其表示之方法，亦不以明示通謀為必要，即相互間有默示之合致，亦無不可；73年臺上字第1886號判例：共同正犯之意思聯絡，不限於事前有所協議，其於行為當時，基於相互之認識，以共同犯罪之意思參與者，亦無礙於共同正犯之成立。

[51]　參照最高法院69年臺上字第1931號判例：上訴人等四人同時同地基於同一原因圍毆被害人等二人，其中一人因傷致死，當時既無從明確分別圍毆之對象，顯係基於一共同之犯意分擔實施行為，應成立共同正犯，並同負加重結果之全部罪責；69年臺上字第695號判例：上訴人等冒用會員名義，偽造標單，行

立共同正犯的判斷標準。

> **【共同正犯主觀與客觀要件的實務見解】**
>
> 　　(1)共同正犯祇要行為人彼此之間，具有犯意聯絡、行為分擔，即可成立；此犯意之聯絡，不僅限於明示，縱屬默示，亦無不可，且無論事前或事中皆同，因出於共同犯罪的意思，分工合作，一起完成，即應就其等犯罪的全部情形，共同負責。（最高法院 108 年度臺上字第 354 號判決）
>
> 　　(2)共同正犯在合同意思範圍以內，共同實行犯罪之人，**雖各自分擔犯罪行為之一部，即應對於全部所發生之結果，共同負責**，不論其犯罪動機起於何人，亦不必每一階段犯行，均經參與。至於犯意聯絡，於行為當時相互認識，以共同犯罪之意思參與，足以當之，並不限於事前有所協議。是故須以積極之證據證明其參與謀議外，亦須證明其餘已參與分擔犯罪構成要件行為，始足成立共同正犯。
> （最高法院 102 年度臺上字第 3179 號判決）

一、主觀要件——具有共同行為的意思

　　所謂共同行為的意思，係指「犯罪意思的聯絡」**❷**或「共同加功的

使得標，詐取會款，彼此有**犯意聯絡**及**行為分擔**，應為共同正犯。偽造署押為偽造私文書之部分行為，不另成罪，偽造私文書而後行使，偽造之低度行為應為行使之高度行為所吸收，應依行使論擬。行使偽造私文書與詐欺二罪之間，有方法與結果牽連關係，應從行使偽造私文書一重論處。先後三次為之，時間緊接，犯意概括，構成要件亦復相同，應依連續犯例論以一罪；65 年臺上字第 590 號判例：被告既與行將殺人之某甲共同將被害人拉出毆打，並於其擬逃之際，自後抱住不放，便於某甲下手刺殺，自難辭其**行為分擔**之責，縱其意在幫助，但其參與犯罪分擔，既已達犯罪構成要件之行為，仍應論以共同殺人之正犯，而非從犯。

❷ 我國學者有認為採「意思聯絡」不妥當者。例如：將共同正犯主觀要件的「共

意思」而言。亦即，參與行為人彼此謀議或計畫，而在有認識與有意願的交互作用下所形成的共同一致犯意，多數行為人之間，若無事前合議，或彼此之間欠缺犯罪意思的聯絡，即不成立共同正犯，例如行為人僅於事前知情、事後分贓，但未參與計畫，給予相當的助力，即不構成共同正犯。

　　針對行為人間的共同行為決意，其內涵除違犯特定犯罪行為的故意外，尚包括基於犯罪計畫與實施犯罪的必要而為的角色分配，而該角色分配的種類，則必須能夠顯示出各個行為人均有將整個犯罪行為的成敗繫諸於彼此相互間協力的意思❸。

二、客觀要件——具有共同實行犯罪的行為

　　二以上行為人必須基於共同行為的決意，依共同行為決意中角色的分配而分擔犯罪行為的實施，以其自己的行為參與實施構成要件行為或構成要件以外的行為，始能成立共同正犯。行為人在參與犯罪行為的實行，並不以參與全部的過程為必要，也不以始終參與為必要，即使僅參與構成犯罪事實的一部分，或某一階段的行為，亦足以成立共同正犯，例如普通強盜罪，行為人只要基於共同的行為決意而參與其中的一種行為，例如前階段的強制行為或後階段的強取行為，即可認定成立共同正犯。

　　在刑法第 28 條中將「實施」修正為「實行」後，共同實行應做以下

同行為的決意」稱為「犯意的聯絡」，此並未能掌握行為人彼此間在主觀上共同實行犯罪行為的意願、彼此分工合作互為補充以及互相承擔彼此責任的內涵。因此，使用「犯意聯絡」的概念，將會因用語不精確而造成共同正犯與教唆犯或幫助犯區別的困難，故以「共同行為的決意」或「共同實行犯罪的意思」的用語，應較為明確。參照林山田，《刑法通論（下）》，作者自版，2008 年 1 月增訂 10 版，78–79 頁。

❸　參照林山田，前揭書，87 頁；甘添貴，《刑法案例解評》，瑞興圖書公司，1999 年 1 月，138 頁。

的解釋：

㈠共同正犯為正犯的一種，正犯所須要具備的成立要素，共同正犯亦須具備。而正犯一定要有實行行為，始能成立，所以共同正犯亦須要有實行行為的存在。

㈡共同正犯的實行行為，並非指各共同行為人個人各別實行行為，而係指共同正犯整體共同的實行行為。

㈢條文上所謂「二人以上共同實行犯罪之行為」，已將「二人以上」整體作為一個行為的主體，此「二人以上」的行為主體，並非一加一等於二等等算數的總和，換言之，此「二人以上」的行為主體，並非物理地存在，而是具有法律上意義之人的結合，此種結合已超越自然人的概念，而屬於超個人的社會存在現象。至於此「二人以上」的內部關係，無論係任務的分配或行為的分擔等，均不影響共同正犯的成立，所謂皆為正犯，即指此種意義而言。

然而，有關犯罪意思的聯絡仍有諸多問題存在，例如，在犯罪意思聯絡的方法上，共同行為人是否須要相互瞭解？此時即產生片面共同正犯成立與否的問題。而在犯罪意思聯絡的時點上，共同行為人究竟何時達成犯罪意思聯絡？此時則將產生共謀共同正犯、預備罪的共同正犯或承繼共同正犯等成立與否的問題。進而，在犯罪意思聯絡的內容上，共同行為人究竟要認識何種範圍的構成犯罪事實？亦即，共同行為人是否必須要認識構成要件的結果？此時將產生過失犯得否成立共同正犯的問題。

基本上，共同正犯在是否具備主觀要件（共同實行的意思）或客觀要件（共同實行的行為）上，出現共謀共同正犯、承繼共同正犯、過失共同正犯、不作為共同正犯、預備罪的共同正犯、片面共同正犯、結果加重犯的共同正犯等問題，此等共同正犯的問題類型，亦成為共同正犯的核心問題，若此等問題型共同正犯可成立共同正犯，則其處罰根據何在？本書將此等問題在後面各項中分別加以說明。

第三項　共同正犯的本質

關於共同正犯的本質，亦即共同正犯的理論根據何在，歷來學說上係針對數人共同犯罪的「共同」，其內容究竟係指「共同犯罪」（犯罪的共同）或是「共同行為」（行為的共同）來展開議論。學說上，主要有犯罪共同說、行為共同說與共同意思主體說等三種見解。

一、犯罪共同說

犯罪共同說認為，共同正犯係數人共同實行特定的犯罪，亦即，數人共同實行同一犯罪（數人一罪）。換言之，共同正犯必須共同行為人具有共同實行的意思，亦即必須具有共同犯罪的認識，且基於此種認識而共同實行該行為❺❹。因此，所謂「實行」，係實現該當基本構成要件事實的行為，從而，共同正犯係共同實行該當一定基本構成要件的實行行為者。犯罪共同說有完全犯罪共同說與部分犯罪共同說二種不同見解。

㈠完全犯罪共同說

完全犯罪共同說係源自於客觀犯罪理論，其特別重視犯罪的定型性，以特定犯罪的存在為前提，認為共同正犯必須係數人共同實行特定的犯罪始能成立❺❺。而所謂特定犯罪，不僅犯罪須特定，且罪名亦須同一，若罪名不同，則不成立共同正犯。依據此說的論點，所有行為人必須基於同一故意且共同實行行為，並不論其結果責任，故亦稱為犯意共同說。採此說見解者大多為早期的學者，例如日本學者小野清一郎❺❻、瀧川幸

---

❺❹　參照蔡墩銘，《刑法精義》，翰蘆出版，2007 年 3 月第 2 版，326 頁。

❺❺　參照蔡墩銘，《刑法總論》，三民書局，2004 年 3 月，260 頁，所謂共同實行，係以犯罪共同說來說明共同正犯成立的要件，亦即共同正犯必須具有一定的主觀要件，此即共同實行的意思，亦即須有共同犯罪之認識，且基於此認識而實施之行為。

❺❻　由於單一犯罪而產生數人的責任，原理上並不被容許，但對於加工實現一個犯罪構成要件事實的數人行為，分別予以評價、分別針對個別的犯罪加以處罰，

辰❺❼等。

(二)部分犯罪共同說

部分犯罪共同說認為，數行為人所共同實行的犯罪，縱然不屬相同的構成要件，但是在不同構成要件之間，如具有同質重合的關係時，則在該同質重合限度內，仍得成立共同正犯。換言之，此說將共同實行「特定犯罪」解釋為「構成要件重疊部分」，即使係屬不同犯罪，若有構成要件重疊的部分，則於此限度內肯定共同正犯的成立。部分犯罪共同說基本上係為了緩和完全犯罪共同說適用範圍過於狹隘的缺陷，而提出的修正見解。採部分犯罪共同說立場的學者，例如團藤重光❺❽、福田平❺❾等。

二、行為共同說

行為共同說認為，共同正犯的成立只須有實行行為的分擔即可，不

則絲毫不違背原理。亦即，在該數人的行為實現一個構成要件事實上，即成立刑法總則上的共犯。參閱小野清一郎，《犯罪構成要件の理論》，有斐閣，1953年6月，104頁。

❺❼ 所謂共犯，係指數人共同實行特定的犯罪，而該數人所共同者，乃特定的犯罪，因此，在甲以殺人犯意，乙以強盜犯意而單純地共同實行的情形下，甲、乙僅各自成立單獨犯而已。參閱瀧川幸辰，《犯罪論序說》，有斐閣，1971年11月，195頁。

❺❽ 團藤重光博士認為，所謂共同正犯，係指共同「實行」一定的犯罪而言，其中「實行」係指實現基本構成要件事實的行為，因此，共同正犯係共同實行該當一定基本構成要件的行為人，例如甲以殺人意思，乙以傷害意思而共同對A實行加害行為的情形，雖然甲的行為係殺人的實行行為，乙的行為係傷害罪的實行行為，但是在傷害罪的範圍內，應承認共同正犯的成立，此即為在重疊部分的範圍內，應承認實行行為的共同，亦即肯定共同正犯的成立。參照團藤重光，《刑法綱要總論》，創文社，1990年3月第3版，389頁以下。

❺❾ 福田　平博士認為，不僅是屬於同一構成要件的犯罪，即使構成要件不相同，甲罪與乙罪於構成要件上有重疊的部分時，由於在該重疊限度內得承認實行行為的共同，因此在該範圍內得肯定共同正犯的成立。參照福田　平，《全訂刑法總論》，有斐閣，2001年3月第3版增補，255頁以下。

必有意思的共同，因此既然不必有意思的共同，則共同正犯的成立只須有客觀的共同犯行即可❻。基本上，行為共同說主張共犯乃數人共同「行為」而遂行各自的犯罪者，亦即是數人數罪。其中可分為以主觀主義為基礎的行為共同說與以客觀主義為基礎的行為共同說兩種見解❻。

(一)以主觀主義為基礎的行為共同說

此說認為，行為係犯罪人惡性的表現，而共同正犯則係數人藉由共同行為而各自表現其惡意，企圖實現其各自的犯罪。換言之，行為人係藉由他人的協助而更有效且更容易地達成自己的犯罪目的，並藉由行為的共同，相互以他人的行為作為自己的行為，其因此而發生的結果，自然應由各人承擔❻。然而，在此所指稱行為共同，係指自然行為的共同，亦即前於構成要件或法律上的事實共同，故本說亦稱為事實共同說。

(二)以客觀主義為基礎的行為共同說

此說認為行為的共同，並非指上述「自然行為的共同」，而係指構成要件事實行為的共同。因此，行為共同說係以行為或因果過程的共同為前提，實現各自犯罪的實行行為的共同。依此說的見解，共同正犯係與他人共同實現自己的犯罪行為，故共同正犯不必侷限於同一的犯罪，亦不以共通的犯罪意思存在為必要。至於他人的行為是否該當同一構成要件，甚至根本不該當任何構成要件，亦得認為係具有實行行為的共同或利用的意義存在。

此說係認為數行為人所共同實行的犯罪，縱然不屬相同的構成要件，但是在不同的構成要件之間，如具有同質重合的關係時，則在該同質重合的限度內，仍得成立共同正犯。此說基本上係為緩和完全犯罪共同說

---

❻　參照蔡墩銘，《刑法精義》，翰蘆出版，2007 年 3 月第 2 版，326 頁。

❻　參照陳子平，〈共同正犯之本質──犯罪共同說與行為共同說之對立〉，收錄於《刑事法學之理想與探索──甘添貴教授六秩祝壽論文集第一卷》，學林文化，2002 年 3 月，404 頁以下。

❻　參照木村龜二著・阿部純二增補，《刑法總論》，有斐閣，1978 年 4 月增補版，404 頁以下。

適用範圍過於狹隘的缺陷而提出的見解。持此說論點立場者，例如平野龍一、前田雅英等❻。近時，持客觀主義為基礎的行為共同說的學者與日增多，顯然此說已成為有力的主張。

三、共同意思主體說

共同意思主體說此說的論點形成，主要係來自於日本大審院的判決，其主要論旨為：共同正犯係特殊社會心理現象的共同意思主體的活動，屬於「異心別體」的數人，在實現一定犯罪的共同目的下結合而形成「同心一體」的共同意思主體，該主體中的一人或數人，在共同目的下實施犯罪時，應肯定其為共同意思主體的活動，效果則歸屬於構成員全體。此說的主要特徵在於，針對共同正犯的判斷，並非個別性地掌握各個行為人的行為，而係掌握整個共同意思主體的活動。

本書認為，我國現行刑法第 28 條係規定「二人以上共同實行犯罪之行為者，皆為正犯。」，而非規定「二人以上共同犯罪者，皆為正犯。」，足見刑法對於認定成立共同正犯，仍著重於共同「實行」犯罪行為。然而，基於構成要件的基本立場，以惡性的主觀表徵為背景的主觀主義行為共同說，其係與構成要件理論無法相容。因此，基於客觀主義的行為共同說的立場，二以上行為人所共同實行的犯罪，縱然屬於不同的構成要件，但是在不同的構成要件之間，若具有同質重合的關係時，則在該

---

❻ 平野龍一博士認為，原本行為共同說的主張並非以全部犯罪行為的共同為必要，即使係一部分的共同，亦可成立共同正犯。例如甲以強盜的犯意、乙以強姦的犯意，在相互不知對方目的的情況下，共同對 A 施強暴皆未達成其目的時，甲屬於強盜未遂、乙屬於強姦未遂，且二人於強暴的範圍內成立共同正犯，亦即甲乙不僅要擔負自己犯罪的結果，且須對其他共同者所為的結果（傷害）負責，因此甲還須負強盜致傷、乙還須負強姦致傷的責任。參照平野龍一，《刑法總論（II）》，有斐閣，1975 年 6 月，364 頁以下。此外，前田雅英教授亦有相同論旨，參照前田雅英，《刑法總論講義》，東京大學出版会，2006 年 3 月第 4 版，418–419 頁。

同質重合的限度內，仍得成立共同正犯。此種論點，應屬妥當的見解。

第四項　共謀共同正犯

一、共謀共同正犯的意義

　　所謂共謀共同正犯，係指二以上行為人共同謀議實行特定的犯罪，由其中一部分人實行犯罪行為，而僅參與共同謀議的其他行為人，亦與實行犯罪行為人共同成立正犯的犯罪型態。例如幫派老大與手下共同謀議殺人，其後由老大坐鎮指揮，其手下負責執行殺人行為，則老大與手下等所有參與犯罪人皆成立殺人罪的共同正犯。

　　在此種犯罪類型中，參與謀議的行為人是否親自到犯罪現場，或是否參與著手實行後的犯罪事實，均非問題的重點，重點在於行為人的行為在整個犯罪過程中，是否具有分工合作且互補互成的機能。亦即針對以自己共同犯罪的意思，事先同謀，而由其中一部分人實施犯罪的行為者，是否均為共同正犯？

> **【共謀共同正犯的實務見解】**
>
> 　　(1)以自己共同犯罪之意思，參與實施犯罪構成要件以外之行為，或以自己共同犯罪之意思，事先同謀，而由其中一部分人實施犯罪之行為者，均為共同正犯。本院院字第 1905 號、第 2030 號之 1、第 2202 號前段等解釋，其旨趣尚屬一致[64]。(司法院釋字第 109 號

---

[64]　參照⑴司法院院字第 1905 號解釋：事前與盜匪同謀，事後得贓，如係以自己犯罪之意思，推由他人實施，即應認為共同正犯；⑵司法院院字第 2030 號解釋㈠：事前同謀，事後分贓，並於實施犯罪之際，擔任在外把風，顯係以自己犯罪之意思而參與犯罪，即應認為共同正犯；⑶司法院院字第 2202 號解釋：來文所述警察巡長與竊盜串通窩藏贓物，並代為兜銷，如果該警察巡長與竊犯係屬事前通謀，應成立刑法上竊盜共犯。其僅事後處置贓物，祇應論以寄藏及牙保贓物罪。如有假借職務上之權力機會或方法，應適用同法第 134 條加重本

解釋)

(2)未參與實行之共謀共同正犯,因只有犯罪之謀議,而無行為之分擔,僅以其參與犯罪之謀議為其犯罪構成要件;故如何為犯罪之謀議、如何推由其中部分之人實行,即為該同謀者是否成立共同正犯之重要依據。因此須以積極之證據證明其參與謀議。此外,共同正犯,其犯意聯絡表示之方法,固不以明示通謀為必要,即相互間有默示之合致者,亦屬之。惟單純之沉默,或同時在場,尚與默示之合致有所不同。(最高法院 103 年度臺上字第 4467 號判決)

(3)學說上所稱「共謀共同正犯」係指以自己共同犯罪之意思,事先同謀,而推由一部分人實施犯罪行為之謂;若係以自己共同犯罪之意思參與實施犯罪構成要件以外之行為者,應屬「實施正犯」之範疇,尚難以共謀共同正犯論擬。而所謂參與構成要件以外之行為係指其所參與者,非直接構成犯罪事實之內容,但足以助成其所欲實現之犯罪事實發生之行為而言。(最高法院 94 年度臺上字第 3972 號判決**⑥**)

此外,在 2005 年 2 月修法時,將原第 28 條中的「實施」修正為「實

刑處斷。不構成懲治貪污暫行條例第 3 條第 2 款之圖利罪。

⑥ 此外,參照最高法院 96 年度臺上字第 2794 號判決:按共同正犯除以自己共同犯罪之意思,事先同謀,而由其中一部分人實施犯罪行為之共謀共同正犯外,以有犯意之聯絡及行為之分擔為要件。又以自己共同犯罪之意思,事先同謀之共謀共同正犯,因其並未實行犯罪行為,僅係以其參與犯罪之謀議,為其犯罪構成要件之要素,故對其係如何參與犯罪之謀議,亦應於判決中詳予認定記載,並說明所憑之證據。另按本無犯罪之意思,因他人之教唆始起意犯罪,該教唆之人除於教唆後,又進而實行犯罪行為者,因其教唆行為已為實行行為所吸收,應論以正犯外,應僅為教唆犯。因之,教唆犯與共謀共同正犯就均未實行犯罪行為而言,則屬相同,其區別,在於教唆犯係教唆原無犯罪意思之人犯罪;共謀共同正犯則以以自己共同犯罪之意思,事先同謀而僅由其中一部分人實行犯罪行為,其未下手實行之人亦論以共同正犯。

行」後，針對共謀共同正犯的成立與否，立法者係採肯定的立場，此種立場可由立法理由明白顯示：

㈠所謂「共同實行」犯罪行為，無論「實質客觀說」或「行為（犯罪）支配理論」，均肯定共謀共同正犯的處罰。僅在極少數採取「形式客觀說」立場者，對於無分擔構成要件行為者，不得論以共同正犯外，多數學說的見解仍肯定對共謀共同正犯的處罰。

㈡參考各國對於共同正犯成立要件的立法例，規定為共同「實行」的日本立法例，亦承認共謀共同正犯的概念；而德國通說對於共同正犯，採取「行為（犯罪）支配理論」，亦肯定共謀共同正犯的存在。

㈢依目前實務上對於共同正犯與從犯的區別標準，基於「以自己共同犯罪的意思，實施構成要件的行為者，為正犯；以自己共同犯罪的意思，實施構成要件以外的行為者，亦為正犯；以幫助他人犯罪的意思，實施構成要件的行為者，亦為正犯；以幫助他人犯罪的意思，實施構成要件以外的行為者，始為從犯」的立場（主觀客觀擇一標準說），更可肯定共謀共同正犯的存在。

二、共謀共同正犯的理論根據

㈠共同意思主體說

共謀共同正犯的理論根據，基於個人主義的原理，或基於集團主義的原理，形成極大的分歧。前者的見解，有目的行為支配說、間接正犯類似說與意思支配說等，而後者的見解則有共同意思主體說。共同意思主體說係由日本大審院草野豹一郎裁判官所創的學說，在過去曾經係日本實務上最主要的判決依據，但目前已經不再援用。

【共同意思主體說的論點】

依據此說的見解，共同正犯的本質，係二人以上同心一體而互相依靠、互相支援，以共同地實現各自犯意而實行犯罪行為，使共

同者皆對已實現的結果負完全責任的理由，即基於此。倘若參與行為人不一定全部有共同實行的手段，或者並非完全下手實行而遂行犯意，亦即共同謀議而由其中一部分人下手實行，其態樣雖有所不同，但二者均是同心協力的作用，其價值並無相異。因此，無論係其中的任何一種情形，原則上應認為有共同正犯的關係 ❻❻。

(二)間接正犯類似說

由於共同意思主體說係以團體責任論為基礎，被批判其違反個人責任原則，因此學說上出現以個人責任論為基礎的**間接正犯類似說**。間接正犯類似說的創始者，乃日本學者藤木英雄博士，而最早運用在實務上，即針對**練馬事件**的最高裁判所判決。

【間接正犯類似說的論點】

依據此說的見解，在共謀共同正犯的成立中，二以上行為人基於實行特定的犯罪，在共同意思下形成一體，相互利用他人的行為來實行自己的意思，依此謀議所實行犯罪的事實，必須加以肯認。因此，既然承認共謀參與的事實，則雖然未直接參與實行行為者，亦視為以他人行為作為自己實行犯罪的手段，在此種意義上，此時並無解釋有相異刑責的理由。因而在此種關係上，是否直接參與實行行為、以及其分擔或任務如何，並無法左右共同正犯刑責的成立 ❻❼。

---

❻❻ 參照 1936 年 5 月 28 日大審院刑事聯合部判決，《大審院刑事判例集》第 15 卷，715 頁。

❻❼ 參照 1958 年 5 月 28 日最高裁判所大法庭判決，《最高裁判所刑事判例集》第 12 卷第 8 號，1712 頁。**練馬事件**的判決要旨：最高裁判所針對「1951 年 12 月東京練馬區內某造紙公司發生勞工糾紛，該地區有第一與第二兩工會，第一工會的會員們對第二工會的會長 A 以及處理勞工糾紛的練馬警察署警員 B 深感不滿。被告甲為共產黨地區委員長，乙為該黨地域幹部，乙為了抑制第二工會

　　若依據間接正犯類似說的見解，對於自己未親自下手實行，而使其對他人行為所實現的結果負刑事責任的根據，乃在於自己與其他共同者協力合作，相互相補、互相利用，為完成共同目的而努力的觀點，依此而作為共謀共同正犯的理論根據。

三、本書的立場

　　基於個人主義的原理，本書認為共謀共同正犯應做如下的解釋：在共謀共同正犯的關係之中，形成各個構成員的心理內容的中心者，乃在於利用對方的行為，容易且確實地實現犯罪。換言之，存在於共犯間之相互利用關係，係形成共同正犯之本質者，而對於共謀共同正犯亦認為有該種存在關係。若將此種利用關係視為全體來看，正是犯罪的分工，共謀者亦各自分擔任務，正犯性於是被肯定。依據此種解釋，亦可與行為共同說獲得理論的整合性。上述的相互利用關係，對各構成員而言，乃類似視為間接正犯的利用關係。因此，間接正犯類似說應可視為共謀共同正犯成立的理論根據。

第五項　承繼的共同正犯

一、承繼共同正犯的意義

　　所謂承繼共同正犯 (sukzessive Mittäterschaft)，亦有學者稱為相續共同正犯，係指參與犯罪的複數行為人對於構成要件於形式上既遂，但在違法狀態尚未排除之際，以正犯的意思參加犯罪的行為人，亦即在犯罪前並未參與意見，而在違法狀態的延續中加入犯罪的行為人是否成立共同正犯。

　　會員們對 A 施暴行，乃計畫毆打 B。甲與乙共謀後，，邀丙負責執行，丙乃帶數名同夥，某日夜晚在 B 所經過之處埋伏，以鐵棒等連續毆打 B 後腦部，導致 B 當場死亡」的傷害致死事件，基於甲與乙共謀傷害，且負責指揮，而丙等數名被告負責執行，判決甲、乙、丙等人成立傷害致死罪的共同正犯。

【承繼共同正犯的實務見解】

(1)按「事中共同正犯」，係指前行為人已著手於犯罪之實行後，後行為人中途與前行為人取得意思聯絡而參與實行行為而言。事中共同正犯是否亦須對於參與前之他共同正犯之行為負擔責任，學理上雖仍有爭議，但共同正犯之所以適用「一部行為全部責任」，即在於共同正犯間之「相互利用、補充關係」，若他共同正犯之前行為，對加入之事中共同正犯於構成要件之實現上，具有重要影響力，即他共同正犯與事中共同正犯對於前行為與後行為皆存在相互利用、補充關係，自應對他共同正犯之前行為負責；否則，事中共同正犯對他共同正犯之前行為，既未參與，亦無形成共同行為之決意，即難謂有行為共同之存在，自無須對其參與前之犯罪行為負責。(最高法院 109 年度臺上字第 957 號判決)

(2)學理上所稱之**相續共同正犯（承繼共同正犯）**，固認後行為者於先行為者之行為接續或繼續進行中，以合同之意思，參與分擔實行，若其對於介入前之先行為者之行為，有就既成之條件加以利用，而繼續共同實行犯罪之意思，應負共同正犯之全部責任。但如後行為者介入前，先行為者之行為已完成，且非其所得利用，除非後行為者係以自己共同犯罪之意思，事前同謀，而由其中一部分人實行犯罪之行為者外，自不應令其就先行為者之行為，負其共同責任。至於此犯罪之謀議，因後行為者並未參與構成要件之實行行為，僅係以其參與犯罪之謀議為其犯罪構成要件之要素，故須以積極之證據證明其參與謀議。(最高法院 107 年度臺非字第 173 號判決)

(3)按刑法第 28 條共同正犯規定，係因正犯基於共同犯罪之意思，分擔實行犯罪行為，其一部實行者，即應同負全部責任。又學理上所稱**相續共同正犯**，係指後行為者於先行為者之行為接續或繼續進行中，以合同的意思，參與分擔實行，其對於介入前先行為者

之行為，苟有就既成的條件，加以利用，而繼續共同實行犯罪行為的意思，當應負共同正犯之全部責任。次按法院是否依刑法第59條減輕其刑，具自由裁量權，非許當事人逕憑己意，指稱法院不給此寬典，即有判決不適用法則之違法。（最高法院106年度臺上字第2288號判決）

　　⑷刑法之**相續共同正犯**，基於凡屬共同正犯對於共同犯意範圍內之行為均應負責，而共同犯意不以在實行犯罪行為前成立者為限，若了解最初行為者之意思，而於其實行犯罪之中途發生共同犯意而參與實行者，亦足成立；故對於發生共同犯意以前，其他共同正犯所為之行為，苟有就既成之條件加以利用而繼續共同實行犯罪之意思，則該行為即在共同意思範圍以內，自應共同負責。是以，各階段行為人顯相互利用他人之行為，以達犯罪之目的，縱下游之車手或銷贓者，或不識上游，而與上游無直接之犯意聯絡；又同屬車頭者亦無直接之犯意聯絡，但透過上游之居間聯繫，而得彼此互通有無，相互利用，故各該行為人均應成立共同正犯。（最高法院102年度臺上字第1358號判決）

　　倘若在即成犯（指犯罪構成要件完成，後續違法狀態不能由犯罪人的意志加以改變，如殺人或竊盜等）的情形，在犯罪既遂後才參與的行為人，則另成立其他犯罪。例如殺人案既遂後，加入幫忙搬運屍體滅屍，另成立湮滅證據罪或毀損屍體罪，而非成立幫助殺人罪；或竊盜完成後幫忙藏匿贓物或銷贓的犯罪人，係成立贓物罪，而非幫助竊盜罪。

二、承繼共同正犯的理論根據

　　承繼共同正犯的成立與否，乃源自於犯罪共同說與行為共同說的對立。在上述案例之中，基於犯罪共同說的立場，由於犯罪共同說係主張「數人一罪」，依此邏輯，後行行為人對於參與前先行為人所為的既存犯罪部分亦須負責。採本說的實質論者，則主張後行行為人主觀上有認識並

利用既存違法狀態的意思，而須對參與前的既存犯罪部分負責。據此先行行為人及後行行為人雙方皆成立擄人勒贖罪 **❻❽**。

若基於行為共同說的立場，由於行為共同說係主張「數人數罪」，故無必要侷限於成立共同正犯的各種罪名。行為共同說將擄人勒贖罪認為係私行拘禁罪與恐嚇取財罪的結合，倘若丙僅就後行為構成要件重合部分的恐嚇取財範圍內，肯定共同正犯的成立。

三、本書的立場

承繼共同正犯的爭點，在於後行為人在何種範圍內負共同正犯之責，亦即，後行為人是否須對前行為人所為的既成違法狀態負共同正犯之責。就上述案例而言，爭點在於丙是否須對甲、乙的先行為負責。本書認為犯罪共同說論者僅以認識利用既存狀態的意思作為實質的處罰理由，恐有使刑法淪為意思刑法之虞；後行為人無法左右犯罪參與前的既存事象，而不具因果的影響力；以此基本上否定說較妥當。惟先行行為的效果倘若持續至後行行為人參與犯罪之際，且後行行為人積極涉入、維持此既存事態而作為其犯罪的手段時，先行行為人惹起的既存事象，在規範上的評價等同於後行行為人自己惹起的事象，在此限度內，例外肯認成立承繼共同正犯，採部分肯定說。

第六項　過失的共同正犯

一、過失共同正犯的意義

過失共同正犯 (Fahrlässige Mittäterschaft) 的問題所在，係針對二人

---

❻❽ 最高法院28年上字第2397號判例，認為擄人勒贖罪固以意圖勒贖而為擄人之行為時即屬成立，但勒取贖款，係該罪之目的行為，在被擄人未經釋放以前，其犯罪行為仍在繼續進行之中。上訴人對於某甲被擄時雖未參與實施，而其出面勒贖，即係在擄人勒贖之繼續進行中參與該罪之目的行為，自應認為共同正犯。與犯罪同說結論相同。

以上共同實行一定行為，當全部行為人不注意而惹起該當過失犯的構成
要件時，究竟將此等人以過失犯的共同正犯、抑或以過失犯的同時犯而
為處理的問題。在此，所爭論者乃其形成過失的共同、或過失的競合？
因為「過失犯」與「共同正犯」的本質有所交叉，故依對於兩者本質的
理解不同，產生相異的結論。在對過失犯構造的理解有新的進展，且共
犯論亦有更深議論之下，過失與共同正犯的問題亦呈現嶄新的面貌。

　　過失犯能否成立共同正犯？我國學者對此一問題著墨不多，採肯定
說見解的學者甚少，而實務見解亦否定可成立共同正犯 ❻。在日本學說
上，學者主張否定說的立論深固，故仍居於屹立不搖的地位 ❼。然而，
日本在學說上歷經長時間的爭論後，目前主張肯定說的見解已經有日益
增多的趨勢 ❼。

---

❻　參照最高法院 93 年度臺上字第 347 號判決：共同正犯之成立必須數人間有共
　　同之行為決意，即共同正犯以二人以上實施犯罪行為，有共同故意為要件；至
　　於過失行為並無成立共同行為決意之可能，是若二人以上同有過失行為，縱於
　　其行為皆應負責，只能成立過失犯之同時犯，亦無適用刑法第 28 條之餘地。

❼　日本提出否定說見解者，最主要以莊子邦雄博士為代表，其認為「在過失犯中，
　　儘管有結果發生的危險，然其非難的本質仍在於行為人不認識行為的違法性，
　　又不控制自己行動的主觀態度。因此，肯認過失犯成立共同正犯時，應考慮共
　　同行為人不認識行為的違法性。然而，不認識違法性的共同，在心理層面無法
　　考量。縱然導入行為人不認識行為違法性的主觀態度，而有共同協力實行自然
　　事實的情狀，該種共同協力實行行為亦僅止於事實的共同，並不存在過失的共
　　同。」參照莊子邦雄，《刑法總論》，青林書院，1981 年 4 月新版，418 頁。此
　　外，採相同見解者，參照團藤重光，《刑法綱要總論》，創文社，1990 年 3 月
　　第 3 版，393 頁。

❼　有關日本過失共同正犯的概況及重要論述，內田文昭教授曾提出精闢的研究著
　　作。參照內田文昭，《刑法における過失共働の理論》，有斐閣，1973 年 11 月，
　　5–60 頁。

【日本的最初判例】

　　日本最高裁判所於 1953 年針對「被告甲與乙二人共同經營飲食店，因疏於注意而未檢查所販賣的酒類中是否含有甲醇，在意思聯絡下將該酒類販賣給多數消費者」的事件，基於「依原判決的確定，上開飲食店係由該二名被告所共同經營，對於販賣上開液體，被告人等係有意思的聯絡而販賣，所以二被告之間成立共犯關係確屬相當」的理由，依據**有毒飲食物取締令**第 4 條第 1 項後段及刑法第 60 條，判決該甲與乙二人成立過失共同正犯，此係從意思聯絡的觀點來肯定過失共同正犯的**先驅判例 ❼❷**，深獲學界高度的評價。

　　其後，名古屋高等裁判所及東京地方裁判所亦相繼出現肯定過失共同正犯的判決。因此，可謂日本實務上有逐漸肯認過失可成立共同正犯的趨勢。

　　在德國文獻上有**過失共同作用** (fahrlässiges Zusammenwirken) 的典型事例，亦即，數名建築作業員怠於注意路面行人，共同將方木材自建築鷹架上拋落地面，致使行人死亡的結果 ❼❸。然而，此事例係數人共同實行一行為而發生結果者，終究非屬其中一人所實行行為導致結果發生，此點係其相異之處。在實務上，則係基於共同正犯的概念，認為行為人必須要有共同行為的決意，由於過失犯本身因無意識其行為的發生，彼此間欠缺意思聯絡，故無法成立過失犯的共同正犯。

---

❼❷　參照日本最高裁判所 1953 年 1 月 23 日判決，《最高裁判所刑事裁判集》第 7 卷第 1 號，30 頁。

❼❸　此外，例如葉克斯那 (Exner) 所舉「兩名見習廚師於準備午餐之際，因不注意而引起火災，導致倉庫燒燬」 的案例 (Exner, Fahrlässiges Zusammenwirken, Festgabe für R. Frank, Bd. I, 1930, S. 572) 等。

二、過失共同正犯的新趨勢

㈠德國聯邦法院 1990 年的判例

　　原審法院針對「使用某公司所製造的特製皮革噴射亮光劑，造成身體傷害」的皮革噴射亮光劑事件，基於「該事件發生的當時，製造及販賣公司等接獲因使用該產品而致身體傷害結果（呼吸困難、嘔吐等）的報告，卻未採取回收該產品的措置」的理由，判決被告等人應成立「過失傷害罪」（德刑 §230）及「危險傷害罪」（德刑 §223 之 a）。

　　聯邦法院認為「在本案件中，縱然無法釐清係何種物質形成有害的皮革噴射亮光劑，但在無其他原因存在時，可認為該產品的製造販賣與發生傷害結果之間具有因果關係」，而且「在肯定為了防止發生傷害的保證人地位（基於先行行為的保證人地位）之下，被告等人的不作為（未回收產品）可成為對所發生結果負刑法上責任的理論基礎」，因此共同行為人「一致」具有不作為時，全部行為人均應負共同正犯的罪責❼❹。聯邦法院基於以上理由而支持原審判決，駁回被告的上訴。

　　聯邦法院雖然認為此種「傷害」係所謂「未回收產品」的「危險傷害（故意犯）」，但對「製造產品」的「過失傷害」部分，並未明確地加以認定。有關此一部分，倘若從德國通說將共同正犯限定於「故意」的見解觀之，聯邦法院對肯定「過失傷害」係持保留的態度。

㈡瑞士聯邦法院 1987 年的判例

　　瑞士聯邦法院於 1987 年針對兩行為人過失致人於死案件(滾石案)，基於「行為人若不遵守注意義務，且依其不注意的行為形態，已充分符合構成要件時，均成立過失犯的正犯。至其他行為人以同樣方式，共同實施犯罪行為時，亦適用之。換言之，基於過失而惹起同一結果的多數人，皆應依過失犯的正犯而予以處罰」❼❺的理由，判決被告成立過失致死罪的共同正犯，該判決係瑞士刑法史上極具劃時代意義的判決，值得

❼❹　德國聯邦法院第二刑事部 1990 年 7 月 6 日判決，BGHSt 37, 106 ff.

❼❺　參照 1987 年 5 月 15 日判決，BGE 113 IV 58.

我國刑法學界與實務上的借鏡。

【滾石案】

　　甲與乙二人於 1983 年 4 月 21 日 18 時 55 分許，自 X 森林小屋返家途中，發現特斯河 (Töss) 右岸的道路上，有兩塊大石，乃由甲提議，將大石滾落坡道。甲與乙二人非常熟悉該處所的地理環境，特別係對特斯河岸經常有漁夫等人出現的事實相當瞭解，且認識大約五十公斤與一百公斤兩塊大石在產生危險的範圍內，偶而可能有人出現的事實，故乙接受甲的建議，為確認坡道上或特斯河岸邊是否有人？乃移近絕壁數步，大聲叫「有誰在下面嗎？」一聲，惟此時由乙的所在處，並無法一眼看清特斯河右岸的全部景觀。乙在未聽到任何回答聲下，回到甲的所在，以手將超過一百公斤重的大石推動使其滾落坡道下。隨後甲亦以同樣方式將較輕的五十公斤大石推落坡道。其中一塊大石適巧擊中在坡道上的漁夫 A，導致 A 死亡的結果，然究竟係其中那一塊大石擊中 A，並無法辨別。蘇黎世 (Zurich) 州高等法院於 1986 年 7 月 3 日判決甲成立刑法第 117 條過失致死罪❼，判處有期徒刑三月，並宣告緩刑。甲以高等法院認定其行為與 A 的死亡結果間具有因果關係係屬不當為理由，向聯邦法院提出上訴。

　　在判決書中，針對該事件提出以下的見解：在本事件中，被告二人共同將兩塊大石推落坡道的事實，相當明確。此種事態所應論斷者，並非該二人的個別行為與構成要件結果之間是否具有因果關係，而係能否肯定其共同實施的全體行為與發生結果之間具有因果關係。在本事件中，至少被告二人係共同決意實行不注意的行為，而且在場所及時間極為接近的情形下，共同遂行該行為，故當時究竟係由誰推落那一塊大石，應

❼　瑞士刑法第 117 條規定「因過失致人於死者，處輕有期徒刑或罰金」，該規定與德國刑法第 222 條及日本刑法第 210 條（或第 211 條），其實質上係屬相同。

屬於偶然的分工而已。倘若可肯定兩塊大石之中至少有一塊大石導致被害人死亡的結果，則可充分確定被告甲的行為與發生死亡結果之間具有因果關係。

㈢日本的判例

1.名古屋高等裁判所 1986 年的判決

〈案例事實〉被告二人係鐵架組合業鐵工場的從業員，以大致相同的薪資從事電氣熔接工作，在工事現場共同作業，一方進行熔接工作，一方則係負責監視熔接工作所發出的火花不要讓其四處飛散而釀成火災，由於其怠於採取以薄鐵板等遮蔽熔接處所的業務上注意義務。而致火花飛散至樑木著火，而致現有人居住的建築物一棟全部燒燬。

名古屋高等裁判所針對該事件，基於「該二名被告因為違反共同注意義務的行為而導致火災事故，並非業務上失火罪的同時犯，應令該二名被告負共同正犯的責任，方具有妥當性。」 ⑰ 的理由，撤銷地方裁判所判決兩名被告失火罪的同時犯，改判被告二人成立業務上失火罪的共同正犯。

2.東京地方裁判所 1992 年的判決

〈案例事實〉被告二人都是在地下涵洞內從事通信線路工事裝配修理的作業員，就在進行以乙炔燈焊開包覆電話電纜接頭的鉛管尋找斷線的地方，當找出斷線地方，為了商討如何解決，便退出涵洞外，在退出之際一時疏忽，未注意乙炔燈有無熄滅，結果該乙炔燈燒到防覆套，而延燒至一百零四條電話電纜燒燬，甚至對世田谷區電話局廳舍皆有可能被波及的公共危險。

東京地方裁判所針對該事件，基於「所謂過失犯共同正犯有諸多爭議，但如本件可預想發生對社會生活上有重大且危險的結果者，其負有相互利用、補充的共同注意義務的共同作業者，且在其共同作業之間，

---

⑰ 參照名古屋高等裁判所 1986 年 9 月 30 日判決，《高等裁判所刑事判例集》第 9 卷第 4 號，371 頁。判例參照阿部純二，〈過失の共犯〉，收錄於《別冊法學教室 刑法の基本判例》，有斐閣，1988 年 4 月，72–75 頁。

如其係共同怠於注意義務，則對作業員全體應成立過失犯的共同正犯，對於發生的結果全部，應負共同正犯的刑事責任，並不違反刑法上的責任原則」的理由，判決被告二人成立業務上失火罪的共同正犯❼❽。

3.東京高等裁判所 2003 年的判決

〈案例事實〉就時任醫師及護理人員之被告等 6 人，因疏於確認病患與名牌是否相符，以致於在移交病患及名牌時錯置，於進行麻醉及開刀之階段均未察覺有誤，遂對預定進行肺部手術之病患 Y 進行心臟手術，對預定進行心臟手術之病患 X 進行肺部手術，進而對 X、Y 造成傷害。

東京高等裁判所基於「被告等 6 人縱然負有逐一確認病患與名牌是否相符之注意義務，而竟怠於為之之所謂各個過失行為之競合」，因此肯認被告等 6 人各自成立業務上過失傷害罪之單獨正犯❼❾。然而，亦有學者認為，於進行移交、麻醉與開刀之各個階段，本案亦有肯認渠等成立共同正犯之可能❽⓿。

於 2001 年所發生之明石煙火大會天橋事故，係於兵庫縣明石市，煙火大會上之觀光客激烈推擠而引發大規模群眾推擠踐踏情事（原文作「群眾雪崩」，係指 1 平方公尺內擠入超過 10 人之混亂狀態，許多人如同一束束的稻草般被騰空推擠因而跌倒之現象），造成 258 名人員死傷之結

---

❼❽ 參照東京地方裁判所 1992 年 1 月 23 日判決，《判例時報》第 1419 號，133 頁。

❼❾ 於橫濱地方裁判所之本案第一審（横浜地判平成 13 年（2001 年）9 月 20 日判タ 1087 号，296 頁）中，認為無法認定被告 C 有違反注意義務之情事而宣告其無罪，其他 5 人則被宣告有罪。於最高裁判所之上訴第三審（最決平成 19 年（2007 年）3 月 26 日刑集 61 卷 2 號，131 頁）中，則否定無法認定被告 C 於進行麻醉前後有過失之主張，維持對其為有罪判決。雖於各審級中，就被告個別之注意義務的具體內容可見到若干變更，然就構成被告等人之各個過失行為之競合本身則係維持一貫（不變）。

❽⓿ 同樣指出於本案中存在有成立過失的共同正犯之可能性者，如甲斐克則、大塚裕史等。請參照：甲斐克則，《医事刑法への旅 I（新版）》，東京：イウス出版，2006 年，頁 143；大塚裕史，〈チーム医療と過失犯論〉，《刑事法ジャーナル》3 号，2006 年，頁 21 以下。

果。主辦單位之明石市公所、擔任警衛工作之兵庫縣縣警（明石分局）與保全公司三者中，共計 12 人被列為被告。審判中，一部分之被告是否成立過失之共犯成為爭點所在 ❽。

4.東京地方裁判所 2006 年的判決

〈案例事實〉身為東京慈惠會醫科大學附屬青戶醫院泌尿科醫師之三名被告（X：主治醫師，負責操作腹腔鏡；Y：主刀醫師；Z：第一助手），為治療病人之攝護腺癌而進行腹腔鏡根除性攝護腺切除手術時，儘管三人均不具備安全進行本項手術之知識、技術及經驗，於開始本項手術後，又因手術中屢屢發生失誤，造成 DVC（陰莖背靜脈）大量出血，病人因腦部缺氧之腦死所引起之肺炎而死亡。

東京地方裁判所針對腹腔鏡手術失誤事件 ❽，基於「因被告三人，無論何者均不具備安全進行本項手術之知識、技術及經驗……對於從事醫療業務之被告三人，有著應嚴正避開選擇本項為病人之生命身體帶來危險之手術的業務上之注意義務，而怠於為之……因共同依本項手術方式開始進行手術之過失……致 A 因腦部缺氧之腦死所引起之肺炎而死亡」為由，肯認本案成立業務過失致死罪之共同正犯。

本判決於作為預見可能性的對象之「因果關係之基礎部分」，認定有「不具備難度頗高之高度先進醫療行為之知識或經驗而仍為之」，於違反迴避結果發生之義務上，認定「具有迴避應稱為無謀之本項危險之手術方式，而於進行手術之際，有確保 A 之生命身體安全之義務，然則無論

---

❽　於刑事審判中，其中 5 人之有罪判決已告確定。另一方面，就遭函送而後經不起訴處分之明石分局長及副分局長 2 人，則於經歷檢察審查會 3 次出具應予起訴之決議後，檢方仍予不起訴，乃於 2010 年第 4 次出具應予起訴之決議後，強制起訴副分局長（分局長業於 2007 年死亡），該案現仍繫屬法院中（該案之第一審、第二審判決業已宣示）。

❽　本案通稱「慈惠醫大青戶醫院事件」（東京地判平成 18 年 6 月 15 日），參照只木誠，〈60 事件〉，《医事法判例百選（新版）》（別冊ジュリスト 183 号），東京：有斐閣；飯田英男，《刑事医療過誤Ⅲ》，東京：信山社，2012 年，頁 502–542。

何者均怠於盡此義務」❽，就所實行之行為與結果間之因果關係，則採用判例所採之實現危險（原文為「危險の現実化」）說（「是否將行為之危險性朝向結果實現」），認為縱有麻醉醫師之過失情事介入，仍因渠等行為具高危險性，而肯認其因果關係。

　　本案就「負有應嚴正避開選擇本項手術方式之業務上的注意義務，而竟怠於為之」，於「共同違反共同之注意義務」而開始進行手術此點上，肯認成立過失的共同正犯（最判昭和 28 年 1 月 23 日刑集 7 卷 1 号，30 頁）。亦即，非以本項手術中之各項失誤作為過失之實行行為，而係於認定有不具進行高難度之手術方式之知識、技術及經驗而仍依此為之的行為作為過失之實行行為，基於所謂「共同實行違反注意義務行為」之傳統理論進而肯認成立過失的共同正犯。

第七項　結果加重犯的共同正犯

一、結果加重犯的共同正犯的意義

　　二人以上共同實行犯罪，當其中某一部分行為人的行為惹起加重結果之時，其餘部分行為人是否皆應共同就該加重結果負刑事責任，而成立共同正犯？在刑法學上，有將此一犯罪類型稱為結果加重犯的共同正犯 (Die Mittäterschaft an den erfolksqualifizierten Deliken)。

　　舉例而言，甲與乙二人共謀強取 A 的財物，當甲對 A 施以強暴脅迫，而使乙取得財物之後，A 卻因甲的強暴脅迫行為過重而傷重死亡。在此案例當中，倘若係以肯認結果加重犯得以成立共同正犯的見解為前提，則甲與乙二人將成立強盜致死罪的共同正犯。然而，倘若係以認為結果加重犯並不得成立共同正犯的見解為前提，則甲成立強盜致死罪，而乙僅僅成立強盜罪，甲與乙二人並不成立共同正犯。

---

❽　同時亦否定辯護人所主張之信賴原則。

【結果加重犯能否成立共同正犯的實務見解】

⑴加重結果共同可預見：共同正犯在犯意聯絡範圍內之行為，應同負全部責任。惟加重結果犯，以行為人能預見其結果之發生為要件，所謂能預見乃指客觀情形而言，與主觀上有無預見之情形不同，若主觀上有預見，而結果之發生又不違背其本意時，則屬故意範圍；是以，加重結果犯對於加重結果之發生，並無主觀上之犯意可言。從而共同正犯中之一人所引起之加重結果，其他之人應否同負加重結果之全部刑責，端視其就此加重結果之發生，於客觀情形能否預見；而非以各共同正犯之間，主觀上對於加重結果之發生，有無犯意之聯絡為斷（最高法院91年臺上字第50號判例）。

⑵共同行為人對加重結果有無過失：刑法第17條之加重結果犯，係故意的基本犯罪與過失加重結果之結合犯罪。以私行拘禁致人於死罪為例，非謂有私行拘禁之行為及生死亡結果即能成立，必須拘禁之行為隱藏特有之危險，因而產生死亡之結果，兩者間有相當因果關係。且該加重結果客觀上可能預見，行為人主觀上有注意之義務能預見而未預見，亦即就加重結果之發生，具有過失，方能構成。良以私行拘禁致人於死罪與私行拘禁罪之刑度相差甚大，不能徒以客觀上可能預見，即科以該罪，必也其主觀上有未預見之過失（但如主觀上有預見，則構成殺人罪），始克相當，以符合罪刑相當原則。又共同正犯在犯意聯絡範圍內，就其合同行為，均負全部責任，惟加重結果犯之加重結果，行為人僅有過失，主觀上均未預見，則各共同正犯間就加重結果之發生，無主觀上之犯意，當無犯意聯絡可言，各共同正犯就加重結果應否負責，端視其本身就此加重結果有無過失為斷。（最高法院106年度臺上字第4163號判決❽❹）

---

❽❹　此外，參照最高法院95年度臺上字第4178號判決：共同正犯在犯意聯絡範圍內之行為，應同負全部責任。惟**加重結果犯，以行為人能預見其結果之發生為**

二、結果加重犯的本質

針對結果加重犯得否成立共同正犯的議題，首先應認識結果加重犯的本質內涵，亦即必須釐清「基本構成要件行為」與「加重結果」二者間存在何種關係？就結果加重犯的「基本構成要件行為」而言，在德國刑法中，除故意犯之外，尚包含過失犯的犯罪類型（例如德刑 §309 失火致死罪，§314 過失溢水致死罪等），而在日本以及我國刑法中，則僅限於故意犯，並無過失犯的犯罪類型存在（例如刑 §226 妨害性自主致死傷罪，§277 II 傷害致死罪等；日刑 §111 延燒罪，§205 傷害致死罪等）。

其次，就結果加重犯的「**加重結果**」而言，德國刑法總則第 18 條中規定「法律對行為的特別結果設有加重其刑的規定者，僅在正犯或共犯對特別結果的發生，至少具有過失時，始適用之。」**⑮**，其加重結果係

要件，所謂能預見乃指客觀情形而言，與主觀上有無預見之情形不同，若主觀上有預見，而結果之發生又不違背其本意時，則屬故意範圍；是以，加重結果犯對於加重結果之發生，並無主觀上之犯意可言。從而共同正犯中之一人所引起之加重結果，其他之人應否同負加重結果之全部刑責，端視其就此加重結果之發生，於**客觀情形能否預見**；而非以各共同正犯之間，主觀上對於加重結果之發生，有無犯意之聯絡為斷。又刑法第 277 條第 2 項前段**傷害致人於死**之罪，係因犯傷害罪致發生死亡結果而為加重其刑之規定，依同法第 17 條之規定，固以行為人能預見其結果發生時，始得適用，但傷害行為足以引起死亡之結果，**如在通常觀念上不得謂無預見之可能**，則行為人對於被害人之因傷致死，即**不能不負責任**；69 年臺上字第 1931 號判例：上訴人等四人同時同地基於同一原因圍毆被害人等二人，其中一人因傷致死，當時既無從明確分別圍毆之對象，顯係基於一共同之犯意分擔實施行為，應成立共同正犯，並同負加重結果之全部罪責。

⑮ 德國刑法原無結果加重犯的規定，1953 年 8 月 4 日第三次刑法修正時，在第 56 條規定「本法對犯罪特別結果的加重處罰，僅在該犯罪行為人對特別結果的產生至少具有過失時，始適用之」，其後，1975 年刑法總則全面修正，將第 56 條條文部分修正而成為現行刑法第 18 條。在分則方面，基於刑事政策的考量，在原有第 221 條第 3 項遺棄致死及致重傷罪、第 224 條重傷害罪、第 226

以「至少具有過失」為成立要件，明顯地係採過失說的立場，並將「正犯」與「共犯」二者並列處罰。

日本刑法對於加重結果，並未在總則加以規定，而係在分則中規定某些特定犯罪類型，當行為人實行該等犯罪而「致」死傷之加重結果發生時[86]，則於實務上完全委由解釋予以解決，一般並不採「過失」為其成立要件，而係以「因果關係」概念解決加重結果的問題，判例上即有採條件因果關係理論或相當因果關係理論之見解而為判斷之例[87]。

我國刑法則於總則第 17 條規定「因犯罪致發生一定之結果，而有加重其刑之規定者，如行為人不能預見其發生時，不適用之。」，足徵係以「預見可能性」為其成立要件，而對分則所規定「犯……因而致……」的加重結果，科以結果加重犯的刑罰[88]。

條傷害致死罪、第 229 條第 2 項毒害致死及至重傷罪、第 239 條第 2 項監禁致死罪及第 3 項監禁致重傷罪、第 307 條第 1 項第 1 款放火致死罪、第 309 條失火致死罪、第 312 條溢水致死罪、第 314 條過失溢水致死罪、第 318 條第 2 項損壞水利礦業等重要設施致死及致重傷罪之外，另增訂第 239 條 a 第 2 項擄人勒贖致死罪、第 239 條 b 第 2 項略誘他人為人質致死傷罪及第 316 條 c 第 2 項劫持航空機致死罪等。

[86] 日本刑法僅在分則中規定第 111 條延燒罪、第 124 條第 2 項妨害交通致死傷罪、第 126 條第 3 項對火車等之覆沒致死罪、第 181 條強姦或強制猥褻致死傷罪、第 196 條特別公務員濫用職權致死傷罪、第 205 條傷害致死罪、第 213 條後段同意墮胎致死傷罪、第 216 條未經同意墮胎致死傷罪、第 219 條遺棄致死傷罪、第 221 條非法逮捕監禁致死傷罪、第 240 條強盜致死傷罪及第 241 條後段強盜強姦致死傷罪等，總則並無結果加重犯之規定，然 1974 年改正刑法草案提出增訂總則第 22 條「因結果之發生而有加重其刑之罪，如行為人不能預見該結果時，不得以加重犯處斷。」，特別引起學界之重視。

[87] 參照木村龜二著・阿部純二增補，《刑法總論》，有斐閣，1978 年 4 月增補版，185–188 頁。採條件說見解者，例如大審院 1928 年 4 月 6 日判決，《刑集》第 7 卷，298 頁；採相當因果關係見解者，例如大審院大正 2 年 9 月 22 日判決《刑錄》第 19 輯，887 頁）、大審院 1931 年 8 月 6 日判決《刑集》第 103 卷，369 頁）及高等裁判 1949 年 12 月 27 日判決（《高裁刑特報》3 號，12 頁）。

然而，德國、日本以及我國所承認的結果加重犯，其理論基礎究竟何在？而依據其理論基礎又該如何界定結果加重犯成立共同正犯的範圍及其界限？此等問題必須深入加以探討。

三、結果加重犯成立共同正犯的立論

結果加重犯究竟能否成立共同正犯，其亦與「過失共同正犯」犯罪類型的成立與否具有密切關聯性，因此，在探討結果加重犯得否成立共同正犯的理論根據時，亦必須從共同正犯論或過失共同正犯論的主要對立學說提出一併的檢討。有關此一問題，從德國刑法的歷史變遷來看，大致可分為 1953 年刑法部分條文修正前的「以客觀處罰條件為基礎」、1975 年刑法全面修正的「以過失要件為基礎」及最近的「以現行刑法規定為基礎」等三個階段，各階段在論述結果加重犯得否成立共同正犯時，必定從其與過失共同正犯理論基礎的關聯性為著墨重點。

而在日本，除了有從結果加重犯本身所具有的**結果責任**來主張成立共同正犯之外，亦有從肯定過失的共同正犯（行為共同說、犯罪共同說、危險性說）的立場，而肯定結果加重犯可成立共同正犯。至於我國對於此一問題，大致係從「以實行基本構成要件的犯意及行為為基礎」及「以對加重結果具有預見可能性為基礎」的立場為出發點，其立論是否堅固，

---

⑧⑧ 1912 年暫行新刑律在總則上原無結果加重犯的規定，僅在分則上規定各種犯罪的加重處罰，在此段時期中，判例上係採「因果關係」為判斷的標準。1928 年舊刑法在總則第 29 條規定「犯罪因發生一定之結果而加重其刑者，若行為人不能預見其發生時，不得從重處斷。」，因此明顯地採「預見可能」而為判斷，在分則上則規定兩種結果加重犯的型態，一種為對行為人不預期的結果加重，明定較重的刑度，例如舊刑法第 240 條第 4 項「犯強姦罪因而致被害人於死者，處死刑或無期徒刑，因而致重傷者，處無期徒刑。」，另一種型態為比照其他重罪的刑，而依重罪的規定處斷，例如舊刑法第 307 條第 2 項「犯墮胎罪因而致婦女於死或重傷者，比較故意傷害罪從重處斷。」1935 年現行刑法將舊刑法第 29 條文字修正而為現行刑法第 17 條，但原則並未改變，而在分則上則採上述第一類型的加重處罰型態，規定各種結果加重犯。

仍然受到質疑。

　　在德國、日本及我國實務適用情形上，雖然多數判例在有關傷害致死罪、強盜致死傷罪或強制性交致死傷罪等案件中，採肯認結果加重犯得成立共同正犯的看法，惟採否定見解者亦不在少數❽⑨，該等否定見解的理論根據，或仍有欠缺明確性者，實際上亦有探討的價值存在。

第八項　共同正犯的其他類型

一、不作為的共同正犯

　　所謂不作為的共同正犯，係指二以上行為人基於共同的不作為決意，共同實行不作為，而成立共同正犯的犯罪類型。在不作為犯的情形，由於行為人違反作為義務的不作為，係屬實行行為，故二以上行為人相互利用互為相補的實現犯罪時，可成立共同正犯。此種犯罪的成立，學說與實務上大致上並無爭議性存在。

┌───┐
│ 　　【不作為成立共同正犯的案例思考】 │
│ ⑴在純正不作為犯的情形中，甲與乙二人進入 A 的家中後，A 請求 │
│ 　甲乙二人離開，甲與乙二人基於共同決意而滯留不離去時，甲與 │
│ 　乙二人成立違法滯留罪（§306Ⅱ）的不作為共同正犯。 │
│ ⑵在不純正不作為犯的情形中，例如具夫妻關係的丙丁二人，因陷 │
│ 　於飢寒交迫的境地，乃共同決意餓死其數個月大的幼子 B，在應 │
│ 　餵食奶粉之際袖手旁觀，導致其幼子 B 死亡結果時，丙丁二人成 │
│ 　立殺人罪（§271Ⅰ）的不作為共同正犯。 │
└───┘

　　問題在於：在不純正不作為犯的情形中，若二以上行為人中，一部分人具有作為義務，其他共同行為人中有不具有作為義務時，亦即具作

❽⑨　參照余振華，《刑法深思・深思刑法》，作者自版，2005 年 9 月，270–274 頁以下。

為義務者與不具作為義務者共同決意而共同實行不作為時，是否可成立不作為的共同正犯。例如上述母親丁與第三者戊共同決意餓死 B 時，丁與戊二人是否成立殺人罪（§271 I）的不作為共同正犯。針對此種情形，有肯定說與否定說兩種不同見解，本書採肯定說立場。

此外，作為犯與不作為犯共同犯罪的情形，是否可成立共同正犯？例如父親甲與母親乙在同一房間內，乙毆打其子 A 的顏面，且數次將 A 推到床上，但甲並未加以制止，接著乙拉 A 撞擊桌子，其後又將 A 抱起，將其舉至自己右肩附近，甲雖眼見其狀況，但仍沉默不語而將臉轉向後方，乙理解甲亦有欲藉自己使 A 死亡的意思，基於共同殺 A 的意思，乙斷然地將 A 撞擊桌子，導致 A 死亡的結果❾❿。在本案例中，甲以不作為與乙以作為而共同導致 A 死亡，應成立殺人罪（§271 I）的共同正犯。

二、預備罪的共同正犯

所謂預備罪的共同正犯，係指二以上行為人基於共同犯罪的決意，共同實行預備行為，而成立共同正犯的犯罪類型。此種犯罪類型的問題在於：共同正犯所謂「二人以上共同實行犯罪之行為」的「行為」，是否應僅限於共同實行「基本構成要件」內涵的行為？

在學說上，有以下三種見解：(1)共同正犯中二以上行為人所共同實行的行為，包含共同實行預備行為，故應成立預備罪的共同正犯（肯定說）❾❶；(2)共同正犯中二以上行為人所共同實行的行為，係指共同實行基本構成要件的行為，故不成立預備罪的共同正犯（否定說）❾❷；(3)預

---

❾❿ 參照大阪高等裁判所 2001 年 6 月 21 日判決，《判例タイムズ》1085 號，292 頁。

❾❶ 參照平野龍一，《刑法總論II》，有斐閣，1976 年，351 頁；藤木英雄，《刑法講義總論》，弘文堂，1975 年 11 月，293 頁；莊子邦雄，《刑法總論》，青林書院，1981 年 4 月新版，454 頁。

❾❷ 參照大塚　仁，《刑法概說（總論）》，有斐閣，2008 年 10 月第 4 版，308 頁；福田　平，《全訂刑法總論》，有斐閣，2004 年第 4 版，251 頁；參照我國最高法院 96 年度臺上字第 934 號判決：刑法第 28 條原規定：「二人以上共同『實

備罪應區分為獨立預備罪與從屬預備罪，前者可成立預備罪的共同正犯，而後者不成立預備罪的共同正犯（二分說）❸。本書認為，刑法第 28 條共同正犯所謂共同「實行」，應包含共同實行預備行為，故二以上行為人基於共同實行基本構成要件行為的決意，而共同實行預備行為時，應成立殺人預備罪（§271III）的共同正犯。

【預備罪共同正犯的案例思考】

甲受具有殺人犯意的乙之委託，提供可致人於死的毒物，甲十分清楚準備毒物係為了殺人，卻仍然將該毒物交給乙，乙尚未著手實行殺人行為即被查獲移送法辦。針對此一案例，甲與乙二人應成立殺人預備罪（§271III）的共同正犯，抑或係甲不成立殺人預備罪，僅乙成立殺人預備罪？

針對上述案例，本書認為，若甲亦有殺人意思時，則甲乙二人可成立殺人預備罪的共同正犯；若甲並無殺人意思時，則甲僅成立殺人預備罪的幫助犯，甲與乙二人不成立殺人預備罪的共同正犯。

三、片面的共同正犯

所謂片面的共同正犯，係指共同行為人之間雖然有客觀上共同實行的行為存在，但主觀上共同實行的意思，僅係一方存在，另一方並不存在的犯罪類型。其問題關鍵在於：在主觀要件上，共同實行的意思，是否必須相互存在於共同行為人的各個人之間？

施」犯罪之行為者，皆為共同正犯。」新法修正為：「二人以上共同『實行』犯罪之行為者，皆為共同正犯。」將舊法之「實施」修正為「實行」。原「實施」之概念，包含陰謀、預備、著手及實行等階段之行為，修正後僅共同實行犯罪行為始成立共同正犯。是新法共同正犯之範圍已有限縮，排除陰謀犯、預備犯之共同正犯。

❸ 參照西原春夫，《刑法總論》，成文堂，2006 年，274 頁。

在學說上，有基於行為共同說的立場，認為僅共同行為人的一方存有共同實行的意思時，即可成立片面的共同正犯（肯定說）**❾**；亦有基於犯罪共同說的立場，認為必須共同行為之間各自均具有共同實行的意思時，始可成立共同正犯，故並無片面共同正犯的概念存在（否定說）**❾**。

【片面共同正犯的案例思考】

⑴**案例**：甲欲前往 A 家竊取財物，乙基於共同實行竊盜行為的意思，在甲進入 A 家必須越牆之處，放置木梯，甲並不知乙有共同實行的意思，甲從放置木梯處越牆而進入 A 家，順利竊得財物。在此種情形中，甲與乙之間並無共同實行的意思，而僅係以單方面基於共同實行竊盜的意思，乙應不成立竊盜罪（§320Ⅰ）的片面共同正犯，僅成立竊盜罪的片面幫助犯（§30）。

⑵**實務見解**：所謂一方或片面共同正犯，係多數人不約而同一起犯罪，即便皆有相同之實行行為，卻欠缺共同之犯意或意思聯絡，因此多數人所實行之行為，不能認為有行為分擔，從而不成立一般共同正犯，雖刑法第 28 條對此無明文規定，但在同法第 30 條第 1 項後段，承認幫助犯與實行正犯間不必有犯罪之意思聯絡或合致。而所謂同時犯，指數人同時在同一處所各別犯罪，而不問其所犯為相同或不同罪名，縱屬相同罪名，蓋此數人在事先未經同謀，且無臨時形成共同犯意，使其無法成立一般共同正犯，另，刑法固然無明文承認一方共同正犯，惟對於數人一起犯罪之情形，在訴訟上可論以同時犯。（最高法院 110 年度臺上字第 166 號判決）

---

❾ 參照平野龍一，《刑法總論 II》，有斐閣，1975 年 6 月，392 頁；山中敬一，《刑法總論》，成文堂，2008 年 3 月第 2 版，841 頁。

❾ 參照團藤重光，《刑法綱要總論》，創文社，1990 年 3 月第 3 版，391 頁；川端博，《刑法總論講義》，成文堂，2006 年 2 月第 2 版，544 頁；大谷　實，《刑法講義總論》，成文堂，2010 年 3 月新版第 3 版，428 頁。

　　本書係採否定說的見解而認為，在共同正犯中，所謂「一部行為全部責任」的意義，係指共同行為人的各個行為人係以相互利用他人的行為，而實現構成要件的行為，故既然共同行為人之間並無共同實行的意思，即無法成立共同正犯。

第四節　教唆犯

第一項　教唆犯的意義

　　所謂教唆犯(Anstiftung)，亦稱造意犯，係指「教唆他人使之實行犯罪行為者」(§29Ⅰ)而言。教唆犯本身並非親自實行犯罪，但因教唆者促使他人實行某種特定犯罪，而使他人破壞該特定犯罪所要保護的法益，因此刑法規定「教唆犯之處罰，依其所教唆之罪處罰之。」(§29Ⅱ) ❾❻。教唆犯由於未分擔實行行為，故與共同正犯不同，屬於共犯，而其並非單純地幫助他人犯罪，主要係促使原本無犯罪意思者產生犯罪意思而實行犯罪，故亦與同屬共犯類型的幫助犯不同。

　　我國刑法有關教唆犯的定義，係從舊刑法第 29 條第 1 項「教唆他人犯罪者，為教唆犯。」的規定修正而來。此外，亦刪除舊刑法第 29 條第 3 項「被教唆人雖未至犯罪，教唆犯仍以未遂犯論。但以所教唆之罪有處罰未遂犯之規定者，為限。」的規定。針對現行刑法教唆犯的規定，可從立法原則、成立要件以及處罰根據等三個層面來理解其實質上的意涵。

---

❾❻　日本刑法係於第 61 條第 1 項規定「教唆他人實行犯罪者，科以正犯之刑。」，而德國刑法係於第 26 條規定「故意教唆他人故意實施違法行為者，為教唆犯。對教唆犯之處罰與正犯相同。」因此，我國刑法針對教唆犯的規定係與德日刑法典具有相同旨趣。

一、教唆犯的立法採共犯從屬性說

舊刑法第 29 條第 3 項「被教唆人雖未至犯罪，教唆犯仍以未遂犯論。但以所教唆之罪有處罰未遂犯之規定者，為限。」的規定，係基於「教唆犯惡性甚大」以及「被教唆人雖未至犯罪，或雖犯罪而未遂，即處教唆犯既遂犯之刑，未免過嚴」的理由而採共犯獨立說的處罰原則❾。現行刑法第 29 條在 2005 年 2 月修正時，立法者認為「教唆犯如採共犯獨立性說之立場，實側重於處罰行為人之惡性，此與現行刑法以處罰犯罪行為為基本原則之立場有違。」，因此改採共犯從屬性說的立場。換言之，現行刑法有關教唆犯的立法原則，係由主觀與客觀並重的原則而趨向客觀主義的原則。

二、教唆犯的成立採限制從屬形式

依據舊刑法第 29 條第 1 項「教唆他人犯罪者，為教唆犯。」的規定，教唆犯的成立，係教唆他人「犯罪」，亦即被教唆者必須實行構成要件該當且具有違法性與有責性的行為，因此係採嚴格從屬形式。現行刑法第 29 條第 1 項修正為「教唆他人使之實行犯罪行為者，為教唆犯」，其中所謂「**使之實行犯罪行為**」，係指被教唆者著手實行行為，且其行為具有違法性而言。依據限制從屬形式的見解，共犯的成立係以正犯行為（主行為）的存在為必要條件，而此正犯行為必須具備構成要件該當性與違法性，始足當之。因此，現行刑法針對教唆犯的成立，有關**要素從屬性**係採**限制從屬形式**。

此外，現行刑法刪除第 29 條第 3 項「被教唆人雖未至犯罪，教唆犯仍以未遂犯論。但以所教唆之罪有處罰未遂犯之規定者，為限。」的規定後，被教唆者未產生犯罪決意（**失敗教唆**），或雖產生決意卻未著手實

---

❾ 參照舊刑法第 29 條教唆犯的立法理由：「教唆犯惡性甚大，宜採獨立處罰主義。惟被教唆人雖未至犯罪，或雖犯罪而未遂，即處教唆犯既遂犯之刑，未免過嚴，故本案規定此種情形，以未遂犯論。」

行（無效教唆）者，教唆者皆不成立教唆犯。至於被教唆者已著手實行犯罪行為的情形，則依據「教唆他人使之實行犯罪行為者，為教唆犯。」的規定，教唆者成立教唆犯。

三、教唆犯的處罰採罪名從屬性

基於教唆犯採共犯從屬性說的立場，故教唆者應從屬被教唆者，始能成立教唆犯，而教唆犯的處罰效果，則依據「教唆犯之處罰，依其所教唆之罪處罰之。」（§29Ⅱ）的規定加以論罪。換言之，在此所謂「依其所教唆之罪處罰之」，係採罪名從屬性原則，亦即若被教唆者已達既遂狀態時，教唆者成立既遂罪，若被教唆者未達既遂狀態，則教唆者依未遂犯論罪❾❽。例如教唆殺人既遂者，依殺人罪處罰，教唆殺人未遂者，則依殺人未遂罪處罰。

第二項　教唆犯的成立要件

依據刑法「教唆他人使之實行犯罪行為者，為教唆犯。」（§29Ⅰ）的規定，教唆犯的成立有以下三個要件：⑴教唆故意（主觀要件）、⑵教唆行為、⑶被教唆者的主行為（客觀要件）。

一、教唆故意

有關教唆故意，學說上有以下兩種見解：⑴教唆犯必須具有雙重故

---

❾❽　參照最高法院 104 年度臺非字第 193 號判決：按刑法修正後對於教唆犯係採**共犯從屬性說之立場**，是以，關於教唆犯之處罰效果，仍維持修正前同法第 29 條第 2 項之規定，其於適用上係指行為人實行教唆行為後，被教唆者著手實行所教唆之罪，且具備違法性後，教唆者始成立教唆犯。其中成立教唆犯後之處罰，則依教唆犯所教唆之罪。至於應適用既遂、未遂何者之刑，則係視被教唆者所實行之構成要件事實既遂、未遂為斷。次按行為人教唆他人實行偽證犯行，嗣又另行起意由自己實行偽證犯行，因兩犯行有別，行為人先前之教唆偽證行為業已完成，自無從為其嗣後所為之偽證行為所吸收。

意，其一是惹起他人犯罪的故意，其二是對於被教唆者完成犯罪的故意。
⑵教唆犯僅須具有**單純故意**，亦即僅惹起他人犯罪的故意，即為已足，
教唆者不須有對被教唆者完成犯罪的故意。主張教唆故意必須具有雙重
故意者，係我國大多數學者所採的見解 ❾。

　　若採教唆必須具有雙重故意（完整故意）的見解，則在教唆他人產
生犯罪意思，但不希望他人完成犯罪的情形，並不成立教唆犯。例如學
說上所稱陷害教唆 (agent provocateur) 的情形，由於教唆者欠缺完整的教
唆故意，並非教唆，因此不具可罰性❿。本書認為，教唆故意係指惹起
他人犯罪的故意，因此未遂的教唆亦屬於教唆犯一種⓫，必須區別**教唆
的未遂與未遂的教唆**。

【未遂的教唆】

　　　所謂未遂的教唆 (Anstiftung zum Versuch)，係指教唆者自始至
終係基於使他人的實行行為達到未遂狀態的意思，而實行教唆行為
的犯罪型態而言。例如，甲以殺人未遂的犯意，唆使乙殺 A，在乙
產生殺意而欲殺 A 時，甲出面阻止乙的殺人行為，結果未發生殺人

---

❾　採**雙重教唆故意說**者，例如林山田、林東茂教授等。參照林山田，《刑法通論
　　（下）》，作者自版，2008 年 1 月增訂 10 版，111 頁；林東茂，《刑法綜覽》，
　　一品文化出版，2009 年 9 月第 6 版，1–270 頁。

❿　針對**陷害教唆**的情形，參照最高法院 101 年度臺上字第 2820 號判決：刑事案
　　件中所稱之陷害教唆，應以行為人員無犯罪之意思，但卻因具有司法警察職權
　　公務員之設計，並唆使後起意，且於犯罪行為開始實行時，始予以逮捕者稱之；
　　亦即其係以不正當手段為引誘，則行為人被陷害教唆者，自不成立犯罪。本書
　　認為，教唆者並無欠缺教唆的故意，應成立教唆的未遂罪，但若係屬於偵查上
　　的不得已手段，則應視為係依法令行為，而**阻卻違法性**。

⓫　林山田教授認為，將未遂教唆視為教唆犯，係誤解未遂教唆而形成的見解。參
　　照林山田，《刑法通論（下）》，作者自版，2008 年 1 月增訂 10 版，126 頁。正
　　確的說，此種情形主要係針對教唆故意是否採雙重故意所形成的見解，並非誤
　　解所形成，故本書仍認為**陷害教唆**或**虛偽教唆**係屬未遂的教唆。

結果的情形；又例如，甲非常清楚 A 的口袋中並無任何財物，但仍唆使乙去竊取 A 口袋中的財物，乙果然產生竊盜犯意而著手實行竊盜行為，結果並未竊得任何財物的情形。

　　針對以上兩個案例，甲基於未遂的意思所實行的教唆行為，究竟是否成立殺人罪（竊盜罪）的未遂犯，此即「未遂的教唆」的問題所在。本書認為，基於限制從屬性的立場，由於乙已經著手實行殺人行為（竊盜行為）而未達到既遂，故甲的行為依附從屬於乙的未遂行為，應成立殺人罪（竊盜罪）的未遂犯。

二、教唆行為

　　教唆者必須具有唆使或慫恿他人犯罪的教唆行為，始得成立教唆犯。教唆犯所教唆的對象必須是特定的一人或數人，如果係對不特定的多數人慫恿教唆，則非教唆，而係屬於「煽惑犯罪」形態，刑法對於教唆並無單獨規定教唆罪，而係從屬依附於所教唆的主行為，但對於煽惑犯罪有獨立設「煽惑罪」（§§153，155）。

　　關於教唆行為的方法，並無嚴格限制，以明示或暗示均無不可，例如提供利益、唆使、請託、言辭激將、哀求、誘導、慫恿、忠告、指示或其他方法，只要行為人出於教唆的故意，而使本無犯意或犯意未確定的行為人萌生犯意，均可成立教唆犯[102]。

　　然而，若係以強暴或脅迫的手段，強迫他人不得不聽命行事，或係以詐欺手段使人陷於錯誤而著手實行，則並非教唆行為，而另外成立「以

---

[102]　參照最高法院 91 年度臺上字第 729 號判決：刑法第 29 條第 1 項之教唆犯係指行為人對於本無犯罪意思，或雖有犯罪意思，而尚未決定之特定人，基於教唆犯罪之故意，唆使其產生犯罪之決意者而言。其教唆他人犯罪之方法，則無所限制，無論以言語慫恿，或以文字挑撥，或以勢利引誘，或以感情刺激，或以情面委託皆無不可，此與共同正犯須共犯間彼此有犯罪意思之聯絡及行為之分擔者不同。

強制他人作為自己犯罪的工具」，或「利用他人無故意的行為而遂行自己犯罪」的間接正犯 ❶❼。此外，教唆行為必須係積極地促使他人產生犯罪的決意，若以消極的不作為方式，並無法使人產生犯罪的決意，故無法成立教唆犯。

【間接正犯與教唆犯的區別】

間接正犯與教唆犯同樣地居於幕後，以他人故意行為來遂行自己的犯罪，但兩者對於犯罪的支配程度則有程度上的不同，間接正犯係核心人物，掌握犯罪全程，立於主要支配的地位；但教唆犯涉入犯罪的程度較低，無直接的掌握力，被教唆者仍可自主決定是否要行動，雖然兩者皆係依被教唆者或利用者的行為處罰，但處罰程度不同，間接正犯係正犯的一種類型，其刑罰自然重於屬於共犯類型的教唆犯。

三、被教唆者的主行為

依據共犯從屬性原則，教唆行為必須有其從屬依附的正犯主行為，而該正犯的主行為必須係一個故意的犯罪行為，或係屬於故意的刑事違法行為，始可成立教唆犯。此外，基於共犯的處罰根據，教唆行為與被教唆的實行行為之間必須具有因果關係，教唆者雖然實行教唆行為，但被教唆者尚未著手實行，或雖然已經著手實行，但所實行的行為與教唆行為之間若無相當因果關係，均不成立教唆犯。

---

❶❼ 參照最高法院93年度臺上字第1261號判決：教唆他人犯罪者，為教唆犯。被教唆人雖未至犯罪，教唆犯仍以未遂論。刑法第29條第1項、第3項前段定有明文。又教唆無犯罪意思之人使之實施犯罪者，固為教唆犯，若逼令他人犯罪，他人因怵於威勢，意思失其自由而實施者，在實施之人因無犯罪故意，既不構成犯罪，則造意之人為間接正犯而非教唆犯。

【教唆偽證罪的實務見解】

　　教唆他人使之實行犯罪行為者，為教唆犯。教唆犯之處罰，依其所教唆之罪處罰之，刑法第 29 條第 1 項、第 2 項分別定有明文。又被告在自己的刑事案件接受審判，不可能期待其為真實之陳述，以陷自己於不利地位之訴訟結果。故被告在自己的刑事案件中為虛偽之陳述，乃不予處罰。惟此期待不可能之個人阻卻責任事由，僅限於被告自己為虛偽陳述之情形，始不為罪；如被告為求脫罪，積極教唆他人犯偽證罪，除將他人捲入犯罪之外，法院更可能因誤信該證人經具結後之虛偽證言而造成誤判之結果，嚴重侵犯司法審判之公正性，此已逾越法律賦予被告單純為求自己有利之訴訟結果而得採取之訴訟上防禦或辯護權之範圍，且非國民道德觀念所能容許，**依一般人客觀之立場觀之，應得合理期待被告不為此一犯罪行為，而仍應論以教唆偽證罪**。（最高法院 103 年度臺上字第 1625 號判決❿❹）

　　關於被教唆者的主行為，未達既遂的狀態，係屬於教唆未遂問題，此種情形的教唆者應如何論處？針對此一問題，必須從教唆的未遂的意義來探討。

---

❿❹　至對本判決，最高法院作以下說明：本院 24 年上字第 4974 號判例謂「犯人自行隱避，在刑法上既非處罰之行為，則教唆他人頂替自己，以便隱避，當然亦在不罰之列」，乃針對刑法第 164 條第 2 項頂替罪所作之解釋。從本罪之構成要件以觀，犯人自行隱避本即不成立犯罪，故**教唆頂替者依刑法第 29 條第 2 項規定之反面解釋**，自亦不成立犯罪，但被告虛偽陳述不一定即不成立偽證罪。法院依刑事訴訟法第 287 條之 1 及之 2 規定，就被告本人之案件，以裁定分離調查共同被告時，該共同被告準用有關人證之規定。倘該共同被告依證人規定具結，且未拒絕證言而就自己之犯罪事實為虛偽陳述，則仍有偽證罪之適用。是頂替罪與偽證罪之構成要件，在本質上原有不同，尚不得比附援引，藉為教唆偽證罪之免責事由。

> **【教唆的未遂】**
>
> 　　所謂教唆的未遂，係指教唆者已經實行教唆行為，但該教唆行為並未使被教唆者實現犯罪而言。此種情形，包含⑴教唆者雖已經實行教唆行為，但被教唆者並未產生實行犯罪的決意（失敗教唆）、⑵被教唆者產生實行犯罪的決意，但尚未著手實行犯罪行為（無效教唆）、⑶被教唆者產生實行犯罪的決意，而且已經著手實行犯罪行為，但未達到既遂狀態（狹義的教唆未遂）。

　　在⑴失敗教唆與⑵無效教唆二種情形中，基於共犯從屬性的處罰原則，由於教唆者並無正犯所從屬依附，故不成立犯罪。實質上的教唆的未遂，係指⑶的狹義的教唆未遂，此種情形由於被教唆者已經著手實行犯罪，但尚未達到既遂狀態，故教唆者從屬於正犯的未遂，依其所教唆的犯罪來處罰（§29 II）。

第三項　教唆犯的類型

　　依據教唆的行為態樣，有間接教唆、共同教唆、片面教唆等三種形態；而依行為對象，則有教唆幫助犯、教唆過失犯、教唆不作為犯、教唆陰謀罪或預備罪等四種形態。

一、間接教唆

　　間接教唆 (mittelbare Anstiftung) 亦稱教唆教唆、輾轉教唆，係指教唆者以間接方式實行教唆行為，亦即係指教唆他人實行教唆行為而言[105]。針對教唆者的教唆行為，其方式應包含**直接教唆他人實行教唆行為**與間

---

[105]　有關間接教唆犯的立法例，參照日本現行刑法第 61 條第 2 項「教唆教唆犯者，亦同。」此外，我國民國元年暫行新刑律第 30 條第 2 項亦有規定「教唆造意犯者，準造意犯論。」；而 17 年舊刑法第 43 條第 1 項後段亦同樣規定「教唆教唆犯者，亦同。」

接教唆他人實行教唆行為，故教唆他人實行教唆行為時，該教唆行為與正犯的實行行為之間具有因果關係，教唆者仍應成立教唆犯。

例如，甲欲殺仇人 A，乃教唆乙去找殺手殺 A，乙找到殺手丙，丙將 A 殺死的情形❿。在此一案例中，甲係以間接方式教唆丙殺人，甲的間接教唆行為為與 A 的死亡結果之間具有因果關係，故甲成立殺人罪的教唆犯。然而，若係丙再去找丁當殺手、或丁再去找戊，此種間接、再間接的教唆行為，亦即學說上所謂**連鎖教唆**的情形，若可肯定其間具有相當因果關係，則可成立教唆犯，而若認定其間因果性相當薄弱，則應認為不成立教唆犯較為妥當。

二、共同教唆

共同教唆 (Mitanstiftung) 係指二以上行為人以共同教唆的故意，共同實行使他人犯罪的教唆行為，使他人實行犯罪的情形。此種情形，應成立共同教唆犯，而依刑法第 29 條教唆犯處斷，不適用刑法第 28 條共同正犯❿。共同教唆犯雖然係二以上行為人基於共同意思，共同實行教唆行為，但並非共同正犯，倘若適用共同正犯，則產生兩個共犯形成一個正犯的奇怪現象，故依刑法第 29 條教唆犯處斷。

此外，若二以上行為人共同謀議教唆他人犯罪，而由其中一人或數人實行教唆行為時，基於教唆者之間係屬相互利用互補互成的關係，亦

---

❿ **間接教唆**的實務見解，參照最高法院 27 年渝上字第 224 號判例：㈠某甲等既因上訴人之**招雇**而與某乙等**接洽殺人**之事，雖中因說價未妥，暫時停頓，但嗣後既已復由某乙等向之磋商妥協，進行殺害，則被教唆人顯已因之而犯罪，其間因果關係不得謂為中斷，上訴人自仍應負教唆殺人之責。㈡**受託代雇殺人兇手**，亦係教唆他人犯罪，應負教唆之責。

❿ **共同教唆犯**的實務見解，參照最高法院 73 年臺上字第 2616 號判例：教唆犯並非共同正犯，上訴人夫妻如屬共同教唆偽證，應就教唆行為共同負責，無適用刑法第 28 條規定之餘地，原判決主文揭示上訴人共同教唆偽證字樣，並於結論欄引用刑法第 28 條，殊嫌錯誤。

成立共同教唆犯，同樣依教唆犯處斷[108]。

三、片面教唆

片面教唆係指行為人基於教唆的故意，教唆他人實行犯罪，但被教唆者並不瞭解該教唆行為而實行犯罪的情形。一般認為，教唆者與被教唆者之間必須有意思的聯絡，故否定成立教唆犯。本書認為，教唆行為只要使被教唆者產生犯罪的決意，即為已足，並不須被教唆者具有認識該教唆的事實，故應可成立教唆犯。

四、教唆幫助犯

教唆幫助犯亦即**幫助犯的教唆犯**，其係指教唆者教唆他人去實行幫助正犯的幫助行為，亦即教唆者對原無幫助正犯意思的他人，促使其產生幫助正犯的意思，而實行幫助正犯的行為。針對教唆者教唆他人對正犯實行幫助行為的教唆幫助犯，應論教唆者成立幫助犯[109]，而若教唆者實行教唆行為後，又進而實施犯罪行為時，則教唆行為已為實施行為所吸收，應論以實施正犯[110]。

---

[108] 日本實務亦採「二以上行為人共同謀議教唆正犯實行犯罪，其中僅部分人實行教唆行為時，其他參與共同謀議者，亦依**教唆犯**處斷。」的見解。參照最高裁判所 1948 年 10 月 23 日判決，《最高裁判所判例集》第 2 卷第 11 号，1386 頁。

[109] **教唆幫助犯**的立法例，參照日本刑法第 62 條第 2 項「教唆從犯者，科以從犯之刑。」

[110] **教唆行為後又實行幫助行為**的實務見解，參照最高法院 46 年臺上字第 831 號判例：某甲原無殺父之意，某乙教唆毒殺後，復送給毒藥，並又催促實施，則某乙前之教唆與後之催促，係一個教唆行為，其送給毒藥之幫助行為，在教唆之後，應為教唆行為所吸收，自應以教唆殺人論科。此外，43 年臺上字第 396 號判例：教唆他人犯罪後，又進而實施犯罪行為者，其教唆行為已為實施行為所吸收，應以實施正犯論科。上訴人教唆他人偽造公印後，並進而行使蓋在私宰豬肉上，從事銷售，且與其行使另一偽造公印，蓋在私宰豬肉上銷售之行為，基於一個概括之犯意，則論以連續行使偽造公文書外，不應再論以教唆之罪，

　　例如，甲見乙獨自在酒館喝酒，知道乙欲殺仇人 A，但礙於無膽而藉酒消愁，乃交代好友丙陪乙喝酒並加以勸進，而幫其付完酒錢後先行離去，乙因為甲的提供酒錢及丙的助言，果然前往 A 住處，將 A 殺死。在此一案例中，若無乙的殺人行為，則丙不成立殺人罪的幫助犯，甲亦不成立教唆幫助犯，因此甲之行為從屬於乙的殺人行為及丙的幫助行為，而成立殺人罪的幫助犯。

【案例思考】

　　甲因投資股票失利，導致負債累累，心中萬分鬱悶；甲的妻子乙見此情景，乃向甲提出在高鐵上放置爆裂物，使高鐵爆炸而對政府報復的計畫；甲同意乙的計畫而產生犯罪的意思，準備俟時機而行動；乙為了順利進行計畫，乃拜託有製造爆裂物經驗而有深厚交情的丙，幫忙製造爆裂物，丙答應後，製造一顆炸彈交給乙。某日，甲將炸彈放置於某班高鐵列車上，經乘客發現報警處理，高鐵警察隊立即通知高鐵公司停駛該列車並封鎖現場，經防爆人員及時處理該炸彈後，並未發生重大傷亡事故。試問：甲、乙、丙三人的行為應如何處斷？⑪

　　在上述情形中，乙向甲提出犯罪計畫，對甲的犯罪行為，應成立教唆犯；拜託丙製造爆裂物，應成立幫助犯。亦即，乙教唆丙製造爆裂物幫助甲，係屬教唆幫助犯（幫助犯的教唆犯）。換言之，乙教唆原無幫助甲意思的丙，促使其產生幫助甲的意思，而實行幫助甲犯罪的行為。針對教唆者教唆他人對正犯實行幫助行為的教唆幫助犯，應論教唆者成立幫助犯。因此，乙成立第 183 條第 4 項傾覆破壞現有人所在之交通工具未遂罪以及殺人未遂罪的幫助犯，兩罪係想像競合犯，從殺人未遂罪的重罪而處斷。

原判決併引刑法第 29 條第 1、2 兩項論科，顯有未合。

⑪　本案例係作者所命的 102 年司法三等特考考題。

五、教唆過失犯

教唆過失犯亦即**過失犯的教唆犯**，其係指行為人基於教唆的故意，促使他人產生不注意，而使其實行犯罪的情形。例如醫師促使護士的不注意，使其為病患注射毒物，導致病患死亡。在此一案例中，由於教唆行為的內容係使他人產生犯罪的決意，故醫師在護士不知的情況下，使其實行犯罪，係屬利用無故意人為工具而實行犯罪，應成立間接正犯，不成立教唆犯。

六、教唆不作為犯

教唆不作為犯亦即**不作為犯的教唆犯**，其係指行為人基於教唆的故意，促使不作為犯產生不作為犯罪決意的情形。一般認為，針對不作為犯的教唆或幫助，應係作為犯的正犯，不成立教唆犯。然而，在甲教唆正在溺水的孩童 A 母親乙不要前往救助，而使 A 溺死的案例中，教唆者應可成立教唆犯。同樣地，教唆親手犯的情形，亦可成立教唆犯，例如教唆他人做偽證的案例，應可成立偽證罪的教唆犯。

七、教唆陰謀罪或預備罪

教唆陰謀罪或預備罪亦即**陰謀罪或預備罪的教唆犯**，其係指行為人基於教唆的故意，教唆他人實行既遂、未遂、陰謀或預備等犯罪，而被教唆者僅止於預備或陰謀階段的情形。此種情形，由於刑法第 29 條所規定的「使之實行犯罪行為」，係指被教唆者著手實行犯罪行為，應包含被教唆者著手實行獨立的陰謀或預備罪，故教唆者可成立陰謀或預備罪的教唆犯。

第五節　幫助犯

第一項　幫助犯的意義

所謂**幫助犯**(Beihilfe)，係指對於實行故意犯罪的行為人，提供物質上或精神上助力的犯罪類型。例如提供兇器幫助他人實行殺人行為，或提供階梯助使他人侵入住宅實行竊盜行為，或以言語或動作從旁助勢使他人實行放火行為等等。

有關幫助犯的定義，原本在刑法上係規定「I幫助他人犯罪者，為從犯。雖他人不知幫助之情者，亦同。II從犯之處罰，得按正犯之刑減輕之」（舊§30），但於 2005 年 2 月刑法部分條文修正時，將該規定修正為「I幫助他人實行犯罪行為者，為幫助犯。雖他人不知幫助之情者，亦同。II幫助犯之處罰，得按正犯之刑減輕之」（§30）。其中主要修正部分，係將「幫助他人犯罪者」修正為「幫助他人實行犯罪行為者」，而且將「從犯」修正為「幫助犯」。

首先，有關**幫助犯性質**的修正，立法者認為幫助犯的性質，實務與學說多數係採共犯從屬性說的立場，但舊刑法第 30 條第 1 項關於幫助犯的規定，其係與舊刑法第 29 條第 1 項「教唆他人犯罪者，為教唆犯」的體例相同，在解釋上，亦滋生共犯獨立性說與從屬性說的爭論。依據學說的通說見解，既然認為幫助犯應採共犯從屬性說的「限制從屬形式」，為使教唆犯與幫助犯的從屬理論一致，故將第 30 條第 1 項修正為「幫助他人實行犯罪行為者，為幫助犯。」的文字❶❷。

其次，有關「從犯」用語的修正，由於針對「從犯」常有不同的解讀，關於教唆犯的理論，既然改採從屬性說中「限制從屬形式」，則「從犯」一語應修正為「幫助犯」，始符合意旨，故將第 1 項前段的文字修正

---

❶❷　參照 2005 年 2 月修正第 30 條第 1 項的立法理由㈠。

為「幫助他人實行犯罪行為者，為幫助犯」。此外，並明示幫助犯的成立，亦以被幫助者著手犯罪的實行，且具備違法性為必要，至於被幫助者是否具有責任，皆不影響幫助犯的成立。亦即，倘若被幫助者未滿十四歲或有第 19 條第 1 項的情形而不罰時，依據幫助犯的「限制從屬形式」，幫助者仍得依其所幫助的罪來處罰 ❸。

第二項　幫助犯的成立要件

幫助犯與教唆犯，同屬於刑法總則所規定從屬依附於正犯而加以處罰的共犯類型，故其與教唆犯的成立要件大致相同，依據刑法「幫助他人實行犯罪行為者，為幫助犯。」（§30Ⅰ）的規定，幫助犯的成立有以下三個要件：⑴幫助故意（主觀要件）、⑵幫助行為、⑶被幫助者的主行為（客觀要件）。

一、幫助故意

幫助者在主觀上必須出於幫助故意，而實行幫助行為始能成立幫助犯，倘若欠缺幫助的故意，儘管對他人的犯罪亦有所幫助，仍然無法成立幫助犯。有關幫助故意，學說上亦如同教唆故意，有以下兩種見解：⑴幫助犯必須具有雙重故意，其一是幫助他人實行特定犯罪的故意，其二是幫助他人實現該特定犯罪的幫助既遂故意 ❹。⑵幫助犯僅須具有單純故意，亦即僅有幫助他人實行特定犯罪的故意，即為已足，幫助者不須有對被幫助者完成犯罪的既遂故意。

若採幫助必須具有雙重幫助故意的見解，則若明知被幫助者的行為

---

❸ 參照 2005 年 2 月修正第 30 條第 1 項的立法理由㈡。

❹ 參照最高法院 111 年度臺上字第 175 號判決：對於幫助犯之成立，以行為人主觀上認識被幫助者，欲從事犯罪或係正在從事犯罪，且該犯罪有既遂可能，而其行為足以幫助他人實現構成要件者，即具有幫助故意，並不以行為人確知被幫助者係犯何罪名為必要，對此行為人犯刑法第 30 條第 1 項、洗錢防制法第 14 條第 1 項之幫助洗錢罪刑。

並無既遂的可能，而仍予以幫助者，並不成立幫助犯。例如學說上所稱**虛偽幫助**的情形，由於幫助者欠缺完整的教唆故意，並非幫助犯，因此不具可罰性 ⑮。本書認為，幫助故意僅有幫助他人實行特定犯罪的故意，即為已足，幫助者不須有對被幫助者完成犯罪的既遂故意，故在**虛偽幫助**的情形中，幫助者並無欠缺幫助的故意，係屬**未遂的幫助**的一種，應成立幫助的未遂罪。因此，未遂的幫助亦如同未遂的教唆，其係屬於幫助犯的一種，**幫助的未遂**與**未遂的幫助**仍係屬於不同的概念。

【幫助未遂的實務見解】

學理上所稱「**幫助未遂**」，係指幫助犯之未遂犯而言，因該幫助者之助力行為，對於正犯之著手實行行為或其結果之發生，不生助益作用，屬無效之幫助，缺乏危害性，故基於謙抑原則，刑法不予非難，未若刑法修正前第 29 條第 3 項對教唆犯之未遂犯設有獨立處罰規定。至以幫助他人犯罪之意思，於正犯著手實行前或實行中或結果發生前，提供犯罪構成要件行為以外之助力，倘於通常情況下，確足致犯罪結果易於發生，祇因正犯本身因素之障礙而未遂者，刑法仍予非難，該幫助之人依正犯從屬性原則，應成立正犯犯罪未遂之幫助犯。是究屬幫助犯之未遂犯或未遂犯之幫助犯，端以幫助者之助力行為，在客觀上是否確能給予正犯有效之助益，作為其區別標準。（最高法院 96 年度臺上字第 3759 號判決）

二、幫助行為

幫助行為必須出於幫助的故意而為幫助行為，始成立幫助犯。所謂幫助行為，係指對於他人的犯罪行為，給予物質或精神上的支持，使被幫助者得以實現或易於實現其犯罪行為而言。

---

⑮　有關幫助故意，如同教唆故意，國內學者大多採必須具有雙重故意。參照林山田，《刑法通論（下）》，作者自版，2008 年 1 月增訂 10 版，134–135 頁。

有關幫助的方法，例如提供凶器、提供犯罪的場所⑯等有形的**幫助**（物質的幫助），或係給予精神支持或助力⑰、以言語或動作從旁助勢等**無形的幫助**（精神的幫助），皆係屬於幫助行為的方法。若於幫助行為後，復參與實行構成要件行為，或在場幫助且實行構成要件行為時，則不論處幫助行為，而成立共同正犯⑱。

關於幫助行為，包含以**積極作為**方式幫助與以**消極不作為**方式幫助，但在消極不作為的情形，幫助者必須具有保證人地位，始能成立幫助犯。例如甲係擔任某公司倉庫管理員，在乙進入該公司倉庫竊取財物時，見乙係熟識好友，於是故意不聞不問，促使乙順利竊取財物，甲應成立竊盜罪的幫助犯。若幫助者並不具保證人地位，而僅係消極地不加以阻止，並無幫助正犯的意思及便利其實行犯罪的行為，自然不成立幫助犯⑲。

⑯ 參照最高法院44年臺上字第758號判例：「僅**以館舍供人**自行施打嗎啡之行為，祇能構成施打嗎啡之幫助犯，與刑法第二百五十九條之要件不合。」

⑰ 參照最高法院29年上字第3833號判例：「上訴人對於某甲發掘墳墓事前表示贊同，不過於某甲已決意犯罪後，與以**精神上之助力**，祇應成立幫助犯。」；31年非字第17號判例：「現行刑法分則殺人罪章，雖無同謀殺人之規定，然此項犯罪，已包括於其總則共犯章之中，故同謀情形，除以自己犯罪之意思，就犯罪實行之方法，以及實施之順序，有所計劃，應成立共同正犯外，如僅對於決意犯罪之人，與以**精神上之助力**，則應成立從犯。本件被告雖曾參與某甲等殺害某乙之謀議，但既非以自己犯罪意思，就犯罪實行之方法，以及實施之順序，有所計劃，自係僅對於某甲等之殺人，與以精神上之助力而已，祇應成立從犯，而非共同正犯。」

⑱ 參照最高法院49年臺上字第77號判例：刑法上之幫助犯，係指以幫助之意思，對於正犯資以助力，而未參與實施犯罪之行為者而言，如就構成犯罪事實之一部，已參與實施即屬共同正犯。上訴人既於他人實施恐嚇時，**在旁助勢**，攔阻**被恐嚇人之去路**，即已分擔實施犯罪行為之一部，自係共同正犯，原判決以幫助犯論擬，非無違誤。

⑲ 參照最高法院27年上字第2766號判例：從犯之幫助行為，雖兼賅積極、消極兩種在內，然必有以物質上或精神上之助力予正犯之實施犯罪之便利時，始得謂之幫助。若於他人實施犯罪之際，僅以**消極態度不加阻止**，並無助成正犯犯

　　此外，幫助行為必須於正犯實行犯罪行為終了之前，始能成立幫助犯。例如在他人實行犯罪行為中，提供助力時，可成立**承繼的幫助犯**（或稱「相續的幫助犯」Sukzessive Beihilfe）。至於在正犯實行犯罪行為終了後，幫助正犯藏匿、幫助正犯湮滅證據、幫助正犯仲介買賣贓物等，以往有認為係**事後幫助犯**。英美法上至今仍有事後幫助犯的概念（accessory after the fact），但歐陸法系刑法皆否定該種概念，而認為上述犯罪係成立**獨立罪** [120]，亦即應分別成立藏匿人犯罪（§164）、湮滅證據罪（§165）與贓物罪（§349 II）。

【中性幫助行為】

　　實際上對犯罪產生助益之尋常職業、營業或商業上等行為或一般生活行為，是否因其形式上中性之色彩而得排除可罰性，端視其主觀上有無為犯罪提供助力之認知與意欲而定。倘行為人對正犯不法之主要內涵、基本特徵或法益侵害方向有相當程度或概略認識，猶提供促進犯罪遂行之助益行為，則該等主觀與客觀要素之結合，即足使上述所謂尋常職業、營業或商業上，或一般生活之行為產生犯罪意義關聯，而具備犯罪之不法性。……又關於幫助犯對正犯之犯罪是否具有因果性貢獻之判斷，學理上固有「結果促進說」與「行為促進說」之歧見，前者認為幫助行為對犯罪結果之發生，須具有強化或保障之現實作用始可；後者則認為幫助行為在犯罪終了前之任一時間點可促進犯罪行為之實行即足，不問其實際上是否對犯罪結果產生作用。茲由於實務及學說均肯定幫助行為兼賅物質上或精神上之助力，且從即令物質上之助力於犯罪實行時未生實際作用，

罪之意思，及便利其實施犯罪之行為者，即不能以從犯論擬。

[120] 　參照最高法院28年上字第1156號判例：刑法上之從犯，以在他人實施犯罪行為前或實施中，予以助力，為構成要件。若於**他人犯罪完成後為之幫助，除法律別有處罰規定**，應依其規定論處罪刑外，尚難以從犯之例相繩。

仍非不得認為對行為人產生精神上之鼓舞以觀（例如提供鑰匙入室竊盜，但現場未上鎖，事後看來是多此一舉），可徵幫助行為對於犯罪結果之促進，並非悉從物理性或條件式之因果關係加以理解，尚得為規範性之觀察。（最高法院 109 年度臺上字第 979 號判決）

三、被幫助者的主行為

　　幫助犯係以被幫助者（正犯）已經實行犯罪為其成立要件，故幫助犯並無獨立性，若無被幫助者的犯罪行為所從屬依附，即無法成立幫助犯。所謂被幫助者實行犯罪行為，係指被幫助實行故意的犯罪行為或故意的刑事違法行為而言。

　　基於共犯處罰根據，幫助行為與正犯的實行行為之間必須具有因果關係。有關幫助的因果關係，應解釋為幫助者的幫助行為在物理上或心理上有使正犯容易實行其行為，即為已足。例如，甲提供槍枝幫助乙殺A，但乙殺 A 時，未使用該槍，而係以刀刺殺 A。在此案例中，甲係在精神上（心理上）促使乙容易實行殺人行為，故應解釋為具有幫助的因果關係，而成立幫助犯。

第三項　幫助犯的類型

　　依據幫助的行為態樣，有間接幫助、共同幫助、片面幫助等三種形態；而依行為對象，則有幫助教唆犯、幫助過失犯、幫助不作為犯、幫助預備罪或陰謀罪等四種形態。

一、間接幫助

　　間接幫助 (mittelbare Beihilfe) 亦稱幫助幫助、輾轉幫助，係指對於幫助他人實行犯罪的行為者，基於幫助的故意，更實行幫助行為而言。幫助幫助犯的情形，基於幫助犯的幫助行為並非實行行為，故應否定其成立幫助犯。此外，由於我國刑法係規定幫助犯「得按正犯之刑減輕之」

（§30 II），故幫助幫助犯的情形，若有正犯的存在，則基於「正犯的幫助犯」，可成立幫助犯，否則無法成立幫助犯。

二、共同幫助

共同幫助 (Mitbeihilfe) 係指二以上行為人以共同幫助的故意，共同實行使他人容易犯罪的行為。此種情形，應成立共同幫助犯，而依刑法第 30 條幫助犯處斷，不適用刑法第 28 條共同正犯的規定 ❶。共同幫助犯與共同教唆犯相同，基於避免兩個共犯形成一個正犯的奇怪現象，故依刑法第 30 條幫助犯處斷。

此外，若二以上行為人共同謀議幫助他人犯罪，而由其中一人或數人實行幫助行為時，基於幫助者之間係屬相互利用互補互成的關係，共同謀議者亦成立共同幫助犯，依幫助犯處斷 ❷。

【共同幫助的實務見解】

按幫助犯係從犯，從屬於正犯而成立，至於刑法第 28 條規定之共同正犯，係指二人以上共同實行犯罪之行為者而言，幫助他人犯罪，並非實行正犯，事實上雖有二人以上共同幫助犯罪，要亦各負幫助罪責，而無適用該條之餘地。次按證據之評價，係由事實審法院依其調查證據所得心證，本其確信裁量判斷，倘不違反經驗法則或論理法則，即難遽指違法。（最高法院 105 年度臺上字第 1895 號判決）

---

❶　參照最高法院 33 年臺上字第 793 號判例：刑法第 28 條之共同正犯，係指二人以上共同實施犯罪之行為者而言，幫助他人犯罪，並非實施正犯，在事實上雖有二人以上共同幫助殺人，要亦各負幫助殺人責任，仍無適用該條之餘地。

❷　日本實務亦採「二以上行為人共同謀議幫助正犯實行犯罪，其中僅部分人實行幫助行為時，其他參與共同謀議者，亦依幫助犯處斷。」的見解。參照大審院 1935 年 10 月 24 日判決，《大審院刑事判例集》第 14 卷，1267 頁。

三、片面幫助

片面幫助係指我國刑法第 30 條第 1 項後段所規定「雖他人不知幫助之情者，亦同。」的情形，亦即幫助者只要係基於主觀幫助的故意，並於客觀上提供直接重要的助力行為，即足以成立幫助犯，縱然被幫助者不知該幫助的事實，亦無礙於成立幫助犯。

四、幫助教唆犯

幫助教唆犯亦即**教唆犯的幫助犯**，其係指幫助教唆他人實行犯罪行為而言。此種情形，基於「實行行為」的概念，由於教唆行為並非實行行為，故教唆犯的幫助犯不具可罰性，應否定成立幫助犯 **❿**；亦有認為教唆行為係實行構成要件以外的行為，故教唆犯的幫助犯具可罰性，肯定成立幫助犯 **❿**。

我國實務上，將教唆犯的幫助犯解釋為「正犯的幫助犯」，亦即「從犯係幫助他人犯罪，教唆犯係教唆他人犯罪，均非自行實施犯罪之人，此觀於刑法第二十九條第一項、第三十條第一項之規定甚明，故刑法上之教唆犯，並無幫助犯，其幫助教唆者，仍應解為實施犯罪（即正犯）之幫助犯，如幫助教唆殺人而被教唆人並未實施者，在教唆犯固應以殺人未遂論科，而幫助教唆之人，仍因無實施正犯之故，不成立殺人罪之從犯。」 **❿**。

---

❿ 參照川端　博，《刑法總論講義》，成文堂，2006 年 2 月第 2 版，583 頁；團藤重光，《刑法綱要總論》，創文社，1990 年 3 月第 3 版，419 頁；大塚　仁，《刑法概說（總論）》，有斐閣，2008 年 10 月第 4 版，311 頁；福田　平，《全訂刑法總論》，有斐閣，2004 年第 4 版，356 頁。

❿ 參照大谷　實，《刑法講義總論》，成文堂，2010 年 3 月新版第 3 版，452–453 頁。

❿ 參照最高法院 29 年上字第 3380 號判例。由於刑法第 29 條第 3 項已經於 94 年 2 月 2 日刑法部分條文修正案刪除，因此判例中所示「如幫助教唆殺人而被教

五、幫助過失犯

幫助過失犯亦即**過失犯的幫助犯**，其係指正犯實行違反注意義務的行為時，幫助者實行使其容易發生結果的行為而言。例如，甲駕車行駛，因疲勞駕駛而打瞌睡之際，坐在助手席的乙雖感覺危險，但卻放任不管，因而撞傷行人的情形。此種情形，甲成立過失致傷罪，而乙因預見事故將發生，卻未提醒甲注意，至少已經屬於未必故意，應成立該罪的幫助犯。

六、幫助不作為犯

幫助不作為犯亦即**不作為犯的幫助犯**，其係指行為人基於幫助行為，而使不作為犯容易實行其行為而言。此種情形，如同教唆不作為犯，應否定其成立幫助犯。而針對幫助身分犯或親手犯，亦同樣可能成立幫助犯。

七、幫助預備罪或陰謀罪

幫助預備罪或陰謀罪亦即**預備罪或陰謀罪的幫助犯**，其係指幫助預備罪或陰謀罪的行為，結果正犯僅止於預備或陰謀階段而言。此種情形，由於刑法第 30 條所規定的「實行犯罪行為」，係指被幫助者著手實行犯罪行為，應包含被幫助者著手實行獨立的預備或陰謀罪，故幫助者可成立預備或陰謀罪的幫助犯。

唆人並未實施者，在教唆犯固應以殺人未遂論科」，應修正為「如幫助教唆殺人而被教唆人並未實施者，教唆犯固不成立犯罪」。附帶一提，本則判例於 94 年 9 月 13 日經最高法院 94 年度第 13 次刑事庭會議決議判例加註「應注意 94 年 2 月 2 日修正公布刑法第 29 條之規定」，並於 94 年 10 月 13 日由最高法院依據最高法院判例選編及變更實施要點第 9 點規定以臺資字第 0940000636 號公告之。

第六節　身分犯的參與

第一項　身分犯的參與問題

有關「身分犯的參與」的問題，德國刑法第 28 條規定：「Ⅰ正犯之處罰取決於特定之個人要素（第 14 條第 1 項），共犯（教唆犯或幫助犯）缺少此特徵者，依第 49 條第 1 項減輕處罰。Ⅱ法定刑因行為人特定之個人要素而有加重、減輕或免除者，其規定祇適用於具有此特徵之參與者（正犯或共犯）。」；日本刑法第 65 條規定：「Ⅰ加功於因犯人身分而構成犯罪行為時，雖不具有該等身分，仍以共犯論。Ⅱ因身分致刑有輕重時，無該等身分之人，科以通常之刑。」；我國刑法第 31 條規定：「Ⅰ因身分或其他特定關係成立之罪，其共同實行、教唆或幫助者，雖無特定關係，仍以正犯或共犯論。但得減輕其刑。Ⅱ因身分或其他特定關係致刑有重輕或免除者，其無特定關係之人，科以通常之刑。」

從比較法角度來觀察，針對身分犯行為主體的資格，雖有「特定之個人要素」、「身分」、「身分或其他特定關係」等的不同用語，但其內容應相同，至於我國係規定「身分或其他特定關係」，其與日本刑法規定「身分」❿，在解釋及適用上並無相異。再者，針對參與行為人，亦皆包含共同正犯、教唆犯與幫助犯❿。

此外，德國、日本與我國刑法針對身分犯的參與，亦均區分不具身

---

❿ 日本針對「身分」的內涵，係依判例解釋，其內涵包括「其他特定關係」，亦即「身分不僅限於男女性別、本國外國人、親族關係或公務員等資格，大凡所有特定行為之犯罪人之人的關係上之特殊地位或狀態均屬之。」參照大審院 1911 年 3 月 16 日判決，大審院刑事判決錄第 17 輯，411 頁。此一判例，係日本現行刑法制定之初，由大審院所做的解釋，沿用至今，並無爭議性存在。

❿ 其中，日本刑法所規定「共犯」，係指廣義共犯，亦即正犯與共犯，此係與我國刑法於 2005 年 2 月修正第 31 條前的規定完全相同。

分者參與特定身分犯罪行為的處理（第 1 項）、不具身分者不適用「刑有重輕或免除」的特定犯罪（第 2 項）。換言之，身分犯的共同參與問題，主要係在於不具備特定身分者，在參與因犯人特定身分而構成犯罪行為的情形時，該不具特定身分者究竟應如何處斷的問題？亦即，「身分」的個人一身專屬事由對於參與犯而言，其究竟具有何種程度的影響？

從上開德國、日本以及我國刑法的規定來看，可理解各該本條第 1 項具有「倘若單獨實行則不受處罰，但以共同正犯或共犯的地位參與犯罪時，則具可罰性，其具有從屬的作用」；而各該本條第 2 項具有「依據各參與犯罪行為人的身分，而處以個別刑罰，其具有獨立的作用」的意涵。

以往諸多論述均批評此條文的兩項規定，在論理上具有矛盾性存在。本書認為，本條文的設立，主要係在不具特定身分或特定關係者參與實行該特定犯罪時，彌補其無法處罰的漏洞，故其間的矛盾性當然存在。因此，基於共犯理論的角度來加以詮釋，認為本條第 1 項規定係傾向「共犯從屬性說」的立場，而本條第 2 項規定則係傾向「共犯獨立性說」的立場。

第二項　身分犯的意義

所謂身分，係指專屬行為人本身所具有的特定資格，亦即行為人在犯罪行為中，其本身所須具備的特殊條件，此特定資格的由來，有基於自然關係者，例如男女的性別；有基於血緣關係者，例如親屬身分；有基於法令或契約者，例如公務員身分、受任人身分、破產人身分。至於所謂其他特定關係，則係指身分外行為人所具有的一切特殊地位、狀態或事實，例如侵占罪的「持有人」、墮胎罪的「懷胎婦女」、遺棄罪的「依法令或契約應負扶助、養育或保護義務之人」等。所謂身分犯，依據刑法第 31 條的規定，可區分為純正身分犯與不純正身分犯二種類型。

以身分或特定關係作為構成要件要素者，稱為構成身分，而以構成身分作為犯罪成立要件的犯罪類型，稱為純正身分犯，亦稱為純正特別犯或構成身分犯。例如受賄罪（§§121 I，122 I）的「公務員」、偽證罪

（§168）的「證人、鑑定人、通譯」、侵占罪（§335）的「持有他人之物者」、背信罪（§342 I）的「為他人處理事務者」等。

有無具有身分或特定關係僅影響量刑的輕重者，稱為加減身分，而以加減身分作為犯罪成立要件的犯罪類型，稱為不純正身分犯，亦稱為不純正特別犯或加減身分犯。換言之，僅具有該種身分或特定關係者，可成立加重、減輕或免除刑罰的犯罪，而無該種身分或特定關係者，則成立基本構成要件的犯罪，科以通常的刑。例如，殺害直系血親尊親屬罪（§272 I）的「直系血親卑親屬」、生母殺嬰罪（§274 I）的「生母」或親屬間竊盜罪（§324 I）的「直系血親、配偶或同財共居親屬」等係屬不純正身分犯。

【業務侵占罪的身分】

普通侵占罪與業務侵占罪的參與犯，究竟係依純正身分犯或不純正身分犯來論處？其問題在於：普通侵占罪係以「持有他人之物」的特定關係為其行為主體，而業務侵占罪則除「持有他人之物」的特定關係外，尚因「**業務**」的關係而加重其刑，亦即兼具兩種特定關係。我國實務上係基於司法院解釋的立場，將業務侵占罪視為純正身分犯❷，故針對不具該種特定關係者參與犯罪時，係採依第 31 條第 1 項純正身分犯論處的見解❷。本書亦認為，業務侵占罪應視

---

❷ 參照司法院 31 年院字第 2353 號解釋：侵占罪之持有關係，為特定關係之一種。如持有人與非持有人共同實施侵占持有他人之物，依刑法第 31 條第 1 項、第 28 條，均應論以同法第 335 條之罪。至無業務上持有關係之人，對於他人之業務上持有物根本上既未持有，即無由觸犯同法第 335 條之罪。若與該他人共同實施或教唆幫助侵占者，依同法第 31 條第 1 項規定，應成立第 336 條第 2 項之共犯。

❷ 參照最高法院 70 年臺上字第 2481 號判例：共犯中之林某乃味全公司倉庫之庫務人員，該被盜之醬油，乃其所經管之物品，亦即基於業務上關係所持有之物，竟串通上訴人等乘載運醬油及味精之機會，予以竊取，此項監守自盜之行為，

為純正身分犯，因此針對無該種特定關係者參與實行業務侵占行為時，應適用第 31 條第 1 項規定，成立業務侵占罪，並非依第 31 條第 2 項規定成立普通侵占罪。

第三項　純正身分犯的參與

有關純正身分犯的犯罪型態，行為人若不具該種身分或特定關係之人，並無法獨自成立該種犯罪，而必須係與具有該種身分或特定關係之人共同參與犯罪時，始能構成該種犯罪。此種情形，係依據刑法第 31 條第 1 項「因身分或其他特定關係成立之罪，其共同實行、教唆或幫助者，雖無特定關係，仍以正犯或共犯論。但得減輕其刑」的規定而處理。

依據參與犯罪的型態，可分為不具身分或特定關係者加功於具身分或特定關係者與具身分者或特定關係加功於不具身分或特定關係者二種情形。前者的情形，不具身分者加功於具身分者的行為時，依據現行刑法第 31 條第 1 項的規定，不具身分者仍以「正犯或共犯論」。例如，非公務員與公務員共同實行收賄行為時，非公務員亦屬收賄罪的共同正犯，若非公務員教唆或幫助公務員實行收賄行為時，非公務員應成立收賄罪的教唆犯或幫助犯，但得「減輕其刑」。

然而，後者的情形，例如公務員利用不具公務員身分的妻子收受賄

實應構成業務上侵占之罪，雖此罪係以身分關係而成立，但其共同實施者，**雖無此特定關係，依刑法第 31 條第 1 項規定**，仍應以共犯論；28 年上字第 2536 號判例：刑法第 336 條第 2 項之罪，以侵占業務上所持有之物為其構成要件，即係因其業務上持有之身分關係而成立之罪，與僅因身分關係或其他特定關係而致刑有重輕之情形有別。因而無業務關係之人，與有業務關係者共同侵占，依同法第 31 條第 1 項規定，仍應以業務上侵占之共犯論；24 年上字第 5290 號判例：上訴人對於某店財物既未持有，自不能獨立構成侵占罪名，而其**幫助有業務上特定關係之人**侵占業務上所持有之物，仍應**成立侵占業務上持有物罪之從犯**，不能科以通常侵占之刑。

賂時，針對具公務員身分者與不具公務員身分者如何論處，係屬間接正犯中利用者與被利用者如何論處的問題，其處理與第 31 條的規定無關。亦即，第 31 條第 1 項的規定，僅針對不具身分或特定關係者共同實行、教唆或幫助的情形，始有適用的餘地。

第四項　不純正身分犯的參與

有關不純正身分犯的犯罪類型，不具有該種身分或特定關係的行為人，單獨實行犯罪行為時，原本即可成立基本構成要件的犯罪，而若與具有該種身分或特定關係之人共同犯罪時，亦僅能成立基本構成要件的犯罪，並無加重、減輕或免除刑罰的適用❿。此種情形，係依據刑法第 31 條第 2 項「因身分或其他特定關係致刑有重輕或免除者，其無特定關係之人，科以通常之刑」的規定而處理。

針對不純正身分犯的情形，由於加重、減輕或免除刑罰僅對身分犯具有作用，故犯罪的成立係將不具身分者與具身分者分別處理。若有不具身分者參與具身分者的特定犯罪時，僅對具有身分者成立不純正身分犯，而對不具身分者，則「科以通常之刑」。在此所謂「科以通常之刑」，依據罪刑不可分原則，係指科以通常的罪與刑而言。而罪名與科刑亦應一致。例如，不具直系血親卑親屬身分的行為人，在與具有該身分者共同殺害其直系血親尊親屬時，僅具有該身分者成立殺直系血親尊親屬罪（§272），而不具有該身分者則成立普通殺人罪（§271），科以普通殺人罪的刑。

---

❿　參照最高法院 28 年上字第 3441 號判例：刑法第 31 條第 1、2 兩項所規定之情形，迥不相同。前者非有某種身分或其他特定關係不能構成犯罪，故以身分或其他特定關係為犯罪構成條件，後者不過因身分或其他特定關係為刑罰重輕或應否免除其刑之標準，質言之，即無身分或其他特定關係之人，亦能構成犯罪，僅以身分或其他特定關係為刑罰重輕或應否免除其刑之條件。

第五項　身分犯參與的實務見解

一、純正身分犯

(一)不具「公務員」身分的參與犯

若某甲係受縣政府委任辦理土地陳報事宜，而串同被告等使為虛偽之陳報予以登載，足生損害於公眾或他人，則被告等縱無公務員身分，依刑法第 31 條第 1 項，仍應負同法第 213 條之共犯責任，與同法第 214 條規定係以公務員原不知情而使為不實之登載者，其情形有別。(最高法院 28 年上字第 2941 號判例)

上開案例，係有關刑法第 213 條第 1 項公務員登載不實罪的身分參與犯問題，最高法院判決不具「公務員」身分者在參與該罪實行時，依據刑法第 31 條第 1 項的規定，仍應成立公務員登載不實罪的共犯。

(二)不具「為他人處理事務」身分的參與犯

背信係因身分而成立之罪，其共同實施或教唆幫助者，雖無此項身分，依刑法第 31 條第 1 項規定，仍以共犯論。被告某甲受某乙委託，代為買賣煤炭，其買進與賣出均屬其事務處理之範圍，某甲因買進數不足額，於賣出時勾同某丙以少報多，自應成立背信之罪。某丙雖未受某乙委任，且係於某甲賣出煤炭時始參與某事，亦無解於背信罪之成立。(最高法院 28 年上字第 3067 號判例)

上開案例，係有關刑法第 342 條背信罪的身分參與犯問題，最高法院判決不具「為他人處理事務」身分者在參與該罪實行時，依據刑法第 31 條第 1 項的規定，仍應成立背信罪的共犯。

(三)不具「公務上持有」身分的參與犯

上訴人對於公務員侵占公款，為之浮開發票，係無身分之人幫助有身分之人犯罪，依刑法第 31 條第 1 項，應以幫助侵占公務上持有物罪論處。(最高法院 28 年上字第 4179 號判例)

上開案例，係有關刑法第 336 條第 1 項公務上侵占罪的身分參與犯

問題，最高法院判決不具「公務上持有」身分者在參與該罪實行時，依據刑法第 31 條第 1 項的規定，仍應成立公務侵占罪的幫助犯。

㈣不具「公司負責人」身分的參與犯

1.稅捐稽徵法第 47 條第 3 款所定商業登記法規定之商業負責人應受處罰，係自同法第 41 條轉嫁而來，非因身分成立之罪，此一處罰主體專指商業登記法規定之商業負責人而言，原判決理由既謂上訴人**非該實業社之負責人**，即非轉嫁之對象，其縱有參與逃漏稅捐之行為，應適用特別規定，成立同法第 43 條第 1 項之幫助犯，原審引用刑法第 31 條第 1 項仍以共犯論處斷，且未適用稅捐稽徵法第 47 條第 3 款之規定，均有未合。（最高法院 75 年臺上字第 6183 號判例）

2.統一發票乃證明會計事項之經過而為造具記帳憑證所根據之原始憑證，商業負責人員明知商業並無交易，而開立不實之統一發票，不惟與商業會計法所揭示之會計真實原則有悖，更屬違反同法係為取信於大眾，促進企業資本形成、經濟健全發達之立法目的，所為自該當於同法第 71 條第 1 款之不實填製會計憑證罪。所定商業負責人之範圍，固依公司法、商業登記法及其他法律有關之規定，但不以登載於主管機關商工登記公示資料中者為限，若公司負責人已有變動，因故遲未申辦變更事項登記，該變動後之實際負責人仍不失為該罪之行為主體。又該罪係屬純正身分犯，其不具有該身分之人與具有身分之人共同實行犯罪，其不具該身分之人依刑法第 31 條第 1 項規定，仍以共同正犯論。（最高法院 99 年度臺上字第 3422 號判決）

3.刑法上之身分主要可分構成身分與加減身分，前者指構成要件上之身分，以具一定身分為可罰性基礎者，如公務員貪污之各種犯罪所規定之身分（學理上稱之為純正身分犯），其共同實行、教唆或幫助者，雖無特定身分，依刑法第 31 條第 1 項規定，仍以正犯或共犯論，僅得減輕其刑；後者以具一定身分為刑之加重減輕或免除原因者稱之，如殺直系血親尊親屬罪所定之身分（學理上稱之為不純正身分犯），其無特定身分之人，依刑法第 31 條第 2 項之規定，科以通常之刑。……**銀行法第 25 條**

之2第1項乃以具有「銀行負責人或職員」為犯罪成立之特別要素，自屬學理上之純正身分犯；而第2項乃以行為人已具有銀行負責人或職員之身分，因「人數」達二人以上為量刑之加重規定，與「銀行負責人或職員」之身分無涉，自非學理上所稱「不純正身分犯」。（最高法院102年度臺上字第1203號判決）

4.按銀行法第125條第3項所謂「處罰其行為負責人」，並非因法人犯罪而轉嫁代罰其負責人，係因其負責人有此行為而予以處罰。故此所謂「其行為負責人」，除應具有公司法第8條規定之公司負責人身分外，且須實際為違法吸收資金、收受存款業務行為之人，始足當之，並不及於未實際從事上開行為之其他公司負責人。又該條項係以具有「法人之行為負責人」為犯罪成立之特別要素，**倘不具法人之行為負責人身分，**知情且參與吸金決策或執行吸金業務，而與法人行為負責人共同實行犯罪之人，則應依刑法第31條第1項規定，論以共同正犯。（最高法院105年度臺上字第1622號判決）

5.按刑法上之「構成身分」及「加減身分」，可分為純正身分犯與不純正身分犯。所謂純正身分犯係指具有特定身分才產生可罰違法性之犯罪；至於不純正身分犯則係指因具有特定身分致刑之輕重之犯罪而言。又證券交易法第174條第1項第5款既明定**以具備相關身分方可構成該條項款之犯罪，而非具備身分致刑有之輕重之規定，自屬純正身分犯之規定。**（最高法院107年度臺上字第606號判決）

6.刑法第356條之損害債權罪，係以債務人於將受強制執行之際，意圖損害債權人之債權，而毀壞、處分或隱匿其財產為要件。而所謂債務人，係指債權人對之已取得強制執行法第4條第1項各款所定之強制執行名義，可得隨時對之聲請強制執行之相對債務人，始足當之。基此，本罪之犯罪主體為「將受強制執行之際的債務人」，而非泛指一般債務人，屬純正身分犯。若無身分資格者與純正身分犯共同實行犯罪，依刑法第31條第1項本文規定，固仍論以共同正犯，但因其之非難性不及有身分資格者，同條項但書乃規定得減輕其刑。（最高法院109年度臺上字第

5052 號判決）

7.刑法上之身分，有以具備特定身分為構成要件者，其共同實行、教唆或幫助者，雖無一定身分，仍以正犯或共犯論，僅得依同條項後段規定減輕其刑；有以具備特定身分致刑有加重減輕或免除者，其無特定身分之人，科以通常之刑。而特別背信罪、一般背信罪，均係以具有特定身分為構成要件，且特別背信罪係一般背信罪之特別規定，應優先適用，而非一般背信罪、特別背信罪互為致刑有加重減輕或免除之規定。（最高法院 106 年度臺上字第 461 號判決）

二、不純正身分犯

㈠不具「直系血親卑親屬」身分的參與犯

刑法第 31 條第 2 項非僅為無特定關係之人定科刑之標準，即論罪亦包括在內，不能離而為二，此細繹該條項規定之意旨自明。被害人原非上訴人之直系血親尊親屬，並無刑法第 272 條之身分關係，縱上訴人對於該被害人之直系血親卑親屬教唆其殺害，或與之共同實施殺害，不得不負共犯責任，但應仍就其實施或教唆之情形，適用刑法第 271 條第 1 項，論以普通殺人之教唆或正犯罪刑，不能論以殺直系血親尊親屬之罪，而科以普通殺人罪之刑。（最高法院 27 年上字第 1338 號判例）

上開案例，係有關刑法第 272 條殺直系血親尊親屬罪的身分參與犯問題，最高法院判決不具「直系血親卑親屬」身分者在參與該罪實行時，不適用刑法第 272 條殺直系血親尊親屬罪，而應依刑法第 31 條第 2 項的規定，成立刑法第 271 條普通殺人罪。

㈡不具「應服兵役之人」身分的參與犯

刑法第 31 條第 1 項，限於因身分或其他特定關係成立之罪，其無特定關係之人與之共犯別無處罰法條時，始有其適用，如刑事法規中，就其行為另有處罰之明文，即應依同條第 2 項適用通常之刑。妨害兵役治罪條例所稱意圖避免兵役，除法文上明示有為他人之特別規定外，以應服兵役之人為限，該上訴人並非應服兵役之人，與應服兵役之某甲意圖

避免某甲之兵役，於某乙奉區署命令與所派警兵催促中籤壯丁某甲應徵時，與甲夥同數人持械抗拒，上訴人既非應服兵役之人，不能為妨害兵役治罪條例第 16 條第 2 項之犯罪主體，而對於依法令從事於公務之人員執行職務時，實施強暴脅迫，在刑法妨害公務罪章，又已有處罰明文，則其共同持械抗拒，自應依刑法第 31 條第 2 項規定，論處同法第 135 條第 1 項之罪刑。（最高法院 31 年上字第 827 號判例）

上開案例，係有關不具妨害兵役治罪條例的「應服兵役之人」身分者，違犯妨害兵役治罪條例的問題，最高法院判決該無「應服兵役之人」者不適用妨害兵役治罪條例第 16 條第 2 項，而應依刑法第 31 條第 2 項的規定，成立刑法第 135 條對於執行職務公務員施以強暴脅迫罪。

(三)不具「職務」身分的參與犯

因身分或其他特定關係致刑有重輕或免除者，其無特定關係之人科以通常之刑，刑法第 31 條第 2 項規定甚明。上訴人與已定讞之財務股長某甲，雖應以共同正犯論，但上訴人既無特定身分關係，依照前開規定，祇應科以通常之刑，原判決未將上訴人與某甲分別科刑，適用法律，仍嫌未洽。（最高法院 43 年臺上字第 782 號判）

上開案例，係有關不具「職務」特定身分關係者假借職務機會連續犯詐欺罪的問題，最高法院判決不具「職務」特定身分關係者無加重處罰規定的適用，應依刑法第 31 條第 2 項的規定，成立刑法第 339 條第 1 項詐欺罪。

(四)不具「夫對妻」特定關係的身分犯

刑法第 232 條，夫對於妻意圖營利引誘與他人姦淫罪，以具有夫之身分之人始能成立，上訴人既非被害人之夫，自難為該條犯罪主體，如係與被害人之夫共同犯之，應依刑法第 31 條第 2 項規定，論以同法第 231 條第 1 項之罪。（最高法院 58 年臺上字第 2276 號判例）

上開案例，係有關刑法第 232 條引誘容留特定關係者性交猥褻罪中「夫對妻」特定關係的參與犯問題，最高法院判決不具「夫對妻」特定關係者在參與該罪實行時，不適用刑法第 232 條引誘容留特定關係者性

交猥褻罪,而應依刑法第 31 條第 2 項的規定,成立刑法第 231 條圖利使人為性交猥褻罪。

(五)不具「有監督權者」特定關係的參與犯

李某乃被害人李女唯一因親屬關係有監督權之人,竟將該未滿 16 歲之被害人賣與陳婦為娼,同時觸犯刑法第 232 條、第 233 條罪名,因係法規競合,應論以較重之刑法第 232 條之罪。陳婦雖無該身分關係,但與李某共同引誘李女賣淫,依刑法第 31 條第 2 項規定,因身分或其他特定關係致刑有重輕或免除者,其無特定關係之人,科以通常之刑,故陳某應依較輕之刑法第 233 條論處。(最高法院 70 年臺上字第 1082 號判例)

上開案例,係有關刑法第 232 條引誘容留特定關係者性交猥褻罪中「有監督權者」特定關係的參與犯問題,最高法院判決不具「有監督權者」特定關係者在參與該罪實行時,不適用刑法第 232 條引誘容留特定關係者性交猥褻罪,而應依刑法第 31 條第 2 項的規定,成立刑法第 233 條引誘容留媒介幼童與人性交猥褻罪。

第七節　參與關係的脫離

第一項　參與關係脫離的意義

所謂**參與關係的脫離**,係指共同參與犯罪的行為人,在參與關係成立後,犯罪尚未完成前,參與犯罪的其中一部分人,基於心生悔悟,而從參與共犯關係離去,但其他參與行為人仍基於參與關係實行犯罪行為,而實現犯罪的情形。在此種情形中,該脫離的參與行為人對其他參與行為人所實現的犯罪,應負何種責任?此即參與關係脫離所要討論的問題所在。

一般而言,參與關係的脫離可分為以下兩種情形:(1)參與犯罪的其中一部分人,在其他參與行為人著手實行之前,從參與關係脫離(**著手前的脫離**)、(2)參與犯罪的其中一部分人,在其他參與行為人著手實行之

後，從參與關係脫離（著手後的脫離）。

　　參與關係的脫離與參與犯的中止，二者雖同樣係從參與關係脫離，但所論的問題並不相同。前者，僅討論基於參與關係而實現犯罪（既遂）的情形，其包含著手前脫離與著手後脫離；而後者，係討論參與者著手實行後，脫離的行為人有阻止結果發生為要件，且結果並未發生（未遂）的情形。參與犯的中止問題，係有關刑法第 27 條所討論的範圍，詳細參照第五章第三節第四項。

　　參與關係的脫離，究竟為何形成問題？主要關鍵在於：犯罪結果已經發生，縱然無適用中止犯的餘地，但脫離的參與行為人已經盡其可能阻止其他參與者繼續實行，防止結果的發生，若對該犯罪結果論以既遂的責任，則從處罰適正性的觀點而言，係屬相當不適當。基此，若以脫離的時點來論，是否可論以預備罪或未遂罪？若可論以預備罪或未遂罪時，則在障礙未遂有「裁量減輕」的問題，此點與中止犯的「必要減輕」相比較，同樣係屬努力防止結果發生，是否有準用中止犯法律效果的餘地？

第二項　共同正犯關係的脫離

　　所謂共同正犯關係的脫離，係指共同參與犯罪的其中部分行為人，於犯罪完成之前，放棄共同實行的意思，而且向其他共同行為人表明從共同參與關係脫離的意旨，其他共同行為人表示認同後繼續實行，而實現犯罪而言。此種情形的脫離，可分為著手實行前的脫離（共謀或預備階段）與著手實行後的脫離（共同實行階段）。

一、著手實行前的脫離

　　共同參與謀議的部分行為人，向其他共謀者表明脫離的意思，其他共謀者認同後，其間的共謀關係可謂已經解除，故原則上可肯認該脫離者已經脫離共謀犯罪。然而，該脫離者若係首謀者，則必須具有實質上解除共謀關係的積極行為，若非首謀者，則在共謀階段所分配的任務，必須由其他共謀者取代後，始可肯認其已經脫離共同參與關係。

二、著手實行後的脫離

在共同參與犯罪行為人著手後的脫離，脫離者除必須在共同實行中，對其他共同實行人表明脫離的意思，且獲得其他共同行為人認同之外，應以積極行為阻止其他共同行為人的實行行為，亦即脫離者必須使該犯罪未如同共謀計畫般進行，始能肯認其已經脫離共同參與關係。

三、共同關係脫離的效果

在共同犯罪實行中，若肯定共同關係的脫離，則該脫離者對於其他行為人所實現的犯罪（既遂），應如何論處？

著手前脫離的情形，有認為脫離係意味著共同參與關係的解除，故脫離者必須負脫離前所為行為的責任。基此，脫離者可論以預備罪的共同正犯❶。亦有認為，肯認共謀關係的脫離，而不必負其他共謀者所實現結果的責任，主要係基於共犯的因果性，同時亦符合公平性的觀念❷。

著手後脫離的情形，在學說上有不同見解，大致可歸納為「論以未遂犯」與「適用中止犯」二種不同意見。

(一)論以未遂犯

此種見解認為，既然有共同正犯的中止未遂規定，共同正犯已經達到既遂階段，並無成立中止犯的餘地。然而，若該脫離者具備真摯性積極努力防止結果的行為，雖無法適用中止犯的「必要減輕」規定，但基於回應該防止結果行為，應肯認其已經從該犯罪脫離，僅歸責其行為至脫離的時點，脫離後其他共同正犯的實行行為或行為結果，不應歸責於該脫離者❸。因此，共同正犯關係的脫離，應在障礙未遂的範圍內，適

---

❶ 參照大谷　實，《刑法講義總論》，成文堂，2010 年 3 月新版第 3 版，476 頁。

❷ 參照川端　博，《刑法總論講義》，成文堂，2006 年 2 月第 2 版，605 頁；東京高等裁判所 1950 年 9 月 14 日判決，《高等裁判所刑事判例集》第 3 卷第 3 號 407 頁。

❸ 參照大塚　仁，《刑法概說（總論）》，有斐閣，2008 年 10 月第 4 版，348 頁；

用「裁量減輕」的法律效果。

㈡適用中止犯

此種見解認為，若肯認共同正犯關係的脫離，則由於在該脫離的時點，共同實行的事實已經終了，故並無依此種共同行為而發生的結果，應成立未遂犯；至於該脫離者的脫離係基於自己的意思，仍應適用中止犯的規定 **❹**。採此種見解，主要係基於脫離不僅使違法性減弱，同時其阻止犯罪完成亦符合刑事政策上「必要減輕」的目的。

本書認為，著手前的脫離，在共謀關係存在階段，應思考實質面的效果，一旦肯認從共謀關係脫離，則現實上對其後完全不具心理關係者，應避免擴張刑責。因此，著手前的脫離，不必負其他共謀者所實現結果的責任。至於著手後的脫離，應從「一部行為全部責任」的法理來處理。在一部行為全部責任的法理下，基於個人主義的基礎，若係由於各參與行為人的行為實現犯罪，自然必須負全部責任，但既然肯認該脫離者已經脫離共同正犯關係，則不須負結果發生的責任，亦即應成立未遂犯。此外，由於中止犯係以結果不發生為前提，故共同正犯關係的脫離與共同正犯的中止，在構成要件上迥然不同，其法律效果自然相異。若適用中止犯的法律效果，不僅與現行刑法規定不符，更會產生與中止犯混淆的情形，因此採「論以未遂犯」，係屬妥當的見解。

【案例思考】

甲沉迷賽鴿，賭輸新臺幣 300 萬元，生活陷入困境，其賽鴿好友乙見其處境，心想最近與富商 A 發生土地買賣糾紛，乃唆使甲搶劫 A，但甲不為所動。其後，甲之摯友丙獲悉該事實後，乃向乙獻

佐久間　修，《刑法總論》，成文堂，2009 年 11 月，406–407 頁。

❹ 參照平野龍一，《刑法總論 II》，有斐閣，1976 年，385 頁；川端　博，《刑法總論講義》，成文堂，2006 年 2 月第 2 版，608 頁；前田雅英，《刑法總論講義》，東京大學出版会，2006 年 3 月第 4 版，487 頁。

上能說服甲之良策，乙依照丙所教辦法，再次唆使甲，甲終於決意
向Ａ下手。某日，甲夥同友人丁與戊三人開車強押Ａ前往某銀行提
款，抵達現場後，戊突然想起家中年邁老母，乃向甲與丁請求退出，
經應允後自行離去。丁在銀行外接應，甲進入銀行順利領取新臺幣
100萬元，正擬上車離開之際，該銀行保全員見情況有異，出面盤
問甲，甲情急之下，強力將Ａ拉出車外，迅速與丁逃離現場。Ａ被
拉出車外時，腦部碰撞地面，導致傷重不治。警方循線查獲甲、乙、
丙、丁、戊五人，移送法辦。試問：甲、乙、丙、丁、戊五人之行
為應如何論處？[135]

　　本案例有關脫離問題的思考，主要在於戊抵達現場後離去，究竟屬
於著手實行前的脫離或著手實行後的脫離？若肯認戊係在著手實行前脫
離，則依上述見解，可正確判斷戊不必負刑事責任。

【共同正犯脫離的實務見解】

　　(1)著手實行前的脫離：被告事前共謀犯罪或參與預備犯罪之行
為，但於即將開始實施犯罪行為尚未著手之際，因反悔而拒絕參與
實施犯罪之行為，並以行動阻止其他人實施犯罪之行為；縱其阻止
行動無效，其他人仍下手實施犯罪行為而發生犯罪之結果，惟被告
於其他人即將開始實施犯罪行為尚未著手之際，既已無與之共同犯
罪之意思，亦未參與實施犯罪之行為，除法律有處罰該罪之陰謀或
預備犯之規定，應論以該罪之陰謀犯或預備犯外，尚不能遽依該罪
之共同正犯論擬。(最高法院94年度臺上字第3515號判決)

　　(2)著手實行後的脫離：複數行為人以共同正犯型態實施特定犯
罪時，除自己行為外，亦同時利用他人之行為，以遂行自己之犯罪，
從而共同正犯行為階段如已推進至「著手實施犯行之後」，脫離者為

---

[135] 本案例係作者所命的101年司法官特考考題。

解消共同正犯關係，不僅須停止放棄自己之行為，向未脫離者表明脫離意思，使其瞭解認知該情外，更由於脫離前以共同正犯型態所實施之行為，係立於未脫離者得延續利用之以遂行自己犯罪之關係，存在著未脫離者得基於先前行為，以延續遂行自己犯罪之危險性，脫離者自須排除該危險，或阻止未脫離者利用該危險以續行犯罪行為時，始得解消共同正犯關係，不負共同正犯責任。（最高法院 106年度臺上字第 3352 號判決）

第三項　共犯關係的脫離

　　共犯關係的脫離，有教唆犯關係的脫離與幫助犯關係的脫離二種情形。首先，針對從教唆關係脫離的情形，其論理上應準用共同正犯關係的脫離。亦即，針對以下兩種情形，可肯認教唆犯關係的脫離，而同樣適用障礙未遂的「裁量減輕」效果：(1)教唆者對正犯實行教唆行為後，在正犯實行行為終了之前，教唆者真摯性積極努力阻止正犯的實行，但正犯仍實現犯罪（既遂）的情形；(2)在正犯實行行為終了後，結果尚未發生時，若有阻止結果發生的可能性，教唆者真摯地努力防止結果發生，結果仍然發生的情形。

　　其次，針對幫助犯關係的脫離，在以下的情形，可肯認幫助犯關係的脫離，而同樣適用障礙未遂的「裁量減輕」效果：(1)幫助者對正犯實行幫助行為後，在正犯實行行為終了之前，幫助者真摯性積極努力阻止正犯實行行為的情形；(2)正犯實行行為終了後，結果尚未發生時，若有阻止結果發生的可能性，幫助者真摯地努力防止結果發生的情形；(3)幫助者在正犯實行行為前或實行行為中，放棄幫助的意思，完全解除有助於正犯實行的幫助行為，結果仍然發生的情形。

第七章 罪數論

【罪數論的構造】

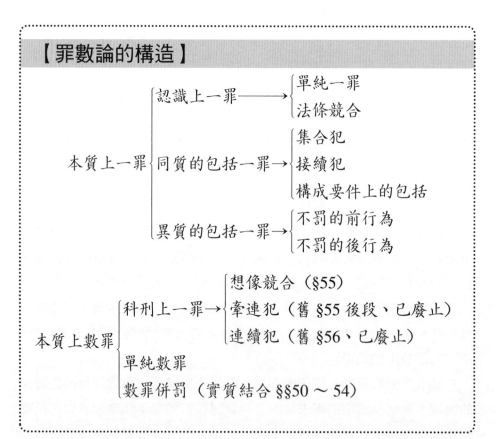

本質上一罪
- 認識上一罪 → 單純一罪 / 法條競合
- 同質的包括一罪 → 集合犯 / 接續犯 / 構成要件上的包括
- 異質的包括一罪 → 不罰的前行為 / 不罰的後行為

本質上數罪
- 科刑上一罪 → 想像競合（§55）/ 牽連犯（舊§55後段、已廢止）/ 連續犯（舊§56、已廢止）
- 單純數罪
- 數罪併罰（實質結合§§50～54）

第一節　罪數的概念

第一項　罪數的意義

　　所謂罪數，係指行為人的行為所成立的犯罪個數（一罪或數罪）而言。行為人實行具有構成要件該當性、違法性與有責性的行為，即成立犯罪。當犯罪成立時，有一行為可能成立一罪，亦可能成立數罪的情形。例如甲開槍射殺 A，結果命中 A，導致 A 死亡（單純一罪）；但若甲開槍射殺 A，子彈射穿 A，又射中 B，A 死亡而 B 重傷，則成立一個殺人罪與一個重傷罪（想像競合）。

　　此外，數行為有可能成立一罪，亦有可能成立數罪。例如，行為人在兩小時內，從他人的倉庫內，分三次竊取同一人的貨物，僅成立一個竊盜罪（接續犯）；但若行為人係在不同時間分別在不同場所竊取不同人的財物，則該數種行為，成立數個竊盜罪（數罪併罰）。

　　在上述情形中，針對行為人究竟如何科刑論罪，此即罪數論所要討論的範圍❶。針對一罪或數罪的問題，若某一個事實該當一個構成要件，係屬一罪，稱為本質上一罪，其包括認識上一罪（單純一罪、法條競合）、評價上一罪（同質的包括一罪、異質的包括一罪）；若有某一個事實該當數個構成要件，係屬數罪，稱為本質上數罪，其包括科刑上一罪（想像競合）、單純數罪、數罪併罰（實質競合）。

　　關於罪數論在刑法理論的**體系地位**，究應係於犯罪論的領域，抑或歸屬於刑罰論的範疇，學說見解不一。依據國內學說的傳統見解，罪數的基本涵義，包括認識上的罪數、評價上的罪數、科刑上的罪數三種。

---

❶　我國多數學者基於判斷刑法在行為或犯罪上的競合問題，認為罪數問題不僅係一罪或數罪的判斷，應包含一行為或數行為的判斷，故將罪數論稱為「**競合論**」。本書認為，判斷一行為或數行為係屬於成立一罪或數罪的前提要件，最後仍歸結於罪數的判斷，因此係採「罪數論」的用語。

所謂認識上的罪數，係以犯罪構成要件為基礎；評價上的罪數，則須從犯罪的本質來加以適當評價，始能判斷究竟係一罪或數罪。若專就此二者的內涵，罪數論係屬於犯罪論的領域。然若僅就科刑上的罪數來論，既然罪數係在決定如何科以適當刑罰，則罪數論應屬於刑罰論所討論的範圍。本書認為，罪數論縱然有刑罰論上的討論問題，但最後仍應依犯罪的本質來做判斷，因此罪數論應定位在犯罪論的體系位置。

此外，犯罪的單數與複數，在適用刑罰與進行訴訟程序上均具有重要意義。在適用刑罰之際，針對一行為人成立數罪的犯罪競合，依據犯罪競合的型態，科刑方法亦有所不同，例如本質上一罪（法條競合）、評價上一罪（集合犯、接續犯、構成要件上的包括、不罰的前行為、不罰的後行為）而論以一罪；本質上數罪而論以數罪併罰、或視為科刑上一罪（想像競合）等情形，究竟如何具體地科刑，係屬罪數論的重要問題。

在進行訴訟程序上，針對某一事實，若認定係本質上一罪或科刑上的一罪，則視為一個事件來處理（刑訴 §9），在起訴階段成為追加起訴（刑訴 §265）與公訴不可分（刑訴 §267）的基礎；在審判階段有訴因變更（刑訴 §300）的適用；在訴訟終結有一事不再理（刑訴 §302）的限制。因此，罪數論無論在理論構成上，或在實務運作上，均具有密切關聯性，必須明確地判斷一罪或數罪，始能適正地運作。

第二項　罪數的判斷標準

關於罪數的判斷標準，學說上最主要有以下四種見解：(1)犯意標準說、(2)行為標準說、(3)法益標準說、(4)構成要件標準說。各種見解所採的標準均不同，各有其優劣之處，然而仍必須綜合紛紜各說，在其中採一套判斷標準作為準則，始能避免各說各話、實務運作上無所適從的缺點。茲將各說的論點與檢討，說明如下。

一、犯意標準說

犯意標準說係以行為人主觀上犯罪意思的個數為標準，來判斷一罪

或數罪。在此所謂犯意，包含故意與過失，亦即若行為人僅係單一的故意或過失而實現犯罪，僅成立一罪，而若行為人係以複數的犯意而實現犯罪，則成立數罪。

然而，若僅以主觀上的犯罪意思為標準，來判斷罪數時，例如行為人以單一犯罪意思，同時殺害二人時，係成立一罪；在殺害一人後，另起犯意而再殺害另一人時，則成立二罪。在此種情形中，若僅係單一犯意，縱然有複數犯罪行為或侵害複數法益，亦僅能論以一罪，將產生不合理的情況。因此，採此說的判斷標準，並非妥當的見解。

二、行為標準說

行為標準說係以行為人者客觀上犯罪行為的個數為標準，來判斷一罪或數罪。亦即，若行為人僅係單一的行為而實現犯罪，僅成立一罪，而若行為人係以複數的行為而實現犯罪，則成立數罪。然而，在此所謂行為的內涵，學說上見解不一。有依自然意義的行為說明行為意義者（社會評價），有依法律所規定的觀念來解釋行為意義者（法律評價）。基於此種評價，由於所持的立場不同，故所認定的罪數亦不一。

若依法律概念的行為來認定，行為即與犯罪無異，則犯罪的個數依據行為的單複數來決定，例如想像競合犯的「一行為觸犯數罪名」，係成立一罪；牽連犯與連續犯（2005年已刪除）係數行為，成立數罪；包括一罪係複數的自然行為，成立一罪。然而，若完全採行為的個數為標準，而忽視犯罪本質要素的法益侵害個數，並非妥當的見解。例如不罰的前行為與不罰的後行為係屬複數行為，亦成立數罪。

三、法益標準說

法益標準說係以所侵害法益的個數為標準，特別係以所發生結果的個數，來判斷一罪或數罪。亦即，若行為人的行為係侵害一個法益（一個結果），僅成立一罪，而若侵害數個法益（數個結果），則立數罪。

若依據此說的論點，在個人法益方面，一身專屬法益（例如生命、

身體、自由、名譽、隱私），由於此種法益無法與其他法益統一評價，故依被害法益的個數來論一罪或數罪，固然不產生問題。然而，針對非一身專屬法益（例如財產）的情形，則依被害法益的個數來判斷，將產生疑問。例如，行為人在同一場所，同時竊取屬於複數人所有的財物時，由於侵害法益係複數，亦應成立數罪。

此外，針對國家或社會法益方面，倘若其侵害態樣有數個時，例如國家法益中有國家主權的存在、公權力的作用，或社會法益中有公共危險、社會風俗、公共信用等，由於此等法益係屬包括性法益，故僅成立一罪，顯然並不合理。

四、構成要件標準說

構成要件標準說係以行為人的行為該當構成要件的個數為標準，來判斷一罪或數罪。此說係歸納犯罪意思、犯罪行為及犯罪結果等構成要件要素，將構成要件做綜合考慮與評價，亦即若行為人的行為該當一個構成要件，僅成立一罪，而若行為人的行為該當複數構成要件，則成立數罪。

依據此說論點，由於構成要件的內容，包含行為、行為客體、行為情狀、行為結果、犯意等要素，故以構成要件為標準而判斷罪數時，該等要件均須列入考慮範圍。例如，某種構成要件係基於保護法益而設立的規定，故應以該構成要件所規定的被害法益單一性為中心，而綜合思考針對該法益侵害的犯意的單一性或連續性、實行行為的單一性或連續性、被害法益的同一性等問題，依此而判斷該當構成要件的個數❷。

準此，本書認為由於犯罪係以構成要件該當性為成立要件，故判斷犯罪的個數，依據構成要件為標準，兼採刑法學解釋論對構成要件該當次數加以評價，其具有適正性的理論基礎，應屬妥當的見解。

---

❷ 參照大谷　實，《刑法講義總論》，成文堂，2010 年 3 月新版第 3 版，480 頁。

第二節　本質上一罪

所謂本質上一罪，係指犯罪成立上的一罪而言，亦即行為人的行為根本上僅該當一個構成要件而成立一罪的情形。本質上一罪的種類，可分為認識上一罪（單純一罪、法條競合）、同質的包括一罪（集合犯、接續犯、構成要件上的包括）與異質的包括一罪（不罰的前行為、不罰的後行為）等三種。

第一項　法條競合

犯罪的成立，係透過犯罪三段論證，亦即構成要件該當性、違法性與有責性，作為判斷上的依據，故若在犯罪認識上僅成立一罪，則為當然一罪。若在犯罪的認識上，藉由犯罪三段論證後，並不僅成立一罪時，則成立數罪，而所成立的數罪是否皆值得透過刑法加以處罰，則係屬於罪數評價上的問題。

例如，在認識上一罪的情形，其在行為或犯罪事實外觀上很明顯地係一次該當一個構成要件，並無必要特別在構成要件上加以評價。認識上一罪可分為單純一罪與法條競合兩種情形。所謂單純一罪，係指一犯罪事實僅僅一個處罰條文存在的情形，亦即單純地實現本來即預定行為及結果（法益侵害）均為一個的構成要件，此時所適用者僅一個處罰條文而已，並無罰條重合的情形。例如甲欲殺 A，以手槍發射一發子彈，而將 A 射殺死亡的情形，此係屬於行為、結果及犯意均僅單純一個的犯罪行為，僅成立一個殺人既遂罪，毫無爭議地屬於認識上一罪。

在法條競合的情形中，行為人係以單一行為實現一個犯罪事實，但卻有數個法條可適用，由於其實質上僅該當一個構成要件，故在犯罪的認識上僅成立一罪，屬於認識上一罪❸。針對認識上一罪的問題，單純

---

❸　此外，亦有學者將法條競合稱為「法律單數」(Gesetzeseinheit)，屬於行為單數的不純正競合，而將其與純正競合的想像競合做區別。參照林山田，《刑法通

一罪並無討論的餘地，主要係法條競合應如何處理的問題。

一、法條競合的意義

所謂**法條競合** (Gesetzeskonkurrenz)，亦稱法規競合或法律競合，係指行為人的行為該當數個法條，但在實質上僅適用一個法條的情形❹。法條競合係屬於具體案件適用法條的問題，原則上係經由學說的解釋與實務的運作來處理，故在刑罰法規上並無「法條競合」的專設條文。

法條競合的本質，係基於刑法對於法益保護的目的，避免刑法對同一犯罪事實重複評價，應以**法益侵害同一性**作為法條競合的評價基礎。倘若未具有法益侵害的同一性，即代表數個法益受到侵害，由於刑法對於法益未達充分的保護，故無藉由法條競合評價為一罪的可能性，因此在法條競合的判斷上，除了著重於數個法條之間的相互關係外，仍必須以「法益侵害同一性」為其前提要件❺。

二、法條競合的判斷

法條競合既然係屬於在具體案件上適用法條的問題，則在數個該當構成要件中究竟如何選擇最適當的法條來處斷？亦即，在數個構成要件的內包作用與外延作用上，以及構成要件彼此之間的論理關係上，如何

論（下）》，作者自版，2008 年 1 月增訂第 10 版，328 頁。

❹ 參照最高法院 73 年臺覆字第 25 號判例：刑法上所謂**法規競合**，係指同一犯罪構成要件之一個犯罪行為，而因法規之錯綜關係，同時有**數法條**可以適用，乃依一般法理**擇一適用**之謂。本件被告等將海洛因自曼谷輸入臺灣之一個行為，係屬同時觸犯構成犯罪要件不同之私運管制物品（毒品）進口，與運輸毒品二罪，應依刑法第 55 條想像競合之規定處斷，原判決認係法規競合，其法律之適用，顯有未洽。

❺ 參照最高法院 73 年臺上字第 3629 號判例：**同時偽造**同一被害人之多件同類文書或同一被害人之多張支票時，其**被害法益仍僅一個**，不能以其偽造之文書件數或支票張數，計算其法益。此與同時偽造不同被害人之文書或支票時，因有侵害數個人法益，係一行為觸犯數罪名者迥異。

精確地適用法條？有關選擇適用上的依據，可從以下四種關係來加以判斷：⑴特別關係、⑵補充關係、⑶吸收關係、⑷擇一關係。

㈠特別關係

　　所謂**特別關係** (Spezialität)，係行為人以一行為該當兩個以上的刑罰法規時，由於數個法條之間，具有特別法與一般法的關係時，優先適用特別法的關係。若從法體系的觀點進一步分析，所謂特別法與普通法，可分為法典與法典間的通案適用優劣，一般稱為特別法優於普通法；法規範與法規範間的個案適用優劣，一般稱為特別關係❻。

　　特別法與普通法的關係，係特別關係的典型關係。一般而言，在特別法當中，包含普通法全部的構成要件。換言之，從構成要件的概念上加以理解，特別法係透過構成要件的包攝作用，將特別法的構成要件外延至普通法的構成要件當中。因此，特別法與普通法在構成要件的關係，可謂「A 概念所包攝的一切事物，當然包含 B 概念；B 概念所包攝的事物，則並不一定包含 A 概念。」的關係❼，亦即特別法與普通法的關係，在於其成立範圍有大小程度上的差異性存在。

　　若屬於同一法典中的刑罰法規，則係透過構成要件在概念上的相互關係，來加以區別。此種情形，與從法體系認定特別關係的判斷方式有所不同，主要係藉由構成要件中的要素進行分析，觀察是否在構成要件中，除了原本應有的構成要件要素外，另外含有其他特別的要素❽。換言之，在構成要件要素的分析上，透過構成要件內包的包攝關係，若含有一個或數個特別要素的構成要件，則為特別規定，反之，則為普通規定，而兩規定間具有特別關係。基此，藉由構成要件內包的包攝關係，而具有特別關係的情形中，通常表現於以下四種情形：

　　⑴**基本構成要件**與**修正構成要件**（加重或減輕構成要件）的特別關係：此種情形，修正構成要件優於基本構成要件而適用，例如普通殺人

---

❻　參照甘添貴，《罪數理論之研究》，元照出版，2006 年 4 月，116 頁。

❼　參照虫明　滿，《包括一罪の研究》，成文堂，1992 年 5 月，60 頁。

❽　參照甘添貴，《罪數理論之研究》，元照出版，2006 年 4 月，112 頁。

罪（§271）與殺害直系尊親屬罪（§272）、當場激於義憤殺人罪（§273）、生母殺嬰罪（§274）等的特別關係。

(2)**單一構成要件與結合構成要件的特別關係**：此種情形，結合構成要件優於單一構成要件而適用，例如妨害性自主罪（§§221，222，224，224之1，225）與妨害性自主罪的結合犯（§226之1）、強盜罪（§328）與強盜罪的結合犯（§332）、海盜罪（§333）與海盜罪的結合犯（§334）等的特別關係。

(3)**加重構成要件與過失構成要件的特別關係**：此種情形，加重構成要件優於過失構成要件而適用，例如過失致死罪（§276）與傷害致死罪（§277 II）等的特別關係。

(4)**個別構成要件與概括構成要件的特別關係**：此種情形，個別構成要件優於概括構成要件而適用，例如私行拘禁罪（§302 I）與強制罪（§304 I）、略誘婦女罪（§298 II）與私行拘禁罪（§302 I）等的特別關係。

以上特別關係的判斷，舉例而言，例如普通殺人罪與殺直系血親尊親屬罪的情形，雖然同樣係規範殺人行為，但在分析兩罪的構成要件要素上，殺直系血親尊親屬罪要求行為客體必須為行為人的直系血親尊親屬，相較於普通殺人罪對於行為客體僅限於自然人，其另外有客體上身分的限制，故於犯罪認識上雖成立普通殺人罪與殺直系血親尊親屬罪，然而在犯罪的評價上，兩罪間具有行為客體規範上的特別關係，故應論以殺直系血親尊親屬罪。

(二)補充關係

所謂補充關係（Subsidiarität），係在刑罰法規間彼此具有基本條款與補充條款的關係時，優先適用基本條款，在基本條款無法適用的情形，始有適用補充條款的餘地。在此種情形中，數個刑罰法規對於同一法益提供保護的方式，就法益保護而言，係從對法益不同的攻擊階段，而在同一攻擊方向的範圍內，依犯罪程度的強弱來判斷刑罰法規間有無補充關係存在。

有關補充關係的判斷，係與特別關係相同，二者皆係利用構成要件間的要素進行分析來作為判斷上的依據，故特別關係與補充關係，實質上其功能在於刑罰法規間的包攝作用 ❾。因此，從法條的內容加以觀察，補充關係可區分為形式的補充關係（明示的補充關係）與實質的補充關係（默示的補充關係）。

形式的補充關係，係立法者透過立法在刑罰法規上**明示的補充關係**，對於基本規定而言，僅具有補充基本規定不足的功能。換言之，補充規定通常於其法規內容上，明白表示當無法藉由某個法條來決定法定刑，或是其他法條的法定刑較重時，則適用補充規定 ❿。例如，公務員加重處罰罪（§134）係補充公務員犯瀆職罪章以外之罪的規定，若公務員有包庇賭博或侵占行為，由於有包庇賭博罪（§270）與公務侵占罪（§336Ⅰ）可適用，則不適用公務員加重處罰罪，然若公務員犯其他未有特別規定的罪時，則適用公務員加重處罰罪。

此外，例如加暴行於直系尊親屬罪（§281）係補充傷害罪（§277）與傷害直系尊親屬罪（§280）的規定；準強盜罪（§329）係補充強盜罪（§328）的規定；放火燒燬現住住宅非現住住宅以外的放火罪（§175）係補充放火燒燬現住住宅罪（§173）與放火燒燬非現住住宅罪（§174）的規定等情形，則由於基本規定無法適用，故適用該等補充規定。

實質的補充關係，係針對多數刑罰法條之間的關聯性，藉由解釋的方式所得出的**默示補充關係**。具體而言，實質的補充關係，有從對同一法益攻擊的不同階段所得出的補充關係，例如未遂罪與預備罪係既遂罪的補充關係、傷害罪係殺人罪的補充關係、危險犯係侵害犯的補充關係等；或有從對法益的不同攻擊方法所得出的補充關係，例如共犯係正犯的補充關係、不作為犯係作為犯的補充關係、過失犯係故意犯的補充關係等。

此外，針對補充關係的判斷，由於法條競合係以法益侵害同一性為

---

❾　參照山口　厚，《刑法總論》，有斐閣，2005 年 2 月補訂版，313 頁。

❿　參照虫明　滿，《包括一罪の研究》，成文堂，1992 年，73 頁。

前提,因此在判斷上應先觀察是否為侵害同一法益,若為侵害同一法益,則再進一步分析所該當的刑罰法規間,其構成要件對於法益侵害而言,在同一侵害方向上有無程度強弱的不同,抑或侵害方法上有無因果歷程先後順序的不同,依此而作為判斷的依據。

㈢吸收關係

在法條競合的判斷上,既以法益侵害同一性為前提,若有侵害同一法益而成立數個法條時,於法條競合的適用上,應從各個法條間的構成要件構造上優先判斷,是否有無特別關係與補充關係的適用,若無特別關係與補充關係,則應自刑法的規範機能,評價該數個法條之間構成要件的違法內涵或責任內涵,由其中一個法條吸收其他法條的違法或責任內涵而適用。

所謂吸收關係 (Konsumtion),係指基於共同保護的法益,雖然數個法條均有提供法益的保護,但其中僅有一個法條對於該法益的保護較為完整,若僅適用此法條即已足以充分保護該法益安全,因而將其他法條吸收而排斥其適用,亦即吸收條款將被吸收條款吸收的關係。一般而言,吸收關係乃主要構成要件與伴隨構成要件的關係,當行為實現主要構成要件時(主要行為),通常必然亦伴隨其他構成要件的實現(伴隨行為)。

在吸收關係的情形中,主要構成要件的違法內涵或責任內涵,將伴隨構成要件的違法內涵或責任內涵亦包含在內,因此藉由主要構成要件的處罰,亦可包含伴隨構成要件的處罰。例如,甲基於強盜故意重擊 A 的臉部,造成 A 臉部成傷並至使 A 不能抗拒,而取走 A 身上的財物,甲雖同時該當普通傷害罪(§277 I)與普通強盜罪(§328 I),惟因傷害行為係強盜行為的手段,且通常施強暴時均有伴隨傷害結果的發生,就法益保護目的而言,普通強盜罪所保護者雖為財產法益,惟其手段甚為強烈,亦間接保護身體法益,故普通傷害罪應被普通強盜罪吸收,論以普通強盜罪;甲於夜間破壞 A 公司保全系統,進入 A 公司竊取財物的情形,甲的竊盜行為伴隨著不法侵入行為與毀損行為,甲成立加重竊盜罪(§321 I),而不法侵入罪(§306 I)與毀損器物罪(§354)被吸收而不

適用。

　　特別關係與補充關係著眼於形式上的法條構造，而吸收關係則係基於法益保護的原則下，著眼於構成要件的規範機能。在法條競合的判斷上，應從特別關係與補充關係優先判斷，僅在無特別關係與補充關係存在的情形下，始能進入吸收關係的判斷，避免因對法條的實質解釋，架空法條於構成要件形式上的意義。

㈣擇一關係

　　所謂擇一關係 (Alternativität)，係指犯罪行為不屬於特別關係、補充關係或吸收關係時，由於同時有數個法條可以契合適用，故依立法旨趣選擇一個最相當的法條加以適用的情形。

　　學說上，有將法條競合區分為包攝關係（特別關係、補充關係、吸收關係）與交叉關係（擇一關係）。**包攝關係**乃某一法條所規定的構成要件包攝另一法條的構成要件，而**交叉關係**乃某一法條所規定的構成要件與另一法條的構成要件具有部分交叉的情形❶❶。

　　若依上述論點，例如侵占罪（§335Ⅰ）與背信罪（§342Ⅰ）的關係，就行為人處分所持有他人之物而言，兼具侵占與背信兩種性質，必須選擇其中最適合的罰條而適用，若選擇侵占罪時，則排除背信罪。此外，例如略誘罪（§241Ⅰ）與意圖營利略誘罪（§241Ⅱ），亦具有交叉關係。

　　由於擇一關係的內涵，係立法者對於完全相同的違法行為，從數個不同的形式所制定的數個法條。就同一構成要件而言，由於規範於不同的刑罰規範，可能會產生對於同一犯罪重複處罰的疑慮，因此在擇一關係的判斷上，若數個法條的刑罰效果皆為相同時，無論適用何法條，皆無損於法益保護的目的；若係法條的刑罰效果不同的情形下，同樣基於法益保護的目的，則應優先適用對被告最不利的法條❶❷。

---

❶❶　參照山口　厚，《刑法總論》，有斐閣，2005 年 2 月補訂版，314 頁。

❶❷　參照虫明　滿，《包括一罪の研究》，成文堂，1992 年 5 月，108 頁。

第二項　包括一罪

一、包括一罪的意義

　　所謂包括一罪，係指行為人實行數個構成要件行為，產生數個結果，本來應論以數罪，惟由於數個構成要件行為之間，具有時間及場所的接近、方法的類似、機會的同一、意思的繼續等密接的關係，而且該當同一罪名，故應將該數個構成要件包括為一次構成要件的評價。包括一罪可分為同質的包括一罪（集合犯、接續犯、構成要件上的包括）與異質的包括一罪（不罰的前行為、不罰的後行為）兩種。

　　包括一罪與法條競合二者，均屬於本質上一罪的犯罪形態，二者在概念極為相近，均係行為在外觀上雖該當數個構成要件，但法條競合由於侵害同一法益，且其中一個構成要件的內涵即足以將其他構成要件包括在內，故在實際上僅依一個構成要件來加以論處，依此即足以充分保護該法益的安全。而包括一罪則係針對數個該當構成要件行為，由於考量其違法內涵的一體性與責任的一致性，故在犯罪評價上，將數個該當構成要件行為評價為一罪。

【法條競合與包括一罪的相異性】

(1)**性質的相異性**：法條競合係以一個行為為前提，雖然其藉由分析各罪構成要件間的關係，而帶有犯罪評價的色彩，然而法條競合主要功能在於條文適用上，故係屬於認識上一罪；包括一罪係以數個行為為前提，著重於透過構成要件的解釋，將數行為藉由一個刑罰規範進行一次性的犯罪評價，故係屬於評價上一罪。

(2)**解釋方向的相異性**：法條競合既為處理法條適用上的問題，其解釋與分析的方向係傾向於法條構成要件內包與外延的作用，以及構成要件彼此之間的論理關係，精確地適用法條；包括一罪則係

> 由具體行為情狀，從構成要件實現的角度觀察，進行犯罪上的實質評價。

二、包括一罪的成立要件

㈠犯意的單一性

行為人所實行的數個行為，必須基於一個犯意，亦即數個構成要件行為係以一個意思決定所為，始可包括地論為一罪。所謂一個意思決定，係指行為人所為的數個構成要件行為，出於單一犯罪決意而言。

然而，基於單一犯罪決意所為的數個時空密接的構成要件行為，固然係屬於包括一罪的情形，而若數個構成要件行為在時空密接判斷上較為模糊時，如何判斷是否基於單一犯意？此種情形，可從法益侵害的角度加以考察，若基於行為人主觀上所預定侵害同一被害法益的意思，仍一直持續存在，則可認為具有犯意的單一性。

舉例而言，在**散布播送販賣猥褻物品罪**（§235 I）的情形中，由於對於該法條散布、播送或販賣猥褻物品的行為，在解釋上不僅止於一次散布、播送或販賣猥褻物品的行為，假設甲係在夜市擺攤而販賣色情光碟片，甲已經具有每天晚上皆在販賣色情光碟片的犯罪決意，而反覆實行販賣色情光碟片的行為，從客觀情狀來加以考察時，甲除具有**單一的犯罪決意**外，該犯罪決意亦具有**繼續性**，故應包括性地評價為一個販賣猥褻物品罪。

㈡構成要件的同一性

行為人所實行的數個行為，必須在犯罪成立上該當同一構成要件而成立數罪時，始能在犯罪評價上，評價為包括一罪。若數個行為非該當同一構成要件，雖然認識上仍成立數罪，惟因未符合包括一罪對於同一構成要件的要求，故在犯罪評價上，仍應評價為數罪，而非包括一罪。

在此所稱同一構成要件，應包含修正構成要件（加重構成要件與減輕構成要件）在內，而從構成要件的整體來觀察，除該當基本構成要件

之外，若有該當加重或減輕構成要件的情形，基於其基礎犯罪事實係屬相同，故仍可評價為包括一罪。

舉例而言，甲知悉 A 收藏許多古董名畫，分別放在自己家中及私人專用倉庫中，乃計畫利用 A 過年期間出國渡假旅行的機會，侵入 A 的住宅及倉庫內竊取古董名畫，某日獲知 A 已經出國渡假，於是在白天趁無人發現之際，翻越圍牆後進入屋內行竊，竊得數件名畫後，在當日夜深人靜之際，再前往倉庫竊得古董數件。

在此一案例中，甲的行為在犯罪認識上除該當普通竊盜罪（§320Ⅰ）外，亦該當加重竊盜罪（§321Ⅰ(1)），在犯罪評價上，甲係基於同一犯罪決意而分為二次進入 A 的住宅及倉庫行竊，惟基於同一犯罪事實而該當「基本構成要件」及「加重構成要件」，因此包括地評價為一個加重竊盜罪，即足以滿足對法益保護的要求，且可避免刑罰權的過度濫用。

㈢侵害法益的同一性

行為人所實行的數個構成要件行為，若係屬於侵害同一法益時，可包括地評價為一罪，若非侵害同一法益，則無法論以包括一罪。然而，將法益與被害者連結後，從整體來觀察，若侵害同一法益，而被害者非同一的情形，是否有評價為包括一罪的餘地？此種情形，所侵害的法益雖為同一類型，惟法益所依附的主體並非同一，而係分屬於不同被害者所持有，亦即外觀上雖然法益侵害為同一，但實質上係侵害不同被害者的法益，若將此種情形評價為包括一罪，似乎有違刑法對於法益保護的期待，故不應評價為包括一罪。

舉例而言，例如募款詐欺的情形，甲假借某大地震賑災的名義，欲利用社會大眾的同情心而詐取財物，每日身穿募款背心手抱募款箱，在人潮聚集的車站前向路人募款，結果有不少路人因受騙而捐款，甲以此種假募款真詐財的手段，僅僅數日即詐取不少金錢，係屬於使用詐術使人陷於錯誤而交付財物的行為，在犯罪認識上應成立詐欺取財罪（§339Ⅰ）。

然而，在犯罪評價上，依包括一罪對法益同一性的要求，甲的數次詐騙行為在外觀上雖係侵害他人的財產法益，但此種財產法益係依附於

不同受騙捐款的被害者，此時基於個人法益保護的考量，不應包括地評價為一個詐欺取財罪，而應評價為數個詐欺取財罪。

㈣實行行為的密接性

行為人所實行的數個行為，若係在時間、場所上相當密接的情形下，反覆實行或接續實行，且其性質相同，即應認定具有密接可能性。換言之，以「機會同一性」作為解釋，包括一罪對於時空密接的要求，亦即行為人所實行的數個行為，須在同一機會，反覆實行或接續而為，且其性質相同，具有密接關聯性者，始能評價為包括一罪。所謂同一機會，在解釋上應不限於同一時地，例如數個行為實行的時地，甚為密切接近時，亦應包括在內。

包括一罪就行為情狀而言，對於數個行為之間的時空密接性，所要求密接性的寬嚴程度，將影響對包括一罪評價上的判斷。若要求較為寬鬆的時空密接性，雖擴大包括一罪的評價範圍，但將因此造成包括一罪不當地擴張，導致包括一罪的概念過度濫用，亦使包括一罪的評價基準失去平衡；若要求較嚴謹的密接程度，例如前述以同一機會為標準，可有效地抑制包括一罪的評價範圍，避免恣意地擴張，有效地發揮包括一罪的功能。

三、包括一罪的類型

㈠集合犯

所謂集合犯 (Kollektivverbrechen, Sammelstraftat)，係指在複數構成要件行為當中，由於構成要件本身已經預先設定具有複數行為的反覆實施，而於犯罪評價上包括地以一罪論處的犯罪類型[13]。在符合集合犯的

---

[13] 有關集合犯的實務見解，參照最高法院 98 年臺上字第 7513 號判決：刑法上所稱之「集合犯」，係指立法者於所制定之犯罪構成要件中，本即預定有數個同種類行為反覆實行之犯罪而言。客觀上應斟酌法律規範之本來意涵、實現該犯罪目的之必要手段、社會生活經驗中該犯罪必然反覆實行之常態及社會通念等；主觀上則視該反覆實行之行為是否出於行為人之一個犯意，並秉持刑罰公

描述中，習慣犯、職業犯、營業犯等均屬集合犯。集合犯的概念，並非如同刑法分則所規定具有抽象性質的犯罪類型，其性質上係屬於具體行為事實的罪數類型。

在刑法分則所規定的犯罪類型中，雖有在立法當初即已經預定其有反覆實行的性質，而侵害同一法益者，例如偽造犯、販賣犯。然而，在具體適用上，並非所有反覆實行偽造行為或販賣行為的行為人，均得成立集合犯，而係依個案事實判斷，若符合包括一罪的要件時，始得成立集合犯❶。

1. 習慣犯

所謂習慣犯，係指將特定行為藉由經常性反覆實行的慣性而成立的犯罪，而對此反覆實行的行為係基於習慣或癖好而為之。對於習慣犯的行為而言，得解釋為構成要件中預先假設具有反覆實行同一構成要件行為，有依一定行為的習慣而成立的犯罪。例如賭博成習者（俗稱賭鬼），此種已經具有賭博習慣者，無論其賭博多少次，應以其習慣而論以集合犯，包括地評價為一個賭博罪（§266 I）；例如吸毒成癮者（俗稱毒蟲），無論其吸毒多少次，應論以集合犯，包括地評價為一個吸用煙毒罪（§262）❶。

平原則，加以判斷是否為「集合犯」；按行為人反覆或延續實行之數行為，是否均屬集合犯之包括一罪，而僅受一次評價，則須從行為人主觀上是否自始即具有單一或概括之犯意，以及客觀上行為之時空關係是否密切銜接，並依社會通常健全觀念，秉持刑罰公平原則，加以判斷。（最高法院 108 年度臺上字第 1724 號判決）

❶ 參照甘添貴，《罪數理論之研究》，元照出版，2006 年 4 月，63 頁。

❶ 在連續犯規定刪除後，實務上針對數次施用毒品的見解，有依集合犯處理者，亦有依接續犯處理者，最高法院於 96 年度第 9 次刑庭會議決議採數罪併罰。該決議內容如下：就刑法修正施行後多次施用毒品之犯行，採一罪一罰，始符合立法本旨。本則法律問題，某甲於刑法修正施行前連續施用毒品部分，應依刑法第 2 條第 1 項之規定，適用修正前連續犯之規定論以一罪；刑法修正施行後之多次施用犯行，除符合接續犯之要件外，則應一罪一罰，再就刑法修正施

據此，在習慣犯的情形中，僅限於因習慣所為數個同一構成要件的行為，始能評價為一罪，惟若習慣行為侵害數個法益的情形，是否得以透過包括一罪評價為一罪，端視該當法條的構成要件中，是否預先設定習慣行為侵害數個法益來作為判斷。

2.職業犯

所謂**職業犯**，係指以反覆實行某種特定行為為職業的犯罪而言。職業犯是否可包括地評價為一罪，應從刑罰法規的立法旨趣來判斷。亦即，就個別刑罰法規的解釋而言，該法條中的構成要件，立法當初是否已經預先假設具有反覆實行的數個行為，若有該種情形則歸類為集合犯的範疇。例如，刑法第 235 條**販賣猥褻物品罪**中所謂**「販賣」**，具有對不特定多數人有償讓渡的意義，亦即對於販賣行為，構成要件中已預先設定為數個行為，故數個販賣猥褻物品的行為得評價為包括一罪。

然而，販賣猥褻物品罪中「販賣」的概念，雖得解釋為對不特定多數人的有償讓渡，惟從集合犯的概念考察，並非所有「販賣」罪皆得做如此解釋，若僅單純基於**有償讓渡**的意思而販賣，或僅為**偶發性**的販賣行為，而非以「販賣」為業者，解釋上構成要件對於此種情形並未預先設定數個販賣的構成要件行為在內，故認其非屬於集合犯的類型，而無適用集合犯的餘地。

3.營業犯

所謂**營業犯**，係指以得到財產上利益為目的（營利目的），而反覆實行一定同種行為為業的犯罪而言。營業犯是否可包括地評價為一罪，亦應從法條中的構成要件來判斷，若立法當初已經預先假設具有反覆實行的數個行為，可歸類為集合犯的範疇。

例如，甲不具醫師資格者，以營利為目的開設診所，對多數人進行醫療行為的情形，甲的行為雖犯罪認識上，係屬於成立數罪，但基於醫師的醫療行為本即預設係反覆實行的行為，故可視為集合犯，而包括地

行後之數罪，與修正前依連續犯規定所論之一罪，數罪併罰，合併定其應執行之刑。

評價甲成立一個無照行醫罪（醫師法 §28）；乙不具律師資格者，以營利為目的，開設法律事務所為多數人處理法律事務的情形，甲的行為亦如同無照行醫，雖係屬多數行為，但亦可視為集合犯來處理，包括地評價乙成立一個無照執業罪（律師法 §50Ⅰ）。

(二)接續犯

所謂**接續犯**，係指行為人在同一機會接續而為同一性質的行為，依一般社會觀念，此數次行為並無時間的間斷，認係一個行為的持續而言❶。例如，甲在同一時間及同一場所，繼續同一種賭博行為的情形，數個賭博行為可包括地評價為一個賭博罪；又例如乙在兩小時內，從 A 所有的倉庫內，分三次竊取貨物的情形，三次竊取行為可包括地評價為一個竊盜罪。

接續犯與科刑上一罪（連續犯、想像競合犯），雖皆係視為一罪來處斷（連續犯已廢止成立一罪的規定），但接續犯係屬評價上的一罪，此外接續犯係成立一個罪名，而科刑上的一罪則係成立數個罪名，二者係屬不同的犯罪型態，應可明顯地加以區別。

【接續犯與想像競合的相異性】

一行為觸犯數罪名之**想像上競合犯**，係指行為人以一個意思決定發動**一個行為**，而侵害數個相同或不同之法益，具備數個犯罪構

---

❶ 有關接續犯的實務見解，參照最高法院 98 年臺上字第 7513 號判決：刑法上所謂之「接續犯」，則係指行為人以單一之決意，於同時、同地或密切接近之時、地接續實施侵害同一法益之數行為，而各行為之獨立性極為薄弱，依一般社會健全觀念，在時間差距上，難以強行分開，在刑法評價上，以視為數個舉動之接續施行，合為包括之一行為予以評價，較為合理者而言；所謂**接續犯**，係指行為人基於單一之犯意，以數個舉動接續進行，而侵害同一法益，在時間及空間上有密切關係，依一般社會健全觀念，難以強行分開，在刑法評價上，以視為數個舉動之接續實行，合為包括之一行為予以評價，較為合理，於此情形始得依接續犯論以包括一罪。（最高法院 107 年度臺上字第 2330 號判決）

成要件，**成立數個罪名之謂**，乃處斷上之一罪；此與行為人就同一犯罪構成事實，以單一行為之數個舉動接續進行，以實現一個犯罪構成要件，侵害同一法益，成立一個罪名之**接續犯**不同，雖接續犯於犯罪行為完畢之前，其各個舉動與該罪之構成要件相符，但行為人主觀上係以其各個舉動僅為全部犯罪行為之一部，而客觀上，亦認係實施一個犯罪，是以**僅成立一個罪名❶**。

(三)構成要件上的包括

　　所謂構成要件上的包括，係指於某種犯罪的構成要件中，其所描述的數個構成要件行為，在其行為態樣之間具有手段或目的與原因或結果的相互關係，當行為人實行該罪中所描述具有手段或目的，原因或結果的數個構成要件行為時，可包括地評價為一罪的情形。例如賄賂罪、藏匿人犯罪、贓物罪等。

　　1.賄賂罪：在刑法第 121 條第 1 項不違背職務賄賂罪的情形中，本罪對於構成要件行為的描述，係要求、期約或收受賄賂或其他不正利益的行為，而要求、期約賄賂的行為與收受賄賂的行為之間，具有手段或目的與原因或結果的相互關係，因此係屬於構成要件上的包括。

　　舉例而言，公務員甲在實行要求或期約賄賂的行為後，亦有收受賄賂或不正利益的行為時，從法益保護的立場，由於其所侵害的法益係公務的廉潔性；而甲所實行的數個構成要件行為，已該當刑法第 121 條第 1 項不違背職務賄賂罪的構成要件，該所實行的數個行為由於存在手段或目的與原因或結果的相互關係，故具有違法內涵的一體性，而仍於刑法第 121 條第 1 項的違法內涵內，基於侵害同一法益，應視為包括一罪，而評價為一罪。

　　2.藏匿人犯罪：有關刑法第 164 條第 1 項藏匿人犯罪的情形，本罪係處罰藏匿犯人與使犯人隱避的行為，從行為的相互關係來觀察，藏匿

---

❶　參照最高法院 71 年臺上字第 2837 號判例。

犯人的行為與使犯人隱避的行為,兩者之間似乎較無明顯的手段或目的,與原因或結果的關聯性,而屬於該罪所列舉處罰的行為態樣。

然而,若從法益保護的立場而言,藏匿犯人的行為與使犯人隱避的行為同樣係侵害國家審判權的行使,在侵害同一國家法益的情形下,若同時有藏匿犯人與使犯人隱避的行為,就刑法第 164 條第 1 項的藏匿人犯罪而言,雖然係不同的行為態樣,但該當刑法第 164 條第 1 項藏匿人犯罪本身所描述的構成要件,其藏匿犯人與使犯人隱避的行為仍具有違法內涵的一體性。因此,在犯人為同一的情形下,基於法益保護的立場,在解釋上仍應評價為包括一罪。

3. **贓物罪**:有關刑法第 349 條第 1 項贓物罪的情形,本罪係處罰對贓物「收受」、「搬運」、「寄藏」、「故買」、「媒介」等行為,其相互關係並非完全具有手段或目的與原因或結果的相互關係,但若自法益保護的立場來觀察,贓物罪係保護個人對財物的持有利益[18]。

舉例而言,甲對同一贓物而為收受、搬運、寄藏、故買或媒介的數個行為時,由於侵害法益為單一的情形,倘若甲明知為贓物而收受或購買,後又搬運至私人住所隱藏保管,而居中仲介處分該贓物,甲所實行的數個行為已該當贓物罪的構成要件。若從贓物罪的違法內涵而言,該數個行為亦具有違法內涵的一體性,故基於法益保護的立場,得評價為包括一罪。

第三項　不罰的前行為與不罰的後行為

行為人的行為係屬於該當不同構成要件而侵害同一法益的數個行為,雖數個行為之間並非接續行為,仍有被評價為一罪的情形。此種情形,亦即不罰的前行為與不罰的後行為。有學者認為,**不罰的前行為係指手段的犯罪行為被目的的犯罪行為所吸收的情形** (手段與目的的關係);**不罰的後行為係指結果的犯罪行為被原因的犯罪所吸收的情形**(原

---

[18]　參照甘添貴,《體系刑法各論(第 2 卷)》,瑞興圖書公司,2000 年 4 月,445 頁。

因與結果的關係）⓳。

一、不罰的前行為

所謂不罰的前行為 (Straflose Vortat)，亦稱與罰的前行為，通常係指行為的預備階段與未遂或既遂之間的關係，亦即預備行為（前行為）僅係未遂或既遂（後行為）的過程階段，故被後階段的行為所吸收，而不處罰前行為的情形。

例如，刑法普通賄賂罪的要求、期約或收受賄賂（§121 I）的情形，若公務員有要求或期約賄賂的前行為，而嗣後亦確實收受賄賂時，則要求或期約賄賂的前行為被收取賄賂的後行為所吸收，而不處罰要求或期約的前行為。

二、不罰的後行為

所謂不罰的後行為 (Straflose Nachtat)，亦稱與罰的後行為，係指行為人在完成一個犯罪後，為了確保前行為的地位或結果，而後實行利用或維持該地位或結果的行為，因而僅處罰前行為而**不處罰後行為**的情形。換言之，後行為的不處罰，係後行為的違法內涵得藉由前行為所該當的罪，進行包括性的一次評價，亦即後行為的違法內涵尚未逸脫前行為所該當犯罪的違法內涵範圍。若從反面來思考，當後行為的違法內涵已經超越前行為所該當犯罪的違法內涵範圍時，在評價上即應以數罪論⓴。

㈠成立不罰後行為的案例

不罰的後行為的典型案例，例如行為人毀棄因竊盜所得的他人財物時，在犯罪認識上雖成立刑法普通竊盜罪（§320 I）與毀損器物罪（§354）；但在犯罪評價上，行為人因竊盜所取得他人的財物，已對他人的財產法益造成侵害，嗣後即便毀棄因竊盜所取得他人的財物，由於並未改變法益侵害的事實狀態，且對行為人而言，亦無期待行為人會妥善保管所竊

⓳　參照山口　厚，《刑法總論》，有斐閣，2005 年 2 月補訂版，316 頁。
⓴　參照虫明　滿，《包括一罪の研究》，成文堂，1992 年 5 月，255 頁。

得財物的可能性，因此毀損器物罪被包括地評價於普通竊盜罪中，亦即被普通竊盜罪所吸收，僅論以普通竊盜罪 ❷ 。

㈡不成立不罰後行為的案例

此外，在利用前行為的地位或結果，而實行後行為的情形中，倘前行為與後行為係侵害不同被害人的法益，而另外成立犯罪時，當然不能評價為一罪。例如，甲經竊盜所取得 A 的財物，於銷贓時故意隱匿該財物係經由竊盜所得，而使乙買受的情形。於此種情形中，甲對 A 所成立的普通竊盜罪（§320 I），與甲對乙所成立的詐欺取財罪（§339 I），雖然普通竊盜罪與詐欺取財罪所保護的法益相同（皆係財產法益），在形式上似乎符合不罰後行為的成立條件，但其法益依附的主體並非同一，亦即在被害人並非同一的情形下，無法認定係不罰的後行為，因此甲的前後兩行為仍應分別評價，亦即分別成立普通竊盜罪與詐欺取財罪，而論以數罪併罰。

第三節　科刑上的一罪

所謂科刑上的一罪，係指行為人所實行的構成要件，成立數罪時，在適用刑罰之際，以一罪來處斷的情形。科刑上的一罪，亦稱為處斷上的一罪或法律上的一罪，係屬於形式上的數罪。刑法所規定的科刑上一罪，其犯罪型態有想像競合犯（§55）、牽連犯（舊 §55 後段）、連續犯（舊 §56）等三種，而牽連犯與連續犯已經於 2005 年 2 月刑法修正加以刪除。

有關科刑一罪的法律性質，學說上有兩種見解：(1)僅成立一罪，但罰條競合的見解；(2)成立數罪而實際上犯罪競合，但在刑罰適用上係以一罪來處理。通說與實務係採第二種見解。基於此種論點，若從構成要件評價的觀點，科刑一罪係成立數罪，應視為數罪來理解；而在刑罰適用上，數罪被視為一罪來處理。因此，科刑上一罪係屬於犯罪論上的罪

---

❷ 實務見解參照最高法院 22 年上字第 4389 號判例：強盜將搶得之財物分別當賣，係犯強盜罪後處分贓物之行為，自不能再論以侵占之罪。

數論，而亦兼具量刑上的刑罰論性質。

第一項　想像競合

一、想像競合的意義

　　所謂想像競合 (Idealkonkurrenz)，亦稱觀念競合，係指行為人實行一個行為，侵害數個相同法益或數個不同的法益，亦即該當數次構成要件的情形。現行刑法係將想像競合規定為「一行為而觸犯數罪名者，從一重處斷。但不得科以較輕罪名所定最輕本刑以下之刑。」（§55）。

　　針對想像競合的情形，行為人雖然僅實行一個行為，但卻觸犯數個法條，而該當數個構成要件，在犯罪的評價上，著重於其本體上的一行為，而在科刑上視為一罪來處理（處斷上的一罪）。其問題在於：究竟為何可將本質上的數罪，依據一個行為而視為「一罪」來處斷，且比數罪併罰處罰更輕？學說上所提出的解釋，係基於法確信概念中「一行為一處罰」的理論根據。

　　然而，若採法確信的概念，其仍有疑問存在，亦即想像競合係本質上的數罪，基於一般國民的法感情，可能必須加重處罰，故視為一罪處斷，是否實質上形成法的確信？針對此種疑慮，必須提出實質的理論根據，始能確立法的安定性。

　　本書認為，想像競合的實質理論根據必須求諸於「**產生違法評價程度的重複、以及責任評價上的減輕**」。基於此一論點，由於一個犯罪行為較之於數個犯罪行為，其社會侵害性的程度較低，而在同樣意義上非難可能性亦較低。亦即，想像競合犯的違法性與責任，終究比數罪併罰有較輕的評價，因此應科處較輕的刑罰。

二、想像競合的成立要件

　　依據刑法的規定，想像競合的成立具有下列三個要件：(1)必須只有一個行為、(2)必須觸犯數個罪名、(3)必須侵害數個法益。

(一)一個行為

有關行為的單一性，學說上區分為自然觀察的單一行為、社會概念的單一行為與法律概念（以構成要件為標準）的單一行為等三種。想像競合的「一行為」，係指排除法律概念，而在自然觀察或社會認識上，所認定的一個行為而言❷。

此外，一行為必須係基於行為人的一個意思決定始能成立，若在行為之際，對其他犯罪另起犯意，或基於同一犯意而分成二個行為實行，皆非屬於基於一個意思決定❸。再者，行為人的一個意思決定，可能同時該當多數構成要件的**複數故意**，例如朝群眾投擲一顆手榴彈的意思決定，可能包括殺人、傷害、毀損及放火等複數故意；而行為人的一個意思決定，亦可能同時該當二個構成要件的**故意與過失**，例如開槍殺人，可能包括命中目標的故意以及誤中他人的過失。

此外，在學說上有肯認**夾結效果**（亦稱**鋸齒現象**或**鉤環現象** Klammerwirkung）的情形，亦可成立想像競合的見解❹。

---

❷ 參照林山田，《刑法通論（下）》，作者自版，2008 年 1 月增訂 10 版，309 頁；蔡墩銘，《刑法總論》，三民書局，2006 年 6 月修正 6 版，304 頁。此外，日本川端　博教授認為，採此種見解係過度地拘限於法條的表面字義，忽視刑法在評價行為個數時所應具有的社會及法律意義，實非妥當，若欲區別係想像競合犯或數罪併罰，對於行為數的判斷，不應捨去構成要件的標準，亦即應從該構成要件的評價與科刑的均衡觀點，來認定行為的單一性。參照川端　博，《刑法總論講義》，成文堂，2006 年 2 月第 2 版，628 頁。

❸ 參照最高法院 70 年臺上字第 1971 號判例：刑法第 55 條所謂**一行為觸犯數罪名**，就故意犯而言係指對於該數罪同時有**各別之犯意**而藉一個行為以達成之而言，若對於另一犯罪係**臨時起意**，而行為亦不止一個，或基於**同一之犯意**而行為又**先後可分**，即非刑法第 55 條上段之想像競合犯，應為數罪併罰，或刑法第 56 條之連續犯。

❹ 參照林山田，《刑法通論（下）》，作者自版，2008 年 1 月增訂 10 版，312-313 頁；川端　博，《刑法總論講義》，成文堂，2006 年 2 月第 2 版，638-641 頁；曾根威彥，《刑法總論》，弘文堂，2010 年 4 月第 4 版，284 頁；大谷　實，《刑

【夾結效果】

所謂**夾結效果**，係指本來成立數罪的數罪併罰，數罪中的各個罪分別與第三個犯罪行為（夾結對象）具有一行為觸犯數罪名的關係，而將數罪視為科刑上的一罪來處理的情形。例如，A 罪與 B 罪原本係屬數罪併罰，但行為人所實行 X 罪時，X 罪與 A 罪、X 罪與 B 罪具有一行為觸犯數罪名的關係，此時 X 罪成為夾結對象，而 X 罪、A 罪與 B 罪等三罪視為科刑上一罪來處理。

然而，若肯定夾結效果可成立想像競合，例如甲在屋外分別殺害 A 與 B 二人，本來甲係成立**兩個殺人罪**，但若甲侵入住宅後分別殺害 A 與 B 二人，此時依據夾結效果，亦即殺 A 罪與殺 B 罪分別與侵入住宅罪具有一行為觸犯數罪名的關係，則依想像競合而成立科刑上的一個殺人罪，將產生相當矛盾的現象。欲解決此種矛盾問題，必須將**第三個犯罪**限定於較數罪併罰的各個罪為重時，始能肯認該種夾結現象。

(二)觸犯數個罪名

行為人的一個行為必須同時實現二個以上的構成要件，而成立數罪時，始能成立想像競合。換言之，在法律的評價上，行為人的一個行為必須**實質**上該當二個以上的構成要件，若係**形式**上該當二個以上的構成要件，則係屬於法條競合而非想像競合。

所稱**觸犯數個罪名**，依據學說上的解釋，係包含行為人的一行為觸犯數個相同的罪名或數個不同的罪名。前者的情形，稱為**同種想像競合** (gleichartige Idealkonkurrenz)，例如行為人開一槍擊傷兩人，而觸犯兩個殺人未遂罪；或同時擄兩人勒贖，而觸犯兩個擄人勒贖罪。而後者的情形，稱為**異種想像競合** (ungleichartige Idealkonkurrenz)，例如行為人開一槍射殺一人且毀損他人的器物，而觸犯殺人罪與器物毀損罪 **[25]**。

法講義總論》，成文堂，2010 年 3 月新版第 3 版，500 頁等。

[25]　實務上認為，一個走私販毒行為係觸犯私運管制物品與運輸毒品二罪，應成立

㈢侵害數個法益

行為人的一個行為必須侵害數個不同法益，始能成立想像競合。若所侵害的數個法益係屬相同法益時，應認定係侵害一個法益，成立單純一罪，而非想像競合❷。若侵害數個法益係屬不同法益時，則不限於侵害同一客體的不同法益。侵害同一客體的情形，例如以刀砍殺人造成衣損人亡，應成立毀損罪與殺人罪的想像競合；侵害不同客體的情形，例如持 A 的骨董花瓶砸傷 B，造成花瓶破裂與 B 受傷的結果，應成立毀損罪與普通傷害罪的想像競合。

三、想像競合的處斷

針對想像競合的處斷，依據刑法規定為「從一重處斷。但不得科以較輕罪名所定最輕本刑以下之刑。」因此，想像競合必須依以下兩種情形來處理：⑴從一重處斷、⑵法定刑輕重的標準。

想像競合。參照最高法院 73 年臺覆字第 25 號判例：刑法上所謂法規競合，係指同一犯罪構成要件之一個犯罪行為，而因法規之錯綜關係，同時有數法條可以適用，乃依一般法理擇一適用之謂。本件被告等**將海洛因自曼谷輸入臺灣之一個行為**，係屬同時觸犯構成犯罪要件不同之私運管制物品（毒品）進口，與運輸毒品二罪，應依刑法第 55 條想像競合之規定處斷，原判決認係法規競合，其法律之適用，顯有未洽。

❷ 侵害數個相同法益而認定僅侵害一個法益者，實務上大多係針對侵害數個法益係屬國家或社會法益的情形，認定係侵害一個法益，成立單純一罪，而非想像競合。參照最高法院 49 年臺上字第 883 號判例：以**一狀誣告三人**，祇犯一個誣告罪，無適用刑法第 55 條從一重處斷之餘地；50 年臺上字第 1125 號判例：刑法第 55 條前段所定一行為而觸犯數罪名，必其被害人雖有數人而其行為僅祇一個者，始克相當。上訴人既係**同時偽造同一人之支票三張**，係屬單純一罪，並不發生想像的競合之問題；73 年臺上字第 3629 號判例：**同時偽造同一被害人之多件同類文書或同一被害人之多張支票時**，其被害法益仍僅一個，不能以其偽造之文書件數或支票張數，計算其法益。此與同時偽造不同被害人之文書或支票時，因有侵害數個人法益，係一行為觸犯數罪名者迥異。

㈠從一重處斷

所謂從一重處斷，係指依據想像競合所觸犯的數個罪名中，採最重罪名的法定刑，而對行為人科以應處的刑罰而言。想像競合本來係屬於數罪，但因為其係行為人以一行為所導致的結果，故在科刑上，將所有犯罪包含於該數罪的最重罪刑中，而以一罪加以處斷，此係採吸收主義的精神。所謂最重刑，係指法定刑上限為最重刑，下限亦為最重刑而言。至於各該罪名是否另有總則上加重其刑或減輕其刑的原因，係屬另外的問題，並不影響輕重的比較❷❼。

在想像競合的處斷上，由於僅係指「刑」而已，故輕罪雖然被重罪所吸收，並不因此而失去其獨立性。亦即，在想像競合的情形中，所觸犯的數罪均成立，無論係重罪或輕罪，在判決主文中應將所成立的數罪全部列入，而在宣告刑中，僅依重罪而宣告行為人所應科處的刑罰。

此外，在刑法所規定的法定刑中，雖均有上限與下限的設定，但有些重罪的下限係比輕罪的下限較輕的情形，基於防止法官在宣告重罪刑的最輕本刑以上時，有宣告較輕罪的最輕本刑以下的刑，因此在 2005 年2 月刑法修正時，增設「但不得科以較輕罪名所定最輕本刑以下之刑。」的但書條款❷❽。

---

❷❼　參照最高法院 29 年上字第 843 號判例：刑法第 55 條之**從一重處斷**，以法定刑之輕重為準，即係以某一罪之法定刑與他罪名之法定刑比較，而從一法定刑較重之罪名處斷之謂，至各該罪名是否**另有總則上加重、減輕其刑之原因，係屬別一問題**，並不以此而使該條之比較輕重受其影響，原審既認上訴人所犯意圖姦淫而和誘未滿二十歲之女子脫離家庭，與行使偽造私文書兩罪名，有牽連犯關係，即應從該兩罪名之法定刑較重之和誘罪論處，乃以上訴人行使偽造私文書係連續之故，竟於加重其刑後，認連續行使偽造私文書罪之刑重於圖姦和誘罪之刑，因而依行使偽造私文書之罪名論擬，殊屬違法。

❷❽　參照 2005 年 2 月修正刑法第 55 條的立法理由㈢：想像上競合與牽連犯，依現行法規定，應從一重處斷，遇有重罪之法定最輕本刑較輕罪之法定最輕本刑為輕時，裁判者仍得在重罪之最輕本刑以上，輕罪之最輕本刑以下，量定其宣告刑。此種情形，殊與法律規定從一重處斷之原旨相違背，難謂合理。德國刑法

㈡法定刑輕重的標準

有關法定刑輕重的比較，首先必須先比較數罪之間法定刑的輕重，其次最重的法定刑來宣告應科處的刑罰。決定法定刑的輕重，依刑法規定有以下的標準：

1. **主刑的重輕**：依據「主刑之重輕，依第三十三條之次序定之。」（§35 I）的規定，死刑最重，無期徒刑次之，有期徒刑又次之，拘役更次之，罰金最輕。

2. **同種刑的重輕**：依據「同種之刑，以最高度之較長或較多為重，而最高度相同時，以最低度之較長或較多為重。」（§35 II）的規定，若法定刑皆係有期徒刑時，係以有期徒刑最高度的較長者為重；若法定刑皆係罰金時，係以罰金最高度的較多者為重；若有期徒刑的最高度相等者，則比較有期徒刑的最低度，而以最低度的較長者為重。

3. **最重主刑的重輕**：依據「刑之重輕，以最重主刑為準，依前二項標準定之。」（§35III前段）的規定，刑的重輕係以最重主刑為準，而依第 1 項與第 2 項標準來決定。

至於最重主刑相同時，則依以下標準來決定（§35III後段）❷⑨：

⑴有選科主刑者與無選科主刑者，以無選科主刑者為重。

⑵有併科主刑者與無併科主刑者，以有併科主刑者為重。

⑶次重主刑同為選科刑或併科刑者，以次重主刑為準，依前二項標

第五十二條(2)及奧地利現行刑法第 28 條，均設有相關之限制規定，我刑法亦有仿採之必要，爰增設但書規定，以免科刑偏失。又依增設本但書規定之精神，如所犯罪名在三個以上時，量定宣告刑，不得低於該重罪以外各罪法定最輕本刑中之最高者，此乃當然之解釋。

❷⑨ 此項標準在（舊）第 35 條第 3 項僅規定除前兩項規定外，刑之重輕參酌前二項標準定之。不能依前二項標準定之者，依犯罪情節定之，2005 年刑法修正時，基於現行第 3 項之規定，對於刑之重輕之判斷標準似過於簡略。蓋判斷刑之重輕，情形至為複雜，現行規定幾等於未設標準；且「得依犯罪情節定之」，更有違法理的理由，而加以具體規定。

準定之。

第二項　牽連關係的罪數問題

我國刑法針對實質上數罪而以「科刑上一罪處斷」者，除第 55 條的想像競合外，原本於第 55 條後段以「犯一罪而其方法或結果之行為犯他罪名者」的規定，亦將具有牽連關係的犯罪競合，與想像競合同樣規定為「從一重處斷」。然而，在 2005 年 2 月刑法修正時，基於「牽連犯廢除後，對於目前實務上以牽連犯予以處理之案例，在適用上，則得視其具體情形，分別論以想像競合犯或數罪併罰，予以處斷。」的理由，將牽連犯的科刑上一罪予以刪除。

牽連犯的規定刪除後，具有牽連關係的犯罪行為若依想像競合處理，則仍屬科刑上的一罪，而若依數罪併罰處理，則非科刑上的一罪，因此牽連犯已經非絕對的科刑上一罪❸。然而，刑法雖刪除牽連犯的規定，學說上及實務上仍須處理牽連關係的罪數問題，故本書仍針對牽連關係的意義及其成立要件加以說明，始能作為刪除牽連犯規定後處理牽連關係的參考。

一、牽連關係的意義

所謂**牽連關係**，係指犯一罪而其方法或結果的行為另犯其他罪名而言，亦即具有牽連關係的犯罪行為，在犯罪認識上及犯罪評價上，皆係屬於數罪，以往僅在犯罪科刑上，視為一罪而依一重處斷而已。牽連關係的犯罪行為視為一罪而處斷的理由，主要係行為人係以一個意思決定而實行數個行為，但數個行為中由於具有目的與手段或方法與結果之間的牽連關係，基於責任減少的概念，而認為應以一罪來論處❸。

---

❸　有學者認為，牽連犯刪除後，應如何處理罪數上之問題，應視其具體情況，分別論以想像競合或數罪併罰，予以處斷，惟實際上，可能會因擴張「一行為」的涵義，而逐步擴大想像競合的適用。參照甘添貴，《罪數理論之研究》，元照出版，2006 年 4 月，211 頁。

在具有牽連關係的犯罪行為中，無論係「犯一罪」的行為，抑或「犯他罪名」的目的與手段，或方法與結果行為，與想像競合中所謂「一行為」的概念，實質上並無差異性，均屬於法評價的對象，亦即自然行為的概念。換言之，若某自然行為經刑法評價之後，認其該當某「一罪」的犯罪構成要件，成為該「一罪」的構成要件行為，始為一罪。而「犯他罪名」的目的與手段，或方法與結果行為，經刑法的評價後，認其該當「他罪名」的構成要件，成為該「他罪名」構成要件的行為，而後始為「犯他罪名」❸❷。

基於上述論點，若認為具有牽連關係的犯罪行為，係屬於自然行為的概念，則其「犯一罪」時，有一事實上存在的自然行為；其「犯他罪名」的目的與手段，或方法與結果行為，則為另一個事實上存在的自然行為。因此，就成立犯罪的行為數而言，至少須有兩個事實上存在的自然行為，若僅為一個自然行為，則應成立想像競合。

關於牽連關係的行為數，由於以往將「牽連犯」與想像競合規定於同一法條中，固然係認為想像競合中的「一行為」，係指實現數個不法構成要件的同一行為而言，若非「同一行為」實現數個不法構成要件，則無成立想像競合的可能性❸❸。因此，學說上對於牽連關係的行為數，係基於想像競合對於行為數的認定，認為牽連關係係屬於行為單數的同一行為，其性質上係想像競合中「一行為觸犯數罪名」的例示概念，所不同者僅止於其所觸犯的兩個罪名之間具有目的與手段，或方法與結果的關係而已。

---

❸❶ 參照山口　厚，《刑法總論》，有斐閣，2005年2月補訂版，322頁。

❸❷ 參照甘添貴，《罪數理論之研究》，元照出版，2006年4月，209頁。

❸❸ 所謂同一行為，在概念上包含單純的行為單數、自然的行為單數、以及法行為單數，即行為人所實現的多數不法構成要件之間，具有行為單數的關係。參照林山田，《刑法通論（下）》，作者自版，2008年1月增訂10版，301頁。

二、牽連關係的成立要件

基於「犯一罪而其方法或結果的行為另犯其他罪名」的概念，牽連關係的成立，必須具有以下四種要件：(1)須有二個以上的故意行為、(2)實現數個不同構成要件、(3)侵害數法益、(4)數行為間須有牽連關係。

㈠須有二個以上的故意行為

牽連關係在犯罪認識上係成立數罪，而在犯罪評價上亦為數罪，亦即牽連犯的情形本質係屬於數罪。既然牽連犯的本質為數罪，故在行為的情形要求上，至少須為兩個以上的行為，且其數行為所成立的數罪，彼此間具有目的與手段，或方法與結果的關係。

若僅為一行為而該當數罪名時，此時僅為想像競合的情形，而非牽連關係的犯罪行為。換言之，行為人基於一個概括故意而為數個行為，且此數個行為所該當的數罪，所評價的行為之間，具有目的與手段，或方法與結果的牽連關係時，始得成立牽連犯❸。

㈡實現數個不同構成要件

牽連犯本質上既為數罪，故數行為應實現數個構成要件，且數行為所實現之構成要件須為不同，否則即為連續犯之情形。此外，所滿足之構成要件間之關係，由於牽連犯之數個行為具有目的與手段，或方法與結果之關係，對應牽連犯之數行為所實現之數個不同構成要件，亦應具有目的與手段，或方法與結果之關係。

㈢侵害數法益

由於牽連犯於刑法評價上，本質上為數罪，故須有數個法益受到侵害，始足當之。至於其所侵害的數個法益究為同種抑或異種，並非規範牽連犯所欲關心的事項，即牽連犯對於法益侵害而言，著重於法益侵害的數量，而非其種類，故若係侵害數個同種法益或數個異種法益，仍無礙於牽連犯上的判斷。

---

❸　參照甘添貴，〈科刑一罪之相互競合（下）〉，《台灣本土法學雜誌》第 5 期，1999 年 12 月，24 頁。

(四)數行為間須有牽連關係

牽連犯係一行為犯一罪，而其方法或結果的行為犯他罪名，故牽連關係可分為一行為犯一罪而其方法犯他罪名，及一行為犯一罪而其結果犯他罪名兩種情形❸。在一行為犯一罪而其方法犯他罪名的情形中，相對於方法的概念，即所謂**目的**，因此牽連犯中所謂「犯一罪」，係行為人主觀上之目的行為所違犯之「**目的**」罪。為了實現此目的罪，行為人需使用一定的方法或手段，實現目的罪的內涵。故行為人使用一定方法或手段所觸犯的罪名，則為「**方法**」罪。據此，在一行為犯一罪而其方法犯他罪名的情形中，牽連犯的牽連關係，乃方法與目的行為的關係。

在牽連犯另一種情形之中，即一行為犯一罪而其結果犯他罪名時，其中相對於結果的概念，乃原因的概念，故牽連犯中所謂「犯一罪」，亦指行為人所違犯的「**原因**」罪。行為人實施原因罪後，更甚而為一定的結果行為，此一結果行為，所觸犯的罪名，即為「**結果**」罪。故在此種情形中，牽連犯的牽連關係，乃原因行為與結果行為的關係❸。

三、牽連犯廢止後的問題

由於學說對牽連關係的概念上分歧甚鉅，尚未形成一致的見解，使得實務操作上亦有如學說意見般分歧。實務上有將單純一罪視為牽連犯者（19 年上字第 976 號判例）；有將不罰的後行為視為牽連犯者（18 年上字第 336 號判例）；有將補充關係視為牽連犯或實質競合者（20 年上字第 1956 號判例）；有將實質競合視為牽連犯者（25 年上字第 1823 號判例）；有將想像競合視為牽連犯者（28 年上字第 2645 號判例）；亦有將特別關係視為牽連關係者（42 年臺上字第 410 號判例）。

因此，在於牽連犯的規定刪除後，目前實務上以牽連犯予以處理的案例，在適用上則得視其具體情形，分別以想像競合犯或數罪併罰來加以處理。

---

❸ 參照甘添貴，前揭書，211 頁。
❸ 參照甘添貴，前揭書，212 頁。

第三項　連續行為的罪數問題

我國刑法原本於第 56 條規定「連續數行為而犯同一之罪名者，以一罪論。但得加重其刑至二分之一。」，亦即將連續數行為犯同一罪名者的「實質上數罪」視為「科刑上一罪」來處理。然而，2005 年 2 月刑法修正時，立法者認為連續犯的規定已經被擴大適用，有鼓勵犯罪之嫌，故基於連續犯原為數罪的本質及刑罰公平原則的考量，將連續犯的規定加以刪除 [37]。

從立法例而言，連續犯係大陸法系的產物，英美刑法並不承認連續犯的概念，而大陸法系刑法僅日本刑法曾經有連續犯的規定，但在 1947 年予以刪除，其餘大陸法系國家如德國、瑞士、奧地利、法國等均無連續犯的規定，在實務上大致上係視具體的案件，或認係一罪，或認係數罪併罰。

在連續犯的規定刪除後，針對連續行為的問題，更形成複雜的問題，究竟應將連續行為觸犯一罪，全部視為數罪，而以數罪併罰來處理，或者仍有可援用「包括一罪」而以一罪來處理，學說見解分歧，實務上運作亦無統一標準，因此本書仍將連續行為的意義及其成立要件加以說明，作為依數罪併罰或包括一罪來處理的思考。

---

[37] 參照 2005 年 2 月 2 日刑法刪除第 56 條的立法理由㈡：按連續犯在本質上究為一罪或數罪，學說上迭有爭議，一般均認為連續犯在本質上應屬數罪，僅係基於訴訟經濟或責任吸收原則之考量，而論以一罪，故本法承認連續犯之概念，並規定得加重其刑至二分之一。然本法規定連續犯以來，實務上之見解對於本條「同一罪名」之認定過寬，所謂「概括犯意」，經常可連綿數年之久，且在採證上多趨於寬鬆，每每在起訴之後，最後事實審判決之前，對繼續犯同一罪名之罪者，均適用連續犯之規定論處，不無鼓勵犯罪之嫌，亦使國家刑罰權之行使發生不合理之現象。因此，基於連續犯原為數罪之本質及刑罰公平原則之考量，其修正既難以週延，爰刪除本條有關連續犯之規定。

一、連續行為的意義

所謂**連續行為**，係指行為人先後連續實行相同或類似的行為，而數次觸犯相同罪名而言。實質而言，連續數行為雖然在時間或場所上並非接近，但行為人係基於單一犯意而在不同時間或場所連續實行該當同一構成要件的行為。

行為人既然基於一個概括的犯意，連續實施數個行為而觸犯同一罪名，則其所連續實行的數個行為，已分別獨立構成犯罪，在犯罪認識上係為實質上的數罪，原本刑法將其視為一罪來處理者，係立法者基於刑事政策的責任吸收與訴訟經濟上的考量，但在實務運作上，對於所謂「概括的犯意」的解釋，大多採寬鬆的認定，故已經喪失原本連續行為觸犯同一罪名以一罪處斷的真正精神。

二、連續行為的成立要件

基於「行為人係基於單一犯意而在不同時間或場所連續實行該當同一構成要件的行為」的概念，連續行為的成立必須具有以下三種要件，可分為(1)連續數行為、(2)該當同一構成要件（客觀要件）、(3)概括的犯意（主觀要件）。

㈠連續數行為

所謂**連續數行為**，係指連續實行數個同種行為，且數個單一行為均能單獨成立犯罪而言。亦即，行為人必須客觀上實行數個具有分割性及獨立性的行為，而該數個行為係個別地該當同一個犯罪的構成要件時，始可謂係連續行為 **❸⑧**。

---

❸⑧ 有關連續行為的概念，有認為「連續關係的存在，有其固定的慣性，即行為人反覆連續為同種行為，而造成同類的法益侵害，惟自個別行為分別以觀，個別行為以犯罪論的角度觀察，皆屬於獨立的犯罪型態，其結構有異於單一構成要件被實現的行為，亦與想像競合中的行為單數不同。」參照柯耀程，〈連續犯存廢之思辯〉，《法學叢刊》第 168 期，1997 年 12 月，30 頁。

　　數個同種的行為，在解釋上可能由自然觀察所得的數行為，亦有由法律觀點而得的數行為。然而，無論係自然意義下的數行為，抑或法律意義下的數行為，連續數個行為必須有先後次序之分，若係在同時同地一次所實行的行為，則非連續行為。例如，甲欲殺害乙，持刀將乙砍殺數刀，乙逃至河邊，甲再將乙推落河中溺死。在此一情形中，甲殺乙的數次行為，僅係殺人罪中的一個殺人行為，並非連續行為。

　　此外，行為人所反覆實行的數行為，若係屬於構成要件的本質上即包括反覆數行為者，例如刑法**散布播送販賣猥褻物品罪**（§235Ⅰ）的情形，由於對於該法條散布、播送或販賣猥褻物品的行為，在本質上即有反覆實行散布、播送或販賣猥褻物品的數行為，亦不成立連續行為。

㈡該當同一構成要件

　　行為人所連續實行的數個行為，必須係該當同一構成要件，始能成立連續行為。所謂同一構成要件，係指犯罪事實的「**基本構成要件**」相同而言。

　　基於連續行為必須為「基本構成要件」相同的論點，在同一法條或同一款項之中，若犯罪事實的基本構成要件不同時，不能成立連續行為，例如結合犯與相結合的單一犯，不能成立連續行為；而結合犯與其基礎的單一犯，則可成立連續行為。

　　在不同的法條中，若犯罪事實的基本構成要件不同，不能成立連續行為，例如刑法第 329 條準強盜罪與第 328 條強盜罪。若觸犯刑法的罪與觸犯刑事特別法的罪，或觸犯二種以上刑事特別法的罪，除了其犯罪構成要件相同者外，不能成立連續行為。

　　此外，若屬於基本構成要件的加重條件，由於其基本構成要件相同，可成立連續行為，例如刑法第 320 條竊盜罪與第 321 條加重竊盜罪，或刑法第 277 條第 1 項普通傷害罪與同條第 2 項傷害致死或致重傷罪。

㈢概括的犯意

　　所謂**概括犯意**，亦稱為整體犯意，係指行為人須有概括的預見，而實行單一而具有繼續性的犯意而言。若對於各個單一行為的實行並無認

識，僅出於一般性的決意，遇有適當機會即違犯的情形，或違犯一個行為後另行起意的情形，則並非連續行為的概括犯意 ❸ 。

舉例而言，甲計畫在某個街道上同一天的不同時段，對停在路邊的多數車輛竊取其車內的音響，或甲計畫在某辦公大樓內利用同一天的適當時機，竊取不同公司內的財物，此種情形可謂係基於概括的犯意。然而，若甲係在竊得路邊車輛的音響或在竊得某一公司的財物後，始另行起意實行第二次的竊盜行為，即不能稱係基於概括的犯意。

三、連續犯規定刪除後的處理

我國將連續犯的規定廢除後，對於部分的習慣犯，例如竊盜、吸毒等犯罪，有因適用數罪併罰而使刑罰過重產生不合理的現象時，在實務運用上應可參考日本的經驗，委由學界及實務以補充解釋的方式，發展接續犯的概念，對於合乎「接續犯」或「包括一罪」的情形，依評價的觀點論以一罪，其他則依數罪併罰，藉以限縮數罪併罰的範圍，此種處理方式應係較為妥適的解決之道。以下兩個案例，係日本於 1947 年刪除連續犯規定後不久，最高裁判所對於實際問題的解釋，可提供我國實務的參考與借鏡。

㈠連續竊取水粳玄米事件

東京高等裁判所針對「被告與長男共謀於 1947 年 12 月 14 日晚上10 時許至翌日凌晨零時許為止，連續三次在栃木縣塩谷郡喜連川村大字鷺宿字堀內的喜連川農業會館鷺宿倉庫中竊取四斗裝水粳玄米，一次竊取三袋，總計竊取九袋。」的連續竊盜案件，判決成立實質數罪，應依刑法併合罪規定加重處罰。

然而，最高裁判所則以「從證據明確顯示，上列三次竊盜行為係在

---

❸ 實務上對於概括犯意的解釋，參照最高法院 70 年臺上字第 6296 號判例：所謂概括犯意，必須其多犯罪行為開始均在一個預定犯罪計畫以內，出於主觀上始終同一犯意之進行，若中途另有新犯意發生，縱所犯為同一罪名，為非連續其出發之意思，即不能成立連續犯。

短短兩小時內在同一場所且利用同一機會實行，而且任何一次竊取行為皆採取相同的動作，故肯認被告係以單一犯意實行連續動作，應合乎相當性，而原判決所提示的證據亦無法發現應認定被告具有其他犯意的特別理由。因此，在上述事實關係上，應認為該連續三次竊取行為成立一個竊盜罪，而非分別成立竊盜罪。」❹的理由而撤銷原判決。

在本案件中，被告二人絕非一次竊取九袋水粳玄米，其在第一次竊得三袋後已經成立竊盜既遂罪，原判決認定其成立實質數罪並非無理由。此種情形，關鍵在於該竊取行為究竟係一次竊取九袋抑或係每次竊取三袋而反覆實行三次。將可分割為三次的單一整體行為，不認定其為三次犯罪行為，而認定係單一的犯罪行為，此一論點係與以往的連續犯概念具有差異性。

從此一案例觀之，其係超出連續數次毆打被害人臉部的接續犯範圍，因為該竊取行為並非一連續行為，而係三次反覆之同種行為，此種情形倘若在以往有連續犯規定的時代，皆係成立連續犯❹。因此，在連續犯規定廢除後，最高裁判所對於以往認定成立連續犯的情形，事實上仍然有認為不成立數罪而以一罪處理者，此判決在當時頗具有相當的指標性。

㈡醫師連續提供嗎啡給病患事件

最高裁判所針對某醫師交給病患嗎啡事件，認為被告醫師以治療以外的目的，從某年9月開始至翌年1月為止的五個月期間內，每隔數日

---

❹ 參照日本最高裁判所1949年7月23日判決，《最高裁判所刑事判例集》第3卷第8號，1373頁。

❹ 例如，以燒燬建築物的目的而放火燒他人的建築物，第一次未遂後，不久又以繼續意思對同一建築物放火，終於將該建築物燒燬的案件，最高裁判所認為應成立放火未遂罪與放火的連續犯（最高裁判所1932年4月30日判決，《最高裁判所刑事判例集》第11卷，563頁）；又例如以奪取意思而遂行奪取行為，在侵入他人住宅竊取他人某種財物後，尚在繼續覓尋其他財物時，為被害人發覺，乃以同一意思繼續以暴行脅迫手段而強取他人財物，結果並未成功搶得財物的案件，最高裁判所認為成立竊盜既遂罪與強盜未遂罪的連續犯，而非將竊盜罪包含在強盜罪之中（大審院1914年2月3日連合部判決）。

一次，總計三十八次對同一麻藥中毒病患，每次給該病患嗎啡 0.1～0.2
克，總計交給病患 5.75 克嗎啡，此種交給病患嗎啡的行為，係違反麻藥
取締法第 27 條第 3 項及第 66 條第 1 項的行為，應包括地成立一罪❷。

　　從上述判決觀之，廢除連續犯規定後，實務上固然有將連續犯以數
罪論處，藉以消除以往擴大適用連續犯規定的弊端，然而針對實務上往
往以刑事訴訟程序繁瑣為理由而表示反對視為一罪的立場，類似上述判
決仍然將其視為一罪而採妥善處理的見解，實務界則頗表贊同，而此種
肯認連續行為以一罪處斷的判例，可謂係採取新的連續行為概念，故學
說上亦支持此種新的見解❸。

第四節　數罪併罰

第一項　數罪併罰的意義

　　所謂**數罪併罰** (Zusammentreffen mehrerer Verbrechen)，係指將裁判
確定前所犯的數罪，併合處罰而言 (§50)。數罪併罰與想像競合二者，
均係屬於單一行為人所實行的行為成立數罪的純正競合。然而，想像競
合係「一行為」成立數罪而以「一罪」處斷的純正競合，而數罪併罰則
係「數行為」成立數罪而以「數罪」處斷的純正競合，因此數罪併罰係
屬**實質競合** (Realkonkurrenz)。

　　數罪併罰亦如同想像競合，可分為**同種的實質競合**與**異種的實質競
合**二種類型。同種的實質競合，係指行為人多次實行相同的犯罪行為，
而數次實現同一的構成要件；而異種的實質競合，則係行為人多次實行
不同的犯罪行為，而數次實現不同的構成要件。

　　數罪併罰可包含以下兩種情形：⑴數罪均係未經過確定裁判者：此

❷　參照日本最高裁判所 1958 年 7 月 23 日判決，《最高裁判所刑事判例集》第 12
　　卷第 7 號，2018 頁。

❸　參照虫明　滿，《包括一罪の研究》，成文堂，1992 年 5 月，118 頁以下。

種情形稱為**同時的數罪併罰**，例如行為人依順序犯 A、B、C、D、E 等五罪，均為未經裁判確定時，五罪併合加以處罰的情形。⑵數罪中有部分已經確定裁判者：此種情形稱為**事後的數罪併罰**，例如行為人在犯 E 罪之前，A 罪已經判刑確定，則認為 B、C、D 罪為 A 罪的餘罪，而將 B、C、D 等餘罪與 A 罪合併處罰，但 E 罪不與 A、B、C、D 各罪併合處罰。

　　一行為人犯數罪時，本來亦可將各罪分別處斷，但是刑法特別規定數罪併罰，使同一行為人所犯數罪能在同一刑事訴訟程序中進行裁判，此種制度不僅對行為人的科刑採有利方向的思考，而且對刑事訴訟程序的進行，更合乎訴訟經濟的原則。

　　此外，以裁判確定前與裁判確定做劃分，針對裁判確定前同一行為人所犯的數罪，除了可綜合評價行為人的人格特質與環境影響，對各罪予以適當量刑之外，在行為人接受有罪判決的裁判確定後，亦可期待該行為人產生新的人格特質，若行為人再犯罪時，針對其再犯的罪，可重新考慮行為人的人格特質與環境影響，而為更公平與合理的裁判。

第二項　數罪併罰的成立要件

　　有關數罪併罰，依據刑法「裁判確定前犯數罪者，併合處罰之。」（§50 I 前段）以及「數罪併罰，於裁判確定後，發覺未經裁判之餘罪者，就餘罪處斷。」（§52）的規定，其成立要件可分為兩種情形來說明：⑴裁判確定前數罪的併罰、⑵裁判確定前後數罪的併罰。

一、裁判確定前數罪的併罰

　　所謂**裁判確定**，係指依據刑事訴訟程序已經判決確定，亦即已經到達不得再提起上訴的狀態而言，包含依通常程序的有罪判決、免刑判決（刑訴§299 I）、無罪判決（刑訴§301 I）與簡易判決（刑訴§449 I）等。例如行為人先後犯殺人罪、竊盜罪與偽造文書罪，此三罪皆屬裁判確定前所犯的罪，而三罪均已實行終了或已繫屬法院，則可依刑法第 50

條合併處罰 ❹ 。

至條文中所稱**裁判確定前**，係指判決尚在得變更或得撤銷的狀態而言。換言之，在不得變更或不得撤銷的狀態，即係裁判確定。在**得上訴**的情形，若有上訴權人未於上訴期間內提起上訴、捨棄上訴權或上訴人撤回上訴等情形，則為裁判確定；而**不得上訴**的情形，有第三審終審判決、不得上訴於第三審的第二審法院終審判決與不得上訴的再審判決等三種，此等判決經宣示或送達後，即為裁判確定。

二、裁判確定前後數罪的併罰

所謂**裁判確定後**，係指裁判已經確定而言，至於裁判確定是否已經執行完畢，並非所問。而所謂**發覺未經裁判之餘罪**，係指裁判確定前所犯的罪而言。例如行為人先後犯殺人罪、竊盜罪與偽造文書罪，其中殺人罪與竊盜罪先被發覺，而經裁判確定，其後再發覺偽造文書罪，則偽造文書罪視為餘罪，另行依第 52 條處斷，而不與殺人罪與竊盜罪合併處罰。

此外，裁判確定前所犯的數罪，原則上應在同一個裁判中宣告其所應科處的刑，但亦有數罪經兩個以上法院分別裁判的情形。針對此種情形，既然認為該數罪屬於數罪併罰，則亦應合併宣告其刑，故刑法另外規定「數罪併罰，有二裁判以上者，依第五十一條之規定，定其應執行之刑。」（§53）。在此所稱**二裁判以上**，係指裁判確定所犯數罪經**兩個以上的確定裁判**而言 ❺ ，若其中有一個裁判尚未確定，其所宣告的刑經上

---

❹ 若裁判確定後而於緩刑期間另犯他罪，亦不以數罪併罰處斷，參照 51 年司法院釋字第 98 號解釋理由書：查**數罪併罰**依刑法第 50 條之規定，應以**裁判確定前犯數罪者為限**，倘為裁判確定後所犯，則與數罪併罰規定無涉，其所科之刑僅得與前科合併執行，其於緩刑期內更故意犯罪受有期徒刑以上刑之諭知者，應於撤銷前罪緩刑之宣告後合併執行其刑，無庸依刑法第 53 條刑事訴訟法第 481 條定其應執行之刑。

❺ 實務見解參照最高法院 72 年臺非字第 47 號判例：數罪併罰有**二裁判以上者**，

訴審判決撤銷者，亦不得適用第 53 條的規定 ❹⁶。

第三項　數罪併罰的處斷方法

有關數罪併罰的方法，有吸收主義、限制加重主義及併科主義等三種，原則上係採限制加重主義，例外地依據刑罰的種類，採吸收主義及併科主義。

一、限制加重主義

所謂限制加重主義，係依據各罪分別宣告的刑中最重的刑，為一定的加重，以最重的刑為最低度，或將各刑合併為刑的最高度，或為一定比例的加重。我國刑法上採限制加重主義者，有以下情形：

> 【採限制加重主義】
>
> (1)宣告多數有期徒刑者，於各刑中之最長期以上，各刑合併以下，決定其刑期，但不得逾三十年（§51(5)）。例如，在數罪中，A 罪判七年，B 罪判十二年，C 罪判十五年，則應在十五年與三十四

固得依刑法第 51 條之規定定其應執行之刑，但須以裁判確定前為前提。倘若被告先後犯甲、乙、丙三罪，而甲罪係在乙罪裁判確定前所犯，甲、乙兩罪均經判決確定，並已裁定定其應執行之刑，則丙罪雖在乙罪裁判確定前所犯，但因其在甲罪裁判確定之後，且乙罪既已與甲罪合併定其應執行刑，則丙罪即不得再與乙罪重複定其應執行之刑，祇能單獨執行；33 年非字第 19 號判例：刑法第 53 條所謂數罪併罰，有二裁判以上者，依第 51 條之規定，定其應執行之刑，以二裁判以上所宣告之數罪，均在裁判確定前所犯者為必要，若於其中甲罪之判決確定後，復犯乙罪，則甲、乙兩罪即無適用該條之餘地。

❹⁶ 實務見解參照最高法院 45 年臺非字第 66 號判例：刑法第 53 條所謂數罪併罰，有二裁判以上者，依第 51 條之規定，定其應執行之刑，係指二以上之確定裁判，定其應執行之刑而言，如第一審判決所宣告之刑，一部分業經第二審判決予以撤銷確定後，其經撤銷之刑，自無合併其他刑罰，定其應執行刑之餘地。

年之間決定其刑期，但不得逾三十年。

(2)宣告多數拘役者，於各刑中之最長期以上，各刑合併後之刑期以下，決定其刑期，但不得逾一百二十日（§51(6)）。

(3)宣告多數罰金刑者，於各刑中之最多額以上，各刑合併後之金額以下，決定其金額（§51(7)）。

二、吸收主義

所謂吸收主義，係指採各罪中最重的刑處斷而言，其與單一刑罰制有所不同，單一刑罰制係以其法定刑從一重處斷，吸收主義仍應分別宣告各罪的刑，而僅執行其中最重的刑。我國刑法上採吸收主義者，有以下情形：

【採吸收主義】

(1)宣告多數死刑者，執行其一（§51(1)）。

(2)宣告多數無期徒刑者，執行其一（§51(3)）。

(3)宣告多數褫奪公權者，僅就其中最長期間者執行之（§51(8)）。

三、併科主義

所謂併科主義，係指就各罪宣告的刑分別執行或合併執行。我國刑法上採併科主義者，有以下情形：

【採併科主義】

(1)宣告多數有期徒刑、拘役、罰金、褫奪公權者，併執行之。但應執行者為三年以上有期徒刑與拘役時，不執行拘役（§51(9)）。

(2)宣告之最重刑為死刑者，不執行他刑，但罰金及從刑不在此限（§51

(2))。

(3)宣告之最重刑為無期徒刑者，不執行他刑，但罰金及從刑不在此限（§51(4)）。

此外，在裁判確定前數罪合併處罰的情形，若未經處斷時，各罪有受赦免者，則就未赦免的罪，依刑法第 50 條、第 51 條宣告罪刑，並定其應執行的刑，自然不發生問題。然而，裁判確定數罪已經分別宣告其罪刑，並定其應執行的刑，而後若各罪中有受赦免者，該罪的宣告即告消滅，則應依第 54 條「數罪併罰，已經處斷，如各罪中有受赦免者，餘罪仍依第五十一條之規定，定其應執行之刑，僅餘一罪者，依其宣告之刑執行」的規定處理❹❼。在此所謂赦免，係包括大赦、特赦、免除其刑、行刑權時效完成等情形，而有關更定的程序，應依刑事訴訟法第 477 條規定聲請並裁定之。

第四項　數罪併罰的限制

刑法針對數罪併罰，原本在第 50 條僅規定「裁判確定前犯數罪者，併合處罰之。」由於(1)數罪併罰規定未設限制，造成併罰範圍於事後不斷擴大有違法安定性，為明確數罪併罰適用範圍，爰增訂但書規定；(2)不得易科罰金之罪與得易科罰金之罪合併，造成得易科罰金之罪無法單獨易科罰金，故宜將兩者分開條列；因此，在 2013 年 1 月 23 日刑法修正，於第 1 項將易科罰金與易服社會勞動之罪，分別列舉得易科、不得易科、得易服與不得易服等不同情形之合併，以作為數罪併合處罰之依據。有關裁判確定前犯數罪，有下列情形之一者，不得併合處罰，亦即

❹❼　參照司法院 24 年院字第 1304 號解釋：關於數罪併罰之裁判確定後，未經執行或執行尚未完畢，其中有一罪，因刑法不處罰其行為而免其刑之執行，設仍餘數罪，應依刑法第 54 條及刑事訴訟法第 481 條之規定，聲請該法院以裁定更定其刑，若僅餘一罪，則依其宣告之刑執行。又牽連犯案件，輕罪之刑，已被重罪之刑吸收，如其處刑之重罪，因法律變更而不處罰，應遞免其刑之執行。

數罪併罰的限制有以下四種：

一、得易科罰金之罪與不得易科罰金之罪。

二、得易科罰金之罪與不得易服社會勞動之罪。

三、得易服社會勞動之罪與不得易科罰金之罪。

四、得易服社會勞動之罪與不得易服社會勞動之罪。

　　此外，於第 2 項增訂有關以上四種情形，經受刑人請求檢察官聲請定應執行刑者，依第 51 條有關數罪併罰的方法所規定的情形，以作為定執行刑的準則。

第三篇

刑罰、沒收與保安處分

第一章　刑　罰

【刑罰的構造】

主刑（§33）
- 生命刑—死刑
- 自由刑
  - 無期徒刑
  - 有期徒刑
  - 拘役
- 財產刑—罰金

法定刑的輕重（§35）

從刑（§36）→ 褫奪公權

量刑（§57）

特殊情狀的減免（§59）

自首（§62）

易科罰金（§41Ⅰ）

易服社會勞動（§§41Ⅱ，42之1）

易服勞役（§42）

易以訓誡（§43）

緩刑（§74）

假釋（§77）

追訴權的時效（§80）

行刑權的時效（§84）

第一節　刑罰的基本思想

第一項　刑罰的意義

人民的權利，必須依法由國家加以保障，任何人不得侵害他人受國家保護的權利，但人民實行犯罪行為時，國家即可基於制裁目的而剝奪人民的權利，此種必要的制裁手段，即稱為刑罰 (Strafe)。因此，刑罰係以犯罪為其對象，而犯罪必須係具有可罰性，始能成為刑罰的對象。至於何種行為係屬於具有可罰性的犯罪，正如在犯罪論中所述，必須係具備構成要件該當性、違法性與有責性的行為。

國家針對違反社會的行為，基於制裁目的而剝奪人民權利，並不僅限於刑事罰，其他諸如行政法上的秩序罰、保安處分等，雖然同樣係剝奪人民權利的制裁，但皆非刑罰。刑罰係依據刑法（或特別刑法）所規定的犯罪行為，針對違反該種規定的犯罪行為人所施予的制裁。因此，在「無法律則無犯罪，無法律則無刑罰」(nullum crimen sine lege, nulla poena sine lege) 的基本原則下，刑罰必須係刑罰法規有明文規定的犯罪行為，本章以下所討論的刑罰內容，係專就刑法第五章所規定的「刑」、第五章之二的「易刑」、第八章的「刑之酌科及加減」、第九章的「緩刑」、第十章的「假釋」、第十一章的「時效」為對象。

第二項　刑罰的本質

一、應報刑主義

人類自古以來即用心在對抗犯罪，在早期觀念中，對抗犯罪行為的最好方法，係對犯罪行為人給予最嚴屬的刑罰，此即應報刑主義的概念，因此對犯罪行為人科以最嚴屬的刑罰，被視為係一種正義的實現。在此種狀況下，刑罰本身即被認為係一種目的，而非達成任何目的所使用的

手段或方法,故嚴厲的刑罰一方面可使犯罪行為人產生痛苦,另一方面亦可符合社會大眾以及被害人對於實現正義的期待。

基於應報刑主義的立場,主要係針對犯罪的惡行所施予的惡害與痛苦,亦即藉由刑罰而剝奪犯罪行為人的生命、身體、自由與財產,足以使該犯罪行為人產生痛苦,而對過去的犯罪予以贖罪回報,故亦稱為**贖罪刑主義**。

應報刑主義的刑罰,由於使犯罪行為人產生痛苦,故對犯罪行為人具有警惕、教育、改善與威嚇的效果。此外,基於應報刑主義的刑罰,亦可藉以回復已經遭受侵害的法秩序,同時具有回應社會的應報情感、平息社會一般人所產生的公憤以及滿足被害人的報復情感等機能。

二、目的刑主義

若基於保護法益與防衛社會的思想,對犯罪人科以刑罰,則係**目的刑主義**。目的刑主義的刑罰,其目的並非在於刑罰本身所具有的應報性質,而係在於刑罰本身以外的保護法益與防衛社會,故亦稱為**保護刑主義或社會防衛論**。

採目的刑主義的刑罰方法,有改善犯罪行為人、威嚇犯罪行為人與隔離犯罪行為人等三種。採此種立場時,其刑罰對象已經從犯罪而轉向犯罪行為人,而科處刑罰亦由重視現在犯罪而趨向將來的犯罪預防,故其重點在於依刑罰而教育犯罪行為人,改善其惡性,使其以善良的社會人回歸社會❶。若從此一觀點而言,目的刑主義亦稱為**教育刑主義或改善刑主義**。

第三項　刑罰的目的

刑罰係維持法秩序所必要的法律制裁,惟其目的並非僅在防衛社會或保護法益,更重要的目的應係在犯罪的預防。換言之,藉由刑罰的科

---

❶　參照蔡墩銘,《刑法總論》,三民書局,2006 年 6 月修訂第 6 版,313–314 頁。

處，期待能因此影響一般人與犯罪行為人，使社會不再發生犯罪。基於此種目的，刑罰的目的有一般預防主義與特別預防主義兩種。

　　所謂**一般預防主義**，係對犯罪人科以刑罰，藉以威嚇或警告一般社會人，而達到預防將來犯罪的目的。採一般預防主義者，例如封・費爾巴哈 (A. von Feuerbach, 1775–1833) 基於刑罰預告性而提出的「心理強制說」，而義大利學者菲蘭傑利 (G. Filangieri, 1752–1788) 則係基於刑罰執行而提出的「威嚇主義」。

　　所謂**特別預防主義**，係對犯人科以刑罰，藉以達到預防該犯人將來再度犯罪的目的。此種主義係於十九世紀初期，由德國學者格羅曼 (K. L. W. v. Grolman, 1775–1829) 基於對抗一般預防主義所提出的見解，其後由封・李斯特 (F. von Liszt, 1851–1919) 等近代學派學者繼承該種論點，而奠定其理論基礎❷。

　　然而，前者係重視對犯罪人的威嚇，而後者則係重視對犯罪人的改善。在現代刑罰理論上，大致係將二種主義合併，亦即在刑罰階段上採一般預防主義，而在刑罰執行階段上，則採特別預防主義。

第二節　刑罰權的基本思想

第一項　刑罰權的意義

　　國家基於維持社會秩序的目的，對於犯罪行為人具有科處刑罰的權限，此種權限即所謂**刑罰權** (subjektives Strafrecht)。國家刑罰權的理論根據究竟何在？一般而言，刑罰權主要有以下二種理論根據：(1)刑罰權係基於憲法而賦予國家的權力，亦即「**憲法根據論**」；(2)刑罰權係原本即存在於社會中的權力，亦即「**社會根據論**」❸。

❷　參照川端　博，《刑法總論講義》，成文堂，2006 年 2 月第 2 版，39–40 頁。

❸　參照平川宗信，〈刑法の憲法上基礎について〉，收錄於《平野龍一先生古稀祝賀論文集　上卷》，有斐閣，1990 年 9 月，75 頁。

依據憲法根據論的解釋，雖然刑罰體系係建立在憲法理念之下，但在現代社會中，欲維持國家制度，縱使不經憲法所賦予，刑罰仍然具有其必要性，國家刑罰權依然存在。而基於社會根據論的觀點，刑法解釋若違反憲法理念，將不被容許。因此，刑罰權的理論根據，主要係基於劃定刑罰權行使界限的「憲法理念」。

從劃定刑罰權界限的觀點而言，憲法的基本原理係使人權受到最大限度的尊重，倘若對他人的基本人權造成重大侵害，依任何手段均無法抑止該種侵害時，即可發動刑罰權。換言之，刑罰僅在他人的基本人權遭受重大侵害時，始可肯認其存在，且必須在必要的最小限度範圍內行使，亦即所謂「刑罰謙抑原則」，而此種原則正是憲法第8條保障人身自由以及第23條基本人權限制的基本要求。

此外，應從憲法觀點建構刑法理論，亦即刑罰權在憲法上所容許者，僅在其他國民的人權遭受重大侵害危險，而以刑罰以外的一切手段均無法抑止該侵害時，始有可能由國家發動刑罰權。從刑法學的立場觀察，原則上，在個人利益遭受侵害時，係以必要的最小限度來行使刑罰權，此種原則大致在憲法學上係不具爭議性。

當然，刑罰權的發動雖然強調個人法益的侵害，但並非完全忽視社會法益與國家法益。由於社會法益與國家法益係由個人法益所集聚而成，而處罰侵害社會法益與國家法益的犯罪行為，主要係基於使一般國民過安全與舒適生活的國家與社會制度已經遭受破壞，故刑罰重點除著重於個人法益的保護外，亦同時兼顧社會法益與國家法益的維護。

第二項　刑罰權發生的條件

犯罪的成立，必須係符合構成要件該當性、違法性與有責任三種要件，此種概念在犯罪論已經確立。倘若成立犯罪，原則上已經具有應刑罰性，但在例外的情形中，例如由於其他外部的事由所附加的條件或特定事由的存在，因而限制刑罰的範圍。前者的情形，有屬於刑事訴訟法上的程序要件，例如告訴乃論罪中的「告訴」（例如§§229之1，236，

245，287，308，314，319，324 II，338，343，357，363 等）、請求乃論罪中的「請求」（例如 §119），若不具有此等程序要件，即無法追訴；亦有屬於刑法的實體要件，例如**客觀處罰條件**，亦即若無客觀處罰條件的存在，則行為人的行為根本不成立犯罪。此外，有由於行為人具有特別事由，因而排除刑罰權的發動，亦即**阻卻刑罰事由**。

一、客觀處罰條件

所謂**客觀處罰條件** (objektive Bedingungen der Strafbarkeit)，係指行為人的行為雖然係屬於該當構成要件且具有違法性與有責性的行為，但是否具有可罰性，則另外必須具備特定的客觀條件而言。此種特定的客觀條件，係與犯罪成立的三種要件完全無關，亦即其並非屬於行為或行為人本身的評價問題，而係屬於外界所存在的客觀事實。

現行刑罰法規設有客觀處罰條件的條文，例如準受賄罪（§123）的「於為公務員或仲裁人後履行」、詐術結婚罪（§238）的「因而致婚姻無效之裁判或撤銷婚姻之裁判確定」、聚眾鬥毆罪（§283）的「致人於死或重傷」、詐欺破產罪（破產法 §154）的「在破產宣告前一年內，或在破產程序中」等。

客觀處罰條件在外觀上係與構成要件、違法性與責任具有關係，故有學者認為其係屬於一般構成要件要素以外的「特殊構成要件要素」❹。然而，本書認為，客觀處罰條件係與違法性或責任的評價無關，亦不能決定可罰性行為的刑罰種類與刑度，故其並非構成要件要素，行為人對此種條件有無主觀上的認識，對犯罪的成立均無影響❺。

---

❹　此說屬於少數說的見解。參照佐伯千仭，《刑法講義（總論）》，弘文堂，1981 年 3 月 4 訂版，137 頁、190 頁以下；中　義勝，《講述犯罪總論》，有斐閣，1980 年 10 月，93 頁；中山研一，《刑法總論》，成文堂，1982 年，成文堂，93 頁；內藤　謙，《刑法講義總論（上）》，有斐閣，1983 年，215 頁；曾根威彥，《刑法總論》，弘文堂，2010 年 4 月第 4 版，64–65 頁等。

❺　此種論點係通說的見解。參照川端　博，《刑法總論講義》，成文堂，2006 年

二、阻卻刑罰事由

　　所謂阻卻刑罰事由 (Strafausschließungsgründe)，係指縱然犯罪已經成立，但依據個人特別事由，免除其刑罰。此種免除刑罰的事由，有在行為時即已經存在的個人情狀與在行為後始發生的個人情狀二種情形。前者的情形，係指個人阻卻刑罰事由 （或稱 「一身阻卻刑罰事由」Persönliche Strafausschließungsgründe）；而後者的情形，則係指個人解除刑罰事由(或稱「一身解除刑罰事由」Persönliche Strafaufhebungsgründe)。

　　有關個人阻卻刑罰事由的情形，在刑法上的規定，例如謀為同死而違犯加工自殺罪的「得免除其刑」（§275III）；懷胎婦女因疾病或其他生命上危險而違犯墮胎罪的「免除其刑」（§288III）；於直系血親、配偶或同財共居親屬之間犯竊盜罪（§324 I）、侵占罪（§338）、詐欺罪或背信罪（§343）、贓物罪（§351）等罪的「得免除其刑」。

　　有關個人解除刑罰事由的情形，在刑法上的規定，例如中止犯的「減輕或免除其刑」（§27 I）；犯內亂罪的預備犯或陰謀犯而自首的「減輕或免除其刑」（§102）；犯違背職務行賄罪而自首的 「減輕或免除其刑」 （§122III但書前段）；犯參與犯罪結社罪而自首的 「減輕或免除其刑」 （§154II） 等。

　　在個人解除刑罰事由的情形中，雖有上述各種犯罪的「減輕或免除其刑」，但實質而言，其僅係「減輕或免除其刑」，並非「免除其刑」的完全解除刑罰規定，故有學者認為並非個人解除刑罰事由的適例❻。此外，例如日本刑法有犯預備、陰謀、幫助內亂罪的「免除其刑」規定❼，

---

　　2 月第 2 版，61 頁；大谷　實，《刑法講義總論》，成文堂，2010 年 3 月新版第 3 版，90 頁；林山田，《刑法通論（上）》，作者自版，2008 年 1 月增訂 10 版，405 頁；蔡墩銘，《刑法精義》，154–155 頁等。

❻　參照林山田，《刑法通論（上）》，作者自版，2008 年 1 月增訂 10 版，408 頁。

❼　日本刑法第 80 條規定：「犯前二條之罪，而於未至暴動前自首者，免除其刑。」前二條之罪，係指第 78 條預備及陰謀內亂罪、第 79 條幫助內亂罪而言。

本書認為該種規定係屬於實質上個人解除刑罰事由的立法例。

第三節　刑罰的種類

　　刑罰係犯罪行為的法律效果，亦即刑法規範所使用的法律制裁手段。刑罰依據所剝奪法益的輕重程度，可分為生命刑、身體刑、自由刑、財產刑與名譽刑等五種類型。

　　生命刑 (Todesstrafe)，係剝奪受刑人生命的刑罰，亦即指死刑而言。**身體刑** (Körperstrafe)，係對受刑人的身體加以傷害的刑罰，例如古代所使用的鞭刑、杖刑等。**自由刑** (Freiheitesstrafe)，係剝奪受刑人自由的刑罰，亦即指無期徒刑、有期徒刑、拘役而言。**財產刑** (Vermögensstrafe)，係剝奪受刑人一定額度財產的刑罰，亦即指罰金而言。**名譽刑** (Ehrenstrafe)，係剝奪受刑人公權的刑罰，亦即指褫奪公權而言。

　　我國現行刑法將刑罰區分為**主刑** (Hauptstrafe) 與**從刑** (Nebenstrafe) 兩種類型（§32）。主刑有五種：⑴死刑、⑵無期徒刑、⑶有期徒刑、⑷拘役及⑸罰金（§33）；而從刑有褫奪公權（§36）。

第一項　生命刑

　　我國從 1990 年代開始，即有廢止死刑的刑事政策思考，而政府亦採逐步廢止死刑的政策，目前刑法上已經全面廢止「絕對死刑」，而僅存在「相對死刑」。在現行刑法典中，有相對死刑規定者如下：

【刑法上相對死刑的規定】

⑴**侵害國家法益：**暴動內亂罪（§101Ⅰ）、通謀開戰端罪（§103Ⅰ）、通謀喪失領土罪（§104Ⅰ）、械抗中華民國罪（§105Ⅰ）、委棄土地罪（§120）。

⑵**侵害社會法益：**劫持交通工具罪（§185之1Ⅰ前段）、劫持交通工

> 具致死致重傷罪（§185 之 1II）、危害毀損交通工具致死罪（§185
> 之 2II）。
>
> (3)**侵害個人法益**：普通殺人罪（§271 I）、殺直系尊親屬罪（§272）、
> 普通強盜罪（§328III）、強盜結合罪（§332）、海盜罪（§333）、海
> 盜結合罪（§334）。

死刑係屬剝奪受刑人生命的最嚴屬制裁手段，一旦有誤判的情形發
生，將造成無法彌補的遺憾，故自從義大利犯罪學者貝卡利亞 (Beccaria,
1738–1794) 提出「死刑問題論」以來，死刑存在論與死刑廢止論一直是
爭論不休的問題，即使在現代世界各國中，仍然形成存在與廢止兩大勢
力的對立。我國法務部於 2010 年 3 月 23 日成立「逐步廢除死刑研究推
動小組」，最近更提出「特殊無期徒刑（無期徒刑不得假釋）的終身監禁
制度」❽取代死刑的刑法修正方案，足見政府機關有朝死刑廢止論潮流
邁進的趨勢，但在政黨、人權團體、學者等的極大壓力之下，目前正面
臨考驗的階段。

一、死刑存在論

主張死刑存在論者，大致可歸納以下理由：

(1)在國民道義、國民法確信及國民感情的觀點上，針對殺人等凶暴
型犯罪行為人應執行死刑。

(2)基於人道主義的觀點，現行死刑執行方法相當妥適，並無殘酷刑

---

❽ 依據 2020 年 3 月法務部所公布的資料顯示：依歷年的民調，反對廢除死刑者
約為八成，但若有相關配套措施，例如提高有期徒刑上限、無期徒刑假釋門檻
等，反對意見則約下降至四成。國家政策是逐步廢除死刑，現階段是減少使用
死刑及審慎執行死刑，以兼顧社會正義及人權保障，針對各界質疑不執行死刑
的疑慮，建議刑法設「無期徒刑不得假釋」、「終身監禁」制度，透過修法提高
有期徒刑的上限及無期徒刑假釋門檻，使法官在審酌時，能考慮以無期徒刑代
替死刑的宣告。

罰之虞。

(3)從刑事政策面而言，死刑具有威嚇效果，足以防衛社會而維持法秩序。

(4)從特別預防的觀點，對於窮凶極惡的犯罪行為人，實難以改善其惡性，故有剝奪生命而完全與社會隔離的必要性。

(5)從被害人的角度而言，對於兇惡的犯罪人，為實現正義，必須處以死刑，始能平息及滿足被害人或其遺族的心理創傷。

(6)從司法實務而言，法院雖難免有誤判，但目前司法程序極為慎重，尤其對於死刑案件，往往係經過再三的審理始能定讞，實際上已經善盡防止誤判的可能性。

【永山基準】

日本係屬於有死刑規定的國家，但學者與社會團體推行廢止死刑運動，可謂係全世界最積極且最熱烈。日本過去曾經判決無數死刑案件，但卻甚少執行，最近更明顯地在許多重大刑事案件中，法官均判決無期徒刑，而避免死刑的判決。最引人注目者，係自從實施裁判員制度❾，由民間裁判員參與審判以來，更有控制死刑判決

---

❾ 所謂**裁判員制度**，係日本為了使一般國民更加理解司法，以及提升一般國民對司法的信賴性，而於 2009 年 5 月 21 日開始實施的一種裁判制度。此種制度，係由具有眾議院議員選舉權的國民之中，以抽籤方式選出裁判員，而與職業法官共同參與刑事訴訟程序的一種制度，主要係以特定的重大犯罪案件為對象，以法官三人與裁判員六人共同組成合議庭，由其中一名法官擔任審判長，除認定犯罪的具體事實以外，並參與法律適用與量刑的判斷，故其與陪審制或參審制並不相同。我國亦模仿日本裁判員制度，於 2020 年 7 月 22 日經立法院三讀通過「國民法官法」，並於同年 8 月 12 日經總統公布，此一**國民法官制度**將於 2023 年 1 月 1 日開始施行；依國民法官法的規定，從年滿 23 歲的國民中隨機抽選的「6 名國民法官」，全程參與案件審理後，就刑事案件的事實認定、法律適用與量刑，而與「3 位職業法官」共同討論，共同表決後做出決定。

的趨勢。惟在 2010 年 11 月 25 日仙台地方裁判所少年殺人案件的判決，首度由民間裁判員決定應判決被告死刑，此案件的死刑判決立即成為學界與輿論界所共同討論的焦點。在該死刑判決中，再度提出於 1983 年最高裁判所針對「1968 年 10 月至 11 月間，當時十九歲永山則夫，於東京都、京都、名古屋、函館等地連續開槍射殺四人，1990 年 4 月被判決死刑定讞，1997 年 8 月執行死刑」案件，在判決死刑時所提出的量刑基準（通稱「永山基準」）❿。此一基準主要係針對不得不選擇死刑時應考慮的因素，亦成為日本最高裁判所判決死刑的重要依據。其基準有以下九項：(1)犯罪的罪質、(2)犯罪的動機、(3)犯罪的態樣（特別係殺害手段的執拗性或殘虐性）、(4)結果的重大性（特別係被害者的人數）、(5)遺族的被害情感、(6)社會的影響、(7)犯罪者的年齡、(8)犯罪前科、(9)犯罪後的情狀。

---

❿ 我國最高法院 101 年度臺上字第 4531 號判決亦曾參考「永山基準」所列的各項量刑因素，但並未如永山判決一樣，只強調一般預防功能。再者，依據**最高法院 102 年度臺上字第 5251 號判決**所建立的死刑量刑基準有三項：(1)先基於罪責原則，逐一檢視、審酌刑法第 57 條所列 10 款事項；(2)接著從罪刑均衡的觀點及一般預防的觀點，判斷被告的犯罪情節、所犯不法及責任的程度，是否已經達到不得已必須科處死刑的情形；(3)最後，若被告有教化的可能，則可以迴避不判死刑。歸納而言，最高法院在 102 年度臺上字第 5251 號判決中，先是重視刑罰的一般預防功能，再例外地考量行為人有無改善更生可能的特別預防功能。因而在行為人犯罪情節嚴重、罪責重大時，就可以選擇死刑，除非證明行為人「有教化可能性」，才能夠例外地迴避死刑的判決。此外，最高法院在 102 年度臺上字第 170 號判決則認為，應「在正義報應、預防犯罪與協助受刑人復歸社會等多元刑罰目的間尋求衡平」，也就是需要同時考量一般預防功能與特別預防功能的刑罰目的。因而除了行為人犯罪情節嚴重、罪責重大之外，還必須證明行為人「無教化可能性」，才能夠選擇死刑。兩者比較，若法官判決時選擇參考 102 年度臺上字第 5251 號判決的標準，判決死刑的空間比較大。

二、死刑廢止論

主張死刑廢止論者，大致可歸納以下理由：

(1)國家一方面以法律禁止殘酷的殺人行為，另一方面卻訂定法律執行殺人行為，不僅互相矛盾，更助長殘忍之風，有違人道主義的精神。

(2)依犯罪學的觀點，犯罪行為係社會各種環境所造成，非僅行為人個人的原因，依此剝奪犯罪人的生命，並不公平，而死刑更剝奪犯罪行為人悔過向善的權利，不符犯罪行為人再社會化的刑事政策。

(3)法院的審判係屬人為，一旦有誤判的情形發生，在死刑執行後，將無法回復，因而造成無法彌補的遺憾。

(4)根據刑罰學的實證研究，例如 1989 年聯合國的死刑問題研究報告，均無法證明死刑較無期徒刑具有更高的威嚇效果。

(5)對於犯罪人科處死刑，固然可滿足報復或補償心理，但除此之外，對於被害人並無實益，若能責令犯罪行為人勞作收益填補損害，對於被害者家屬而言，亦有避免其生活陷入困境的功能。

第二項　自由刑

一、自由刑的意義

自由刑係剝奪受刑人自由的刑罰，包含無期徒刑、有期徒刑與拘役三種。無期徒刑係僅次於死刑的最嚴厲刑罰，目前宣告無期徒刑者，大多數係在採「相對死刑制度」下，針對犯罪行為人違犯有「死刑或無期徒刑」規定之罪的情形，為了給予行為人悔改向善的機會，而選擇宣告無期徒刑。

有期徒刑的法定刑，依刑法第 33 條第 1 項第 3 款規定為「二月以上十五年以下。但遇有加減時，得減至二月未滿，或加至二十年」；而拘役的法定刑，依第 33 條第 1 項第 4 款規定為「一日以上，六十日未滿。但遇有加重時，得加重至一百二十日」。

二、短期自由刑的存廢

在自由刑中，有關六月以下的短期自由刑，由於其執行期間短暫，非僅難以實施有效的矯治措施，更容易使受刑人因此而染上惡習或有前科紀錄而難以在社會正常生活，故可謂執行短期自由刑係弊多於利。此外，針對現行刑法所規定「一日以上，六十日未滿。但遇有加重時，得加重至一百二十日」的拘役刑，亦難謂有達到矯治的效果，因此有斟酌加以廢除的必要性。

在現行處遇措施上，基於短期自由刑的弊害，針對處徒刑的受刑人與處拘役或罰金易服勞役的受刑人，由於此兩種人在犯罪的惡性上有程度上的差異性存在，為避免拘役的受刑人感染惡性，故規定「處拘役及罰金易服勞役者，應與處徒刑者分別監禁」。（監獄行刑法 §3 II）

本書認為，短期自由刑至少必須有六個月以上的執行期間，始能收矯治的效果，針對六個月未滿的自由刑，一方面無法在短期間矯正受刑人，另一方面更容易使受刑人在監獄內感染惡習，故拘役刑應予廢除，而宣告未滿六個月的有期徒刑，亦應全部以易科罰金來加以取代，始能實質上達到刑罰的目的。

第三項　財產刑

一、財產刑的意義

財產刑係剝奪受刑人一定額度財產的刑罰。2015 年 12 月刑法修正前，財產刑有以下三種：(1)罰金、(2)沒收、(3)追徵、追繳或抵償。其中，罰金係屬「主刑」，而沒收、追徵、追繳或抵償則屬於「從刑」。2015 年 12 月修法後，立法者將沒收修正為獨立於刑罰及保安處分以外的法律效果，因此現行刑法中的財產刑，僅有屬於主刑的「罰金」，而原本屬於沒收替代措施的「追徵、追繳或抵償」，僅剩下「追徵」，在沒收無法執行時，作為唯一的替代措施❶；而從刑僅剩下「褫奪公權」一種。

有關沒收的替代措施「追徵」，主要規定於沒收專章中的第 38 條、第 38 條之 1、第 38 條之 2，亦即「前二項之沒收，於全部或一部不能沒收或不宜執行沒收時，追徵其價額」（§38IV）、「前二項之沒收，於全部或一部不能沒收或不宜執行沒收時，追徵其價額」（§38 之 1III）、「犯罪所得已實際合法發還被害人者，不予宣告沒收或追徵」（§38 之 1V）、「I 前條犯罪所得及追徵之範圍與價額，認定顯有困難時，得以估算認定之。第三十八條之追徵，亦同。II 宣告前二條之沒收或追徵，有過苛之虞、欠缺刑法上之重要性、犯罪所得價值低微，或為維持受宣告人生活條件之必要者，得不宣告或酌減之」（§38 之 2）。

二、財產刑的內容

有關財產刑的內容，依刑法第 33 條第 1 項第 5 款的規定：「罰金：新臺幣一千元以上，以百元計算之」罰金的規定，在 2005 年 2 月刑法部分條文修正前，係規定「一元以上」，其係以「銀元」為計算單位，而在刑法修正後，罰金係以「新臺幣」為計算單位。

關於罰金刑的修正，主要係因應現在社會經濟狀況的改變，並與其他特別刑法以新臺幣規定者，達到一致性的要求❶❷。

---

❶　參照 2015 年 12 月刪除刑法第 34 條的立法理由：一、本條刪除。二、此次修正認沒收為本法所定刑罰及保安處分以外之法律效果，具有獨立性，爰新增第五章之一「沒收」之章名，故現行條文第 34 條有關從刑之種類、第 40 條之一追徵、追繳或抵償之宣告規定均應配合刪除。三、追繳、抵償既屬無法執行沒收時之替代手段，最終目的在無法執行沒收時，自其他財產剝奪相當價額，其方式可為價額追徵或財務之追繳、抵償，惟此本係執行之方法，而非從刑，亦無於本法區分，故統一替代沒收之執行方式為追徵；再依沒收標的之不同，分別於第 38 條及第 38 條之 1 為追徵之規定。四、本條因刪除第 2 款及第 3 款，則本法所稱從刑專指褫奪公權，移列至第 36 條第 1 項。

❷　參照 2005 年 2 月 2 日刑法修正第 33 條的立法理由：「第五款罰金原規定為一元以上，且以銀元為計算單位，已不符目前社會經濟狀況。其他特別刑法或附屬刑法多數改以『新臺幣』為計算單位，造成現行罰金計算單位之混亂，應有

　　最近，針對罰金刑的宣告，有造成行為人的資力及其因犯罪所得的利益不同，導致宣告不同罰金額的不公平現象，而有提出「日額罰金制」的修正方案，因此有必要理解該制度的主要內涵。

【日額罰金制】

　　所謂**日額罰金制**，係指依據行為人的罪責來決定罰金日數，而以行為人的經濟狀況來決定每日的罰金額，將罰金日數與每日罰金額相乘，即為其罰金總額。此種制度源自於瑞典，而德國最近亦採行此種制度。其主要優點在於：(1)同時考慮行為人的犯罪情節與罪責，可達到刑罰的公平性；(2)依據行為人的經濟狀況來決定每日罰金額，可解決無能力繳納的情況；(3)若無法執行罰金刑時，得以罰金日數為執行自由刑的日數，無須另行換算，可確實達到罰金刑執行的效果。

第四項　名譽刑

　　在刑法上所規定的**名譽刑**，有褫奪公權，係指剝奪受判決人擔任公務員或為公職候選人資格的刑罰而言，由於此種刑罰係剝奪行為人的特定資格或權利，故亦稱為**資格刑**或**權利刑**。

　　褫奪公權可分為**無期褫奪**與**有期褫奪**兩種。無期褫奪係指對於宣告死刑或無期徒刑者，所宣告的褫奪公權終身（§37 I）；而有期褫奪則係指對於宣告一年以上有期徒刑，依犯罪的性質認為有褫奪公權的必要者，宣告一年以上十年以下褫奪公權（§37 II）。所稱**犯罪性質**，係指所犯的罪與被褫奪公權的公權行使具有密切關聯性而言，例如瀆職罪中的貪污瀆職犯罪行為，或買票賄選的犯罪行為等。

統一必要。其次，現行罰金最低額為一元以上，以現今之經濟水準殊嫌過低，無法發生刑罰懲戒作用，故修正提高為新臺幣一千元以上，且為計算之便宜，避免有零數之困擾，爰一併規定以百元計算，以符實際」。

　　有關褫奪公權的宣告，由於褫奪公權係屬從刑的一種，故必須於裁判時併宣告之（§37III）。有關數罪併罰的案件，若有褫奪公權必要者，則必須於分別宣告主刑之下，一併宣告褫奪公權，再定其應執行的主刑與從刑。故若僅於定執行刑時，載明褫奪公權若干年，則應認為褫奪公權未經合法宣告❸。

　　此外，褫奪公權的效力，依刑法的規定「褫奪公權之宣告，自裁判確定時發生效力。」（§37IV）。至於對宣告一年以上有期徒刑，而宣告褫奪公權者，其期間自主刑執行完畢或赦免之日起算（§37V前段）。然而，由於緩刑的效力不及於從刑（§74V），故同時宣告緩刑者，其期間自裁判確定時起算之（§37V但書）。

第四節　刑罰的適用

第一項　刑罰適用的概念

　　刑罰的適用過程，大致上可分為：**法定刑的確定、處斷刑的形成、宣告刑的決定**等三階段。其中，法定刑係刑法分則各本條所規定的刑罰，例如殺人罪的法定刑係「……處死刑、無期徒刑或十年以上有期徒刑」（§271 I）；竊盜罪的法定刑係「……處五年以下有期徒刑、拘役或五十萬元以下罰金」（§320 I）。

　　處斷刑係因科刑上一罪（例如第 55 條規定想像競合犯的從一重處斷）、刑的加重或減輕（例如第 134 條規定公務員犯瀆職罪以外罪的加重其刑至二分之一；第 227 條之 1 規定十八歲以下之人犯性交或猥褻罪的減輕或免其刑）、數罪併罰（例如連續犯殺人罪與竊盜罪的合併處罰）等原因所科處的刑罰；而有關宣告刑，則係在處斷刑的範圍內，對犯罪行為人所具體宣告的刑罰。

---

❸　參照最高法院 43 年臺非字第 45 號判例。

第二項　法定刑的輕重

從一重處斷，首先必須要比較數罪間法定刑的輕重，再依最重的法定刑當作刑的宣告基礎，法定刑的輕重，依刑法第 35 條規定為判斷的基準。

一、主刑的輕重

有關主刑的輕重標準，係依第 33 條規定的次序定之（§35 I），亦即死刑最重、無期徒刑次之、有期徒刑又次之、拘役再次、罰金最輕。

二、同種刑的輕重

有關同種刑的輕重標準，係以最高度較長或較多者為重，最高度相等者，以最低度的較長或較多者為重（§35 II）。法定刑若同為有期徒刑，則以徒刑最高度的較長者為重，若同為罰金刑，則以罰金最高度的最多者為重。若同種刑的高度相同，則比較法定刑的最低度，以徒刑中最低度的較長者為重。

三、二種以上主刑的輕重

若法定本刑有二種或二種以上的主刑者，其輕重的比較標準，依刑法規定「刑之重輕，以最重主刑為準，依前二項標準定之。」（§35 III）。有關其輕重標準，說明如下：

(1)若一罪法定刑為死刑、無期徒刑或十年以上有期徒刑（§271 I），而另一罪為死刑或無期徒刑（§272 I），係以後罪為重。

(2)若一罪為五年以下有期徒刑、拘役或五十萬元以下罰金（§320 I），而另一罪為五年以下有期徒刑（§210），係以後罪為重。

(3)若一罪為五年以下有期徒刑（§218 I），而另一罪為五年以下有期徒刑，得併科二十一萬元以下罰金（§144），係以後罪為重。

第三項　法定刑的加重與減輕

在刑法分則中，刑罰條款均設有一定高低度的法定刑，由法官在法定的最高刑與最低刑之間，斟酌裁量而宣告適當的刑罰。然而，由於犯罪行為千變萬化，情節輕重有別，僅設有法定刑的上限與下限，並不足以因應現實的處刑問題，必須在法定刑之外，針對特別情狀予以加重或減輕，因此在刑法上設有加重、減輕或免除的規定。

一、法定刑的加重

刑法所規定加重事由相當多，可歸納為以下兩種類型：⑴因行為人身分的加重、⑵因被害人身分的加重。

㈠因行為人身分的加重

在刑法分則中，有因行為人身分而設有「加重其刑至二分之一」的加重處罰規定，例如行為人因有公務員身分而加重者計有第 134 條、第 231 條之 1 第 3 項、第 264 條、第 270 條、第 296 條之 1 第 5 項等。

㈡因被害人身分的加重

在刑法分則中，有因被害人身分而設有加重其刑的規定，可分為以下三種類型：

1.被害人係加害人的直系血親尊親屬，因而「加重其刑至二分之一」，例如第 170 條、第 250 條、第 272 條、第 280 條、第 295 條、第 303 條等。

2.被害人係友邦元首或派至本國的外國代表者，因而「得加重其刑至二分之一」，例如第 116 條。

3.被害人係受行為人監督、扶助、照護之人，或夫對於妻犯第 231 條第 1 項、第 231 條之 1 第 1 項、第 2 項之罪者，依各該條項之規定「加重其刑至二分之一」，例如第 232 條。

此外，刑的加重有不得加重的限制規定，例如死刑不得加重（§64Ⅰ）；無期徒刑不得加重（§65Ⅰ）；有期徒刑加重最高為二十年（§33⑶）；拘

役最高加重至一百二十日（§33⑷）；拘役不得加重至有期徒刑，罰金亦不得加重至徒刑或拘役。

二、法定刑的減輕

　　刑法所規定減免事由相當多，可歸納為以下兩種類型：⑴必要減免事由、⑵任意減免事由。

㈠必要減免事由

　　⑴必減輕或免除其刑：例如中止犯與準中止犯（§27）；預備犯普通內亂罪而自首者或預備犯暴動內亂罪而自首者（§102）；犯違背職務行賄罪而自首者（§122Ⅲ但書前段）；犯參與犯罪結社罪而自首者（§154Ⅱ）；犯湮滅證據罪而於他人刑事被告案件裁判確定前自白者（§166）；配偶、五親等內的血親或三親等內的姻親圖利犯人或依法逮捕拘禁的脫逃人，而犯藏匿人犯或使之隱避罪、頂替人犯罪或妨害刑事證據罪者（§167）；犯偽證罪與誣告罪於所虛偽陳述或所誣告的案件，裁判或懲戒處分確定前自白者（§172）；十八歲以下之人犯第 227 條之罪者（§227 之 1）。

　　⑵必免除其刑：懷胎婦女因疾病或其他防止生命上危險的必要，而犯自行墮胎罪或聽從墮胎罪者，免除其刑（§288Ⅲ）。

　　⑶必減輕其刑：未滿十八歲人或滿八十歲人犯罪者，不得處死刑或無期徒刑，本刑為死刑或無期徒刑者，減輕其刑（§63）；犯擄人勒贖罪，未經取贖而釋放被害人者，減輕其刑（§347Ⅴ前段）。

㈡任意減免事由

　　⑴得減輕免除其刑：防衛過當（§23但書）；避難過當（§24Ⅰ但書）。

　　⑵得免除其刑：謀為同死而犯第 275 條第 1 項之罪者（§275Ⅲ）；於直系血親、配偶或同財共居親屬之間，犯竊盜罪、侵占罪、詐欺罪、背信罪、重利罪、贓物罪者（§§324Ⅰ，338，343，351）。

　　⑶得減輕其刑：可避免的違法性錯誤（§16但書）；十四歲以上未滿十八歲人的行為 （§18Ⅱ）；因精神障礙而成為限制責任能力人的行為（§19Ⅱ）；瘖啞人的行為（§20）；普通未遂犯（§25Ⅱ）；幫助犯（§30Ⅱ）；

無身分或特定關係的參與犯（§31Ⅰ但書）；一般犯罪的自首（§62 前段）；犯違背職務行賄罪而在偵查或審判中自白者（§122Ⅲ但書後段）；配偶、五親等內的血親或三親等內的姻親犯普通便利脫逃罪者（§162Ⅴ）；犯第240 條至第 243 條的妨害家庭罪，於裁判宣告前，送回被誘人或指明所在地而尋獲者（§244）；犯第 298 條至第 300 條的妨害自由罪，於裁判宣告前，送回被誘人或指明所在地而尋獲者（§301）；犯擄人勒贖罪，經取贖而釋放被害人者（§347Ⅴ後段）。

此外，刑亦有**減輕的限制**，例如死刑減輕者，為無期徒刑（§64Ⅱ）；無期徒刑減輕者，為二十年以下十五年以上有期徒刑（§65Ⅱ）；有期徒刑、拘役、罰金減輕者，減輕其刑至二分之一，但同時有免除其刑的規定者，其減輕得減至三分之二（§66）。

三、累　犯

所謂**累犯** (Rueckfall)，係指犯罪行為人受刑罰執行釋放後，在一定期間內，再故意犯有期徒刑以上之罪者而言。針對此種曾受刑罰執行的行為人，在釋放後仍不知悔改，再故意犯有期徒刑以上之罪，故在刑法上特別規定加重其刑。累犯的加重處罰，主要係由於犯罪行為人的刑罰反應力薄弱，故必須再延長其矯正期間，藉此協助其重返社會，同時亦兼顧社會防衛的效果[14]。我國刑法針對**累犯的規定**為：「受徒刑之執行完畢，或一部之執行而赦免後，五年以內故意再犯有期徒刑以上之罪者，為累犯，加重本刑至二分之一。」（§47Ⅰ）。

---

[14] 歐陸法系刑法設有累犯制度者，例如日本現行刑法第 56 條、瑞士刑法第 67 條、奧地利刑法第 39 條、法國刑法第 132 條之 8 至第 132 條之 11 等。我國雖曾有廢止累犯的提案，惟於 2005 年 2 月刑法修正時，仍保留累犯的規定。參照 2005 年 2 月 2 日刑法修正第 47 條立法理由㈠。

【累犯的爭議】

　　刑法第 47 條第 1 項規定：「受徒刑之執行完畢，或一部之執行而赦免後，五年以內故意再犯有期徒刑以上之罪者，為累犯，加重本刑至二分之一」，依據司法院大法官民國 108 年 2 月 22 日釋字第 775 號解釋，有關**累犯加重本刑部分**，對人民受憲法第 8 條保障之人身自由所為限制，**不符憲法罪刑相當原則**，牴觸憲法第 23 條比例原則。於此範圍內，有關機關應自本解釋公布之日起 2 年內，依本解釋意旨修正之。於修正前，為避免發生罪刑不相當之情形，法院就該個案應依本解釋意旨，裁量是否加重最低本刑。

㈠累犯的成立要件

　　依據上述的規定，累犯的成立必須具備下列三種要件：(1)曾經受徒刑的執行。(2)須受徒刑執行完畢或赦免後五年內再犯罪。(3)再犯之罪須為有期徒刑以上之罪。

1. 曾經受徒刑的執行

　　所謂曾經受徒刑的執行，係指曾受有期徒刑或無期徒刑的宣告，而受徒刑的執行而言。因此，行為人若曾受拘役或罰金的宣告，而執行拘役或罰金者，或曾受罰金宣告而易服勞役 (§42) 或易服社會勞動 (§42 之 1) 者，不能成立累犯；而若行為人雖受有期徒刑的宣告，但經**宣告緩刑**而後未被撤銷緩刑者，由於未受有期徒刑的執行，故不成立累犯，若受緩刑宣告後，被撤銷緩刑的宣告 (§75 I)，而受有期徒刑的執行完畢後，則可成立累犯❶⑤。

---

❶⑤　參照最高法院 43 年臺上字第 434 號判例：被告第一次被處竊盜罪刑，既於民國 37 年 5 月 16 日執行期滿出獄，截至其於 43 年 8 月 25 日第三次行竊時，已在屆滿五年之後，與累犯要件不合，縱第二次於 41 年 8 月間行竊，曾被判處有期徒刑 8 月，諭知緩刑有案，但因**緩刑而未執行**，亦與其第三次之犯罪無累犯可言，原判決竟認為累犯加重其刑，原審復予維持，顯屬違法失入；75 年

此外，若行為人雖受**死刑**宣告，經減輕為無期徒刑或十五年以下十二年以上有期徒刑而受徒刑的執行者（§64Ⅱ），或受徒刑宣告而易科罰金者（§44），仍然屬於受徒刑的執行，亦可成立累犯。而若行為人曾受有期徒刑或無期徒刑的執行，經**假釋出獄後**，無期徒刑已滿二十年或有期徒刑在所餘刑期內未經撤銷假釋者，其未執行之刑，以已執行論（§79Ⅰ），故亦可成立累犯。

2.須受徒刑執行完畢或赦免後五年內再犯罪

行為人必須係在受徒刑執行完畢後五年以內犯罪，或係受徒刑的一部執行而赦免後五年以內犯罪，始可成立累犯。因此，若徒刑的執行尚未完畢❶，或僅受一部的執行而非受赦免者，而再犯罪者，則不成立累犯❶。

所謂赦免，係指特赦及免除其刑者而言，不包括大赦在內。所稱免

臺上字第 635 號判例：緩刑期滿而**緩刑之宣告未經撤銷者**，其刑之宣告，失其效力，與以已執行論之效果，並不相同，嗣後縱然再犯，不發生累犯之問題。

❶ 有關**尚未執行完畢**的案例，參照最高法院 29 年上字第 258 號判例：累犯之成立，以曾受有期徒刑之執行完畢，或受無期徒刑或有期徒刑一部之執行而赦免後，五年以內再犯有期徒刑以上之罪為要件，故尚在徒刑執行中更犯有期徒刑以上之罪者，即不得依累犯之例論科；47 年臺上字第 1027 號判例：累犯之成立，以曾受有期徒刑之執行完畢，或受無期徒刑或有期徒刑一部之執行而赦免後，五年以內再犯有期徒刑以上之罪為要件，故所處徒刑雖已確定，但既**尚未執行**而更犯有期徒刑以上之罪，即不得依累犯之例論處。

❶ 有關**赦免**的案例，參照最高法院 37 年非字第 40 號判例：大赦有消滅罪刑之效力，故犯罪經**大赦**後，不但赦免其刑，並應視與未犯罪同，被告某甲前雖曾因竊盜案被判罪刑，但既邀赦免而歸於消滅，則其以後之犯罪，自不發生累犯問題；68 年臺非字第 151 號判例：曾受有期徒刑以上刑之宣告，在執行中依中華民國 64 年罪犯**減刑**條例減刑，並執行完畢，五年以內再犯罪，受有期徒刑以上刑之宣告者，依同條例第 13 條第 1 項前段規定，應撤銷其減刑部分之裁判，仍執行原宣告刑。則其原宣告刑，尚非已執行完畢，其再犯罪不得以累犯論。

除其刑，係指基於赦免權作用的減刑而免除其刑而言。例如刑法第 23 條但書、第 24 條第 1 項但書、第 27 條等所規定的免除其刑，既非基於赦免權的作用，且並無徒刑的執行，故與累犯的構成要件無關[18]。

3. 再犯之罪須為有期徒刑以上之罪

行為人受徒刑的執行完畢，或一部的執行而赦免後，五年以內再犯罪者，其所再犯者，必須係故意違犯之罪[19]，而且所犯之罪必須係有期徒刑以上之罪，始能成立累犯。換言之，若所犯之罪係因過失行為而犯罪，或所再犯之罪係屬專科罰金之罪，或係拘役與罰金選科之罪者，則不能成立累犯[20]。

(二) 累犯的處罰

關於累犯的處罰，刑法規定為「加重本刑至二分之一」。所謂**加重本刑至二分之一**，係指最高可依本刑加重至二分之一，但並無最低度的限制[21]。法官在本刑二分之一的範圍內，究竟加重多少，有自由裁量權，

---

[18] 參照 61 年司法院釋字第 133 號解釋理由書：刑所謂**赦免**，經本院院解字第 3534 號解釋係指特赦及免除其刑者而言，**不包括大赦**在內。其所稱**免除其刑**，係指基於赦免權作用之減刑而免除其刑而言。其他如刑法第 23 條但書、第 24 條第 1 項但書、第 26 條但書、第 27 條等所規定之免除其刑，既非基於赦免權之作用而係應依刑事訴訟法諭知免刑之判決，並無徒刑之執行，與累犯之構成要件無關，自不包括在內。

[19] 有關**排除過失再犯者**成立累犯的理由，參照 2005 年 2 月 2 日刑法修正第 47 條的立法理由(二)：犯罪行為人之再犯係出於故意者，固有適用累犯加重規定之必要；惟若**過失再犯者**因難據以確認其刑罰反應力薄弱，故宜以**勸導改善等方式**，促其提高注意力以避免再犯，而不宜遽行加重其刑，故第一項限制以故意再犯者為限，方成立累犯。

[20] 參照最高法院 46 年臺上字第 490 號判例：刑法上累犯罪之成立，以再犯有期徒刑以上之罪為要件，被告於前犯詐欺罪，判處徒刑執行完畢後，五年以內犯刑法第 337 條所定**專科罰金之罪**，自不生累犯之問題。原判決竟再依累犯之例加重其刑處斷，顯有違誤。

[21] 參照最高法院 28 年上字第 3378 號判例：刑法第 47 條所稱**加重本刑至二分之**

但必須有所加重，若無任何加重，則屬違法❷❷。

　　法院若於裁判時未察覺行為人係屬累犯，而於裁判確定後，始發覺為累犯者，則依「裁判確定後，發覺為累犯者，依前條之規定更定其刑。但刑之執行完畢或赦免後發覺者，不在此限」（§48）的規定，撤銷原判決所宣告的刑，仍依累犯加重處罰而更正其刑❷❸。

───────────●

　　一，祇為最高度之規定，並無最低度之限制，法院於二分之一以下範圍內，如何加重，本有**自由裁量餘地**，原審乃以第一審判決未予加重二分之一，指為違法，自屬誤會；47 年臺上字第 1004 號判例：刑法第 47 條所謂加重本刑至二分之一，祇為最高度之規定，並無最低度之限制，法院於本刑二分之一以下範圍內，如何加重，本有自由裁量之權，自不能以原判決僅**加重其本刑十分之一**，並未加重至二分之一，而再予減輕二分之一為不當。

❷❷　有關未加重至二分之一的案例，參照最高法院 40 年臺非字第 2 號判例：被告前因犯罪被判處有期徒刑，於民國 37 年某月某日執行完畢後，於同年某月某日再犯竊盜罪，原確定判決既認為應成立刑法第 321 條第 1 項第 1 款之累犯，**並未依法加重其刑至二分之一**，僅處以法定最低度有期徒刑六月，自非適法；40 年臺非字第 21 號判例：被告係以竊盜為常業之累犯，應依刑法第 47 條，於同法第 322 條所定之刑加重處斷，原判並未說明減輕原因，**僅處以法定最低度有期徒刑一年，自非適法**；47 年臺上字第 1499 號判例：刑法第 346 條第 1 項之恐嚇罪，其最輕本刑為六月以上，原判決既認上訴人為累犯，適用刑法第 47 條論處，而未遂部分，又未依同法第 26 條前段減刑，其主文諭知處有期徒刑六月，**顯未依累犯之例加重其刑，不無違誤。**

❷❸　有關裁判確定後始發覺為累犯的案例，參照最高法院 47 年臺非字第 53 號判例：刑之執行完畢或赦免後發覺為累犯者，不在更定其刑之列，為刑法第 48 條但書所明定，本件發覺被告為累犯，既在其刑之執行完畢以後，**即無更定其刑之餘地**；79 年臺非字第 146 號判例：有罪判決確定後，檢察官發見為累犯，依刑法第 48 條規定，**聲請更定其刑**，係以主刑漏未依同法第 47 條累犯加重其刑至二分之一為聲請之範圍。至於，確定判決主文諭知之從刑及其他部分，例如沒收、緩刑、保安處分等是，因非聲請更定之範圍，即令有違法之情形存在，如合於非常上訴之條件者，應另以非常上訴救濟之，尚非可依更定其刑之裁定程序予以救濟而將之撤銷。

　　本條前段規定：「裁判確定後，發覺為累犯者，依前條之規定更定其刑」，依據司法院大法官民國 108 年 2 月 22 日釋字第 775 號解釋，與憲法一事不再理原則有違，應自本解釋公布之日起失其效力。

　　此外，**外國法院**所為的裁判，對於我國法院並無拘束力，故刑法明文規定累犯適用的**除外條款**：「累犯之規定，於前所犯罪在外國法院受裁判者，不適用之」（§49）。

㈢擬制累犯

　　所謂**擬制累犯**，係指準用累犯加重規定的情形而言，亦稱準累犯。亦即，係指於 2005 年 2 月 2 日刑法修正第 47 條時所增設「第九十八條第二項關於因強制工作而免其刑之執行者，於受強制工作處分之執行完畢或一部之執行而免除後，五年以內故意再犯有期徒刑以上之罪者，以累犯論。」（§47 II）❷❹的情形而言。

　　擬制累犯的適用，主要係以**受強制工作**的執行者為對象，基於刑罰與拘束人身自由保安處分的執行效果得以互代的理由，針對受強制工作的執行者，在處分執行完畢或一部的執行而免除後，五年以內故意再犯有期徒刑以上之罪的情形，認為其係與受刑罰的執行並無差異，故亦有累犯適用的餘地❷❺。

---

❷❹　參照 2005 年 2 月 2 日刑法修正第 47 條，增設**擬制累犯**的立法理由㈢：保安處分本有補充或代替刑罰之功用，為配合第 98 條第 2 項增訂強制工作處分與刑罰之執行效果得以互代，爰參採竊盜犯贓物犯保安處分條例第 7 條之立法體例，於本條第 2 項增訂擬制累犯之規定。

❷❺　實務見解亦有肯認受強制工作的執行者可適用累犯的案例，參照最高法院 54 年臺上字第 2859 號判例：竊盜犯於**受強制工作處分完畢後**，五年以內再犯有期徒刑以上之罪，雖應**以累犯論**，但以依法免其刑之執行之人犯為限。

四、自　首

所謂**自首**，係指犯罪行為人在犯罪發生後，尚未被發覺前，自發性地向偵查機關陳述犯罪事實，並表示願意接受司法審判而言。亦即，我國刑法所規定「**對於未發覺之罪自首而受裁判者，得減輕其刑。但有特別規定者，依其規定**」（§62）。

㈠自首的成立要件

依據上述規定，自首必須具備以下三個要件：(1)犯罪尚未被發覺。(2)犯罪行為人出於自主性。(3)必須向偵查機關申告。

1.犯罪尚未被發覺

所謂**犯罪尚未被發覺**，係指偵查機關完全不知犯罪事實的情形，或雖知道犯罪事實卻不知犯罪係何人所為的情形而言。若犯罪已經偵查機關發覺，犯罪行為人向偵查機關出面者，則為**投案**；若犯罪行為人投案而陳述自己的犯罪事實，則為**自白**❷⑥。

關於發覺與否，固然必須以偵查機關是否**確知**犯罪人來認定，若對犯罪人發生**懷疑**時，亦可認為偵查機關已經發覺，但必須係屬於合理的懷疑，若偵查機關僅係主觀上的懷疑，或僅推測犯罪事實而與事實巧合的情形，應認為係犯罪未被發覺。

> **【懷疑與推測的實務見解】**
>
> 刑法第 62 條所謂**發覺**，固非以有偵查犯罪權的機關或人員確知其人犯罪無誤為必要，而於對其發生嫌疑時，即得謂為已發覺；但此項對犯人的嫌疑，仍須有確切的根據得為合理的可疑者，始足當之，若單純主觀上的**懷疑**，要**不得謂已發生嫌疑**。（最高法院 72 年

---

❷⑥　參照最高法院 26 年上字第 484 號判例：自首以對於未發覺之罪投案而受裁判為要件，如案**已發覺**，則被告縱有投案陳述自己犯罪之事實，亦祇可謂**為自白**，不能認為自首。

臺上字第 641 號判例）

　　刑法第 62 條所謂刑法第 62 條所謂**發覺**，係指有偵查犯罪職權的公務員已知悉犯罪事實與犯罪之人而言，而所謂**知悉**，固不以確知其為犯罪之人為必要，但必其犯罪事實，確實存在，且為該管公務員所確知，始屬相當。如犯罪事實並不存在而懷疑其已發生，或雖已發生，而為該管公務員所不知，僅係**推測**其已發生而與事實巧合，均與已發覺的情形有別。（最高法院 72 年臺上字第 641 號判例）

2. 犯罪行為人出於自主性

　　犯罪行為人必須係主動地向司法機關申告自己的犯罪事實，而且有願意接受司法審判的意思表示。倘若在偵查機關調查或訊問時被動地陳述犯罪事實，或在犯罪後向非偵查機關人員陳述犯罪事實，而無接受裁判的意思❷❼，均不能成立自首。

3. 必須向偵查機關申告

　　犯罪行為人必須係向偵查機關申告自己的犯罪事實，而偵查機關係指具有偵查權限的該管檢察官、司法警察官或其機關，其中司法警察官包含具有司法警察身分的警察官長、憲兵隊官長等❷❽。至於向偵查機關申告的方式，我國實務上係採寬鬆的標準，亦即以言詞或書面、直接或間接方式，皆非所問。

㈡自首的法律效果

　　刑法第 62 條規定自首者「得減輕其刑。但有特別規定者，依其規

---

❷❼　參照最高法院 50 年臺上字第 65 號判例：「自首以對於未發覺之罪投案而受裁判為要件，至其方式雖不限於自行投案，即**託人代理自首**或向非**偵查機關請其轉送**，亦無不可，但須有向該管司法機關自承犯罪而受裁判之事實，始生效力，若於犯罪後，僅向被害人或非有偵查犯罪職務之公務員陳述自己犯罪之事實，而**無受裁判之表示**，即與自首之**條件不符**。」

❷❽　參照刑事訴訟法第 228～231 條、第 244 條規定及上述最高法院 50 年臺上字第 65 號判例。

定。」，因此是否減輕，仍應由法官針對個案的情節，謹慎審酌後適當裁量。

　　本來為鼓勵犯罪人改過自新，將自首者一律「減輕其刑」，應頗符合刑事政策的要求，但我國在 2005 年 2 月修法之前，實際上出現有犯重罪者將「自首」當做護身符，並非出於真摯的悔過之意，因此將「應」減輕其刑修正為「得」減輕其刑❷❾。

　　然而，刑法針對特定的犯罪，仍有「應減免」的特別規定，例如第 102 條內亂罪自首減刑：「犯第一百條第二項或第一百零一條第二項之罪而自首者，減輕或免除其刑。」；刑法第 122 條第 3 項對公務員行賄罪自首減刑：「對於公務員或仲裁人關於違背職務之行為，行求、期約或交付賄賂或其他不正利益者，處三年以下有期徒刑，得併科三十萬元以下罰金。但自首者減輕或免除其刑。……」；第 154 條第 2 項參與犯罪結社罪自首減刑：「犯前項之罪而自首者，減輕或免除其刑」。

　　至於有關投案或自白的情形，原則上僅能由法官依「犯罪後態度良好」在量刑上酌情予以減輕（§57）。此外，自白有例外地針對特定的犯罪，在刑罰法規上明文規定「減輕或免除其刑」、「減輕其刑」與「得減輕其刑」等三種減免其刑的情形。

---

❷❾　參照 2005 年 2 月 2 日刑法修正第 62 條的立法理由：按自首的動機不一而足，有出於內心悔悟者，有由於情勢所迫者，亦有基於預期邀獲必減的寬典者。對於自首者，依現行規定一律必減其刑，不僅難於獲致公平，且有使犯人恃以犯罪之虞。在過失犯罪，行為人為獲減刑判決，急往自首，而坐令損害擴展的情形，亦偶有所見。必減主義，在實務上難以因應各種不同動機的自首案例。我國暫行新刑律第 51 條、舊刑法第 38 條第 1 項、日本現行刑法第 42 條均採得減主義，既可委由裁判者視具體情況決定減輕其刑與否，運用上較富彈性。真誠悔悟者可得減刑自新的機會，而狡黠陰暴之徒亦無所遁飾，可符公平之旨，宜予採用。故於現行文字「減輕其刑」之上，增一「得」字。

【自白的減免規定】

(1)刑法第 122 條第 3 項：「對於公務員或仲裁人關於違背職務之行為，行求、期約或交付賄賂或其他不正利益者，處三年以下有期徒刑，得併科三十萬元以下罰金。但自首者減輕或免除其刑。在偵查或審判中自白者，得減輕其刑。」

(2)刑法第 166 條：「犯前條之罪，於他人刑事被告案件裁判確定前自白者，減輕或免除其刑。」

(3)刑法第 172 條：「犯第一百六十八條至第一百七十一條之罪，於所虛偽陳述或所誣告之案件，裁判或懲戒處分確定前自白者，減輕或免除其刑。」

(4)貪污治罪條例第 8 條第 2 項：「犯第四條至第六條之罪，在偵查中自白，如有所得並自動繳交全部所得財物者，減輕其刑；因而查獲其他正犯或共犯者，減輕或免除其刑。」

(5)貪污治罪條例第 11 條第 3 項：「犯前三項之罪而自首者，免除其刑；在偵查或審判中自白者，減輕或免除其刑。」

(6)毒品危害防制條例第 17 條第 2 項：「犯第四條至第八條之罪於偵查及審判中均自白者，減輕其刑。」

(7)洗錢防制法第 11 條第 5 項：「犯前四項之罪，於犯罪後六個月內自首者，免除其刑；逾六個月者，減輕或免除其刑；在偵查或審判中自白者，減輕其刑。」

(8)組織犯罪防制條例第 8 條：「犯第三條之罪自首，並自動解散或脫離其所屬之犯罪組織者，減輕或免除其刑；因其提供資料，而查獲該犯罪組織者，亦同；偵查中自白者，減輕其刑。犯第六條之罪自首，並因其提供資料，而查獲其所資助之犯罪組織者，減輕或免除其刑；偵查中自白者，減輕其刑。」

第四項 量 刑

一、量刑的意義

所謂量刑 (Strafzumessung)，亦稱刑罰裁量，係指法官在法定刑或處斷刑的範圍內，具體地選擇刑的種類與決定刑度，而對犯罪行為人宣告所應科處的刑度而言。量刑的意義，可分為廣義的量刑與狹義的量刑兩種。**廣義的量刑**，包含法官依法定刑、處斷刑、宣告刑的順序而進行的量刑。**狹義的量刑**，係指法官依據科刑標準，對犯罪行為人宣告刑度而言（亦即以下所稱的「量刑標準」）。

具體而言，若法定刑有二種以上時，法官首先應選擇適當的法定刑，其次若有加重或減輕的情形，亦即若有法定刑的加重或減輕事由、數罪併罰的情形，法官應決定其處斷刑，而後再依據科刑標準（§57）、酌量加重（§58）或減輕事由（§59）等，對犯罪行為人宣告應科的刑罰 **❸⓪**。

量刑係屬法官的自由裁量權，但為了避免法官恣意的判斷，必須限制法官於法定刑與處斷刑的範圍內，適當選擇刑的種類，並依裁量標準決定刑度，倘若法官做出不當的判決，被告仍得以「違背法令」為理由上訴第三審而為救濟（刑訴 §§377，378）。

二、量刑的標準

依據刑法的規定，量刑的標準有一般標準與補充標準兩種。一般標準係指依據刑法第 57 條規定，於科刑時應以行為人的責任為基礎，並審酌一切情狀，特別應注意以下十種事項 **❸①**：(1)犯罪的動機與目的、(2)犯

---

❸⓪ 參照最高法院 55 年臺上字第 2853 號判例：有期徒刑之減輕，應就其最高度及最低度同減輕之，然後於減輕之最高度與最低度範圍內，審酌一切情狀為科刑輕重之標準，並非一經減輕，即須處以減輕後之最低度刑。

❸① 參照最高法院 27 年非字第 44 號判例：刑法第 57 條所列各款，為量刑時**應行注意之事項**，並非為減刑之根據，原確定判決認被告犯加重遺棄罪因而致人於

罪時所受的刺激、(3)犯罪的手段、(4)犯罪行為人的生活狀況、(5)犯罪行為人的品行、(6)犯罪行為人的智識程度、(7)犯罪行為人與被害人的關係、(8)犯罪行為人違反義務的程度、(9)犯罪所生的危險或損害、(10)犯罪後的態度（§57）。

　　而有關補充標準，則係指依據刑法第 58 條的「酌量加重」與第 59 條的「酌量減輕」、第 61 條的「酌量免除其刑」。

(一)一般標準

1.犯罪的動機與目的

　　行為人實行犯罪行為時，各有其不同的動機與目的，此種動機與目的係屬於內在的原因，與外在原因的故意有所差異，犯罪的動機與目的，有善與惡、高尚與卑劣的區分，例如有出於報仇、同情、性慾、貧困或貪念等的動機，而達到殺人、傷害、強制性交等目的之情形。基於不同的動機與目的，可判斷行為人的犯罪性與罪責，故法官在量刑時應清楚理解行為人的內心因素，始能適當地量刑。

2.犯罪時所受的刺激

　　若行為人在犯罪前或犯罪時曾經受到外界的刺激，則法官在量刑之際，可作為裁量減輕其刑的判斷依據。例如行為人若於犯罪前，曾多次耳聞被害人與自己妻子有姦情，而尋找適當時機殺害被害人，則其所受刺激程度尚屬輕微，是否作為酌量減輕的依據，仍屬可議；若係當場撞見被害人與自己妻子通姦在床，因受到刺激無法忍受而殺害被害人，則其犯罪時所受刺激，自然可作為酌量減輕其刑的判斷依據。

3.犯罪的手段

　　實行犯罪所使用的手段，各式各樣，例如殺人手段有殘酷的亂刀砍

死，應成立刑法第 294 條第 2 項前段之罪，既以其犯罪情狀不無可憫，依刑法第 59 條酌減其刑二分之一，乃復依第 57 條第 1 款、第 7 款予以遞減，處刑顯係違法；47 年臺上字第 1249 號判例：刑法上之共同正犯，雖應就全部犯罪結果負其責任，但科刑時仍應審酌刑法第 57 條各款情狀，為各被告量刑輕重之標準，並非必須科以同一之刑。

殺、霸凌致死、活埋、先姦再殺、放火殺人等，有一般手段的使用凶器
殺人、使用安眠藥殺人、推落河中溺斃、見死不救等。行為人所使用的
犯罪手段，足以顯示其殘酷、無情、惡毒等毫無人性的性格者，法官即
應從重量刑，若係屬一般手段，則尚有酌量減輕其刑的餘地。

4.犯罪行為人的生活狀況

行為人的生活狀況，有時係受事實環境所困者，有時係飽暖思淫慾
者，其現實的生活狀況係與犯罪具有密切關係。因此，法官針對行為人
的生活狀況，例如經濟狀況、職業、社會地位、家庭生活、婚姻狀況等，
應仔細瞭解後，始能作為裁量加重或減輕的依據。

5.犯罪行為人的品行

行為人的品行，大都係經年累月累積所形成，品行良好者，一般從
人際關係、教育程度、生理與心理狀態等，可窺見一斑。若從鄰居、同
事、同學、師長等的評語，均係品操良好而無不良素行時，極有可能係
屬於一時思慮不周而誤入歧途的情形，除非係具有雙重人格而他人難以
清楚者，此時法官亦必須深入瞭解其人格特質。因此，法官從行為人的
品行，亦可作為犯罪性與罪責判斷的依據。

6.犯罪行為人的智識程度

人的智識程度，係與受教育的程度或其智商有關，若屬高知識水準
或智慧相當高者，其在犯罪時，應係屬於明知故犯，或係高智慧型犯罪
（例如詐欺、電腦犯罪）的情形，此時法官可依其智識程度，加重量刑。
若係犯罪後，仍然不知其所犯何罪或為何係屬於犯罪行為者，大都係屬
知識水準低的人，此時法官可依其智識程度，酌量減輕其刑❸。

---

❸ 關於犯罪人的犯罪動機及智識程度均應審慎考量，參照最高法院28年上字第
3069號判例：犯罪動機及犯人之智識程度，依刑法第57條第1款、第7款，
固為科刑時所應注意審酌，以為科刑輕重之標準，被告殺人之犯罪情節，縱如
上訴意旨所云不能謂非重大，但原審既斟酌的犯罪動機及犯人之智識程度，認為
不應科處極刑，於判決理由內記載甚詳，即非對於刑法第57條所載之情形未
加審酌，則其撤銷第一審判決，於刑法第271條第1項之本刑範圍內酌處以無

7.犯罪行為人與被害人的關係

行為人與被害人的關係，有至親好友、師生關係、長官部屬等親密關係，亦有非親非故，毫無任何關係者，依據其間的關係，有可能係兩者發生利益衝突、有可能係共謀犯罪圖利等情形。毫無任何關係者，有可能係一時的利害衝突、偶然的受到誘惑等情形。針對行為人與被害人的關係，法官當可釐清行為人犯罪的原因，而依此種判斷酌量加重或減輕其刑 ❸。

8.犯罪行為人違反義務的程度

犯罪的本質，除侵害法益之外，有違反義務的義務犯，亦即有違反法律上作為義務的不作為犯以及違反注意義務的過失犯二種。違反義務的程度亦不盡相同，例如過失犯的情形，有違反一般注意義務的普通過失犯與違反特別注意義務的業務過失犯；違反作為義務則有故意不作為犯與過失不作為犯。因此，依據違反義務的程度，法官亦可作為量刑的重要依據 ❸。

期徒刑，究無違法之可言；32 年上字第 1065 號判例：原判決以被告智識淺薄，且因被害人派送兵役不公，認第一審判決量處死刑失之過重，改處有期徒刑 15 年，褫奪公權 10 年，是其對於刑法第 57 條第 1 款、第 7 款所定事項業加注意，予以審酌，且已說明不應量處重刑之理由，其所量定之刑，既非顯然不當，自難認為違法。

❸ 有關行為人與被害人的關係，原本僅限於平日的關係，但基於其範圍過於狹隘，故 2005 年刑法修正時，將其範圍擴充至行為人與被害人在犯罪行為上的關係。參照 2005 年 2 月 2 日刑法修正第 57 條的立法理由(五)：現行第八款之科刑標準，範圍較狹，僅包括犯罪行為人與被害人平日有無恩怨、口角，或其他生活上之關係；惟犯罪行為人與被害人在犯罪行為上之關係，則不在其內。竊按犯罪之原因，常與犯罪行為人及被害人間，在行為時之互動密切相關，例如，在竊盜案件中，被害人之炫耀財產，常係引起犯罪行為人覬覦下手之原因。此種犯罪行為人與被害人在犯罪行為上之關係，亦屬科刑時應予考量之標準，爰將「平日」一語刪除，使其文義範圍，亦得包含犯罪行為人與被害人在犯罪行為上之關係；並將其款次改列為第 7 款。

9.犯罪所生的危險或損害

行為人所實行的行為，其結果有發生侵害法益程度較大的危險或損害，亦有發生侵害法益程度較輕微的危險或損害。針對犯罪所生的危險，不限於危險犯與未遂犯，在既遂犯所發生的結果，亦有輕重程度的差異，例如在都市與鄉村放火，兩者所造成的危險或損害即有所差異。因此，法官在量刑時，亦必須考慮犯罪所生的危險或損害程度，而作為加重與減輕的判斷依據。

10.犯罪後的態度

行為人在犯罪後所表現的態度，有時係屬立即後悔者，例如立即將被害人送醫急救，企圖挽回被害人生命、或事後給予被害人損害賠償、或回復犯罪所生的破壞等情形。亦有達到犯罪目的而揚長離去、或堅決不認錯或不認罪等情形。因此，法官在量刑之際，從行為人犯罪後的態度，可作為酌量加重或減輕的依據。

㈡補充標準

1.罰金的酌量加重

在科處罰金時，除依一般標準外，並應審酌犯罪行為人的資力以及犯罪所得的利益。倘若犯罪所得的利益超過罰金最多額時，得於所得利益的範圍內酌量加重（§58）。此種情形，由於行為人因犯罪所得的利益已經超過罰金的最多額，故立法者給予法官有於所得利益範圍內酌量加重的裁量權。

㉞ 有關**違反義務程度**的量刑標準，係於 2005 年刑法修正時特別增設的條款，參照 2005 年 2 月 2 日刑法修正第 57 條的立法理由㈥：邇來處罰違反義務犯罪之法規日益增多（如電業法第 107 條），而以違反注意義務為違法要素之過失犯罪發生率，亦有增高趨勢（如車禍案件，醫療糾紛案件），犯罪行為人違反注意義務之程度既有不同，其科刑之輕重，亦應有所軒輊，又就作為犯與不作為犯（如本法第 149 條）而言，其違反不作為義務或作為義務之程度，亦宜審酌以為科刑之標準。爰參酌德國立法例（刑法第 46 條⑵）增訂第 8 款規定「犯罪行為人違反義務之程度」，以利具體案件量刑時審酌之運用。

2.特殊情狀的減免

在刑法上除一般的減輕規定外，尚有「特殊情狀的酌量減免」的特別條款。此種規定，係立法者授予法官的特別減輕或免除其刑裁量權，亦即法官在量刑之際，針對某些特定的輕罪，若依法定減輕的規定，認為仍屬過重時，則有酌量予以減輕或免除其刑的裁量權。

【特殊情狀的酌量減免】

1. 特殊情狀的酌量減輕其刑：犯罪情狀顯可憫恕，認科以最低度刑仍嫌過重者，**得酌量減輕其刑**（§59）❸❺。

2. 特殊情狀的酌量免除其刑：犯下列各罪之一，情節輕微，顯可憫恕，認為依第 59 條規定減輕其刑仍嫌過重者，**得免除其刑**（§61）❸❻：

---

❸❺ 有關刑的酌量減輕，原本刑法並無「顯」可憫恕，「**認科以最低度刑仍嫌過重者**」的規定，為了使法官在酌量減輕時，更加審慎考量，以及使判決較法定刑最低度刑更輕的刑具有法律上的依據，因此在刑法修正時加以明確規定。參照 2005 年 2 月 2 日刑法修正第 59 條的立法理由：一、現行第 59 條在實務上多從寬適用。為防止酌減其刑之濫用，自應嚴定其適用之條件，以免法定刑形同虛設，破壞罪刑法定之原則。二、按科刑時，原即應依第 57 條規定審酌一切情狀，尤應注意該條各款所列事項，以為量刑標準。本條所謂「犯罪之情狀可憫恕」，自係指裁判者審酌第 57 條各款所列事項以及其他一切與犯罪有關之情狀之結果，認其犯罪足堪憫恕者而言。惟其審認究係出於審判者主觀之判斷，為使其主觀判斷具有客觀妥當性，宜以「可憫恕之情狀較為明顯」為條件，故特加一「顯」字，用期公允。三、依實務上見解，本條係關於裁判上減輕之規定，必於審酌一切之犯罪情狀，在客觀上顯然足以引起一般同情，認為縱予宣告法定最低度猶嫌過重者，始有其適用（最高法院 38 年臺上字第 16 號、45 年臺上字第 1165 號、51 年臺上字第 899 號判例），乃增列文字，將此適用條件予以明文化。

❸❻ 有關酌量免除其刑的犯罪類型，基於實務上的實際運作，特別增設五種犯罪。參照 2005 年 2 月 2 日刑法修正第 61 條的立法理由㈡：第 321 條之竊盜罪、第

(1)最重本刑為三年以下有期徒刑、拘役或專科罰金之罪。但第 132
　　條第 1 項、第 143 條、第 145 條、第 186 條及對於直系血親尊
　　親屬犯第 271 條第 3 項之罪，不在此限。

(2)第 320 條、第 321 條之竊盜罪。

(3)第 335 條、第 336 條第 2 項之侵占罪。

(4)第 339 條、第 341 條之詐欺罪。

(5)第 342 條之背信罪。

(6)第 346 條之恐嚇罪。

(7)第 349 條第 2 項之贓物罪。

第五節　刑罰的執行

第一項　刑罰執行的意義

　　行為人經法院宣告有罪確定後，除受免刑判決外，應開始執行刑罰，
此時即為國家刑罰權的發動。簡單而言，刑罰的執行 (Strafvollstreckung)
係指宣告刑的實現而言。刑罰一經裁判確定，即產生現實的刑罰法律關係。

　　有關刑罰的執行，在刑法的規定係散見於刑法總則的各章中，除刑
法的規定外，尚有集中規定於刑事訴訟法第八編執行，此外在矯治法規
亦有刑罰執行的相關規定，例如監獄行刑法、行刑累進處遇條例、外役
監條例等。

　　在刑法中所規定的刑罰執行，主要係著重於原則與目的，而刑事訴

---

336 條第 2 項之侵占罪、第 341 條之詐欺罪、第 342 條之背信罪及第 346 條之
恐嚇罪，實務上不乏有情輕法重之情形，且本條之規定，宜配合刑事訴訟法第
253 條及第 376 條之規定而規定。爰增列上開各罪，使其亦得免除其刑，並增
加法官適用上之彈性，並分別列於本條第 2 款、第 3 款、第 4 款後段及增列之
第 5 款、第 6 款之中。

訟中的刑罰執行,則著重於擔任執行的國家機關與被執行者之間的關係。至於矯治法規的刑罰執行,主要係以生命刑與自由刑為主,其著重於藉由刑罰執行而改善與教育受刑者,亦屬於國家執行機關與被執行者之間的關係。

在刑罰的執行上,必須遵守以下三大原則:(1)人道主義、(2)法律主義、(3)個人主義。在人道主義之下,必須基於聯合國人權公約 B 公約第 7 條所示「任何人不受拷問、或殘虐、非人道、侮辱性的處遇或刑罰。特別係任何人不受非任意性的醫學或科學上的實驗。」的原則,謹慎為刑罰的執行。在法律主義之下,由於刑罰的執行必須限制受刑者的自由行動,故在執行之際,應合乎正當法律程序 (due Process of Law),基於憲法上平等原則,任何人不受差別待遇,亦即聯合國人權公約 B 公約第 26 條所示「法律之前,人人平等,任何人皆具有無差別地受法律保護之權利。」而在個人主義之下,基於改善犯罪者使其復歸社會,在刑罰的執行時,應瞭解犯罪者的犯罪背景,且考慮犯罪者的素質與人格特質,而後選擇最適當的執行方法。

第二項　各種刑的執行

一、生命刑的執行

㈠死刑的執行方法

死刑係指生命刑而言,其係以剝奪受刑人生命為法律制裁手段的刑罰。死刑的執行方法,在古代曾經使用過焚刑、溺刑、活埋、車刑、斬首等殘酷手段,現代世界各國執行死刑的方式雖有不同,但已經不再採用殘酷的手段,而係符合人道主義的要求,大致上現代死刑的執行方式有絞首、電刑、槍決、注射刑、瓦斯刑等。我國現行死刑的執行方式,依執行死刑規則為「Ⅰ執行死刑,用槍決、藥劑注射或其他符合人道之適當方式為之。Ⅱ執行槍決時,應由法醫師先對受刑人以施打或其他適當方式使用麻醉劑,俟其失去知覺後,再執行之。Ⅲ執行槍決時,應對

受刑人使用頭罩，使其背向行刑人，行刑時射擊部位定為心部，於受刑人背後定其目標。行刑人與受刑人距離，不得逾二公尺。IV第一項藥劑注射或其他符合人道之適當方式執行方法，由法務部公告後為之」。（執行死刑規則 §6）

㈡死刑的執行程序

死刑的執行程序，係在諭知死刑的判決確定後，檢察官應速將該案卷宗送交司法行政最高機關（刑訴 §460），經司法行政最高機關令准，於令到三日內執行；但執行檢察官發見案情確有合於再審或非常上訴的理由者，得於三日內電請司法行政最高機關，再加審核（刑訴 §461）。執行死刑時，應由檢察官蒞視，並命書記官在場，除經檢察官或監獄長官的許可者外，任何人不得進入行刑場內（刑訴 §463）；執行死刑應由在場的書記官制作筆錄，該筆錄應由檢察官及監獄長官簽名（刑訴 §464）。

㈢死刑的執行期日

死刑的執行期日，若遇「國定例假日及受刑人的配偶、直系親屬或三親等內旁系親屬喪亡七日內，不執行死刑」（執行死刑規則 §11 I）❸❼此外，死刑執行在特殊情形時停止執行，受死刑的諭知者，若在心神喪失中或係懷胎婦女者，則於其痊癒前或生產前，由司法行政最高機關命令停止執行（刑訴 §465 I II）。此兩種情形的停止執行，於心神喪失者痊癒後或懷胎婦女生產後，仍必須經司法行政最高機關命令，始得執行死刑（刑訴 §465III）。

二、自由刑的執行

㈠自由刑的執行場所

有關自由刑的**執行場所**，依刑事訴訟法與監獄行刑法規定「處徒刑

---

❸❼ 監獄行刑法第 35 條第 1 項：「有下列情形之一者，得停止受刑人之作業：一、國定例假日。二、受刑人之配偶、直系親屬或三親等內旁系親屬喪亡。但停止作業期間最長以七日為限。三、因其他情事，監獄認為必要時」。

及拘役之人犯，除法律別有規定外，於監獄內分別拘禁之，令服勞役。但得因其情節，免服勞役」（刑訴 §466）。亦即，處徒刑及拘役的受刑者，原則上應在監獄內**分別拘禁**，而令服勞役，例外則依法律特別規定。

其中，應免服勞役者，由指揮執行的檢察官命令之（刑訴 §478）。此外，受刑人若為**未滿十八歲之人**，則收容於少年矯正學校，並按其性別分別收容（監獄行刑法 §4 Ⅰ）；若受刑人為**婦女**，則「監獄對收容之受刑人，應按其性別嚴為分界」。（監獄行刑法 §5）

(二)自由刑的停止執行

受徒刑或拘役的諭知者，倘若有特別情狀時，應停止執行。此種特別情狀，係指⑴心神喪失者、⑵懷胎五月以上者、⑶生產未滿二月者、⑷現罹疾病，恐因執行而不能保其生命者而言。針對該等受刑人，依檢察官的指揮，於其痊癒或該事故消滅前，停止執行（刑訴 §467）。其中，若因心神喪失者或現罹疾病，恐因執行而不能保其生命者而停止執行時，檢察官得將受刑人送入醫院或其他適當處所（刑訴 §468）。

此外，針對受刑人現罹疾病，有**保外就醫**的規定。此種情形，係指受刑人現罹疾病，在監內不能為適當的醫治者，得斟酌情形，報請監督機關許可保外醫治或移送病監或醫院而言，亦即「經採行前條第一項醫治方式後，仍不能或無法為適當之醫治者，監獄得報請監督機關參酌醫囑後核准保外醫治；其有緊急情形時，監獄得先行准予保外醫治，再報請監督機關備查」（監獄行刑法 §63 Ⅰ）；受刑人在保外就醫期間，不算入刑期（監獄行刑法 §63Ⅱ）；保外就醫，監獄應即報由檢察官命具保、責付、限制住居或限制出境、出海後釋放之（§63Ⅲ）；命具保、責付、限制住居或限制出境、出海者，準用刑事訴訟法第 93 條之 2 第 2 項至第 4 項、第 93 條之 5 第 1 項前段及第 3 項前段、第 111 條之命提出保證書、指定保證金額、限制住居、第 115 條、第 116 條、第 118 條第 1 項之沒入保證金、第 119 條第 2 項、第 3 項之退保、第 121 條第 4 項准其退保及第 416 條第 1 項第 1 款、第 3 項、第 4 項、第 417 條、第 418 條第 1 項本文聲請救濟之規定（§63Ⅳ）。

㈢自由刑的刑期計算

　　有關自由刑的刑期計算，依據刑法規定，刑期係自裁判確定之日起算，但裁判雖經確定，其尚未受拘禁的日數，不算入刑期內（§37之1）。而刑期執行期滿者的釋放，應於刑期終了的當日午前釋放（監獄行刑法§138Ⅰ）。

　　在偵查或審判階段，被告已經被羈押的情形，經常可見，基於羈押已經拘束人身自由，故在刑罰的執行上，自然應折抵其刑期。關於羈押日數的折抵刑期或保安處分，依據刑法規定，裁判確定前羈押的日數，以一日抵有期徒刑或拘役一日，或第42條第6項裁判所定的罰金額數（§37之2Ⅰ）。再者，羈押的日數，若無徒刑、拘役或罰金可折抵，如經宣告拘束人身自由的保安處分者，得以一日抵保安處分一日（§37之2Ⅱ）。

　　所謂裁判確定前羈押的日數，係指因本案所受羈押的日數而言，若因他案而受羈押，即不得移抵本案的刑罰❸❽。而羈押前的逮捕、拘提期間，以一日折算裁判確定前的羈押日數一日（刑訴§108Ⅳ但書）。

㈣自由刑的易科罰金或易服社會勞動

1.易科罰金

　　所謂易科罰金，係指違犯輕罪的行為人受法官宣告短期自由刑（六個月以下有期徒刑或拘役），在刑的執行時改以繳納罰金代替自由刑的易刑處分。刑法針對易科罰金的規定為：「犯最重本刑為五年以下有期徒刑以下之刑之罪，而受六月以下有期徒刑或拘役之宣告者，得以新臺幣一

---

❸❽　參照最高法院29年聲字第30號判例。此外，相同旨趣者有最高法院67年臺抗字第303號判例：裁判確定前羈押之日數，以一日抵有期徒刑一日，刑法第46條前段固有明文，惟可以折抵之羈押，必以本案之羈押，即刑事訴訟法第101條經訊問後，認為有第76條所定之情形者，於必要時所為之羈押方足相當。苟在他案羈押或執行刑期或矯正處分中，為本案之審理而向他案執行機關借提，既屬他案之羈押或執行刑期或矯正處分，並非本案之羈押，借提期間羈押之日數，無折抵本案徒刑之可言。

千元、二千元或三千元折算一日，易科罰金。但易科罰金，難收矯正之效或難以維持法秩序者，不在此限」（§41 I）。

此種易刑處分，在本質上含有對於短期刑期改以他種方式代替的精神，其目的在於避免受刑人中斷其學業、事業、家庭關係或社會關係，而且避免受刑人於獄中感染惡習再度危害社會，藉此而救濟短期自由刑所產生的弊端。基於此種目的，易科罰金在裁判宣告的條件上，目前係採較寬鬆的條件❸。

易科罰金的要件有二：⑴犯最重本刑為五年以下有期徒刑以下之刑之罪❹；⑵受六個月以下有期徒刑或拘役之宣告。其中所謂最重本刑，係指法定最重本刑而言，並不包含依刑法總則規定的加重或減輕情形在內❹，而刑法分則的加重，則具有延長法定本刑的性質，故加重的結果形成本刑超過五年者，亦不得易科罰金❹。

❸ 刑法第 41 條原本規定尚須具有「**因身體、教育、職業或家庭之關係或其他正當事由，執行顯有困難**」的情形，始可易科罰金，而於刑法修正時，基於此種規定過於嚴苛而加以刪除。參照 2005 年 2 月 2 日刑法修正第 41 條的立法理由㈠。

❹ 刑法第 41 條原本規定**易科罰金**必須係犯「**最重本刑三年以下有期徒刑以下之刑之罪**」，而於 2001 年 1 月刑法修正時，將「**三年以下**」修正為「**五年以下**」。參照 2001 年 1 月 10 日刑法修正第 41 條的立法理由㈡：原條文以最重本刑三年為限，放寬為五年，因為眾多最重本刑五年之罪如背信、侵占、詐欺等，在當今日新月異工商社會中，誤觸法網者眾；基於刑法「從新從輕」主義，目前罪刑確定尚未執行者，罪刑確定正在執行者均適用之。

❹ 參照司法院 36 年院解字第 3755 號解釋㈠：刑法第 40 條所稱犯最重本刑為三年以下有期徒刑之刑者係指法定**最重本刑**而言並不包括依總則加重或減輕情形在內。

❹ 參照最高法院 51 年臺非字第 71 號判例：刑法第 280 條載，對於直系血親尊親屬犯第 277 條之罪者，**加重其刑至二分之一**，係明示必應加重處罰，並非得由法院自由裁量，**仍具有法定刑之性質**，其加重結果，最重本刑既已超過三年有期徒刑，自不得依同法第 41 條易科罰金。此外，49 年臺非字第 52 號判例亦有相同旨趣。

倘若行為人所犯之罪的最重本刑未超過五年，而所受宣告之刑未超過六個月時，則有易科罰金的可能性。然而，為了更符合易科罰金制度的意旨，刑法設有**易科罰金的排除適用**，亦即個別受刑人若有不適宜易科罰金的情形，在刑事執行程序中，檢察官得審酌受刑人是否具有「易科罰金難收矯正之效或難以維持法秩序」（§41Ⅰ但書）的事由，而為准許或駁回受刑人易科罰金的聲請。

2.易服社會勞動

行為人受宣告的刑未超過六個月，依規定得易科罰金而未聲請易科罰金者，或不符合易科罰金規定者，**得易服社會勞動**。易服社會勞動的制度，係於 2009 年 1 月 21 日刑法修正第 41 條所增設，並於 2009 年 12 月 30 日修正「**數罪均得易科罰金或易服社會勞動，其應執行之刑逾六月者，亦適用之**」，其增設與修正完全係從受判決人最有利的方向思考，對犯輕罪的行為人而言，得採易科罰金，亦得採易服社會勞動。有關易服社會勞動的規定如下（§41Ⅱ～Ⅹ）：

【易服社會勞動的規定】

(1)依前項規定得易科罰金而未聲請易科罰金者，得以提供社會勞動六小時折算一日，易服社會勞動。（§41Ⅱ）

(2)受六月以下有期徒刑或拘役之宣告，不符第 1 項易科罰金之規定者，得依前項折算規定，易服社會勞動。（§41Ⅲ）

(3)前二項之規定，因身心健康之關係，執行顯有困難者，或易服社會勞動，難收矯正之效或難以維持法秩序者，不適用之。（§41Ⅳ）

(4)第 2 項及第 3 項之易服社會勞動履行期間，不得逾一年。（§41Ⅴ）

(5)無正當理由不履行社會勞動，情節重大，或履行期間屆滿仍未履行完畢者，於第 2 項之情形應執行原宣告刑或易科罰金；於第 3 項之情形應執行原宣告刑。（§41Ⅵ）

(6)已繳納之罰金或已履行之社會勞動時數依所定之標準折算日數，

未滿一日者，以一日論。（§41Ⅶ）

(7)第 1 項至第 4 項及第 7 項之規定，於數罪併罰之數罪均得易科罰金或易服社會勞動，其應執行之刑逾六月者，亦適用之。（§41Ⅷ）

(8)數罪併罰應執行之刑易服社會勞動者，其履行期間不得逾三年。但其應執行之刑未逾六月者，履行期間不得逾一年。（§41Ⅸ）

(9)數罪併罰應執行之刑易服社會勞動有第 6 項之情形者，應執行所定之執行刑，於數罪均得易科罰金者，另得易科罰金。（§41Ⅹ）

依據上述規定，關於易服社會勞動的折算標準與履行期間、排除適用、撤銷，其內容如下：

(1)**易服社會勞動的折算標準與履行期間**：易服社會勞動的折算標準，係提供社會勞動六小時折算一日（§41Ⅱ）；而受六月以下有期徒刑或拘役的宣告，不符第 41 條第 1 項易科罰金的規定者，得提供社會勞動六小時折算一日，易服社會勞動（§41Ⅲ）。至於易服社會勞動的**履行期間**，**不得逾一年**（§41Ⅴ）。

(2)**易服社會勞動的排除適用**：若受判決人有因身心健康的關係，執行顯有困難者，或易服社會勞動，難收矯正的效果或難以維持法秩序者的情形，則不得易服社會勞動（§41Ⅳ）。

(3)**易服社會勞動的撤銷**：若受判決人於易服社會勞動的期間，有「**無正當理由不履行社會勞動，情節重大**」或「**履行期間屆滿仍未履行完畢者**」的情形，則屬於得易科罰金未聲請而易服社會勞動者，應執行原宣告刑或易科罰金，而屬於不符易科罰金規定而易服社會勞動者，應執行原宣告刑（§41Ⅵ）。在此種情形中，已繳納的罰金或已履行的社會勞動時數，依所定的標準折算日數，未滿一日者，以一日論（§41Ⅶ）。

3.**數罪併罰時的易科罰金或易服社會勞動**

現行刑法針對數罪併罰的易刑處分係規定為「第一項至第四項及第七項之規定，於數罪併罰之數罪均得易科罰金或易服社會勞動，其應執行之刑逾六月者，亦適用之。」（§41Ⅷ）。有關數罪併罰的**易科罰金**部分，

2005 年 2 月 2 日刑法修正時，係將應執行的刑逾六個月者，修正為不得易科罰金，惟 98 年司法院釋字第 662 號解釋重申數罪併罰「逾六月者，得易科罰金」，因此 2009 年 12 月 30 日刑法修正時，復將數罪併罰修正為逾六月者，**得易科罰金或易服社會勞動❸**。

　　有關數罪併罰時易服社會勞動的**履行期間**，由於有「應執行之刑未逾六月者」與「應執行之刑逾六月者」兩種情形，因此兩者的履行期間，前者**不得逾一年**，而後者**不得逾三年**（§41IX）。

　　此外，關於數罪併罰易服社會勞動的**撤銷**，若有「無正當理由不履行社會勞動，情節重大」或「履行期間屆滿仍未履行完畢者」的情形時，應執行所定的執行刑，在數罪均得易科罰金者，另得易科罰金(§41 X)❹。

(五)**拘役的易以訓誡**

　　刑法針對易以訓誡的規定為：「受拘役或罰金之宣告，而犯罪動機在

❸　參照 2009 年 12 月 30 日刑法修正第 41 條的立法理由(五)：司法院於 98 年 6 月 19 日作成釋字第 662 號解釋，解釋文謂「中華民國九十四年二月二日修正公布之現行刑法第四十一條第二項，關於數罪併罰，數宣告刑均得易科罰金，而定應執行之刑逾六個月者，排除適用同條第一項得易科罰金之規定部分，**與憲法第二十三條規定有違，並與本院釋字第三六六號解釋意旨不符**，應自解釋公布之日起失其效力。」現行第 8 項關於數罪併罰，數宣告刑均得易服社會勞動，而定應執行的刑逾六月者，不得易服社會勞動的規定，雖未在該解釋範圍內，惟解釋所持理由亦同樣存在於易服社會勞動。爰修正第 8 項規定，以符合釋字第 662 號解釋意旨。數罪併罰的數罪均得易科罰金者，其應執行的刑雖逾 6 月，亦有第 1 項規定的適用。數罪併罰的數罪均得易服社會勞動者，其應執行的刑雖逾六月，亦得聲請易服社會勞動，有第 2 項至第 4 項及第 7 項規定的適用。

❹　關於**數罪併罰的易服社會勞動**，參照 2009 年 12 月 30 日刑法修正第 41 條的立法理由(七)：數罪併罰應執行的刑易服社會勞動，於有第 6 項所定無正當理由不履行社會勞動，情節重大，或履行期間屆滿仍未履行完畢的情形，數罪均得易科罰金者，應執行所定的執行刑或易科罰金。數罪均得易服社會勞動，惟非均得易科罰金者，因應執行的刑本不得易科罰金，則應執行所定的執行刑，增訂第 10 項明定之。

公益或道義上顯可宥恕者，得易以訓誡。」（§43）。亦即，受判決人只要受拘役或罰金的宣告，即得由法官基於自由裁量權，以訓誡取代拘役或罰金的執行。由於易以訓誡，並未如拘役剝奪人身自由，其性質屬於相當輕微的易刑處分，故將其要件侷限於「犯罪動機在公益或道義上顯可宥恕者」，藉以防止法官濫用易以訓誡權，使受宣告者逃避刑罰的執行。

易以訓誡應於有罪判決中予以諭知（刑訴§309 I (4)），易以訓誡，係由檢察官負責執行（刑訴§482），故若原判決未為諭知易以訓誡者，檢察官必須依原判決執行，不得易以訓誡或聲請易以訓誡的裁定 **㊺**。而訓誡的方式，應由檢察官斟酌情形，以言詞或書面執行 **㊻**。易以訓誡執行完畢，即視為其所受宣告的刑執行完畢（§44）。

三、財產刑的執行

有關財產刑的執行，包含罰金與沒收兩部分。罰金的執行，依刑法的規定，罰金應於裁判確定後二個月內完納，若期滿而不完納者，強制執行；其無力完納者，易服勞役。然而，若依被判決人的經濟或信用狀況，不能於二個月內完納者，得允許期滿後一年內**分期繳納** **㊼**。分期繳納的情形，若遲延一期不繳或未繳足者，其餘未完納的罰金，強制執行

㊺ 參照《法務部行政解釋彙編》（第二冊）（81 年 5 月版）1352 頁：查刑法第 43 條所定得**易以訓誡**之情形，純屬審判上所應斟酌之事項，與同法第 41 條所定得易科罰金之條件，即執行是否顯有困難應由檢察官認定者不同，故若原確定判決未為易以訓誡之諭知，**檢察官祇應依判執行，不得易以訓誡或聲請為易以訓誡之裁定。**

㊻ 參照司法院 24 年院字第 1350 號解釋㈠：訓誡之方式，法無明文規定，應由檢察官斟酌情形，以**言詞或書面**行之。

㊼ 參照 2005 年 2 月 2 日刑法修正第 42 條的立法理由㈠：罰金受刑人中，無力一次完納或一時無力完納者，在實務上，時有所見。我國關於罰金執行，准許分期繳納，試行有年，頗有績效，惟尚乏明文依據，爰參酌德、瑞立法例（德國現行刑法第 42 條、瑞士現行刑法第 49 條），於本條第 1 項增設但書規定，予以明文化。

或易服勞役（§42Ⅰ）。再者，罰金如同拘役一樣，被判決人若係犯罪動機在公益或道義上顯可宥恕者，得易以訓誡（§43）。此外，罰金的易服勞役，在限定範圍內，亦得再易服社會勞動。

(一)罰金的易服勞役

【易服勞役的規定】

(1)罰金應於裁判確定後二個月內完納。期滿而不完納者，強制執行。其無力完納者，易服勞役。但依其經濟或信用狀況，不能於二個月內完納者，得許期滿後一年內分期繳納。遲延一期不繳或未繳足者，其餘未完納之罰金，強制執行或易服勞役。（§42Ⅰ）

(2)依前項規定應強制執行者，如已查明確無財產可供執行時，得逕予易服勞役。（§42Ⅱ）

(3)易服勞役以新臺幣一千元、二千元或三千元折算一日。但勞役期限不得逾一年。（§42Ⅲ）

(4)依第 51 條第 7 款所定之金額，其易服勞役之折算標準不同者，從勞役期限較長者定之。（§42Ⅳ）

(5)罰金總額折算逾一年之日數者，以罰金總額與一年之日數比例折算。依前項所定之期限，亦同。（§42Ⅴ）

(6)科罰金之裁判，應依前三項之規定，載明折算一日之額數。（§42Ⅵ）

(7)易服勞役不滿一日之零數，不算。（§42Ⅶ）

(8)易服勞役期內納罰金者，以所納之數，依裁判所定之標準折算，扣除勞役之日期。（§42Ⅷ）

有關罰金的執行，有對於不繳納者的**強制執行**，有對於無力繳納者的**易服勞役**。強制執行係準用民事裁判的強制執行規定，但若已查明確無財產可供執行時，得逕予易服勞役❹❽（§42Ⅱ）。

---

❹❽　參照 2005 年 2 月 2 日刑法修正第 42 條的立法理由(二)：依現行第 1 項規定罰金逾裁判確定二個月不完納者，必須經強制執行程序，確屬無力完納，始得易

易服勞役的折算標準，係以新臺幣一千元、二千元或三千元折算一日；而易服勞役的期限，不得逾一年（§42III）。關於裁判確定前羈押的日數，以一日折抵刑法第 42 條第 6 項裁判所定的罰金額數(§37 之 2 I 後段)。

依數罪併罰而宣告多數罰金者，其易服勞役的折算標準不同者，從勞役期限較長者定之（§42IV）。罰金總額折算逾一年的日數者，以罰金總額與一年的日數比例折算（§42V）。

㈡罰金易服勞役的再易服社會勞動

罰金係一種財產刑，以能執行受刑人的財產為原則，被判決人若無財產可繳納或供強制執行，雖有易服勞役制度，惟必須入監執行，屬於機構內處遇方式。基此，2009 年 6 月 10 日刑法修正時，參考德國立法例及刑法第 41 條增訂徒刑、拘役得易服社會勞動的立法意旨，增設得以**提供社會勞動來替代罰金所易服的勞役**，將社會勞動作為罰金易服勞役後的再易刑處分，使無法繳納罰金者，得以提供社會勞動方式，免於入監執行罰金所易服的勞役❹。

【再易服社會勞動的規定】

I 罰金易服勞役，除有下列情形之一者外，得以提供社會勞動六小

服勞役。惟實務上，如已查明受判決人確無財產可供執行時，尚須經此形式上的強制執行程序，則徒增不必要的勞費並耗費時日，有待改善，經研酌，以得逕予易服勞役為宜。故增列第 2 項規定，以為適用的依據。

❹ 參照 2009 年 6 月 10 日刑法增訂第 42 條之 1 立法理由二的㈠：罰金為一種財產刑，以能執行受刑人之財產為原則。至如無財產可繳納或供強制執行，原條文雖定有易服勞役制度，惟須入監執行，屬於機構內處遇方式。經參考德國立法例及本法第 41 條增訂徒刑、拘役得易服社會勞動之立法意旨，爰於第 1 項規定得以提供社會勞動來替代罰金所易服之勞役，將社會勞動作為罰金易服勞役後之再易刑處分，使無法繳納罰金者，得以提供社會勞動方式，免於入監執行罰金所易服之勞役。

　　時折算一日，易服社會勞動：

一、易服勞役期間逾一年。

二、入監執行逾六月有期徒刑併科或併執行的罰金❺⓪。

三、因身心健康的關係，執行社會勞動顯有困難。

II前項社會勞動的履行期間不得逾二年。

III無正當理由不履行社會勞動，情節重大，或履行期間屆滿仍未履
　　行完畢者，執行勞役。

IV社會勞動已履行之時數折算勞役日數，未滿一日者，以一日論。

V社會勞動履行期間內繳納罰金者，以所納之數，依裁判所定罰金
　　易服勞役之標準折算，扣除社會勞動之日數。

VI依第3項執行勞役，於勞役期內納罰金者，以所納之數，依裁判
　　所定罰金易服勞役之標準折算，扣除社會勞動與勞役之日數。(§42
　　之1)

　　依據上述規定，關於再易服社會勞動的排除適用、履行期間、撤銷
原因、折算標準、撤銷易服社會勞動的折算標準，其內容如下：

　　1.再易服社會勞動的**排除適用**：基於考量社會接受度及社會勞動執

---

❺⓪　此種情形，原本2009年6月10日新設此條文時係規定「**應執行逾六月有期徒
　　刑併科之罰金**」，而於2009年12月30日再加以修正，其修正理由參照2009年
　　12月30日刑法修正第42條之1的立法理由㈠：配合第41條第8項的修正，
　　酌修第1項第2款。考量社會接受度及社會勞動執行的困難度，對於須入監執
　　行逾六月有期徒刑者，其併科或併執行罰金的執行，亦不得易服社會勞動，包
　　括下列情形：(1)單罪宣告刑逾六月有期徒刑併科之罰金。(2)數罪併罰之徒刑應
　　執行刑不得易科罰金或易服社會勞動，而須入監執行逾六月有期徒刑者，其併
　　執行之罰金。(3)數罪併罰的徒刑應執行刑得易科罰金或易服社會勞動，惟未聲
　　請易科罰金或易服社會勞動，而入監執行逾六月有期徒刑者，其併執行的罰金。
　　(4)數罪併罰的徒刑應執行刑得易科罰金或易服社會勞動，經聲請易科罰金或易
　　服社會勞動，惟未獲准許易科罰金或易服社會勞動，而入監執行逾六月有期徒
　　刑者，其併執行的罰金。

行的困難度，若受判決科處罰金而易服勞役人，有(1)其易服勞役期間逾一年；(2)對於須入監執行逾六月有期徒刑者，其併科或併執行罰金的執行；(3)因身心健康的關係，執行社會勞動顯有困難等三種情形之一時，不得再易服社會勞動（§42 之 1 I）。

2.再易服社會勞動的**履行期間**：受判決科處罰金而易服勞役人，再易服社會勞動時，必須於二年內履行完畢（§42 之 1 II）。

3.再易服社會勞動的**撤銷**：受判決科處罰金而易服勞役人，若有「無正當理由不履行社會勞動，情節重大」或「履行期間屆滿仍未履行完畢」的情形時，則撤銷易服社會勞動，仍執行勞役（§42 之 1 III）。

4.易服社會勞動的**折算標準**：社會勞動已履行的時數折算勞役日數，未滿一日者，以一日論（§42 之 1 IV）；而社會勞動履行期間內繳納罰金者，以所納之數，依裁判所定罰金易服勞役的標準折算，扣除社會勞動之日數（§42 之 1 V）。

5.撤銷易服社會勞動的**折算標準**：再易服社會勞動的受執行人，若因「無正當理由不履行社會勞動，情節重大」或「履行期間屆滿仍未履行完畢」的情形，被撤銷易服社會勞動而執行勞役時，於勞役期內納罰金者，以所納之數，依裁判所定罰金易服勞役的標準折算，扣除社會勞動與勞役的日數（§42 之 1 VI）。

㈢罰金與沒收的執行程序

罰金與沒收的執行程序，依據刑事訴訟法的規定，關於罰金、沒收、追徵、追繳及抵償的裁判，應依檢察官的命令執行，但罰金於裁判宣示後，如經受裁判人同意而檢察官不在場者，得由法官當庭指揮執行（刑訴 §470 I）。再者，罰金、沒收、追徵、追繳及抵償，得就受刑人的遺產執行（刑訴 §470 III）。

此外，關於沒收物的處分，係由檢察官執行（刑訴 §472），而沒收物於執行後三個月內，由權利人聲請發還者，除應破毀或廢棄者外，檢察官應發還之；其已拍賣者，應給與拍賣所得的價金（刑訴 §473）；偽造或變造之物，檢察官於發還時，應將其偽造、變造之部分除去或加以

標記（刑訴 §474）。

第三項　緩　刑

一、緩刑的意義

刑罰係對犯罪者最嚴厲的制裁制度，因此應作為最後手段，除了法官在裁判時有前面所敘述的必減免、得減免或易刑處分的裁量之外，在裁判確定或執行後，刑法對犯罪者亦有減輕的規定。此種減輕的規定，包含緩刑與假釋等。

所謂緩刑 (bedingte Strafaussetzung)，係指法官在刑的宣告之際，依據事實情狀，認為現實上並無執行必要的情形，得同時宣告在一定時間內暫緩刑的執行，而在暫緩期間並無發生撤銷原因時，視同未受刑宣告的制度。

緩刑的科刑判決，對被告而言，係與一般的科刑判決相同，但事實上對被告並未為刑的執行，其形式上類似免刑判決，但實質上卻與免刑判決不同，緩刑僅係附條件地暫緩執行而已，若有發生撤銷緩刑的原因時，仍應為刑的執行。

此外，緩刑的適用情形，不僅限於徒刑與拘役，亦包含罰金在內，若宣告刑係屬罰金者，則緩刑僅屬宣告刑的暫緩執行而已❺❶。至於針對從刑與保安處分，則緩刑的效力不及於從刑與保安處分的宣告（§74 V）。

【緩刑的規定】

受二年以下有期徒刑、拘役或罰金之宣告，而有下列情形之一，認以暫不執行為適當者，得宣告二年以上五年以下之緩刑，其期間自裁判確定之日起算：

一、未曾因故意犯罪受有期徒刑以上刑之宣告者。

---

❺❶　參照林山田，《刑法通論（下）》，作者自版，2008 年 1 月增訂 10 版，562 頁。

> 二、前因故意犯罪受有期徒刑以上刑之宣告，執行完畢或赦免後，五年以內未曾因故意犯罪受有期徒刑以上刑之宣告者。(§74 I)

二、緩刑的要件

依據上述規定，緩刑的要件有下列三項：(1)須受二年以下有期徒刑、拘役或罰金的宣告。(2)須未曾因故意犯罪受有期徒刑以上刑的宣告，或雖曾因故意犯罪受有期徒刑以上刑的宣告，而執行完畢或赦免後五年以內未曾因故意犯罪受有期徒刑以上刑的宣告。(3)須以暫不執行為適當。至於緩刑的期間，係二年以上五年以下，期間由法官於宣判時宣告，而其期間係自裁判確定之日起算。

(一)必須受二年以下有期徒刑、拘役或罰金的宣告

行為人所受的宣告刑必須係二年以下有期徒刑、拘役或罰金者，始得宣告緩刑，但若係屬少年事件，則依少年事件處理法第 79 條「刑法第七十四條緩刑之規定，於少年犯罪受三年以下有期徒刑、拘役或罰金之宣告者適用之」的規定。

倘若在宣告刑中，除宣告二年以下有期徒刑，另有併科罰金者亦屬於受二年以下有期徒刑、拘役或罰金者，亦得宣告緩刑❷。此外，在數罪併罰的情形中，雖然各罪均宣告二年以下有期徒刑、拘役或罰金，但

---

❷ 參照最高法院 28 年非字第 40 號判例：(一)刑法第 74 條關於緩刑之宣告，凡受二年以下之有期徒刑、拘役或罰金之宣告者，均包括在內，故判處二年以下有期徒刑**併科罰金**案件，如合於緩刑條件，且認為以暫不執行為宜而為緩刑之宣告時，即應將**徒刑與罰金一併宣告**緩刑。(二)刑法第 74 條關於緩刑之宣告，凡受二年以下有期徒刑、拘役或罰金之宣告者，均包括在內，故判處二年以下有期徒刑併科罰金之案件，如合於緩刑條件，且認為以暫不執行為宜而為緩刑之宣告時，即應將徒刑與罰金一併宣告緩刑。本件被告因連續犯業務上侵占罪，經原確定判決處以有期徒刑二年、併科罰金四千五百元，乃僅就徒刑部分宣告緩刑，將併科罰金除外，顯屬違背法令，且於被告不利，應由法院將原判決關於緩刑部分撤銷，另行判決。

若所定的執行刑，未超過二年者，則得宣告緩刑。

㈡必須未曾因故意犯罪受有期徒刑以上刑的宣告，或雖曾因故意犯罪受有期徒刑以上刑的宣告，而執行完畢或赦免後五年以內未曾因故意犯罪受有期徒刑以上刑的宣告

所謂受有期徒刑以上刑的宣告，係指宣告其刑的裁判確定而言❸。所謂五年以內未曾受有期徒刑以上刑的宣告，係指後案宣示判決時的五年以內，而非後案犯罪時的五年以內而言❹。

行為人未曾因故意犯罪受有期徒刑以上刑的宣告，或前因故意犯罪受有期徒刑以上刑的宣告，執行完畢或赦免後，五年以內未曾因故意犯罪受有期徒刑以上刑的宣告的情形，大致上係屬初犯，或所犯的罪極其輕微，或前所受刑的宣告與執行已經具有相當效果，因此對該種行為人得宣告緩刑。

㈢須以暫不執行為適當

關於暫不執行為適當的判斷，係屬法官自由裁量的範圍，雖無一定

---

❸　參照司法院 34 年院解字第 2918 號解釋：刑法第 74 條各款所謂受有期徒刑以上刑之宣告，係指宣告其刑之**裁判確定者**而言，某甲犯子丑二罪，先發覺子罪，後發覺丑罪，經第一審先就子罪案件判處徒刑六月宣告緩刑二年，後就丑罪案件判決諭知無罪，某甲對於子罪案件上訴後，檢察官亦對丑罪案件上訴，第二審先就丑罪案件判處徒刑六月，在未確定前又將子罪案件判決將上訴駁回，均非違法，兩案裁判俱經確定，丑罪既非在子罪緩刑期內宣告之徒刑，則子罪所宣告之緩刑，即不合於刑法第 75 條第 1 項各款所列撤銷之原因，檢察官應僅就丑罪所宣告之徒刑予以執行。

❹　參照最高法院 92 年 11 月 25 日第 18 次刑事庭會議決議：按刑法第 74 條第二款所稱「**五年以內**」未曾受有期徒刑以上刑之宣告，應以後案宣示判決之時，而非以後案犯罪之時，為其認定之基準；即後案「**宣示判決時**」既已逾前案有期徒刑執行完畢或赦免後五年以上，雖後案為累犯，但累犯成立之要件與宣告緩刑之前提要件（即刑法第 74 條第 1 款、第 2 款所示之情形）本不相同，且法律亦無限制累犯不得宣告緩刑之規定。故成立累犯者，若符合緩刑之前提要件，經審酌後，認其所宣告之刑以暫不執行為適當者，仍非不得宣告緩刑。

標準，但法官仍應基於比例原則與平等原則，做適當的判斷，始能符合公平正義，充分發揮緩刑制度的機能❺。一般而言，法官在判斷是否宣告緩刑時，針對行為人為初犯、年紀尚輕、過失犯、犯罪情節極輕微、犯罪後自首、尚在就學、家庭經濟狀況等的一切情狀，均係考慮的因素❺。

三、緩刑宣告的附帶命令

從刑事政策面而言，緩刑制度係屬於相當良善的一種措施，其主要具有以下三種機能：(1)**預防犯罪**：刑的暫緩執行，不致使被告中斷其學業、事業或家庭關係與社會關係，可避免被告因喪失其社會地位與工作，或無法維持家庭生計而淪落為犯罪人，更製造犯罪的機會；(2)**避免短期自由刑的弊害**：犯罪惡性較輕的被告因刑的執行而在監所內感染惡習，為社會製造更多的累犯或職業犯，故有避免短期自由刑的弊害；(3)**促進改過自新**：在附條件的緩刑期間內，將會使被告顧慮緩刑被撤銷，隨時注意自己的言行而防止再犯罪，故可達到使被告改過自新的的效果。

法官在對被告為刑的宣告時，對於初犯、輕微犯或過失犯的情形，大多會斟酌被告的具體情狀，而宣告緩刑，因此其適用率相當高。相對於刑事訴訟法上的緩起訴制度，緩起訴制度同樣具有以上緩刑的預防犯

---

❺ 參照最高法院 88 年臺上字第 328 號判決：緩刑之宣告與否，乃實體法上賦予法院得為自由裁量之事項，法院行使此項職權時，固應受**比例原則**與**平等原則**等一般法律原則之支配；然此所稱之比例原則，指行使此項職權判斷時，須符合客觀上之適當性、相當性與必要性之價值要求，不得逾越此等特性之程度，用以維護其均衡；而所謂平等原則，非指一律齊頭之平等待遇，應從實質上加以客觀判斷，對相同之條件事實，始得為相同之處理，倘若條件事實有別，則應本乎正義理念，分別予以適度之處理，禁止恣意為之。

❺ 參照最高法院 49 年上字第 281 號判例：宣告緩刑，應就被告有無再犯之虞，及能否由於刑罰之宣告而策其自新等，加以審酌，與被告之患病與否，並無關係；72 年臺上字第 3647 號判例：緩刑為法院刑罰權之運用，旨在獎勵自新，祇須合於刑法第 74 條所定之條件，法院本有自由裁量之職權，上訴意旨僅就原審刑罰裁量職權之行使而為指摘，不能認以原判決違背法令為上訴理由。

罪或促進改過自新等機能，惟緩起訴制度在設置之初即有附帶命令的規定，考慮兩種制度的相互對應，2005 年 2 月刑法修正時，特別增設緩刑的附帶命令❺❼，藉以促使緩刑制度能發揮在刑事政策上的實際機能。

　　關於**緩刑宣告的附帶命令**，亦即緩刑宣告，得斟酌情形，命犯罪行為人為下列各款事項：

【緩刑宣告的附帶命令】

(1)向被害人道歉。

(2)立悔過書。

(3)向被害人支付相當數額之財產或非財產上之損害賠償。

(4)向公庫支付一定之金額。

(5)向指定之政府機關、政府機構、行政法人、社區或其他符合公益目的之機構或團體，提供四十小時以上二百四十小時以下之義務勞務❺❽。

---

❺❼　參照 2005 年 2 月刑法修正第 47 條的立法理由㈢：第 2 項係仿刑事訴訟法第 253 條之 2 **緩起訴應遵守事項**之體例而設，明定法官宣告緩刑時，得斟酌情形，命犯罪行為人向被害人道歉、立悔過書、向被害人支付相當數額、向公庫支付一定之金額、提供 40 小時以上 240 小時以下之義務勞務、完成戒癮治療、精神治療、心理輔導等處遇措施、其他保護被害人安全或預防再犯之必要命令，以相呼應。

❺❽　針對本款的規定，2005 年 2 月刑法修正時係規定：向指定之公益團體、地方自治團體或社區提供 40 小時以上 240 小時以下之義務勞務，2008 年 6 月刑法修正時，基於「㈠原規定所稱之**地方自治團體**，依地方制度法之規定，係指依該法實施地方自治，具公法人地位之團體，包括直轄市、縣、市、鄉、鎮、縣轄市。地方自治團體並設有行政機關與立法機關等自治組織，代表地方自治團體行使權利履行義務。由於實際上行使權利履行義務者，為地方自治團體之組織機關，而非公法人本身，且**地方自治團體**之範圍並未包含中央政府機關及政府機構，範圍過於狹隘，爰修正為**政府機關**。㈡政府機關於其權限、職掌範圍內所設立之附屬機構，於組織上並非機關或其內部單位，惟亦常有接受義務服

(6)完成戒癮治療、精神治療、心理輔導或其他適當之處遇措施。

(7)保護被害人安全之必要命令。

(8)預防再犯所為之必要命令。(§74II)

以上所列緩刑的附帶措施，應附記於判決書內（§74III），而其中「向被害人支付相當數額之財產或非財產上之損害賠償」與「向公庫支付一定之金額」，得為民事強制執行名義（§74IV）。此外，緩刑的效力不及於從刑、保安處分及沒收之宣告（§74V）。

四、緩刑的撤銷

㈠撤銷的原因

關於緩刑宣告的**撤銷原因**，依刑法規定可分為以下兩種情形：⑴必撤銷的原因（§75）、⑵得撤銷的原因（§75 之 1）。

1.必撤銷的原因

受緩刑的宣告，倘若有下列情形之一者，必須撤銷緩刑的宣告：

【緩刑必撤銷的原因】

⑴緩刑期內因故意犯他罪，而在緩刑期內受逾六月有期徒刑的宣告確定者。

⑵緩刑前因故意犯他罪，而在緩刑期內受逾六月有期徒刑的宣告確定者。（§75 I）

2.得撤銷的原因

務之需求，爰予增列。另行政法人負有特定公共任務，學校為教育之場所，均有類此需求，亦皆予納入。㈢本款所稱指定之政府機關、政府機構、行政法人、學校、公益團體或社區，仍須其有接受服務之意願及需求，並無強制接受問題」的理由，再度加以修正，使犯罪行為人義務勞務的受服務者範圍更合乎實際狀況與需求。

受緩刑的宣告，倘若有下列情形之一，足認原宣告的緩刑難收其預期效果，而有執行刑罰的必要者，得撤銷其宣告：

【緩刑得撤銷的原因】

(1)緩刑前因故意犯他罪，而在緩刑期內受六月以下有期徒刑、拘役或罰金的宣告確定者。

(2)緩刑期內因故意犯他罪，而在緩刑期內受六月以下有期徒刑、拘役或罰金的宣告確定者。

(3)緩刑期內因過失更犯罪，而在緩刑期內受有期徒刑的宣告確定者。

(4)違反第 74 條第 2 項第 1 款至第 8 款所定負擔情節重大者。（§75 之 1）

㈡撤銷的聲請

有關撤銷的聲請，依刑事訴訟法第 476 條規定，係由受刑人所在地，或其最後住所所在地的地方檢察署的檢察官，聲請法院裁定。而撤銷的聲請，應於「判決確定後六月以內為之。」（§75 II）。此外，針對得撤銷原因的「(1)、(2)、(3)」三種情形，亦適用「於判決確定後六月以內為之。」（§75 之 1 II）的規定。

五、緩刑的效力

關於緩刑的效力，可分為以下兩種情形：(1)宣告緩刑的效力、(2)緩刑未經撤銷的效力。

㈠宣告緩刑的效力

被告經法院宣告緩刑，其所受宣告的刑，即暫緩執行。然而，緩刑宣告的效力，原則上僅及於主刑，並不及於從刑與保安處分的宣告（§74 V）。

此外，受緩刑宣告者，仍有應付保護管束或得付保護管束的情形。亦即，受緩刑宣告者，若係犯第 91 條之 1 所列犯罪（**妨害性自主罪及妨**

害風化罪）者，或因執行第 74 條第 2 項第 5 款至第 8 款所定的附帶命令者，則應於緩刑期間付保護管束，而其餘的受緩刑宣告者，則得付保護管束（§93 I）。

㈡緩刑未經撤銷的效力

依據刑法規定：「緩刑期滿，而緩刑之宣告未經撤銷者，其刑之宣告失其效力。但依第七十五條第二項、第七十五條之一第二項撤銷緩刑宣告者，不在此限」（§76）。若宣告緩刑期間屆滿，而緩刑宣告未經撤銷時，則原來所宣告的刑即告失效，亦即視為未曾受刑的宣告。此種情形，若被告所受宣告刑為有期徒刑，且經宣告緩刑，而在緩刑期滿後五年內再犯有期徒刑以上之罪者，亦不構成累犯。

此外，依刑法第 75 條第 2 項或第 75 條之 1 第 2 項規定聲請撤銷緩刑宣告者，若該聲請撤銷緩刑的裁定係在緩刑期滿之後，則刑的宣告並不失其效力 ❺❾。

第四項 假 釋

一、假釋的意義

所謂假釋 (bedingte Entlassung)，係指受徒刑執行的受刑人，在服刑已經達到一定刑期時，由於有相當事實足以認定該受刑人已經改過遷善，

---

❺❾ 參照 2005 年 2 月刑法修正第 76 條規定的立法理由：本法對於緩刑制度採**罪刑附條件宣告主義**，認緩刑期滿未經撤銷有消滅罪刑之效力，現行第 76 條規定謂「緩刑期滿，而緩刑宣告未經撤銷者，其刑之宣告失其效力」。對於緩刑期內更犯罪或緩刑前犯他罪，縱於緩刑期間內開始刑事追訴或為有罪判決之宣告，如其判決確定於緩刑期滿後者，不得撤銷其緩刑。又為督促主管機關注意即時行使撤銷緩刑之責，修正條文第 75 條第 2 項、第 75 條之 1 第 2 項已增訂「判決確定後六月以內，聲請撤銷緩刑」之規定，為配合此項修正，並重申其修正原旨，爰增設但書規定，凡依第 75 條第 2 項、第 75 條之 1 第 2 項之規定聲請撤銷者，即便撤銷緩刑之**裁定在緩刑期滿後**，其刑之宣告，並**不失其效力**。

故在所規定的刑期內或特定期間內，附加條件地暫時予以釋放的情形（§77）。假釋與緩刑同樣係屬自由刑的寬恕措施，兩者所不同者，緩刑係在**裁判確定後**，對於受短期自由刑宣告者，宣告暫緩執行的一種非機構性處遇制度，而假釋則係在刑的**執行後**，使受長期自由刑執行者提前回歸社會的一種附加條件釋放制度。

　　近年來，刑法對於假釋的要件，有時採寬鬆的精神，鼓勵受刑人改過自新，重新回歸社會，有時又改採嚴謹的作法，避免假釋而未改過遷善者因再度犯罪危害社會，反覆不定的多次修法，已經受到學界與實務界相當嚴厲的批評，立法者隨波逐流與反覆修法的作法，已經嚴重動搖法律的安定性。

> **【假釋的規定】**
>
> (1)受徒刑之執行而有悛悔實據者，無期徒刑逾二十五年，有期徒刑逾二分之一、累犯逾三分之二，由監獄報請法務部，得許假釋出獄。（§77 I）
>
> (2)前項關於有期徒刑假釋之規定，於下列情形，不適用之：一、有期徒刑執行未滿六個月者。二、犯最輕本刑五年以上有期徒刑之罪之累犯，於假釋期間，受徒刑之執行完畢，或一部之執行而赦免後，五年以內故意再犯最輕本刑為五年以上有期徒刑之罪者。三、犯第91條之1所列之罪，於徒刑執行期間接受輔導或治療後，經鑑定、評估其再犯危險未顯著降低者。（§77 II）
>
> (3)無期徒刑裁判確定前逾一年部分之羈押日數算入第1項已執行之期間內。（§77 III）❻⓿

---

❻⓿　依據司法院大法官民國110年2月5日釋字第801號解釋，刑法第77條第3項規定：「無期徒刑裁判確定前逾一年部分之羈押日數算入第1項已執行之期間內。」其中有關裁判確定前未逾一年之羈押日數不算入無期徒刑假釋之已執行期間內部分，與憲法第7條平等原則有違，應自本解釋公布之日起失其效力。

二、假釋的要件

依據刑法的規定，假釋必須符合以下四個要件：(1)須已受徒刑的執行、(2)須逾法定期間、(3)須有悛悔實據、(4)須不具有法定的假釋除外事由。

㈠須已受徒刑的執行

所謂受徒刑的執行，係指受無期徒刑或有期徒刑的執行而言。拘役係屬短期自由刑，並無假釋的必要性，而受徒刑的宣告，但尚未執行徒刑者，亦無假釋的適用。

㈡徒刑的執行須逾法定期間

所謂法定期間，係指受無期徒刑或有期徒刑的執行，已經受執行的期間而言。依刑法規定，受無期徒刑的執行必須已經逾二十五年，有期徒刑的執行必須已經逾應執行刑期的二分之一、累犯逾三分之二，始有可能假釋❻。

此外，行為人於裁判確定後，在刑的執行中復犯罪，而受兩個以上徒刑的執行時，依刑法規定，係採合併計算假釋的期間❻，其規定如下

---

❻ 刑法原本規定無期徒刑逾十五年、累犯逾二十年，即得假釋，但 2005 年刑法修正時，將無期徒刑提高至必須逾二十五年，而且刪除累犯的假釋規定。參照 2005 年 2 月 2 日修正第 77 條的立法理由㈠㈢：一、我國現行對於重大暴力犯罪被判處無期徒刑者，於服刑滿十五年或二十年後即有獲得假釋之機會，然其再犯之危險性較之一般犯罪仍屬偏高，一旦給予假釋，其對社會仍有潛在之侵害性及危險性。近年來多起震撼社會之重大暴力犯罪，均屬此類情形。因此目前之無期徒刑無法發揮其應有之功能，實際上變成較長期之有期徒刑，故應提高無期徒刑，以達到防衛社會之目的有其必要性，爰將無期徒刑得假釋之條件**提高至執行逾二十五年**，始得許假釋。二、無期徒刑累犯部分，因修正後之無期徒刑假釋至少需執行二十五年，對被告已有相當之嚇阻效果，而人之壽命有限，累犯如再加重五年或十年，似無實益，如其仍無悛悔實據，儘可不准其假釋，且為避免我國刑罰過苛之感，爰**刪除無期徒刑累犯之假釋條件**。

❻ 參照 2005 年 2 月 2 日刑法修正第 79 條之 1 的立法理由：……二、第 51 條數罪併罰有期徒刑之期限已提高至三十年，而具有數罪性質之合併執行，其假釋

（§79 之 1）：

【合併計算假釋的期間】

(1)二以上徒刑併執行者，第 77 條所定最低應執行之期間，合併計算之。（§79 之 1 I）

(2)前項情形，併執行無期徒刑者，適用無期徒刑假釋之規定；二以上有期徒刑合併刑期逾四十年，而接續執行逾二十年者，亦得許假釋。但有第 77 條第 2 項第 2 款之情形者，不在此限。（§79 之 1 II）

(3)依第 1 項規定合併計算執行期間而假釋者，前條第 1 項規定之期間，亦合併計算之。（§79 之 1 III）

(4)前項合併計算後之期間逾二十年者，準用前條第 1 項無期徒刑假釋之規定。（§79 之 1 IV）

(5)經撤銷假釋執行殘餘刑期者，無期徒刑於執行滿二十五年，有期徒刑於全部執行完畢後，再接續執行他刑，第 1 項有關合併計算執行期間之規定不適用之。（§79 之 1 V）

㈢須有悛悔實據

所謂**有悛悔實據**，係指依據受刑人在監獄受刑期間的行為表現，有足以認定已經悔改的具體紀錄而言。此種具體紀錄，除受刑人在監獄服刑期間遵守一切規定的通常紀錄外，更須有具體的行為表現，始足以認

條件亦應配合修正，爰將㈠第二項合併刑期「逾三十年」修正為「逾四十年」。㈡如符合合併刑期逾四十年者之假釋條件，其接續執行應與單一罪加重結果之假釋及與無期徒刑之假釋有所區別，爰修正須接續執行「逾二十年」始得許其假釋。三、合併執行之數罪中，如有符合第 77 條第 2 項第 2 款之情形者，依該款之規定已不得假釋，自不得因與他罪合併執行逾四十年，而獲依本項假釋之待遇，爰增訂但書，以杜爭議。……五、第 4 項、第 5 項關於有期徒刑、無期徒刑之假釋最長期間，亦配合修正為「逾二十年」、「滿二十五年」，以資衡平。

定已經有悔改的實際情況。

(四)須不具有法定的假釋除外事由

有關假釋的除外事由，係 2005 年 2 月刑法修正時，特別增設的條款，其除外事由有以下三種：

【假釋的除外事由】

(1)有期徒刑執行未滿六個月者。

(2)犯最輕本刑五年以上有期徒刑之罪的累犯，於假釋期間，受徒刑的執行完畢，或一部的執行而赦免後，五年以內故意再犯最輕本刑為五年以上有期徒刑的罪者❻❸。

(3)犯第 91 條之 1 所列的罪，於徒刑執行期間接受輔導或治療後，經鑑定、評估其再犯危險未顯著降低者❻❹。

三、假釋的撤銷

有關撤銷假釋的原因，有以下兩種情形：(1)必要的撤銷、(2)裁量的撤銷。

---

❻❸ 有關有期徒刑的受刑人係屬累犯時，增設不得假釋的理由，參照 2005 年 2 月 2 日修正第 77 條的立法理由(三)：……(二)對於屢犯重罪之受刑人，因其對刑罰痛苦之感受度低，尤其犯最輕本刑五年以上重罪累犯之受刑人，其已依第一項規定（執行逾三分之二）獲假釋之待遇，猶不知悔悟，於 1. 假釋期間、2. 徒刑執行完畢或赦免後五年內再犯最輕本刑五年以上之罪，顯見刑罰教化功能對其已無效益，為社會之安全，酌採前開美國「三振法案」之精神，限制此類受刑人假釋之機會應有其必要性，爰於第 2 項第 2 款增訂之。

❻❹ 針對犯性犯罪的受刑人，增設不得假釋的理由，參照 2005 年 2 月 2 日修正第 77 條的立法理由(四)：……(二)86 年第 77 條修正前之規定「犯刑法第 16 章妨害風化各條之罪者，非經強制診療，不得假釋」亦以接受強制診療作為犯性侵害犯罪加害人假釋之要件，為避免強制治療由刑前治療改為刑後治療，與假釋規定發生適用法律之疑議，爰於第 2 項第 3 款增訂不得假釋之規定，以杜爭議。

㈠必要的撤銷

依據刑法規定:「假釋中因故意更犯罪,受逾六月有期徒刑之宣告者,撤銷其假釋。」(§78 I) ❻ 。因此,受刑人在假釋中,若有由於故意更犯罪,而受有期徒刑以上刑的宣告者,則於判決確定後六月以內,撤銷其假釋。

此外,假釋出獄人更犯罪的案件,由於案件更審以及再審的情形,不能在六個月判決確定的情形,經常有可能發生,故若假釋期滿逾三年未撤銷時,即不得撤銷假釋。

㈡裁量的撤銷

依刑法規定:「假釋中因故意更犯罪,受緩刑或六月以下有期徒刑之宣告確定,而有再入監執行刑罰之必要者,得撤銷其假釋」(§78 II)。因此,受刑人在假釋中,若有由於故意更犯罪,而受緩刑或六月以下有期徒刑的宣告確定,而有再入監執行刑罰的必要者,得撤銷其假釋。

再者,依刑法規定:「假釋出獄者,在假釋中付保護管束」(§93 II),而在假釋期間內,應遵守保護管束的規定,在保護管束期間,受保護管束人應遵守的規定,係指依據保安處分執行法第 74 條之 2 所規定的以下事項,倘若受保護管束人有違反應遵守事項之一,情節重大者,檢察官得聲請撤銷保護管束,而典獄長得報請撤銷假釋(保安處分執行法 §74 之 3)。

---

❻ 本條原條文基於司法院大法官民國 109 年 11 月 6 日釋字第 796 號解釋:「刑法第 78 條第 1 項本文規定:『假釋中因故意更犯罪,受有期徒刑以上刑之宣告者,於判決確定後六月以內,撤銷其假釋。』不分受假釋人是否受緩刑或六月以下有期徒刑之宣告,以及有無基於特別預防考量,使其再入監執行殘刑之必要之具體情狀,僅因該更犯罪受有期徒刑以上刑之宣告,即一律撤銷其假釋,致受緩刑或六月以下有期徒刑宣告且無特別預防考量必要之個案受假釋人,均再入監執行殘刑,於此範圍內,其所採取之手段,就目的之達成言,尚非必要,牴觸憲法第 23 條比例原則,與憲法第 8 條保障人身自由之意旨有違,應自本解釋公布之日起失其效力。上開規定修正前,相關機關就假釋中因故意更犯罪,受緩刑或六月以下有期徒刑宣告者,應依本解釋意旨,個案審酌是否撤銷其假釋」,於 111 年 1 月 12 日修正。

> **【受保護管束人應遵守事項】**
> (1)保持善良品行，不得與素行不良之人往還。
> (2)服從檢察官及執行保護管束者的命令。
> (3)不得對被害人、告訴人或告發人尋釁。
> (4)對於身體健康、生活情況及工作環境等，每月至少向執行保護管束者報告一次。
> (5)非經執行保護管束者許可，不得離開受保護管束地；離開在十日以上時，應經檢察官核准。

此外，刑法第78條第1項與第2項的撤銷，於判決確定後六月以內為之，但假釋期滿逾三年者，不在此限（§78III）；而假釋一旦經撤銷，假釋出獄人即應入監繼續執行，其出獄日期不算入刑期內（§78IV）。

四、假釋的效力

有關假釋的效力，依刑法規定：「在無期徒刑假釋後滿二十年或在有期徒刑所餘刑期內未經撤銷假釋者，其未執行之刑，以已執行論。但依第七十八條第三項撤銷其假釋者，不在此限。」（§79 I）。在此所稱以已執行論，係指在刑法上視同已經執行完畢而言，故假釋的效力係不同於緩刑的刑的宣告失其效力。

此外，刑法規定：「假釋中另受刑之執行、羈押或其他依法拘束人身自由之期間，不算入假釋期內。但不起訴處分或無罪判決確定前曾受之羈押或其他依法拘束人身自由之期間，不在此限。」（§79 II）。因此，假釋出獄人在假釋期間，另受刑的執行羈押或其他依法拘束人身自由的期間，雖不算入假釋期內，但若有獲不起訴處分或無罪判決確定，則其曾受的羈押或其他依法拘束人身自由的期間，仍然應算入假釋期內。

五、假釋的程序

有關假釋的**程序**，係依監獄行刑法與行刑累進處遇條例的規定來進行。依據監獄行刑法第 18 條第 1 項規定：「對於刑期六月以上之受刑人，為促使其改悔向上，培養其適應社會生活之能力，其處遇應分為數個階段，以累進方法為之。但因身心狀況或其他事由認為不適宜者，得暫緩適用累進處遇」；而有關累進處遇方法，依據行刑累進處遇條例第 13 條規定「累進處遇分左列四級，自第四級依次漸進：第四級。第三級。第二級。第一級」。

監獄對於受刑人符合假釋要件者，應提報其假釋審查會決議後，報請法務部審查（監獄行刑法 §115 I）。其中，第一級受刑人合於法定假釋的規定者，應速報請假釋（行刑累進處遇 §75）；第二級受刑人已適於社會生活，而合於法定假釋的規定者，得報請假釋（行刑累進處遇 §76）。此外，若屬於犯刑法第 77 條第 2 項第 3 款接受強制身心治療或輔導教育的受刑人，應附具曾受治療或輔導的紀錄及個案自我控制再犯預防成效評估報告，如顯有再犯之虞，不得報請假釋（監獄行刑法 §115 II）。

第六節　刑罰的消滅

第一項　刑罰消滅的意義

所謂刑罰的消滅，係指刑罰權的行使，由於有法定事由的存在，致發生障礙的情形。刑罰的消滅包括犯罪的追訴、審判以及刑罰的執行。有關刑罰消滅的**法定事由**，可分為兩種情形：(1)裁判確定前的刑罰請求權的消滅、(2)裁判確定後的刑罰執行權的消滅。

裁判確定前的**刑罰請求權**的消滅，亦稱形式刑罰權的消滅，有以下三種情形：(1)犯人死亡（法人不復存在）、(2)大赦、(3)追訴權時效經過；而裁判確定後的**刑罰執行權**的消滅，亦稱實質刑罰權的消滅，則有以下

六種情形：⑴犯人死亡（法人不復存在）、⑵執行完畢、⑶赦免、⑷緩刑期間期滿、⑸假釋期間期滿、⑹行刑權時效經過。

有關刑罰消滅的各種法定事由，或在刑法各章節已經分別敘述，或係屬刑事訴訟法的規定，在此不再贅述，以下針對赦免與時效（追訴權時效、行刑權時效）兩者的內涵，說明如下。

第二項　赦　免

一、赦免的意義

赦免 (Begnadigung) 係指行政權依法律規定而介入刑事司法，因而捨棄國家刑罰權，或減輕國家刑罰權效力的一種制度。赦免的性質係屬於行政命令，而非司法處分，故其所依據的法律係憲法與赦免法，而非刑法與刑事訴訟法。

關於赦免的內容，依赦免法規定「本法稱赦免者，謂大赦、特赦、減刑及復權。」（赦免法 §1），而赦免的行使係依憲法規定「總統依法行使大赦、特赦、減刑及復權之權」（憲法 §40）。

二、赦免的種類

㈠大　赦

所謂大赦，係指針對特定犯罪或一般犯罪，廣泛地捨棄其追訴審判與處罰，故在刑的宣告前大赦者，追訴權即因而消滅（赦免法 §2 I）；若在宣告後大赦者，其刑的宣告失其效力（赦免法 §2II）。

有關大赦的程序，依赦免法的規定，總統得命令行政院轉令主管部為大赦的研議（赦免法 §6 I）；大赦案應經過立法院的議決（憲法 §63）。

㈡特　赦

所謂特赦，係指對受判決確定的被告，特別地捨棄刑的執行而言。特赦係與大赦不同，主要係對受有罪宣告的犯罪者，免除其刑的執行；其情節特殊者，得以其罪刑之宣告為無效（赦免法 §3）。

有關特赦的程序，依赦免法的規定，總統得命令行政院轉令主管部為特赦的研議（赦免法 §6Ⅰ）。經總統命令特赦者，由主管部發給證明予受赦免人（赦免法 §7）。

㈢減　刑

所謂減刑，係指針對特定犯罪或一般犯罪的行為人，減輕其所受判決確定的宣告刑而言❻❻。減刑的效力依據赦免法的規定，受罪刑宣告之人經減刑者，減輕其所宣告之刑（特赦法 §4）。

有關減刑的程序，依赦免法的規定，總統得命令行政院轉令主管部為減刑的研議，而全國性的減刑，得依大赦程序辦理（赦免法 §6）。經總統命令減刑者，由主管部發給證明予受赦免人（赦免法 §7）。

㈣復　權

所謂復權，係指針對受褫奪公權的受判決人，回復其被剝奪的公權（赦免法 §5）。有關因罪刑的宣告而喪失的公職，經大赦或依第 3 條後段特赦後，有向將來回復的可能者，得由當事人申請該管主管機關回復；其經准許者，溯自申請之日起生效（赦免法 §5 之 1）❻❼。

有關復權的程序，依赦免法的規定，總統得命令行政院轉令主管部為復權的研議（赦免法 §6）。經總統命令復權者，由主管部發給證明予受赦免人（赦免法 §7）。

---

❻❻　我國刑罰史上，曾經五次實行減刑政策，請參照民國 60 年罪犯減刑條例、民國 64 年罪犯減刑條例、民國 77 年罪犯減刑條例、民國 80 年罪犯減刑條例、民國 96 年罪犯減刑條例。

❻❼　有關復權規定的修正，參照 1991 年 9 月 24 日修正赦免法第 5 條之 1 的立法理由：一、因有罪判決確定所生之既成效果，是否因大赦、特赦、減刑或復權而受影響，現行法並無明文，為期明確而免爭議，爰增設第 5 條之 1 前段之規定。二、受罪刑宣告經大赦者，其效力與本法第 3 條後段之特赦並無不同，自應為同一之解釋。又為免該管主管機關遷延辦理回復公職之手續，爰設後段之規定。

第三項　時　效

　　刑法上的時效，有追訴權時效與行刑權時效兩種。時效的設置，主要係避免刑事案件有懸案不決，因此刑法針對各種犯罪的輕重，規定在一定時間內必須完成追訴或處罰，若於逾越法定期間，則不能再加以追訴或執行刑罰。在法定期間的經過後，追訴權或行刑權歸於消滅，亦即時效完成。

一、追訴權的時效

　　所謂追訴權時效 (Verfolgungsverjährung)，係指犯罪發生後，由於法定期間的經過，而未追訴者，即不能再行使國家追訴權而言。犯罪後經過多久時間，追訴權即歸於消滅，係依法定刑的最重本刑為標準來決定。

㈠追訴權時效的期間

　　刑法針對追訴權的時效，規定如下（§80 I）：

【追訴權的時效】

(1)犯最重本刑為死刑、無期徒刑或十年以上有期徒刑之罪者，三十年。但發生死亡結果者，不在此限。

(2)犯最重本刑為三年以上十年未滿有期徒刑之罪者，二十年。

(3)犯最重本刑為一年以上三年未滿有期徒刑之罪者，十年。

(4)犯最重本刑為一年未滿有期徒刑、拘役或罰金之罪者，五年。

㈡追訴權時效的起算

　　有關追訴權時效的起算，依據刑法的規定，係自犯罪成立之日起算，但犯罪行為有繼續的狀態者，自行為終了之日起算（§80II）。所謂犯罪成立之日，基於犯罪類型的不同，犯罪成立之日亦有所差異。

【犯罪成立之日】

　　行為犯係指行為完成之日，**未遂犯**亦指行為完成之日，而**既遂犯**則指結果發生之日，**結果加重犯**亦指加重結果發生之日；**不作為犯**係指發生構成要件結果之日；**間接正犯**係指被利用者的行為完成犯罪之日；**共同正犯**係指各參與行為人中最後成立犯罪之日；**教唆犯**係指被教唆者（正犯）成立犯罪之日；**幫助犯**係指被幫助者（正犯）成立犯罪之日；**繼續犯**係指行為終了之日。

(三)追訴權時效的停止

　　所謂追訴權時效的停止，係指由於有法定原因的存在，而停止進行而言。依據刑法的規定，追訴權時效的停止為「追訴權之時效，因起訴而停止進行。依法應停止偵查或因犯罪行為人逃匿而通緝者，亦同。」（§83Ⅰ）。其中，所謂起訴，係指依刑事訴訟法第 251 條第 1 項提起公訴或第 451 條第 1 項聲請簡易判決處刑者而言。所謂偵查程序依法應停止，例如刑事訴訟法第 261 條、商標法第 49 條等❻❽。所謂通緝，係指依據刑事訴訟法第 84 條至第 87 條規定，對於逃亡或藏匿的被告，已公告周知的方式，通令檢察或司法警察機關加以逮捕的強制處分。

　　關於追訴權時效停止原因的消滅，依據刑法規定有下列情形之一者，其停止原因視為消滅（§83Ⅱ）：

【追訴權時效停止原因的消滅】

(1)諭知公訴不受理判決確定，或因程序上理由終結自訴確定者。

(2)審判程序依法律的規定或因被告逃匿而通緝，不能開始或繼續，而其期間已達第 80 條第 1 項各款所定期間三分之一者。

(3)依第 1 項後段規定停止偵查或通緝，而其期間已達第 80 條第 1 項

---

❻❽　參照 2005 年 2 月 2 日刑法修正第 83 條的立法理由(一)與(二)。

　　各款所定期間三分之一者❻。

　　此外，有關時效停止前已經過的期間與停止原因消滅後的期間計算，依據刑法的規定，此二項的時效，自停止原因消滅之日起，與停止前已經過之期間，一併計算（§83III）。

㈣追訴權時效的效力

　　追訴權時效經過後，追訴權即告消滅，針對該行為人不得再加以偵查或審判，若係在起訴前，檢察官應為不起訴處分（刑訴§252⑵）；若係在起訴後，法官應為諭知免訴的判決（刑訴§302⑵）。

　　此外，若已經判決而尚未確定者，則得為上訴的理由，而若已經判刑確定者，則得作為提起非常上訴的理由。

二、行刑權的時效

　　所謂行刑權時效 (Vollstreckungsverjährung)，係指判決確定後，由於法定時間的經過，而未執行者，即不能再行使國家刑罰權而言。至於裁判確定後，經過多久時間，行刑權即歸於消滅，係依所宣告刑的輕重標準來決定。

㈠行刑權時效的期間

　　刑法針對行刑權的時效，規定如下（§84Ⅰ）：

【行刑權的時效】

⑴宣告死刑、無期徒刑或十年以上有期徒刑者，四十年。

⑵宣告三年以上十年未滿有期徒刑者，三十年。

---

❻　參照民國 108 年 12 月 31 日刑法修正第 83 條的立法理由：按追訴權之性質，係檢察官或犯罪被害人，對於犯罪，向法院提起確認國家刑罰權之有無及其範圍之權利。因此，為維護國家刑罰權的實現，避免時效停止進行變相淪為犯罪者脫法的工具，援將第 2 項第 2 款、第 3 款有關四分之一規定，修正為三分之一，以落實司法正義。

(3)宣告一年以上三年未滿有期徒刑者，十五年。

(4)宣告一年未滿有期徒刑、拘役、罰金或專科沒收者，七年。

㈡行刑權時效的起算

依據刑事訴訟法規定，裁判除關於保安處分者外，於確定後執行之（刑訴 §456），故刑法規定行刑權時效期間，自裁判確定之日起算，但因保安處分先於刑罰執行者，自保安處分執行完畢之日起算（§84II）。

㈢行刑權時效的停止

所謂行刑權時效的停止，係指由於有法定原因的存在，而停止進行而言。行刑權時效的停止，依據刑法的規定如下（§85I）：

【行刑權時效的停止】

行刑權的時效，因刑的執行而停止進行，有下列情形之一而不能開始或繼續執行時，亦同：

(1)依法應停止執行者[70]。

(2)因受刑人逃匿而通緝或執行期間脫逃未能繼續執行者[71]。

(3)受刑人依法另受拘束自由者[72]。

---

[70] 有關增設**依法應停止執行者**行刑權時效的停止，其理由參照 2005 年 2 月 2 日刑法修正第 85 條立法理由㈢：執行程序亦有依法停止執行者，如：刑事訴訟法第 430 條但書、第 435 條第 2 項、第 465 條、第 467 條、監獄行刑法第 11 條第 1 項及第 58 條等。爰列為第 1 項第 1 款，如有上述情形致不能開始或繼續執行者，行刑權時效應停止進行。

[71] 有關增設**通緝者**行刑權時效的停止，其理由參照 2005 年 2 月 2 日刑法修正第 85 條立法理由㈣：因受刑人逃亡或藏匿而通緝，不能開始或繼續執行者，依司法院釋字第 123 號解釋意旨，認為行刑權時效應停止進行。另受刑人執行中脫逃，雖處於未執行狀況，然行刑權時效究不宜繼續進行。爰予明文化，列為第 1 項第 2 款，為行刑權時效停止進行之原因。

[72] 有關增設**受刑人依法另受拘束自由者**行刑權時效的停止，其理由參照 2005 年

此外，行刑權時效亦有停止原因的消滅，刑法規定：「停止原因繼續存在之期間，如達於第八十四條第一項各款所定期間三分之一者，其停止原因視為消滅。」（§85 II）**⑦** 而行刑權時效停止的原因消滅後，行刑權時效的計算方式，係「自停止原因消滅之日起，與停止前已經過之期間，一併計算。」（§85 III）

㈣行刑權時效的效力

裁判確定的刑罰，若在行刑權時效期間內未執行者，行刑權時效即因此消滅，對於受確定裁判宣告的受刑罰執行者，即免除刑罰的執行。然而，行刑權時效的消滅，僅止於不執行刑罰而已，並非使刑罰的宣告喪失效力。

---

2 月 2 日刑法修正第 85 條立法理由㈤：受刑人因依法另受拘束自由者，例如，受拘束自由保安處分之執行、流氓感訓處分、少年感化教育、及民事管收等，致不能開始或繼續執行時，亦有列為行刑權時效停止進行原因之必要。爰併予增列為第 1 項第 3 款，以資適用。

⑦ 參照民國 108 年 12 月 31 日刑法修正第 85 條的立法理由：按時效制度之設，不外對於永續存在之一定狀態加以尊重，藉以維持社會之序，刑法規定刑罰權因時效完成而消滅，其旨趣即在於此，為維護國家刑罰權的實現，避免時效停止進行變相淪為犯罪者脫法的工具，援將第 2 項第 2 款、第 3 款有關四分之一規定，修正為三分之一，以落實司法正義。

第二章 沒 收

【沒收的構造】

沒收的標的 → (1)違禁物（§38 I）

　　　　　　(2)犯罪物（§38 II）→ ┤ 供犯罪所用之物
　　　　　　　　　　　　　　　　　 供犯罪預備之物
　　　　　　　　　　　　　　　　　 犯罪所生之物

犯罪物的沒收 ┤ 屬於犯罪行為人的犯罪物（§38 II）
　　　　　　　 屬於犯罪行為人以外第三人的犯罪物（§38 III）
　　　　　　　 犯罪物不能或不宜沒收的追徵（§38 IV）
　　　　　　　 犯罪物沒收或追徵過苛的調節（§38 之 2 II）

犯罪所得的沒收 ┤ 屬於犯罪行為人的犯罪所得（§38 之 1 I）
　　　　　　　　 屬於犯罪行為人以外第三人的犯罪所得（§38 之 1 II）
　　　　　　　　 犯罪所得不能或不宜沒收的追徵（§38 之 1 III）
　　　　　　　　 犯罪所得的涵蓋範圍（§38 之 1 IV）
　　　　　　　　 犯罪所得已發還被害人者不予沒收或追徵（§38 之 1 V）
　　　　　　　　 犯罪所得及追徵的估算（§38 之 2 I）
　　　　　　　　 犯罪所得沒收或追徵過苛的調節（§38 之 2 II）

沒收的宣告與執行 ┤ 一併宣告（§40 I）
　　　　　　　　　 單獨宣告（§40 II III）
　　　　　　　　　 沒收的執行（§40 之 2）

第一節　沒收新制度的緣起

　　所謂沒收，係指針對與犯罪具有關聯性的特定物，剝奪其所有權而歸屬國庫或予以銷毀的處分，依照其標的而可分為犯罪物的沒收 (Einziehung) 與犯罪所得的沒收 (Verfall) 兩種類型。我國刑法針對沒收部分，在實務上經常出現「犯罪物及犯罪所得如何沒收？」以及「多數人參與犯罪時，如何沒收？」等問題，因此於 2005 年 2 月 2 日刑法總則修正時，將沒收的規定做以下明確的規定：「Ⅰ下列之物沒收之：一、違禁物。二、供犯罪所用或犯罪預備之物。三、因犯罪所生或所得之物。Ⅱ前項第一款之物，不問屬於犯罪行為人與否，沒收之。Ⅲ第一項第二款、第三款之物，以屬於犯罪行為人者為限，得沒收之。但有特別規定者，依其規定。」

　　然而，2013 年間，我國爆發近二十件重大食品安全事件，範圍包含橄欖油、沙拉油、澱粉、醬油、麵包、月餅等民生物資，製造廠商諸如大統公司、頂新集團、統一企業、胖達人連鎖麵包店等大企業均陷入食品安全事件，造成國民食品安全的無限恐慌。最引人注目的事件，就是國內知名大企業「大統長基股份有限公司」出產的「大統特級橄欖油」標榜百分之百西班牙進口特級冷壓橄欖油製成，強調 100% 特級橄欖油、「特級初榨橄欖油 (Extra virgin olive oil)」等對外銷售，添加低成本葵花油（從葵花籽中提取）及棉籽油（棉花籽提取）混充，含量遠不到 50%。此一事件，在法院審理後認為大統長基公司高達新臺幣數億元的不法所得依法無法宣告沒收；案經檢察總長提起非常上訴，卻遭最高法院 104 年臺非字第 269 號判決駁回。

　　針對此一重大食品安全事件卻無法沒收不法所得，學術界與實務機關開始正視沒收制度的問題，立法機關積極著手修法，在 2014 年 2 月 5 日首先於「食品安全衛生管理法」增訂第 49 條之 1「Ⅰ故意犯本法之罪者，因犯罪所得財物或財產上利益，除應發還被害人外，屬於犯人者，

沒收之。如全部或一部不能沒收，追徵其價額或以其財產抵償。II為保
全前項財物或財產上利益之追徵或財產上之抵償，必要時，得酌量扣押
其財產」，開始不法所得沒收的新制度❶。嗣後，學術界與實務機關再經
過無數次的研討會討論與分析後，確立在刑法中「專章規定沒收」的改
革方向，2015年12月17日立法院三讀通過「刑法部分條文修正案」，
在刑法總則編增訂「**第五章之一沒收**」，並將沒收定位為「獨立的法律效
果」，2016年7月1日開始施行「**沒收新制度**」。

　　有關沒收專章（第五章之一）所規定的條文計有第38條、第38條
之1、第38條之2、第38條之3、第40條、第40條之2等六條，其具
體內容可歸納為以下十三項：⑴沒收的標的、⑵犯罪行為人的犯罪物沒
收、⑶第三人的犯罪物沒收、⑷犯罪行為人犯罪所得的沒收、⑸第三人
犯罪所得的沒收、⑹犯罪物（犯罪所得）不能或不宜沒收的追徵、⑺犯
罪所得的涵蓋範圍、⑻犯罪所得已發還被害人者不予沒收或追徵、⑼犯
罪所得及追徵的估算、⑽犯罪物（犯罪所得）沒收或追徵過苛的調節、
⑾犯罪物及犯罪所得轉移為國家所有、⑿沒收的宣告、⒀沒收的執行。

---

❶ 2014年12月10日修正第49條之1：「I犯本法之罪者，因犯罪所得財物或財
　產上利益，除應發還被害人外，不問屬於犯罪行為人與否，沒收之；如全部或
　一部不能沒收時，應追徵其價額或以其財產抵償之。但善意第三人以相當對價
　取得者，不在此限。II為保全前項財物或財產上利益之沒收，其價額之追徵或
　財產之抵償，必要時，得酌量扣押其財產。III依第一項規定對犯罪行為人以外
　之自然人、法人或非法人團體為財物或財產上利益之沒收，由檢察官聲請法院
　以裁定行之。法院於裁定前應通知該當事人到場陳述意見。IV聲請人及受裁定
　人對於前項裁定，得抗告。V檢察官依本條聲請沒收犯罪所得財物、財產上利
　益、追徵價額或抵償財產之推估計價辦法，由行政院定之」；2017年11月15日
　配合刑法修正而開始沒收新制度，將第49條之1修正為：「犯本法之罪，其犯
　罪所得與追徵之範圍及價額，認定顯有困難時，得以估算認定之；其估算辦法，
　由行政院定之。」

【沒收的外國立法例】

日本「1974 年改正刑法草案」第十章沒收，係規定沒收、追徵以及不能使用處分，雖相當於現行法第二章「刑」的第 19 條至第 20 條，但其與現行法有以下的相異點。亦即，針對現行法附加刑所規定的沒收，將其規定為刑以外的特別處分，同時將沒收以及其相關處分以獨立專章來規定、重新整理沒收的要件、分別規定保安處分的沒收與刑的沒收（第 74 條、第 75 條）。此外，針對行為人係無責任能力人而不罰者，亦得為沒收等的處分，同時對沒收、追徵或不能使用的處分，有該要件存在而對行為人不追訴或無有罪宣告時，亦得宣告之（第 76 條、第 78 條），另增設有關沒收的效果（第 79 條）、因沒收致第三者遭受損害的補償（第 80 條）。

在外國立法例方面，將沒收規定為「刑」或保安處分以外的「特別處分」者亦不少（例如義大利刑法第 340 條、瑞士刑法第 58 條以下、南斯拉夫刑法第 62 條等），從該等規定來觀察，日本改正刑法草案不將沒收規定為刑的一種，而將其規定為沒收以及其關連的處分，並以獨立一章加以規定，同時分別規定具強烈保安處分色彩的沒收與具強力刑罰色彩的沒收，並因應沒收各種性質重新整理各種要件的規定。此外，德國刑法在 1975 年修正之前，亦將沒收規定為「從刑」，1975 年德國刑法修正第 73 條以下條文時，將犯罪物的沒收 (Einziehung) 與犯罪所得的沒收 (Verfall) 分別規定，並去除沒收的「從刑」性質，繼而於 2017 年針對犯罪物沒收與犯罪所得沒收一律改稱「剝奪」(Entziehung)。

第二節　違禁物及犯罪物的沒收

第一項　沒收的標的

依刑法第 38 條第 1 項及第 2 項規定：「Ⅰ違禁物，不問屬於犯罪行為人與否，沒收之。Ⅱ供犯罪所用、犯罪預備之物或犯罪所生之物，屬於犯罪行為人者，得沒收之。但有特別規定者，依其規定」。沒收的標的，包含⑴違禁物、⑵犯罪物：供犯罪所用之物、供犯罪預備之物、犯罪所生之物。

一、違禁物

所謂**違禁物**，係指法令所禁止私自製造、販賣、持有或行使之物而言，例如槍砲彈藥、爆炸物、鴉片、嗎啡、高根、海洛因、愷他命 ❷ 等。實務上認為軍用地圖 ❸ 或未領有執照的槍枝 ❹，亦屬於違禁物，但違禁物屬於第三人所有，該第三人是合法持有該違禁物，且無違禁情形者，自不在沒收之列，例如失竊的合法登記許可的射擊訓練用槍或原住民依

---

❷　參照最高法院 100 年度第 3 次刑事庭會議：愷他命（Ketamine；俗稱「K 他命」）係毒品危害防制條例第 2 條第 2 項第 3 款所定之第三級毒品，應認係違禁物。又販賣愷他命而被查獲，其所販賣之愷他命，係供實行販賣犯罪行為所使用之目的物，亦屬供犯罪所用之物。而供犯罪所用之物併具違禁物之性質者，因違禁物不問是否屬於犯罪行為人所有，均應宣告沒收，自應優先適用刑法第 38 條第 1 項第 1 款之規定。

❸　參照司法院院字第 2308 號解釋：軍用地圖為軍事上機密之圖畫。依軍機防護法暨戰時軍用地圖領用及保管規則之規定。不許私人擅自持有。其非合法持有之軍用地圖。應認為違禁物。

❹　參照最高法院 28 年上字第 959 號判例：上訴人用以殺人之槍，既未領有執照，即屬違禁物，原審未依刑法第 38 條第 1 項第 1 款諭知沒收，而依同條第 1 項第 2 款、第 3 項沒收之，尚有未合。

法持有的特定獵槍，被犯罪行為人持（所）有而作為強盜行為的工具，亦不得沒收。

【違禁物的實務見解】

　⑴第三人合法持有的違禁物：違禁物固不問屬於犯人與否，均應沒收，但該物苟係屬於第三人所有，則其是否違禁，即應視該第三人有無違禁情形為斷。故犯人雖係違禁持有，而所有之**第三人如係經合法允許持有者，仍不在應行沒收之列**。本件上訴人所竊得之雷管雖屬違禁物，但原所有人係經允准持有供其砍伐林班之用，並非未受允准亦無正當理由持有。依照上開說明自不在沒收之列，原判決遽行諭知沒收，顯屬於法有違。（最高法院 71 年臺上字第 754 號判決）

　⑵持有第三、四級毒品：毒品危害防制條例第 18 條第 1 項後段應沒入銷燬之毒品，指查獲施用或持有之第三、四級毒品而言。倘係查獲製造、運輸、販賣、意圖販賣而持有、以非法方法使人施用、引誘他人施用或轉讓第三、四級毒品，即非該條項應依行政程序沒入銷燬之範圍，**如其行為已構成犯罪，則該毒品即屬不受法律保護之違禁物**，應回歸刑法之適用，依刑法第 38 條第 1 項之規定沒收之，始為適法。又同條例第 19 條第 1 項所定供犯罪所用或因犯罪所得之物，不包括毒品本身在內，尚不得援用此項規定為第三、四級毒品之沒收依據。（最高法院 109 年度臺上字第 1301 號判決）

二、供犯罪所用之物

　刑法第 38 條第 2 項規定：「供犯罪所用、犯罪預備之物或犯罪所生之物，屬於犯罪行為人者，得沒收之。但有特別規定者，依其規定」。本項規定主要係藉由剝奪犯罪行為人所有以預防並遏止犯罪，而由法官審酌個案情節決定有無沒收必要。由於供犯罪所用之物與犯罪本身有密切

關係，透過剝奪所有權的沒收宣示，除能預防再以相同工具易地反覆非法使用之外，亦能向社會大眾傳達國家實現刑罰決心的訊息，對物的所有權人濫用其使用權利亦產生更強烈的懲戒作用，因此具有一般預防與特別預防之目的。

所謂**供犯罪所用之物**，係指對於犯罪具有促成、推進或減少阻礙的效果，而於犯罪的實行有直接關係之物而言。例如殺人凶器的刀槍、偽造貨幣的印刷機、竊盜犯行竊時所使用的萬能鑰匙或運送贓物的車輛等。此外，由於刑法第 38 條第 2 項所定得沒收的供犯罪所用或供犯罪預備之物，必於犯罪有直接關係者，始屬相當，亦即「**專門供促使**」犯罪行為實現的工具或物品，因此例如犯罪行為人為購買犯罪工具所攜帶的現金，其與犯罪並無直接關係，即不能宣告沒收。（最高法院 51 年臺非字第 13 號判例）

在主觀要件上，本法雖未明文限制故意犯或過失犯，但過失行為人欠缺將物品納入犯罪實行媒介的主觀利用認識，並未背離其使用財產的合理限度或有濫權使用財產的情形，故無剝奪其財產權的必要，自應將犯罪工具沒收適用範圍限縮為「**故意犯**」，始符合目的性解釋。而在客觀要件上，應區分該供犯罪所用之物，是否為實現犯罪構成要件的事實前提，亦即欠缺該物品則不能成立犯罪，此類物品又稱為「**關聯客體**」，該關聯客體本身並不具促成、推進構成要件實現的輔助功能，故非供犯罪所用之物。例如不能安全駕駛罪，行為人所駕駛之汽車或機車即為構成該罪的事實前提，僅屬該罪的關聯客體，而不具促成、推進犯罪實現的效用，故非屬供犯罪所用之物，不得沒收。

至於犯罪加重構成要件中若有特別工具，例如攜帶凶器竊盜罪、利用駕駛供不特定人運輸的交通工具之機會犯強制性交罪，該凶器、交通工具屬於犯罪行為人者，分別對於基本構成要件的普通竊盜罪、強制性交罪而言，仍具有促成、推進功能，即屬於供犯罪所用之物，而在得沒收之列❺。

【供犯罪所用之物的實務見解】

(1)供犯罪所用之物的意涵：刑法第 38 條第 2 項前段規定所謂供犯罪所用之物，乃指用以促成、幫助行為人實現犯罪構成要件之物，包括積極促進犯罪實現或消極排除犯罪實現之阻礙者，不以專供該次犯罪者為限。凡於個案依經驗法則判斷，對促進該次犯罪具關聯性、貢獻度者即屬之；關聯性之高低則不影響其犯罪工具之性質，僅供作為宣告沒收與否之裁量事項。而事實審法院對被告所有之物，認為對於實現本件犯罪具有關聯性，本於合目的性裁量宣告沒收，倘無違經驗法則且非濫權裁量，自無違法。（最高法院 109 年度臺上字第 1615 號判決）

(2)偽造印文的豬皮：偽造之「園屠宰印」及「桃縣稅印」，並非表示機關團體之印信，祇不過為在物品上之文字、符號，用以表示完稅之證明而已，自與刑法第 219 條所規定之印章、印文不符，以之加蓋於豬皮上，亦祇屬於刑法第 220 條以文書論之文書，與純正之公文書亦有別，偽造之稅印既與刑法第 219 條所定印章、印文不同，即不得適用該條作為沒收之依據，而應依刑法第 38 條第 1 項第 2 款上段沒收，蓋有偽印文之豬皮一塊，為上訴人所有用供犯罪之物，亦得予以沒收，不必僅將豬皮上所蓋之偽印文沒收。（最高法院 54 年臺上字第 2171 號判例❻）

(3)專供犯罪用的交通工具：毒品危害防制條例第 19 條第 2 項規定「犯第四條之罪所使用之水、陸、空交通工具，沒收之」。依 92 年 7 月 9 日修正本條例，就第 19 條之立法說明：「第三項（105 年 6 月

---

❺ 參照最高法院 106 年度臺上字第 1374 號判決。

❻ 此外，參照最高法院 51 年臺上字第 1103 號判例：**冒充稅戳之洋鐵罐**，僅屬供犯罪所用之物，並非刑法第 219 條之印章、印文可比，縱認其應予沒收，亦祇能適用刑法第 38 條第 1 項第 2 款之規定為之。

22 日修正移為第 2 項）所定應沒收之水、陸、空交通工具，依據實務上向來之見解，係指專供犯第四條之罪所使用之交通工具並無疑義，故本項不需再予修正。」足見依本項規定沒收之交通工具，以專供犯第 4 條之罪所使用者為限，且屬於犯罪行為人者，始得沒收。所謂「專供」犯第 4 條之罪，係指該水、陸、空交通工具之使用與行為人犯第 4 條之罪有直接關聯性，並依社會通念具有促使該次犯罪行為實現該構成要件者而言，若只是前往犯罪現場之交通工具，即不屬之。題旨張三交易之毒品 2 包，可隨身攜帶，縱駕車前往，僅作為其代步之工具，尚非專供犯第 4 條之罪之交通工具，不得依上開規定沒收。（最高法院 108 年度第 4 次刑事庭會議）

三、供犯罪預備之物

　　所謂供犯罪預備之物，係指基於供實施犯罪構成要件行為所預作準備而尚未使用之物。例如，基於殺人目的而準備的刀槍或毒藥；基於竊盜目的而預作準備的萬能鑰匙、破壞門窗的工具或運送贓物的車輛等。所謂預備，有認為仍然必須在刑法上有處罰預備犯為前提（臺灣高等法院臺南分院 85 年 3 月份法律座談會），亦有認為並不以法律有明文處罰預備犯者為絕對必要（最高法院 95 年度臺上字第 2050 號判決）。本書認為，供犯罪預備之物係指積極促進實現犯罪或消極排除犯罪障礙，只要對實現構成要件有關聯性或貢獻度為已足，亦即對犯罪有直接關係之物，因此所稱預備並非只預備犯，並不以法律有處罰預備犯為絕對必要。

【供犯罪預備之物的實務見解】

　　(1)犯罪有直接關係者：刑法第 38 條第 1 項第 2 款所定得沒收之供犯罪所用或供犯罪預備之物，必於犯罪有直接關係者，始屬相當。（最高法院 51 年臺非字第 13 號判例）

⑵**以法律有處罰預備犯為前提**：按供犯罪預備之物，須法律有規定處罰其預備犯罪之行為，始得依刑法第 38 條第 1 項第 2 款宣告沒收，若預備行為在法律上不成立犯罪，即無依據該條款沒收之可言。本件某甲欲向丁、戊行求賄賂，係在途中為警查獲，此部分之不法行為僅至預備階段，而刑法**投票行賄罪並無處罰預備犯之規定**，此部分既不成罪，扣案之賄款現金二包復非違禁物，依上說明，即無刑法第 38 條第 1 項第 1、2 款沒收規定之適用。（臺灣高等法院臺南分院 85 年 3 月份法律座談會）

⑶**不以法律有處罰預備犯者為絕對必要**：按刑法第 38 條第 1 項第 2 款所稱「供犯罪預備之物」，係指以供實施犯罪構成要件之行為之用為目的所預備之物，而尚未使用者。申言之，乃以供預備犯特定罪之目的所用之物，而屬於犯罪實施中或犯罪實施前，所預備者而言。此項物件，並非犯罪構成要件應具備而不可或缺者，與刑法上處罰預備行為之獨立罪所用之構成物，係屬供犯罪所用之物者有別，故「供犯罪預備之物」之沒收，**並不以法律有明文處罰預備犯者為絕對必要**。（最高法院 95 年度臺上字第 2050 號判決）

四、犯罪所生之物

所謂犯罪所生之物，係指因犯罪結果所產生，伴隨於犯罪行為而來的衍生物，例如偽造文書行為所產生的**虛偽文書**、偽造貨幣所產生的**偽幣**、製造生產的**爆裂物**等。所稱犯罪所生之物，其與犯罪利得有相異之處，犯罪利得係因犯罪行為而獲得的經濟上利益，而犯罪所生之物則係指因犯罪構成要件實行而產生的特定物。

此外，在刑法分則中，常有專科沒收的特別條款，若有專科沒收的規定者，應優先適用該規定加以沒收。例如「偽造、變造之通用貨幣、紙幣、銀行券，減損分量之通用貨幣及前條之器械原料，不問屬於犯人與否，沒收之」（§200）、「偽造、變造之有價證券、郵票、印花稅票、信

用卡、金融卡、儲值卡或其他相類作為提款、簽帳、轉帳或支付工具之電磁紀錄物及前條之器械原料及電磁紀錄，不問屬於犯人與否，沒收之」（§205）、「違背定程之度量衡，不問屬於犯人與否，沒收之」（§209）、「偽造之印章、印文或署押，不問屬於犯人與否，沒收之」（§219）、「當場賭博之器具、彩券與在賭檯或兌換籌碼處之財物，不問屬於犯罪行為人與否，沒收之」（§266 II）、「竊錄內容之附著物及物品，不問屬於犯人與否，沒收之」（§315 之 3）等。

第二項　屬於犯罪行為人以外第三人的沒收

關於犯罪物的沒收，在舊法的沒收規定中，僅針對屬於犯罪行為人的供犯罪所用、犯罪預備之物或犯罪所生之物，始可宣告沒收，但在新法的沒收新制度中，為「防止犯罪行為人藉由無償、或顯不相當等不正當方式，將得沒收的供犯罪所用、犯罪預備之物或犯罪所生之物移轉於犯罪行為人以外的自然人、法人或非法人團體等第三人所有，或於行為時由第三人以可非難的方式提供，脫免沒收的法律效果，將造成預防犯罪目的落空，因此參酌德國刑法第 74a 條的精神，在第 38 條中增訂第 3 項的規定，由法官依具體情形斟酌，即使沒收物屬於犯罪行為人以外的自然人、法人或非法人團體所有時，仍得以沒收之」的理由，將沒收的範圍擴大至「第三人之物」。

刑法第 38 條第 3 項規定：「前項之物屬於犯罪行為人以外之自然人、法人或非法人團體，而無正當理由提供或取得者，得沒收之。但有特別規定者，依其規定」，亦即「供犯罪所用之物、供犯罪預備之物或犯罪所生之物」，除屬於犯罪行為人者，得沒收之，若屬於犯罪行為人以外之自然人、法人或非法人團體，而無正當理由提供或取得者，亦得沒收之。依據此項規定，對第三人之物得宣告沒收有兩種情形：(1)第三人無正當理由而提供；(2)第三人無正當理由而取得。

所謂**第三人無正當理由而提供**，係指犯罪行為人供犯罪所用、犯罪預備之物或犯罪所生之物，若係在第三人可非難或不正當的方式提供的

情形，亦得宣告沒收。換言之，第三人有正當理由而提供，亦即以無可非難或無惡意的方式提供的情形，即不得宣告沒收。例如，屬於第三人所有的車輛，被犯罪行為人偷竊作為強盜行為的工具；屬於第三人手機，被犯罪行為人借走，卻被利用為買賣毒品的聯絡之用。

所謂**第三人無正當理由而取得**，係指犯罪行為人供犯罪所用、犯罪預備之物或犯罪所生之物，若係在犯罪後移轉於犯罪行為人以外之自然人、法人或非法人團體等第三人所有，只要該第三人屬於無正當理由而取得，亦即藉由無償或顯不相當的不正當方式而取得的情形，亦得宣告沒收。例如第三人係在犯罪行為人犯竊盜罪之後，以無償方式取得載運贓物的車輛。

第三項　犯罪物不能或不宜沒收的追徵

關於違禁物或犯罪物的沒收，考量供犯罪所用、犯罪預備之物或犯罪所生之物如價值昂貴，經變價獲利或轉讓予他人，而無法原物沒收，顯失公平，因此在第 38 條第 4 項規定「**前二項之沒收，於全部或一部不能沒收或不宜執行沒收時，追徵其價額**」。本項規定主要係針對違禁物或犯罪物若因為毀損或滅失無法沒收時，將會使沒收的規定無法貫徹，因此增設「**追徵其價額**」的沒收替代措施。

沒收原本係指沒收「原物」，防止犯罪行為人再度利用該物遂行犯罪行為，因此針對違禁物（例如毒品）、犯罪工具（例如犯案刀槍、竊盜搬運贓物的車輛）、犯罪所生之物（例如偽造的文書、偽造的貨幣）予以沒收。然而，有時「原物」已經毀損或變賣而無法以原物沒收，因此必須以追徵價額的方式來作為替代措施。

【不能或不宜沒收的追徵】

刑法諭知沒收之標的，於其客體之原物、原形仍存在時，自是直接沒收該原客體。惟於原客體不存在時，將發生全部或一部不能

沒收之情形，此時即有施以替代手段，對被沒收人之其他財產，執
行沒收其替代價額。不因沒收標的之原客體為現行貨幣，或現行貨
幣以外之其他財物或財產上利益而有不同。（最高法院 106 年度臺上
字第 2274 號判決）

第四項　犯罪物沒收或追徵過苛的調節

　　關於犯罪物的沒收，依據第 38 條第 2 項及第 3 項的規定係屬「得沒
收」，並非義務沒收。在過去舊法時代，係藉由學說與實務見解來決定衡
量基準與審酌事項，並且採相當性原則與比例原則，惟難免有過苛的情
形發生，因此新增訂「過苛調解」條款。亦即，第 38 條之 2 第 2 項規定
「宣告前二條之沒收或追徵，有過苛之虞、欠缺刑法上之重要性、犯罪
所得價值低微，或為維持受宣告人生活條件之必要者，得不宣告或酌減
之」。

　　本條項的適用範圍，包含第 38 條「違禁物」、「犯罪物」以及第 38 條
之 1「犯罪所得」的沒收與追徵。有關本條項的立法理由，主要係為了
符合比例原則，兼顧訴訟經濟，因此參考德國刑法第 73c 條及德國刑事
訴訟法第 430 條第 1 項的規定，增訂過苛調節條款，於宣告沒收或追徵
於個案運用有過苛之虞、欠缺刑法上的重要性或犯罪所得價值低微的情
形，得不予宣告沒收或追徵，以節省法院不必要的勞費，並調節沒收的
嚴苛性。依據本條項規定，有「過苛之虞」、「欠缺刑法上之重要性」、「犯
罪所得價值低微」、「為維持受宣告人生活條件之必要」四種得不宣告沒
收或酌減追徵的裁量原則。

第三節　犯罪所得的沒收

　　任何人都不得保有犯罪所得，係公平正義理念的具體實踐，屬於普
世基本法律原則。為貫徹此原則，俾展現財產變動關係的公平正義，並

使財產犯罪行為人或潛在行為人無利可圖，消弭其犯罪動機，以預防財產性質的犯罪、維護財產秩序的安全，刑法對犯罪所得採「**義務沒收**」的政策，並擴及對第三人犯罪所得的沒收。又為預防行為人不當移轉犯罪工具、犯罪產物，或於行為時由第三人以不當方式提供犯罪工具，而脫免沒收，造成預防犯罪之目的落空，對於犯罪工具、犯罪產物的沒收，亦擴大至對第三人沒收。故不論是對被告或第三人的沒收，皆與刑罰、保安處分同為法院於認定刑事違法（或犯罪）行為存在時，應賦予的一定法律效果。

　　從而，於實體法上，倘法院依審理結果，認為第三人的財產符合刑法第 38 條第 1 項（違禁物）、第 38 條之 1 第 2 項（犯罪所得）法定要件的「**義務沒收**」，或第 38 條第 3 項（犯罪工具、犯罪產物）合目的性的「**裁量沒收**」，即有宣告沒收的義務。對應於此，在程序法上，本諸控訴原則，檢察官對特定的被告及犯罪事實提起公訴，其起訴的效力當涵括該犯罪事實相關的法律效果，故法院審判的範圍，除被告的犯罪事實外，自亦包括所科處的刑罰、保安處分及沒收等法律效果的相關事實。進一步言，沒收既係附隨於行為人違法行為的法律效果，則沒收的訴訟相關程序即應附麗於本案審理程序，無待檢察官聲請，而與控訴原則無違❼。

　　依據刑法第 38 條之 1 第 2 項與第 4 項的規定，所謂犯罪必須以「違法行為」為前提要件。有關犯罪所得的沒收，如同犯罪物的沒收，必須係屬於刑事違法行為，亦即僅具有構成要件該當性與違法性為已足，而不必是具備有責性的行為。此外，依據第 40 條第 3 項規定「**第三十八條第二項、第三項之物、第三十八條之一第一項、第二項之犯罪所得，因事實上或法律上原因未能追訴犯罪行為人之犯罪或判決有罪者，得單獨宣告沒收**」，無論違法行為係既遂或未遂，均應宣告沒收。而犯罪行為人亦包含正犯與共犯，但若屬於數人共同犯罪的共同正犯，應依個人實際得利數額沒收，不得連帶沒收。

---

❼　有關犯罪所得沒收的最高法院大法庭統一法律見解，參照最高法院 108 年度臺上大字第 3594 號裁定。

【共同犯罪時犯罪所得（犯罪物）的沒收】

　　在共同犯罪的情形中，刑法上「責任共同原則」僅在處理共同犯罪參與關係中責任的認定，其與犯罪工具物的沒收重在犯罪預防並遏止犯罪，及犯罪所得的沒收旨在澈底剝奪犯罪利得以根絕犯罪誘因，係屬兩回事。從而，共同正犯間的犯罪所得應就各人實際分受所得部分而為沒收；而犯罪工具物須屬於被告所有，或被告有事實上的處分權時，始得在該被告罪刑項下併予諭知沒收，至於非所有權人，又無共同處分權的共同正犯，自無庸在其罪刑項下諭知沒收。

　　基於上述原則，在多數人共同實行犯罪時，有關違禁物、犯罪物及犯罪所得的沒收，已經不能附屬於刑罰而將全部共同行為人諭知沒收。亦即，於數人共同犯罪時，上開違禁物、供犯罪所用、犯罪預備之物或犯罪所生之物，究應如何諭知沒收，已不能依共同正犯責任共同原則，附屬於刑罰而為相同之諭知，而應依立法目的、沒收標的之性質及其存在狀態，為下列不同之處理：

㈠沒收標的為違禁物時，因違禁物本身具社會危害性，重在除去。故刑法第 38 條第 1 項規定，不問屬於犯罪行為人與否，沒收之。則於數人共同犯罪時，除非違禁物已滅失或不存在，均應對各共同正犯諭知沒收。

㈡沒收標的為供犯罪所用、犯罪預備之物或犯罪所生之物時，依刑法第 38 條第 2 項前段規定，以屬於犯罪行為人者，得沒收之。係藉由剝奪犯罪行為人之所有（包含事實上處分權），以預防並遏止犯罪。其既規定屬於犯罪行為人者，得沒收之，則於數人共同犯罪時，因共同正犯皆為犯罪行為人，故不問屬於共同正犯中何人所有，法院均得斟酌個案情節，不予沒收，或僅對共同正犯之所有者，或對部分或全部共同正犯，諭知沒收及依刑法第 38 條第 4

項規定追徵其價額。

(三)刑法第 38 條之 1 第 1 項前段犯罪所得沒收之規定，同以「屬於犯罪行為人者」，為沒收要件。則於數人共同犯罪時，因共同正犯皆為犯罪行為人，所得屬全體共同正犯，本亦應對各共同正犯諭知沒收。然因犯罪所得之沒收，在於避免被告因犯罪而坐享利得，基於有所得始有沒收之公平原則，如犯罪所得已經分配，自應僅就各共同正犯分得部分，各別諭知沒收。如尚未分配或無法分配時，該犯罪所得既屬於犯罪行為人，仍應對各共同正犯諭知沒收。與上開刑法第 38 條第 2 項前段，就「屬於犯罪行為人者」之解釋，並無不同。(最高法院 107 年度臺上字第 4430 號判決、最高法院 107 年度臺上字第 2697 號判決)

第一項　屬於犯罪行為人犯罪所得的沒收

依刑法第 38 條之 1 第 1 項規定：「犯罪所得，屬於犯罪行為人者，沒收之。但有特別規定者，依其規定」。在舊法時代，有關犯罪所得的沒收，係與「因犯罪所生之物」並列在第 38 條第 1 項第 3 款「得沒收之」。然而，新法修正時，基於「為避免被告因犯罪而坐享犯罪所得，顯失公平正義，而無法預防犯罪，現行法第 38 第 1 項第 3 款及第 3 項對屬於犯罪行為人的犯罪所得僅規定得沒收，難以遏阻犯罪誘因，而無法杜絕犯罪，亦與任何人都不得保有犯罪所得的原則有悖」的理由，因此參考前揭反貪腐公約及德國刑法第 73 條規定，將屬於犯罪行為人所有的犯罪所得」獨立出來而規定在第 38 條之 1，且採「沒收之」的義務沒收。

所謂犯罪所得，係指因犯罪結果取得之物或利益。例如竊盜行為所取得的財物、犯罪行為所獲得的報酬；走私行為本身係犯罪行為，因此所直接取得之管制進口物品，即屬犯該罪所得之財物。從而行為人走私目的乃在取得漁貨以牟利，則漁貨自屬因走私犯罪所取得之物❽。在刑法修正後的沒收新制中，有關犯罪所得的沒收方法，有沒收與追徵兩種。

犯罪所得，依據第 38 條之 1 第 4 項規定：「第一項及第二項之犯罪所得，包括違法行為所得、其變得之物或財產上利益及其孳息」。

第二項　屬於犯罪行為人以外第三人犯罪所得的沒收

刑法第 38 條之 1 第 1 項規定：「犯罪所得屬於犯罪行為人者，沒收之」，但犯罪所得若轉向第三人，或由第三人取得時，在舊法時代並無法對第三人宣告沒收。因此，在新修正的第 38 條之 1 第 2 項規定「犯罪行為人以外之自然人、法人或非法人團體，因下列情形之一取得犯罪所得者，亦同：一、明知他人違法行為而取得。二、因他人違法行為而無償或以顯不相當之對價取得。三、犯罪行為人為他人實行違法行為，他人因而取得」。

本條項的增訂，主要係基於舊法有關犯罪所得的沒收，以屬於犯罪行為人者為限，則犯罪行為人將其犯罪所得轉予第三人情形，犯罪行為人或第三人因而坐享犯罪所得，舊法的規定無法沒收，而顯失公平正義，故擴大沒收之主體範圍，除沒收犯罪行為人取得的犯罪所得外，第三人若非出於善意的情形，包括：明知他人違法行為而取得、因他人違法行為而無償或以顯不相當對價取得、或犯罪行為人為他人實行違法行為，而他人因而取得犯罪所得時，均得沒收，避免該第三人因此而獲利益。至該違法行為不以具有可責性，不以被起訴或證明有罪為必要，因此增訂第 2 項，以防止脫法並填補制裁漏洞。同時考量現今社會交易型態多樣，第三人應包括自然人、法人、非法人團體，法人包括本國及外國法人，以澈底追討犯罪所得，而符合公平正義。

---

❽　參照最高法院 109 年度臺上字第 5622 號判決：「犯罪所得」係指因犯罪結果取得之物或利益，所謂供犯罪所用之物，則指便利犯罪實施之物。而走私行為本身係犯罪行為，因此所直接取得之管制進口物品，即屬犯該罪所得之財物。從而行為人走私目的乃在取得漁貨以牟利，則漁貨自屬因走私犯罪所取得之物，又行為人利用手機聯繫走私事宜，以利走私犯罪之進行，該手機自屬供犯罪所用之物。

第三項　犯罪所得不能或不宜沒收的追徵

有關犯罪所得的原物或替代物，有時會因消費、使用或經過加工等原因，使得有全部或一部不能沒收或不宜執行沒收的情形時，因此有「追徵其價額」的明文規定。亦即，刑法第 38 條之 1 第 3 項規定：「前二項之沒收，於全部或一部不能沒收或不宜執行沒收時，追徵其價額」。

本條的立法規定，主要係參酌反貪腐公約第 31 條第 1 項第 a 款及巴勒摩公約、維也納公約均要求澈底剝奪不法利得，例如犯罪所得之物、財產上利益及其孳息，因事實上或法律上原因（如滅失或第三人善意取得）不存在時，應追徵其替代價額。另外，犯罪所得雖尚存在，惟因設定抵押權等原因而無沒收實益，或因附合財產非毀損不能分離或分離需費過鉅、混合財產不能識別或識別需費過鉅而不宜沒收時，則以追徵價額替代，以利實務運用，並符公平正義。

第四項　沒收所得已經發還被害人者不予沒收

本條的立法理由，係基於「優先保障被害人因犯罪所生的求償權，參考德國刑法第 73 條第 1 項，限於個案已實際合法發還時，始毋庸沒收，至是否有潛在被害人則非所問。若判決確定後有被害人主張發還時，則可依刑事訴訟法相關規定請求之」，因此在刑法第 38 條之 1 第 5 項規定：「犯罪所得已實際合法發還被害人者，不予宣告沒收或追徵」。

【已發還被害人者不沒收的實務見解】

(1)依刑法第 38 條之 1 第 5 項規定，倘利得未實際合法發還被害人，縱被害人放棄求償，法院仍應為沒收之宣告。有關沒收有無適用刑法第 38 條之 2 第 2 項過苛調節規定，應審酌考量該犯罪所得本身，是否具有法文所載不應沒收，或應予酌減，或以不宣告沒收為適當之特別情形。除犯罪行為人已將該犯罪所得實際發還或賠償被

害人等情形，得不宣告沒收或酌減之外，其餘情形，皆應宣告沒收。（最高法院 110 年度臺上字第 117 號判決）

(2)犯罪所得之沒收並非刑罰，性質上屬類似不當得利之衡平措施，採總額原則，使宣告利得沒收於估算數額上成為可行，更使行為人在犯罪前必須思考承受可罰行為之風險，強調投入非法事業之一切投資皆會血本無歸，與剝奪所得主要是為預防犯罪之目的相契合。非法經營銀行業務罪行為人之勞務津貼等支出顯係鼓勵人員續為招募不特定之人投入資金，可認係行為人為遂行其犯罪行為所支出之成本，自不得扣除。至如有符合實際合法發還被害人之情形，執行檢察官於判決確定後，亦得將已返還之數額自沒收範圍內扣除，尚不影響其權益。（最高法院 110 年度臺上字第 946 號判決）

(3)犯罪所得已實際合法發還被害人者，不予宣告沒收或追徵，刑法第 38 條之 1 第 5 項定有明文。上述規定旨在澈底剝奪犯罪行為人因犯罪而直接、間接所得，或因犯罪所生之財物及相關利益，以貫徹任何都不能坐享或保有犯罪所得或犯罪所生利益之理念，藉以杜絕犯罪誘因，而遏阻犯罪。並為優先保障被害人因犯罪所生之求償權，限於個案已實際合法發還被害人時，始無庸沒收。故如犯罪所得已實際合法發還被害人，或被害人已因犯罪行為人和解賠償而完全填補其損害者，自不得再對犯罪行為人之犯罪所得宣告沒收，以免犯罪行為人遭受雙重剝奪。反之，若犯罪行為人雖已與被害人達成和解而賠償其部分損害，但若其犯罪直接、間接所得或所變得之物或所生之利益，尚超過其賠償被害人之金額者，法院為貫徹前揭新修正刑法之理念（即任何都不能坐享或保有犯罪所得或所生利益），仍應就其犯罪所得或所生利益超過其已實際賠償被害人部分予以宣告沒收。（最高法院 106 年度臺上字第 1131 號判決）

第五項　犯罪所得價額的估算

有關犯罪所得的估算，刑法第 38 條之 2 第 1 項規定：「前條犯罪所得及追徵之範圍與價額，認定顯有困難時，得以估算認定之。第三十八條之追徵，亦同」。本項規定的立法理由，主要係為了解決犯罪所得的範圍與計算在訴訟上舉證困難的問題。亦即，「有關犯罪所得之沒收與追徵，其範圍及於違法行為所得、變得之物或財產上利益及其孳息，考量其範圍及價額並不具有特定性，爰參考德國刑法第 73b 條之規定，明定在認定顯有困難時，得估算之，以符實務需求」。再者，估算係為了簡化訴訟上針對數字與數量的證明程序，因此僅需「自由證明」為已足，亦即立法理由所指出「因犯罪所得之沒收性質上屬類似不當得利之衡平措施，非屬刑罰，自不適用嚴格證明法則，僅需自由證明為已足，以表明合理之證明負擔」。

所謂認定顯有困難，係指沒收的範圍與價額的相關事實已臻明確，無庸另行估算認定者而言。例如收受賄賂罪的賄款數額已在判斷該罪的構成要件時明確認定之，既無疑義，自無另行估算的必要。此外，刑法第 38 條的追徵亦有範圍及數額的認定問題，故一併在第 38 條之 2 第 1 項規定。而估算既屬證明負擔之程序事項，無論沒收或追徵之估算，自應適用裁判時法。

【估算的實務見解】

(1)**最有利方式**：投資人除匯入投資款外，亦有匯入「佣金」，共同被告不爭執起訴書所載之佣金所得，並有業務員關於從事本件業務有獲取報酬之證言，且非法經營期貨經理事業之被告自承負責辦理投資期貨課程，支付講師費、場地租金、找投資人來上課等職位、權限，法院因認衡諸常理，被告非法經營期貨經理事業之所得，必較擔任招攬業務者為高，而依最有利上訴人之方式，估算其犯罪所

得範圍。法院係依被告自承之事實及證人之證言等間接證據，認定被告有犯罪所得，僅於認定犯罪所得範圍或數額時，依「估算」之方法為之，依刑法第 38 條之 2 第 1 項規定，並無違誤。（最高法院 110 年度臺上字第 5650 號判決）

　　(2)適用自由證明為已足：按刑法第 190 條之 1 排放有害健康之物而污染河川罪、廢棄物清理法第 46 條關於未依規定清除、處理廢棄物，致污染環境罪等案件，其不法所得範圍的計算，參酌刑法第 38 條之 2 第 1 項規定，沒收標的不法利得範圍之認定，非關犯罪事實有無認定，在證據法則上並不適用嚴格證明，故無須證明至毫無合理懷疑的確信程度，適用自由證明已足。又如估算認定非顯有困難，法院必須履行通常之調查義務，再就其如何估算予以訴訟參與者陳述意見機會，而踐行相關調查程序，以符合憲法上正當法律之訴訟程序。（最高法院 109 年度臺上字第 5532 號判決）

第六項　犯罪所得沒收（追徵）的過苛調節

　　犯罪所得的沒收，為符合比例原則，兼顧訴訟經濟，參考德國刑法第 73c 條及德國刑事訴訟法第 430 條第 1 項的規定，增訂「過苛調節條款」，於宣告沒收或追徵於個案運用有過苛之虞、欠缺刑法上重要性或犯罪所得價值低微的情形，得不予宣告沒收或追徵，以節省法院不必要的勞費，並調節沒收的嚴苛性。再者，考量義務沒收對於被沒收人的最低限度生活產生影響，允由法院依個案情形不予宣告或酌減之，以保障人權。亦即，刑法第 38 條之 2 第 2 項規定：「宣告前二條之沒收或追徵，有過苛之虞、欠缺刑法上之重要性、犯罪所得價值低微，或為維持受宣告人生活條件之必要者，得不宣告或酌減之」。

【過苛條款審酌的實務見解】

(1)修正刑法就沒收部分，為符合比例原則，兼顧訴訟經濟，節省法院不必要之勞費，及考量義務沒收對於被沒收人之最低限度生活產生影響，增訂過苛條款，於第38條之2第2項明定：「宣告前二條之沒收或追徵，有過苛之虞、欠缺刑法上之重要性、犯罪所得價值低微，或為維持受宣告人生活條件之必要者，得不宣告或酌減之」。所謂「宣告前二條之沒收或追徵」，依其文義、立法體例及立法精神，自係指依第38條、第38條之1規定宣告之沒收、追徵而言，其中第38條部分，當然包括該條第2、3項前段與但書在內，而非僅限於前段規定，始有適用。(最高法院107年度臺上字第4337號判決)

(2)刑法第38條之2第2項規定之過苛調節條款，係於宣告沒收或追徵有過苛之虞、欠缺刑法上之重要性或犯罪所得價值低微時，並考量義務沒收對於被沒收人之最低限度生活產生影響，故允由事實審法院就個案具體情形，依職權裁量不予宣告或酌減，以調節沒收之嚴苛性。行為人以其所有之漁船供私運管制物品進口犯罪所用，一而再以之走私貨品，為查獲後仍不知收手，並再度以該漁船犯下走私罪行，應依刑法第38條第2項前段規定，於所犯準私運管制物品進口之罪刑項下，諭知沒收，未適用上開過苛調節條款，並無違誤。(最高法院108年度臺上字第2394號判決)

(3)「於特別刑法除另有特別規定外，固亦有過苛條款之適用，惟首需確認是否為刑法第38條、第38條之1所列犯罪物及犯罪所得，再審究若予沒收有無過苛之虞，即是否欠缺刑法上之重要性，或犯罪所得價值低微，或為維持受宣告人生活條件之必要，而後擇以酌減或變通方式為沒收，或全免沒收。此項過苛事由應審酌被沒收人之經濟情況、社會地位、身心健康、生活條件等具體之人道因

素，及應考量該犯罪所得與犯罪關聯性強弱、與再投入犯罪可能性之高低等情節，且酌減額度或全免，以維持被沒收者生活條件之必要範圍內為限，並得參民事強制執行關於酌留薪資方式之慣例處理，且沒收金額亦得以分期繳交方式為之，以符合比例原則。」（最高法院110年度臺上字第4525號判決）

第七項　犯罪所得的所有權移轉

有關犯罪所得的所有權或其他權利，沒收裁判確定後的權利移轉，係在新修正的第38條之3第1項規定：「第三十八條之物及第三十八條之一之犯罪所得之所有權或其他權利，於沒收裁判確定時移轉為國家所有」。

【犯罪所得所有權移轉的實務見解】

關於犯罪所得之範圍，刑法第38條之1第4項規定所稱「其變得之物」，指犯罪與利得間，因介入其他法律或事實行為而欠缺直接關聯性之「間接利得」，包括因運用而得之財產及以利得換得之替代物。又刑法第38條之3第1項規定同法第38條之物及第38條之1之犯罪所得之所有權或其他權利，於沒收裁判確定時移轉為國家所有，然此係適用在沒收之客體為具體之物或權利之情形，始能移轉為國家所有，否則無從發生該條項所定沒收之效力。（最高法院109年度臺上字第285號判決）

第四節　沒收的宣告與執行

第一項　沒收的宣告

刑法第40條規定：「Ⅰ沒收，除有特別規定者外，於裁判時併宣告

之。II違禁物或專科沒收之物得單獨宣告沒收。III第三十八條第二項、第三項之物、第三十八條之一第一項、第二項之犯罪所得，因事實上或法律上原因未能追訴犯罪行為人之犯罪或判決有罪者，得單獨宣告沒收」（§40）。因此，關於沒收的宣告，有併科沒收與單獨沒收二種。

　　㈠一併宣告：依第 40 條規定，原則上，沒收應於裁判時併宣告之，例外的情形，法律有特別規定者，例如刑事訴訟法第 259 條之 1 或其他可以單獨沒收的情形，可不必於裁判時併予宣告。

　　㈡單獨宣告：由於沒收新制將沒收定位為獨立的法律效果，故沒收宣告不須依附於裁判，依刑法第 40 條第 2 項及第 3 項的規定，得單獨沒收的情形有二：

　　　1.違禁物或專科沒收之物，得單獨宣告沒收：針對不成立犯罪或不知犯罪人為何人的情形，得單獨宣告沒收所查獲的違禁物。此外，刑法分則或刑事特別法關於專科沒收之物，例如偽造之印章、印文、有價證券、信用卡、貨幣，雖非違禁物，然其性質究不宜任令在外流通，自得單獨宣告沒收。

　　　2.供犯罪所用、犯罪預備之物或犯罪所生之物、或屬於犯罪行為人以外之自然人、法人或非法人團體的犯罪所得，因事實上或法律上原因未能追訴犯罪行為人之犯罪或判決有罪者，得單獨宣告沒收。至於所稱「因事實上或法律上原因」，立法理由舉出「將現行因犯罪行為人死亡、逃匿、或曾經判決確定而為不起訴、不受理或免訴判決者、或因心神喪失、疾病不能到庭而停止審判等，因無主刑而不能宣告沒收之情形，均得單獨宣告沒收」。

【單獨宣告的實務見解】

　　(1)為避免犯罪行為人因犯罪而坐享犯罪所得，顯失公平正義，而無法預防犯罪，刑法第 38 條之 1 第 1 項規定，乃須剝奪其犯罪所得，以根絕犯罪誘因，並符任何人都不得保有犯罪所得之原則，又

於犯罪行為人將其犯罪所得轉予第三人情形，犯罪行為人或第三人因而坐享犯罪所得，而顯失公平正義，故同法條第 2 項規定擴大沒收之主體範圍，除沒收犯罪行為人取得之犯罪所得外，第三人若非出於善意之情形，包括：**明知他人違法行為而取得、因他人違法行為而無償或以顯不相當對價取得、或犯罪行為人為他人實行違法行為，而他人因而取得犯罪所得時，均得沒收之**，避免該第三人因而獲利益。（最高法院 110 年度臺抗字第 1263 號裁定）

　　(2)對於如遇到犯罪行為人死亡，犯罪所得財產發生繼承之事實時，因繼承人係自他人違法行為而無償取得之第 3 人，依修正後刑法第 38 條之 1 第 2 項第 2 款規定，仍在應予沒收之列，而依修正後刑事訴訟法第 455 條之 37 所定關於第 3 人沒收程序之規定，於單獨宣告沒收仍有準用之意旨，檢察官聲請單獨宣告沒收時，即應依同法第 455 條之 13 規定通知該繼承人，法院依同法第 455 條之 12 規定，亦應依聲請或依職權裁定命繼承人參與單獨宣告沒收程序。（最高法院 110 年度臺抗字第 1386 號刑事裁定）

　　(3)公司負責人若以從事刑事違法行為作為其執行公司業務之內容而獲取不法利得，效果直接歸屬於該公司者，該公司即屬刑法第 38 條之 1 第 2 項第 3 款規定所指之**因犯罪行為人實行違法行為，因而取得犯罪所得之他人**（即第三人）。故除非該犯罪所得更另移轉予他人，否則於該負責人之刑事本案訴訟中，關於犯罪所得之沒收，自應以獲取此利得之被告以外第三人即該公司為對象，依刑事訴訟法第七編之二「沒收特別程序」規定，進行第三人沒收程序後，對該公司依法裁判，始符合正當法律程序。（最高法院 109 年度臺上字第 5867 號判決）

　　上開案例，係有關稅捐稽徵法第 47 條第 1 項第 3 款所規定商業登記法的「商業負責人」應受處罰，係自同法第 41 條轉嫁而來，並非因身分成立之罪，若非該實業社的負責人，即非轉嫁之對象，縱有參與逃漏稅

捐的行為，並非刑法第 31 條第 1 項的「因身分成立之犯罪」，應成立稅捐稽徵法第 43 條第 1 項的幫助犯。

第二項　沒收的執行

有關沒收的執行，刑法新增訂：「Ⅰ宣告多數沒收者，併執行之。Ⅱ沒收，除違禁物及有特別規定者外，逾第八十條規定之時效期間，不得為之。Ⅲ沒收標的在中華民國領域外，而逾前項之時效完成後五年者，亦同。Ⅳ沒收之宣告，自裁判確定之日起，逾十年未開始或繼續執行者，不得執行。」（§40 之 2）

由於刑法正將沒收列為專章，具獨立之法律效果，故宣告多數沒收情形，並非數罪併罰，爰將原條文第 51 條第 9 款配合刪除，而於本條第 1 項規定。其次，沒收為具獨立性的法律效果，固無追訴權時效的適用，惟沒收仍實質影響財產關係與交易安全，自宜明定沒收的時效，以本法第 80 條所定的時效期間為計，逾時效期間即不得為沒收，故於本條第 2 項規定。再者，沒收標的若在中華民國領域外，考量司法互助雙方往來所需之時程，宜延長五年沒收的時效期間，故增訂第 3 項，俾利實務運作。最後，沒收具獨立性的法律效果，無行刑權時效的適用，原條文第 84 條第 1 項第 4 款關於專科沒收之行刑權時效已配合刪除，惟沒收之執行與犯罪行為人或第三人的權益相關，不宜長期不執行，影響法秩序的安定，爰於第 4 項增訂沒收的執行期間；又因目前金融交易趨向國際化，重大經濟、貪瀆、洗錢、跨境詐欺等犯罪所得，可輕易移轉至我國領域外，遇有此種情形，僅能請求提供刑事司法互助，其程序甚為費時，故執行期間定為十年，逾十年未開始或繼續執行者，不得執行。而所定「未開始或繼續執行者」，應包括「未開始」執行及開始執行後「未繼續」執行兩種情形。

第三章　保安處分

【保安處分的構造】

保安處分的種類
- (1)感化教育（§86）
- (2)監護（§87）
- (3)禁戒（§§88，89）
- (4)強制治療（§91之1）
- (5)保護管束（§§92，93）
- (6)驅逐出境（§95）

保安處分的宣告與執行
- 保安處分的宣告（§96）
- 保安處分的免除執行（§98）
- 保安處分的時效（§99）

第一節　保安處分的概念

自人類有社會生活以來，刑罰的應報刑觀念歷經數個世紀的演進，從古代對身體的酷刑一直到啟蒙時代而逐漸形成自由刑，並得兼以教育或治療為目的。例如，針對因行為時精神異常的精神障礙人，雖然此類犯罪人並不具有刑事責任能力，但仍然具有相當的社會危險性，且其危險性亦非刑罰所能矯正者，因此基於刑事政策的考量，遂產生現代的保安處分制度。

第一項　保安處分的意義

保安處分 (Sicherungsmaßnahme) 的意義，大致上有廣義與狹義二種解釋。**廣義的保安處分**，係指刑罰以外，用以補充或代替刑罰的一切處分，故包含對人的保安處分與對物的保安處分；而**狹義的保安處分**，則係指對人的保安處分，並不包含對物的保安處分，亦即指刑法上所規定的保安處分❶。換言之，廣義的保安處分，在意義上既不以犯罪行為的存在為前提，包含行政上的保安處分，只要有危險性存在即為已足；至狹義的保安處分則須具有一定的犯罪行為，所以單指刑法上的保安處分，亦即對於人身自由有拘束或限制。

目前學說與實務見解，大多係採狹義的解釋論，認為保安處分專指刑法上對人的保安處分而言。就我國刑法而言，設有限制自由的保護管束，以及剝奪行為人自由的強制治療、感化教育等等對人的保安處分，因此應屬於狹義保安處分的範疇。其他在行政法規當中類似於物的保安

---

❶ 有關保安處分的意義，我國 84 年司法院釋字第 384 號協同意見書中，亦提及「保安處分又分為廣義與狹義二者，前者（廣義）謂為預防犯罪，於刑罰之外所為代替或補充刑罰的一種處分，此項處分不以有犯罪行為為要件，客觀上苟有實行犯罪的危險性者即可宣告之。後者（狹義）以有犯罪行為為前提，剝奪行為人之自由，以代替或補充刑罰之司法處分。」

處分，我國立法上均認為並非屬於保安處分的範疇，而係屬行政罰的範疇，例如道路交通管理處罰條例中吊扣駕照、吊銷駕照等；行政罰法第2條有關限制或禁止行為處分、剝奪或消滅資格、權利的處分等等皆為適例。

本書亦基於狹義解釋論的立場，認為保安處分係指以行為人本身所具有社會的危險性為基礎，在考量社會安寧秩序維持的同時，以對行為人予以改善或治療等為目的而施予的一種司法處分。

第二項　保安處分的本質

關於保安處分的本質，必須從刑罰與保安處分的關係上來探討。在學說上，有主張刑罰與保安處分具有「同質性」與「異質性」二種對立見解，其主要係來自於古典學派與近代學派的理論思想不同。一般而言，保安處分制度的開端，係源自於近代學派刑法理論推動下的結果，但由於古典學派在刑罰與保安處分的關係上，其立論係與近代學派相異，故刑罰與保安處分的關係，亦成為近代學派與古典學派爭論的重要議題。

近代學派認為，刑罰與保安處分二者在本質上具有同質性，因而否定二者併存的立法體制。此種理論稱為「一元論」；而古典學派認為，刑罰與保安處分二者在本質上具有異質性，因而肯定二者可以併存的立法體制。此種理論稱為「二元論」。

在一元論的見解中，徹底否定應報刑主義，主張預防主義，認為保安處分亦以防衛社會為其目的，主要在改善具有危險性的犯罪人，故其與刑罰具有相同的本質。而在二元論的見解中，主要係基於應報刑主義，認為刑罰與保安處分二者的本質並不相同，刑罰係針對現在的犯罪所施予的制裁，而保安處分則係對未來的犯罪的危險性所為的預防措施，二者各自形成一個體系且相輔相成。

在歐洲各國的立法例上，大多數係基於刑罰與保安處分二者具有相異的本質，故趨向採二元論的立法體制，亦即在刑法典中並列規定刑罰與保安處分 ❷。我國刑法亦採二元論立法體系。在採二元論立法體制的

情形，針對同一人科處刑罰與保安處分時，在適用上應如何處理，亦即刑罰與保安處分的執行順序為何？此一問題，通常有採擇一主義、併科主義及替代主義等三種方式。

所謂擇一主義，係指在刑的宣告上，就刑罰與保安處分二者擇一宣告的原則，亦稱為「宣告上替代主義」。所謂併科主義，則係指在責任方面以刑罰處理，在危險性方面則採保安處分處理，二者合併科處執行。所謂替代主義，係在宣告上採刑罰與保安處分併科主義，執行上若一方具有成效，則在此限度內免除他方的執行，亦稱為「執行上替代主義」。

綜合上述，基於二元論的立場，應認為刑罰與保安處分二者具有「異質性」，故保安處分係刑罰以外的另一種法律效果，其係針對特定犯罪人的某些社會危險性所採取的預防措施，藉此措施而教化或矯治行為人，降低犯罪行為人的社會危險性，達到防止犯罪人再度犯罪以及防衛社會大眾安全的目的。

此外，從刑法的具體機能而言，現代刑法已經不再係僅具有漢摩拉比法典上「以眼還眼、以牙還牙」的應報刑思想❸，刑法上有刑罰與保

---

❷ 歐洲各國最早係在十八世紀末，由德國學者柯來恩 (E. F. Klein) 主張必須設置保安處分措施，接著由瑞士學者史多斯 (C. Stooss) 於 1893 年瑞士刑法預備草案提出設置保安處分措施。其後，德國、奧地利、義大利、法國等國亦相繼提出增設保安處分的刑法草案，而於 1930 年義大利刑法、1932 年波蘭刑法、1933 年德國刑法、1937 年瑞士刑法等增設保安處分。此外，比利時於 1930 年以「社會防衛法」針對精神異常者及常習犯設置保安處分。此等草案或立法例，均係採二元的立法體制。

❸ 漢摩拉比法典係法國考古學家於現在的敘利亞境內所發掘。大約於西元前 2000 年間，居住在巴比倫及其周圍的民族勢力強大，當巴比倫王國由漢摩拉比繼任後，積極推行社會改革，於是自西元前 1792 年至西元前 1750 年間制訂「漢摩拉比法典」，並刻成碑文加以保存。漢摩拉比法典碑上的楔形文字總共記載 282 條法律，內容廣泛，包括租金、醫療、財產、誣告、偷竊等，其中最著名者係第 196 條與第 197 條，在該等條文中記載「若自由人毀壞其他自由人的眼睛時，其本身的眼睛亦將遭受毀壞；若折斷其他自由人的腳時，自己的腳

安處分二種法律效果，一方面可制裁違反法律秩序的犯罪行為人，藉以保護國家、社會及個人等法益、遏止犯罪、保障人權以及維護法的和平性，另一方面更能透過矯治主管機關的治療與教化處分，協助行為人再社會化，促使行為人早日復歸社會。因此，刑罰與保安處分二者相輔相成，實屬最妥適的立法體制。

第三項　刑罰與保安處分的區別

基於上述二元立法體制的觀點，刑罰係著重於對於行為人過去犯罪行為的處罰，使犯罪行為人產生痛苦係刑罰的主要目的，而保安處分則係為了協助犯罪行為人再社會化，使其重新回歸社會生活，亦藉此來降低犯罪行為人的社會危險性，以達到根治犯罪、預防犯罪及社會防衛的最主要目的。因此，刑罰與保安處分二者大致上可從以下四種觀點來加以區別。

一、處罰的對象

刑罰係針對具有可罰性的犯罪行為人而制定，依據犯罪三階層理論的見解，一個具有可罰性的犯罪行為，應具備構成要件該當性、違法性與有責性三要件，若缺其一則無刑罰適用的餘地。然而，保安處分的主要目的在於降低犯罪行為人本身的社會危險性，因而縱使行為人欠缺有責性，只要其對於社會的危險性並未降低，法官仍可對其施以保安處分❹。

二、處罰的裁量

基於罪刑法定主義的基本原則，對於各種犯罪行為的處罰，由於在刑法中均有明文規定，故法官的裁量空間仍屬有限。至於保安處分則係針對行為人特別性預防的目的而規定，其主要的目的在針對犯罪行為人

亦將被折斷。」

❹　柯耀程，《刑法總論釋義　修正法篇（下）》，元照出版，2006 年 3 月初版，660–661 頁。

自身的社會危險性加以矯治,因此對於各別行為是否宣告保安處分,法官具有更大的裁量空間來選擇保安處分的方式與手段。

三、處罰的本質

刑罰的本質,係針對犯罪行為人現在已經實行的犯罪行為加以處罰,至於保安處分的本質,則係著重於犯罪行為人在犯罪後的未來行為危險性而加以預防。基於二者本質上的相異,故刑罰的目的在於懲罰犯罪行為人,因而對行為人具有相當的痛苦性以及社會倫理的非難性;而保安處分並非懲罰犯罪行為人,而係矯治與教化犯罪行為人,故對行為人並不具有痛苦性與社會倫理的非難性。

四、處罰的機能

刑罰著重在實現正義的價值,而保安處分則著重在預防犯罪,在機能上仍具有相當明顯的差異性。刑罰雖亦可藉由制裁犯罪行為人而達到預防犯罪的效果,但就特別性預防的觀點而言,保安處分主要目的係協助犯罪行為人再社會化與防衛社會秩序,故應係較刑罰更具預防犯罪的機能,亦更能教化與矯治犯罪行為人的危險性格,達到預防犯罪的目的。

第二節　保安處分的種類

依據我國刑法第十二章的規定,保安處分有以下類型❺:(1)感化教育、(2)監護、(3)禁戒、(4)強制治療、(5)保護管束、(6)驅逐出境。

---

❺ 我國刑法原本有規定強制工作的保安處分,亦即在第 90 條第 1 項規定「有犯罪之習慣或因遊蕩或懶惰成習而犯罪者,於刑之執行前,令入勞動場所,強制工作」及第 2 項前段規定「前項之處分期間為 3 年」,但依據司法院大法官民國 110 年 12 月 10 日釋字第 812 號解釋:「就受處分人之人身自由所為限制,違反憲法第 23 條比例原則,與憲法第 8 條保障人身自由之意旨不符,應自本解釋公布之日起失其效力。」

第一項　感化教育

一、感化教育的意義

所謂感化教育，係指針對未滿十八歲之人所設的教化處分。感化教育主要係依據刑法第 86 條與少年事件處理法第 52 條 「感化教育的執行」、第 53 條「保護管束及感化教育的期間」、第 56 條「感化教育的免除或停止執行」❻而實施。由於少年事件處理法係屬於特別法，故一般係依少年事件處理法，而在少年事件處理法無規定者，始依刑法來處理。

刑法所規定的感化教育處分，與少年事件處理法中的感化教育處分並不相同，前者係針對「因犯罪而不罰或減輕其刑者」，而後者係針對「有觸犯刑罰法律之虞者」。然而，兩者都是針對具有社會危險性的少年而為規定，由於少年思慮未周且易受影響進而產生偏差行為，故期望藉由具有教育性質的感化教育，於少年尚未對社會造成重大危害之前給予教化，協助其改善其不良的行為，並培養其適應社會生活的能力。

我國感化教育的執行機構，早期稱為「感化院」，惟因名稱不雅，社會對於具有感化院背景的少年均帶有極度負面的評價，使得從感化院出身的少年，難以在社會異樣眼光下重新回歸正常的社會生活，故其後改

---

❻　少年事件處理法第 52 條：「I 對於少年之交付安置輔導及施以感化教育時，由少年法院依其行為性質、身心狀況、學業程度及其他必要事項，分類交付適當之福利、教養機構或感化教育機構執行之，受少年法院之指導。II 感化教育機構之組織及其教育之實施，以法律定之」；同法第 53 條：「保護管束與感化教育之執行，其期間均不得逾三年」；同法第 56 條：「I 執行感化教育已逾六月，認無繼續執行之必要者，得由少年保護官或執行機關檢具事證，聲請少年法院裁定免除或停止其執行。II 少年或少年之法定代理人認感化教育之執行有前項情形時，得請求少年保護官為前項之聲請，除顯無理由外，少年保護官不得拒絕。III 第一項停止感化教育之執行者，所餘之執行時間，應由少年法院裁定交付保護管束。IV 第五十五條之規定，於前項之保護管束準用之；依該條第四項應繼續執行感化教育時，其停止期間不算入執行期間」。

稱「少年輔育院」，並分別在桃園、彰化以及高雄各設立一所，其中並由法務部負責指揮監督，近年又更名為「少年矯正學校」，繼續執行感化教育的重要任務。

【感化教育的規定】

⑴因未滿十四歲而不罰者，得令入感化教育處所，施以感化教育（§86Ⅰ）。

⑵因未滿十八歲而減輕其刑者，得於刑之執行完畢或赦免後，令入感化教育處所，施以感化教育。但宣告三年以下有期徒刑、拘役或罰金者，得於執行前為之（§86Ⅱ）。

⑶感化教育之期間為三年以下。但執行已逾六月，認無繼續執行之必要者，法院得免其處分之執行（§86Ⅲ）。

二、感化教育的要件

依據上述規定，感化教育具有以下二要件：⑴必須對十二歲以上未滿十八歲的未成年人、⑵必須有觸犯刑罰法律的行為或有觸犯刑罰法律之虞。

㈠必須對十二歲以上未滿十八歲的未成年人

依據少年事件處理法第 2 條「本法稱少年者，謂十二歲以上十八歲未滿之人。」、刑法第 86 條第 1 項「因未滿十四歲而不罰者」、刑法第 86 條第 2 項「因未滿十八歲而減輕其刑者」等規定，感化教育的施行對象必須為十二歲以上未滿十八歲的未成年人。

㈡必須有觸犯刑罰法律的行為或有觸犯刑罰法律之虞

針對未成年人施以感化教育，其行為必須係屬有觸犯刑罰法律的行為而不罰或減輕其刑，亦即係指刑法第 86 條所規定「因未滿十四歲而不罰者」與「因未滿十八歲而減輕其刑者」而言。其中，未滿十八歲之人犯罪，若法官未減輕其刑者，應視為已經完全負刑事責任，不得併科感

化教育❼。

　　此外，其行為必須有觸犯刑罰法律之虞，亦即少年事件處理法第 3 條第 1 項第 2 款所規定的依其性格及環境而有以下各種行為之一者：「⑴經常與有犯罪習性之人交往者。⑵經常出入少年不當進入之場所者。⑶經常逃學或逃家者。⑷參加不良組織者。⑸無正當理由經常攜帶刀械者。⑹吸食或施打煙毒或麻醉藥品以外之迷幻物品者。⑺有預備犯罪或犯罪未遂而為法所不罰之行為者。」

三、感化教育的期間

　　感化教育的期間，依據刑法規定：「感化教育之期間為三年以下。」（§86III前段）。此外，少年事件處理法亦有相同規定：「保護管束與感化教育之執行，其期間均不得逾三年。」（§53）

　　感化教育的執行，係以三年為限，但由於感化教育重在教化，若無繼續執行的必要性，在執行已逾六月，得由法院或少年法院裁定免除或停止其執行（刑法 §86III後段、少年事件處理法 §56 I）。

第二項　監　護

一、監護的意義

　　所謂監護，依文義解釋，係指監禁、保護精神障礙者而言，而實質上監護具有治療的意義。監護處分係以精神障礙、心智缺陷或瘖啞人等為對象，由於該等人先天或後天的病症而無法使其人格獲得正常發展，在此種情形下，雖然行為人實行犯罪行為，卻無法使其負擔刑事責任，故在其有再犯或危害公共安全之虞時，為避免其再度犯罪，將其交付於

---

❼　參照最高法院 47 年臺非字第 51 號判例：刑法第 86 條第 2 項所定感化教育之保安處分，以因未滿 18 歲而減輕其刑者為限，被告雖未滿 18 歲，而原判決對其所犯之傷害兩罪，既未適用減輕法條減輕其刑，而竟為施以感化教育之論知，顯屬違法。

適當的處所加以監禁與保護，以降低其再度犯罪的可能性。

　　近年來，發生數起精神障礙者的重大殺人事件，例如 2012 年 12 月殺人犯**曾文欽**在臺南市湯姆熊遊樂場將 10 歲兒童割喉案、2014 年 5 月殺人犯**鄭捷**在臺北捷運板南線列車上隨機殺人案、2016 年 3 月殺人犯**王景玉**在北市內湖區道路上將 4 歲女童小燈泡斷頸案、2019 年 7 月殺人犯**鄭再由**在臺鐵嘉義站持刀刺死鐵路警察李承翰案等，上述案都是精神障礙者殘忍殺人事件，當此類案件發生後，每每激起社會大眾之不安與對精神病患的恐懼感，學界與實務機關針對精神障礙者犯罪後的處遇問題，經過無數次的檢討與研究討論後，終於決定修正現行精神障礙者的監護規定，提出更完善的監護處分制度。

　　立法院於 2021 年 1 月 27 日三讀通過「**刑法第 87 條、第 98 條條文**」（新修正的刑法第 87 條及第 98 條於 2022 年 2 月 18 日公布施行）、「**保安處分執行法部分條文修正案**」（新修正的保安處分執行法第 46 條、第 71 條及新增設第 46 條之 1、第 46 條之 2、第 46 條之 3 於 2022 年 2 月 18 日公布）以及「刑事訴訟法部分條文修正案」（新增設刑事訴訟法第十章之一暫行安置，其中增訂第 121 條之 1～第 121 條之 6 於 2022 年 2 月 18 日公布施行）。此次所修正的監護處分新制度，主要是監護處分期間可由檢察官聲請，經法院審查後裁定是否延長，並增加令入司法精神醫院、精神醫療機構、身心障礙福利機構、接受特定門診治療等方式執行監護處分，並增設「暫行安置新制度」❽，建立完善的社會安全網。

---

❽ 刑事訴訟法新設第十章之一「**暫行安置**」，其中**第 121 條之 1**：「Ⅰ 被告經法官訊問後，認為犯罪嫌疑重大，且有事實足認為刑法第 19 條第 1 項、第 2 項之原因可能存在，而有危害公共安全之虞，並有緊急必要者，得於偵查中依檢察官聲請，或於審判中依檢察官聲請或依職權，先裁定諭知六月以下期間，令入司法精神醫院、醫院、精神醫療機構或其他適當處所，施以暫行安置。Ⅱ 第 31 條之 1、第 33 條之 1、第 93 條第 2 項前段、第 5 項、第 6 項、第 93 條之 1 及第 228 條第 4 項之規定，於偵查中檢察官聲請暫行安置之情形準用之。Ⅲ 暫行安置期間屆滿前，被告經法官訊問後，認有延長之必要者，得於偵查中依檢察

官聲請，或於審判中依檢察官聲請或依職權，以裁定延長之，每次延長不得逾六月，並準用第 108 條第 2 項之規定。但暫行安置期間，累計不得逾五年。IV檢察官聲請暫行安置或延長暫行安置者，除法律另有規定外，應以聲請書敘明理由及證據並備具繕本為之，且聲請延長暫行安置應至遲於期間屆滿之五日前為之。V對於第 1 項及第 3 項前段暫行安置、延長暫行安置或駁回聲請之裁定有不服者，得提起抗告。」

第 121 條之 2：「I法官為前條第 1 項或第 3 項前段訊問時，檢察官得到場陳述意見。但檢察官聲請暫行安置或延長暫行安置者，應到場陳述聲請理由及提出必要之證據。II暫行安置或延長暫行安置所依據之事實、各項理由之具體內容及有關證據，應告知被告及其辯護人，並記載於筆錄。III檢察官、被告及辯護人得於前條第 1 項或第 3 項前段訊問前，請求法官給予適當時間為陳述意見或答辯之準備。IV暫行安置、延長暫行安置，由該管檢察官執行。」

第 121 條之 3：「I暫行安置之原因或必要性消滅或不存在者，應即撤銷暫行安置裁定。II檢察官、被告、辯護人及得為被告輔佐人之人得聲請法院撤銷暫行安置裁定；法院對於該聲請，得聽取被告、辯護人及得為被告輔佐人之人陳述意見。III偵查中經檢察官聲請撤銷暫行安置裁定者，法院應撤銷之，檢察官得於聲請時先行釋放被告。IV撤銷暫行安置裁定，除依檢察官聲請者外，應徵詢檢察官之意見。 V對於前四項撤銷暫行安置裁定或駁回聲請之裁定有不服者，得提起抗告。」

第 121 條之 4：「I案件在第三審上訴中，而卷宗及證物已送交該法院者，關於暫行安置事項，由第二審法院裁定之。II第二審法院於為前項裁定前，得向第三審法院調取卷宗及證物。」

第 121 條之 5：「I暫行安置後，法院判決未宣告監護者，視為撤銷暫行安置裁定。II判決宣告監護開始執行時，暫行安置或延長暫行安置之裁定尚未執行完畢者，免予繼續執行。」

第 121 條之 6：「I暫行安置，本法未規定者，適用或準用保安處分執行法或其他法律之規定。II於執行暫行安置期間，有事實足認被告與外人接見、通信、受授書籍及其他物件，有湮滅、偽造、變造證據或勾串共犯或證人之虞，且情形急迫者，檢察官或執行處所之戒護人員得為限制、扣押或其他必要之處分，並應即時陳報該管法院；法院認為不應准許者，應於受理之日起三日內撤銷之。III前項檢察官或執行處所之戒護人員之處分，經陳報而未撤銷者，其效力之期間為七日，自處分之日起算。IV對於第 2 項之處分有不服者，得於處分之日起

歸納而言，對於犯罪行為人行為時因精神障礙或其他心智缺陷時，有刑法第 19 條規定不罰或減輕其刑的規定，若其情狀足認有再犯或有危害公共安全的疑慮而施以監護，依同法第 87 條規定，監護期間均為五年以下，而為了更符合實際監護醫治的需求，新制度除了可以延長監護處分的期間，同時採定期延長、法官保留及定期評估原則，以兼顧人權保障及確保社會大眾的安全。再者，受監護處分者，依保安處分執行法第 46 條規定，檢察官應按其情形，指定精神病院、醫院、慈善團體及其最近親屬或其他適當處所。此外，為了使檢察官在執行監護處分得依受處分人情況予以多元方式處遇，此次修正增加司法精神醫院、精神醫療機構、身心障礙福利機構、接受特定門診治療等方式，讓檢察官可以按情形來指定執行，且對受處分人予以定期評估，於監護處分期間屆滿前，將受處分人轉銜予當地主管機關，提供受處分人照顧服務，以達監護處分的目的。

【監護處分的規定】

(1)因第 19 條第 1 項之原因而不罰者，其情狀足認有再犯或有危害公共安全之虞時，令入相當處所或以適當方式，施以監護。(§87Ⅰ)

(2)有第 19 條第 2 項及第 20 條之原因，其情狀足認有再犯或有危害公共安全之虞時，於刑之執行完畢或赦免後，令入相當處所或以適當方式，施以監護。但必要時，得於刑之執行前為之。(§87Ⅱ)

(3)前二項之期間為五年以下；其執行期間屆滿前，檢察官認為有延長之必要者，得聲請法院許可延長之，第一次延長期間為三年以下，第二次以後每次延長期間為一年以下。但執行中認無繼續執行之必要者，法院得免其處分之執行。(§87Ⅲ)

十日內聲請撤銷或變更之。法院不得以已執行終結而無實益為由駁回。Ⅴ第 409 條至第 414 條規定，於前項情形準用之。Ⅵ對於第 2 項及第 4 項之裁定，不得抗告。」

(4)前項執行或延長期間內，應每年評估有無繼續執行之必要。(§87 IV)

二、監護處分的要件

依據上述規定，監護處分具有以下三個要件：(1)須對精神異常者或瘖啞人、(2)須再犯或有危害公共安全之虞、(3)須在指定場所執行。

㈠須對精神異常者或瘖啞人

監護的對象，必須係屬「因第 19 條第 1 項之原因而不罰者」，亦即指「因精神障礙者行為時因精神障礙或其他心智缺陷，致不能辨識其行為違法或欠缺依其辨識而行為之能力者，不罰。」的情形，或者係屬「因第 19 條第 2 項之原因」、「因第 20 條之原因」而減輕其刑者，亦即指「行為時因精神障礙或其他心智缺陷，致其辨識行為違法或依其辨識而行為之能力，顯著減低者，得減輕其刑」、「瘖啞人之行為，得減輕其刑」的情形。

㈡須再犯或有危害公共安全之虞

監護的對象，由於係屬精神異常者或瘖啞人，其中大多數具有社會的危險性，但亦有不具社會危險性者，故必須視其實際情況而決定是否必須執行監護處分。此外，必須依據該等犯罪行為人的素行、前科、犯罪情狀而判斷是否有再犯的可能性，若無再犯之虞者，則不須宣告監護處分❾。

㈢須在指定場所執行

---

❾　參照 2005 年 2 月刑法修正第 87 條的法務部立法說明㈠：監護處分必須對該等犯罪人有再犯或危害公共安全之虞，其理由為：保安處分之目標，在消滅犯罪行為人之危險性，藉以確保公共安全。對於因第 19 條第 1 項之原因而不罰之人或有第 2 項及第 20 條原因之人，並非應一律施以監護，必於其情狀有再犯或有危害公共安全之虞時，為防衛社會安全，應由法院宣付監護處分，始符保安處分之目的。

　　關於監護處分的執行，依 2022 年 2 月 18 日新修正保安處分執行法第 46 條的規定：「I 因有刑法第十九條第一項、第二項或第二十條之情形，而受監護處分者，檢察官應按其情形，指定下列一款或數款方式執行之：一、令入司法精神醫院、醫院或其他精神醫療機構接受治療。二、令入精神復健機構、精神護理機構接受精神照護或復健。三、令入身心障礙福利機構或其他適當處所接受照顧或輔導。四、交由法定代理人或最近親屬照顧。五、接受特定門診治療。六、其他適當之處遇措施。II 檢察官為執行前項規定，得請各級衛生、警政、社會福利主管機關指定人員協助或辦理協調事項。」

　　因此，監護處分的執行，依保安處分執行法第 46 條及本法第 87 條第 1 項、第 2 項的規定，檢察官應按其情形，指定令入司法精神醫院、醫院或其他精神醫療機構接受治療，或令入適當精神復健機構、精神護理機構、身心障礙福利機構或其他適當處所接受照顧、照護、復健或輔導，或接受特定門診治療、交由法定代理人或最近親屬照顧，亦得為其他適當處遇措施，以使受監護處分人適時接受適當方式的監護，有效達成監護處分的目的。

三、監護處分的期間

　　關於監護的期間，我國刑法原本規定「期間為五年以下。但執行中認無繼續執行之必要者，法院得免其處分之執行」（舊 §87III），但 111 年 2 月 18 日刑法部分條文修正時，為符實際監護醫治需求，未來除了可以延長監護處分的期間，同時採定期延長、法官保留及定期評估原則，以兼顧人權保障及確保社會大眾的安全，而將原規定修正為「III期間為五年以下；其執行期間屆滿前，檢察官認為有延長之必要者，得聲請法院許可延長之，第一次延長期間為三年以下，第二次以後每次延長期間為一年以下。但執行中認無繼續執行之必要者，法院得免其處分之執行。IV前項執行或延長期間內，應每年評估有無繼續執行之必要（§87III IV）」❿。

有關執行監護處分，屬於「因第 19 條第 2 項之原因」、「因第 20 條之原因」而減輕其刑者，亦即「行為時因精神障礙或其他心智缺陷，致其辨識行為違法或依其辨識而行為之能力，顯著減低者，得減輕其刑」、「瘖啞人之行為，得減輕其刑」的情形，原則上係「於刑之執行完畢或赦免後」，例外地在「必要時，得於刑之執行前為之」。有關於「刑之執

---

❿　參照 111 年 2 月 18 日刑法修正第 87 條的立法理由㈡～㈥：「二、鑑於原條文規定監護期間均為五年以下，未能因應個案具體情節予以適用而缺乏彈性，且於行為人仍有再犯或危害公共安全之虞時將因期限屆至而無法施以監護，顯未能達保護社會安全之目的，爰參考瑞士刑法第五十九條、德國刑法第六十七條 e、奧地利刑法第二十五條、本法第九十二條第二項之規定，增訂延長監護期間及評估機制之規定，以達刑法之預防功能。三、按延長監護期間對於受監護處分人之權利影響甚鉅，應採法官保留原則，並參酌本法第五十條、第七十七條之立法體例，賦予檢察官聲請權，爰規定於執行期間屆滿前，檢察官認為有延長之必要者，得聲請法院裁定許可延長之。又監護處分為同時包含拘束人身自由與非拘束人身自由之保安處分，隨著執行時間愈長，由法官定期審查之頻率即應愈高，以保障受處分人之權益，爰規定監護處分之期間為五年以下，第一次延長期間，無論原五年期間是否屆滿，為三年以下，第二次以後每次延長期間為一年以下。又本條第三項所稱「以後」，參考本法第十條規定，應俱連本數計算。另延長監護處分之期間，必須於執行期間屆滿前聲請，如執行期間屆滿後，因已無監護處分之存在，自不得再聲請延長之。四、因監護處分為保安處分之一種，保安處分非以罪責為基礎，而係以行為人之社會危險性為預防目的，如受監護處分之人仍有再犯或有危害公共安全之虞，自仍有受監護處分之必要，因此，有關延長次數未予限制。又監護處分之執行已採多元處遇制度，且有分級分流等機制，已非完全拘束人身自由之保安處分，縱延長次數未予限制，亦無過度侵害人身自由之疑慮，應與憲法比例原則無違。惟應遵循上述程序經法院許可後延長之，以兼顧當事人權益及公共安全。五、無論執行監護處分期間或延長期間，執行中認無繼續執行之必要者，法院得免其處分之執行之規定，均應一體適用，以為調節，附予敘明。六、為保障人權，另於第四項增訂執行監護處分期間或延長期間內，監護處分應每年評估有無繼續執行之必要，並於保安處分執行法為具體作法之相關規範，以維衡平，並求完備。」

行前為之」的例外規定，係於 2005 年 2 月修法時所增設 ❶，其主要係基於對精神異常人未治療前，先執行刑罰，可能加重其病情，終究無法達到保安處分的目的。

第三項　禁　戒

一、禁戒的意義

所謂禁戒，依據文義解釋，係指禁止其行為且戒除其惡習而言，而實質上係與監護相同，具有治療矯正的意義。禁戒處分，係針對施用毒品成癮者或因酗酒而犯罪者所執行的處分。

【禁戒處分的規定】

(1)施用毒品成癮者，於刑之執行前令入相當處所，施以禁戒。前項禁戒期間為一年以下。但執行中認無繼續執行之必要者，法院得免其處分之行（§88）。

(2)因酗酒而犯罪，足認其已酗酒成癮並有再犯之虞者，於刑之執行前，令入相當處所，施以禁戒。前項禁戒期間為一年以下。但執行中認無繼續執行之必要者，法院得免其處分之執行（§89）

依據第 88 條與第 89 條的規定，禁戒處分的要件與禁戒期間如下：

---

❶ 參照 2005 年 2 月刑法修正第 87 條的法務部立法說明㈡：監護並具治療之意義，行為人如有第 19 條第 2 項之原因，而認有必要時，在刑之執行前，即有先予治療之必要，故保安處分執行法第 4 條第 2 項、第 3 項分別規定，法院認有緊急必要時，得於判決前將被告先以裁定宣告保安處分；檢察官於偵查中認被告有先付監護之必要者亦得聲請法院裁定之。惟判決確定後至刑之執行前，能否將受刑人先付監護處分，則欠缺規定，爰於第 2 項但書增設規定，使法院於必要時，宣告監護處分先於刑之執行。

二、禁戒處分的要件

依據上述規定，禁戒處分具有以下三個要件：⑴必須係施用毒品成癮或酗酒成癮之人、⑵必須因毒癮或酒癮而犯罪、⑶必須在指定場所執行。

㈠必須係施用毒品成癮或酗酒成癮之人

禁戒處分的主要功能，即在於幫助受保安處分人剔除其不良的習性，因為就吸毒成癮者而言，其不但殘害個人身體，更可能因為吸毒的成癮性以及毒品本質上對於精神上的殘害，擴及對於整體社會安全亦產生危害。而酗酒成癮者，則可能終日酩酊大醉、遊手好閒且不務正業，更可能因為酒精的揮發作用，而使人誤觸法網，進而造成社會的危害。因此，針對此兩種類的人，必須令其進入特定場所施予治療處分。

㈡必須因毒癮或酒癮而犯罪

吸毒成癮或酗酒成癮之人，常因不良習性而實行犯罪，具有高度的社會危險性，故必須施以禁戒處分。然而，吸毒或酗酒行為，亦有偶而為之者，亦有尚未構成犯罪者，倘若無犯罪的成立，由於欠缺刑罰，故無法單獨施予禁戒處分。

㈢必須在指定場所執行

禁戒處分的執行，應在勒戒所內實施，而依保安處分執行法第49條的規定：「執行禁戒處分處所，應設置醫師及適當之治療設備。」又依同法第50條的規定：「執行禁戒處分之處所，應切實注意治療，並注意受禁戒處分人之身體健康。」換言之，禁戒處分既係為吸毒或酗酒成癮者所設，自應具有相關之治療設備與人力，始能協助受禁戒處分人摒除其惡習，進而達成禁戒處分的目的。

三、禁戒處分的期間

刑法針對施用毒品成癮者，規定其禁戒期間為「一年以下」，而於「刑之執行前」，令入相當處所，施以禁戒，但執行中認無繼續執行的必要時，法院得免其處分的執行。針對施用毒品成癮者，將禁戒期間規定為「一

年以下」，主要係施毒成癮者，其毒性甚深，非短期間能戒除，故於 2005 年 2 月將原規定「六個月以下」修正為「一年以下」**⑫**，使更能達到禁戒的功效。

同樣地，針對因酗酒而犯罪者，刑法亦規定禁戒期間為「一年以下」，亦於「刑之執行前」，令入相當處所，施以禁戒，但執行中認無繼續執行的必要時，法院得免其處分的執行。

針對因酗酒成癮而犯罪者，舊刑法第 89 條係規定「得於刑之執行完畢或赦免後，令入相當處所，施以禁戒。前項處分期間，為三個月以下。」然而，基於酗酒係屬於一種疾病，若先執行刑罰，使其在監獄中強制壓抑，反而造成該犯罪人身心受害，故修正為「刑之執行前」**⑬**，先施以禁戒。其次，關於「三個月以下」的禁戒處分，根據實際醫療過程，並無法達到戒除的效果，故修正為「一年以下」**⑭**。

---

⑫ 參照 2005 年 2 月刑法修正第 88 條的法務部立法說明(二)：按禁戒處分，貴在儘速執行，以期早日收戒絕之效，故明定施用毒品成癮者，應於刑之執行前令入相當處所，施以禁戒。另參考毒品危害防制條例規定，行為人符合本條之要件時，法官即應義務宣告令入相當處所施以禁戒，以收成效。其次，施用毒品成癮者，有所謂身癮及心癮，其身癮當可於短期內戒除，欲解除施用毒品者身體內毒素，必須於其查獲後，即送往禁戒處所施以治療，始能達到禁戒之醫療功能。心癮之戒除則較費時，爰以一年以下為其禁戒治療之期間，執行中視治療之情況認已治癒或因其他情形，而無治療之必要時，自應賦予法院免其處分執行之權，爰修正第 2 項、第 3 項之規定。

⑬ 參照 2005 年 2 月刑法修正第 89 條的法務部立法說明(二)：按禁戒處分，貴在儘速執行，故參酌保安處分執行法第 4 條第 2 項、第 3 項之精神，將本條第一項「得於刑之執行完畢或赦免後」，修正為「於刑之執行前」。

⑭ 參照 2005 年 2 月刑法修正第 89 條的法務部立法說明(三)：醫療上酒癮（酒精依賴）之治療可分為三階段：㈠酒精戒斷症狀之處理；㈡因酗酒導致身體併發症之評估與治療；㈢復健。國內醫院所提供之治療，大抵為㈠與㈡之階段，如以全日住院方式進行，平均約須二週。至於㈢復健，因涉及戒酒『動機』及個案需要，其治療期間應為長期，而現行規定僅三月，對於已酗酒成癮而有再犯之虞之行為人而言，似嫌過短。從而，對於此類行為人之禁戒，固然在於使行為

第四項　強制治療

一、強制治療的意義

　　所謂**強制治療**，係針對特定犯罪人具有生理或心理上的特定疾病，為預防行為人再度犯罪，所採取強制性治療措施的保安處分。強制治療的處分，係以性犯罪者為其對象。

【強制治療的規定】

(1)犯第 221 條至第 227 條、第 228 條、第 229 條、第 230 條、第 234 條、第 332 條第 2 項第 2 款、第 334 條第 2 款、第 348 條第 2 項第 1 款及其特別法之罪，而有下列情形之一者，得令入相當處所，施以強制治療：

　一、徒刑執行期滿前，於接受輔導或治療後，經鑑定、評估，認有再犯之危險者。

　二、依其他法律規定，於接受身心治療或輔導教育後，經鑑定、評估，認有再犯之危險者。(§91 之 1 I)

(2)前項處分期間至其再犯危險顯著降低為止，執行期間應每年鑑定、評估有無停止治療之必要。(§91 之 1 II)

二、強制治療處分的要件

(一)必須係性犯罪者

　　所謂性犯罪者，係指違犯「第 221 條至第 227 條、第 228 條、第 229

　　人戒絕酒癮，去除其再犯之因子，惟其戒除標準，醫學上並無絕對禁絕之標準，爰訂以最長期間為一年，由執行機關或法院就具體個案判斷，如執行中認已治癒或因其他情形而無治療之必要時，賦予法院免其處分執行之權，爰修正第 2 項。

條、第 230 條、第 234 條、第 332 條第 2 項第 2 款、第 334 條第 2 款、第 348 條第 2 項第 1 款及其特別法之罪」者。

㈡必須因其所患疾病而犯罪

強制治療係附隨於刑罰的處分，故必須以因其所患身心疾病而犯罪時，始有強制治療的必要性，倘若犯罪不成立，強制治療亦無所依附。關於強制治療的功能，就性犯罪者而言，係為了避免性侵害者的再度犯罪。

三、強制治療處分的期間

關於性犯罪者的強制治療，係以「處分期間至其再犯危險顯著降低為止，執行期間應每年鑑定、評估有無停止治療之必要。」(§91 之 1 II)

四、對性犯罪者強制治療規定的爭議性

針對性犯罪的強制治療保安處分，係於 1999 年 4 月 21 日所增設而規定於刑法第 91 條之 1，原規定條文為「I 犯第 221 條至第 227 條、第 228 條、第 229 條、第 230 條、第 234 條之罪者，於裁判前應經鑑定有無施以治療之必要。有施以治療之必要者，得令入相當處所，施以治療。II 前項處分於刑之執行前為之，其期間至治癒為止。但最長不得逾三年。III 前項治療處分之日數，以一日抵有期徒刑或拘役一日或第 42 條第 4 項裁判所定之罰金數額」而後於 2005 年 2 月 2 日進行修正，此一修正不僅為我國性侵害犯罪的強制治療制度投下一顆震撼彈，更引起實務及學界廣大的討論。其主要問題在於：現行刑法第 91 條之 1 是否符合罪刑法定主義、無罪推定原則與正當法律程序等基本的法律概念。

其中，2005 年 2 月 2 日刑法修正後，將強制治療由「刑前強制治療」修正為「刑後強制治療」，然而，在新舊法交替間產生了許多適用上的疑義，刑後強制治療究竟是否應遵循罪刑法定主義中的不溯及既往原則，而採取「從舊從輕原則」抑或採取保安處分的「從新原則」，值得加以研究。此問題牽涉性侵害者的強制治療，是否屬於拘束人身自由的保安處分？應為新舊法交替適用上的先決問題，蓋依刑法第 1 條規定：「行為之

處罰，以行為時法律有明文規定者為限。拘束人身自由之保安處分，亦同」，顯見拘束人身自由的保安處分，應與刑罰相同，受到罪刑法定主義的箝制。換言之，拘束人身自由的保安處分，由於具有濃厚自由刑的色彩，故應受罪刑法定主義的拘束，而有罪刑法定主義中「不溯及既往原則」的適用。

此外，現行刑法第 91 條之 1，所採取之每年加以評估再犯危險，以決定是否繼續治療的制度，多數刑法學者均認為，此項規範於判決時，不預定強制治療的期間，已然成為「絕對不定期」保安處分，有違罪刑法定主義❺。

本文認為，採「認有再犯之危險」抑或「再犯危險顯著降低為止」等用語，其是否符合法律明確性原則？其判斷的基礎在於：現行專業技術是否具有判斷性侵害犯罪人是否有再犯危險或再犯危險高低的能力。簡單而言，此問題將涉及該不確定法律概念是否能符合預見可能性及審查可能性等要件。

換言之，現行的「認有再犯之危險」或「再犯危險顯著降低為止」等用語，並無提供使受規範者瞭解，究竟至何種程度的危險始須接受強制治療的依據。例如，何種危險等級的性侵害犯應接受治療，究竟為中級再犯危險的性侵害犯、低級危險的性侵害犯抑或只要有再犯的可能即應該強制治療。

至於所謂「再犯危險顯著降低」，應降低至何種程度，現行規定尚無法使受規範者具有預見可能性，更遑論現行醫學實務上，對於相關性侵害犯鑑定的見解各有分歧，而無統一鑑定標準的情形，司法機關在鑑定標準如此紊亂的狀況下，更無從加以審查，而可能違反審查可能性的要求。因此，現行的規範不但無法符合司法院大法官對於不確定法律規範中的明確性原則，更違反罪刑法定主義中的明確性內涵，必須重新檢討而加以修正。

---

❺ 參照林山田，《刑法通論（下）》，作者自版，2008 年 1 月增訂 10 版，592 頁。

第五項　保護管束

一、保護管束的意義

　　所謂保護管束，係指將特定行為人交由特定機關、團體或個人而對其加以保護管制與約束其行動而言。保護管束的性質係屬非拘束人身自由的保安處分，但應交由警察官署等特定機關、本人最近親屬或其他適當的人，管制與約束其行動❶。

【保護管束的規定】

⑴I 第 86 條至第 90 條之處分，按其情形得以保護管束代之。II 前項保護管束期間為三年以下。其不能收效者，得隨時撤銷之，仍執行原處分（§92）。

⑵I 受緩刑之宣告者，除有下列情形之一，應於緩刑期間付保護管束外，得於緩刑期間付保護管束：一、犯第 91 條之 1 所列之罪者。二、執行第 74 條第 2 項第 5 款至第 8 款所定之事項者。II 假釋出獄者，在假釋中付保護管束（§93）。

　　有關保護管束的規定，原本第 93 條僅規定「受緩刑宣告者得以保護管束代替」以及「假釋出獄者，在假釋中付保護管束」，但於 2005 年 2 月刑法修正時，特別增訂「應付保護管束」的條款，亦即針對犯第 91 條

---

❶　保護管束的執行，原規定於刑法第 94 條，但基於「本條屬執行程序事項，性質上應委諸保安處分執行法予以規範。查保安處分執行法第 64 條以下已有相當規定，本條宜予刪除」，於 2005 年 2 月 2 日刑法修正時將本條刪除，故目前保護管束的執行，係依保安處分執行法第 64 條規定：「I 保護管束，應按其情形交由受保護管束人所在地或所在地以外之警察機關、自治團體、慈善團體、本人最近親屬、家屬或其他適當之人執行之。II 法務部得於地方法院檢察處置觀護人，專司由檢察官指揮執行之保護管束事務。」

之 1 所列各罪者與執行第 74 條第 2 項第 5 款至第 8 款所規定的事項者，在其緩刑執行中，應**強制交付保護管束** ❼。

二、保護管束處分的要件

依據上述保護管束的規定，保護管束具有以下兩個要件：(1)必須係依法應付或得付保護管束之人、(2)必須先有受刑罰或保安處分的宣告。

(一)必須係依法應付或得付保護管束之人

【保護管束的對象】

(1)**應強制付保護管束之人**：其一、**刑法第 91 條之 1 所規定的性犯罪者**，亦即犯「第 221 條至第 227 條、第 228 條、第 229 條、第 230 條、第 234 條、第 332 條第 2 項第 2 款、第 334 條第 2 款、第 348 條第 2 項第 1 款及其特別法之罪」者；其二、**執行刑法第 74 條第 2 項命緩刑宣告者應為事項者**，亦即指執行「……五、向指定之政府機關、政府機構、行政法人、社區或其他符合公益目的之機構或團體，提供 40 小時以上 240 小時以下之義務勞務。六、完成戒癮治療、精神治療、心理輔導或其他適當之處遇措施。七、保

---

❼　參照 2005 年 2 月刑法修正第 93 條的法務部立法說明：一、緩刑制度在暫緩宣告刑之執行，促犯罪行為人自新，藉以救濟短期自由刑之弊，則緩刑期內，其是否已自我約制而洗心革面，自須予以觀察，尤其對於因生理或心理最需加以輔導之妨害性自主罪之被告，應於緩刑期間加以管束，故於第一項增訂對此類犯罪宣告緩刑時，應於緩刑期間付保護管束之宣告，以促犯罪行為人之再社會化。惟為有效運用有限之觀護資源，並避免徒增受緩刑宣告人不必要之負擔，其餘之犯罪仍宜由法官審酌具體情形，決定是否付保護管束之宣告。二、依第 74 條第 2 項第 5 款至第 8 款之執行事項，因執行期間較長，為收其執行成效，宜配合保安處分之執行，方能發揮效果，爰於第 1 項第 2 款增列法官依第 74 條第 2 項規定，命犯罪行為人遵守第 5 款至第 8 款之事時，應付保護管束，以利適用。

護被害人安全之必要命令。八、預防再犯所為之必要命令」等四
種事項而言。

(2)**得付保護管束之人**：依刑法第 92 條第 1 項規定：「第 86 條至第 90
條之處分，按其情形得以保護管束代之」。亦即，**針對受宣告感化
教育、監護、禁戒者，依情形得以保護管束代之。**

㈡必須先有受刑罰或保安處分的宣告

保護管束係屬於一種替代性的保安處分，依各別行為人的特殊狀況，
可變更適用保安處分的型態。因此，得以保護管束取代的前提，犯罪行
為人必須先有受刑法第 89 條至第 90 條的保安處分，或者有受刑罰宣告
而緩刑者、假釋出獄者。

三、保護管束處分的期間

替代其他保安處分的保護管束，其期間為「三年以下」，而若施保護
管束無法收效時，得由法官斟酌其情節，隨時撤銷保護管束處分，仍回
復執行原來的保安處分（§92 II）。

此外，受緩刑宣告者，若付保護管束，其施予保護管束期間，受保
護管束有違反保護管束應遵守事項（保安處分執行法 §74 之 2），情節重
大者，檢察官得聲請撤銷保護管束或緩刑的宣告。而假釋中付保護管束
者，若有違反保護管束應遵守事項，情節重大者，典獄長得報請撤銷假
釋（保安處分執行法 §74 之 3）。

四、保護管束的適法性

關於性侵害犯罪緩刑中的保護管束，2005 年 2 月 2 日刑法修正的理
由認為，性侵害犯罪由於其心理與生理狀態均需要加以持續觀察，故應
加以強制交付保護管束，以協助其再社會化，惟保安處分制度既然在於
對行為人的特別預防，自應視各行為人的狀況而定，犯刑法第 91 條之 1
所規定罪的犯罪行為人，其再犯可能性未必高於其他類型的犯罪者，若

僅因其為性犯罪的加害人，即認為其自我制約能力較低且較有可能再犯罪，則強制交付保護管束無異於以保護管束的手段，對於因性侵害犯罪而緩刑者進行強制監控，其是否妥適，應值得檢討。

關於刑法第 74 條第 2 項第 5 款至第 8 款所定事項者的保護管束部分，修法理由認為，由於前述事項執行期間較長，應配合保安處分的執行，始能發揮成效。然而，保安處分的功能應在於特別預防，其富有教育性以及防衛社會的意義，而非作為監督行為人的手段，故將執行該等事項者施予保護管束，實亦有檢討的必要性。本書認為，仍宜回歸一般的規定，將是否施以行為人保安處分的權限回歸法院，依據法官對於特定行為人的判斷而加以決定，應較為妥適❸。

第六項　驅逐出境

一、驅逐出境的意義

所謂驅逐出境，係指不容許外國人再居留在我國境內，將其遣送回國或送往其欲前往的國家而言。驅逐出境的性質係屬非拘束人身自由的保安處分。此種保安處分的設置，主要係基於外國人既然在我國犯罪，其權益不應再受我國保護，為避免其日後再度於本國犯罪，破壞本國的法秩序，故有驅逐出境的必要性。

二、驅逐出境處分的要件

刑法針對驅逐出境的規定為：「外國人受有期徒刑以上刑之宣告者，

---

❸ 有學者認為，欲落實受緩刑宣告者與受假釋者的觀護制度，應藉由另訂「觀護法」來加以落實，並且藉由觀護制度的建立，強化出獄受刑人日後的輔導工作，在保安處分的執行部分，亦應落實展現其教化與矯治的功能，而非不積極建構保安處分的執行場所及制度，僅以保護管束作為卸責的工具，故基於上述理由，刑法第 92 條及第 93 條宜予以刪除。參照林山田，《刑法通論（下）》，作者自版，2008 年 1 月增訂 10 版，593–594 頁。

得於刑之執行完畢或赦免後,驅逐出境」(§95)。依據此一規定,驅逐出境的處分,具有以下三種要件:(1)必須係外國人。(2)必須受有期徒刑以上刑的宣告。(3)得於刑的執行完畢或赦免後執行處分。

㈠必須係外國人

驅逐出境的處分對象,必須係具有外國國籍的外國人,不包含法人在內。而由於該外國人必須有受有期徒刑以上刑的宣告,在執行完畢或赦免後,始得驅逐出境,故係指具有責任能力人或限制責任能力人。

所謂外國人,是否包含具有我國國籍而同時具有外國國籍的雙重國籍者,實務上採否定見解,認為不適用驅逐出境的處分❶。至於本國人因某種理由而喪失本國國籍者,係屬外國人,而外國人因某種理由而取得本國國籍者係屬本國人。上述是否具有本國國籍,皆係以宣告時作為判斷的基準。

㈡必須受有期徒刑以上刑的宣告

外國人在我國犯罪,若受有期徒刑以下的拘役或罰金刑宣告,應認為係屬犯罪情節輕微者,既然其不具有重大惡性,其對社會亦無危險性,故不必施予驅逐出境處分。

㈢得於刑之執行完畢或赦免後執行處分

外國人的犯罪,在徒刑的執行完畢或赦免後,得執行驅逐出境處分。所謂刑的執行完畢,包含「已執行論」,亦即包含「易科罰金、易服社會勞動、易服勞役或易以訓誡執行完畢者,其所受宣告之刑,以已執行論。」(§44)或「在無期徒刑假釋後滿二十年或在有期徒刑所餘刑期內未經撤銷假釋者,其未執行之刑,以已執行論。但依第七十八條第一項撤銷其

---

❶ 參照最高法院84年臺非字第195號判例:「刑法第九十五條規定外國人受有期徒刑以上刑之宣告,得於刑之執行完畢或赦免後,驅逐出境者,應僅限於外國人始有其適用。倘具有中華民國國籍者,縱同時具有外國國籍,即俗稱擁有雙重國籍之人,若未依國籍法第十一條之規定,經內政部許可喪失中華民國國籍時,則其仍不失為本國人民,與一般所謂『外國人』之含義不符,自無刑法第九十五條規定之適用。」

假釋者，不在此限。」（§79Ⅰ）等情形在內。

三、驅逐出境處分的執行

關於驅逐出境的執行，檢察官應於刑的執行完畢一個月前或赦免後，將受驅逐出境處分的外國人，先行通知司法警察機關（§83）；而於刑的執行完畢或赦免後，由檢察官將受驅逐出境處分的外國人交由司法警察機關執行（§82）。

此外，檢察官應將受驅逐出境處分外國人的經過詳情彙送外交部；在必要的情形，由外交部通知受處分人所屬國的駐中華民國使領館（§84）。

第三節　保安處分的宣告與執行

第一項　保安處分的宣告

刑法針對保安處分的宣告規定為：「保安處分於裁判時併宣告之。但本法或其他法律另有規定者，不在此限。」（§96）。依據此一規定，保安處分原則上應於裁判時併予宣告，而在例外情形下，依刑法或其他法律規定單獨宣告。

【單獨宣告】

⑴刑法第 88 條第 1 項「施用毒品成癮者，於刑之執行前令入相當處所，施以禁戒」。

⑵保安處分執行法第 4 條第 2 項「法院對於應付監護、禁戒、強制治療之人，認為有緊急必要時，得於判決前，先以裁定宣告保安處分」。

⑶保安處分執行法第 4 條第 3 項「檢察官對於應付監護、禁戒、強

制治療之人，於偵查中認為有先付保安處分之必要，亦得聲請法院裁定之」。

(4)刑法第 93 條第 2 項「假釋出獄者，假釋中付保護管束」。

(5)刑事訴訟法第 481 條第 2 項「檢察官依刑法第 18 條第 1 項或第 19 條第 1 項而為不起訴之處分者，如認有宣告保安處分之必要，得聲請法院裁定之」、第 3 項「法院裁判時未併宣告保安處分，而檢察官認為有宣告之必要者，得於裁判後三個月內，聲請法院裁定之」。

第二項　宣告保安處分者的免除執行

刑法針對宣告保安處分者免除執行的規定，可分為以下兩種情形：

一、未滿 18 歲人的感化教育、精神障礙者及瘖啞人的監護處分

針對受感化教育、精神障礙者與瘖啞人受保安處分的宣告，「依第 86 條第 2 項、第 87 條第 2 項規定宣告之保安處分，其先執行徒刑者，於刑之執行完畢或赦免後，認為無執行之必要者，法院得免其處分之執行；其先執行保安處分者，於處分執行完畢或一部執行而免除後，認為無執行刑之必要者，法院得免其刑之全部或一部執行」（§98 I）。

此種情形，係針對未滿十八歲人的感化教育，以及因精神障礙者或瘖啞人而成為限制責任能力人的監護處分，原則上均於刑罰的執行完畢或赦免後始開始執行，故若於刑罰的執行完畢或赦免後，有認為無執行保安處分的必要者，法院得免其處分的執行。而若在例外於刑罰的執行前執行保安處分時，則於處分執行完畢或一部執行而免除後，有認為無執行刑的必要者，法院得免其刑的全部或一部執行。

二、煙毒犯、酗酒犯的禁戒處分

針對煙毒犯與酗酒犯受保安處分的宣告，「依第 88 條第 1 項、第 89

條第 1 項規定宣告之保安處分，於處分執行完畢或一部執行而免除後，認為無執行刑之必要者，法院得免其刑之全部或一部執行」（§98II）。

此種情形，係針對煙毒犯或酗酒犯的禁戒，係於刑的執行前執行保安處分，故此等受保安處分者於處分執行完畢或一部執行而免除後，認為無執行刑的必要者，法院得免其刑的全部或一部執行。

三、精神障礙者的暫行安置

針對精神障礙者的暫行安置，「依刑事訴訟法第 121 條之 1 第 1 項或第 3 項前段宣告之暫行安置執行後，認為無執行刑之必要者，法院得免其刑之全部或一部執行」（§98III）。

此種情形，有關「暫行安置」，係依刑事訴訟法 111 年 2 月 18 日所新設規定：「被告經法官訊問後，認為犯罪嫌疑重大，且有事實足認為刑法第 19 條第 1 項、第 2 項之原因可能存在，而有危害公共安全之虞，並有緊急必要者，得於偵查中依檢察官聲請，或於審判中依檢察官聲請或依職權，先裁定諭知六月以下期間，令入司法精神醫院、醫院、精神醫療機構或其他適當處所，施以暫行安置。」（刑事訴訟法 §121 之 1 I）以及「暫行安置期間屆滿前，被告經法官訊問後，認有延長之必要者，得於偵查中依檢察官聲請，或於審判中依檢察官聲請或依職權，以裁定延長之，每次延長不得逾六月，並準用第 108 條第 2 項之規定。但暫行安置期間，累計不得逾五年」（刑事訴訟法 §121 之 1III）。

四、免除執行的限制

針對前三種情形所稱 「免其刑的執行」，係以有期徒刑或拘役為限（§98IV）。

五、新舊法就保安處分有變更的情形

法律有變更的情形，「處罰或保安處分之裁判確定後，未執行或執行未完畢，而法律有變更，不處罰其行為或不施以保安處分者，免其刑或

保安處分之執行」（§2III）。

第三項　保安處分的時效

　　刑法針對保安處分的時效規定為「保安處分自應執行之日起逾三年未開始或繼續執行者，非經法院認為原宣告保安處分之原因仍繼續存在時，不得許可執行；逾七年未開始或繼續執行者，不得執行」（§99）。其中，前段係指保安處分自應執行之日起逾三年未開始或繼續執行者，若經法院的許可，仍可執行；而後段則係屬保安處分的消滅時效，亦即若逾七年未開始或繼續執行者，即不得執行，無關法院的許可。

　　所謂應執行之日，依據各種保安處分的性質不同，其應執行之日亦有所差異。若所宣告的保安處分應於刑罰的執行前執行者，則為裁判確定之日，例如第 86 條第 2 項但書、第 87 條第 2 項但書、第 88 條第 1 項、第 89 條第 1 項；而若係所宣告的保安處分應於刑罰的執行完畢或赦免後執行者，則為刑罰的執行完畢之日或赦免之日，例如第 86 條第 2 項、第 87 條第 2 項。

參考文獻

【日文】

1. 大谷　實，《刑法講義總論》，成文堂，2010 年 3 月新版第 3 版。

2. 大場茂馬，《刑法總論下卷》，中央大学出版会，1917 年 10 月。

3. 大塚　仁，《刑法概說（總論）》，有斐閣，2008 年 10 月第 4 版。

4. 大塚　仁，《間接正犯の研究》，有斐閣，1958 年 12 月初版。

5. 山口　厚，《刑法總論》，有斐閣，2005 年 2 月補訂版。

6. 山口　厚，《危險犯の研究》，東京大学出版会，1982 年 9 月。

7. 山中敬一，《刑法における客観的帰属の理論》，成文堂，1977 年 6 月。

8. 山中敬一，《刑法總論》，成文堂，2008 年 3 月第 2 版。

9. 川端　博，《刑法總論講義》，成文堂，2006 年 2 月第 2 版。

10. 川端　博，《事例式演習教室》，勁草書房，2009 年 6 月第 2 版。

11. 川端　博，《新論点講義シリーズ　刑法總論》，弘文堂，2008 年 9 月。

12. 日高義博，《刑法總論》，成文堂，2015 年 10 月初版。

13. 中　義勝，《講述犯罪總論》，有斐閣，1980 年 10 月。

14. 中山研一、米田泰邦編著，《火災と刑事責任》，成文堂，1993 年 11 月初版。

15. 井上正治，《過失犯の構造》，有斐閣，2003 年 2 月。

16. 井田　良，《刑法總論の理論構造》，成文堂，2005 年 6 月。

17. 井田　良，《講義刑法学・總論》，有斐閣，2013 年 3 月初版第 6 刷。

18. 内田文昭，《刑法 I （總論）》，青林書院，2002 年 1 月改訂版。

19. 内藤　謙，《刑法講義總論（上）》，有斐閣，1983 年 3 月。

20. 木村龜二著・阿部純二增補，《刑法總論》，有斐閣，1978 年 4 月增補版。

21. 平野龍一，《犯罪論の諸問題（上）總論》，有斐閣，1981 年 1 月。

22. 平野龍一，《刑法總論 I 》，有斐閣，1972 年 7 月；《刑法總論 II 》，有

斐閣，1975 年 6 月。

23. 平場安治，《刑法総論講義》，有信堂，1952 年 11 月。

24. 吉川経夫，《刑法総論》，法律文化社，1996 年 5 月三訂補訂版。

25. 江家義男，《刑法総論》，千倉書房，1970 年 1 月。

26. 虫明　滿，《包括一罪の研究》，成文堂，1992 年 5 月。

27. 西田典之，《刑法総論》，弘文堂，2008 年 3 月。

28. 西原春夫，《交通事故と信頼の原則》，成文堂，1980 年 11 月。

29. 西原春夫，《刑法総論》，成文堂，1977 年 4 月。

30. 佐久間　修，《刑法総論》，成文堂，2009 年 11 月。

31. 佐伯千仞，《刑法に於ける期待可能性の思想》，有斐閣，1952 年 11 月。

32. 佐伯千仞，《刑法講義（総論）》，有斐閣，1981 年 3 月 4 訂版。

33. 林　幹人，《考える刑法》，弘文堂，1986 年 10 月。

34. 板倉　宏，《企業犯罪の理論と現実》，有斐閣，1975 年 10 月。

35. 松原久利，《違法性の意識の可能性》，成文堂，1992 年 7 月。

36. 牧野英一，《刑法総論（下）》，有斐閣，2001 年 7 月全訂版。

37. 長井長信，《故意概念と錯誤論》，成文堂，1998 年 3 月。

38. 前田雅英，《刑法総論講義》，東京大学出版会，2006 年 3 月第 4 版。

39. 泉二新熊，《日本刑法論上巻（総論）》，1939 年 11 月。

40. 宮本英脩，《刑法大綱》，成文堂，1984 年 9 月覆刻版。

41. 宮澤浩一，《現代社会相と内外刑法思潮》，成文堂，1976 年 10 月。

42. 高山佳奈子，《故意と違法性の意識》，有斐閣，1999 年 4 月。

43. 高橋則夫，《共犯体系と共犯理論》，成文堂，1988 年 12 月。

44. 高橋則夫、伊東研祐、井田　良、杉田宗久，《法科大学院テキスト
    刑法総論》，日本評論社，2007 年 10 月第二版。

45. 高橋則夫，《刑法総論》，成文堂，2010 年 4 月。

46. 高橋則夫，《規範論と刑法解釈論》，成文堂，2007 年 10 月。

47. 莊子邦雄，《刑法総論》，青林書院，1981 年 4 月新版。

48. 野村　稔，《刑法総論》，成文堂，1998 年 9 月補訂版。

49. 曾根威彥，《刑法における正当化の理論》，成文堂，1980 年 5 月。

50. 曾根威彥，《刑法の重要問題》，成文堂，2006 年 3 月第 2 版。

51. 曾根威彥，《刑法学的基礎》，成文堂，2001 年 5 月。

52. 曾根威彥，《刑法総論》，弘文堂，2010 年 4 月第 4 版。

53. 曾根威彥、松原芳博，《重点課題刑法総論》，成文堂，2008 年 3 月。

54. 植松　正，《再訂刑法概論 I　総論》，勁草書房，1974 年 5 月。

55. 團藤重光，《刑法綱要総論》，創文社，1990 年 3 月第 3 版。

56. 福田　平，《全訂刑法総論》，有斐閣，2004 年 11 月第 4 版。

57. 福田雅章，《日本の社会文化構造と人権》，明石書店，2002 年 3 月。

58. 齊藤誠二，《正当防衛権の根拠と展開》，多賀出版，1991 年 3 月初版。

59. 藤木英雄，《刑法講義総論》，弘文堂，1975 年 11 月。

60. 瀧川幸辰，《犯罪論序說》，有斐閣，1947 年 11 月改訂版。

61. 斎藤信治，《刑法総論》，有斐閣，2008 年 5 月第 6 版。

【中文】

1. 甘添貴，《刑法之重要理念》，瑞興圖書公司，1996 年 6 月。

2. 甘添貴，《刑法案例解評》，瑞興圖書公司，1999 年 1 月。

3. 甘添貴，《罪數理論之研究》，元照出版，2006 年 4 月。

4. 甘添貴、謝庭晃，《捷徑刑法總論》，瑞興圖書公司，2006 年 6 月第 2 版。

5. 余振華，《刑法深思・深思刑法》，作者自版，2005 年 9 月。

6. 余振華，《刑法違法性理論》，作者自版，2010 年 9 月第 2 版。

7. 余振華譯・只木　誠著，罪數論之研究，新學林出版公司，2019 年 5 月。

8. 余振華譯・川端　博著，《刑法總論二十五講》，元照出版，1999 年 11 月。

9. 余振華譯・川端　博著，《集中講義刑法總論》，元照出版，2008 年 6 月。

10. 林山田，《刑法通論（上）》，作者自版，2008 年 1 月增訂 10 版

11. 林山田，《刑法通論（下）》，作者自版，2008 年 1 月增訂 10 版。

12. 林東茂，《刑法綜覽》，一品文化出版，2012 年 8 月第 7 版。

13. 林鈺雄，《新刑法總則》，元照出版，2021 年 8 月第 9 版。

14. 柯耀程，《刑法總論釋義修正法篇（上）（下）》，元照出版，2005 年 10 月。

15. 郭君勳，《案例刑法總論》，作者自版，2002 年 4 月。

16. 陳子平，《刑法總論》，元照出版，2017 年 9 月第 4 版。

17. 黃常仁，《刑法總論》，作者自版，2009 年 1 月增訂 2 版。

18. 黃榮堅，《基礎刑法學（上）（下）》，元照出版，2012 年 3 月第 4 版。

19. 蔡墩銘，《刑法精義 II》，翰蘆出版，2007 年 3 月。

20. 蔡墩銘，《刑法總論》，三民書局，2009 年 9 月修訂 8 版。

21. 韓忠謨，《刑法原理》，作者自版，1997 年 12 月。

22. 蘇俊雄，《刑法總論（II）》，作者自版，1998 年 12 月修正版。

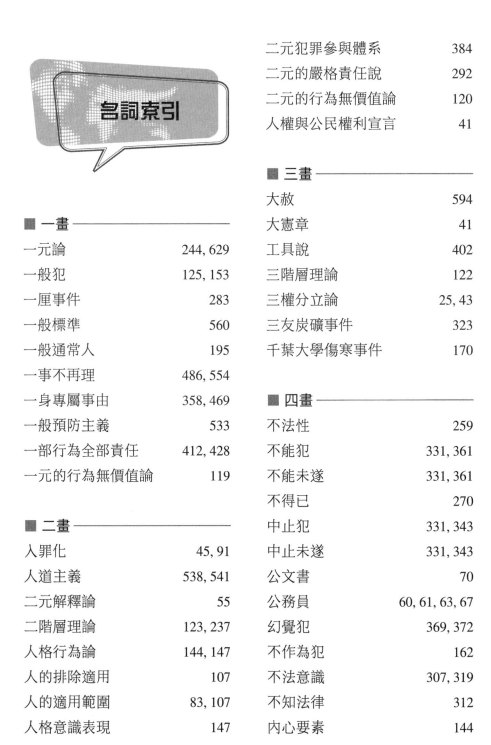

■ 最新綜合六法全書

陶百川；王澤鑑；葛克昌；劉宗榮／編纂

　　三民書局綜合六法全書嚴選常用法規近七百種，依憲、民、民訴、刑、刑訴、行政及國際法七類編排，條號項下參酌立法原意，例示最新法規要旨，重要法規如民、刑法等並輯錄立法理由、修正理由、相關條文及實務判解。書末列有法規索引及簡稱索引，悉依筆畫次序排列，幫助快速搜尋法規；並於每類法規首頁設計簡易目錄、內文兩側加註條序邊款及法規分類標幟，提高查閱便利。另蒐錄最新司法院大法官解釋等資料，可以說是資料最豐富、更新最即時、查閱最便利的綜合六法全書，適合法學研究、實務工作、考試準備之用，為不可或缺之工具書。

■ 基本六法　三民書局編輯委員會／編著

　　本書蒐錄常用之基礎法規共計七十餘種，在分類上依法規之主要關聯區分為八大類，除傳統熟悉之憲法、民法、商事法、民事訴訟法、刑法、刑事訴訟法、行政法規外，特別蒐錄對於法學研習日益重要之智慧財產權法規，以因應多元社會下繁瑣肇生之新類型紛爭，並於書末臚列司法院大法官會議解釋及憲法法庭裁判彙編，便利讀者對應參照。

　　全書在法條篩選上僅取實用性較高之基礎法規，在分類上囊括基礎法學及新興法學之領域，除供有志研習法律者於比較分析之查詢對照外，冀望對於掌管基礎法令之實務工作者亦有助益。

　　本書開本上設計為易攜帶的五十開，讓讀者能輕鬆一手掌握重要法規，是本不可或缺的小六法！

▌圖解學習六法：刑事法

劉宗榮／主編；謝國欣／審訂

　　本書蒐集刑法與刑事訴訟法相關法規，包括刑法、刑事訴訟法、刑事妥速審判法、少年事件處理法，並收錄法官法、律師法等法律倫理法規，重要法規如刑法、刑事訴訟法等並佐以豐富的法律名詞解釋、實務見解與概念圖解，期能輔助讀者於法學領域的探索與學習，更有助於國家考試的準備。

四大特色：
· 豐富的圖解表格
· 易懂的名詞解釋
· 學者把關，品質保證
· 收錄大量判解，內容充實

▌刑法總則　柯耀程／著

　　刑法總則本為刑罰規範的基礎原理原則，其體系的形成，乃源自於對行為的認知，進而對行為事實的規範評價，藉以判斷刑罰權形成，作為刑罰法律關係的確認，最終實現刑罰權，一脈連貫，以作為判斷犯罪及刑罰制裁的根本。故將體系架構分為四大部分安排：1、基礎理念；2、犯罪行為論；3、法律效果；4、刑罰執行與時效。在架構的邏輯安排與內容論述的層面，本書盡含刑法總則所規範的法律關係，是一本內容完整且文字精要的著作。

　　本書對於刑法總則規範的詮釋，力求在本然性體系架構之下，依序論述，務求合於體系的要求，並循乎邏輯層次的連貫，逐次對於各法律關係與概念，作簡顯明確的詮釋，以期使讀者能於建構體系觀念的同時，對於個別概念的理解，亦能輕易上手，並有助於刑法基礎原理的認知與運用。不論是對於初學刑法的概念入手，或是作基礎性的研究，乃至因應國家考試或是對於實務運用的辯證，本書都能因應所需，是讀者的最佳選擇。

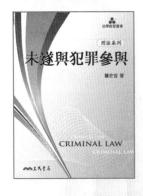

■ 未遂與犯罪參與　蕭宏宜／著

　　本書是三民「刑法法學啟蒙叢書」的一部分，主要內容聚焦於不成功的未遂與一群人參與犯罪。簡單說，做壞事不一定會成功，萬一心想事不成，刑法要不要介入這個已經「殘念」的狀態，自然必須考量到失敗的原因，做出不同的反應；當然，做壞事更不一定什麼細節都得親自動手，也可以呼朋引伴、甚至控制、唆使、鼓勵別人去做。不論是未遂或犯罪參與的概念闡述與爭議問題，都會在這本小書中略做討論與說明，並嘗試提供學習者一個有限的框架與特定的角度，抱著多少知道點的前提，於群峰中標劃一條簡明線路。

■ 刑法各論（上）（下）　甘添貴／著

　　我國刑法典分則編共有36章之犯罪規定，大體上得將其分為侵害國家法益之犯罪、侵害社會法益之犯罪以及侵害個人法益之犯罪。因體系甚為龐雜，犯罪類型眾多，本書爰將其分為上、下二卷分別加以論述。「上卷」係以侵害個人法益之犯罪作為論述之範圍，除侵害有關人格專屬法益之犯罪外，並兼及有關財產非專屬法益之犯罪。書中有諸多論點雖係摘取自拙著《體系刑法各論》第1、2卷之精華，但仍加以大幅度改寫，並增加不少司法實務及個人之最新見解。「下卷」則以侵害社會法益及國家法益之犯罪作為論述之對象，除參酌舊著《刑法各論（上）》之部分見解外，無論深度及廣度，均與舊著有相當大之差異，希能有助於讀者之參酌與理解。

■ 刑法分則：財產犯罪篇　　古承宗／著

　　不論在司法實務，或是專業學習的場域，財產犯罪往往是複雜且難解的釋義學議題，幾乎每一條分則各罪的規定均有自己獨特的理論脈絡。基本上，核心刑法的財產犯罪可區分為兩大系統：一者為「所有權犯罪」，例如竊盜罪、搶奪罪、強盜罪、準強盜罪等；另一者為「整體財產犯罪」，例如詐欺罪、不正方法使用付款設備罪、恐嚇取財罪、背信罪、贓物罪等。本書即是以此套區分系統作為發展基礎，分別就所有權犯罪與整體財產犯罪的理論及解釋方法進行體系性的分析，其中輔以許多的實例說明，以期能夠讓抽象理論的應用更加地具體。除了財產犯罪外，本書亦有針對「電腦犯罪」以獨立篇章提出完整的介紹與實例應用，藉此釐清電腦犯罪與特殊詐欺罪（不正方法使用自動付款設備、電腦設備等）於具體適用上的差異。

■ 刑法構成要件解析　　柯耀程／著

　　構成要件是學習刑法入門的功夫，也是刑法作為規範犯罪的判斷基準。本書的內容，分為九章，先從構成要件的形象，以及構成要件的指導觀念，作入門式的介紹，在理解基礎的形象概念及指導原則之後，先對構成要件所對應的具體行為事實作剖析，以便理解構成要件規範對象的結構，進而介紹構成要件在刑法體系中的定位，再次進入構成要件核心內容的分析，從其形成的結構，以及犯罪類型的介紹。本書在各部詮釋的開頭，通常採取案例引導的詮釋方式，並在論述後，對於案例作一番檢討，以使得學習之人，能夠有一個較為完整概念。也期待本書能成為一個對於構成要件的理解較為順手的工具。

■ 刑法分則實例研習：個人法益之保護

曾淑瑜／著

　　通常刑法教科書最讓法律學子頭痛，因其艱深的語詞、繁多的學理，不僅難以理解，適用時更是常有似是而非的感覺。本書嘗試使用案例式的寫作方式導引出相關概念及問題，且適時將實務案例穿插其中，使理論及實務並進；又每一問題最後亦列舉二相關問題供讀者練習，期增加學習效果。按刑法分則中個人法益犯罪乃是我國社會最常見的犯罪型態，舉凡個人的生命、身體、自由、名譽、財產等的保護皆與我們日常生活息息相關，故本書依刑法個人法益犯罪條文的編排次序，有系統地設計三十個問題，以擺脫傳統教科書的窠臼。

國家圖書館出版品預行編目資料

刑法總論／余振華著.－－增訂四版一刷.－－臺北
市：三民，2022
　　　面；　　公分.－－（新世紀法學叢書）

　　ISBN 978-957-14-7464-9　（平裝）
　　1. 刑法總則

585.1　　　　　　　　　　　　　　111007697

新世紀
法學叢書

刑法總論

作　　　者	余振華
發 行 人	劉振強
出 版 者	三民書局股份有限公司
地　　　址	臺北市復興北路 386 號 (復北門市)
	臺北市重慶南路一段 61 號 (重南門市)
電　　　話	(02)25006600
網　　　址	三民網路書店 https://www.sanmin.com.tw
出版日期	初版一刷 2011 年 8 月
	修訂三版一刷 2017 年 9 月
	修訂四版一刷 2022 年 9 月
書籍編號	S586020
I S B N	978-957-14-7464-9

三民書局